Ingo Bosse | Jan-René Schluchter | Isabel Zorn
Handbuch Inklusion und Medienbildung

Ingo Bosse | Jan-René Schluchter |
Isabel Zorn (Hrsg.)

Handbuch
Inklusion und Medienbildung

BELTZ JUVENTA

Mit Unterstützung von

Technology
Arts Sciences
TH Köln

MIX
Papier aus verantwortungsvollen Quellen
FSC
www.fsc.org
FSC® C089473

Dieses Buch ist erhältlich als:
ISBN 978-3-7799-3892-7 Print
ISBN 978-3-7799-5087-5 E-Book (PDF)

1. Auflage 2019

in der Verlagsgruppe Beltz · Weinheim Basel
Werderstraße 10, 69469 Weinheim

Herstellung und Satz: Ulrike Poppel
Druck und Bindung: Beltz Grafische Betriebe, Bad Langensalza
Printed in Germany

Weitere Informationen zu unseren Autor_innen und Titeln finden Sie unter: www.beltz.de

Inhalt

IV Professionalisierung

V Forschung

Einleitung: Ziel des Handbuchs

Ingo Bosse, Jan-René Schluchter, Isabel Zorn

Die Mediatisierung und Digitalisierung aller gesellschaftlichen Bereiche schreitet voran. Viele Auswirkungen auf Teilhabeprozesse und Chancengleichheit aller Menschen sind auch wegen heute noch nicht absehbarer rasanter technischer Entwicklungen kaum abschätzbar. Noch vor wenigen Jahren hätte kaum jemand erwogen, dass Algorithmen durch Analysen der von Nutzer_innen auf Instagram geladenen Fotos beispielsweise Depressionserkrankungen besser diagnostizieren können als ausgewiesene Fachkräfte (Reece & Danforth 2017) oder dass ein Smartphone zum wichtigen Fluchtermöglichungshelfer werden wird.

Inklusive Bildung in einer tiefgreifend mediatisierten Welt steht vor Fragen danach, wie und wodurch mit Medien Teilhabe ermöglicht oder auch neue Barrieren erschaffen und Ungleichheiten reproduziert werden. An welchen Stellen und mit welchen Ausrichtungen wird Medienbildung gebraucht, um Ausgrenzungen zu reduzieren und eine umfassende gesellschaftliche Teilhabe aller Menschen zu unterstützen? Digitale Medien eröffnen aufgrund der Variabilität und Transformation von Daten Möglichkeiten der Ermächtigung oder auch der Kompensation, wenn beispielsweise Text in Sprache umgewandelt oder sogar automatisiert in Fremdsprache übersetzt werden kann. Sie eröffnen aber auch Risiken der intransparenten und automatisierten Erhebung und Verarbeitung von personenbezogenen Daten und in der Folge Vorhersage-, Überwachungs- und Manipulationsmöglichkeiten. Eine Förderung von Medienkompetenz und Medienbildung ist daher unerlässlich (Zorn 2011).

Das Handbuch Inklusion und Medienbildung möchte für die Zusammenhänge von Inklusion und Medienbildung in der mediatisierten Gesellschaft Basiswissen liefern, indem es einen Überblick über den derzeitigen Forschungsstand gibt und aktuelle Diskurslinien abbildet. Es zeigt zunächst Begründungslinien für die Zusammenführung der Diskurse um digitale Medien, Bildung und Inklusion auf. Es beleuchtet, welche Rolle Medien und Medienbildung für Inklusionsprozesse spielen oder spielen können und in welcher Weise gesellschaftliche Differenzlinien durch Medien, durch Medienbildung oder auch durch benachteiligende bzw. mangelnde Mediennutzung (oder deren Nichtnutzung) im positiven wie im negativen Sinne beeinflusst werden können. Für die Herausarbeitung der entsprechenden Bildungsbedarfe zur Förderung von Teilhabemöglichkeiten und Chancengleichheit spielen Erkenntnisse aus der Medienwirkungsforschung und der Forschung zu Mediensozialisationsprozessen ebenso eine Rolle wie Erkenntnisse über Mediengestaltung und der Entwicklungsprozesse von Medientechnologien.

Im Mittelpunkt des Handbuchs stehen Zusammenhänge zwischen Inklusion, Bildung und Medien, denn: Sind der Zugang, die selbstbestimmte Nutzung und die kreative Gestaltung von Medien wichtige Bausteine für Partizipation und Inklusion, dann bedarf es ermächtigender (Medien-)Bildung dafür. Es ergeben sich drei Grundfragen:

- Welche Potenziale hat Medienbildung für eine gelingende Inklusion?
- Welche Rahmenbedingungen braucht inklusive Medienbildung?
- Wie lässt sich inklusive Medienbildung gestalten?

Der Band zielt darauf, Inklusion und Medienbildung zu analysieren, zu konzeptualisieren und den gegenwärtigen Stand von Forschung und Praxis zu dokumentieren.

Verständnis von Inklusion im Handbuch

Auch wenn die Verknüpfung der Themen Inklusion und Medienbildung derzeit besonders häufig im Kontext von Behinderung diskutiert wird, liegt diesem Handbuch ein weites Inklusionsverständnis zu Grunde. Ethnische und religiöse Minderheiten, Frauen, ältere oder homosexuelle Bürger_innen gehören ebenso zu den Personen, die besonders häufig Erfahrungen von Marginalisierung, Entrechtung, Benachteiligung und Ausschluss machen müssen (Bosse 2014). „Es sind vor allem solche Erfahrungen, die zu der Forderung nach uneingeschränkter Inklusion geführt haben." (Dederich 2013, S. 1). Das Handbuch nimmt solche spezifischen Perspektiven auf, mit der Absicht, auch aus spezifischen Sichtweisen Impulse zu entwickeln, mit denen Inklusion und Bildung „für alle" zu gestalten sind. Die gezielte Analyse, an welchen Stellen Medienbildung notwendig und möglich ist, fördert Erkenntnis darüber, wie und warum Medien für alle einen wesentlichen Zugang zur Welt und zur vollen Teilhabe am öffentlichen Leben und zur Gestaltung des privaten Lebens mediieren. Allerdings stößt der Zugang zu und die Nutzung von Medien häufig auf Barrieren, welche die soziale, politische und kulturelle Teilhabe an der Gesellschaft erschweren. Forschung und Praxis erfolgen meist an einem konkreten Gegenstand und werden durch Forschende oder Praktiker_innen mit bestimmten Expertisen vorgenommen. Die Lesenden werden trotz der grundsätzlichen Basis eines weiten Inklusionsbegriffs häufig Beiträge finden, die sich auf die Dimension der Behinderung fokussieren. Wir bitten daher die geneigten Lesenden, die Ideen der Beiträge auf ihre Relevanz auch für andere Benachteiligungsdimensionen zu prüfen und für Impulse zur inklusiven Gestaltung von

Medien, Bildung, Nutzungs- und Gestaltungssituationen zu nutzen sowie neue Möglichkeiten und Forschungsdesiderata zu identifizieren.

Aufbau des Handbuchs

Das Buch betrachtet Berufsfelder aus Pädagogik und Sozialer Arbeit sowie Entwicklungs- und Vermittlungsmethoden aus der Informatik.

Das erste Kapitel diskutiert grundlegende Theorien und Ansätze zu Inklusion und Medienbildung. Die folgenden Kapitel identifizieren die relevanten Felder, in denen Inklusionsfragen mit Fragen der Medienbildung verknüpft werden oder verknüpft werden sollten und geben Überblicke über den Praxis- und Forschungsstand. Diese Struktur ist gleichsam der Versuch, das Feld „Inklusion und Medienbildung" zu konzipieren und zu begründen, warum eine Verknüpfung dieser Diskursstränge notwendig ist. Die Beiträge im zweiten Kapitel geben dabei einen Überblick über die Berufsfelder, in denen Medienbildung und digitale Teilhabe wichtige Faktoren gelingender Inklusionsprozesse darstellen können. Eine selbstbestimmte und chancengleiche Teilhabe an Medien ergibt sich keineswegs von selbst. Auch junge Menschen wachsen nicht gleichsam von selbst zu selbstbestimmten und kritischen Nutzer_innen digitaler Technologien heran. Und nicht nur Menschen mit Behinderungen stoßen dabei auf Nutzungs- und Zugangsbarrieren. Der Erwerb von Medienkompetenz ist deshalb für eine „volle und gleichberechtigte Teilhabe" (Bundesgesetzblatt 2008, 1420) unabdingbar.

Im dritten Kapitel „Methoden und übergreifende Themen inklusiver Medienbildung" wird dargestellt, welche Methoden dort zum Einsatz kommen oder kommen könnten. Des Weiteren werden Themen, (Fach-)Gebiete und Tätigkeitsfelder skizziert, die für alle anderen Kapitel in diesem Band von Bedeutung sind und in diesem Sinne als Querschnittsaufgaben/-themen angesehen werden können. Hier wird deutlich, dass es spezifischer Kompetenzen der Fachkräfte in der Bildung, Sozialer Arbeit und Informatik bedarf, um inklusive Medienbildung zugänglich zu machen und zu gestalten. Folgerichtig gibt das vierte Kapitel einen Überblick darüber, wie in Berufsfeldern Inklusionsfragen und Perspektiven auf Medienbildungsformen in Professionalisierungsstrategien und Ausbildungskonzepte eingebunden sind oder aus welchen Argumentationen und Bedarfen heraus diese eingebunden werden sollten. Fähigkeiten zur Gestaltung und Vermittlung von Medienkompetenzen und Medienbildungsangeboten werden nicht automatisch durch private Mediennutzung erworben. Sie müssen in Professionalisierungsstrategien eingebunden werden, wenn inklusive Medienbildung und Technologieentwicklung in der mediatisierten Gesellschaft gestaltet, Diskurslinien und Dispositive erkannt und zwischen den Polen von Schutz vor Schaden durch Medienkonsum und Aktivierung zum ermächtigenden Handeln mit Medien professionell navigiert werden sollen.

Kapitel Fünf „Forschung“ zeigt Ansätze, die derzeit wesentliche Impulse für das Feld liefern können. Es beschreibt Forschungsansätze und Forschungsdesiderata und geht dabei explizit auf die Notwendigkeit einer Integration von Perspektiven aus diversen Disziplinen ein.

Obwohl die inklusiven Potenziale digitaler Medien in ausgewiesenen Kontexten bereits gut erschlossen sind, sind in anderen Bereichen noch Desiderata zu erkennen. Es existieren weiterhin erhebliche Herausforderungen bezüglich der systematischen Umsetzung unter den gegebenen Rahmenbedingungen. Schluchter konstatierte im Jahr 2010, dass eine „[...] wissenschaftliche Aufarbeitung des Schnittfeldes von Medienpädagogik und Behindertenpädagogik bis dato nicht geleistet wurde“. (2010, S. 98). Auch eine bildungstheoretische Fundierung des Begriffs ‚inklusive Medienbildung‘ wie auch eine theoretisch-konzeptionelle Aufarbeitung stehen erst am Anfang (Kamin & Hester 2015). Insgesamt fordert die Ausgestaltung von Inklusion und Medienbildung eine produktive Verbindung und den Austausch zwischen diversen Disziplinen. Als Herausgeberteam mit professionellen Hintergründen in der Sonderpädagogik, der Medienpädagogik und der Sozialen Arbeit haben wir versucht, einen möglichst umfassenden Überblick über dieses noch junge Forschungs- und Praxisfeld zu geben.

Wenn es gelingt, mit diesem Band die weitere wissenschaftliche und praktische Auseinandersetzung mit diesem Querschnittsthema anzuregen und zu unterstützen, hat sich die Arbeit der vielen Beteiligten gelohnt.

Unser Dank gilt allen Beteiligten, insbesondere dem Engagement der Autor_innen. Besonders bedanken wir uns für die wunderbare Zusammenarbeit mit Beltz Juventa. Der Verlag ermöglicht es, das Buch gleichzeitig als Printausgabe, als E-Book und als Open-Access-Publikation erscheinen zu lassen und somit das Werk für alle Bibliotheken und private Interessent_innen von Beginn an so barrierearm wie möglich zur Verfügung zu stellen. Mit dem multimedialen Erscheinen erhoffen wir uns, dass es für Interessierte zugänglich und nutzbar ist, und laden zur Teilhabe an der notwendigen zukünftigen Weiterentwicklung des Diskurses über Inklusion und Medienbildung ein.

Dortmund, Ludwigsburg, Köln, im Juni 2018

Literatur

Bosse, I. (2014). Ethische Aspekte inklusiver Medienbildung. In: Communicatio Socialis 47(1), 6-16.

Bundesgesetzblatt (2008). Übereinkommen über die Rechte von Menschen mit Behinderungen. Zwischen Deutschland, Liechtenstein, Österreich und der Schweiz abgestimmte Übersetzung. Bundesgesetzblatt, Jahrgang 2008, Teil II, Nr. 35, ausgegeben zu Bonn am 31. Dezember 2008. In: http://www.un.org/Depts/german/uebereinkommen/ar61106-dbgbl.pdf (29.05.2018)

Dederich, M. (2013). Ethische Aspekte der Inklusion. http://www.inklusion-lexikon.de/ethik_dederich.php (9.2.2014).

Hepp, A. (2018). Von der Mediatisierung zur tiefgreifenden Mediatisierung. In: J. Reichertz & R. Bettmann (Hrsg.), Kommunikation – Medien – Konstruktion. Braucht die Mediatisierungsforschung den Kommunikativen Konstruktivismus? Wiesbaden: Springer Fachmedien Wiesbaden (Wissen, Kommunikation und Gesellschaft, Schriften zur Wissenssoziologie), S. 27-45.

Kamin, A.-M. & Hester, T. (2015). Medien – Behinderung – Inklusion. Ein Plädoyer für eine Inklusive Medienbildung. In: M. Schiefner-Rohs, C. Gómez Tutor & Ch. Menzer (Hrsg.), Lehrer. Bildung.Medien. Herausforderungen für die Entwicklung und Gestaltung von Schule. Baltmannsweiler: Schneider Verlag Hohengehren, S. 185-196.

Reece, A. G. & Danforth, C. M. (2017). Instagram photos reveal predictive markers of depression. EPJ Data Sci. 6(1), 157.

Schluchter, J,-R. (2010). Medienbildung mit Menschen mit Behinderung. München: kopaed.

Zorn, I. (2011). Medienkompetenz und Medienbildung mit Fokus auf Digitale Medien. In H. Moser, P. Grell & H. Niesyto (Hrsg.), Medienbildung und Medienkompetenz – Beiträge zu Schlüsselbegriffen der Medienpädagogik (S. 175-209). München: kopaed.

I Grundlagen

Theoretische Grundlagen inklusiver Medienbildung

Isabel Zorn, Jan-René Schluchter, Ingo Bosse

Wurde in der Einleitung ein Überblick über das hier vorliegende Handbuch gegeben, so liefert dieser Artikel einen Überblick über die theoretischen Grundlagen der inklusiven Medienbildung. Wie das Arbeitsfeld insgesamt, so greift auch dieser Beitrag auf theoretische Reflexionsfolien aus unterschiedlichen Disziplinen wie beispielsweise der Medienpädagogik, der Sonderpädagogik, der Soziologie sowie der Informatik zurück.

Es werden Standortbestimmungen zu den zentralen Begrifflichkeiten „Inklusion", „Medien", „Medienbildung" und „Medienkompetenz" vorgenommen sowie dabei zentrale theoretische Positionen gegenübergestellt. Weiterhin findet eine Auseinandersetzung zu den Zusammenhängen von Mediensozialisation, sozialer Ungleichheit und Inklusion statt. Diese Ausführungen münden in die Klärung des Begriffs „inklusive Medienbildung" sowie der wesentlichen Aufgabenfelder dieses transdisziplinären Forschungs- und Praxisfeldes.

Dieser Beitrag leitet Zusammenhänge zwischen Inklusion und Medienbildung her. Dabei zeigt sich auch bei inklusiver Medienbildung ein bekanntes Theorie-Praxis-Problem:

> „Häufig taucht die Frage auf, wie [...] Medienbildungskonzepte in die pädagogische/medienpädagogische Praxis ‚umgesetzt' werden können. Dahinter steckt ein alter pädagogischer Klassiker, nämlich die Theorie-Praxis-Problematik. Die Medienbildungstheorie ist keine ‚Didaktik der Medienpädagogik' – die es übrigens bisher nicht gibt (Google-Test!), die aber aus einer Medienbildungstheorie heraus entwickelt werden könnte und sollte. Sie ist noch viel weniger eine Methodik der Medienpädagogik. Vielmehr bietet sie konzeptionelle, methodologische und empirische Orientierung." (Jörissen 2013)

Dieser Beitrag unternimmt den Versuch, diese notwendige konzeptionelle, methodologische und empirische Orientierung für Kontexte einer inklusiven Medienbildung zu bieten.

1 Inklusion: Begriff und Definition

In den letzten Jahren avancierte der Begriff der Inklusion zu einer zentralen Orientierung der Weiterentwicklung von Gesellschaft und belebte eine Auseinandersetzung mit Fragen von Chancengleichheit und Zugangsgerechtigkeit in der Gesellschaft wieder. Aktuelle durch die Konvention der Vereinten Nationen über die Rechte von Menschen mit Behinderungen (UN-BRK 2006/2008) deutlich intensivierte Diskurse um Inklusion – und einhergehend Exklusion – folgen langen historischen Traditions- und Entwicklungslinien der Auseinandersetzung mit Phänomenen sozialer Ungleichheit. Sie vereinen zwei historisch weitgehend voneinander getrennte Diskursstränge: einerseits um die ungleichen Lebensbedingungen und -verhältnisse von Menschen mit Behinderungen und andererseits um Dynamiken der sozialen Spaltung. Beiden gemein sind die Analyse, Reflexion und Bearbeitung von Strukturen und Mechanismen des sozialen Ausschlusses, dergestalt, dass gesellschaftliche Verhältnisse hervorgebracht werden, welche eine gleichberechtigte Einbeziehung aller Menschen in zentrale Bereiche und Ressourcen von Gesellschaft wie Erwerbsarbeit, in Bürgerrechte (persönlich, politisch, sozial) sowie in wechselseitige Sozialbeziehungen ermöglichen (Kronauer 2013, S. 18). Ein solches Verständnis von Inklusion zeigt, dass die hiermit verbundenen Perspektiven der Weiterentwicklung von Gesellschaft größer sind, als der Blick auf die Lebensbedingungen und -verhältnisse einzelner sozialer Gruppen wie Menschen mit Behinderungen. Aufgrund der vielschichtigen Verzahnung von aktuellen Strukturen und Bedingungen der Gesellschaft und hieraus resultierenden Momenten des sozialen Ausschlusses durch Zugehörigkeiten zu bestimmten sozialen Gruppen – entlang von Differenzlinien wie Geschlecht, Alter, soziale Herkunft, kulturelle Herkunft – kann Inklusion nicht als „[...] Sonderproblem von [einzelnen] Gruppen, sondern nur als gesellschaftspolitische Aufgabe, inkludierende Verhältnisse zu schaffen, [...]" (Kronauer 2013, S. 25) verwirklicht werden. Hierbei wird Überlegungen zur Intersektionalität Rechnung getragen, welche soziale Kategorien wie Geschlecht, Alter, soziale Herkunft, kulturelle Herkunft in ihrer Funktion der Identitätsstiftung zusammendenken. In diesem Zusammenhang ist mit der (Weiter-)Entwicklungsperspektive Inklusion eine Analyse, Reflexion und Bearbeitung der sozialen Strukturen und Dynamiken des Ausschlusses von Menschen verbunden, hin zur eben skizzierten Veränderung gesellschaftlicher Verhältnisse – „[...] zugespitzt formuliert: die Inklusion in sozial ausgrenzende Verhältnisse kann nicht das Ziel sein, sondern nur die Überwindung solcher Verhältnisse" (Kronauer 2013, S. 24).

Andere Perspektiven auf Inklusion beleuchten, dass beispielsweise gesellschaftliche Strukturen in Deutschland von vorneherein nicht inklusiv seien, weil beispielsweise Menschen ohne oder mit geringem Einkommen, Menschen ohne Arbeitsplatz, Menschen, die zwar einen Arbeitsplatz haben, aber dennoch zu wenig verdienten für volle Teilhabe oder Menschen, die zwar einen vollwertigen Schulabschluss hätten, aber dennoch keine Chancen auf einem kompetitiven Arbeitsmarkt haben, in vielen Bereichen nicht gleichberechtigt teilhaben können. Deswegen sei fraglich, ob und wie Menschen in einer solchen Gesellschaft Zugehörigkeit und Teilhabe erlangen können (vgl. Becker 2015). Sie fragt zudem, wo sich „exkludierte" Menschen eigentlich strukturell befänden, wenn nicht „innerhalb" der Gesellschaft? Luhmann (1995) verweist in diesem Zusammenhang darauf, dass Exklusion zwar ein „In-der-Gesellschaft-Sein" meint, aber ein Mensch/eine Gruppe von wenig oder keiner Bedeutung für die Gesellschaft und/oder gesellschaftliche Systeme ist.

Hieraus leitet sich die Kritik ab, dass die Idee der Inklusion zum Teil und nach jeweiligem Verständnis unberührt von kritischen Überlegungen zu gesellschaftlichen Mechanismen von Ausgrenzung bleibt (vgl. Böttinger 2017).

Vor dem Hintergrund solcher Überlegungen sei hier angemerkt, dass inklusive Medienbildung allein sicherlich keineswegs solche Diskrepanzen aufheben kann.

Der gesellschaftlichen Entwicklungsperspektive des hier vertretenen Verständnisses von Inklusion folgend sind soziale Strukturen und Mechanismen von Gesellschaft, von (Teil-)Bereichen von Gesellschaft dahingehend zu prüfen, ob die Voraussetzungen bzw. Kriterien für den Ein- und vor allem für den Ausschluss von Menschen berechtigt, unberechtigt und/oder diskriminierend sind. Als diskriminierend können Formen des sozialen Ausschlusses angesehen werden, wenn sie Lebensqualität, -verlauf und -chancen eines Menschen beeinträchtigten (Kronauer 2013, S. 19-21). Hierbei kann zwischen objektiv messbarer Diskriminierung und subjektiv erfahrener Diskriminierung unterschieden werden (Boger 2017, o. S.). Im Zuge des Diskurses um Inklusion muss es Ziel sein, sich – aus Perspektive des einzelnen Menschen sowie aus Perspektive der Gesellschaft – über berechtigte, unberechtigte und/oder diskriminierende Formen des Ausschlusses von Menschen zu verständigen und illegitime Formen des Ausschlusses zu bearbeiten, sodass eine gleichberechtigte Einbeziehung aller Menschen in die zentralen Bereiche von Gesellschaft möglich wird. In dieser Perspektive ist Inklusion als grundlegende, stete und verbindliche Reflexionsfolie in jeglichen Prozessen der Weiterentwicklung von Gesellschaft bzw. von gesellschaftlichen Teilbereichen sowie im Handeln gesellschaftlicher Akteure zu betrachten. Hierbei könnten Fragen nach Strukturen und Prozessen von Benachteiligungen situationsübergreifend als reflexionsleitend angesehen werden, z. B.:

- „Durch welche spezifische Handlung(en) erfährt eine Person Diskriminierung oder Benachteiligung, welche sich beeinträchtigend auf deren Lebensqualität, -verlauf und -chancen auswirkt/auswirken?
- Wie kann einer Beeinträchtigung von Lebensqualität, -verlauf und -chancen entgegengewirkt werden?"

Hierbei wird Inklusion auch zu einer Arbeit am Habitus gesellschaftlicher Akteure, denn „[...] der Wegfall äußerer Barrieren [angestrebt mit Entwicklungsaufgabe und -anspruch Inklusion, IB, JRS, IZ] [...] [führt] nicht direkt zur Mobilität und gleichen Chancen [...]. Distanzen im sozialen Raum sind verbunden mit Distanzen im sozialen Leben; sie betreffen die ganze Lebensweise. Die Abstände zu überwinden, muss auch innerlich, vom Habitus her, bewältigt werden." (Bremer 2007, S. 145f.).

In diesem Zusammenhang sind auch Medien und mediale Infrastruktur als wesentliche Elemente von Gesellschaft und ihre Bedeutung für die Konstitution von Gesellschaft (sowie Teilbereichen von Gesellschaft, Akteursperspektiven, Akteursbeziehungen etc.) in den Blick zu nehmen. Medien haben eine besondere Relevanz für die Gestaltung von Inklusion, da über und mit Medien Inhalte, Bilder und Werte und in dem Sinne Kultur vermittelt und hergestellt werden und weil sie Teilhabe- und Interaktionschancen ermöglichen und bedingen. In der Behindertenrechtskonvention wird ihnen eine Querschnittsfunktion bei der Umsetzung „gleichberechtigter Teilhabe und Inklusion" zugewiesen (Bosse 2016a, o. S.).

2 Mediensozialisation, soziale Ungleichheit und Inklusion

Alltags- und Lebenswelten sind ebenso wie Gesellschaft zunehmend von Medien und medialer Kommunikation durchdrungen; so wirken Medien in beinahe alle Alltags- und Lebensbereiche hinein, gestalten deren Strukturen mit und beeinflussen das Denken und Handeln der Menschen. Krotz (2007) spricht daher von einer Mediatisierung von Gesellschaft. In Anbetracht dieser gesellschaftlichen Medienentwicklung(en) wird der eben skizzierte Anspruch von Inklusion zunehmend an Medien und mediale Infrastrukturen gebunden. Entsprechend sind Medien und mediale Infrastrukturen zum Gegenstand der Analyse und Reflexion in Bezug auf ihre Bedeutung für Strukturen und Prozesse der Inklusion sowie der Exklusion zu machen.

Medien sind inzwischen Sozialisationsinstanz (vgl. Medienpädagogischer Forschungsverbund Südwest 2017a, b, c). Medien unterstützen Subjektivierungsprozesse, Identitätsbildung, bieten Orientierung, sie ermöglichen Erprobungen des Selbst. Wem Zugänge oder Kompetenzen in selbstbestimmter Mediennutzung fehlen, dessen Bildungschancen sind eingeschränkt und er/sie ist von Bildungsbenachteiligungen bedroht (Paus-Hasebrink & Kulterer 2014, Eickelmann 2015). Die Analyse von Mediensozialisationsprozessen zeigt, dass im Zugang zu und Umgang mit Medien soziale Ungleichheiten weitgehend reproduziert werden (Niesyto 2010, S. 149ff.).

- Es bestehen Zusammenhänge zwischen den sozialen, kulturellen und materiellen Ressourcen von Menschen und deren Medienumgangsformen (Iske, Kutscher & Klein 2004, Niesyto 2009, S. 8-11, Bosse & Hasebrink 2016, Bos et al. 2014).
- Medienumgangsformen sind immer Bestandteil von alltags- und lebensweltlichen Anerkennungs- und Sinnstrukturen und somit liegt die Nutzung von Medien(-angeboten und -inhalten) immer im Horizont der vom jeweiligen Menschen beigemessenen sozialen Sinnhaftigkeit begründet (Welling 2008, S. 270).
- Bestimmte Medienumgangsformen sind mehr oder weniger hilfreich für den Erwerb von Kompetenzen, welche für Strategien sozialer und politischer Teilhabe notwendig sind. Sie können zu ungleicher Beteiligung an Informationen, Bildung und Meinungsäußerung führen (Mossberger et al. 2003).
- Diverse Ebenen einer digitalen Ungleichheit (digital divide) reproduzieren soziale Ungleichheiten: Nicht nur Zugang und Nutzungskompetenz beeinflussen Teilhabe aber auch Infrastruktur (z. B. Netzneutralität) und technische Strukturen von Software (z. B. algorithmengesteuerte Datenanalysen). Von sozialer Ungleichheit betroffene Menschen werden vermutlich auch davon stärker benachteiligt werden (vgl. Verständig, Klein & Iske 2016, Zorn 2017).

Darüber hinaus lassen sich zwei zentrale Phänomene der Diskriminierung im Bereich Medien beschreiben:

1. Die Bedeutung von Medienangeboten und -inhalten bei der Entwicklung und Reproduktion von individuellen und sozialen Wirklichkeits- und Bedeutungskonstruktionen von sozialen Gruppen bzw. Kategorien u. a. von sozialer Herkunft, kultureller Herkunft, Geschlecht; die stereotype, klischeebesetzte und eindimensionale Darstellung von sozialen Gruppen in Medien trägt dazu bei, Wahrnehmungen von den jeweiligen Gruppen zu prägen (Wischermann & Thomas 2008, S. 7-20)
2. Die Bedeutung mangelnder Zugänglichkeit von Medienangeboten und -inhalten für bestimmte Menschen; die Prinzipien der Barrierefreiheit und universellen Nutzbarkeit sind in der Breite von Medienangeboten und -technik nur in Ansätzen verwirklicht (Bosse et al. 2017, S. 112-115).

Neben Medien und medialer Infrastruktur können Angebote der Medienbildung selbst zum Moment des sozialen Ausschlusses – und/oder die Diskriminierung – werden. Die Medienpädagogik als eine der Disziplinen, die die Diskurse um Medienbildung wesentlich prägt, hat zwar bislang immer auch marginalisierte Gruppen in der Gesellschaft in den Fokus von Theorie und

Praxis genommen. Es wird ihr jedoch auch eine Mittelschichtlastigkeit zugesprochen (Niesyto 2009, S. 16). Ebenso wird auf die Problematik der eher „bildungsbürgerlichen“ normativen Aufladung des Medienkompetenzbegriffes hingewiesen (Kutscher 2009, S. 14). Es ist daher notwendig, Medienbildung und Inklusion stärker zusammen zu denken.

3 Medienbildung und Inklusion

Im Bereich der Medienbildung, insbesondere in der Medienpädagogik, aber auch in anderen Disziplinen wie beispielsweise der Sozialen Arbeit, Frühen Bildung und Erwachsenenbildung haben Inklusionsdiskurse in den letzten Jahren Einzug erhalten; entsprechend liegt eine Vielzahl an divergenten Verständnissen von Inklusion vor. Vor diesem Hintergrund wird die Notwendigkeit umso deutlicher, sich mit den verschiedenen theoretischen und praktischen Bezugs- und Standpunkten des Inklusionsbegriffes zu befassen und Verbindungen zu Zielen und Aufgaben inklusiver Medienbildung in Theorie und Praxis herzustellen (Maurer & Schluchter 2013). Erste Vorschläge zu Verbindungen von Medienbildung und Inklusion liegen bereits vor (vgl. u. a. Bosse 2012, 2012a, 2017, Brüggemann 2017, Kamin & Hester 2015, Kamin, Schluchter & Zaynel 2018, Schluchter 2012, 2015, 2016).

3.1 Medienbegriff

Alltagssprachlich scheint klar, was „Medien“ sind, wir benutzen das Wort möglicherweise täglich. Definitorisch wird es jedoch schwieriger: Was sind eigentlich „Medien“, was ist kein Medium? Was ist mit Medium gemeint, wodurch wird etwas zum Medium? Sind nur Massenmedien „Medien“ oder auch beispielsweise der menschliche Körper, kann auch eine sprechende oder computersteuernde Taste ein Medium sein?

Da sich Medien in ihren Eigenschaften, Einsatzkontexten und Inklusionsaspekten voneinander unterscheiden, gilt es daher zunächst für den Kontext der Inklusion geeignete Medienbegriffe zu finden, um deren Relevanz für Inklusion oder Exklusion analysieren zu können. Anschaulich wird dies, wenn wir uns vor Augen rufen, welch grundsätzlich unterschiedliche Eigenschaften, Einsatzkontexte und Inklusionsaspekte beispielsweise Medien wie Gebärdensprache, Tageszeitung und ein mit künstlicher Intelligenz ausgestatteter digitaler Bestellbutton haben.

Im disziplingebundenen wissenschaftlichen Sprachgebrauch kursieren diverse Medienbegriffe je nach theoretischer Verwurzelung, je nach theoretischen Sichtweisen auf Kommunikation und Wirklichkeit sowie je nach Analysekontext und -ziel. Insofern wird auch für je unterschiedliche Verständnisse von „Inklusion“ möglicherweise mit unterschiedlichen Medienbegriffen zu arbeiten sein. Im vorliegenden Band finden sich Darstellungen, die mit diversen Medienbegriffen auf unterschiedlichen Ebenen und in diversen Feldern argumentieren und eine Bandbreite von Zusammenhängen zwischen Medien und z. B. Kultur, Politik oder Technologieentwicklungen analysieren. Bewusst sollte hier kein Medienbegriff vorgegeben werden, um die Vielfalt der Relevanz von Medien und Medienbildung für Inklusionsprozesse abzubilden. Dennoch ist es notwendig, den für eine Analyse verwendeten Medienbegriff zu explizieren. Beispielhaft seien daher drei Medienbegriffe mit Bezug auf Inklusionsaspekte skizziert und erläutert. Sie basieren auf einer Systematik des Medienwissenschaftlers Kübler (2003), der sechs Medienbegriffe unterscheidet: universaler, elementarer, technischer, kommunikations- und organisationssoziologischer, kommunikativ-funktionaler und systemischer Medienbegriff. Im vorliegenden Buch liegt beispielsweise ein elementarer Medienbegriff zugrunde, wenn Bezeichnungen von geflüchteten oder behinderten Menschen in Massenmedien analysiert werden im Hinblick auf ihre exkludierende Wirkung. Werden die Funktionen von Medien für Bildungsprozesse und Artikulationsprozesse Einzelner und bestimmter Gruppen beschrieben (Zugang zu Informationen, Artikulation von Meinungen über Blogs und Petitionen), lässt sich mit einem kommunikativ-funktionalen Medienbegriff arbeiten. Wird über die Bereitstellung diverser Mediengeräte und -formate diskutiert, beispielsweise bei der Bereitstellung von Zugängen zu Fernsehen, Büchern, Internet und Smartphones in Bildungs- und Wohneinrichtungen, so wird ein technischer Medienbegriff gewählt. Und wenn wir analysieren, wie sich Inklusion in Meinungen, Diskursen und Verläufen von Entscheidungsprozessen einer Gesellschaft abbildet, so kann ein systemischer Medienbegriff geeignet sein.

Mit einer Verortung von Inklusionsprozessen in der mediatisierten Gesellschaft liegt es nahe, nach Krotz (2008) von „Medien“ zu sprechen, „[...] wenn es sich um menschlich hergestellte technische, zugleich aber auch um sozial institutionalisierte Einrichtungen handelt, die die Komplexität menschlicher Kommunikation zum Ausdruck bringen können, die Kommunikation zwischen Menschen und Institutionen der Interpretation anderer Menschen zugänglich machen und die Teil des etablierten gesellschaftlichen Kommunikationssystems sind“ (Krotz 2008, S. 48). Dabei erfolgt keine Separierung zwischen analogen und digitalen Medien.

Des Weiteren eignen sich zwei Annäherungen an den Medienbegriff als entsprechende Orientierung im Kontext Medienbildung und Inklusion:

- ein symboltheoretischer Medienbegriff, welcher von einer generellen Medialität menschlichen Handelns ausgeht (vgl. Fuchs 2013, o. S.)
- Annäherungen der Cultural Studies an den Medienbegriff, welcher Medien

als das zwischen dem menschlichen Körper und seiner Umwelt begreift (vgl. Göttlich 2008, 103 f.)

Folgt man Überlegungen der Cultural Studies zum Medienbegriff, so sind Medien (und ihre Technologien) als Elemente gesellschaftlicher Kommunikation – als soziale und kulturelle Praxen, die in gesellschaftlicher, ökonomischer etc. Relation zueinanderstehen, aufzufassen (vgl. ebd.). Medien sind hierbei wesentlicher Bestandteil der Organisation von Wissen und Kommunikation mit Folgen für Gesellschaft und Kultur, v. a. in Form der Herrschaftsformen sowie Denkstrukturen.

Die in diesem Abschnitt aufgezeigte Diversität der Verwendung des Begriffs „Medien" verdeutlicht, dass Medien in vielfältiger Weise beispielweise auf Ebene von Organisation(en), Politik, Pädagogik und Sozialarbeit Einflüsse auf Inklusionsprozesse haben.

3.2 Medienbildung

Die Relevanz des Erwerbs von Medienkompetenz und Medienbildung nimmt in einer mediatisierten Gesellschaft für alle Menschen zu. Da in der Breite der divergenten Medienverständnisse Medien immer ein konstitutives Element jeglicher Interaktions- und Kommunikationsprozesse darstellen, bilden sie auch die Basis für alle Formen von Lern- und Bildungsprozessen. In einer mediatisierten Gesellschaft ist die Bildung mit, über und durch Medien grundlegend für gesellschaftliche Zugehörigkeit und Teilhabe.

In der Tradition der Medienpädagogik hat Medienbildung den Anspruch, die mediale und selbstbestimmte Partizipation gerade auch von benachteiligten Menschen und Gruppen fördern zu wollen, da Medien als gesellschaftskonstituierend verstanden wurden und werden. Besonders die Förderung der Artikulation subjektiver und marginalisierter Sichtweisen stand traditionell neben der Entwicklung einer kritischen Reflexivität auf Medieninhalte und Mediennutzung im Zentrum medienpädagogischen Handelns.

Medienbildung fokussiert den Bildungsbegriff im Hinblick auf seine unabdingbare Interdependenz zum Medienbegriff. Bildung ist dabei zu verstehen als ein fortwährender Prozess (nicht Zustand) des Lernens, Reflektierens und Veränderns in einer sich kontinuierlich wandelnden Welt. Wir verstehen Bildung nach Marotzki und Jörissen (2008, S. 100)

> „als Prozess, in welchem vorhandene Strukturen und Muster der Weltaufordnung durch komplexere Sichtweisen auf Welt und Selbst ersetzt werden. [...] Als besonders komplexe Form des Lernens lässt sich der strukturale Bildungsbegriff weiterhin in Abgrenzung zu weniger reflexiven Formen des Lernens spezifizieren. Während Lernen auf die Her-

stellung von Wissen, also auf die Herstellung von Bestimmtheit in Bezug auf Welt und Selbst abzielt, sind Bildungsprozesse durch Kontextualisierung, Flexibilisierung, Dezentrierung, Pluralisierung von Wissens- und Erfahrungsmustern, also durch die Eröffnung von Unbestimmtheitsräumen gekennzeichnet“ (vgl. ebd.).

Nicht jedes Handeln mit Medien ist jedoch im Sinne von Marotzki & Jörissen bildend. Medienhandeln in der Form von übermäßigem Medienkonsum steht beispielsweise in der Kritik, auf Bildungs- und Teilhabechancen mindernd wirken zu können (Bleckmann 2014, Bos et al. 2014). Um Medien selbstbestimmt, kritisch-reflexiv und zur Förderung von Bildung und subjektiver Chancen nutzen zu können, bedarf es einer Medienkompetenz. Diese muss daher allen Menschen vermittelt werden. Einigkeit besteht im gesellschaftlichen Diskurs weitgehend darin, dass Schule und Bildungseinrichtungen der nonformalen Bildung sowie die Ausbildungsinstitutionen Hochschule und berufliche Bildung mediale Lebensumwelten in Alltag, Beruf und Freizeit mit ihren Bedeutungen für die persönliche Lebensführung und für professionelles Handeln nicht ignorieren dürfen, sondern dass sie darauf vorbereiten müssen.

Medienbildung hat nicht primär Medien als Gegenstand, sondern zeigt, dass Medialität die Grundlage jeder Bildung ist (Jörissen 2013). Mithilfe von Medien lassen sich neue Kontakte, Ideen, Orte und Zusammenhänge erschließen und ermöglichen so, die eigenen Bildungsmöglichkeiten und somit den Bildungsraum (Spanhel 2010) zu erweitern.

Die Relevanz von Medien und Medienbildung für Sozialisation, Teilhabe und Bildung macht deutlich, wie sehr auch die Bedingungen für Inklusion in einer mediatisierten Gesellschaft mit Medienbildung verknüpft sind. Mit der theoretischen Grundlage der Medienbildung und dem Verweis auf die durch Medien ermöglichten Bildungsräume soll daher in diesem auch Band analysiert werden, dass und wie mit Medien neue Erfahrungsräume erreichbar sind, wie sie Erfahrungen ermöglichen, die durchaus auch aufgrund der Bedingungen des eigenen Lebens nicht (oder nicht so leicht) ohne Medienvermittlung denkbar oder realisierbar sind (z. B. aufgrund von körperlichen oder sprachlichen Einschränkungen).

3.3 Medienkompetenz

Wegen der fortschreitenden Mediatisierung und unter Bezugnahme auf Risiken, die Medienumgang mit sich bringen oder auf Chancen, die ein selbstbestimmter, kenntnisreicher Medienumgang ermöglichen kann, sowie durchaus auch mit Verweis auf die Notwendigkeit gut ausgebildeter Fachkräfte, finden sich in Politik, Bildung und Wirtschaft vermehrt Bekenntnisse zur Förderung von „Medienkompetenz“. Die zugrundeliegenden Verständnisse von „Medienkompetenz" unterscheiden sich dabei jedoch je nach Akteur stark. Es reicht von der Fähigkeit der Nutzung gängiger Bürosoftware über die vermeintliche Notwendigkeit, digitale Medien programmieren zu können bis zur Kompetenz einer mündigen, selbstbestimmten kritisch-reflexiven Mediennutzung und Mediengestaltung. Will man nicht zum Spielball diverser Interessenlagen werden und eine Instrumentalisierung des Medienkompetenz-Begriffs vermeiden, so gilt es, für Bildungskontexte eine bildungstheoretische Fundierung zu wählen. Dies ist bislang nicht in allen Bereichen erfolgt, und auch Konzepte einer Medienbildung oder Medienkompetenzförderung sind noch nicht überall etabliert, wie die Beiträge im Buch aufzeigen werden. Wo sich ein Bildungsbereich oder eine Einrichtung damit befasst, ob und wie Medienbildung oder Medienkompetenz gefördert werden soll, ist es daher auch notwendig, die diversen Ebenen, auf denen für oder gegen die Förderung von Medienkompetenz argumentiert wird, zu verstehen: Es finden sich erfahrungsgemäß Argumentationen auf ökonomischer, personalressourcenorientierter, technischer oder auch (jugend-) schutzorientierter Ebene, die teilweise einer bildungstheoretischen Fundierung und Begründung entgegenlaufen können. Wird beispielsweise eine nicht erfolgte Bereitstellung von Internetzugängen mit der Notwendigkeit des Schutzes der Zielgruppe vor Risiken der Mediennutzung (z. B. Zeitverschwendung, Cybermobbing, Cybergrooming, Viren, unbeabsichtigten Kaufverträgen, etc.) begründet, so stehen dieser bewahrpädagogischen Haltung die Verhinderung der Ermöglichung bildungstheoretisch begründeter Entwicklungsräume entgegen.

Es finden sich in der Literatur unterschiedliche Modelle dafür, wie Medienkompetenz begründet und ausgestaltet werden muss. Schelhowe et al. (2010) begründen den Erwerb diverser Kompetenzen mit Herausforderungen einer „digitalen Kultur", denen im Sinne einer Persönlichkeitsentwicklung mit der Förderung der folgenden vier Kompetenzbereiche begegnet werden müsse:

1. Information + Wissen
2. Kommunikation + Kooperation
3. Identitätssuche + Orientierung
4. Digitale Wirklichkeiten und produktives Handeln (Expertenkommission des BMBF zur Medienbildung et al. 2010).

Ein vielzitiertes Modell der Medienkompetenz entwickelte Dieter Baacke (1996) angelehnt an eine Theorie der jedem Menschen innewohnenden Kommunikationskompetenz. Es fokussiert vier Vermittlungs- und Zieldimensionen einer Medienkompetenz:

1. *Medienkritik* (mediale Inhalte, Mediensysteme und eigene Mediennutzung kritisch reflektieren);

2. *Medienkunde* (Medienangebote und -formen kennen);
3. *Mediennutzung* (gewünschte und benötigte Medien nutzen können); und
4. *Mediengestaltung* (eigene Medienprodukte erstellen, Medien verändern).

Alle Modelle von Medienkompetenz zeigen auf, dass es nicht nur um Nutzung von Medien geht. Sie basieren auf Analysen der Voraussetzungen und Ebenen von erforderlichen Kompetenzen für Handeln und Verstehen in einer von Medien durchzogenen Welt. Sie bieten einen Begründungs- und Planungsrahmen, um medienpädagogisch mit dem Ziel der Förderung von Bildung und Teilhabe handeln zu können.

Für die Vermittlung von Medienkompetenz und der Ermöglichung von Medienbildung „für alle" ist daher Voraussetzung, dass pädagogische (aber auch technische und kaufmännische) Fachkräfte die Verbindung von Inklusion und Medienbildung verstehen und über die notwendigen Medienkompetenzen und insbesondere medienpädagogischen Kompetenzen verfügen, diese in ihr pädagogisches Handeln zu integrieren. Eine ausführliche Auseinandersetzung mit dem Begriff der Medienkompetenz liefert Schorb in diesem Handbuch.

Insgesamt besteht ein großer Nachholbedarf in der Entwicklung von Konzepten und Modellen zielgruppensensibler und im Besonderen individualisierter Formen der Medienbildung, welche der Heterogenität ihrer Adressatinnen und Adressaten Rechnung trägt. Hierbei ist ein Blick auf die Alltags- und Lebenswelten der Menschen notwendig, welcher deren Bedürfnisse ernst nimmt und zusammen mit diesen versucht, einen Weg der bildungsbezogenen Weiterentwicklung der eigenen Person zu initiieren (Kamin, Schluchter & Zaynel 2018). Auch wird deutlich, dass die Medienpädagogik bislang den Adressatinnen und Adressaten ihrer Angebote zu wenig Raum für Beteiligung und Mitsprache eröffnet hat – hier weisen Überlegungen zu partizipativen Formen der Forschung oder Gestaltung von Praxisangeboten in eine entsprechende Richtung.

3.4 Zum Begriff der inklusiven Medienbildung

Wir haben den Begriff der inklusiven Medienbildung gewählt, da es um den Bildungsanspruch von Menschen, um deren Selbst- und Weltverhältnisse und damit einhergehend um das Potenzial ihrer Transformierung geht. Wie dieser Beitrag zu Beginn versucht hat deutlich zu machen, steht Inklusion im Zusammenhang mit voller und gleichberechtigter Teilhabe, mit Chancengleichheit, mit der Ermöglichung der Erreichung selbstgesteckter Ziele, ihr wohnt also ein Bildungsanspruch inne und ein Ermöglichungsanspruch. Inklusive Medienbildung verknüpft Ansprüche und Ideen einer Medienbildung in einer mediatisierten Welt, in welcher Mediatisierungsprozesse in der Sozialisation, Kommunikation und Teilhabe thematisiert werden. Der Begriff der inklusiven

Medienbildung kann als Katalysator und Kontrastmittel für die Medienbildung in Theorie und Praxis angesehen werden, indem er dazu auffordert, das eigene Denken und Handeln ständig zu reflektieren, um Perspektiven für die Inklusion und gegen die Exklusion von Menschen weiterzuentwickeln (Kamin, Schluchter & Zaynel 2018). Insofern finden sich zunehmend Plädoyers und Analysen dazu, wie auch in disziplinären Kontexten (beispielsweise der Sonderpädagogik und der Heilpädagogik) eine Verknüpfung mit Medienbildung herzustellen sei (z. B. Reber & Luginbühl 2016, Liesen & Rummler 2016).

Im Fokus steht „Medienbildung" als ein Begriff, der nicht eine Disziplin, sondern eine Zielrichtung angibt, sowohl für alle Menschen, für Bildungseinrichtungen sowie für pädagogisches Handeln und teilweise auch für technische Entwicklungen, die so gestaltet sein sollen, dass die Förderung von Medienbildung für alle Menschen möglich wird. In diesem Zusammenhang betont der Medienpädagoge Dieter Spanhel die Relevanz von medialen Bildungsräumen: „Wenn hier von medialen Bildungsräumen die Rede ist, dann sollen damit von Medien geprägte institutionalisierte und informelle Räume bezeichnet werden, in denen Bildungsprozesse durch Medien angestoßen werden. Auf Grund der rasanten Entwicklungen der Medien ist es fast unausweichlich, dass der Zusammenhang von Medien und Bildung in das Zentrum der Aufmerksamkeit nicht nur der Medienpädagogik, sondern der Bildungswissenschaften überhaupt rückt." (Spanhel 2009, S. 70-72). Medienbildung hat ergo nicht primär Medien als Gegenstand, sondern fasst Medialität als Grundlage jeder Bildung auf (Jörissen 2013). Mithilfe von medialer Kommunikation und Informierung lassen sich neue Kontakte, Ideen, Orte und Zusammenhänge erschließen und ermöglichen so, die eigenen Bildungsmöglichkeiten und somit den Bildungsraum (Spanhel 2010) zu erweitern. Diese Möglichkeit, sich medial selbstbestimmt bilden zu können, muss allen Menschen offenstehen: Das Recht auf einen adäquaten Zugang zu Medien ergibt sich daher auch aus einem Recht auf Bildung und Teilhabe. So sehen daher auch die Behindertenrechtskonvention und die Kinderrechtskonvention den Zugang zu Medien als wesentlich an für Bildung und gesellschaftliche und kulturelle Teilhabe: Die BRK benennt explizit die Zugänglichkeit zu Information, Informations- und Kommunikationsmedien und zu Bildung als einen zentralen Aspekt von Inklusion (UN-BRK, § 9, 21, 24, 30). Auch die Kinderrechtskonvention hat Zugang zu (Massen-)Medien (Art. 17) und zu Bildung und zu den Möglichkeiten persönlicher Entfaltung (Art. 29) im Zentrum, weil sie essentiell sind für Chancengleichheit, worauf ja auch Inklusionsbestrebungen zielen.

Die Relevanz von Medien und Medienbildung für Sozialisation, Teilhabe und Bildung machen deutlich, wie sehr auch Bedingungen für Inklusion in einer mediatisierten Gesellschaft mit Medienbildung verknüpft sind. So analysieren beispielsweise Reber und Luginbühl (2016) mit einer Perspektive auf die Heilpädagogik, dass Inklusion ohne (digitale) Medien nicht mehr denkbar sei.

Zusammenfassend findet der Begriff der inklusiven Medienbildung für die Analyse, Reflexion und Bearbeitung sozialer Strukturen und Mechanismen des Ausschlusses aller Menschen Verwendung (Schluchter 2016, Bosse 2017). Er zielt auf alle Menschen unabhängig von individuellen Prädispositionen. In jüngster Zeit wird betont, dass zugleich weiterhin spezifische Zugangs- und Teilhabebarrieren in den Blick zu nehmen sind (Bosse 2017): So haben Kinder und Jugendliche mit Beeinträchtigungen mit ganz eigenen und anderen Exklusionsrisiken zu kämpfen als Kinder und Jugendliche mit sog. Migrationshintergrund (Bretländer 2015, S. 185).

Inklusive Medienbildung beschäftigt sich auf der Ebene der Theoriebildung und Forschung wie auch auf der Ebene der praktischen Medienbildung mit folgenden drei übergreifenden Feldern (vgl. Bosse 2016) der medialen Teilhabe:

Teilhabe IN Medien: Die Repräsentation von sozialen Gruppen in den Medien ist entscheidend dafür, wie sichtbar Vielfalt in der Gesellschaft ist und wie sie wahrgenommen wird. Diversität in Redaktionen ist dabei ein zentraler Ansatzpunkt dafür, dass auch die Darstellung von Gesellschaft vielfältiger wird. Medienpädagogik beschäftigt sich mit stereotypen, klischeebehafteten und stigmatisierenden Darstellungen und setzt diesen durch eigene Medienproduktionen ein vielfältiges und selbstbestimmtes Bild entgegen.

Teilhabe AN Medien: Barrierefreie Medien ermöglichen Teilhabe. Barrierefreiheit betrifft die technische Bedienbarkeit, die Wahrnehmbarkeit mit unterschiedlichen Sinnen sowie die Verständlichkeit der Sprache und Einfachheit der Benutzerführung.

Teilhabe DURCH Medien: Arbeiten, Lernen, Kommunizieren und Beteiligung an öffentlichen Diskursen – digitale Medien bieten vielfältige Möglichkeiten der Partizipation für alle. In Kombination mit unterstützenden Technologien eröffnen sie Teilhabemöglichkeiten, die vielen Menschen bisher verwehrt oder stark erschwert waren (vgl. GMK Fachgruppe Inklusive Medienbildung 2018).

Teilhabe an inklusiver Medienbildung: Die barrierefreie und inklusive Gestaltung von Veranstaltungen wie Workshops, Tagungen und Konferenzen ist ebenso ein Arbeitsfeld inklusiver Medienbildung, wie auch die möglichst umfassende Zugänglichkeit von Veröffentlichungen zur inklusiven Medienbildung. Zur Teilhabe an inklusiver Medienbildung gehört darüber hinaus, die Förderung partizipativer und inklusiver Forschung. Die Rahmenbedingungen müssen so gestaltet werden, dass Wissenschaft und Forschung in inklusiven und transdisziplinären Teams selbstverständlich wird. Barrierefreiheit muss auch in der Forschung sichergestellt werden und darf bei Projektanträgen kein Wettbewerbsnachteil sein (Aktif 2017).

In der anwendungsbezogenen Forschung finden sich bereits zur Nachahmung inspirierende Konzepte zur inklusiven Gestaltung von Medienbildungsangeboten (z. B. Lutz 2003, Schaumburg 2010, Landesarbeitsgemeinschaft Lokale Medienarbeit e.V. 2012).

Als Ziele einer inklusiven Medienbildung werden beispielsweise Empowermentprozesse genannt (vgl. Schluchter 2012). Im Fokus solcher Medienbildungsangebote steht die aktive Medienarbeit zur Förderung des Erwerbs und der Umsetzung von sozialer und politischer Handlungs- und Gestaltungsfähigkeit, verbunden mit dem Ziel, gesellschaftliche Zugehörigkeit und Teilhabe zu ermöglichen (vgl. Demmler & Rösch 2012, S. 19f.).

Neben den hier genannten übergreifenden Schwerpunkten beschäftigt sich inklusive Medienbildung mit Themen wie Datafizierung, Algorithmisierung, Medienkompetenz 4.0, mit coding, maker spaces, virtual realitiy, Computerspielen, sowie mit den Themen Cybermobbing, Big Data, Datenschutz und Privatsphäre, ergo mit allen Themen, die auch insgesamt für alle Disziplinen, die sich mit Medienbildung beschäftigen, von Relevanz sind (Bosse 2017). Insgesamt ist zu beobachten, dass sich das Forschungsfeld und der Literaturfundus noch wenig systematisiert zeigen.

5 Fazit

In der mediatisierten Gesellschaft hat der Grad der Medienkompetenz einen entscheidenden Anteil an gesellschaftlichen Partizipationschancen (Pelka & Kaletka 2013). Inklusiver Medienbildung geht es um eine passgenaue Unterstützungskultur zum Erwerb derselben. Sie bezieht sich auf alle Vielfaltsdimensionen und zielt darauf, einen wesentlichen Beitrag zur Gestaltung einer inklusiven Gesellschaft zu leisten (Bosse 2017).

Mit diesem Beitrag wurde der Versuch unternommen, den Zusammenhang zwischen Diskursen zur Inklusion und denen zu einer inklusiven Medienbildung theoretisch herzuleiten und die Relevanz der Verknüpfung beider Diskurse zu verdeutlichen.

Deutlich ist, dass das Arbeitsfeld inzwischen in der Praxis nicht mehr wegzudenken ist, dass sich in der Theoriebildung und Forschung der inklusiven Medienbildung aber noch keine eindeutigen wissenschaftstheoretischen Denkpositionen herauskristallisiert haben, welche Forschung bestimmen oder Metatheorien liefern. Eine erste Systematisierung des Feldes nach Bildungsbereichen liefert dieser Band, weitere Systematisierungen sind notwendig.

Um die Weiterentwicklung theoretischer Denkpositionen zu inklusiver Medienbildung in Kontexten verwandter Disziplinen und Professionen voranzutreiben, bedarf es sowohl innerdisziplinärer als auch transdisziplinärer Forschungsansätze. Die zuletzt genannten betreffen unter anderem Medienpädagogik, Schulpädagogik, Sozialpädagogik/Soziale Arbeit, Sonder- und Heilpädagogik sowie Rehabilitationswissenschaften und die Informatik. Perspektiven der inklusiven Medienbildung können ferner die Forschung und Theoriebildung in weiteren benachbarten Disziplinen bereichern, da inklusive Medienbildung über Wissen und Kompetenzen in Feldern verfügt, die zunehmend auch in anderen pädagogischen Kontexten bedeutsam geworden sind (z. B. Medienkompetenz, digitale Inklusion und Exklusion, Umgang mit Big Data). Es besteht sowohl ein Bedarf an (empirischer) Grundlagen- und Anwendungsforschung als auch an Theoriebildung, ebenfalls erscheint eine stärkere Verzahnung von Theorie und (Berufs-)Praxis erforderlich (Schluchter 2014, S. 355). Ein weiteres Forschungsdesiderat ist die Entwicklung medienbildungstheoretisch fundierter kritischer Perspektiven auf Risiken von Digitalisierungsprozessen insbesondere für marginalisierte Gruppen und damit verbundene Exklusionsrisiken sowie übergreifende Ansätze, die weniger einzelne Personengruppen in den Blick nehmen, sondern medienbezogene Inklusion und Exklusion beispielsweise aus einer medienwissenschaftlichen oder gesellschafts- oder machttheoretischen Perspektive betrachten (GMK Fachgruppe Inklusive Medienbildung 2018).

Literatur

Aktif (2017). Kampagne – AKTIF – Akademiker*innen mit Behinderung in die Teilhabe- und Inklusionsforschung. https://www.aktif-projekt.de/kampagne-inklusive-forschung.html, [01.08.2018].

Baacke, D. (1996). Medienkompetenz als Netzwerk – Reichweite und Fokussierung eines Begriffs, der Konjunktur hat. medien praktisch 20, 410.

Becker, U. (2016). Die Inklusionslüge. Behinderung im flexiblen Kapitalismus (2., unveränderte Auflage). Bielefeld: transcript.

Böttinger, T. (2017). Exklusion durch Inklusion? Stolpersteine bei der Umsetzung. Stuttgart: Kohlhammer.

Boger, M.-A. (2017). Theorien der Inklusion – Eine Übersicht. In: Zeitschrift für Inklusion-online.net, Heft 1: Theorie. https://www.inklusion-online.net/index.php/inklusion-online/article/view/413/317 [01.08.2018)

Bos, W., Eickelmann, B., Gerick, J., Goldhammer, F., Schaumburg, H. & Schippert, K. Hrsg.) (2014). ICILS 2013: Computer- und informationsbezogene Kompetenzen von Schülerinnen und Schülern in der 8. Jahrgangsstufe im internationalen Vergleich. Münster: Waxmann.

Bosse, I. (2012). Inklusion in der Mediengesellschaft. In: H. Gapski (Hrsg.), Informationskompetenz und inklusive Mediengesellschaft. Schriftenreihe Medienkompetenz des Landes Nordrhein-Westfalen. Düsseldorf, München: kopaed, 11-28.

Bosse, I. (2012a). Standards der Medienbildung mit Menschen mit Behinderung in der Schule. In: Ludwigsburger Beiträge zur Medienpädagogik. http://www.ph-ludwigsburg.de/fileadmin/subsites/1b-mpxx-t-01/user_files/Online-Magazin/Ausgabe15/Bosse15.pdf, [21.02.2015].

Bosse, I. & Hasebrink, U. (2016). Mediennutzung von Menschen mit Behinderungen. Forschungsbericht. Hrsg. von Aktion Mensch & Die Medienanstalten. https://www.aktion-mensch.de/themen-informieren-und-diskutieren/barrierefreiheit/mediennutzung.html, [09.12.2016].

Bosse, I. (2016a). Teilhabe in einer digitalen Gesellschaft – Wie Medien Inklusionsprozesse befördern können. In: Bundeszentrale für politische Bildung. Onlinedossier Medienpolitik, http://www.bpb.de/gesellschaft/medien/medienpolitik/172759/medien-und-inklusion [13.12.2016].

Bosse, I. (2017). Digitale Teilhabe im Kontext von Beeinträchtigung und Migration. Zum Selbstverständnis inklusiver und integrativer Medienpädagogik. In: Dieter Baacke Handbuch 12, 19-30.

Bremer, H. (2007). Soziale Milieus, Habitus und Lernen. Zur sozialen Selektivität des Bildungswesens am Beispiel der Weiterbildung. Weinheim und München: Juventa.

Bretländer, B. (2015). Inklusive Bildung ist mehr als Schule – zur Relevanz von Jugendhilfe bzw. außerschulischer Bildungsarbeit für inklusive Bildungsprozesse. In: Irmtraut Schnell: Inklusive Bildung. Bad Heilbrunn: Verlag Julius Klinkhardt, 181-189.

Brüggemann, M. (2017). Frühe Medienbildung inklusiv(e). Potentiale digitaler Medien doppelt nutzen. in: von Gross, F. & Röllecke, R. (Hrsg.). Dieter Baacke Preis Handbuch 12: Medienpädagogik der Vielfalt – Integration und Inklusion, München: kopaed, 31-35.

Eickelmann, B. (2015). Bildungsgerechtigkeit 4.0. https://www.boell.de/de/2015/04/27/bildungsgerechtigkeit [02.05.2015].

Expertenkommission des BMBF zur Medienbildung, Schelhowe, H., Grafe, S., Herzig, B., Koubek, J., Niesyto, H., Vom Berg, A., Coy, W., Hagel, H., Hasebrook, J., Kiesel, K., Reinmann, G. & Schäfer, M. (2010). Kompetenzen in einer digital geprägten Kultur – Medienbildung für die Persönlichkeitsentwicklung, für die gesellschaftliche Teilhabe und für die Entwicklung von Ausbildungs- und Erwerbsfähigkeit. Berlin: Bundesministerium für Bildung und Forschung.

Fuchs, M. (2013). Medien als Mittel der Weltaneignung. Zur Medienkompetenz als Teil der ästhetischen und kulturellen Bildung. http://www.maxfuchs.eu/aufsatze-und-vortrage/ [02.08.2018]

Göttlich, U. (2008). Kultureller Materialismus und Cultural Studies. Aspekte der Kultur und Medientheorie Raymond Williams. In: Hepp, A., Winter, R. (Hrsg.). Kultur – Medien – Macht. Cultural Studies und Medienanalyse. Wiesbaden: VS-Verlag. 93-108.

GMK Fachgruppe Inklusive Medienbildung (2018). Medienbildung für alle: Medienbildung inklusiv gestalten! Positionspapier der Fachgruppe Inklusive Medienbildung [im Erscheinen].

Herriger, N. (1997). Empowerment in der Sozialen Arbeit. Eine Einführung. Stuttgart: Kohlhammer.

Jörissen, B. (2013). „Medienbildung" in 5 Sätzen – Mediality, Aesthetics & Education. https://joerissen.name/medienbildung/medienbildung-in-5-satzen/ [10.06.2018].

Jörissen, B. & Marotzki, W. (2009). Medienbildung – eine Einführung: Theorie – Methoden – Analysen. Bad Heilbrunn: Klinkhardt.

Kamin, A.-M., Schluchter, J.-R. & Zaynel, N. (2018). Medienbildung und Inklusion – Perspektiven für Theorie und Praxis. In: Schill, W. und Röllecke, R. (Hrsg.), Fachheft „Inklusive Medienbildung". Ein Projektbuch für Lehr- und pädagogische Fachkräfte. Düsseldorf: BZgA.

Kamin, A.-M. & Hester, T. (2015). Medien – Behinderung – Inklusion. Ein Plädoyer für eine Inklusive Medienbildung. In: Schiefner-Rohs, M., Gómez Tutor, C., Menzer, Ch. (Hrsg.), Lehrer.Bildung.Medien – Herausforderungen für die Entwicklung und Gestaltung von Schule. Baltmannsweiler: Schneider Verlag Hohengehren, S. 185-196

Klein, A, Iske, S., Kutscher, N. & Otto, H.-U. (2008). Virtual Inequality and Informal Education: An Empirical Analysis of Young Peoples' Internet Use and its Significance for Education and Social Participation. In: Technology, Pedagogy and Education – special issue theme 'Technology, pedagogy and education – glimpses of the wider picture', Volume 17, H. 2, S. 131-141.

Kronauer, M. (2013). Soziologische Anmerkungen zu zwei Debatten über Inklusion und Exklusion. In: Burtscher, R., Ditschek, E., Ackermann, K.-E., Kil, M. & Kronauer, Martin (Hrsg.), Zugänge zu Inklusion. Erwachsenenbildung, Behindertenpädagogik und Soziologie im Dialog. Bielefeld: Bertelsmann, 17-25.

Kübler, H.-D. (2003). Kommunikation und Medien. Eine Einführung (2., gänzlich überarb. u. erw. Aufl.). Münster: Lit.

Krotz, F. (2001). Die Mediatisierung kommunikativen Handelns. Der Wandel von Alltag und sozialen Beziehungen, Kultur und Gesellschaft durch die Medien. Wiesbaden: VS Verlag für Sozialwissenschaften.

Kultusministerkonferenz (2016). Bildung in der digitalen Welt. Strategie der Kultusministerkonferenz.

https://www.kmk.org/fileadmin/Dateien/pdf/PresseUndAktuelles/2016/Bildung_digitale_Welt_Webversion.pdf (05.01.2017).
Kutscher, N. (2009). Ungleiche Teilhabe – Überlegungen zur Normativität des Medienkompetenzbegriffs. In: Zeitschrift für Theorie und Praxis der Medienbildung, Heft Nr. 17: Medien und soziokulturelle Unterschiede. http://www.medienpaed.com/article/view/110/110 [01.08.2018].
Landesarbeitsgemeinschaft Lokale Medienarbeit e.V. (2012). Medienkompetent teilhaben! Materialien für eine inklusive Medienpädagogik; [Medienprojekte für alle – planen, gestalten, durchführen; Theorie – Praxisvorbilder – Tipps zur Umsetzung – CD-ROM] (1. Aufl.). Duisburg: Landesarbeitsgemeinschaft Lokale Medienarbeit NRW
Liesen, C. & Rummler, K. (2016). Digitale Medien und Sonderpädagogik – Eine Auslegeordnung für die interdisziplinäre Verbindung von Medien- und Sonderpädagogik. Schweizerische Zeitschrift für Heilpädagogik 22(4), 6-12.
Lutz, K. (2003). Medienarbeit mit Behinderten. merz – medien+erziehung Zeitschrift für medienpädagogik (3), 148-151.
Maurer, B. & Schluchter, J.-R. (2013). Filmbildung und Inklusion. Bestandsaufnahme und Perspektiven. In: Maurer, Björn/Reinhard-Hauck, Petra/Schluchter, Jan-René/von Zimmermann, Martina (Hrsg.), Medienbildung in einer sich wandelnden Gesellschaft. München: kopaed, 147-179.
Medienpädagogischer Forschungsverbund Südwest (2017a). FIM-Studie 2016 Familie, Interaktion, Medien. Untersuchung zur Kommunikation und Mediennutzung in Familien. Stuttgart: Medienpädagogischer Forschungsverbund Südwest.
Medienpädagogischer Forschungsverbund Südwest (2017b). JIM-Studie 2017: Jugend, Information, (Multi-)Media; Basisuntersuchung zum Medienumgang 12- bis 19jähriger. https://www.mpfs.de/fileadmin/files/Studien/JIM/2017/JIM_2017.pdf [12.01.2018].
Medienpädagogischer Forschungsverbund Südwest (2017c). KIM-Studie 2016 Kindheit, Internet, Medien. Basisstudie zum Medienumgang 6- bis 13-Jähriger in Deutschland. Stuttgart: Landesanstalt für Kommunikation Baden-Württemberg.
Mossberger, K., Tolbert, C. & Stansbury, M. (2003). Virtual Inequality. Beyond the Digital Divide. Georgetown: Georgetown University Press.
Niesyto, H. (2010). Medienpädagogik: Milieusensible Förderung von Medienkompetenz. In: Theunert, H. (Hrsg.), Medien. Bildung. Soziale Ungleichheit. Differenzen und Ressourcen im Mediengebrauch Jugendlicher. München: kopaed. S. 147-161.
Paus-Hasebrink, I. & Kulterer, J. (2014). Praxeologische Mediensozialisationsforschung. Langzeitstudie zu sozial benachteiligten Heranwachsenden (1. Aufl.). Baden-Baden: Nomos.
Pelka, B. & Kaletka, Ch. (2013). Lernort Telecenter. Ein neuer integrationspolitischer Ansatz zur Bekämpfung der „digitalen Kluft". http//bastianpelka.de/wordpress/wp-content/uploads/2012/Aufsatz-Telecenter-130910.pdf [01.08.2018].
Reber, C. & Luginbühl, M. (2016). Inklusion ohne digitale Medien ist nicht mehr denkbar. Schweizerische Zeitschrift für Heilpädagogik, 22(4), 13-18.
Rösch, E., Demmler, K., Jäcklein-Kreis, E. & Albers-Heinemann, T. (2012). Medienpädagogik Praxis Handbuch – Grundlagen, Anregungen und Konzepte für aktive Medienarbeit. München: kopaed.
Schaumburg, M. (2010). Bildungsangebot für Medienpädagogische Arbeit mit Menschen mit geistiger Behinderung – Eine methodische Anleitung für die Praxis. Heilpädagogik online(1), 5-19.
Schluchter, J.-R. (2012). Medienbildung als Perspektive für Inklusion. In: merz – Medien und Erziehung, Jg.56, H. 1, 16-21.
Schluchter, J.-R. (2014). Medienbildung in der (sonder)pädagogischen Lehrerbildung. Bestandsaufnahme und Perspektiven für eine inklusive Lehrerbildung. München: kopaed.
Schluchter, J.-R. (2015) (Hrsg.). Medienbildung als Perspektive für Inklusion. Modelle und Reflexionen für die pädagogische Praxis. München: kopaed.
Schluchter, J.-R. (2016). Medien, Medienbildung, Empowerment. In: merz – Medien und Erziehung, Jg. 60, H.5, 24-30.

United Nations Economic and Social Council (1999). IMPLEMENTATION OF THE INTERNATIONAL COVENANT ON ECONOMIC, SOCIAL AND CULTURAL RIGHTS. General Comment No. 13 (Twenty-first session 1999). E/C.12/1999/10, United Nations Economic and Social Council. http://tbinternet.ohchr.org/_layouts/treatybodyexternal/Download.aspx?symbolno=E/C.12/1999/10&Lang=en [3.5.2018].

Welling, S. (2008). Computerpraxis Jugendlicher und medienpädagogisches Handeln. München: kopaed.

Zorn, I. (2017). Wie viel „App-Lenkung“ verträgt die digitalisierte Gesellschaft? Herausforderungen digitaler Datenerhebungen für die Medienbildung. In S. Eder, C. Mikat & A. Tillmann (Hrsg.), Software takes command. Herausforderungen der „Datafizierung“ für die Medienpädagogik in Theorie und Praxis (S. 19-33). München: kopaed.

Mediensozialisation

Horst Niesyto

Die Auseinandersetzung mit der Mediensozialisation von Kindern, Jugendlichen und Erwachsenen ist wichtig, um in pädagogischen Kontexten Angebote zur Medienbildung und Medienerziehung entwickeln zu können, die jeweils an den vorhandenen Medienerfahrungen anknüpfen und zielgruppensensibel Formen einer inklusiven Medienbildung fördern.

Der folgende Beitrag stellt zunächst theoretische Grundlagen zum Begriff Mediensozialisation vor (Teil 1) und fasst danach Befunde aus der Forschung zur Mediensozialisation unter Aspekten sozialer Ungleichheit zusammen (Teil 2). Gerade in inklusiver Perspektive zeigt sich, dass handlungsorientierte Formen der Medienbildung geeignet sind, um sozialer Ungleichheit im Medienumgang entgegenzuwirken (Teil 3). Hinweise auf Herausforderungen und Desiderata der medienpädagogischen Forschung und Praxisentwicklung schließen den Beitrag ab (Teil 4).

1 Theoretische Grundlagen

In der Pädagogik und Medienpädagogik hat sich ein Sozialisationsbegriff etabliert, der die *Wechselwirkungen* von gesellschaftlichen, medialen und individuellen Einflussgrößen betont. Exemplarisch für allgemeine Sozialisationstheorien sei auf den Sozialisationsbegriff verwiesen, wie ihn Hurrelmann definiert. Danach wird unter Sozialisation der Prozess „der Entstehung und Entwicklung der menschlichen Persönlichkeit in Abhängigkeit von und in Auseinandersetzung mit den sozialen und den dinglich-materiellen Lebensbedingungen verstanden, die zu einem bestimmten Zeitpunkt der historischen Entwicklung einer Gesellschaft existieren" (Hurrelmann 1995, S. 114). Sozialisation bezeichnet demnach einen Prozess, in der sich eine sozial handlungsfähige Persönlichkeit bildet und „über den Lebenslauf hinweg in Auseinandersetzung mit den Lebensbedingungen weiterentwickelt" (ebd.).

Dieses Verständnis legt auch Bernd Schorb bei seinem Begriff von Mediensozialisation zugrunde; darüber hinaus akzentuiert er die *symbolische* Bedeutung von Medien:

> „Von Seiten der Medien gesehen dienen diese als Mittler von Wissen, Weltbildern und Lebensorientierungen. Innerhalb des sozialen Kontextes der Familie beispielsweise sind

> sie darüber hinaus selbst Medium der Vermittlung und als Symbole auch Inhalte der Kommunikation der sozialen Subjekte. Dabei ist, abhängig vom Lebenszusammenhang und sonstigem Anregungspotential der Subjekte, der Inhalt der medialen Angebote für die Ausbildung von Einstellungs-, Verhaltens- und Handlungsdispositionen von Bedeutung" (Schorb 2005, S. 387).

Schorb betont, dass Medienangebote zwar mit struktur-, wert- und normsetzenden Faktoren verbunden sind; die Individuen können sich aber auf der Basis aktiver Aneignungshandlungen auch Medieninhalten verweigern oder sich andere Ziele und Inhalte setzen (ebd.).

Diese erste begriffliche Annäherung an ‚Mediensozialisation' möchte verdeutlichen, dass aus medienpädagogischer Perspektive – in Anlehnung an interaktionistische Sozialisationstheorien – das *Wechselverhältnis* zwischen Menschen, Medien und gesellschaftlichen Kontexten zentral ist. Sichtweisen, die jeweils einen Faktor in diesem Wechselverhältnis einseitig betonen, laufen Gefahr, entweder medialen und gesellschaftlichen Strukturen determinierende Wirkungen auf Wahrnehmung, Denken und Handeln der Menschen zuzuschreiben oder subjektive Aneignungsleistungen von Medien von solchen Struktureinflüssen weitgehend zu entkoppeln.

In der Medienpädagogik bildeten sich im Laufe der Zeit unterschiedliche theoretische Ansätze und Modelle zur Mediensozialisation heraus. Diese *Ausdifferenzierung* hängt vor allem mit unterschiedlichen wissenschaftstheoretischen Verortungen (Aufenanger 2008, S. 88f.) sowie mit Veränderungen im Gegenstandsbereich, der gesellschaftlichen Medienentwicklung und den Medienpraktiken der Menschen zusammen. Weitere Ausdifferenzierungen bietet das von Ralf Vollbrecht und Claudia Wegener (2010) herausgegebene *Handbuch Mediensozialisation*, insbesondere bezüglich der Mediensozialisation im Lebensverlauf, der Relevanz unterschiedlicher sozialer und institutioneller Kontexte und Medienbezüge sowie verschiedener Themenaspekte der Mediensozialisation.

In dem von Dagmar Hoffmann und Lothar Mikos editierten Sammelband zu *Mediensozialisationstheorien – neue Modelle und Ansätze in der Diskussion* (2010) plädiert Hoffmann für eine integrative Mediensozialisationstheorie, die Konzepte und Modelle der Sozialisation möglichst systematisch mit Medienaneignungsprozessen in Verbindung bringt (Hoffmann 2010): „Herauskommen sollte eine Subjekttheorie, die das Verhältnis individueller Subjekte zu den sie umfassenden Strukturen über Interaktionsprozesse und Bedürfnislagen erfasst" (ebd., S. 24). Analysen und Theorien zur *Medienaneignung* gehen davon aus, dass es keine reizkontrollierte und input-determinierte Medienwirkungen gibt, sondern vielmehr das Individuum zur zentralen und verantwortlichen Instanz wird. Individuen werden nicht als Zielscheibe medialer Reize, sondern als aktive Konstrukteure von Sinn und Bedeutung betrachtet. Diese Annahme korrespondiert mit dem sozialisationstheoretischen Modell des „produktiv realitätsverarbeitenden Subjekts“ (Hurrelmann & Ulich 1998), das Persönlichkeitsentwicklung in einem reflexiven und interaktiven Prozess zwischen subjektiven Faktoren und der äußeren Realität verortet.

Zusammenfassend lässt sich festhalten, dass sich bei den Theorien zur Mediensozialisation vor allem *aneignungs- und handlungstheoretische* Ansätze etabliert haben, die – ausgehend vom Wechselverhältnis von Mensch und Medien – besonders nach den sozialen und soziokulturellen Implikationen der Medienaneignung fragen. Medienrezeption und Medienaneignung werden als Teile *sozialen Handelns* verstanden, die Mediennutzung wird im Lebenskontext der Menschen verortet, es wird nach der Bedeutung der Medien im Alltag und für die Lebensbewältigung gefragt. Konstituierendes Merkmal nahezu aller handlungstheoretischer Ansätze ist die Betonung der Verwobenheit von Mediennutzung und Alltagspraxis, sowohl was die präferierten Medienthemen als auch die interpretatorischen Möglichkeiten im Rahmen von *role-taking* und *role-making* betrifft (parasoziale Interaktion und symbolisches Probehandeln mit Medien). Handlungstheoretisch fundierte Studien trugen entscheidend dazu bei, die subjektiven Dimensionen der Mediennutzung besser zu verstehen und die eigensinnigen Prozesse der Medienaneignung herauszuarbeiten. Entsprechende Analysen betonen insbesondere die Bedeutung von Medienangeboten für die *Identitätsbildung* (Schorb 2014) und die Gestaltung neuartiger *Kommunikations- und Beziehungsformen* (u. a. Tillmann 2008), gerade mit Blick auf die Nutzung digitaler Medien. Unter Hinweis auf entwicklungs- und sozialpsychologische Konzepte zur Identitätsbildung (z. B. Keupp et al. 1999) werden Phänomene wie „Patchwork-Identitäten“ und „hybride Identitäten“ in Zusammenhang mit medienkulturellen Identitätskonstruktionen gebracht: Kinder und Jugendliche nutzen unterschiedliche Medienwelten als Räume für symbolisches Probehandeln, um im Kontext von Ablösungs- und Emanzipationsprozessen eigene Orientierungen zu entwickeln und verschiedene „Teilidentitäten“ mittels Medien auszubalancieren.

Kritisch ist anzumerken, dass die Frageperspektive „Was machen die Menschen mit Medien?“ zwar zu wichtigen neuen Einsichten in das alltägliche Medienhandeln von Kindern, Jugendlichen und Erwachsenen führte, gleichzeitig geriet jedoch die Frageperspektive „Was machen die Medien mit den Menschen?“ immer mehr in den Hintergrund. So ist die *Überschätzung* der Möglichkeiten zu einem medien-autonomen Handeln ein kritischer Punkt in kulturtheoretisch orientierten Studien zur medialen *Selbstsozialisation* (u. a. Fromme et al. 1998, Müller, Rhein & Glogner 2004). Konzepte zur Selbstsozialisation mit Medien betonen insbesondere die *Eigenleistungen* der Individuen im Sinne aktiven, selbstständigen Handelns: Auswahl von Gegenständen, Medienangeboten, Mitgliedschaften, Beziehungsformen, Werthaltungen und Deutungsmustern. Diese Eigenleistungen haben zweifelsohne in Zusammenhang mit dem gesellschaftlichen Prozess der Individualisierung und Globalisierung zugenommen, der von den Individuen in erheblichem Maße mehr eigenverantwortliches Handeln abverlangt. Einerseits verbinden sich damit Chancen zu mehr Selbstständigkeit und Selbststeuerung, andererseits ist jedoch nicht zu übersehen, dass den Menschen *unterschiedliche* bildungsbezogene, kulturelle, soziale und finanzielle *Ressourcen* zur souveränen Nutzung von Medien zur Verfügung stehen.

Eine einseitige Rezeption der Cultural Studies in Deutschland vernachlässigte bereits in den 1980er und 1990er Jahren die Auseinandersetzung mit problematischen Medienentwicklungen und berücksichtigte bei der Analyse individueller Prozesse der Medienaneignung nicht hinreichend Phänomene wie emotionalisierende, personalisierende und gleichförmige Mediengestaltung und deren Bedeutung für die Mediensozialisation und Identitätsbildung (vgl. u. a. Süss 2004, S. 279f.). In medienkritischer Perspektive erscheinen differenzierende Sichtweisen notwendig, die sowohl die Akteure und ihre Medienpraktiken als auch problematische mediale Inszenierungsstrategien berücksichtigen. Hierzu gehören auch Untersuchungen über die medialen, sozialen und sozialpsychologischen Muster, die Veränderung der Struktur von Kommunikationsformen und Öffentlichkeiten und die *ungleich* vorhandenen bildungsbezogenen, kulturellen, sozialen und finanziellen Ressourcen für alltägliches Medienhandeln.

Die mit der Digitalisierung in den vergangenen 20 Jahren verbundenen Entwicklungen wie z. B. eine umfassende Datafizierung und Kommerzialisierung von Alltagswelten und ein neuer Strukturwandel von Öffentlichkeit im Datenkapitalismus verweisen auf Herausforderungen und Aufgaben einer kritischen Medienpädagogik und Mediensozialisationsforschung (Niesyto 2010, 2017). In diesem Zusammenhang sind u. a. die Analysen von Friedrich Krotz zur *Mediatisierung* relevant. Krotz knüpft an die Mediumstheorie von Meyrowitz (1990) an und macht Veränderungen in den gesellschaftlichen Kommunikationsmitteln und -mustern zum Ausgangspunkt seiner Betrachtungen über den Einfluss von Medien auf identitätsrelevante Inhalte, personale und soziale Beziehungen (Krotz 2007). Die Theorie der Mediatisierung betont die starke *Durchdringung* von Alltag und Kultur in engem Zusammenhang mit dem Wandel verschiedener Formen der Medienkommunikation. Dies bedeutet z. B., dass auch die Face-to-face-Kommunikation von medialer Kommunikation beeinflusst wird und menschliche Kommunikation in der heutigen Zeit nahezu in allen Bereichen auch mediale Kommunikation ist.

Da sich mediale und soziale Kommunikation immer mehr verschränkt haben, hält der Medien- und Kommunikationswissenschaftler Lothar Mikos eine *eigenständige* Mediensozialisationstheorie für einen „Irrweg, weil sie durch die Überbetonung der Medien den Blick auf das Zusammenwirken von medialer und sozialer Kommunikation in der gegenwärtigen Gesellschaft verstellt“ (Mikos 2010, S. 43). Diese These lässt sich durch den Hinweis entkräften, dass es immer schon verschiedene Sozialisations*felder* bzw. *-instanzen* gegeben hat (insbesondere Familie, Schule, Peergroup, Arbeitswelt), die eigenständig untersucht werden und die sich zugleich auch gegenseitig beeinflussen. In diesem Sinne können auch Medien als ein eigenständiges Sozialisationsfeld verstanden werden. Gleichwohl ist festzuhalten, dass die Analyse der Mediatisierung (Krotz 2007) die intensive gegenseitige Durchdringung von Medien, Alltag und Kultur betont: „Mediensozialisation lässt sich von allgemeiner Sozialisation nicht separieren, allenfalls zu analytischen Zwecken differenzieren" (Vollbrecht 2014, S. 117). In diesem Sinne erscheint es sinnvoll, weder medien- noch subjektzentrierte Positionen einzunehmen, sondern Medienaneignung und Mediensozialisation stets im Kontext von sozialem Handeln und gesellschaftlichen Bedingungen zu betrachten.

In den letzten 15 Jahren stand die Auseinandersetzung mit *digitalen Medien*, Internetkommunikation, mobilen Medien und digitalen Spielkulturen im Vordergrund medienpädagogischer Praxis und Forschung. Das exponentielle Wachstum von digitalen Speicherkapazitäten, die Miniaturisierung von Einzelbausteinen, die mobile Einsetzbarkeit und die interaktiven Möglichkeiten in Echtzeitkommunikation sind strukturelle Eigenschaften digitaler Medien, welche einen enormen Schub in der Medienkommunikation beförderten. In medienpädagogischer Perspektive geht es vor allem darum, wie digitale Medien von Kindern, Jugendlichen und Erwachsenen für Kommunikation, Selbstausdruck, Identitätsbildung, Lernprozesse und gesellschaftliche Partizipation eigenständig und kompetent genutzt werden können. Phänomene wie die ständige Erreichbarkeit und Selbstdarstellung in sozialen Netzwerken, die orts- und zeitunabhängige Nutzung von digitalen Medien und damit verbundene sozialräumliche Veränderungen, Datenpreisgabe und informationelle Selbstbestimmung, Cybermobbing, Pornografie und Gewalt, rechtsextremistische Propaganda, Gaming-Communities, digitale Fankulturen, Blogging und Vlogging, Hacking, Influencer Marketing und Kommerzialisierung von Alltagsleben sind Bestandteil von Medienpraktiken und Gegenstand diverser Studien. Der folgende Teil fasst wichtige Befunde aus der Medienaneignungs- und Mediensozialisationsforschung zusammen und fokussiert dabei auf Aspekte zum Thema Mediensozialisation und soziale Ungleichheit.

2 Mediensozialisation und soziale Ungleichheit

Zweifelsohne eröffnen digitale Medien neue Chancen für selbstgesteuerte Bildungs- und Lernprozesse. Dennoch ist darauf hinzuweisen, dass dies kein Selbstläufer ist – die Nutzung dieser Chancen hängt zu wesentlichen Teilen von den jeweiligen bildungsbezogenen, kulturellen, sozialen und finanziellen Ressourcen ab. Es gibt viele Kinder und Jugendliche, die weder im Rahmen der familiären noch der schulischen Sozialisation hinreichend Anregung und Förderung für einen kompetenten und reflektierten Medienumgang erhalten. So konnte bereits die Studie über *Medienpädagogik und soziokulturelle Unterschiede* (Niesyto 2000) eine Mittelschicht-Lastigkeit medienpädagogischer Konzepte und die Notwendigkeit einer milieusensiblen Medienkompetenzförderung herausarbeiten. Es folgten weitere Studien über Medien, soziokulturelle Unterschiede und soziale Benachteiligung, u. a. von Paus-Hasebrink & Bichler 2008, Hargittai 2007, Klein, Iske, Kutscher & Otto 2008, Wagner 2008, Welling 2008, Zillien 2013.

Zu nennen sind vor allem Unterschiede bei den Nutzungspräferenzen und der Navigationspraxis im Internet, bei den Lese-, Schreib- und (audio)visuellen Kompetenzen, bei der Nutzung von mehr informations- und unterhaltungsorientierten Angeboten (u. a. Bundesministerium für Familie, Senioren, Frauen und Jugend 2017). Während früher Unterschiede im *Zugang* zu digitalen Medien im Vordergrund standen (digital divide),[1] geht es heute vor allem um die unterschiedlichen *Umgangsweisen* mit digitalen Medien (second digital divide). So eignen sich Menschen mit geringer Formalbildung und geringem Einkommen weniger Wissen im Internet an. Das geringere Wissen wirkt sich nachteilhaft auf soziale Positionen aus und verstärkt die soziale Ungleichheit. Klein et al. (2008) hielten als ein wichtiges Ergebnis einer Onlinestudie fest, dass eine Passung von medialen Angebotsstrukturen, inhaltlichen Präferenzen und personalen Aspekten entscheidend dafür ist, ob bestimmte Onlineangebote genutzt werden oder nicht. Auch eine neuere Studie zu Partizipation und Teilhabe-Kultur im Social Web (Wagner 2015) weist darauf hin, dass z. B. männliche, besser gebildete Jugendliche Online-Medien häufiger zu partizipativen Zwecken nutzen als andere Jugendliche (ebd.).

Bezüglich Mediennutzung von *Migrantinnen und Migranten* wird aus Studien deutlich, dass der Migrationshintergrund allein keinen hinreichenden Erklärungshintergrund für unterschiedliche Formen der Medienaneignung bietet. Qualitative Studien (z. B. Holzwarth 2008, Hugger 2009) konnten herausarbeiten, dass Medien von jungen Menschen mit Migrationshintergrund in sehr vielfältiger Weise genutzt werden. Bezüglich der *Geschlechtsunterschiede* stellt sich das Bild ebenfalls komplex dar: zum einen gibt es relativ stabile Muster, z. B. dass junge Frauen eher als Jungen Buchlektüre und den interaktiven Austausch im privaten Umfeld präferieren und junge Männer deutlich häufiger Computerspiele nutzen. Allerdings ist bei diversen Studien auch kritisch zu hinterfragen, inwieweit „das System der heteronormativen Zweigeschlechtlichkeit (Butler 1991) das Medienhandeln strukturiert und auch die Erhebungsin-

1 Beim Zugang zu digitalen Medien gibt es auch heute noch in Deutschland Disparitäten, z. B. zwischen städtischen und ländlichen Regionen und bezüglich des sozioökonomischen Status (z. B. Vielfalt von Zugangskanälen bei der Oberschicht, vgl. Shell-Studie 2015, S. 18).

strumente beeinflusst“ (Bundesministerium für Familie, Senioren, Frauen und Jugend 2017, S. 301).

Von *digitaler Exklusion* besonders betroffen sind (junge) *Menschen mit Behinderungen*. Der 15. Kinder- und Jugendbericht der Bundesregierung lenkte in einem Kapitel über „Zumutungen und Herausforderungen des digital-vernetzten Lebens“ den Blick auf strukturell bedingte ungleiche Zugänge zu digitalen Medien. Folgende Punkte sollen akzentuiert werden:

- Menschen mit Behinderung sind von einer mehrdimensionalen Benachteiligung betroffen; nach wie vor werden nur wenige Medien und Technologien barrierefrei entwickelt;
- Intensität und Art der Nutzung digitaler Medien als auch Nutzungsmotive hängen stark von der Art der Beeinträchtigung und den Lebensverhältnissen ab;
- von digitaler Exklusion besonders betroffen sind vor allem Personen mit Lernschwierigkeiten bzw. geistigen Beeinträchtigungen;
- Förderschülerinnen und Förderschüler verbringen signifikant mehr Zeit mit Fernsehen (extensive Nutzung); bei Erziehungsberechtigten trifft das Fernsehen auf weniger Vorbehalte als Computertechnologien;
- es fehlt weitgehend die Förderung einer inklusiven Medienbildung (Bundesministerium für Familie, Senioren, Frauen und Jugend 2017).

Insgesamt wird deutlich, dass es bislang an (repräsentativen) Daten zur Medienausstattung und Mediennutzung von Menschen mit Behinderung mangelt.[2] Eine Studie der Technischen Universität Dortmund und des Hans-Bredow-Instituts an der Universität Hamburg ermittelte erstmals deutschlandweit aussagekräftige Daten zur Mediennutzung, den Nutzungsmotiven und -erwartungen von Menschen mit Beeinträchtigungen (die medienanstalten & Aktion Mensch 2017). Die Befunde verdeutlichen, dass nach wie vor große Barrieren vorhanden sind. So sagten 61 % der Gehörlosen, dass es zu wenige Sendungen mit Untertiteln gibt; 86 % der Gehörlosen und 48 % der Blinden sagten, dass sie den Inhalten im Fernsehen „gelegentlich“ bis „sehr oft“ nicht folgen können. Bezüglich Internetnutzung wird deutlich, dass Menschen mit Behinderung insgesamt seltener das Internet nutzen als die Gesamtbevölkerung: „Die Befragten sehen fast alle über stationäre Fernsehgeräte fern. Die Nutzung von stationären Computern oder Laptops ist geringer als in der Gesamtbevölkerung, noch größer ist der Unterschied für die Bewegtbildnutzung bei Tablets oder Smartphones“ (ebd., S. 11).

2 Es gibt erste Studien, die Teilaspekte bzw. bestimmte Gruppen untersuchen, z. B. die Studie von Nadja Zaynel (2017) über „Internetnutzung von Jugendlichen und jungen Erwachsenen mit Downsyndrom“.

Die zuvor genannten Analysen und Befunde zeigen, dass Unterschiede in der Mediennutzung nicht allein von unterschiedlichen soziokulturellen Orientierungen und Motivlagen abhängen, sondern im Kontext ungleicher Lebensumstände und Ressourcen zu sehen sind. Zwar ist zu betonen, dass soziokulturelle Unterschiede in der Mediennutzung nicht automatisch auf Aspekte sozialer Ungleichheit und Benachteiligung, sondern zunächst einmal auf *andere* medien- und sozial-ästhetische Muster und Präferenzen verweisen. Menschen aus sog. bildungsbenachteiligten Milieus haben sehr wohl Informationsbedürfnisse. Diese orientieren sich aber nicht an Formen und Standards bildungsbürgerlicher Welterkundungen. Auch ist genau hinzuschauen, wie Menschen in belastenden Lebenssituationen agieren und z. B. Medien nutzen, um negative Einflussfaktoren zu bewältigen (Schlör 2016: Medienpraktiken als Teil von „doing family"). ‚Benachteiligung' verweist als strukturelle Kategorie auf bestimmte soziale Lebenslagen, muss aber nicht für jedes Mitglied der betreffenden Gruppe zutreffen. Es besteht vielmehr die Gefahr einer *Stigmatisierung* ganzer Gruppen, wenn übersehen wird, dass stets individuell unterschiedliche Verarbeitungsweisen von Benachteiligung möglich sind. In diesem Zusammenhang ist es wichtig, schichtspezifische Werte und Muster zu unterscheiden und eine Hierarchisierung zwischen ihnen zu vermeiden (vgl. auch Kutscher 2014).

Aspekte sozialer Benachteiligung werden vor allem dann sichtbar, wenn die zugänglichen bildungsbezogenen, sozialen, kulturellen und finanziellen Ressourcen nicht ausreichen, um Medien aktiv und reflexiv für die eigene Lebensbewältigung und Persönlichkeitsbildung zu nutzen. Medien sind nicht Verursacher sozialer Ungleichheit – sie können aber als Verstärker wirken. Deshalb sind zielgruppensensible medienpädagogische Angebote wichtig, von der frühen Bildung über die schulische und außerschulische Bildung bis hin zur Familien-, Erwachsenen- und Seniorenbildung – so auch die Schlussfolgerung einer Expertise: „Die Ungleichheitsreproduktion in Zusammenhang mit medienbezogenen Angeboten und darüber hinaus bedarf niedrigschwelliger alltagsnaher Angebote gerade auch für benachteiligte Zielgruppen und der Auseinandersetzung mit Kompetenzdiskursen und impliziten wie expliziten Normativitäten pädagogischer Programme" (Kutscher et al. 2014, S. 86).

3 Medienpädagogische Handlungsperspektiven: aktive Medienarbeit und inklusive Medienbildung

Pädagoginnen und Pädagogen sollten genau hinschauen und reflektieren, wie Menschen Medien im Kontext ihrer Lebenslagen und Lebensbedürfnisse nutzen, welche Einstellungen zu Medien sie haben und welche Medienkompetenzen sie ausbilden. Die Medienpädagogen Kommer und Biermann (2012) sprechen in diesem Zusammenhang von medialen Habitusformen. Es geht um ein Verständnis, welches die wechselseitige Verwobenheit von familiären Einflüssen der Mediensozialisation, individuellen Handlungsmustern und gesellschaftlich-medialen Angebotsstrukturen im Blick hat und die Verarbeitungsleistungen der Menschen (persönliche, innere Ressourcen) in Zusammenhang mit den jeweils vorhandenen sozialen Lebenslagen und Anregungsmilieus (äußere Ressourcen) betrachtet (Niesyto 2010). Ausgangspunkt für pädagogisches Handeln sollten stets die alltäglichen Medienerfahrungen der Menschen sein, um hierauf bezogen medienpädagogische Angebote zu entwickeln. Diese Angebote zur Förderung von Medienkompetenz werden Bestandteil der Sozialisationskontexte (Vollbrecht 2014) und möchten zu einer gelingenden Sozialisation und Lebensbewältigung beitragen.

Im Unterschied zu einer kulturpessimistischen Haltung, die als Alternative zu problematischen Medienentwicklungen und -nutzungsformen ‚medienfreie' Aktivitäten empfiehlt, fördert die Medienpädagogik den aktiv-produktiven, kritischen und sozial verantwortlichen Umgang mit Medien. Ansätze einer *aktiven Medienarbeit* knüpfen an den vorhandenen Medienkompetenzen bei Kindern, Jugendlichen und Erwachsenen an und entwickeln milieusensible pädagogische Arrangements, um diese zu erweitern und zu vertiefen. Hierfür sind Bildungsprozesse und Lernsituationen notwendig, die genügend Zeit- und Handlungsspielräume für das Experimentieren und spielerische Ausprobieren mit Medien eröffnen. Auch die personale Dimension ist sehr wichtig: „Mit Blick auf benachteiligte Zielgruppen ist die Kontinuität von Beziehungsangeboten seitens der Fachkräfte essentiell, um eine inhaltebezogene Eröffnung neuer, teilhabeermöglichender Aneignungsperspektiven zu bewirken" (Kutscher et al. 2014, S. 83).

Aktive Medienarbeit (Schell 2003, Niesyto 2009a) ist weit mehr als handwerklich-technisches Produzieren. In pädagogischen Kontexten eröffnet aktive Medienarbeit im Arrangement von Themen, Situationen und Medien Möglichkeiten zur Reflexion und zur Erfahrungserweiterung. Hierzu gehören auch die Auseinandersetzung mit Medienbotschaften und ihren ästhetisch-symbolischen Dimensionen, das Erkennen von Medieneinflüssen auf die eigene Orientierung und Identitätsbildung und die Reflexion von gesellschaftlichen Aspekten digitaler Kommunikation (z. B. der verantwortungsvolle Umgang mit persönlichen Bildern und Daten). Medienproduktion ohne Reflexion der eigenen Aussage-, Gestaltungs- und Präsentationsabsichten vergäbe die pädagogische Chance einer kritisch-reflexiven Medienbildung.

In Deutschland liegen Erfahrungen aus mehreren Modellprojekten und Praxisforschungsstudien vor, die mit Kindern und Jugendlichen aus bildungsbenachteiligten Sozialmilieus in der aktiven Medienarbeit insbesondere im Schnittfeld von schulischer und außerschulischer Medienbildung gemacht wurden (u. a. Niesyto 2000, Maurer 2004, Holzwarth 2008, Kutscher et al. 2009, Wagner 2008). Nach Niesyto 2009b sind folgende Punkte hervorzuheben:

- *Erfahrungs- und Lebensweltorientierung.* Anknüpfen an den vorhandenen Stärken und an Themen, die handlungsleitend sind.
- *Bilder, Musik, Körpersprache stärker integrieren.* Dies ist besonders für Kinder und Jugendliche wichtig, die Schwierigkeiten mit der Wort- und Schriftsprache haben. Notwendig sind integrierte Konzepte, die wort- und schriftsprachliche mit bildhaften und multimedialen Ausdrucks- und Kommunikationsformen in eine Balance bringen.
- *Ästhetische Reflexivität fördern.* Dies bedeutet z. B. im Bereich Foto und Film von den selbst erstellten Aufnahmen auszugehen, diese gemeinsam anzusehen, zu vergleichen, sich gegenseitig Verbesserungshinweise zu geben, mediale Ton- und Bildbearbeitungsmöglichkeiten zu entdecken. Ausgangspunkt und Gegenstand von Reflexionen sind die selbst erstellten Materialien und die damit verbundenen Ausdrucksintentionen; sinnliche Wahrnehmung und reflexive Verarbeitung sind als Symbolverstehen miteinander verknüpft.
- *Spielerische und experimentelle Arbeitsweisen fördern.* Heute leben wir in einer Zeit, in der wir mit einer enormen Fülle verschiedenartigster Informationen konfrontiert sind. Es ist notwendig, eigene Kriterien für die Auswahl zu entwickeln und gleichzeitig für unterschiedliche Perspektiven offen zu sein, um eigene Horizonte zu erweitern. In pädagogischen Kontexten hat sich hierfür ein Mix aus spielerischen Arbeitsformen, einem Rahmen und situationsspezifischen Inputs bewährt. ‚Rahmen' meint, dass Pädagoginnen und Pädagogen eine Struktur bieten, die neben Vorgaben zugleich genügend Zeit für ein spielerisch-experimentelles Gestalten lässt. Hierzu gehören auch kleinschrittige Übungsaufgaben und Produktionsmöglichkeiten, die weder unter- noch überfordern.
- *Präsentation und Kommunikation lernen.* Dies sind Schlüsselkompetenzen, die immer wichtiger werden: nicht nur zu produzieren, sondern das selbst Gestaltete anderen zu zeigen und vorzustellen, den Umgang mit persönlichen Daten in Foto- und Videoportalen zu reflektieren, Feedbacks zu erhalten. Das Präsentieren befähigt, zu dem eigenen Produkt zu stehen, Kritik auszuhalten, auf *Kritik* einzugehen – und damit mehr Selbstbewusstsein zu gewinnen.

Jan-René Schluchter verweist in Zusammenhang mit Medienprojekten auf Potenziale aktiver Medienarbeit für eine *inklusive Medienbildung.* Ausgehend von einem Verständnis, das Inklusion sich nicht nur auf Menschen mit Behinderung bezieht, sondern Inklusion als eine grundlegende Entwicklungsaufgabe von Gesellschaft begreift, werden Potenziale dargestellt, vor allem für

- die Annäherung von Menschen mit und ohne Behinderung
- die Arbeit an der Selbst- und Fremdwahrnehmung

- das Entdecken und Entfalten von Kreativität
- die Eigenständigkeit, Selbstorganisation und Selbst- und Fremdverantwortung
- das Entdecken, Erleben und Entfalten von Selbstwirksamkeit
- den Erwerb von Medienkompetenzen
- die Öffentlichkeitsarbeit und Bewusstseinsbildung (Schluchter 2015).

Zu nennen sind in diesem Zusammenhang auch weitere innovative Ansätze in der Medienbildung, die z. B. Sprachförderung, aktive Filmarbeit und Theaterpädagogik miteinander verknüpfen und hierin Potenziale digitaler Medien integrieren (Beer et al. 2017, Trüby 2015) sowie die Möglichkeiten einer inklusiven Sozialraumerkundung mit einem Schwerpunkt auf ästhetischen Erfahrungen (Röll 2015).

Die zuvor skizzierten Ansätze haben die Zielsetzung, mediale Teilhabe zu ermöglichen und vorhandenen Ungleichheiten im Bereich bildungsbezogener, sozialer, kultureller und finanzieller Ressourcen entgegenzuwirken (inklusive und partizipative Medienbildung). Der Medienpädagoge Franz Josef Röll wies darauf hin, dass sich eine weitere Richtung herausbildete, die auf „behinderungskompensierende Techniken und die Umsetzung von Barrierefreiheit" (Röll 2015, S. 236) fokussiert. Barrierefreiheit ist sicherlich ein sehr wichtiges Ziel (z. B. Ausbau von Audiodeskriptionen und Angeboten in Gebärdensprache, große Schriftzeichen, gut lesbare Grafiken, bessere Auffindbarkeit barrierefreier Angebote), sollte jedoch – in der Perspektive einer kulturellen und politischen Bildung – mit grundlegenden Intentionen und Potenzialen einer inklusiven und partizipativen Medienbildung verknüpft werden (Schluchter 2015).

4 Ausblick

Verschiedene Analysen kommen zu dem Ergebnis, dass die medienpädagogische Praxis und Forschung zum Themenfeld Mediensozialisation – soziale Ungleichheit – Inklusion in den kommenden Jahren erheblich auszubauen ist. So resümiert der 15. Kinder- und Jugendbericht der Bundesregierung:

> „Zukünftig braucht es somit einerseits eine inklusive Medienbildung, d. h. mehr zielgruppenspezifische und an die Lebenssituationen und -lagen von Jugendlichen angepasste Angebote zur Förderung von Medienkompetenz. Es mangelt andererseits aber auch an der Infrastruktur und an den organisatorischen Rahmenbedingungen in den Einrichtungen und Institutionen sowie – nach wie vor – an tiefer reichenden Untersuchungen, die das Medienhandeln in sozialen On-Offline-Kontexten differenziert und im Sinne der Grundlagenforschung und medienpädagogischer Begleit- und Praxisforschung

prozessbezogen analysieren." (Keine Bildung ohne Medien! Medienpädagogisches Manifest 2009) (Bundesministerium für Familie, Senioren, Frauen und Jugend 2017, S. 303)

Nach Einschätzung dieses Berichts zeichnet sich insbesondere für die Gruppe geflüchteter Jugendlicher, die Gruppe Jugendlicher mit Behinderungen als auch für Jugendliche in prekären Lebenskonstellationen ein großer Forschungsbedarf ab (ebd.). Bezogen auf die künftige medienpädagogische Praxis gibt die Expertise zum 10. Kinder- und Jugendbericht NRW zu bedenken, dass „beispielsweise genau zu klären (wäre), welche Medienbildungsanteile sinnvollerweise innerhalb schulischer Kontexte und Logiken verortet werden können und welche notwendiger- und sinnvollerweise gerade außerhalb schulischer bewertungsbezogener Logiken und Anerkennungs- bzw. Missachtungskontexte angesiedelt sein müssten" (Kutscher et al. 2014, S. 83). Hier könne die „Kinder- und Jugendhilfe als Ort eine freiere und befähigende, machtreduzierte und bewertungsunabhängige Auseinandersetzung mit medienbezogenem Handeln ermöglichen" (ebd.).

Nach wie vor sind Studien und Theorien zur Sozialisation und zur Mediensozialisation zu wenig aufeinander bezogen. Dies betrifft insbesondere die Bedeutung der Symbolsozialisation mit (audio)visuellen und digitalen Medien und die Konsequenzen für die Gestaltung von Bildungsprozessen (Erweiterung kognitiver Sozialisationstheorien um mehrdimensionale Theorien zur Symbolsozialisation; Bedeutung von Medien im Kontext von formellen und informellen Bildungsprozessen). Auch mit Blick auf vorhandene medienpädagogische Beratungsangebote ist zu hinterfragen, ob diese immer zielgruppensensibel gestaltet sind. Inwieweit sind z. B. Internet-Portale geeignet, um Menschen aus unterschiedlichen Sozialmilieus anzusprechen? Wie sind das Design dieser Portale, das Verhältnis von Bild und Text, die interaktiven Möglichkeiten gestaltet, um auch Menschen aus sog. bildungsfernen Sozialmilieus zur Nutzung dieser Portale zu motivieren?

Schließlich bleibt festzuhalten, dass sich Praxis und Forschung im Bereich Mediensozialisation und Medienbildung nach wie vor stark auf Kindheit und Jugend beziehen. Auch im Erwachsenen- und Seniorenalter gibt es sehr wichtige Herausforderungen und Aufgaben – für den Bereich Seniorinnen und Senioren sei hierzu auf den Überblicksband „Generationen und Medienpädagogik" (Hartung, Schorb & Kuttner 2012) sowie die Veröffentlichungen der Organisation „Gesellschaft – Altern – Medien e.V." verwiesen.[3] Im Erwachsenenalter kommt neben medienbezogenen Erziehungsaufgaben der Arbeitswelt eine besondere Bedeutung zu. So gibt es derzeit viel zu wenig Bildungsangebote, die Berufstätigen nicht nur technikorientierte Fortbildungen bieten, sondern die

3 https://www.gesellschaft-altern-medien.de/

sich auch mit Problemfeldern der Digitalisierung auseinandersetzen, über vorhandene Ängste sprechen (z. B. „Ersetzen Roboter meinen Arbeitsplatz?“) und anregen, gemeinsam über berufliche Handlungsalternativen nachzudenken. In diesem Kontext ist es notwendig, Fragen der Techniksozialisation und einer kritischen Auseinandersetzung mit technologie- und wirtschaftsgetriebenen Konzepten einer „digitalen Bildung“ in allen pädagogischen Handlungsfeldern zu forcieren.

Literatur

Aufenanger, S. (2008). Mediensozialisation. In U. Sander, F. von Gross & K-U. Hugger (Hrsg.), Handbuch Medienpädagogik (S. 87-92). Wiesbaden: VS Verlag.

Beer, M., Dostler, M., Gmeinwieser, K., Holdorf, K., Maurer, B., Nilles, K., Stanescu, M. & Trüby, D. (2017). Spiel-Film-Sprache. Grundlagen und Methoden für die film- und theaterpädagogische Sprachförderung im Bereich DaZ/DaF. München: kopaed.

Bundesministerium für Familie, Senioren, Frauen und Jugend (Hrsg.) (2017). 15. Kinder- und Jugendbericht. Drucksache 18/11050. Berlin.

Butler, J. (1991). Das Unbehagen der Geschlechter. Frankfurt/Main: Suhrkamp.

Die Medienanstalten & Aktion Mensch e.V. (Hrsg.) (2017). Mediennutzung von Menschen mit Behinderung. Zusammenfassung der Studie. Berlin/Bonn. https://www.aktion-mensch.de/themen-informieren-und-diskutieren/barrierefreiheit/mediennutzung.html. [30.10.2017].

Fromme, J., Kommer, S. & Mansel, J. (Hrsg.) (1998). Selbstsozialisation, Kinderkultur und Mediennutzung. Opladen: Leske+Budrich.

Hargittai, E. (2007). Characteristcs of use differences and their implications for dealing with digital inequality. In Kompetenzzentrum Informelle Bildung (Hrsg.), Grenzenlose Cyberwelt? Zum Verhältnis von digitaler Ungleichheit und neuen Bildungszugängen für Jugendliche (S. 121-136). Wiesbaden: VS Verlag.

Hartung, A., Schorb, B. & Kuttner, C. (Hrsg.) (2012). Generationen und Medienpädagogik. Annäherungen aus Theorie, Forschung und Praxis. München: kopaed.

Hoffmann, D. & Mikos, L. (Hrsg.). Mediensozialisationstheorien. Modelle und Ansätze in der Diskussion (2., überarb. und erweit. Aufl.). Wiesbaden: VS Verlag.

Holzwarth, P. (2008). Migration, Medien und Schule. Fotografie und Video als Zugang zu Lebenswelten von Kindern und Jugendlichen mit Migrationshintergrund. Schriftenreihe Medienpädagogische Praxisforschung (Band 3). München: kopaed.

Hugger, K-U. (2009). Internet und Migration. Theoretische Zugänge und empirische Befunde. Wiesbaden: Springer VS.

Hurrelmann, K. (1995). Einführung in die Sozialisationstheorie. Über den Zusammenhang von Sozialstruktur und Persönlichkeit. Weinheim/Basel: Beltz.

Hurrelmann, K. & Ulich, D. (1998). Gegenstands- und Methodenfragen der Sozialisationsforschung. In K. Hurrelmann & D. Ulich (Hrsg.), Handbuch der Sozialisationsforschung (S. 3-20). Weinheim und Basel: Beltz.

Klein, A., Iske, S., Kutscher, N. & Otto, H.-U. (2008). Virtual Inequality and Informal Education: An Empirical Analysis of Young Peoples' Internet Use and its Significance for Education and Social Participation. Technology, Pedagogy and Education – special issue theme 'Technology, pedagogy and education – glimpses of the wider picture', Volume 17, Nr. Issue 2, 131-141.

Keupp, H., Ahbe, T., Gmür, W., Höfer, R., Mitzscherlich, B., Kraus, W. & Strauss, F. (1999). Identitätskonstruktionen. Das Patchwork der Identitäten in der Spätmoderne. Reinbek bei Hamburg: Rowohlt.

Kommer, S. & Biermann, R. (2012). Der mediale Habitus von (angehenden) Lehrer/innen. Medienbezogene Dispositionen und Medienhandeln von Lehramtsstudierenden. In R. Schulz-

Zander, B. Eickelmann, P. Grell, H. Moser & H. Niesyto (Hrsg.), Jahrbuch Medienpädagogik 9. Qualitätsentwicklung in der Schule und medienpädagogische Professionalisierung (S. 81-108). Wiesbaden: VS-Verlag.

Krotz, F. (2007). Mediatisierung. Fallstudien zum Wandel der Kommunikation. Wiesbaden: Springer VS.

Kutscher, N. (2014). Soziale Ungleichheit. In A. Tillmann, S. Fleischer & K-U. Hugger (Hrsg.), Handbuch Kinder und Medien. Reihe Digitale Kultur und Kommunikation (Band 1, S. 101-112). Wiesbaden: Springer VS.

Kutscher, N., Farrenberg, D. unter Mitarbeit von Kress, L-M. & Niermann, K-M. (2014). Teilhabe und soziale Kompetenz durch die Nutzung von digitalen Medien: Herausforderungen für die Kinder- und Jugendpolitik. Expertise zum 10. Kinder- und Jugendbericht der Landesregierung NRW. https://www.mkffi.nrw/sites/default/files/asset/document/10-kjbnrw-expertise-kutscher_farrenberg_u. a.pdf [30.10.2017].

Kutscher, N., Klein, A., Lojewski, J. & Schäfer, M. (2009). Medienkompetenzförderung für Kinder und Jugendliche in benachteiligten Lebenslagen. Düsseldorf: Landesanstalt für Medien Nordrhein-Westfalen

Maurer, B. (2004). Medienarbeit mit Kindern aus Migrationskontexten. Grundlagen und Praxisbausteine. Schriftenreihe Medienpädagogische Praxisforschung (Band 1). München: kopaed.

Meyrowitz, J. (1990). Die Fernsehgesellschaft. Weinheim/Basel: Beltz Verlag.

Mikos, L. (2010). Mediensozialisation als Irrweg – Zur Integration von medialer und sozialer Kommunikation aus der Sozialisationsperspektive. In D. Hoffmann & L. Mikos (Hrsg.), Mediensozialisationstheorien. Modelle und Ansätze in der Diskussion (2., überarb. und erw. Aufl., S. 27-46). Wiesbaden: VS Verlag.

Müller, R., Rhein, S. & Glogner, P. (2004). Das Konzept musikalischer und medialer Selbstsozialisation – widersprüchlich, trivial, überflüssig? In D. Hoffmann & H. Merkens (Hrsg.), Jugendsoziologische Sozialisationstheorie. Impulse für die Jugendforschung (S. 237-252). Weinheim und München: Juventa.

Niesyto, H. (2017). Medienpädagogik und digitaler Kapitalismus. Für die Stärkung einer gesellschafts- und medienkritischen Perspektive. In S. Kommer, T. Junge & C. Rust (Hrsg.), Spannungsfelder und blinde Flecken. Medienpädagogik zwischen Emanzipationsanspruch und Diskursvermeidung, Online-Zeitschrift MedienPädagogik, Themenheft Nr. 27 (13.01.2017), S. 1-29. http://www.medienpaed.com/article/view/435 [30.10.2017].

Niesyto, H. (2010). Kritische Anmerkungen zu Theorien der Mediennutzung und Mediensozialisation. In D. Hoffmann & L. Mikos (Hrsg.), Mediensozialisationstheorien. Neue Modelle und Ansätze in der Diskussion (2., überarb. und erweit. Aufl., S. 47-66). Wiesbaden: VS Verlag.

Niesyto, H. (2009a). Aktive Medienarbeit. In G. Mertens, U. Frost, W. Böhm & V. Ladenthien (Hrsg.), Handbuch der Erziehungswissenschaft (Band III/2, S. 855-862). Bearbeitet von Meder, N., Allemann-Ghionda, C., Uhlendorff, U. & Mertens, G. Paderborn: Verlag Ferdinand Schöningh.

Niesyto, H. (2009b). Medienpädagogik und soziale Benachteiligung. In G. Mertens, U. Frost, W. Böhm & V. Ladenthien (Hrsg.), Handbuch der Erziehungswissenschaft (Band III/2, S. 871-876). Meder, N., Allemann-Ghionda, C., Uhlendorff, U. & Mertens, G. Paderborn: Verlag Ferdinand Schöningh.

Niesyto, H. (2000). Medienpädagogik und soziokulturelle Unterschiede. Studie im Auftrag des Medienpädagogischen Forschungsverbunds Südwest. Baden-Baden/Ludwigsburg.

Paus-Hasebrink, I. & Bichler, M. (2008). Mediensozialisationsforschung. Theoretische Fundierung und Fallbeispiel sozial benachteiligte Kinder. Innsbruck: Studien Verlag.

Röll, F. J. (2015). Neue Medien und Inklusion. In T. Grosse, L. Niederreiter & H. Skladny (Hrsg.), Inklusion und Ästhetische Praxis in der Sozialen Arbeit (S. 233-248). Weinheim und Basel: Beltz Juventa.

Schell, F. (2003). Aktive Medienarbeit mit Jugendlichen. Theorie und Praxis. Schriftenreihe Medienpädagogik (Band 5, 4. Auflage). München: kopaed.

Schlör, K. (2016). Medienkulturen in Familien in belasteten Lebenslagen. Schriftenreihe Medienpädagogische Praxisforschung (Band 11). München: kopaed.

Schluchter, J.-R. (Hrsg.) (2015). Medienbildung als Perspektive für Inklusion. Modelle und Reflexionen für die pädagogische Praxis. München: kopaed.

Schorb, B. (2014). Identität und Medien. In A. Tillmann, S. Fleischer & K.-U. Hugger (Hrsg.), Handbuch Kinder und Medien. Reihe Digitale Kultur und Kommunikation 8Band 1, S. 171-180). Wiesbaden: Springer VS.

Schorb, B. (2005). Sozialisation. In J. Hüther & B. Schorb (Hrsg.), Grundbegriffe Medienpädagogik (4. Aufl., S. 381-389). München: kopaed.

Shell Deutschland Holding (Hrsg.) (2015). Jugend 2015. Eine pragmatische Generation im Aufbruch. 17. Shell Jugendstudie. Frankfurt/Main. http://www.ljbw.de/files/shell-jugendstudie-2015-zusammenfassung-de.pdf [30.10.2017]

Süss, D. (2004). Mediensozialisation von Heranwachsenden. Dimensionen – Konstanten – Wandel. Wiesbaden: VS Verlag.

Tillmann, A. (2008). Identitätsspielraum Internet. Selbstbildungspraktiken von Mädchen und jungen Frauen in der virtuellen Welt. Weinheim und München: Juventa.

Trüby, D. (2016). Mobiles Lernen an der Schnittstelle von Filmbildung und Sprachförderung. Reihe Medienpädagogische Praxisforschung (Band 9). München: kopaed.

Vollbrecht, R. & Wegener, C. (Hrsg.) (2010). Handbuch Mediensozialisation. Wiesbaden: VS Verlag.

Vollbrecht, R. (2014) Mediensozialisation. In A. Tillmann, S. Fleischer & K-W. Hugger (Hrsg.), Handbuch Kinder und Medien. Reihe Digitale Kultur und Kommunikation (Band 1, S. 115-124). Wiesbaden: Springer VS.

Wagner, U. (2015). Heranwachsen in der Teilhabe-Kultur. medien+erziehung (5), 11-18.

Wagner, U. (2008). Medienhandeln in Hauptschulmilieus. Mediale Interaktion und Produktion als Bildungsressource. München: kopaed.

Welling, S. (2008). Computerpraxis Jugendlicher und medienpädagogisches Handeln. Schriftenreihe Medienpädagogische Praxisforschung (Band 4). München: kopaed.

Zaynel, N. (2017). Internetnutzung von Jugendlichen und jungen Erwachsenen mit Downsyndrom. Wiesbaden: Springer VS.

Zillien, N. (2013). Digitale Spaltung – Reproduktion sozialer Ungleichheiten im Internet. https://www.bpb.de/dialog/netzdebatte/171701/digitale-spaltung-reproduktion-sozialer-ungleichheiten-im-internet [30.10.2017]

Alle Online-Zugriffe: 30.10.2017

Basisdaten zur Mediennutzung von Menschen mit Behinderungen

Anne Haage & Ingo Bosse

Inklusive Medienbildung als „Perspektive, die ausgrenzungsfrei und hierarchiefrei ist und Vielfalt als konstituierendes Merkmal aufweist" (Marci-Boehncke 2015, S. 9), beschäftigt sich mit der Frage, wie Menschen unabhängig von Ethnie, Religion, Geschlecht, Alter, sexueller Identität oder Behinderung volle und gleichberechtigte Teilhabe am Erwerb von Medienkompetenz ermöglicht werden kann. Sie sollte an den Ressourcen der Menschen ansetzen, an ihren Interessen, Wissensbeständen, Fähigkeiten und Fertigkeiten (Schluchter 2015, S. 22). Diese Anforderung lässt sich vornehmlich auf individueller Ebene und kaum über die Zugehörigkeit zu einer Gruppe erfüllen. Für die Konzeption und die Gestaltung der Rahmenbedingungen sind Erkenntnisse aus der Mediennutzungsforschung aber hilfreich, um Bedarfe und Barrieren zu identifizieren und sich darauf einzustellen. Zur Professionalisierung im Kontext inklusiver Medienbildung gehört auch das Wissen um kulturelle Praxen einschließlich des Wissens um Rezeptionsbedingungen (Bosse 2017).

Die Studie „Mediennutzung von Menschen mit Behinderungen (MMB 16)", die 2016 von der Fakultät für Rehabilitationswissenschaften der TU Dortmund und dem Hans-Bredow-Institut für Medienwissenschaften der Universität Hamburg durchgeführt wurde, liefert bundesweite Grundlagendaten über die allgemeine Mediennutzung, medienbezogene Bedürfnisse und über die sich bei der Mediennutzung ergebenden Zugangsbarrieren von Menschen mit Beeinträchtigungen (Bosse & Hasebrink 2016). Gefördert wurde sie von den Medienanstalten und der Aktion Mensch. In diesem Artikel werden zentrale Ergebnisse, die für die Rahmenbedingungen inklusiver Medienbildung von Bedeutung sind, dargestellt und in einen Zusammenhang zu anderen Studien gestellt.

Die Studie wirft ein Schlaglicht auf die digitale Kluft, die nach wie vor existiert und gerade bei Menschen mit Beeinträchtigungen Zugang und Nutzung betrifft. Das Vorhandensein einer Beeinträchtigung bedeutet allerdings nicht per se schon eine Benachteiligung in der digitalen Teilhabe. Erst das Zusammenwirken von verschiedenen Dimensionen beeinflusst die Teilhabe an digitalen Medien negativ. In der Studie MMB16 konnte vor allem ein Zusammenhang mit Alter, Bildung, Wohn- und Arbeitssituation gezeigt werden. Die verschiedenen Faktoren sind intersektional verwoben: Menschen mit Beeinträchtigungen haben überdurchschnittlich häufig keinen allgemeinen Schulabschluss, sind häufiger arbeitslos bzw. nicht erwerbstätig. Menschen mit Lernschwierigkeiten und ältere Menschen mit Beeinträchtigungen gehören deshalb besonders häufig zu den Offliner_innen oder „Minimalonliner_innen". Barrieren in den Medien bilden ein hohes Exklusionsrisiko, die Erkenntnis ist so banal wie grundlegend.

1 Theoretische Bezüge der Mediennutzungsforschung

Die Mediennutzungsforschung beschäftigt sich im weitesten Sinne mit den Kontakten von Menschen mit Medienangeboten: der Zuwendung zu und Auswahl von Medienangeboten (Nutzung), der Wahrnehmung, Verarbeitung und Interpretation (Rezeption) und der Integration in die Lebenswelt (Aneignung) (DGPuK, o.J., Schweiger 2007). Dabei sind soziale, gesellschaftliche und kulturelle Kontexte, in denen Mediennutzung stattfindet, ein wichtiges Forschungsfeld. Die funktionale Perspektive untersucht, warum sich Menschen Medienangeboten zuwenden, dabei geht es weniger um einzelne Mediennutzungsepisoden als um Nutzungsmuster und Präferenzen (Schweiger 2007, S. 21). Handlungstheoretische Ansätze gehen von aktiven Rezipient_innen aus, hier gibt es psychologisch orientierte Ansätze, die das Medienhandeln als individuellen Prozess betrachten, und soziologische Ansätze, die sich sozial typischem Handeln und dessen sozial begründeten Ursachen und Absichten zuwenden (Sommer 2014). Die prozessuale Perspektive beschäftigt sich mit dem Wie der Mediennutzung unter bestimmten Bedingungen und Kontextfaktoren, etwa wie Internetsuche mit Hilfe von Suchmaschinen vonstattengeht. Die strukturelle Perspektive hebt schließlich auf längerfristige Bedingungen ab, die die Mediennutzung beeinflussen, dazu zählen Eigenschaften der Rezipient_innen und des Mediums sowie soziale Bedingungen. Kontextbezogene Ansätze der Mediennutzungsforschung beschäftigen sich mit der Aneignung. Sie begreifen Medienhandeln umfassender: Wie nutzen und decodieren Menschen Medien und wie integrieren sie diese in ihren Alltag und ihr Leben (Lünenborg & Maier 2013, S. 37, Sommer 2014, S. 56). Die Cultural Studies analysieren das Medienhandeln vor dem Hintergrund von Lebenswelt, kulturellen Praxen und Habitus. Das Erkenntnisinteresse liegt vor allem in der Bedeutungs- und Wirklichkeitskonstruktion der Rezipient_innen und der Rolle der Medien bei Identitätsbildungsprozessen. Auch die Disability Studies beschäftigen sich mit Medien unter diesem Aspekt, wobei die Analyse von Medieninhalten und -diskursen überwiegt und weniger das Medienhandeln von Nutzer_innen erforscht wird (Jakubowicz 2003, Ross 2001). Die Diskurse der Disability Studies und die lebhaften Diskussionen in der Behindertenbewegung, zum Beispiel bei leidmedien.de, machen deutlich, wie wichtig Fragen der Repräsentation in den Medien sind. Sich mit dem Bild von Menschen mit Behinderungen in den Medien zu beschäftigen und dem durch aktive Medienarbeit ein eigenes Bild von Vielfalt entgegenzusetzen (Maskos 2015).

Einige Studien in den skandinavischen Disability Studies beschäftigen sich mit technischen Medien. Sie haben die Nutzung bzw. Nichtnutzung von assistiven Technologien analysiert und sich mit dem in diese Technologien eingeschriebenen Bild von Behinderung, Gender und Alter beschäftigt (vgl. Ravneberg & Söderström 2017). So wurde z. B. untersucht, welche Bedeutung assistive Technologien für die Aushandlung der Identität von Jugendlichen mit Behinderungen haben (Söderström 2013 2014, Ytterhus 2010). Sie geben wichtige Hinweise darauf, dass Hilfsmittel und assistive Technologien nicht nur die individuelle Angelegenheit der Nutzer_innen ist, sondern in der Praxis von allen Beteiligten in pädagogischen Settings – Lehrenden und Teilnehmenden – Berücksichtigung finden muss (Thiele 2016).

Die Studie MMB 16 ist vor diesem Hintergrund aus prozessualer und struktureller Perspektive der Frage nachgegangen, „inwieweit spezifische individuelle und soziale Bedingungen bei Menschen mit Beeinträchtigungen zu spezifischen medienbezogenen Bedürfnissen führen. Zu diesen Bedingungen gehören die jeweiligen individuellen Beeinträchtigungen und der soziale Kontext der Lebensführung.“ (Adrian et al. 2017, S. 145). Die gewonnenen Daten können Anhaltspunkte für die Entwicklung von Konzepten der inklusiven Medienbildung liefern, die sich noch spezifischer an der Lebenswelt und den Rezeptionsgewohnheiten von Menschen mit Beeinträchtigungen ausrichten können. So stellt es z. B. eine Herausforderung dar, Personen mit Lernschwierigkeiten an das Internet heranzuführen, da diese Gruppe das Internet privat weniger nutzt als Personen mit einer anderen Beeinträchtigung (Bosse 2017, S. 84). Sehr deutlich wird aber auch, wie stark die Beschaffenheit der Medien selbst die Mediennutzung von Menschen mit Beeinträchtigungen beeinflusst – technische und kognitive Barrieren schließen bestimmte Gruppen oftmals aus.

Die Digital Divide-Forschung beschreibt Ungleichheiten im Zugang und der Nutzung digitaler Medien, die auf fehlende materielle und immaterielle Ressourcen zurückzuführen sind. Der Digital Divide ist ein komplexes multidimensionales Phänomen, das sowohl auf internationaler Ebene zwischen Ländern und auch innerhalb von Gesellschaften spürbar ist. Es betrifft die Dimensionen Zugang und Nutzung. Ungleichheiten zeigen sich nach sozioökonomischen Faktoren, nach Bildung, Regionen oder ethnischer Zugehörigkeit und auch in Bezug auf Behinderung (Sachdeva, Tuikka, Kimppa & Suomi 2015, S. 284). Hargittai und Dobransky sprechen von einem „Disability Divide“ (Dobransky & Hargittai 2006), Sachdeva et al. von einem „Digital Disability Divide“. Zu den Dimensionen Zugang und Nutzung kommt der Aspekt der Zugänglichkeit/Barrierefreiheit (accessibility) hinzu (Sachdeva et al. 2015). Selbst wenn man Zugang zu Mediengeräten und digitalen Inhalt hat, kann es technische, strukturelle und kognitive Barrieren in der Beschaffenheit der Medien selbst geben, die die Nutzung mit körperlichen, kognitiven oder Sinnesbeeinträchtigungen erschweren oder ganz verhindern.

Die Argumentationen der Mediennutzungs- wie auch der Digital-Divide Forschung verdeutlichen die Bedeutung von Wissen über die medienbezogenen Bedürfnisse und über die sich bei der Mediennutzung ergebenden Zugangsbarrieren von Menschen mit Behinderungen. Dieser Beitrag beschränkt sich auf empirisch-analytische Grundlagendaten über die Mediennutzung von Menschen mit Behinderungen in Deutschland und erklärende kontextualisierende Faktoren. Bisher mangelte es an solchen grundlegenden Daten, weil große repräsentative Mediennutzungsstudien wie die Studie Massenkommunikation von ARD und ZDF, DIVSI, ARD-ZDF-Online-Studie oder der D21-Digital Index sowie Zielgruppenstudien wie JIM und KIM das Merkmal Behinderung nicht ausweisen (Koch & Freese 2016, Krupp & Breunig 2015, Medienpädagogischer Forschungsverbund Südwest 2016a 2016b, Müller, Boberach, Dietrich, Stecher & Wolff 2016). Die meisten Studien schließen von ihrer Methode als Telefonbefragung in Privathaushalten einzelne Gruppen von Menschen mit Behinderungen aus.

Existierende Studien, die sich mit der Mediennutzung von Menschen mit Behinderungen beschäftigen, beschränken sich entweder auf einzelne Medien und/oder einzelne Arten von Beeinträchtigungen (Berger, Andrea, Caspers, Tomas et al. 2010, Funke 2007, Haferkamp 2014, Institut für Rundfunktechnik (IRT), Rundfunk Berlin-Brandenburg (rbb) 2015, Zaynel 2013, 2017). Am bekanntesten und am häufigsten zitiert ist die Studie der Aktion Mensch zur Nutzung von Web 2.0-Medien aus dem Jahr 2010 (Berger, Andrea, Caspers, Tomas et al. 2010). Sie wurde allerdings häufig dahingehend missinterpretiert, dass Menschen mit Behinderungen intensiver das Internet nutzen als die Gesamtbevölkerung (mekonet – Medienkompetenz-Netzwerk NRW 2011). Dies kann aus der Studie aber nicht geschlossen werden, da in der Online-Befragung nur Personen befragt wurden, die Web-2.0-Anwendungen bereits nutzen.

Die Studie MMB 16 leistet einen Beitrag dazu, die beschriebene Datenlücke zu schließen. Im Mittelpunkt standen die Fragen nach der allgemeinen Mediennutzung (Zugang, Häufigkeit, Art und Nutzungsmotive) sowie Barrieren, letztere beschränkte sich auf das Fernsehen. Die Studie konzentrierte sich auf Medien der öffentlichen Kommunikation und legte den Schwerpunkt vor allem auf das Fernsehen und Online-Bewegtbildmedien.

2 Anlage der Studie

Der Untersuchung liegt das Verständnis der ICF zugrunde, dass Behinderung aus dem Zusammenspiel von Beeinträchtigung mit personenbezogenen und Umweltfaktoren entsteht (World Health Organization (WHO) 2005). In Bezug auf die Mediennutzung heißt das, empirisch zu untersuchen, welche Arten von Beeinträchtigungen im Zusammenhang mit welchen persönlichen Faktoren und anderen Kontextfaktoren zu Einschränkungen führen. „Solche Barrieren können in der Beschaffenheit der Medienangebote selbst liegen, etwa in fehlenden Untertiteln oder Audiodeskriptionen, oder in Faktoren des sozialen Kontextes, zum Beispiel in der Wohnform oder in gegebenenfalls eingeschränkten Möglichkeiten, selbständige Entscheidungen über die Mediennutzung zu treffen" (Adrian, Hölig, Hasebrink, Bosse & Haage 2017).

In einem ersten Schritt wurden Leitfaden-Interviews mit 16 Expert_innen aus der Wissenschaft und Verbänden mit und ohne eigene Behinderungserfahrung geführt. Die Expert_innen-Interviews dienten zur Vorbereitung der Hauptbefragung, um die wesentlichen Teilhabe-Einschränkungen in der Mediennutzung zu identifizieren und ein für alle zugängliches Befragungsinstrument zu entwickeln.

Den zweiten Schritt bildete die Befragung von 610 Menschen mit Beeinträchtigungen in persönlichen Interviews. Um alle für die Mediennutzung relevanten Faktoren zu erfassen und die ganze Heterogenität der Bedarfe in Bezug auf Medien abzubilden, wurden vier Teilgruppen gebildet. Neben der Beeinträchtigung wurden Kontextfaktoren in der Zusammensetzung der Teilsamples berücksichtigt, die sich auf die spezifische Lebenssituation beziehen.

Die vier Teilgruppen sind:

- Menschen mit Sehbeeinträchtigungen/Blindheit (Teilgruppe Sehen, n=154).
- Menschen mit Hörbeeinträchtigungen (TG Hören, n=161).
- Menschen mit körperlich-motorischen Beeinträchtigungen in den oberen Extremitäten (TG Bewegen, n=148).
- Menschen mit Lernschwierigkeiten (TG Lernen, n=147).

Für alle Teilgruppen galt zudem eine Quotierung nach Geschlecht, Bildung und Alter, da diese Faktoren maßgeblichen Einfluss auf die Mediennutzung haben. Es wurden nicht nur Personen in Privathaushalten befragt, sondern auch Personen, die in Einrichtungen der Behindertenhilfe leben (Wohnheim, WGs, ambulant betreutes Wohnen). Die Befragung übernahm das Meinungsforschungsinstitut IPSOS. Das Instrument wurde an unterschiedliche Bedarfe angepasst (Gebärdenvideos, Version in Leichter Sprache).

Der abschließende Untersuchungsschritt waren vier Gruppendiskussionen mit Teilnehmer_innen mit Sinnesbeeinträchtigungen, bei denen Barrieren im Fernsehen und die Qualität der barrierefreien Angebote im Fokus standen.

3 Zugang zu digitalen Medien

Eine wichtige Vorbedingung für die gleichberechtigte Teilhabe an Information und Kommunikation ist der Zugang zur Infrastruktur, sprich zu Mediengeräten und Internet. Während die Ausstattung mit Fernsehen und Radio ungefähr jener der Gesamtbevölkerung entspricht, zeigen sich bei internetfähigen Geräten, vor allem mobilen Medien Unterschiede. In der Gesamtbevölkerung hatten im Jahr 2015 laut der Studie Massenkommunikation 61 % Zugang zu einem Smartphone und 35 % zu einem Tablet (Koch & Freese 2016, S. 423), in der MMB-16-Studie schwankt der Anteil beim Smartphone zwischen 55 % (Teilgruppe Hören) und 34 % (TG Lernen) und bei Tablets zwischen 22 % (TG Hören) und 10 % (TG Lernen).

Besonders Befragte mit Lernschwierigkeiten, blinde Menschen und jene Befragte, die in Einrichtungen der Behindertenhilfe leben, haben seltener Zugang zu internetfähigen Geräten. Der Anteil der Befragten, die in ihrem Haushalt weder Zugang zu Computer/Laptop noch zu Smartphones oder Tablets haben, schwankt zwischen 44 % der TG Lernen und 17 % der TG Hören (s. Abb. 1). Große Unterschiede zeigen sich bei einer Differenzierung nach Altersgruppen. 40 % der ab 50-jährigen Befragten haben keinen Zugang zu Computer/Laptop, Smartphone oder Tablet, während dies nur 17 % der jüngeren Befragten angaben. Etwas kleinere Unterschiede existieren, differenziert nach Wohnform. Während ein Viertel der in Privathaushalten lebenden Befragten angab, keinen Zugang zu den genannten Geräten zu haben, gaben diese Antwort 38 % der in Einrichtungen Lebenden an. Unterschiede zwischen den Geschlechtern sind vergleichsweise gering.

Abb. 1: Befragte ohne Zugang zu Computer/Laptop, Smartphone oder Tablet (in Prozent)

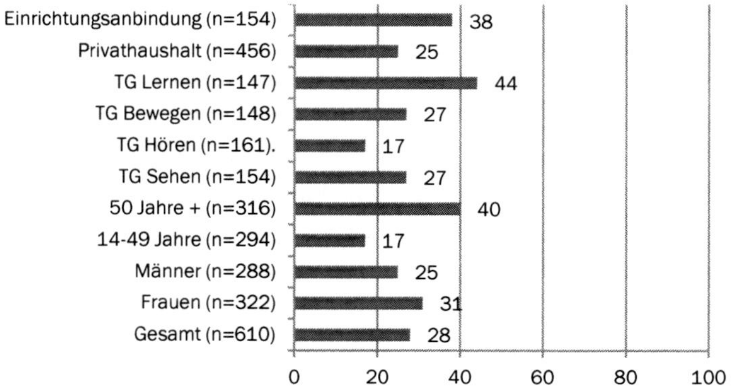

Quelle: Mediennutzung von Menschen mit Behinderungen 2016 (MMB 16), eigene Berechnung. Anteil der Befragten, die im Haushalt weder Zugang zu Computer/Laptop noch zu Smartphone oder Tablet haben. Basis: Menschen mit Beeinträchtigungen in Deutschland im Alter ab 14 Jahren; Frage: Welche Geräte stehen Ihnen in Ihrem Haushalt zur Verfügung?

Ähnliche Ungleichheiten im Zugang wurden auch in anderen Studien festgestellt. Dobransky und Hargittai machten in ihrer Studie in den USA aus den Jahren 2003 und 2004 ökonomische Gründe für die Ungleichheit im Zugang aus, da Behinderung häufig mit einem schlechteren sozioökonomischen Status einhergeht (Dobransky & Hargittai 2006). Dies gilt auch für Deutschland, wie u. a. der Teilhabebericht der Bundesregierung belegt (Bundesministerium für Arbeit und Soziales (BMAS) 2016).

Ähnliche Ergebnisse zeigen auch andere, neuere Befragungen wie die Ofcom-Studie aus Großbritannien, die 2015 in einem Survey 4.004 Befragte mit Behinderungen und 15.859 Befragte ohne Behinderungen verglich. Dort wurde zum einen ein Zusammenhang zwischen Alter, dem sozioökonomischen Status und dem Zugang zu internetfähigen Geräten sichtbar. Aber auch in der gleichen sozioökonomischen Statusgruppe blieb eine Ungleichheit zwischen Befragten mit und ohne Behinderung. Besonders groß war er unter den Befragten mit einem niedrigeren sozioökonomischen Status und älteren Befragten (Ofcom 2015).

Sozioökonomische Daten wurden in der MMB-16-Studie nicht erhoben. Was sich aber zeigte, ist ein Zusammenhang mit den Lebensbedingungen: Wer in Einrichtungen der Behindertenhilfe wohnt, hat seltener Zugang zu internetfähigen Geräten als Befragte, die in Privataushalten leben (s. Abb.1). Menschen mit Lernschwierigkeiten leben besonders häufig in Wohnheimen oder ambulant betreut (vgl. Bundesarbeitsgemeinschaft der überörtlichen Träger der Sozialhilfe (BAGüS) 2016). Ebenso gibt es einen Zusammenhang mit der Erwerbstätigkeit: Personen ganz ohne Zugang zu den genannten internetfähigen Geräten finden sich deutlich häufiger unter den nicht erwerbstätigen Befragten als unter denen in Ausbildung oder Erwerbstätigkeit. Zu ähnlichen Ergebnissen kam auch die britische Ofcom-Studie.

Dobransky und Hargittai arbeiteten die Bedeutung technischer Barrieren heraus: „Findings suggest that there is an independent effect of having a disability on the liklihood of being an Internet user. When controlling for characteristics such as education, income and employment status, people with disabilities are still less likely to be making Internet use a part of their lives. Even among those with higher socioeconomic status, having a disability constitutes a barrier using the Internet" (ebd., S. 327). Dieser Effekt ließ sich nur für solche mit Sehbeeinträchtigungen und Beeinträchtigungen, die die Tastaturbedienung erschweren, feststellen. Letztere können sich durch motorische und durch kognitive Einschränkungen ergeben (Sachdeva et al. 2015, S. 284, Zaynel 2017, S. 212f.). Dobransky und Hargittai schlossen daraus, dass es technologische Barrieren sind, die Menschen davon abhielten, online zu gehen. Menschen mit Lernschwierigkeiten wurden in der Auswertung des Zensus nicht berücksichtigt.

4 Häufigkeit der Internetnutzung

Im Vergleich zur Gesamtbevölkerung nutzten in fast allen Teilgruppen weniger Befragte das Internet regelmäßig (mindestens mehrmals wöchentlich). Am geringsten ist der Anteil der regelmäßigen Internetnutzer_innen in der Teilgruppe der Menschen mit Lernschwierigkeiten. Sie sind – so ein zentrales Ergebnis der Befragung – am stärksten vom Digital Disability Divide betroffen (s. Tab. 1).

Tab. 1: Internetnutzung nach Teilgruppen (mind. mehrmals wöchentlich; in Prozent)

Teilgruppe/Alter	Mind. mehrmals wöchentlich	Nie (Offliner_innen)
TG Sehen 14-49 J. (n=66)	80	17
TG Hören 14-49 J. (n=79)	95	3
TG Bewegen 14-49 J. (n=73)	81	11
TG Lernen 14-49 J. (n=76)	51	28
TG Sehen 50 J. + (n=88)	48	46
TG Hören 50 J. + (n=82)	61	35
TG Bewegen 50 J. + (n=75)	52	43
TG Lernen 50 J. + (n=71)	45	31[1]
Studie Massenkommunikation 2015 (n=4300)	71	

Die Internetnutzung unterscheidet sich stark nach Alter. Sehr viel weniger ältere Befragte gehen regelmäßig ins Internet, zwischen 31 und 46 % der älteren Befragten gehören gar zu den Offliner_innen, die nach eigenen Angaben nie das Internet nutzen. Eine ähnliche Differenz weist die Studie Massenkommunikation für die Gesamtbevölkerung aus (Krupp & Engel 2015). Auch der Digitalindex bestätigt die Tendenz: Von den 19 % Offliner_innen und den 6 % „Minimalonlinern" in der Gesamtbevölkerung ist die große Mehrheit im Rentenalter (Initiative D21 e.V. 2018, S. 32). Besonders ungünstig wirkt sich das Zusammenspiel von Alter und dem Erwerb einer Beeinträchtigung im Erwachsenenalter auf die digitale Teilhabe aus. Von den Befragten, die eine Sehbeeinträchtigung im Erwachsenenalter erworben haben, ist knapp die Hälfte nach eigenen Angaben nie im Internet. Expert_innen wiesen auf die komplexen Herausforderungen hin, im Alter zu lernen, mit einer Beeinträchtigung zu leben und Technologien, die einem nicht ein Leben lang vertraut sind, bedienen zu lernen. Erschwerend kommt hinzu, dass Schulungen für den Umgang mit assistiven Technologien vorrangig für die berufliche Wiedereingliederung an-

1 Bei den Ergebnissen für Menschen mit Lernschwierigkeiten ist zu beachten, dass es nur sehr wenige Befragte über 70 Jahre gibt. So ist der relativ geringe Anteil an älteren Offliner_innen zu erklären.

geboten und bezahlt werden, nicht aber für Rentner_innen (Bosse & Hasebrink 2016, S. 67). Für die inklusive Medienbildung ergibt sich hier eine nicht zu vernachlässigende Zielgruppe.

Im Verhältnis zur Gesamtbevölkerung ist die Nutzung in allen Altersgruppen niedriger, das zeigt der Vergleich mit der ARD/ZDF-Online-Studie in Abbildung 2 (tägliche Nutzung). Zu beachten sind die unterschiedlichen Fallzahlen in beiden Befragungen, deshalb lässt sich allenfalls eine Tendenz ableiten.

Abb. 2: Tägliche Nutzung des Internets nach Altersgruppen

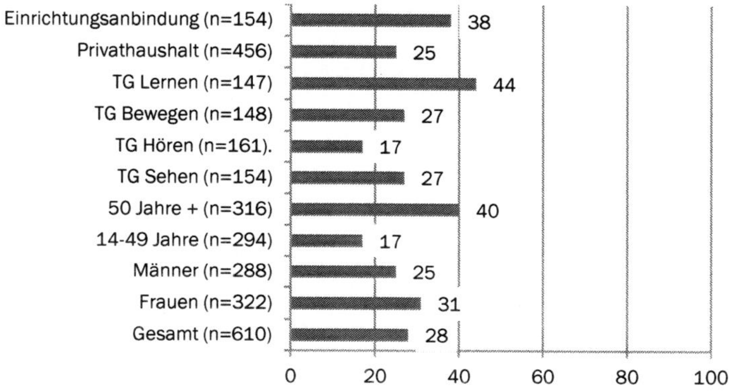

ARD/ZDF Online-Studie 2016: http://www.ard-zdf-onlinestudie.de/index.php?id=561
Mediennutzung von Menschen mit Behinderungen 2016, Bosse, Hasebrink 2016, S. 46.

Aufschlussreich ist auch ein Vergleich in Bezug auf die Erwerbstätigkeit. In der täglichen Nutzung sind die Unterschiede zwischen den Befragten mit Beeinträchtigung und der Gesamtbevölkerung sogar bei den Personen in Ausbildung am größten – der Abstand beträgt 37 Prozentpunkte (s. Abb. 3). Über die Gründe lässt sich nur spekulieren. Anzunehmen ist, dass überdurchschnittlich viele Menschen mit Behinderungen in Ausbildungsgängen sind, in denen Computer und Internet eine geringere Rolle spielen. Benachteiligung in Ausbildung und Beruf haben auch Auswirkungen auf die digitale Teilhabe – und umgekehrt. Sonderinstitutionen wie Berufsbildungswerke, Berufsförderwerke und Werkstätten für Menschen mit Beeinträchtigungen müssen sich damit beschäftigen, wie sie Medienbildung integrieren. Auch bei diesem Vergleich sind die unterschiedlichen Fallzahlen zu beachten, die allenfalls Tendenzen erkennen lassen. Hier ist Forschungsbedarf angezeigt, was die Mediennutzung von Jugendlichen und jungen Erwachsenen mit Beeinträchtigungen angeht.

Abb. 3: Tägliche Internetnutzung nach Erwerbstätigkeit

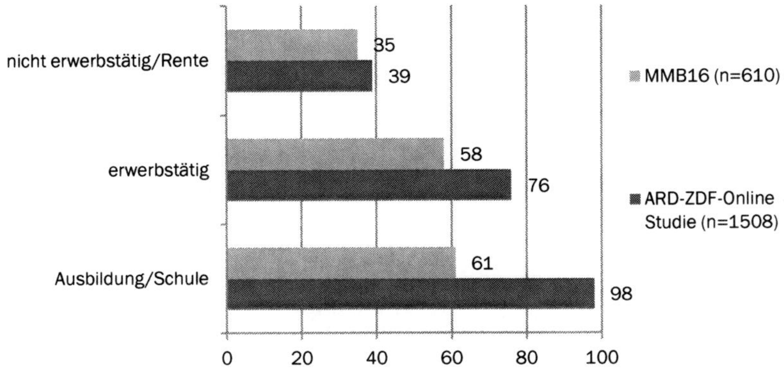

ARD/ZDF Online-Studie 2016: http://www.ard-zdf-onlinestudie.de/index.php?id=561
Mediennutzung von Menschen mit Behinderungen 2016, Bosse, Hasebrink 2016

5 Art der Internetnutzung

Der einleitend skizzierte Digital-Disability-Divide betrifft nicht nur den Zugang, sondern auch die Häufigkeit und die Art der Nutzung des Internets (Second-level Digital Divide). So stellten Dobransky und Hargittai fest, dass die meisten Aktivitäten im Internet wie Kommunikation, aktuelle Informationen oder Produktinformationen suchen, Banking u. ä. von mehr Menschen ohne Behinderungen genutzt wurden als von Menschen mit Behinderungen. Solche Aktivitäten sind nach Einschätzung der Wissenschaftler_innen „capital-enhancing", da sie Zeit sparen oder Informationen liefern, die auf anderem Wege schwerer zu bekommen sind (Dobransky & Hargittai 2006, S. 328f.). Auf der anderen Seite nutzten Menschen mit Behinderungen häufiger Computerspiele und suchten häufiger Informationen zu Gesundheitsfragen oder über öffentliche Institutionen.

Die MMB-16-Studie gibt einige wenige Hinweise, was Menschen mit Behinderungen in Deutschland im Internet tun. Die Tätigkeiten unterscheiden sich nach Altersgruppen und nach Art der Beeinträchtigung (s. Abb. 4). Die meisten Aktivitäten werden von mehr jüngeren als älteren Befragten angegeben, die Unterschiede sind am größten beim Online Kommunizieren, Surfen sowie Video- und Audioangeboten.

Mehr Befragte mit Lernschwierigkeiten nutzen das Internet für Videos, Audios und Onlinespiele, während sie deutlich seltener als andere Teilgruppen Informations- und Kommunikationsfunktionen nutzen. Auch wenn man aus den Daten nichts über die Inhalte der Videos und Audios sagen kann, lässt dies eine eher unterhaltungsorientierte Nutzung vermuten. Nur sehr wenige Befragte nutzen zudem die Möglichkeit des Online-Shoppings.

Abb. 4: Tätigkeiten im Internet nach Teilgruppen (in Prozent)

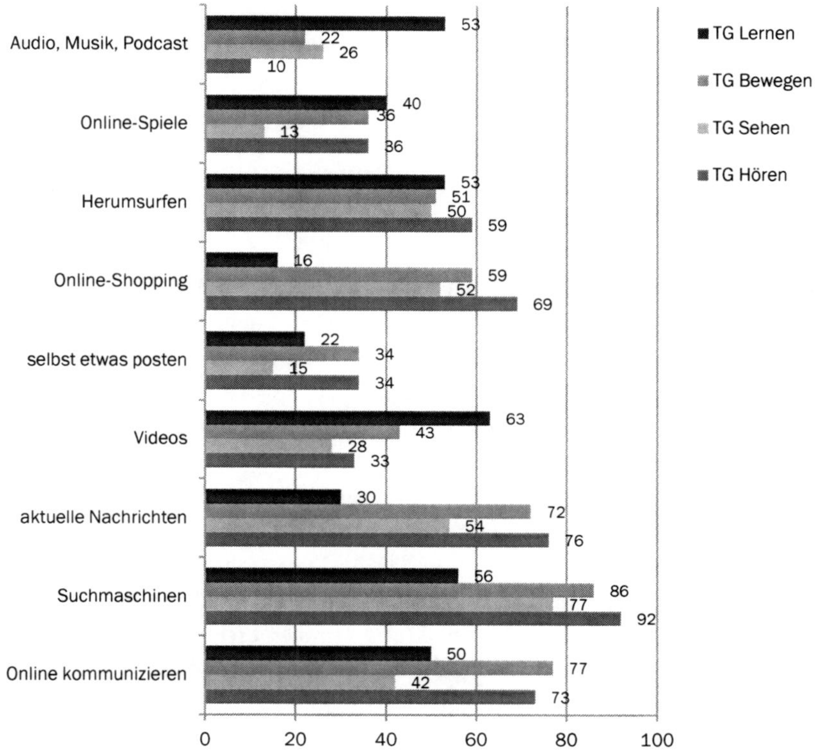

Quelle: Mediennutzung von Menschen mit Behinderungen 2016 (MMB 16). Basis: Wer angibt, mindestens zwei- bis dreimal im Monat ins Internet zu gehen. Frage: Was machen Sie meistens im Internet?

Andere überwiegend qualitative Studien geben Hinweise auf mögliche Barrieren für diese Teilgruppe, die in sozialen, ökonomischen und technischen Bereichen liegen (Caton & Chapman 2016, Mayerle 2014, Sachdeva et al. 2015, Zaynel 2017). Es fehlt gerade bei Menschen mit Lernschwierigkeiten häufig an finanziellen Mitteln, selbst dauerhaft den Zugang zum Internet über Geräte und Nutzungsverträge zu sichern. Eine wichtige Rolle spielt die Einstellung des familiären und professionellen Umfelds, da Menschen mit Lernschwierigkeiten häufig kontinuierliche Unterstützung und Anregung benötigen, sei es bei Passwörtern, Updates u.ä. oder aber bei den häufig komplex strukturierten und sich ständig verändernden Internetangeboten und Programmen. Auch die Textlastigkeit gerade informierender Angebote kann für diese Gruppe ein Problem darstellen, Angebote in Leichter Sprache sind noch eher selten und werden nach der Einschätzung der Expert_innen selten gezielt gesucht.

Menschen mit Sehbeeinträchtigungen/Blindheit nutzen ebenfalls manche Aktivitäten auffällig seltener als andere Teilgruppen. Hier sind vor allem blinde

Nutzer_innen benachteiligt. Deutlich weniger Befragte nutzen Online-Kommunikation, Videos und Online-Spiele oder posten selber etwas. Diese Ergebnisse weisen besonders auf technische Barrieren hin, die in der Gerätebedienung und der mangelnden Barrierefreiheit vieler Internetanwendungen liegen. Die Expert_innen beschrieben, dass viele Barrieren die Internetnutzung oft mühsam machen und ein gewisses technisches Verständnis erfordern. Dass dies besonders für ältere Menschen, die die Beeinträchtigung im Erwachsenenleben erworben haben, eine Herausforderung darstellt, darauf haben wir bereits weiter vorne hingewiesen.

Vor allem das exponentielle Wachstum an Bild- und Bewegtbildangeboten im Internet schließt blinde Nutzer_innen zumindest temporär von vielen Angeboten aus, da die Barrierefreiheit mit der Entwicklung häufig nicht Schritt hält (siehe Beitrag von Bühler und Haage in diesem Band). Die Expert_innen betonen zwar den großen Zugewinn, da blinde Menschen mithilfe von digitalen Medien zum ersten Mal Schwarzschrift eigenständig lesen können. Die Befragung zeigt aber, dass es noch eine Vielzahl von Barrieren gibt und die oft mühsame und zeitaufwendige Bedienung manches Mal abschreckend wirkt.

Menschen mit körperlich-motorischen Beeinträchtigungen zeigen im Vergleich zu anderen Teilgruppen bei keiner Internetaktivität besonders niedrige Anteile. Unterschiede innerhalb der Gruppe sind in erster Linie auf das Alter zurückzuführen. Immerhin sind 43 % der älteren Befragten der Teilgruppe Offliner_innen. Während mehr ältere Befragte mit körperlich-motorischen Einschränkungen aktuelle Nachrichten verfolgen, Suchmaschinen nutzen und online einkaufen, werden die anderen Aktivitäten häufiger von jüngeren Befragten angegeben.

Menschen mit Hörbeeinträchtigungen zeigen von allen Teilgruppen die aktivste Internetnutzung. Sie finden im Internet offenbar viele Angebote, die sie barrierefrei nutzen können. Gerade die text- und bildgestützten Kommunikationsmöglichkeiten digitaler Medien sind für sie ein großer Gewinn oder sogar „eine echte Revolution“ wie es Experten in der Studie formulierten. Anders als bei anderen Beeinträchtigungen treten beim Umgang mit digitalen Geräten und der Bedienung des Internets keine speziellen Hürden auf. Unterschiede zeigen sich sehr wohl nach dem Alter.

Fazit

Methodenkritisch ist klarzustellen, dass bei der Studie nicht von Repräsentativität im engen Sinne gesprochen werden kann. Die bundesweite Stichprobe vermeidet aber Einseitigkeiten durch die Befragungsmethode oder den Ausschluss von Teilnehmergruppen (z. B. die nicht in Privathaushalten leben oder nur über Gebärdensprache kommunizieren) und hat daher nicht vorneherein einen

Bias. Sie liefert Grundlagendaten zur medialen Praxis von Menschen mit Behinderungen, bietet aber keine unmittelbaren Konzepte für die Praxis der inklusiven Medienbildung. Dennoch sollen einige Konsequenzen, die sich ergeben können, diskutiert werden.

Deutlich wurde, dass der Umgang mit einem breiten Medienspektrum für Menschen mit Behinderungen einen selbstverständlichen Teil kultureller Praxis darstellt (Bosse 2017). Eine wesentliche Erkenntnis für die inklusive Medienbildung besteht weiterhin darin, dass ein großer Bedarf besteht, denn Menschen mit Behinderungen sind im Zugang und in der Nutzung digitaler Medien benachteiligt. Der Einsatz von Medien, die für alle zugänglich und nutzbar sind, stellt eine Grundvoraussetzung für die inklusive Medienarbeit dar.

Im Mittelpunkt der Untersuchung stand die Barrierefreiheit audiovisueller Medien. „Bilder (und nicht nur Bewegtbilder) sind heute ein wesentliches Ausdrucksmittel von Kindern und Jugendlichen.“ (Bosse 2016, S. 193).

Sehr deutlich wurde das Bedürfnis nach gemeinschaftlicher Teilhabe an der Mediennutzung von Menschen ohne Beeinträchtigungen, nach Selbstbestimmung und Wahlfreiheit. Für die inklusive Medienbildung kann daraus abgeleitet werden, grundsätzlich identische Inhalte einzusetzen, die je nach spezifischen Bedürfnissen barrierefrei sind. Ein aktuelles Forschungsprojekt der TU Dortmund macht deutlich, dass audiovisuelle Medien in der Schule als gemeinsame Lerngegenstände geeignet sind, weil sie in der kulturellen Praxis der meisten heute Heranwachsenden, unabhängig von Beeinträchtigungen Einzelner, fest verankert sind und sich somit zur Anschlusskommunikation unter Peers, unabhängig von Beeinträchtigungen nutzen lassen (Bosse 2017).

Durchgehende Untertitel sowie mehr Audiodeskription und Angebote mit Deutscher Gebärdensprache sind für sinnesbeeinträchtigte Personen unabdingbar. Dies gilt für alle audiovisuellen Medien, damit auch für das Internet. Der Ausbau sollte nicht nur für öffentliche Einrichtungen, sondern auch für privatwirtschaftliche Unternehmen verpflichtend sein. Der Ausbau der Barrierefreiheit kommt dabei allen Nutzer_innen zu Gute. So werden Untertitel häufig auch von hörenden Menschen, z. B. unterwegs auf mobilen Geräten genutzt, eine Verbesserung der Tonqualität wäre ebenso ein bedeutender Gewinn für zahlreiche Zuschauerinnen (Bosse & Hasebrink 2016, S. 112f.).

Barrieren und Bedarfe sind sehr heterogen, je nach Art der Beeinträchtigung im Zusammenspiel mit dem Alter und dem Eintrittsalter der Beeinträchtigung. Zudem lässt sich identifizieren, wo es besonderen Handlungsbedarf gibt: Menschen mit Lernschwierigkeiten, ältere Menschen mit Beeinträchtigungen und Personen, die in Einrichtungen der Behindertenhilfe leben, haben den größten Nachhol- bzw. Unterstützungsbedarf.

Die Befunde machen deutlich, welche bedeutende Rolle das Internet für die mediale Teilhabe spielen kann. Verschiedene Zugangsweisen können über das Internet ermöglicht werden, bisher gibt es aber noch nicht ausreichende viele

Angebote. Konkrete Empfehlungen für die Medienpädagogik zur Internetnutzung von Menschen mit Lernschwierigkeiten finden sich bei Zaynel. Dazu gehören eine langsame und stetige Heranführung an das Internet, das die nicht so leicht zu verstehende Struktur des Internets (Hyperlinks, Dynamik) begreifbar macht und immer wieder Impulse und Anregungen gibt und persönliche Assistenz. Mit aktiver Medienarbeit lassen sich Kompetenzen besonders gut erwerben und Motivation erzeugen (Zaynel 2017, S. 240).

„Das Internet spielt für die gleichberechtigte Teilhabe an Medien und Kommunikation eine bedeutende Rolle. ...Ein Zusammenhang mit den Lebensbedingungen ist offensichtlich: Wer in Einrichtungen der Behindertenhilfe lebt, hat seltener Zugang zu mobilen digitalen Geräten als Befragte in Privathaushalten." (Bosse & Hasebrink 2016, 113). Einrichtungen der Behindertenhilfe sind gefordert, Medienbildung zum Thema zu machen. Zugang zu und Nutzungsweisen von (digitalen) Medien bedürfen der professionellen Förderung. Das Bewusstsein für die Bedeutung digitaler Medien für die Teilhabe ist in Einrichtungen der Behindertenhilfe noch zu wenig verankert und es fehlt häufig das Know-how, die entsprechende Unterstützung zu leisten und Medienkompetenz zu vermitteln. Auch „bewahrend-professionelle Betreuungsverhältnisse" behindern die digitale Teilhabe (Freese 2015).

Das PIKSL-Labor in Düsseldorf ist ein gutes Beispiel dafür, wie Institutionen der Behindertenhilfe das Thema bearbeiten und digitale Inklusion partizipativ und ganzheitlich angehen können. Der offene Ort im Stadtteil vermittelt nicht nur niedrigschwellig und an den Interessen der Klient_innen orientiert Medienkompetenz. PIKSL nutzt gleichzeitig die Erfahrung von Menschen mit Lernschwierigkeiten im Umgang mit Barrieren, um gemeinsam mit ihnen technische und methodische Lösungen zu finden, digitale Medien für alle zugänglicher zu machen und Barrieren abzubauen. Daraus entstanden u. a. Materialien der Bundeszentrale für politische Bildung für den Einstieg ins Internet und in soziale Netzwerke (http://www.bpb.de/lernen/projekte/inklusiv-politisch-bilden/227436/11-video-und-hoerdokument-was-ist-das-piksl-prinzip).

Das PIKLS-Labor steht nicht nur den Klienten des Trägers „In der Gemeinde Leben GmbH" offen, sondern auch anderen Interessierten im Stadtteil. Eines der ersten Angebote, die daraus entstanden und bis heute erfolgreich laufen, sind Interneteinsteigerkurse für Senior_innen, die von den Laborant_innen mit Lernschwierigkeiten durchgeführt werden. Damit profitieren die Senior_innen von den Mediennutzungserfahrungen der Menschen mit Lernschwierigkeiten als Expert_innen für die Zugänglichkeit und Nutzbarkeit digitaler Medien, ein gutes Beispiel für gelungene Inklusion im Sozialraum.

Literatur

Adrian, S., Hölig, S., Hasebrink, U., Bosse, I. & Haage, A. (2017). Mediennutzung von Menschen mit Beeinträchtigungen: Medienbezogene Handlungen, Barrieren und Erwartungen einer heterogenen Zielgruppe. Media-Perspektiven (3), 145-156.

Bentele, G., Brosius, H.-B. & Jarren, O. (Hrsg.) (2013). Lexikon Kommunikations- und Medienwissenschaft (2., überarb. und erw. Aufl.). Studienbücher zur Kommunikations- und Medienwissenschaft. Wiesbaden: Springer VS.

Berger, Andrea, Caspers, Tomas et all (2010). Web 2.0/barrierefrei: Eine Studie zur Nutzung von Web 2.0 Anwendungen durch Menschen mit Behinderung (Aktion Mensch, Hrsg.). Bonn.

Bosse, I. & Hasebrink, U. (2016). Mediennutzung von Menschen mit Behinderungen: Forschungsbericht (Die Medienanstalten, A. M., Hrsg.). Berlin. http://www.kme.tu-dortmund.de/cms/de/Aktuelles/aktuelle-Meldungen/Langfassung-der-Studie-_Mediennutzung-von-Menschen-mit-Behinderungen_-veroeffentlicht/Studie-Mediennutzung_Langfassung_final.pdf.

Bundesarbeitsgemeinschaft der überörtlichen Träger der Sozialhilfe (BAGüS) (2016). Kennzahlenvergleich Eingliederungshilfe der überörtlichen Träger der Sozialhilfe 2014. Münster. http://www.lwl.org/spur-download/bag/2016-02-02-bericht2014.pdf.

Bundesministerium für Arbeit und Soziales (BMAS) (Hrsg.) (2016). Teilhabebericht der Bundesregierung über die Lebenslagen von Menschen mit Behinderungen. http://www.bmas.de/SharedDocs/Downloads/DE/PDF-Publikationen/a125-16-teilhabebericht.pdf?__blob=publicationFile&v=7 [14.9.2017].

Caton, S. & Chapman, M. (2016). The use of social media and people with intellectual disability: A systematic review and thematic analysis. Journal of Intellectual and Developmental Disability 41(2), 125-139.

DGPuK (DGPuK-Fachgruppe „Rezeptions- und Wirkungsforschung", Hrsg.) (o.J.). Selbstverständnis. http://www.dgpuk.de/fachgruppenad-hoc-gruppen/rezeptions-und-wirkungsforschung/gegenstand-ziel/.

Dobransky, K. & Hargittai, E. (2006). The disability divide in internet access and use. Information, Communication & Society 9(3), 313-334.

Freese, B. (2015). Soziale Innovation durch digitale Teilhabe.: Alltagsintegration des Internets durch die Möglichkeiten mobiler Endgeräte. In K. Friedrich, F. Siller & A. Treber (Hrsg.), Smart und mobil. Digitale Kommunikation als Herausforderung für Bildung, Pädagogik und Politik (Schriften zur Medienpädagogik). München: kopaed.

Funke, G. (2007). Wie Sonderschüler fernsehen: Das Fernsehen im Alltag von lernbehinderten Jugendlichen und Schülern mit Erziehungsschwierigkeiten; eine repräsentative Studie für NRW (1. Aufl.). Marburg: Tectum.

Furr, J. B., Carreiro, A. & McArthur, J. A. (2016). Strategic approaches to disability disclosure on social media. Disability & Society 31(10), 1353-1368.

Haferkamp, N. (2014). Physische und psychische Einschränkungen. In C. Wünsch, H. Schramm, V. Gehrau & H. Bilandzic (Hrsg.), Handbuch Medienrezeption (1. Auflage). Nomos-Verl.-Ges.

Initiative D21 e.V. (2018). Digitalindex 2017/2018: Jährliches Lagebild zur digitalen Gesellschaft. https://initiatived21.de/app/uploads/2018/01/d21-digital-index_2017_2018.pdf.

Institut für Rundfunktechnik (IRT), Rundfunk Berlin-Brandenburg (rbb) (2015). Online-Umfrage zur Sprachverständlichkeit von TV-Produktionen für Hörgeschädigte (HBB4all, Hrsg.). Berlin.

Jakubowicz, A. (2003). Wheeling free?: Disability studies meets media studies and Australian media. Australian journal of communication (2), 101-122.

Koch, W. & Freese, B. (2016). Dynamische Entwicklung bei mobiler Internetnutzung sowie Audios und Videos.: Ergebnisse der ARD/ZDF-Onlinestudie 2016. Media-Perspektiven (9), 418-437.

Krupp, M. & Breunig, C. (2015). Massenkommunikation IX: Eine Langzeitstudie zur Mediennutzung und Medienbewertung 1964-2015: Ergebnisse der ARD/ZDF-Langzeitstudie: Bd. 22. Baden-Baden: Nomos-Verl.-Ges.

Lünenborg, M. & Maier, T. (2013). Gender Media Studies: Eine Einführung. UTB: Bd. 3872: Medien- und Kommunikationswissenschaft, Soziologie, Gender Studies. Konstanz: UTB.

Maskos, R. (2015). Bewundernswert an den Rollstuhl gefesselt – Medien und Sprache in einer noch nicht inklusiven Gesellschaft. In T. Degener & E. Diehl (Hrsg.), Handbuch Behindertenrechtskonvention. Teilhabe als Menschenrecht – Inklusion als gesellschaftliche Aufgabe (Schriftenreihe/Bundeszentrale für Politische Bildung, S. 308-319). [Bonn]: BPB, Bundeszentrale für Politische Bildung.

Mayerle, M. (2014). „Woher hat er die Idee?": Selbstbestimmte Teilhabe von Menschen mit Lernschwierigkeiten durch Mediennutzung. Abschlussbericht der Begleitforschung im PIKSL-Labor. ZPE-Schriftenreihe: Bd. 40. Siegen: Universität Gesamthochschule Siegen Zentrum f. Planung u. Evaluation Sozialer Dienste.

Medienpädagogischer Forschungsverbund Südwest (2016a). JIM 2016, Jugend, Information, (Multi-)Media: Basisstudie zum Medienumgang 12- bis 19-Jähriger in Deutschland. Stuttgart. https://www.mpfs.de/fileadmin/files/Studien/JIM/2016/JIM_Studie_2016.pdf.

Medienpädagogischer Forschungsverbund Südwest (2016b). KIM 2016, Kindheit, Internet, Medien: Basisstudie zum Medienumgang 6- bis 13-Jähriger in Deutschland. Stuttgart. https://www.mpfs.de/fileadmin/files/Studien/KIM/2016/KIM_2016_Web-PDF.pdf.

mekonet – Medienkompetenz-Netzwerk NRW (2011). Inklusive Medienbildung auf einen Blick (mekonet kompakt). Marl. http://www.grimme-institut.de/handreichungen/pdf/mekonet_kompakt_medienbildung.pdf.

Müller, L.-S., Boberach, M., Dietrich, S., Stecher, B. & Wolff, M. (2016). D21-Digital-Index: Die Gesellschaft in der digitalen Transformation (Initiative D21 e.V., Hrsg.). Berlin.

Ofcom (2015, 1. Oktober). Disabled consumers' use of communications service: A consumer Experience report. London: Ofcom.

Ravneberg, B. & Söderström, S. (2017). Disability, society, and assistive technology. Interdisciplinary disability studies. Abingdon, Oxon, New York, NY, Abingdon, Oxon, New York, NY: Routledge.

Ross, K. (2001). All ears: radio, reception and discourses of disability. Media, Culture & Society 23(4), 419-437.

Sachdeva, N., Tuikka, A.-M., Kimppa, K. K. & Suomi, R. (2015). Digital disability divide in information society: A framework based on a structured literature review. Journal of Information, Communication and Ethics in Society 13(3/4), 283-298.

Schluchter, J.-R. (2015). Inklusive Medienbildung: Eine Skizze. In J.-R. Schluchter (Hrsg.), Medienbildung als Perspektive für Inklusion. Modelle und Reflexionen für die pädagogische Praxis (S. 17-26). München: kopaed.

Schweiger, W. (Hrsg.) (2007). Theorien der Mediennutzung: Eine Einführung (1. Aufl). Lehrbuch. Wiesbaden: VS, Verl. für Sozialwiss.

Söderström, S. (2013). Digital Differentiation in Young People's Internet Use – Eliminating or Reproducing Disability Stereotypes. Future Internet 5(2), 190-204.

Söderström, S. (2014). Assistive ICT and Young Disabled Persons: Opportunities and Obstacles in Identity Negotiations. In I. R. Management Association (Hrsg.), Assistive Technologies (S. 1084-1105). IGI Global.

Sommer, D. (2014). Handlung. In C. Wünsch, H. Schramm, V. Gehrau & H. Bilandzic (Hrsg.), Handbuch Medienrezeption (1. Auflage) (S. 45-60). Nomos-Verl.-Ges.

Thiele, A. (2016). Fachbeitrag: Assistive Technologien für Menschen mit einer körperlich-motorischen Beeinträchtigung. Interdisziplinäre Handlungsfelder und Eckpfeiler einer Qualifikation von Pädagog/innen mit einem sonderpädagogischen Profil. Vierteljahresschrift für Heilpädagogik und ihre Nachbargebiete 85(4), 307.

World Health Organization (WHO) (2005). Internationale Klassifikation der Funktionsfähigkeit, Behinderung und Gesundheit (ICF) (Deutschen Institut für Medizinische Dokumentation und Information, DIMDI, Hrsg.). Genf.

Ytterhus, B. (2010). The use and non-use of assistive technologies from the world of information and communication technology by visually impaired young people: a walk on the tightrope of peer inclusion. Disability 25, Jg. 2010(3), 303-315.

Zaynel, N. (2013). Wie Kinder und Jugendliche mit Down-Syndrom fernsehen. Medien+Erziehung 57(4), 50-55.

Zaynel, N. (2017). Internetnutzung von Jugendlichen und jungen Erwachsenen mit Down-Syndrom. Wiesbaden: Springer VS.

Medienkompetenz und Inklusion

Bernd Schorb

In einer Gesellschaft, die auf der Basis der Prinzipien Freiheit und Gleichheit ihrer Mitglieder lebt und diese Prinzipien zur Maxime gesellschaftlichen Handelns erhoben hat, sind Inklusion ebenso wie Medienkompetenz selbstverständliche Bestandteile. Inklusion, weil das Gleichheitsprinzip keines ist, wenn es nicht alle Mitglieder der Gesellschaft umfasst und ihnen trotz und wegen ihrer Unterschiedlichkeit Möglichkeiten bietet, den anderen Mitgliedern gleichgestellt zu sein. Das bedeutet einerseits, wie in der aktuellen Inklusionsdebatte betont wird, dass denjenigen, die sich somatisch oder kognitiv oder (im weitesten Sinne) kulturell von anderen Mitgliedern unterscheiden, auf ihre besondere Situation zugeschnittene Bedingungen geschaffen werden, die eine Gleichstellung ermöglichen. Hierzu zählen beispielsweise der Rollstuhl für Menschen mit körperlichen und motorischen Beeinträchtigungen ebenso wie ein Rechner, der Schrift in Sprache umsetzt für Menschen mit Beeinträchtigungen im Bereich Sehen oder beim Lernen von Deutsch als fremder Sprache hilft. Andererseits bedeutet es, dass die Umwelt dort, wo es möglich ist, so gestaltet wird, dass sie auf die unterschiedlichen Voraussetzungen der Mitglieder der Gesellschaft Rücksicht nimmt. Beispiele hierfür sind etwa der barrierefreie Zugang zu Gebäuden und Transportmitteln, oder die Formulierung von Regeln, Vorschriften etc. in einer einfachen, leicht verständlichen Sprache oder in Bildern, kleinen Filmen etc.

Die Beispiele der Transformation von Sprache in Schrift und umgekehrt, sowie der Transformation von Schrift in Bilder verweisen darauf, dass Medien im Prozesse der Inklusion eine Rolle spielen können bzw. sollen. Die Bedeutung von Medienkompetenz für eine Gesellschaft gleichberechtigter Mitglieder ergibt sich aber nicht primär aus ihrer möglichen Funktion als Hilfsmittel, sondern aus ihrer Bedeutung für Sein und Werden der Gesellschaft.

1 Zur Entwicklung der Medien und der Gesellschaft

Unbestritten ist, dass sich die Gesellschaft in den letzten Jahrzehnten hin zu einer Mediengesellschaft entwickelt hat. Waren ab dem Ende des 19. Jahrhunderts bis in die achtziger Jahre des 20. Jahrhunderts Medien primär Mittel der Information und Unterhaltung, so hat insbesondere die technische Umsetzung der Digitalisierung ab den neunziger Jahren des letzten Jahrhunderts dazu geführt, dass nahezu alle materiellen wie immateriellen Lebensbereiche medial gesteuert oder zumindest beeinflusst sind. Um die Bedeutung der Medien zu erkennen und die Entwicklung von Medienkompetenz für alle Mitglieder der Gesellschaft zu begründen, lohnt es sich, einen Blick auf die Medienentwicklung zu werfen.

Über die Jahrhunderte wurden Medien marginal von Bedeutung als sie sich, parallel zur Industrialisierung, zu Massenmedien entwickelten. Ab dem 19. Jahrhundert, der Industrialisierung und der damit verbundenen massenhaften Verbreitung von Information und Unterhaltung durch die Medien und mit der durchgängigen hohen Akzeptanz der Medien beim Publikum, wurden die Medien zu einem gesellschaftlichen Phänomen, das durch die Möglichkeit, die breite Bevölkerung geistig zu beeinflussen, das soziale und politische Leben mitbestimmt. Dabei wurden einerseits die Möglichkeit, Botschaften der Medienbesitzer an die Bevölkerung zu leiten, vom politischen System zur Verbreitung von Ideologie genutzt und andererseits die Rezeption von Unterhaltungsmedien zensiert, wenn diese nichtkonforme Inhalte präsentieren. Inhalte der präsentativen Medien, die sich heute primär über Bildschirme vermitteln, waren und sind grundsätzlich Phänomene der Realität, die bearbeitet werden und als Dokumente, wie beispielsweise Nachrichten, oder als Fiktion, wie Spielfilme, verbreitet werden. Die Massenmedien wurden zum Bestandteil der Lebenswelt der gesellschaftlichen Subjekte. Mediale Inhalte wurden aber nicht von diesen selbst, sondern von speziellen Produzenten geschaffen. Von den Subjekten wurden (und werden) sie nahezu ausschließlich rezipiert, bezogen auf die Inhaltsbereiche Unterhaltung und Information. Unser heutiges Verständnis von Medien ist noch weitgehend durch ihren reproduktiven und rezeptiven Charakter bestimmt. Diesen haben die Medien zwar auch noch, aber nicht mehr zentral.

Die entscheidende Veränderung erfuhren Medien durch die Digitalisierung in den letzten dreißig Jahren. Auf einen knappen Nenner gebracht lässt sich die heutige Situation beschreiben: Medien reproduzieren nicht mehr nur Wirklichkeit, sie generieren Wirklichkeit. Durch Digitalisierung wird die Realität in Echtzeit als Erscheinung dokumentierbar, reproduzierbar, neu gestaltbar und darüber hinaus beeinflussbar, steuerbar und letztlich ersetzbar. Das Schaffen von Realität bezieht sich nicht allein auf die sogenannte virtuelle Realität, die den Sinnen eine nicht existente Welt so vermittelt, dass diese für real erkannt wird, sondern geht etwa in der Industrie 4.0 weiter bis hin zur Herstellung materialer Produkte durch das Bauen und Bedienen von herkömmlichen und eigens konstruierten Maschinen, wie dem 3D-Drucker.

Es gibt keinen Lebensbereich mehr ohne digitale Medien. Sie steuern unser Leben. Das Gerät, an dem sich dies am besten erläutern lässt, ist das Smartphone. Es ist zum ersten eine an uns selbst fixierte – wir bewegen uns nicht mehr ohne dieses Gerät – Extremität. Dass das Smartphone noch nicht in unserem

Hirn verankert ist und sich durch Worte und Gedanken lenken lässt bzw. unsere Werke und Gedanken lenkt, ist nur der technischen Entwicklung geschuldet und somit eine Frage der Zeit. Das Smartphone ist kommunikativ-interaktiv. Wir treten über dieses Medium mit der Welt in Verbindung, mit unserer Nahwelt in erster Linie, aber auch mit den Konzernen, die die Smartphones herstellen und vor allem ihre Inhalte generieren. Wir interagieren insofern wir mit anderen Menschen und vor allem sog. intelligenten Maschinen Kontakt aufnehmen und mit ihnen Nachrichten austauschen. All unser Handeln ist medial affiziert und wird medial fixiert, in jenen riesigen Clouds, den Datencontainern, in denen unser Leben gespeichert wird, um es zu analysieren. Unserer Persönlichkeit wird ihr Eigentümliches genommen und zu Daten komprimiert um daraus dann die Lenkung eben dieser Persönlichkeit zu ermöglichen. Auch wenn die Medienkonzerne behaupten, im Gegensatz zu staatlichen Stellen die gesammelten Daten (noch) nicht zu individualisieren und personenbezogen zu verarbeiten, doch wird daran mit Elan und viel Geld geforscht. Gerade diese Entwicklung der medialen Enteignung der Persönlichkeit, um diese kommerziell oder politisch zu dirigieren, ist unter dem Aspekt der Inklusion höchst problematisch. Haben wir schon heute das gesellschaftliche Problem, dass soziale Gruppen und Einzelne, die den Durchschnittsnormen nicht entsprechen, diskriminiert werden im persönlichen wie im öffentlichen Bereich, so verschärfen sich diese Probleme. Behinderungen gleich welcher Art können aus den erfassten persönlichen Daten der Menschen erschlossen werden, ohne dass die Betroffenen diesen Prozess beeinflussen können. Daraus können dann die Verwerter Handlungskonsequenzen ziehen. In welche Richtung dies gehen könnte, zeigen schon heute die Versicherungskonzerne, die Menschen nach ihrer körperlichen Fitness ordnen und die Gebühren danach ausrichten.

Dabei bedienen sich die Medienkonzerne, die innerhalb kürzester Zeit zu der mit Abstand reichsten Industrie geworden sind, zu den genannten Zwecken nicht allein des Smartphones, sondern all unseres medialen Handelns. Diese Entwicklung ist problematisch zu sehen. Zum einen werden immer weitere Bereiche dem unmittelbaren Handeln und der Entscheidung des Menschen entzogen. Zum anderen steuert diese Entwicklung, der Philosophie des Transhumanismus folgend, auf die Ablösung des Homo Faber, der seine Welt erbaut und verändert, durch den intelligenten Rechner, der alle lebende und tote Materie steuert. Einer, der mit nahezu unbegrenzten Mitteln, ausgestattet von Google, die Philosophie des Transhumanismus argumentiert und im Labor technisch entwickelt, Raymond Kurzweil, postuliert, dass bis zum Jahre 2045 die menschliche Intelligenz durch die künstliche Intelligenz der Computer übertroffen und abgelöst wird (Kurzweil & Bischofberger 2010). Auch in der Pädagogik findet die Idee Anklang, den Menschen von der Mühe des die Technik gestaltenden Denkens und Handelns zu entlasten. „Statt auf diesem Weg der Selbst- und Weltbeherrschung weiter zu gehen oder das Unmögliche einer vollkommenen Herrschaft über die technologischen Bedingungen im Sinne einer Befreiung von ihnen realisieren zu wollen, ginge es wohl in erster Linie darum, leben zu lernen und dass wir uns fragen, wie wir leben wollen" (Wimmer 2014, S. 261).

Ließen sich diese Vorstellungen realisieren, so bedeutete dies, dass der Mensch auf das verzichtet, was ihn nach der Idee der abendländischen Philosophie auszeichnet, auf das Wundern und Fragen, das ihm Aristoteles als vornehmste Aufgabe zuschreibt ebenso wie auf das Denken, das nach Descartes Menschsein erst konstituiert. Für die Pädagogik als Wissenschaft vom humanen Handeln, die, wie es bereits Comenius, der sich als erster mit Pädagogik und Medien beschäftigt hat, in seiner Pampaedia formulierte, Menschen zu „tätigen, strebsamen und gewandten Geschöpfen" macht (1960, S. 83), ist allerdings der Transhumanismus kein Weg. Pädagogik hat den selbstbestimmten im sozialen Kontext handelnden Menschen im Blick. Als Medienpädagogik bedeutet dies, dass sie sich reflektiert der Medien bedient. Eine Medienpädagogik der Inklusion wird die angebotenen technischen Medien soweit für ihr Klientel nutzen, als diese in der Lage sind, ihnen ein selbstbestimmtes Leben zu ermöglichen, indem sie jene Fähigkeiten und Fertigkeiten, die nicht oder noch nicht entwickelt sind, stützen und/oder vermitteln. Es wird, um nur zwei Beispiele zu nennen, ebenso sinnvoll sein bei MigrantInnen rechnerbasierte Lernspiele zur Vermittlung der deutschen Sprache wie auch der Kultur einzusetzen, wie bei Menschen, welche Beeinträchtigungen im körperlichen und motorischen Bereich haben, und Sensoren, die ihnen erlauben via Computer und Peripheriegeräte sich selbstständig fortzubewegen, manuelle Tätigkeiten auszuführen, oder bei Sprachlähmungen sich mitzuteilen. Es darf jedoch nicht Aufgabe sein, wie in der Pflegewissenschaft seit geraumer Zeit diskutiert wird, bei Menschen, die an Demenz erkrankt sind, menschliche Betreuer durch (noch so perfekte) Roboter zu ersetzen, aber sehr wohl sie durch Rechner geistig anzuregen (vgl. Unbehaun et al. 2018, Drechsel et al. 2018). Es kommt entscheidend darauf an, dass Menschen gegenüber den Medien ihre Souveränität bewahrend kompetent mit diesen umgehen.

2 Medienbildung und Medienkompetenz

Mit der wachsenden Bedeutung der Medien setzte sich in den letzten Jahrzehnten der Begriff Medienkompetenz durch, der alle jene Fähigkeiten und Fertigkeiten umfassen soll, über die Menschen in der Mediengesellschaft verfügen müssen. Konkurrierend mit Medienkompetenz wurde und wird der Begriff Medienbildung verwendet. Schaut man sich die pädagogische Debatte um die beiden Begriffe näher an, so zeigt sich, dass sich die Kontroverse um Medienkompetenz versus Medienbildung dort, wo elaborierte Medienbildungskonzepte existieren, mehr auf begriffliche als auf tatsächliche inhaltliche Differenzen bezieht. Die als Medienbildung vermittelten Inhalte gleichen Curricula zur Medienkompetenzvermittlung, aber eben mit unterschiedlichen Begrifflichkeiten.

Nichtsdestoweniger kann die Auseinandersetzung um Medienkompetenz oder -bildung dazu beitragen, den Medienkompetenzbegriff im Kontext der wissenschaftlichen Disziplin Pädagogik zu verorten. Medienkompetenz als Fähigkeit und/oder Fertigkeit, die den Medien innewohnenden Möglichkeiten zu beherrschen und im eigenen Handeln zur Manifestation zu bringen, ist damit zum einen an den Gegenstandsbereich Medien und zum anderen an das mediale Handeln der Subjekte im sozialen Raum gebunden. An diesem Punkt setzt seitens der Vertreter des Begriffs Medienbildung die Kritik am Kompetenzbegriff an.

> „Medienkompetenz bezieht ihre Bedeutung aus dem Mediensystem, während der Bildungsbegriff nicht auf die Relation Mensch-Medien, sondern auf jene von Mensch-Welt gerichtet ist. Setzt man Kritikfähigkeit als übergeordnete Dimension, so kann Medienbildung als Erweiterung von Medienkompetenz verstanden werden, weil Bildung ohne die Fähigkeit zur kritischen Distanzierung nicht denkbar ist." (Pietraß 2005, S. 44)

Wenngleich man dieser Argumentation entgegenhalten muss, dass auch Medienbildung, soll der Begriff nicht beliebig werden, nicht umhin kann seine Bedeutung aus der Relation Mensch-Medien zu gewinnen, so ist doch der Gedanke wichtig, dass der Bildungsbegriff als umgreifender auf das Erfassen der gesamten Lebenswelt gerichtet ist und die Medien in diese eingeordnet sind. Tatsächlich wird Medienkompetenz häufig reduziert auf Mediennutzung, das funktionale Beherrschen der Medien. Will sich nun der Begriff der Medienbildung von einem praktizistisch-funktionalistischen Kompetenzbegriff absetzen und die Einbettung der Medien in die ‚Welt' ebenso betonen wie die Fähigkeit zur Medienkritik, dann ist es tatsächlich geraten den Begriff der Medienbildung als übergeordneten aufzufassen. Auch Niesyto (ders., Rath & Sowa 2006) hat in letzter Zeit die Bedeutung von Medienkritik betont als die Fähigkeit, sowohl die Medien in ihrer Einbindung in den politischen wie ökonomischen Kontext zu sehen als auch sich von ihnen distanzieren zu können. Er hat zu Recht darauf hingewiesen, dass dieser Begriff im aktuellen medienpädagogischen Diskurs marginal ist.

Es wird zu zeigen sein, dass die Fähigkeit, Medien in einen umfassenden Kontext einzubetten und sie kritisch zu reflektieren, auch in ein entwickeltes Konzept von Medienkompetenz integriert werden kann und muss. Will man verdeutlichen, dass die ‚mediengebildeten' Subjekte nicht allein medienkompetent sind, in dem Sinne, dass sie die Medien in ihrer Handhabung beherrschen um mit ihrer Hilfe im Wettbewerb mit anderen Menschen erfolgreich zu sein, sondern darüber hinaus sich die Medien im gesellschaftlichen Zusammenhang anzueignen, was deren kritische Reflexion mit beinhaltet, dann kann Medienbildung als Ergebnis einer umfassenden gelungenen Vermittlung von Medienkompetenz verstanden und der Widerspruch als einer der Begriffe, nicht aber der Substanz, entschlüsselt werden. Der Widerspruch wird wohl auch in der Wirklichkeit nicht aufzuspüren sein, da sich nur schwerlich ein Mensch finden wird, dessen Kompetenz ihn befähigt, sich mit dem Weltausschnitt Medien kritisch auseinanderzusetzen, nicht jedoch mit den anderen Teilen dieser Welt. Eine pragmatische Lösung des Widerspruches von Medienbildung und -kompetenz bietet Bosse. In der Auseinandersetzung mit Medienbildung und Inklusion konstatiert er: „Unter dem Begriff Medienbildung wird überwiegend die Vermittlung von Medienkompetenz verstanden" (Bosse 2012, S. 13).

Gehen wir davon aus, dass sich in der Mediengesellschaft Medienkompetenz als lebensnotwendig für alle Mitglieder erweist, so diese nicht ihr Leben dem Vorgegebenen unterordnen, sondern Souveräne desselben sein wollen, so heißt dies, dass sie für alle Mitglieder nicht nur erstrebenswert, sondern auch erreichbar sein muss. Bezüglich Inklusion bedeutet dies, dass es zwar keine Medienkompetenz der Inklusion geben kann, dass aber die Realisierung von Medienkompetenz dem jeweiligen Handlungsfeld, hier der Inklusion, Rechnung tragen muss.

3 Dimensionen der Medienkompetenz

Medienkompetenz beinhaltet Wissen und Reflexion über die Strukturen und Funktionen der jeweils verfügbaren Medienwelt, verbunden mit der konkreten Handhabung und dem eigentätigen und selbstbestimmten Gebrauch von Medien als Mittel der Artikulation und Partizipation und mit der auf Wissen, kritischer Reflexion und Handlungserfahrungen fußenden Orientierung in und Positionierung gegenüber der Medienwelt (vgl. Schorb 2017).

Medienkompetenz integriert und verzahnt Wissen und Reflexion über die Medienwelt mit dem selbstbestimmten Gebrauch von Medien zur Artikulation und Partizipation.

Die *Wissensdimension* gliedert sich auf in Funktions- und Strukturwissen. *Funktionswissen* ist jener Bereich, der meist in Verbindung mit Medienkompetenz genannt wird. Darunter zu fassen sind in erster Linie die instrumentell-qualifikatorischen Fertigkeiten. Das meint beispielsweise Wissen, das der Einzelne benötigt, um ein Computerprogramm installieren, eine Webseite aufrufen oder eine Kamera bedienen zu können. Diese grundlegende Fertigkeit ist jedwedem Umgang mit Medien als technischen Geräten vorausgesetzt. Sie bestimmt die Möglichkeit, aber nicht die Qualität der Medienaneignung. Im weiteren Sinne, bezogen auf die Präsentationen der Medien ist unter Funktionswis-

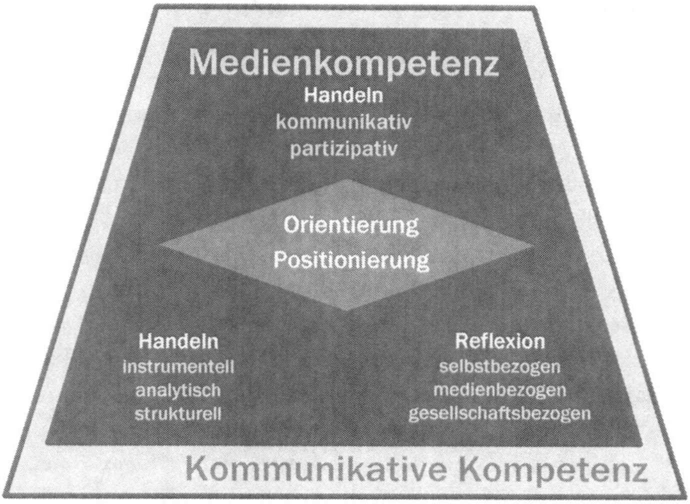

Quelle: Theunert 2015, S. 155

sen auch ästhetisches Gestaltungswissen zu fassen, das es erlaubt, die den Medien innewohnenden Gestaltungsmöglichkeiten zu entschlüsseln und zu nutzen. Darunter fällt beispielsweise ebenso die Kenntnis von Textverarbeitungs- oder Bildbearbeitungsprogrammen wie generell die Kenntnis von Programmen, Dramaturgien und Inhalten der Medien, die es beispielsweise einem Rezipienten möglich macht, Fernsehgenres in seinen Eigentümlichkeiten bildlicher, tonaler und auch inhaltlicher Art zu unterscheiden. Schließlich ist auch jenes Grundlagenwissen Funktionswissen, das die Beiträge der unterschiedlichen natur- und geisteswissenschaftlichen Disziplinen umgreift, die Medientechnologie fundieren oder auch Aussagen im und über den Kontext personaler Medienaneignung machen. Damit ist das Wissen über die Logik digital-algorithmischer Realitätskonstruktion ebenso impliziert wie beispielsweise die Kenntnisse der Medienwirkungsforschung, so sie sich auf die individuellen und sozialen Folgen der Medienaneignung bezieht.

Strukturwissen hat seine Bedeutung im Kontext heutiger hochkomplexer Mediensysteme. In diesem Wissensbereich geht es um das Zusammenspiel der Medien, die Medienkonvergenz, ebenso wie die Netzwerke in die Medien eingebunden sind bzw. die mittels Medien geschaffen werden. Die Mediennetze, ihre Beschaffenheit, ihre Akteure und vor allem die Eigentümer dieser Netze und deren politisch-ökonomischen Interessen sind zentrale Bestandteile des Strukturwissens, gleichwie Verwobenheit und Bedeutung der vielfältigen über die Medien transportierten Inhalte. Jede technische Weiterentwicklung im Medienbereich ist heute mit der Einbindung in lokale und globale Netze gekoppelt. Immer mehr Lebensbereiche werden durchdrungen oder gar medial geschaffen als eine Welt, die nur mehr medial existiert. Diese Entwicklung macht es unabdingbar, das Gesamte in seinen Strukturen zu erkennen, um so das Detail in seiner Bedeutung einschätzen zu können. Um beispielsweise seine eigene Position und Funktion im globalen Kampffeld der Computerspiele bestimmen zu können, ist es von Bedeutung die Interessen und darauf basierenden technischen und inhaltlichen Voraussetzungen und Beschränkungen zu kennen, die die Betreiber dieses Netzwerkes gesetzt haben. Ebenso ist Strukturwissen existentiell, um sich in den Verstrickungen der Social Media zu behaupten. Die vielfältigen Möglichkeiten der Kommunikation und Präsentation, des Konsums und der Unterhaltung sind gepaart mit der gleichzeitigen Enteignung der Persönlichkeit, die quasi das Entgelt für die Nutzung der attraktiven Angebote der Social Networks ist. Einfluss auf die im Detail höchst komplizierten Geräte, Programme, Verbindungen u.ä. kann nur derjenige nehmen, der die Strukturen erkennt und die daraus resultierenden individuellen wie sozialen Folgen ableiten kann. Inwieweit die letztgenannten Wissensdimensionen in ihrer Komplexität und Differenziertheit in allen ihren Dimensionen vermittelt und von den Subjekten angeeignet werden kann und muss, hängt von den geistigen, emotionalen und sozialen Voraussetzungen der AdressatInnen ab. Es ist evident, dass etwa bezogen auf männliche Migranten, das genannte Beispiel der Computerspiele von Bedeutung ist, oder dass es gerade für körperlich behinderte Menschen wichtig ist Grenzen und Möglichkeiten sozialer Netzwerke zu kennen, um diese selbstbestimmt gebrauchen zu können.

Mit der *Reflexionsdimension* ist das Fähigkeitsbündel benannt, die Medien kritisch, in sozialer und ethischer Verantwortung für sich selbst und andere zu betrachten und zu bewerten. Reflektierende Bewertung der Medien ist eingebettet zwischen Medienwissen und Medienhandeln. Sie ermöglicht es, Wissensbestände zur Orientierung auszuwählen und dem Medienhandeln eine Richtung und ein Handlungsziel zu geben. Sie umfasst die Fähigkeit, erstens die hinter den medialen Phänomenen liegenden Interessen zu erkennen, zweitens die Medien in ihrer Struktur, Wirkung und Gestaltung zu durchschauen und drittens mediale Angebote und Techniken kritisch zu reflektieren. Die Fähigkeit zur Medienbewertung ermöglicht es den Menschen, Wissensbestände nicht nur anhäufen und nach Formalkriterien strukturieren, sondern es nach Wertungskriterien ordnen, revidieren und in neue Zusammenhänge bringen zu können. Auf der Basis eines qualifizierenden Wissens wird hier die kognitive Analyse der Einbettung der Medien in die Gesellschaft verbunden mit der ethisch-kritischen Reflexion. Dies ermöglicht sowohl den begründeten Genuss als auch die begründete Ablehnung bzw. Veränderung medialer Angebote und Möglichkeiten.

Ethisch-kritische Reflexion von medientechnischen ebenso wie inhaltlichen Angeboten bildet die Grundlage einer umfassenden Medienaneignung, was die Möglichkeit beinhaltet, prinzipiell aus der Rolle des Konsumenten bzw. rezipierenden Objekts in die des Produzenten bzw. gestaltenden Subjekts zu wechseln.

Sowohl Techniken wie auch Inhalte sind nicht deterministisch festgelegt, sondern variabel und verschieden gestaltbar. Je nachdem ob ökonomische, ökologische, private oder soziale Interessen dominieren wird auch die Gestaltung von Medien unterschiedlich sein. Abhängig von einer auf ethischen Grundlagen basierenden kritischen Reflexivität wird der Mensch auf die formale und inhaltliche Ausgestaltung der Medien Einfluss nehmen können – und wollen. Diese Dimension von Medienkompetenz eingebettet in ein soziales Wertgefüge lässt sich auch als demokratische Kompetenz bezeichnen, im Sinne eines Abwägens zwischen dem (medien-)technischen Fortschritt und dem Ausbau menschlicher Lebensbedingungen.

Diese Dimension der *bewertenden Reflexion* umfasst drei Bereiche. Da ist erstens die Selbstreflexion, gerichtet auf das eigene Subjekt, das sich Medien aneignet und mit ihnen handelt. Selbstreflexion impliziert die ethisch-normativen Schwerpunkte der eigenen Mediennutzung zu überdenken. Die Fähigkeit zur Selbstanalyse erstreckt sich heute nicht nur auf massenmediale Angebote, sondern auf das gesamte Handeln im Netz, von der Nutzung der Netzangebote im Bereich des Konsums, auch des Wissenskonsums, bis hin zur Eigenaktivität in Form medialer Selbstpräsentation bildlicher wie schriftlicher Art. Die bewertende Reflexion richtet sich zweitens ebenso auf die Medien selbst, wie bereits beschrieben, auf ihre Strukturen, die dahinterstehenden Interessen und die mittelbaren und unmittelbaren Folgen der Mediennutzung. Gerade die Folgen sind der Schwerpunkt der Reflexion im dritten auf die Gesellschaft gerichteten Bereich. Das auf soziale und gesellschaftliche Aspekte bezogene Durchdenken der Medienwelt impliziert neben Fragen der Wirkung von medialen Inhalten und Tätigkeiten Fragen von gesamtgesellschaftlicher Relevanz, wie etwa die Erfassung und Verwertung mit persönlichen Daten, aber auch die politisch-ökonomische Macht der globalen Medienkonzerne und ihre Beeinflussung der lokalen Politik und des alltäglichen Lebens der Menschen. Im Bereich der Inklusion ist die Stärkung des Vermögens, bewertend zu reflektieren, eine zentrale Aufgabe. Sie erst erlaubt es den Subjekten ihre Lebenssituation zu erkennen und die daraus resultierenden Anforderungen an die Umwelt zu artikulieren. Selbstreflexion unter Einbezug von Medienkritik macht auch gegenüber Medien stark, so wie sie die Fähigkeit zur Artikulation im sozialen Raum stützt.

Medienhandeln als prozessuale Kategorie meint grundsätzlich reflexiv-praktische Medienaneignung als kommunikativen Prozess. Es beinhaltet damit die aktive Auseinandersetzung mit Medien, vor allem im selbsttätigen Schaffen von medialen Präsentationen, also gestalteten Inhalten. Medienhandeln beginnt beim Verstehen und Bewerten der Zeichensprache der Medien. Es geht weiter zur aktiven Nutzung von Medien und medialen Kommunikaten auf der Basis eigener Interessen und begründeter Urteile. Es dient so einer angemessenen, zielgerichteten und erfolgreichen Kommunikation mit Medien bis hin zur Mitwirkung am Auf- und Ausbau einer demokratischen Medienkultur. Im Medienhandeln realisieren sich Medienwissen und Medienreflexion im selbstbestimmten und zielgerichteten medialen Tun der Menschen.

Aktives und ziel- bzw. zweckgerichtetes Medienhandeln manifestiert sich in der Auswahl und dem Einsatz von Medien. Handeln ist damit die nutzbringende Auswahl medialer Hard- und Software. Nicht die Vorgaben der Medienkonzerne, sondern die Zielsetzungen der handelnden Subjekte bestimmen die Auswahl von Medien. Dies schlägt sich nieder auf die Rezeption medialer Produkte oder dient dem Zweck, selbst mittels Medien zu kommunizieren, beides ist kritisch reflektierendes Medienhandeln.

Kreatives Medienhandeln bezieht sich auf die schöpferische Dimension des Menschen. In der bewussten Gestaltung von Medien kommen die schöpferischen Kräfte der Menschen im Umgang mit Medien zur Geltung. Hier bedienen sie sich der selbst geschaffenen Medienprodukte zur Teilnahme an der gesellschaftlichen Kommunikation. Mediengestaltung ist die Er- und Bearbeitung von Gegenstandsbereichen sozialer Realität mit Hilfe von Medien unter Nutzung der gestalterischen Möglichkeiten und der eigenen kreativen Fähigkeiten sich mitzuteilen, sowie der Vorgaben der Medientechniken. Sie ist produzierendes, ästhetisches und selbsttätiges Tun. Zugleich ist sie in der Regel kollektives Handeln, denn die meisten Medienprodukte bedürfen eines gemeinsamen Herstellungsprozesses. Mediengestaltung braucht einen geistigen Freiraum für die Entwicklung von Fantasie und Kreativität und fördert dann auch die Möglichkeit, mit Medien lustvoll, spielerisch und schöpferisch umzugehen. Kreatives Medienhandeln impliziert das Wissen um die Gestaltungsmöglichkeiten der Medien und deren Bewertung, nicht nur um sich der medialen Möglichkeiten bedienen zu können, sondern auch um sie, beispielsweise weil sie im Kommerz erstarrt sind, zu umgehen, zu verfremden, nicht zu nutzen. Das Schöpferische des kreativen Prozesses liegt in der Entdeckung der eigenen Fähigkeiten, dem Einbringen dieser Fähigkeiten in die Gruppe, die ein Medienprodukt erstellt und in der bewussten Nutzung oder Nichtnutzung der technischen und inhaltlichen Möglichkeiten des Umgangs mit Bild, Ton und Schrift.

Medienhandeln als partizipatives Handeln meint zwei Dinge. Zum ersten ist *Medienpartizipation* die Voraussetzung eines jeden Medienhandelns, nämlich die Teilnahme an der gesellschaftlichen medialen Kommunikation mittels der Nutzung der notwendigen Medientechniken. Diese Voraussetzung ist keineswegs für alle Menschen gegeben. Vor der Mediennutzung stehen finanzielle Barrieren. Komplexere Medienanwendungen setzen technisches und auch gestalterisches Wissen voraus, das erst erworben werden muss. Zum zweiten ist Medienpartizipation die Teilnahme an gesellschaftlicher Information und Entscheidung durch mediale Artikulation. Medienpartizipation als Dimension des Medienhandelns ist das Vermögen, mittels Kommunikation als Austauschhandeln zwischen Menschen an der Gestaltung der menschlichen Gemeinschaft mitzuwirken bzw. an der medial gestalteten gesellschaftlichen Informations- und Kommunikationswelt zu partizipieren. Damit weist auch Medienpartizipation über die Medien hinaus. Denn die mediale Kommunikation mit den Anderen und das Eingehen auf diese impliziert die Fähigkeit, die eigenen und die Gefühle und Überzeugungen Anderer zu erkennen, zu respektieren und mit ihnen förderlich umzugehen und zugleich sich selbst, seine Persönlichkeit und eigenen Interessen aktiv zu gestalten. Gerade im Bereich der Inklusion ist das Medienhandeln von großer Bedeutung. Hier gilt es Modelle zu entwickeln, die es den Subjekten erlauben, Medien in ihrer Funktion als Mittel ebenso wie als Mittler zu nutzen. In der Verbindung von technischer Unterstützung mit der Reflexion der eigenen Lebenssituation und dem Schluss auf Anforderungen an die Gesellschaft gilt es Möglichkeiten zu entwickeln, die nicht allein die Artikulation im sozialen Raum ermöglichen, sondern generell auch dessen Mitgestaltung.

Zwischen den drei Dimensionen und diese wiederum vermittelnd steht die *Orientierung* mit dem Ziel der Positionierung souveräner die Medien aneignender und mit ihnen handelnder Subjekte. Orientierung als Wissen und Überzeugung verbindet die Dimensionen des Funktions- und Strukturwissens mit der Reflexions- und Handlungsdimension. Orientierung ist die Basis, sowohl um sich im medialen Überangebot an Informationen zurechtfinden zu können als auch darüber hinaus um auf der Basis historischer, ethischer und politischer Einsichten und Kenntnisse das erworbene Wissen um Funktion und Struktur der Informations- und Kommunikationstechnologie gewichten und bewerten zu können. Orientierung ermöglicht es, dass Menschen innerhalb eines komplexen Medienensembles voller Chancen und Zwänge eine eigene Position gestalten und finden. Orientierung schließt damit auch weitere Wissensbestände ein, beispielsweise über Demokratie und ihre Prinzipien, um dann etwa beurteilen zu können, inwieweit das Recht auf informationelle Selbstbestimmung durch den Ausbau medialer Überwachungstechniken zunichte gemacht wird. Auch das Wissen um die weiteren Planungen im Ausbau des Medienensembles ermöglicht eine Orientierung und zugleich potenziell die Partizipation an der Entscheidung welche technisch-ökonomischen Neuerungen auf der Grundlage ethischer Reflexion akzeptabel sind oder eine Gefahr darstellen – für den Einzelnen wie für das Gemeinwesen. Orientierung ist Wissen und Überzeugung, die es erlauben zweckrational bestimmtes Handeln im Medienbereich kritisch einzuschätzen und an humanistischen Prinzipien zu messen.

Die Realisierung der Dimensionen von Medienkompetenz für den Bereich der Inklusion bedarf schließlich der *medienpädagogischen Kompetenz.* Selbst kompetent mit und gegenüber den Medien müssen PädagogInnen das Wissen um Medien und Inklusion als Handlungsbasis besitzen und darüber hinaus in der Lage sein mit Empathie und Fantasie Modelle zur Aneignung von Medienkompetenz zu entwickeln und zu realisieren, die auf die unterschiedlichen Lebenswelten und Biografien der mit ihnen handelnden Subjekte eingehen.

Literatur

Bosse, I. (Hrsg.) (2012). Medienbildung im Zeitalter der Inklusion. Düsseldorf: Landesanstalt für Medien Nordrhein-Westfalen.

Comenius, J. A., Čyževs'kyj, D. & Geißler, H. (Hrsg.) (1960). Pampaedia. Lateinischer Text und deutsche Übersetzung. Heidelberg.

Drechsel, T., Jennewein, N., Brüggen, N. & Inthorn, J. (2018). Moderne Medizintechnik im Altenheim? – Ethische Fragen und Partizipation am medialen Diskurs. In: Medien & Altern. 11/2018. S. 35-45.

Kurzweil, R. & Bischofberger, N. (2010). Raymond Kurzweil – künstliche Intelligenz macht unsterblich. Der US-amerik. Futurist Raymond Kurzweil im Gespräch mit Norbert Bischofberger. Dornbirn: ATV-TV-Produktion-Assmann.

Niesyto, H., Rath, M. & Sowa, H. (Hrsg.) (2006). Medienkritik heute. Grundlagen, Beispiele und Praxisfelder. München.

Pietraß, M. (2005). Für alle alles Wissen jederzeit ... Grundlagen von Bildung in der Mediengesellschaft. In: Kleber, H. (Hrsg.). Perspektiven der Medienpädagogik in Wissenschaft und Bildungspraxis. München. S. 39-50.

Schorb, B. (2017). Medienkompetenz. In: Schorb, B., Hartung-Griemberg, A. & Dallmann, Ch. (Hrsg.). Grundbegriffe Medienpädagogik. München. S. 254-261.

Theunert, H. (2015). Medienaneignung und Medienkompetenz in der Kindheit. In: Gross, F. von, Meister, D. M. & Sander, U. (Hrsg.). Medienpädagogik – ein Überblick. Weinheim. S. 136-163.

Unbehaun, D., Aal, K., Vaziri, D. et al. (2018). Qualitative Ergebnisse eines Videospiel-basierten Assistenzsystems für Menschen mit Demenz und deren Angehörige. In: Medien & Altern. 11/2018. S. 20-34.

Wimmer, M. (2014). Antihumanismus, Transhumanismus, Posthumanismus: Bildung nach ihrem Ende. In: Kluge, S. (Hrsg.). Menschenverbesserung – Transhumanismus. Frankfurt am Main. S. 237-265.

Inklusionsorientierter Literaturunterricht mit (digitalen) Medien

Ein Beispiel für die Auseinandersetzung der Fachdidaktiken mit Inklusion in einer mediatisierten Gesellschaft

Annett Thiele & Ingo Bosse

Sowohl die Mediatisierung als auch die Inklusion prägen als Metatheorien seit Jahren die Professionalisierung der Lehrerbildung (vgl. Bosse 2014, Marci-Boehncke & Bosse 2018). Spätestens seit der Verabschiedung der UN-Behindertenrechtskonvention (2008, in Deutschland 2009 ratifiziert) besteht der normative Anspruch inklusiver Bildungsprozesse darin, allen Schüler_innen ihren persönlichen Bedarfen entsprechend, positive Entwicklungsmöglichkeiten zu eröffnen. Die Auseinandersetzung mit inklusiver Bildung hat sich in den letzten Jahren dadurch auch in den Fachdidaktiken deutlich verstärkt. Vorreiter waren dabei Fächer wie Sachunterricht (z. B. Seitz 2005, Peschel 2016), Geschichte sowie das Fach Deutsch. Im letztgenannten Fach haben sich die Diskurse um eine Inklusionsorientierung in der Fachdidaktik in jüngster Zeit intensiviert (siehe z. B. Anders & Wieler 2018, Frickel & Kagelmann 2016). Gleichzeitig kann Deutsch auf eine lange Tradition der integrierten Medienerziehung zurückblicken (Marci-Boehncke 2015, S. 6). Germanist_innen wie Marci-Boehncke machen deutlich, dass digitale Medien in diesem Fach nicht nur durch technische Assistenz ideale Möglichkeiten zur gleichberechtigten Teilhabe aller Lernenden bieten, sondern auch angesichts ihrer konvergenten Arbeitsmöglichkeiten (ebd.). Mit Medienkonvergenz ist dabei das medienübergreifende Handeln gemeint. Inhalte können in unterschiedlichen Medien präsentiert werden. Die Medienindustrie handelt konvergent, wenn unterschiedliche Medien zusammenarbeiten und das Publikum der Medien wendet sich diesen Inhalten, je nachdem wie sie präsentiert werden, zu. Medien sind im Deutschunterricht sowohl didaktisches Werkzeug als auch Unterrichtsgegenstand (Bosse 2016). Zur Konkretisierung wird im Beitrag der inklusionsorientierte, medial gestützte Literaturunterricht fokussiert. Die Autoren verbinden mit diesem exemplarischen Vorgehen die Hoffnung, die Diskussion mit anderen Fachdidaktiken zu befördern, welche Anregungen für die inklusionsorientierte Weiterentwicklung ihrer Unterrichtsfächer suchen.

Folgende Fragen werden im Beitrag diskutiert:

1. Was ist eine inklusive Didaktik und welche fachdidaktischen Konzepte sind in einem Literaturunterricht in heterogenen Lerngruppen anschlussfähig für den Einsatz digitaler Medien?
2. Wie müssen die Medien und die Rahmenbedingungen ihres Einsatzes gestaltet sein, damit im Literaturunterricht heterogener Lerngruppen Aneignungsprozesse unterstützt werden?

1 Grundlagen einer inklusionsorientierten Didaktik

Inklusion fokussiert im pädagogischen Kontext eine heterogene Gruppe, deren Vielfalt als positiver Entwicklungsfaktor für alle Beteiligten betrachtet wird (Biewer 2009, S. 193). Um dieser Vielfalt gerecht zu werden, müssen individualisierte, differenzierte, ganzheitliche und kooperative Angebote realisiert werden. Reichhaltige Lehrpläne werden durch inklusionsorientierte Curricula ersetzt, die dem Modell aufbauender, anschlussfähiger Kompetenzstufen folgen (Wocken 2014, S. 56). Eine inklusionsorientierte Didaktik stellt ferner die Frage, welche Bildungsziele für alle Kinder unter Anerkennung ihrer Individualität gleichermaßen gültig sein sollten, ohne eine Einebnung von Unterschieden und eine Liquidierung von Vielfalt zu produzieren (Wocken 2015, S. 115). Bei Wocken (in Anlehnung an Klafkis Bildungsverständnis) spielt die Orientierung an einem bildungstheoretischen Kern als verbindendes Element eine große Rolle, der bei Bedarf unbegrenzt ergänzt werden kann. Dabei wird in Anlehnung an Pestalozzis Postulat – Lernen mit Kopf, Herz und Hand – ganzheitlich gedacht. In der Folge werden nicht nur kognitive Leistungen gefördert, sondern auch emotionale, praktische, ästhetische, soziale und moralische Kompetenzentwicklungen intendiert (ebd., S. 120). Die Unterrichtsmethoden werden dabei so gewählt, dass selbstgesteuertes und eigenverantwortetes Lernen ermöglicht wird. Kooperative Methoden erlangen eine herausragende Rolle innerhalb des vielfältigen unterrichtsmethodischen Spektrums (Wocken 2014, S. 125). Insgesamt besteht der Anspruch, dass individualisierte und solidarische Lerngelegenheiten in einer Balance stehen.

Als didaktisch bedeutsam können folgende Konzeptionen und Theoreme zur Planung und Gestaltung inklusiver Unterrichtssituationen eingeschätzt werden: Das „Lernen am Gemeinsamen Gegenstand“ von Feuser (1989), „Die Frage nach dem Kern der Sache“ (Seitz 2009), die „Reflexive Didaktik“ von Ziemen (2008) oder das „Partizipationsmodell“ von Beukelmann und Mirenda (2013). Gemeinsam sind diesen Konzeptionen die Orientierung an der Subjektperspektive, die Berücksichtigung individueller und struktureller Barrieren für das Lernen, die unterschiedlichen Zugangsweisen zu einem Lerngegenstand, wie auch die Differenzierung des Sachgegenstandes auf Grundlage individueller Sinnkonstruktionen, Dispositionen und Handlungsmöglichkeiten. Der Einsatz digitaler Medien kann die Umsetzung dieser Kernelemente inklusiven Unterrichts erleichtern und das Methodenspektrum z. B. durch multimodale Texte, die im Medienverbund angeboten werden, erweitern (Frickel, Kagelmann 2016).

Basis jeglicher inklusionsorientierter Unterrichtsplanung ist die diagnostisch orientierte Einschätzung der aktuellen und zukünftigen Entwicklungszonen und Lernausgangslagen der Schüler_innen. Anhand derer können Aufgaben im Unterricht mit verschiedenen medialen Angeboten, dem Vorwissen der Schüler_innen und mit differenzierten Aufgabenstellungen verknüpft werden. Mit der Frage nach der konkreten Planung eines binnendifferenzierten, inklusiven Unterrichts beschäftigte sich u. a. Brand (2016, S. 92) und benennt folgende Dimensionen der Differenzierung:

1. Soziale Differenzierung (nach Geschlecht, dem kulturellen und sozialen Hintergrund und nach dem individuellem Förderbedarf)
2. Didaktische Differenzierung nach Lernzielen, Inhalten und Arbeitsaufträgen
3. Methodische Differenzierung nach Lernwegen, Arbeits- und Sozialformen
4. Arbeitsorganisatorische Differenzierung nach Zielgestaltung, Aufbereitung der Arbeitsmaterialien, Hilfsmitteln und der Lernortgestaltung

Gegenwärtig stehen die Fachdidaktiken vor der Herausforderung, Inklusion auch in den Schulfächern zu ermöglichen (Amrhein & Reich 2014, S. 32). Lehrende (insbesondere in der Sekundarstufe I) sind bei ihrer Unterrichtsvorbereitung, -gestaltung und -evaluation ständig der spannungsreichen Dichotomie zwischen outputorientierten Bildungsstandards und einer kompetenzorientierten, systemtheoretisch und konstruktivistisch begründeten Auffassung von Lehre ausgesetzt (vgl. Reich 2014). So kommen beispielsweise Thiele und Huybrechts (in Druck), als Ergebnis einer qualitativen Pilotstudie zur Realisation eines inklusionsorientierten Literaturunterrichts in der Sek I (vgl. Huybrechts 2017), zu der Erkenntnis, dass die interviewten Deutschlehrer_innen zwar den Handlungsrahmen durch kreativen und engagierten Umgang mit Lehrplänen und Zielvorgaben ausloten, der Unterricht aber dennoch weiterhin stark am Erwerb hochentwickelter Lese- und Schreibkompetenzen und somit an den Bildungsstandards ausgerichtet ist, um insbesondere den zentralen Prüfungsvorgaben gerecht werden zu können. Digitale Medien wurden im Unterricht nur teilweise eingesetzt.

2 Ansatzpunkte für eine inklusionsorientierte Literaturdidaktik der Sekundarstufe I

Mit der rezeptionstheoretischen Wende in den 70er Jahren des letzten Jahrhunderts kommt es in der Literaturdidaktik zu einer zunehmenden Subjektorientierung. Der Fokus wird dabei auf die Identitätsentwicklung des Subjektes gelegt. Die Unterstützung der Ich-Findung wird daher als zentrales Anliegen des Literaturunterrichtes verstanden (Spinner & Herwig 1980, S. 5). Konzeptionen zur Entwicklung eines handlungs- und produktorientierten Unterrichtes werden vorgelegt, sodass beispielsweise die Arbeit mit Textadaptationen, Lesetagebüchern, Leseportfolios oder Rollenspielen gebräuchlicher werden (vgl. Spinner 1999, Haas 2015). Insgesamt kommt es zu einer Aufwertung identitätsbildender Aspekte. Subjektive Sinn- und Selbstfindung sollen durch ästhetische Aspekte von Literatur erreicht werden und es wird davon ausgegangen, dass die Leser_innen sich aktiv an der Sinnkonstitution des Textes beteiligen. Gleichermaßen wird das Ziel verfolgt kognitive, soziale, expressive und sprachliche Kompetenzen zu fördern (Burdorf, Fasbender, Moennighoff, Schweikle & Schweikle 2007).

Nach Leubner et al. ist die heutige Aufgabe des Literaturunterrichtes, dass Dialoge und Reflexionen über die umgebende Welt durch, mit und über Literatur ermöglicht werden, sodass neue Sichtweisen über die Wirklichkeit entstehen (Leubner, Saupe & Richter 2016, S. 34). Jeder literarische Text wird als Kunstwerk verstanden. Nach Paefgen handelt es sich bei Texten um eine indirekte Form der Wissensvermittlung über die Welt und den Menschen (Paefgen 2006, S. VIII).

Wie rezeptionsästhetische und identitätsorientierte literaturdidaktische Strömungen proklamieren, kann literarisches Lernen Entwicklungsimpulse für Fremdverstehen, Perspektivübernahme sowie für Empathie- und Imaginationsfähigkeit geben. Dabei kommt der Anschlusskommunikation eine besondere Bedeutung im literarischen Lernprozess zu, denn „durch sie werden Lese- und Medienerfahrungen an die soziale Realität zurückgebunden und gleichsam wieder in sie eingespielt“ (Abraham & Kepser 2016, S. 120). Durch die kommunikativen, dialogischen Austauschprozesse werden auch Schüler_innen am literarischen Lernprozess beteiligt, deren schriftsprachliche Fähigkeiten weniger intensiv ausgeprägt sind (Mikota & Oehme 2013, Wiprächtiger-Geppert 2009). Durch die Kommunikation über Medien sollen die differenten Verstehensweisen dialogisch ausgetauscht und subjektive Sinnkonstruktion verteidigt, überprüft, adaptiert oder modifiziert werden. Die Gespräche können durch schriftliche, produktive sowie szenische und filmische Verfahren ergänzt und erleichtert werden. Neben der Anschlusskommunikation lässt sich der im Rahmen von Medienkonvergenz häufig zu beobachtende Medienwechsel für den inklusiven Literaturunterricht nutzbar machen. Der Medienwechsel, also die Überführung eines medialen Inhalts in eine andere Medienform (z. B.: Literaturverfilmung, Hörspiel/Hörbuch oder Computerspiel), der bei aktueller Jugendliteratur häufig zu beobachten ist, wirft dabei zugleich die Frage auf, ob es sich um ein neues künstlerisches Werk oder um eine „bloße“ Simplifizierung handelt. Diese kritische Reflexion ist dann Bestandteil der Vorbereitung des Unterrichtes.

Spannungsgeladene Themen innerhalb inklusionsorientierter Diskurse sind die Gegenstände des Literaturunterrichts, die Uneinigkeit über die zu erlernenden Fähigkeiten und vorausgesetzten Basisfertigkeiten für das literarische Lernen sowie die Erweiterung von Modellen der Kompetenzentwicklung und medialen Repräsentationen von Literatur für den Unterricht. In den überschaubaren Publikationen zum inklusionsorientierten Literaturunterricht herrscht jedoch Konsens, dass dieser zwar besondere Potenziale für den Gemeinsamen Unterricht birgt (vgl. Anders & Wieler 2018, Frickel & Kagelmann 2016, Hennies & Ritter 2014, Huybrechts 2017), aber seine Ziele an inklusionsspezifische Herausforderungen angepasst werden müssen.

Als besonders anschlussfähig für inklusive Settings gelten die von Spinner (2001, 2006) konzipierten und multimodal zugänglichen Aspekte literarischen Lernens. Obendrein eruieren Frickel und Kagelmann (2016, S. 19) relevante Faktoren für die Auswahl inklusionstauglicher Literatur und treten vehement dafür ein, dass auch – insbesondere in der Sekundarstufe – anspruchsvolle, avancierte literaturästhetische Werke in konzeptionelle Überlegungen integriert werden sollten. Bernasconi und Wittenhorst (2016) und auch Frederking, Krommer & Maiwald (2012, S. 118) kommen zum Ergebnis, dass bei einer möglichen respektive notwendigen Elementarisierung des Lerngegenstandes „auch komplexe Inhalte, Themen und Gedanken derart aufbereitet werden können, dass sie zum einen zugänglich werden, zum anderen aber nicht ihren literarischen Gehalt verlieren“ (ebd., S. 118).

Nach Frickel und Kagelmann (2016, S. 19) sind bei der Auswahl inklusionstauglicher Literatur folgende Überlegungen vorzunehmen:

1. Die ausgewählte Literatur sollte als Welt- und Wertekaleidoskop fungieren können;
2. bei den Leser_innen Perspektiven- und Raumerweiterung ermöglichen;
3. Avanciertheit und Methodenvielfalt begünstigen und
4. Möglichkeiten zur Multimodalität und Differenzierung eröffnen.

Als Beispiel, das diese Kriterien weitestgehend erfüllt, könnte man an dieser Stelle das preisgekrönte Jugendbuch Oskar und die Tieferschatten von Andreas Steinhöfel erwähnen.

Ein weiterer wichtiger Aspekt ist die Frage nach der Aufbereitung der Inhalte auf verschiedenen Abstraktionsebenen, um den Schüler_innen mit ihren unterschiedlichen kognitiven Entwicklungsniveaus gerecht werden zu können.

Während Gebauer und Simon (2012), in Anlehnung an Jerome Bruner, für den inklusiven Sachkundeunterricht basale Repräsentationsebenen (kommunikativ-interaktive und sensorische) von enaktiven (mit konkreten Materialien handelnden), ikonischen (bildliche Dar- und Vorstellungen nutzende) und symbolischen (d.h. abstrakte schriftsprachbasierte Niveaus) unterscheiden können, steht die Übertragung dieses Modells auf den Gegenstand des Literaturunterrichtes noch aus.

Zusammenfassend besteht die fachdidaktische Herausforderung im Literaturunterricht darin, angestrebte Kompetenzen zu definieren, Möglichkeiten der Differenzierung (differente mediale Zugänge und Abstraktionsgrade) zu implementieren und inklusionsorientierte Lerninhalte zu bestimmen. Die Digitalität ist dabei nicht nur eine neue Technik, sondern bietet fundamental neue Möglichkeiten Inhalte zu differenzieren und für den inklusiven Unterricht barrierefrei zugänglich zu machen.

3 Inklusionsorientierter Literaturunterricht mit digitalen Medien

Die zunehmende Digitalität von Medien bietet immer neue Möglichkeiten, Unterrichtsgegenstände sehr differenziert und individualisiert aufzubereiten. Unterrichtsgegenstände des Deutschunterrichts sind prinzipiell Sprache und Texte in allen Medien unter einer formalen, ästhetischen und inhaltlichen Perspektive. Es findet weder ein Zuschnitt auf eine bestimmte Medialität noch eine Einschränkung auf elitäre Zielgruppen statt. „Die Gegenstandsebene bezieht Sprache und Texte/Geschichten von, für, in und mit allen Medien und im Hinblick auch auf die Zielebene auf allen Bevölkerungsteilen ein." (Marci-Boehncke 2015, S. 10). Die Deutschdidaktik versteht den Arbeitsbereich Medien traditionell als eines ihrer Aufgabenfelder (Anders & Wieler 2018). Medien sind im Deutschunterricht sowohl Lerngegenstand als auch didaktisches Werkzeug. In jüngster Zeit verstärkt sich der Diskurs zu der Frage, wie beide Aspekte im inklusiven Unterricht zu verankern sind. Frickel und Kagelmann zielen in ihrem Sammelband dabei auf einen interdisziplinären Dialog zwischen der Fachdidaktik Deutsch und der Sonder- und Inklusionspädagogik sowie zwischen der Literatur- und Sprachdidaktik und loten die Herausforderungen und Möglichkeiten einer 'inklusiv denkenden und agierenden' Literatur- bzw. Deutschdidaktik mehrperspektivisch und fächerübergreifend aus (2016). Dieser interdisziplinäre Dialog findet sich auch z. B. bei Anders und Riegert (2016), die aktuell der Frage der Professionalisierung durch Kooperation in der Leseförderung nachgehen. Für sie gehören zur didaktischen bzw. professionellen Ausbildung angehender Lehrkräfte für den inklusiven Unterricht, Kompetenzen um didaktische Ansätze auf ihre Potenziale und Begrenzungen für inklusive Lerngruppen einschätzen zu lernen, Möglichkeiten zur Binnendifferenzierung und Individualisierung von Lernangeboten zu erschließen bzw. zu entwickeln und visual literacy, verstanden als die umfassende Sinnentnahme aus Bildern als Teil der Leseförderung zu verstehen, ebenso wie Kompetenzen zur Ausgestaltung der Leseförderung im Medienverbund auf Grundlagen eines erweiterten Lesebegriffs (2016) zu erwerben. Unter visual literacy verstehen Andres und Wieler einen spezifischen Fokus auf das Reden, Schreiben, Gestalten in und zu Medien (Anders & Wieler 2018). Die Beiträge spiegeln das überaus breite Spektrum an Medienvorlieben und Medienpraktiken von Kindern und Jugendlichen wider und stellen Studien vor, die sowohl etablierte Modelle zur sprachlichen sowie (literar-)ästhetischen Bildung im Hinblick auf ein integratives Konzept des Literacy-Erwerbs neu befragen als auch Perspektiven der Erziehungs-, Medien- und Kulturwissenschaften als Bezugsdisziplinen der Deutschdidaktik einbeziehen (Anders & Wieler 2018).

Je heterogener die Lerngruppe, desto mehr Bedeutung bekommen vielfältige Textzugänge, wobei die Textauswahl nicht länger an ein nationalistisch perspektiviertes Gegenstandsverständnis gebunden sein darf (vgl. Abraham & Keper 2016, S. 47). Leichte Sprache sowie digitale Medien müssen im Unterricht einbezogen werden. Im Allgemeinen sind ganzheitliche, visuelle, auditive, sprachliche/anderssymbolische und körperorientierte Erarbeitungsweisen für das textuelle Erleben zu implementieren.

Unterstützend sollten dafür alle Ressourcen der materialen Umwelt aktiviert werden, um das volle Wirkpotenzial inklusionsorientierter Lerngefüge ausschöpfen zu können. Ein erweiterter Kommunikations-, Lese-, Schreib- und Textbegriff ist für den inklusionsorientierten Literaturunterricht zugrunde zu legen. Dieser schließt künstlerische Medien ebenso ein wie Mitteilungen in verbaler, nonverbaler, visueller und auditiver Form (vgl. Abraham & Kepser 2016, S. 37). Dabei bietet das Konzept des handlungs- und produktionsorientierten Literaturunterrichtes vielfältige Möglichkeiten der methodischen Ausgestaltung für inklusionsorientierte Kontexte (vgl. Haas 2015). Subjektive Zugangs- und Verstehensweisen sollten durch textadäquate, multimodale, mehrperspektivische und differenzierte Aufgaben und Materialien unterstützt werden. Die sich daraus ergebenden vielfältigen didaktischen und methodischen Möglichkeiten eröffnen die Chance für entwicklungs- sowie schülerorientiertes, handlungsaktives, mehrsinnliches und selbstgesteuertes Lernen für alle (vgl. Wiprächtiger-Geppert 2009, Volz 2016). Der Einsatz (digitaler) Medien eröffnet Chancen für die Weiterentwicklung des handlungs- und produktionsorientierten Ansatzes für den inklusiven Unterricht. Ausgehend von umfangreichen Erfahrungen der außerschulischen Medienarbeit werden diese zunehmend erfolgreich auf Schule übertragen (Schluchter 2015). Die aktive, gemeinsame Auseinandersetzung aller Schüler_innen führt dabei zumeist zu einem medialen Produkt in einer Qualität, die auch von Außenstehenden anerkannt wird.

Konkrete Beispiele eines handlungs- und produktorientierten inklusiven Literaturunterrichts mit Hilfe des Einsatzes von Medien wurden in der Masterarbeit von Huybrechts (2017) zusammengetragen. So wurden Smartboards, Whiteboards, Laptops und schuleigene iPads aber auch Bastelmaterialien eingesetzt, um in heterogenen Tischgruppen gemeinsam Bücher herzustellen und vor der Klasse die Arbeitsgruppenergebnisse in Form eines powerpoint- oder postergestützten Referates oder mit Hilfe von Fotos und Comics zu präsentieren. Auch wurden, mit Hilfe von Verfilmungen oder Hörbuchfassungen, Faust oder Der Besuch der alten Dame erarbeitet und dazu Theateraufführungen besucht. Balladen wurden in Kleingruppen inhaltlich bearbeitet, szenisch übersetzt, die Umsetzung videografiert und die Ergebnisse schließlich präsentiert. Auch Klassiker in Einfacher Sprache kamen zum Einsatz. Darüber hinaus waren die Schulen häufig mit einer Lernplattform ausgestattet. Inhaltsbezogene Fragen zu einem Buch wurden beispielsweise in der schulhausinternen Bücherei digital über Antolin (https://www.antolin.de/) beantwortet. Zum Nachteilsausgleich beim Vorliegen einer Beeinträchtigung wurden außerdem im inklusiven Literaturunterricht adaptierte Materialien (vergrößerte Arbeitsblätter, Stiftverdickungen) aber auch individuelle assistive Technologien (wie elektronische Sprachausgabegeräte, Buchständer, Lesegeräte etc.) und Schulbegleiter_innen zum Absichern der Anschlusskommunikation oder zum Mitschreiben eingesetzt.

Ferner bieten auch Ansätze der aktiven Medienarbeit erweiterte Ausdrucksmöglichkeiten, z. B. über Film und Foto, was Schüler_innen mit eingeschränkter Verbalsprache oder eingeschränkten Deutschkenntnissen entgegenkommt: „Die praktische Arbeit mit Film und Foto ist besonders für heterogene Gruppen geeignet, weil sie starke und schwache Lerner gleichermaßen herausfordert" (Haage 2015, S. 15). Das bedeutet nicht darauf zu verzichten, die Lesekompetenz aller Schüler_innen, auch insbesondere derjenigen mit Lernschwierigkeiten, zu fördern. Dies kann durch eine wechselseitige Ergänzung von Sprach- und Schriftebene mit dem Lernen auf auditiver, haptischer und visueller Ebene erfolgen. Es geht darum, eine Vielfalt von Rezeptions- und Ausdrucksformen zur Verfügung zu stellen, damit sich die Schüler_innen entsprechend ihrer Fähig- und Fertigkeiten in den Unterricht einbringen können (Schluchter 2015, S. 24). Der damit für die Deutschdidaktik zugrunde gelegte multimodale Text-, Literatur- und Medienbegriff stellt einen wesentlichen Ansatz für einen inklusiven Deutschunterricht dar. Um den unterschiedlichen Kommunikationskompetenzen im Literaturunterricht gerecht zu werden, müssen auch kommunikative, sprachgebundene Anforderungen modifiziert werden. Neben der begrifflichen Ausweitung des Erzählens und Kommunizierens in inklusiven Settings, geht es vor allem um die Neukonstituierung des Lese- und Schreibbegriffs, um für alle Schüler_innen die aktive Teilhabe am literarischen Lernprozess zu begünstigen. Eine solche Erweiterung schließt auch Menschen mit Komplexer Behinderung ein, für die Literatur über mehrsinnliche Geschichten (Fornefeld 2011) erfahrbar ist, wenn beispielsweise kurze Prosatexte über Gerüche, Klänge, Materialerfahrungen und Musik bearbeitet und die Schüler_innen in die Ausgestaltung der Situation aktiv einbezogen werden (Volz 2016, S. 234). Darüber hinaus sind Sprachphänomene wie Untertitelung, Audiodeskription, Gebärdensprache und Leichte Sprache auch bei kognitiven Reflexionen über Sprache als Gegenstand des Literaturunterrichts für alle Schüler_innen von Interesse (Abraham & Kepser 2012).

Durch die Weiterentwicklung fachdidaktischer Begriffe kann heterogenen Bildungsniveaus, literarischen Vorerfahrungen und unterschiedlichen (schrift-) sprachlichen Kompetenzen konstruktiv begegnet werden.

4 Qualitätskriterien für digitale Medien und Technologien im inklusiven Unterricht

Die bisherigen Ausführungen haben deutlich gemacht, dass ein multimodaler Text-, Literatur- und Medienbegriff einen wesentlichen Ansatz für einen inklusiven Deutschunterricht darstellt. Leitend für einen inklusiven Deutschunterricht ist dabei der barrierefreie Zugang zu Medien (Rupp 2016, S. 46). Der aktuelle Forschungsstand zu geeigneten Unterrichtsmedien für den inklusiven Unterricht macht aber deutlich, dass dieses Leitprinzip nicht hinreichend ist. Umfassender ist das Prinzip des Universal Design for Learning (Schlüter, Wember & Melle 2016). Die Umsetzung dieses Prinzips, welches auch Eingang in die UN-Behindertenrechtskonvention gefunden hat, wird dort von „Produkten, Umfeldern, Programmen und Dienstleistungen" (Bundesgesetzblatt 2008, S. 1424) gefordert. Diese sollen von allen Menschen möglichst weitgehend ohne eine spezielle Anpassung, auch ohne nachträgliche Anpassung, nutzbar sein. Ergänzt wird Universal Design for Learning häufig durch den Einsatz von Unterstützenden Technologien. Schlüter, Wember und Melle haben drei Prinzipien des Universal Design for Learning für die inklusive Unterrichtsgestaltung herausgearbeitet:

1. Biete multiple Mittel der Repräsentation von Informationen.
2. Biete multiple Mittel der Verarbeitung von Informationen und der Darstellung von Lernergebnissen.
3. Biete multiple Möglichkeiten der Förderung von Lernengagement und Lernmotivation (2016, S. 275).

Wenngleich die Vielfältigkeit der Lehr- und Lernmedien auf allen Ebenen aus der Perspektive der Unterrichtsentwicklungsforschung häufig betont wird (siehe auch Hillenbrand 2015), so ist die Frage welche Möglichkeiten digitale Medien für den inklusiven Unterricht eröffnen und wie diese gestaltet sein sollten bisher kaum bearbeitet. Bosse veröffentlichte 2018 eine Studie, die am Beispiel der Lernplattform Planet Schule (WDR/SWR) Qualitätskriterien für digitale und Unterrichtsmedien für den inklusiven Unterricht herausarbeitete (Bosse 2018, in Druck). Ein besonderer Fokus lag dabei auf der Frage nach Qualitätskriterien für audiovisuelle Medien wie Unterrichtsfilme, da diese die Kernstücke des Angebots darstellen. Bosse konnte vor dem Hintergrund der Theoreme zum Lernen am gemeinsamen Gegenstand von Feuser (1989) und der Frage nach dem Kern der Sache von Seitz (2005) herausarbeiten, dass Filme als zentrale Unterrichtsgegenstände des inklusiven Unterrichts besonders geeignet sind, da sie einen bedeutenden Teil der Lebenswelt heutiger Schüler_innen darstellen (MPFS 2015). Zentrale Qualitätskriterien für Unterrichtsfilme sind Sprache und Verständlichkeit. Eine klare Strukturierung und Unterteilbarkeit der Filme kommt Lernenden mit kurzer Aufmerksamkeitsspanne entgegen. Sie bieten zudem Möglichkeiten zur Differenzierung. Animationen sind sinnvoll, wenn sie den Inhalt unterstützen und z. B. als Zusammenfassungen dienen. Bosse macht weiterhin deutlich, dass Filme mit einem hohen Identifikationspotenzial der Protagonist_innen und die der Lebenswirklichkeit von Schüler_innen entsprechen, die höchste Akzeptanz finden (2018, in Druck). Wenn in Schulmedien Menschen, Gruppen und Familien abgebildet werden, sollte möglichst oft auf die ganze Bandbreite gesellschaftlicher Vielfalt zurückgegriffen werden. Dabei steht der Begriff der Inklusion nicht nur für die Teilhabe von Menschen mit Beeinträchtigung, sondern auch für die Wahrnehmung unterschiedlicher gesellschaftlicher Gruppen mit verschiedenen kulturellen, religiösen, sprachlichen und familiären Hintergründen (Bentele 2017).

Weitere Qualitätskriterien für Filme sind die Zugänglichkeit und Nutzbarkeit von Sprache, Text und Kommunikation. Diese Kriterien sind auch für die eingesetzten Begleitmaterialien unabdingbar. Verständlichkeit setzt sich zusammen aus dem Inhalt, der Struktur, seiner Aufbereitung, der optischen Darstellung und der Vermittlung. Das heißt nicht, dass auf Materialien mit hohem sprachlichen Anspruch verzichtet werden muss. Für Filme bedeutet verständliche Sprache auch eine angemessene Sprechgeschwindigkeit und deutliche Aussprache, sowie Erklärungen, die zu einem besseren Verständnis beitragen und/oder Untertitel in diversen Sprachen. Darüber hinaus ist es für bestimmte Schülergruppen notwendig, Lernmedien in Gebärdensprache und Leichter Sprache zu gestalten (Bosse 2016, S. 138-139) sowie alternativ symbolische Kommunikationsformen für Nutzende Unterstützter Kommunikation anzubieten. Die Studie macht zudem deutlich, dass Film und Foto alternative Ausdrucksmöglichkeiten zur gesprochenen oder geschriebenen Sprache bieten, was Schüler_innen mit eingeschränkter Verbalsprache entgegenkommt.

Fazit und Ausblick

Ausgehend von den Grundlagen für eine inklusionsorientierte Didaktik in der mediatisierten Gesellschaft wurden in diesem Artikel die Diskurse der Literaturdidaktik nachgezeichnet, für die eine Inklusionsorientierung wie auch eine Medienorientierung in jüngster Zeit intensiv diskutiert werden. Dabei ist deutlich geworden, dass die Deutsch- bzw. Literaturdidaktik nicht von Grund auf neu erfunden werden muss, aber vor dem Hintergrund dieser Meta-Theorien ihre Theorien und Methoden neu akkomodieren muss (Frickel & Kagelmann 2016, S. 12). Eine Verbindung der Metatheorien der Inklusion und der Mediatisierung rückt zunehmend in den Fokus des wissenschaftlichen Interesses.

Der Beitrag hat in diesem Kontext zunächst folgende Frage diskutiert:

1. Was ist eine inklusive Didaktik und welche fachdidaktischen Konzepte sind in einem Literaturunterricht in heterogenen Lerngruppen anschlussfähig für den Einsatz neuer Medien?

Davon ausgehend, dass die Vielfalt heterogener Gruppen als positiver Entwicklungsfaktor für alle Beteiligten betrachtet wird (Biewer 2009), konnte als Gemeinsamkeit aktuell bedeutsamer didaktischer Konzeptionen für den inklusiven Unterricht die Orientierung an der Subjektperspektive, die Berücksichtigung individueller und struktureller Barrieren für das Lernen, die unterschiedlichen Zugangsweisen zu einem Lerngegenstand, wie auch die Differenzierung des Sachgegenstandes auf Grundlage individueller Sinnkonstruktionen, Dispositionen und Handlungsmöglichkeiten herausgearbeitet werden. Die Umsetzung dieser Kernelemente inklusiven Unterrichts kann durch den Einsatz digitaler Medien erleichtert werden und eröffnet erweiterte methodische Möglichkeiten. Neue Perspektiven für Weiterentwicklung des inklusiven Literaturunterrichts unter Einbezug digitaler Medien können sich durch die transdisziplinäre Zusammenarbeit ergeben. „An Inklusion orientierte Schulen sind auf den Austausch unterschiedlich ausgebildeter Lehrpersonen mit Eltern und weiteren Fachpersonen angewiesen" (Scholz 2012, S. 180). Einen wichtigen Beitrag für die Gestaltung inklusiver Unterrichtsarrangements kann die Medienpädagogik leisten. Bildungsinstitutionen haben vielfältige Möglichkeiten, Unterstützung durch Medienpädagog_innen von außen zu erhalten. Solche interdisziplinären Kooperationen werden oftmals auch finanziell unterstützt und bringen somit zusätzliche Ressourcen (vgl. Bosse 2014, S. 150).

Weiterhin hat der Beitrag die Frage fokussiert:

2. Wie müssen die Medien und die Rahmenbedingungen ihres Einsatzes gestaltet sein, damit im Literaturunterricht heterogener Lerngruppen Aneignungsprozesse unterstützt werden?

Die Unterrichtsentwicklungsforschung hat als eine der zentralen Gelingensbedingungen für den inklusiven Unterricht die gezielte Nutzung von differenzierten Lehr- und Lernmedien herausgearbeitet (Wember 2013). Beschäftigte sie sich dabei zunächst mit Qualitätskriterien für traditionelle Lehr- und Lernmedien, so wurden in jüngster Zeit auch Veröffentlichungen vorgelegt, die sich – einem erweiterten Textverständnis folgend – mit digitalen Unterrichtsmedien beschäftigen. Bosse konnte herausarbeiten, dass das für den inklusiven Unterricht notwendige Netzwerk von variierenden Aufgabenstellungen und Hilfen durch die Multimodalität und Multimedialität digitaler Lernumgebungen um ein Vielfaches erweitert werden kann. Die intensive Nutzung audiovisueller und digitaler Lehr- und Lernmedien entspricht dabei der Lebenswirklichkeit und den Mediennutzungsgewohnheiten heutiger Schüler_innen. Das Potenzial von Medien im inklusiven Literaturunterricht ist noch nicht ausgeschöpft (Anders 2016). Eine Begründung dafür liegt in der weiterhin unzureichenden Vermittlung des Fachwissens zu Inklusion und Mediatisierung in der Ausbildung und Fortbildung von Lehrkräften. Auf den Erwerb von Vermittlungskompetenzen für den Einsatz digitaler Medien – müssen (angehende) Lehrkräfte in allen Phasen der Lehrer_innenbildung noch besser vorbereitet werden. Damit Lehrkräfte inklusiven Unterricht mit digitalen Medien nachhaltig in der Praxis verankern können, sind neben dem Fachwissen Praxisphasen sinnvoll, welche die Selbstwirksamkeit in den Bereichen der Inklusion und des digitalen Medienhandelns vertiefen helfen. Dazu ist theoriegestütztes Hintergrundwissen notwendig, das es ermöglicht, Erfahrungen und Anforderungen kritisch zu reflektieren und so begründet in eigenes Lehrverhalten zu überführen (Marci-Boehncke & Bosse 2018).

Insgesamt konnte am Beispiel des Literaturunterrichts gezeigt werden, vor welchen Herausforderungen Fachdidaktiken angesichts der Meta-Theorien Inklusion und Mediatisierung derzeit stehen. Die in diesem Artikel referierten Befunde können nicht nur Impulse für den inklusiven Literaturunterricht, sondern für alle Fachdidaktiken, liefern.

Literatur

Abraham, U. & Kepser, M. (2016). Literaturdidaktik Deutsch. Eine Einführung. Berlin: Erich Schmidt Verlag.

Anders, P. (2016). Medien als Perspektive für Inklusion? Überlegungen zum gemeinsamen Unterricht im Fach Deutsch. In O. Musenberg & J. Riegert (Hrsg.), Didaktik und Differenz (S. 122-133). Bad Heilbrunn: Klinkhardt.

Anders, P & Wieler, P. (Hrsg.) (2018). Literalität und Partizipation. Reden, Schreiben, Gestalten in und zu Medien. Tübingen: Stauffenberg Verlag.

Amrhein, B. & Dziak-Mahler, M. (Hrsg.) (2014). Fachdidaktik inklusiv. Auf der Suche nach didaktischen Leitlinien für den Umgang mit Vielfalt in der Schule (1. Aufl.). Münster: Waxmann.

Bentele, V. (2017). Schule inklusiv – Leitfaden für Bildungsmedien. Berlin (in Druck).

Bergeest, H. (2006). Körperbehindertenpädagogik. Studium und Praxis (3., überarb. und erg. Aufl.). Bad Heilbrunn: Klinkhardt (Prävention – Integration – Rehabilitation).

Bernasconi, T. & Wittenhorst, M. (2016). Elementarisierung als didaktische Möglichkeit zur Gestaltung von inklusivem Literaturunterricht – Perspektiven aus Sicht des Förderschwerpunktes Geistige Entwicklung. In D.A. Frickel & A. Kagelmann (Hrsg.), Der inklusive Blick. Die Literaturdidaktik und ein neues Paradigma (S. 115-132). Frankfurt a.M.: Peter Lang.

Beukelman, D. R. & Mirenda, P. (2013). Augmentative & alternative communication. Supporting children and adults with complex communication needs (4. ed.). Baltimore, Md.: Paul H. Brookes.

Biewer, G. (2009). Grundlagen der Heilpädagogik und Inklusiven Pädagogik. Bad Heilbrunn: Klinkhardt.

Bosse, I. (2018). Qualitätskriterien für audiovisuelle und digitale Medien für den inklusiven Unterricht – eine Evaluationsstudie des digitalen Angebots „Planet Schule". Zeitschrift für Heilpädagogik (in Druck).

Bosse, I. (2016). Filmbildung als Aufgabe einer sich entwickelnden inklusiven (Literatur-)Didaktik – eine Standortbestimmung. In: Frickel, D., Kagelmann, A.: Der inklusive Blick. (S. 193-212): Frankfurt a.M.: Peter Lang.

Bosse, I. (2014). Zur Rolle der Medienpädagogik im Inklusionsprozess. In: VHN – Vierteljahresschrift für Heilpädagogik und ihre Nebengebiete, Heft 2, 149-153.

Brand, T.v. (2016). Literarisches Lernen in inklusiven Lerngruppen. Eckpunkte einer inklusiven Literaturdidaktik. In D.A. Frickel und A. Kagelmann (Hrsg.), Der Inklusive Blick. Die Literaturdidaktik und ein neues Paradigma (S. 89-113). Frankfurt am Main, Bern, Bruxelles, New York, Oxford, Warzawa, Wien: Peter Lang Edition (Beiträge zur Literatur- und Mediendidaktik, Band 33).

Burdorf, D., Fasbender, C., Moennighoff, B., Schweikle, G. & Schweikle, I. (2007). Metzler Lexikon Literatur. Begriffe und Definitionen. Stuttgart: Metzler.

Feuser, G. (1989). Allgemeine integrative Pädagogik und entwicklungslogische Didaktik. Behindertenpädagogik 28(1), 4-48.

Fornefeld, B. (2011). Mehrsinnliches Geschichtenerzählen – eine Idee setzt sich durch. Multisensory storytelling – an idea gets through. Berlin: LIT-Verl. Grundlegungen in der Geistigbehindertenpädagogik.

Frederking, V., Krommer, A. & Maiwald, K. (2012). Mediendidaktik Deutsch. Eine Einführung (2., neu bearbeitete und erweiterte Aufl.). Berlin: Erich Schmidt Verlag (Grundlagen der Germanistik, 44).

Frickel, D. & Kagelmann, A. (2016). Einleitung. Der inklusive Blick. Die Literaturdidaktik und ein neues Paradigma. Frickel, D. & Kagelmann, A. (Hrsg.) (2016). Der inklusive Blick. Die Literaturdidaktik und ein neues Paradigma. Frankfurt am Main [u. a.]: Peter Lang Edition (Beiträge zur Literatur- und Mediendidaktik, Band 33), 11-34.

Frickel, D. & Kagelmann, A. (Hrsg.) (2016). Der inklusive Blick. Die Literaturdidaktik und ein neues Paradigma. Frankfurt am Main [u. a.]: Peter Lang Edition (Beiträge zur Literatur- und Mediendidaktik, Band 33).

Gebauer, M. & Simon, T. (2012). Inklusive Didaktik im Sachunterricht. Chancen und Herausforderungen am Beispiel des Science Camp der Kinderuniversität Halle. Erfahrungen aus einem interdisziplinären Kooperationsprojekt. https://www.inklusion-online.net/index.php/inklusion-online/article/download/53/53?inline=1 [1.7.2013].

Haage, A. (2015). Inklusive Medienbildung schafft gemeinsame Erfahrungsräume. DoliMette 5(1), 13-18.

Haas, G. (2015). Handlungs- und produktionsorientierter Literaturunterricht. Theorie und Praxis eines „anderen" Literaturunterrichts für die Primar- und Sekundarstufe. Seelze: Klett/Kallmeyer.

Hattie, J. A. C. (2009). Visible learning. A synthesis of over 800 meta-analyses relating to achievement. Reprinted. London: Routledge.

Hennies, J. & Ritter, M. (Hrsg.) (2014). Deutschunterricht in der Inklusion. Auf dem Weg zu einer inklusiven Deutschdidaktik (1. Aufl.). Stuttgart: Fillibach bei Klett.

Hillenbrand, C. (2015). Lernmedien inklusiv: Wirksame Unterstützung für inklusive Bildung. Medienbrief. Lernmedien und Inklusion 2015(1), 9-12.

Huybrechts, A. M. (2017). Literaturdidaktik und -unterricht in inklusiven Settings. Unveröffentlichte Masterarbeit: Universität Leipzig.

Jenkins, H. & Kelley, W. (Hrsg.) (2013). Reading in a participatory culture. Remixing Moby-Dick in the English classroom. Unter Mitarbeit von Katie Clinton, Jenna McWilliams, Ricardo Pitts-Wiley und Erin Reilly. New York: Teachers College Press (Language and literacy series).

Lelgemann, R., Walter-Klose, C., Lübbeke, J. & Singer, P. (2012). Qualitätsbedingungen schulischer Inklusion für Kinder und Jugendliche mit dem Förderschwerpunkt Körperliche und Motorische Entwicklung. Zeitschrift für Heilpädagogik (2012) 11, 465-473.

Leubner, M., Saupe, A. & Richter, M. (2016). Literaturdidaktik. 3., überarbeitete und ergänzte Auflage. Berlin, Boston: De Gruyter (De Gruyter Studium).

Mathern, F. (2014). Inklusive Literaturdidaktik – können FörderschülerInnen Literatur. In Johannes Hennies & Michael Ritter (Hrsg.), Deutschunterricht in der Inklusion. Auf dem Weg zu einer inklusiven Deutschdidaktik (1. Aufl., S. 185-194). Stuttgart: Fillibach bei Klett.

Marci-Boehncke, G. & Bosse, I. (2018). Inklusive digitale Medienbildung im (Deutsch-)Unterricht: Ein kooperatives Lehrkonzept von Rehabilitationswissenschaft en und Literaturdidaktik. In: St. Hußmann und B. Welzel: DoProfiL – Das Dortmunder Profil für inklusionsorientierte Lehrerinnen und Lehrerbildung (in Druck)

Marci-Boehncke, G. (2015). Von der „integrierten" zur „inklusiven" Medienerziehung im Fach Deutsch. Überlegungen zu einem Strukturwandel der Fachdidaktik Deutsch. DoliMette 5(1), 6-12.

MPFS – Medienpädagogischer Forschungsverbund Südwest (2015). JIM 2015 Jugend, Information, (Multi-)Media. Basisstudie zum Medienumgang 12- bis 19-Jähriger in Deutschland. http://www.mpfs.de/fileadmin/JIM-pdf15/JIM_2015.pdf [16.03.2018].

Mikota, J. & Oehme, V. (2013). Literarisches und sprachliches Lernen mit Kinderliteratur. Vortrag im Rahmen des Workshops Literarisches Lernen trotz Diversität und Inklusion. Universität Siegen, 11.11.2013. https://www.uni-siegen.de/phil/schrift-kultur/veranstaltungen/work shops/literarischeslernen(1).pdf [04.05.2018].

Paefgen, E. K. (2006). Einführung in die Literaturdidaktik (2., aktualisierte und erw. Aufl.). Stuttgart: Metzler (Sammlung Metzler, 317).

Reich, K. (2014). Inklusive Didaktik. Bausteine für eine inklusive Schule. Weinheim [u. a.]: Beltz

Rupp, G. (2016). Der inklusive Blick auf das Lernen von Sprache, Literatur und den Umgang mit Medien – kulturwissenschaftliche Perspektiven auf die Deutschdidaktik. In: D. A. Frickel und A. Kagelmann (Hrsg.), Der inklusive Blick. Die Literaturdidaktik und ein neues Paradigma (S. 37-60). Frankfurt am Main: Peter Lang (Beiträge zur Literatur- und Mediendidaktik, Band 33).

Seitz, S. (2005). Zeit für inklusiven Sachunterricht. Zugl.: Oldenburg, Univ., Diss. 2004 u.d.T.: Seitz, Simone: Zeit für eine Grundschule mit allen Kindern. Baltmannsweiler: Schnei-der-Verl. Hohengehren (Basiswissen Grundschule, 18).

Schluchter, J. R. (2015). Inklusive Medienbildung- Eine Skizze. In J. R. Schluchter (Hrsg.), Medienbildung als Perspektive für Inklusion. Modelle und Reflexionen für die pädagogische Praxis (1. Aufl., S. 17-26). München: kopaed.

Schlüter, A. K., Melle, I. & Wember, F. (2016). Unterrichtsgestaltung in Klassen des Gemeinsamen Lernens. Universal Design for Learning. Sonderpädagogische Förderung heute 61(3), 270-285.

Spinner, K. H., Herwig, H. (Hrsg.) (1980). Identität und Deutschunterricht. Göttingen: Vandenhoeck & Ruprecht (Kleine Vandenhoeck-Reihe, 1465).

Spinner, K. H. (1999). Produktive Verfahren im Literaturunterricht. In K. H. Spinner (hrsg.) Neue Wege im Literaturunterricht. Informationen, Hintergründe, Arbeitsanregungen (S. 33-41). Hannover: Schroedel (Perspektiven).

Spinner, K. H. (2001). Kreativer Deutschunterricht. Identität, Imagination, Kognition. Seelze-Velber: Klett Kallmeyer (Praxis Deutsch).

Spinner, K. H. (2006). Literarisches Lernen. In Praxis Deutsch. Zeitschrift für den Deutschunterricht 33(200), 1-14.

Thiele, A. & Huybrechts, A. M. (in Druck). Literaturunterricht und -didaktik in inklusionsorientierten Settings der Sekundarstufe – eine theoretische und empirische Annäherung. In Langner, A. Inklusive Fachdidaktik. Kohlhammer.

United Nations (2008). Übereinkommen über die Rechte von Menschen mit Behinderungen. Bundesgesetzblatt, Teil 35, S. 1419-1457.

Volz, S. (2016). Literarisches Lernen für alle. literaturästhetisch anspruchsvolle Texte im inklusiven Unterricht: eine Problemskizze. In D. Frickel und A. Kagelmann (Hrsg.), Der inklusive Blick. Die Literaturdidaktik und ein neues Paradigma (S. 229-243). Frankfurt am Main [u. a.]: Peter Lang.

Wember, F. (2014). Lehr- und Lernmittel im inklusiven Unterricht. Begründete Vorschläge für einige zentrale Qualitätskriterien. Dortmund 2014.

Wellenreuther, M. (2009). Forschungsbasierte Schulpädagogik. Anleitungen zur Nutzung empirischer Forschung für die Schulpraxis. Baltmannsweiler: Schneider-Verl. Hohengehren.

Wiprächtiger-Geppert, M. (2009). Literarisches Lernen in der Förderschule. Eine qualitativ- empirische Studie zur literarischen Rezeptionskompetenz von Förderschülerinnen und -schülern in literarischen Unterrichtsgesprächen. Baltmannsweiler: Schneider-Verl. Hohengehren.

Wocken, H. (2014). Im Haus der inklusiven Schule. Grundrisse – Räume – Fenster (1. Aufl.). Hamburg: Feldhaus Ed. Hamburger Buchwerkstatt.

Wocken, H. (2015). Das Haus der inklusiven Schule. Baustellen – Baupläne – Bausteine (6. Aufl.). Hamburg: Feldhaus Ed. Hamburger Buchwerkstatt.

Ziemen, K. (2008). Reflexive Didaktik. Annäherungen an eine Schule für alle (1. Aufl.). Oberhausen: Athena-Verlag.

II Berufsfelder im Überblick

Berufsfeld Familien

Katrin Schlör

Kaum ein System ist so vielseitig und individuell wie die Familie. Insbesondere seit den 1960er Jahren erfährt die Familienstruktur einen starken Wandel, der als *„Pluralisierung und Individualisierung der Lebensformen"* (Peuckert 2007, S. 40) bezeichnet wird. Jene Ausdifferenzierung wird auch hinsichtlich der Medienkultur in Familien deutlich. Der folgende Beitrag diskutiert die familiale Medienpraxis in Perspektive von Inklusion und zeigt auf, welche Bedeutung familiale Medienpraktiken für die Herstellung von Familie einnehmen. Abschließend gibt er Empfehlungen für die inklusionssensible Professionalisierung des Berufsfelds Familie.

1 Vielfalt Familie

1.1 Das Konstrukt Familie – Vom Sein(-Sollen) zum Machen

„Familie" ist ein hoch emotional besetzter Begriff, der nicht nur im privaten, sondern auch im politischen und pädagogischen Diskurs mit normativen Wunschvorstellungen besetzt ist. Jene Familienbilder implizieren die subjektive Vorstellung, was unter einer „richtigen" Familie „eigentlich" zu verstehen sei und prägen deren Beurteilung (vgl. Böhnisch, Lenz & Schröer 2009, S. 209f.). Dieses Phänomen wird unter dem Label *„Familienrhetorik"* diskutiert, die „Texte, Bilder und Reden [beinhaltet], denen das Bemühen zugrunde liegt, ‚die' Familie bzw. spezifische Formen von Familie (bzw. familiale Verhaltensweisen) öffentlich zu bewerten und sie als vorbildlich oder unerwünscht darzustellen" (Lüscher 1995, S. 53). Speziell in der Pädagogik hat der ambivalente Diskurs des „Sein-Sollens" von Familien eine lange Tradition (vgl. Fuhs 2007, S. 17).

Angelehnt an das Konzept des „Doing Gender" (vgl. West & Zimmerman 1987) gehen interaktionstheoretische Konzepte davon aus, dass Subjekte im Rahmen einer sozialen Konstruktion ihre Handlungen auf Basis von normativen Vorgaben und dem subjektiven Empfinden von Angemessenheit validieren (vgl. Gildemeister 2008, S. 137f.). Silva und Smart veranschaulichen anhand der Gegenüberstellung des „being in a family" und des „doing family" den partizipativen Anspruch des Doing Family-Konzeptes. Menschen sind demnach nicht per se Teil einer Familie, sie müssen sich vielmehr immer wieder erneut durch entsprechende Praktiken zu ihr bekennen (vgl. Silva & Smart 2004, S. 8). Unter einer Familie ist somit nicht nur eine vermeintlich selbstverständliche, biologisch verwandte oder per Familienrecht bestimmte Gruppe von Menschen zu fassen, sondern ein anspruchsvolles Netzwerk an Fürsorgebeziehungen, die teilweise über verschiedene Haushalte hinweg erbracht werden (vgl. Jurczyk, Schier, Szymenderski, Lange & Voß 2009, S. 64-69). Im Rahmen der familialen Alltagsgestaltung sowie zu besonderen Anlässen werden Werte, Normen und Haltungen gelebt und praktiziert. Doing Family-Praktiken nehmen folglich in der Perspektive des Ansatzes „Doing Culture" (Hörning & Reuter 2004, S. 10) eine wichtige Bedeutung hinsichtlich der aktiven Hervorbringung und Tradierung von Familienkulturen (vgl. Schlör 2016a) ein.

1.2 Familienleben in Deutschland – statistische Kennzahlen und qualitative Befunde

Rund 8,2 Millionen Familien mit minderjährigen Kindern leben laut dem Mikrozensus des Statistischen Bundesamts in Deutschland (vgl. Destatis 2018). Dabei verfolgt die Statistik eine klassische Familiendefinition, die den gemeinsamen Haushalt als definierendes Kriterium herausstellt (vgl. ebd. 2018). Mit diesem Verständnis werden diverse Lebenswelten nicht berücksichtigt und das Problem von Exklusion im politischen Diskurs deutlich. Betrachtet man Inklusion als Zieldimension der Überwindung sozialer Benachteiligung, ist es lohnenswert, exemplarisch zwei Gruppen in den Blick zu nehmen, die häufig von sozialem Ausschluss bedroht sind: Familien mit pflegebedürftigen Kindern sowie Familien mit Migrationshintergrund, insbesondere mit Fluchterfahrung.

2015 lebten laut der Statistik der schwerbehinderten Menschen 173.950 Minderjährige mit einer Behinderung in Deutschland (vgl. Destatis 2017, S. 21). Die Kindernetzwerk-Studie, eine bundesweite Befragung von Eltern von chronisch kranken und behinderten Kindern, zeigt starke Belastungen in den betroffenen Familien auf. Diese entstehen unter anderem durch finanzielle Probleme aufgrund der Pflege-Zuzahlungen und stressbedingten gesundheitlichen Begleiterscheinungen (vgl. Kofahl & Lüdecke 2014, S. 18-22).

In rund einem Drittel der Familien in Deutschland hat mindestens ein Elternteil einen Migrationshintergrund[1], wobei die minderjährigen Kinder größtenteils keine eigene Migrationserfahrung haben. Im Vergleich mit Familien ohne Migrationshintergrund fallen die (anerkannten) beruflichen Bildungsab-

1 Der Familienreport orientiert sich an der Definition des Statistischen Bundesamts: „[...] zu den Menschen mit Migrationshintergrund [zählen Personen], wenn sie selbst oder mindestens ein Elternteil nicht mit deutscher Staatsangehörigkeit geboren wurde. Dies umfasst zugewanderte und nicht zugewanderte Ausländerinnen und Ausländer, zugewanderte und nicht zugewanderte eingebürgerte (Spät-)Aussiedlerinnen und (Spät-)Aussiedler sowie die als Deutsche geborenen Nachkommen dieser Gruppen." (BMFSFJ 2017, S. 22).

schlüsse der Eltern wesentlich niedriger aus. Insbesondere Mütter sind von teils prekären Ausbildungs- und Berufssituationen betroffen (vgl. BMFSFJ 2017, S. 22-25). Eine besondere Situation erfahren Familien, die aus ihren Herkunftsländern geflüchtet sind. Ihre Lebenslage ist in der Regel sehr prekär und ihre Zukunftsperspektive ungewiss. Gleichzeitig stehen sie vor großen Herausforderungen hinsichtlich des Spracherwerbs sowie der Bewältigung einer neuen Kultur. Neben Gewalterfahrungen, die viele Menschen im Heimatland oder auf der Flucht erleiden mussten sind geflüchtete Menschen häufig Ziel von fremdenfeindlicher Gewalt, ob verbal oder körperlich (vgl. Lutter & Westphal 2015).

Diese Beispiele zeigen, dass familienpolitische und familienpädagogische Zielsetzungen hinsichtlich einer inklusiven Gesellschaft bei weitem noch nicht erfüllt sind. Dennoch sind Familien darum bemüht, ihre belastete Lebenslage[2] zu bewältigen. Bewältigung wird in diesem Zusammenhang nach Böhnisch und Schröer als „das Streben nach subjektiver Handlungsfähigkeit" verstanden, das sich in jenen Lebenslagen zeigt, die „von den Subjekten dann als kritisch erlebt werden, wenn die bislang verfügbaren personalen und sozialen Ressourcen für die Bewältigung nicht mehr ausreichen" (Böhnisch & Schröer 2001, S. 221). Da Lebenswelten immer auch Medienwelten sind, finden Bewältigungspraktiken sowohl ohne als auch mit Medien statt.

2 Medienkulturen in Familien

Zum Alltag von Familien gehört – wie seit Jahrzehnten gezeigt wird – die praktische und kognitive Auseinandersetzung mit Medien (vgl. bspw. Schlör 2016a, Barthelmes & Sander 1997, Charlton & Neumann 1986). Vor dem Hintergrund des Mediatisierungsbegriffs, der sowohl quantitative Faktoren wie die zeitliche, räumliche und soziale Zunahme medienvermittelter Kommunikation als auch auf qualitativer Ebene die Bedeutung von Medien für den soziokulturellen Wandel beinhaltet (vgl. Hepp 2014), kann davon ausgegangen werden, dass die Lebenswelt Familie zunehmend als Medienwelt begriffen werden kann. Studien zur Medienausstattung und Mediennutzung von Familien, Kindern und Jugendlichen zeigen seit Jahren zum einen eine starke Durchdringung mit steigenden Zahlen bezüglich digitaler Medien wie Spielkonsolen oder Smartphones, zum anderen eine hohe Nutzungsintensität hinsichtlich Dauer und Frequenz (vgl. Mpfs 2016, DIVSI 2015). Durch die zunehmende Konvergenz und Multifunktionalität, Kommerzialisierung, Individualisierung und Mobilität von Medien (vgl. Wagner & Gebel 2015, S. 11) gestalten sich Praktiken der Mediensozialisation und Medienerziehung in Familien als immer komplexere Auf-

2 Eine intensive Auseinandersetzung mit den Konzepten „soziale Benachteiligung" und „belastete Lebenslage" ist nachzulesen bei Schlör 2016a.

gabe, die es neben den Anforderungen an andere Herausforderungen zu erfüllen gilt.

Diese Entwicklungen haben zur Folge, dass Doing Family-Strategien vermehrt mit und durch Medien ausgeübt werden (vgl. Schlör 2016a, Lange 2009, S. 66-69). Hierzu zählen sowohl kommunikative und rezeptive Praktiken als auch die aktiv-produktive Aneignung von Bildschirmspielen, Musik, Fotografie und Videografie (vgl. Schlör 2012, S. 60-63). Mediale Praktiken erweitern somit den Spielraum von Doing Family-Strategien um neue Kommunikations-, Informations-, Unterhaltungs- und Präsentationsformen. Die Tradierung und (Re-)konstruktion von medienbezogenen Denk-, Wahrnehmungs- und Handlungsmustern in Familien, die sich in dem Dualismus aus Bewahren und Neuinterpretieren von Traditionen, Haltungen und Werten hinsichtlich Medien zeigt, bildet die Medienkultur einer Familie (vgl. Schlör 2016a, S. 234).

Neben innerfamilialen Potenzialen stellen (digitale) Medien eine wichtige Ressource für die gesellschaftliche – und so auch politische, kulturelle, bildungsbezogene, etc. – Teilhabe dar (vgl. u. a. Zaydel 2017, S. 51, Schluchter 2016, S. 26). Umso erstaunlicher ist es, dass bislang kaum empirische Untersuchungen zu *Medienpraktiken in Familien im Kontext von Behinderung* vorliegen. So zeigen beispielsweise Bosse und Hasebrink Schwierigkeiten von Familien mit hörenden und nichthörenden Mitgliedern auf, die aufgrund eines mangelnden barrierefreien Angebots die gemeinsame Fernsehpraxis nicht selbstbestimmt gestalten können (vgl. Bosse & Hasebrink 2016, S. 89)[3]. Bezüglich medienerzieherischer Aktivitäten konnte Zaynel in ihrer Untersuchung zur Internetnutzung von Jugendlichen und jungen Erwachsenen mit Down-Syndrom zeigen, dass der teilweise hohe Unterstützungsbedarf bei der Alltagsorganisation auch Einfluss auf die Medienerziehung hat. Eltern, die besorgt hinsichtlich der Mediennutzung sind, neigen bei ihren Kindern mit Behinderung eher zu bewahrpädagogischen Maßnahmen, unter anderem, da sie für ihre Kinder keinen Nutzen für eine spätere Arbeitsstelle oder das schulische Vorankommen sehen. Geschwister hingegen wirken sich förderlich auf den Medienkompetenzerwerb und die Überwindung von kognitiven Barrieren aus (vgl. Zaynel 2017, S. 52-55). Doch wie Familie ist auch die Medienpraxis in Familien unterschiedlich. In zunehmendem Maße werden Eltern (insbesondere Mütter) von Kindern mit Behinderung im Internet aktiv und teilen über Social Media-Angebote wie Blogs Erfahrungsberichte aus ihrem Familienleben oder Tipps im Kontext von Inklusion[4].

3 Seit Januar 2017 können auf http://www.wdrmaus.de Folgen der Kinderserie „Sendung mit der Maus" auch in Gebärdensprache angeschaut werden. Außerdem bemüht sich der WDR um ein möglichst internationales Angebot. So gibt es einzelne Beiträge der Sendung neben englischer und französischer Sprache auch auf arabisch, kurdisch und dari.

4 Ein Beispiel ist das Blog http://kaiserinnenreich.de von Mareice Kaiser. Ein Interview mit ihr ist in der Zeitschrift merz – medien+erziehung 3/2016, S. 35ff. nachzulesen.

Zugang zur Medienpraxis von Menschen mit Migrationshintergrund kann unter anderem über das Konzept Doing Family in Perspektive von Bewältigung gewonnen werden (vgl. Schlör 2012). Speziell Kommunikationsmedien unterstützen Familien dabei, Fürsorgeleistungen und Herstellungspraktiken über weite Distanzen zu erbringen (vgl. u. a. Madianou & Miller 2012, Eggert 2010). Webcams bieten Kindern, aber auch Personen mit geringen sprachlichen Kenntnissen, die Möglichkeit, bildbasiert mit weit entfernt lebenden Familienmitgliedern kommunizieren zu können. In manchen Fällen ist es jedoch weniger die Kommunikation, die im Vordergrund steht, als die audiovisuelle Ko-Präsenz, sprich Zeit miteinander zu verbringen. Ähnlich gestaltet es sich bezüglich des Versands von Foto- oder Filmmaterial, das der Aufrechterhaltung der emotionalen Bildung dienen soll (vgl. Schlör 2016a, S. 242-247, Schlör 2016b, S. 10f.).

Entsprechend bedeutsam ist das Smartphone für *geflüchtete Menschen und ihre Familien*. So zeigt eine Studie von Kutscher und Kreß mit minderjährigen unbegleiteten Flüchtlingen auf, dass eine der Hauptnutzungsweisen des Smartphones die Kontaktaufnahme zu Eltern und Geschwistern ist. In der Kommunikation mit anderen, teilweise auch deutschen Kontakten, greifen die Jugendlichen zu Sprachnachrichten, um mangelnde schriftsprachliche Kenntnisse zu kompensieren. Darüber hinaus dient das Smartphone als Allroundmedium, mit dem sie Filme und Musik aus ihrem Heimatland rezipieren oder in sozialen Netzwerken ihre transnationale Identität darstellen können (vgl. Kutscher & Kreß 2016, S. 30ff.).

Neben der Eltern- und Kindergeneration sind in vielen Familien Großeltern an der Erziehung der Kinder beteiligt. Dabei können Medien im *Umgang der Enkel- mit der Großelterngeneration* eine tragende Rolle einnehmen (vgl. Lange 2010, S. 66). Allerdings zeigt sich mit Blick auf Seniorinnen und Senioren ein drastisches Bild in Bezug auf ungleiche Zugänge und Handlungsformen zu digitalen Medien. Während wenige von den Möglichkeiten des Social Webs für Teilhabe an Gesellschaft, Familienleben und Kultur profitieren, gilt knapp die Hälfte der über 60-Jährigen – größtenteils mit niedriger formaler Bildung und ebenfalls niedrigem sozioökonomischen Status – als internetferne Verunsicherte (vgl. DIVSI 2016, S. 36). Speziell intergenerationelle Medienpraktiken bergen eine hohe Chance für Medienbildung zwischen den Familien-Generationen und entsprechenden wechselseitigen Lernprozessen (vgl. Schlör 2016, S. 224-233).

Fazit: Zur Professionalisierung des Berufsfelds Familie

Medien bieten eine Vielzahl an Ressourcen für Familien, beispielsweise für das Doing Family und für die gesellschaftliche Teilhabe. Es ist unumgänglich, dass sich Fachkräfte mit Berührungspunkten zum familialen System mit der Bedeutung von Medien für die Lebenswelt von Menschen auseinandersetzen. Um das Berufsfeld Familie lebenslagensensibel und in Perspektive von Inklusion gestalten zu können, müssen einige Aspekte Berücksichtigung finden (für eine ausführliche Darstellung vgl. Schlör 2016a, S. 351-354).

Familie muss in ihrer Individualität begriffen werden. Entsprechend wichtig ist es, ein breites Familienverständnis zu verfolgen und gegebenenfalls das gesamte Unterstützungssystem, beispielsweise auch ein Netzwerk an Freunden, Betreuerinnen und Betreuern etc., in die Arbeit einzubeziehen. Medienpädagogische Angebote dürfen sich nicht anmaßen, familiale Medienkulturen zu werten oder gar Familien belehrend gegenüber zu treten. Stattdessen ist es notwendig, die Bedeutungen und Funktionen von Medienpraktiken zu verstehen, um darauf aufbauend einen konstruktiven Dialog auch über Probleme des Medienumgangs führen zu können. Vertrauen ist auch in Bezug auf Medienfragen die beste Basis. So individuell jede Familie ist, so unterschiedlich gestalten sich ihre familialen Medienkulturen und Bedürfnisse hinsichtlich Medienbildung. Im Idealfall werden die Themen gemeinsam mit den Familien erarbeitet und die Themenfelder im Dialog erschlossen. Durch handlungsorientierte niederschwellige Methoden und alltagsweltliche Bezüge lassen sich möglichst alle Beteiligten erreichen[5].

Literatur

Barthelmes, J. & Sander, E. (1997). Medien in Familie und Peer-goup. Vom Nutzen der Medien für 13- und 14-Jährige. Medienerfahrungen von Jugendlichen, Band 1. München: DJI Verlag.

Böhnisch, L., Lenz, K. & Schröer, W. (2009). Sozialisation und Bewältigung. Eine Einführung in die Sozialisationstheorie der zweiten Moderne. Weinheim/München: Juventa.

Böhnisch, L. & Schröer, W. (2001). Pädagogik und Arbeitsgesellschaft. Historische Grundlagen und theoretische Ansätze für eine sozialpolitisch reflexive Pädagogik. Weinheim/München: Juventa.

Bosse, I. & Hasebrink, U. (2016). Mediennutzung von Menschen mit Behinderungen. Forschungsbericht. Hrsg. von Aktion Mensch & Die Medienanstalten. Online verfügbar unter: https://www.aktion-mensch.de/themen-informieren-und-diskutieren/barrierefreiheit/mediennutzung.html (Stand: 12.1.2018).

BMFSFJ (Bundesministerium für Familie, Senioren, Frauen und Jugend) (Hrsg.) (2017). Familienreport 2017. Leistungen, Wirkungen, Trends. Online verfügbar unter: https://www.bmfsfj.de/blob/jump/119524/familienreport-2017-data.pdf (Stand: 9.1.2018).

Charlton, M. & Neumann, K. (1986). Medienkonsum und Lebensbewältigung in der Familie. Methode und Ergebnisse der strukturanalytischen Rezeptionsforschung – mit fünf Falldarstellungen. München/Weinheim: Psychologie Verlags Union.

Destatis (Statistisches Bundesamt) (Hrsg.) (2018). Familien und Familienmitglieder mit minderjährigen Kindern in der Familie. Online verfügbar unter: https://www.destatis.de/DE/Zahlen

5 Beispiele, wie mit Familien im Kontext von Inklusion intergenerationelle Medienbildung angestoßen werden kann, die nicht zwingend institutionalisiert ist, finden sich beispielsweise bei Schlör und Schluchter (2015).

Fakten/ GesellschaftStaat/ Bevoelkerung/HaushalteFamilien/Tabellen/2_6_Familien.html (Stand: 9.1.2018)

Destatis (Statistisches Bundesamt) (Hrsg.) (2017). Statistik der schwerbehinderten Menschen. Online verfügbar unter: https://www.destatis.de/DE/Publikationen/Thematisch/Gesundheit/BehinderteMenschen/SozialSchwerbehinderteKB5227101159004.pdf?__blob=publicationFile (Stand 9.1.2018)

DIVSI (Deutsches Institut für Vertrauen und Sicherheit im Internet) (Hrsg.) (2015). DIVSI U9-Studie: Kinder in der digitalen Welt. Internet: https://www.divsi.de/wp-content/uploads/2015/06/U9-Studie-DIVSI-web.pdf (Stand: 11.1.18).

Eggert, S. (2010). Medien im Integrationsprozess: Motor oder Bremse? Die Rolle der Medien bei der Integration von Heranwachsenden aus der ehemaligen Sowjetunion. München: kopaed.

Fuhs, B. (2007). Zur Geschichte der Familie. In: Ecarius, Jutta (Hrsg.) (2007).Handbuch Familie(S. 17-35). Wiesbaden: VS Verlag.

Gildemeister, R. (2008). Doing Gender. Soziale Praktiken der Geschlechterunterscheidung. In: Becker, Ruth/Kortendiek, Beate (Hrsg.), Handbuch Frauen- und Geschlechterforschung (2., erw. u. akt. Aufl., S. 137-145).Wiesbaden: VS Verlag.

Hepp, A. (2014). Mediatisierung/Medialisierung. In: Schröter, Jens (Hrsg.), Handbuch Medienwissenschaft. Stuttgart/Weimar: Verlag J. B. Metzler, S. 190-196.

Hörning, K. H. & Reuter, J. (2004). Doing Culture: Kultur als Praxis. In: Dies. (Hrsg.), Doing Culture. Neue Positionen zum Verhältnis von Kultur und sozialer Praxis. Bielefeld: transcript, S. 9-15.

Jurczyk, K., Schier, M., Szymenderski, P., Lange, A. & Voß, G. G. (2009). Entgrenzte Arbeit – entgrenzte Familie. Grenzmanagement im Alltag als neue Herausforderung. Berlin: edition sigma.

Kofahl, C. & Lüdecke, D. (2014). Familie im Fokus – Die Lebens- und Versorgungssituation von Familien mit chronisch kranken und behinderten Kindern in Deutschland. Ergebnisse der Kindernetzwerk-Studie. Online verfügbar unter:https://www.bvktp.de/files/aok-bv_33selbsthilfestudie_web.pdf (Stand: 9.1.2018)

Kutscher, N. & Kreß, L.-M. (2016). Medienhandeln von Geflüchteten als Praxis informeller Bildung. In: merz 5/2016, S. 27-33.

Lange, A. (2009). Mediennutzung im Kontext multilokaler Mehrgenerationenfamilien. In: Schorb, Bernd/Hartung, Anja/Reißmann, Wolfgang (Hrsg.), Medien und höheres Lebensalter. Theorie – Forschung – Praxis (S. 60-72)Wiesbaden: VS Verlag.

Lüscher, K. (1995). Was heißt heute Familie? Thesen zur Familienrhetorik. In: Gerhardt, Uta/Hradil, Stephan/Lucke, Dagmar/Nauck, Bernhard (Hrsg.), Familie der Zukunft. Lebensbedingungen und Lebensform (S. 51-65). Opladen: Leske+Budrich.

Lutter, E. & Westphal, M. (2015). Familie im Kontext von Fluchtmigration. Online verfügbar unter: http://www.bpb.de/politik/innenpolitik/gangsterlaeufer/200860/familie-im-kontext-von-fluchtmigration (Stand: 9.1.2018)

Madianou, M. & Miller, D. (2012). Migration and New Media. Transnational Families and Polymedia. London/New York: Routledge.

mpfs (Medienpädagogischer Forschungsverbund Südwest) (Hrsg.) (2016). KIM-Studie 2016. Kinder+Medien, Computer+Internet. Internet https://www.mpfs.de/studien/kim-studie/2016/ (letzter Zugriff: 11.1.2018) (S. 313-336).

Peuckert, R. (2007). Zur aktuellen Lage der Familie. In: Ecarius, Jutta (Hrsg.), Handbuch Familie (S. 36-56).Wiesbaden: VS Verlag.

Schlör, K. (2016a). Medienkulturen in Familien in belasteten Lebenslagen. Eine Langzeitstudie zu medienbezogenem Doing Family als Bewältigungsressource. München: kopaed.

Schlör, K. (2016b). „Wo is'n dein papa? Im skype, ne!". (Audio)visuelle Social-Media-Praktiken von Familien in der Perspektive von Doing Family. In: Baur, Andreas/Deiss, Amely/Mercer, Milena/Neddermeyer, Ina (Hrsg.), Dicker als Wasser. Konzepte des Familiären in der zeitgenössischen Kunst (S. 176-185) Köln: Snoeck Verlagsgesellschaft.

Schlör, K. (2012). „Wo is n dein papa? – Im skype, ne?". Doing family und intergenerative Medienbildung im Kontext von Multilokalität. In: merz Wissenschaft, Themenheft „Medienhandeln in globalisierten und multilokalen Lebenswelten im Spannungsfeld von Ökonomie und Subjekt", S. 57-66.

Schlör, K. & Schluchter, J.-R. (2015). Medienbildung mit und in Familien. Praxismodelle einer inklusiven medienpädagogischen Familienbildung. In: Teilhabe 3/2015, S. 135-140.

Schluchter, J.-R. (2016). Medien, Medienbildung, Empowerment. In: merz – Medien und Erziehung 03/2016, S. 24-30.

Silva, E. B. & Smart, C. (2004). The ‚New' Practices and Politics of Family Life. In: Silva, Elizabeth B./Smart, Carol (Hrsg.), The new family? Auflage 4. London et al.: SAGE, S. 1-12.

Wagner, U. & Gebel, C. (2015). Medienerziehung in der Familie unter den Bedingungen von Mediatisierung. In: Hugger, Kai-Uwe et al. (Hrsg.), Jahrbuch Medienpädagogik 12: Kinder und Kindheit in der digitalen Kultur (S. 11-28). Wiesbaden: Springer VS.

West, C. & Zimmerman, Don H. (1987). Doing Gender. In: Gender and Society, Vol. 1, No. 2. (Jun. 1987), S. 125-151.

Zaynel, N. (2017). Wie Jugendliche und junge Erwachsene mit Down-Syndrom das Internet nutzen. In: merz – Medien und Erziehung 04/2017, S. 51-57.

Berufsfeld Frühkindliche Bildung

Isabel Zorn

Die Förderung von Medienbildung ist (entsprechend der Bildungsvereinbarungen der jeweiligen Bundesländer für die frühkindliche Bildung) ebenso Auftrag frühkindlicher Bildung wie die Förderung von Inklusion und inklusiver Interaktion in frühkindlichen Bildungseinrichtungen (Bundesministerium für Arbeit und Soziales 2011). Der Beitrag verknüpft diese beiden Bereiche und zeigt den aktuellen Forschungsstand dazu auf. Er beschreibt Potenziale und Herausforderungen inklusiver Medienbildung in frühkindlichen Bildungseinrichtungen.

1 Medienhandeln im Alltag von Kindern

Ob extensiver Medienkonsum Risiken für die frühkindliche Entwicklung bergen kann, ist viel diskutiert (Bleckmann 2012, 2014, Spitzer 2005, 2012), wird teilweise jedoch polemisierend oder vereinfachend dargestellt. Es kann sicherlich als unbestritten gelten, dass extensiver Konsum von TV oder YouTube-Filmen bei Vernachlässigung anderer kindgerechter Aktivitäten Entwicklungsrisiken birgt, daraus kann jedoch nicht abgeleitet werden, dass jegliche Aktivität mit digitalen Medien zu unterlassen sei. Die Nutzung digitaler Medien ist ohnehin im Alltag von Kindern präsent. Die Studien des medienpädagogischen Forschungsverbundes Südwest erheben regelmäßig die Nutzung von traditionellen und digitalen Medien von kleinen Kindern in den mini-KIM-Studien (Medienpädagogischer Forschungsverbund Südwest 2015), von größeren Kindern in den KIM-Studien (Medienpädagogischer Forschungsverbund Südwest 2017b) und von Familien in den FIM-Studien (Medienpädagogischer Forschungsverbund Südwest 2017a). Sie zeigen: Draußen und drinnen Spielen hat immer noch unangefochten höchste Priorität für Kinder, aber auch kleine Kinder ab zwei Jahren schauen bereits mehr Fernsehen als dass sie Bücher anschauen, und einige wenige beginnen damit, auf Tablets, Handys oder Computern zu spielen (Medienpädagogischer Forschungsverbund Südwest 2015). In über 90 % der Haushalte mit Kindern unter sechs Jahren sind Fernseher, Handys, Internetzugang und Computer vorhanden (Medienpädagogischer Forschungsverbund Südwest 2015). Die Integration von Medienhandeln in kindliches Aufwachsen lässt sich weder durch Verbote rückgängig machen, noch durch die Verbannung aus pädagogischen Kontexten verbessern. Regulierendes Handeln durch Erziehende ist hier notwendig (Reflektieren, Darüber-Sprechen,

Zeiten und Inhalte bestimmen, Handlungsalternativen aufzeigen). Insbesondere durch extensiven, wenig begleiteten oder reflektierten Medienkonsum benachteiligte Kinder benötigen eine pädagogische Begleitung ihres Medienhandelns, denn nicht alle Kinder werden gleichsam von ihren Eltern im Medienhandeln begleitet (Marci-Boehncke & Rath 2011). Chancen und Risiken von (zielgerichtetem) Medienhandeln müssen von Erziehenden eruiert werden (GMK – Gesellschaft für Medienpädagogik und Kommunikationskultur 2017). Nicht nur die Kinder, auch die Eltern und die pädagogischen Fachkräfte sind zur Etablierung entwicklungsförderlichen Medienhandelns herausgefordert (Kamin et al. 2013, Theunert & Demmler 2007). Während das (nachteilige) Medienhandeln von benachteiligten Jugendlichen bereits Gegenstand von Untersuchungen ist (z. B. Bos et al. 2014), gibt es dazu nur erste Hinweise bei Kindern: 6-8jährige Kinder bildungsnaher Eltern gehen häufiger mit dem Internet um und fühlen sich kompetenter als Kinder von Eltern, die dem Milieu der „internetfernen Verunsicherten" zuzurechnen sind (DIVSI – Deutsches Institut für Vertrauen und Sicherheit im Internet 2015), Unterschiede im Medienhandeln von Familien beschreiben auch Marci-Boehncke und Rath (Marci-Boehncke & Rath 2013). Potenziale digitaler Mediennutzung von jungen Kindern werden in interkulturellen Kontexten beschrieben, z. B. in Medienbildungsprojekten in der interkulturellen Kita (Marci-Boehncke et al. 2014). Eine amerikanische Studie gibt erste Hinweise auf spezifisches Medienhandeln in Familien mit behinderten Kindern (Alper 2015).

2 Die Relevanz von Medienbildung in der Kita

Spiel- und Bildungsangebote in der Kita sind ohne Medien nicht denkbar. Kinder und Erzieherinnen nutzen selbstverständlich Bücher, Stifte, Puppen, Spielzeugautos, Stofftiere, Kassettenrekorder, CD-Player, Puzzle, Gesellschaftsspiele, Symbolkarten, Bilder, Fotos u.v.a.m., um damit zu spielen, zu kommunizieren, Sinneserfahrungen zu machen, Erfahrungen zu verarbeiten, sich auszudrücken, Sprach- und Sprechfähigkeiten zu erweitern, miteinander zu interagieren, Neues kennenzulernen, Umgangsweisen einzuprägen und anderes. Manchmal folgt ihre Nutzung einem spezifischen Bildungsauftrag, z. B. der Förderung von Sprache, von sozialem und kulturellem Lernen, von mathematischer Bildung oder von Medienbildung (Ministerium für Familie, Kinder, Jugend, Kultur und Sport NRW/Ministerium für Schule und Weiterbildung NRW 2016), manchmal folgt sie einem spielerischen Selbstzweck. Fachkräfte fördern und fordern durch die geeignete Auswahl, Anleitung oder auch Reglementierung ihre Nutzung. Kindern wird der Umgang erklärt, sie werden zur Nutzung diverser Medien und Spiele aufgefordert, erlernen den sozialverträglichen Umgang damit. Entsprechend kann und muss auch das Spiel mit und die Nutzung von digitalen

Medien erfolgen, obwohl diese bislang teilweise nur sehr zögerlich in Kitas eingesetzt werden (Brüggemann et al. 2013, Marci-Boehncke 2008): Der Umgang muss erläutert, einseitige Nutzung vermieden, bildungsförderliche Aktivitäten eingeübt, sozialverträglicher Umgang kennengelernt, Erfahrungen verarbeitet werden usw. Die Verbreitung von Medien in der Alltagswelt sowie ihr spiel- und bildungsförderliches Potenzial aber auch ihre Risiken erfordern Aktivitäten der Medienbildung in der Kita (Six 2009, Theunert 2007). Die Förderung von Medienbildung in der Kita darf nicht einseitig verstanden werden als reine Befähigung zur Mediennutzung. Es geht vielmehr darum, das Bildungspotenzial von allen geeigneten Arten von Medien zu nutzen. Medienbildung ermöglicht neben Lernprozessen auch Artikulationsmöglichkeiten (Jörissen & Marotzki 2009), sowie die Möglichkeit, durch Mediennutzung eigene Interessen – und damit auch Handlungsmöglichkeiten – zu verfolgen und zu erweitern. Durch das Malen von Bildern, das Zeigen auf Symbole, die Erstellung von Fotos, die Aufzeichnung von Stimme beim Sprechen oder bei der Hörspielerstellung, bei der Erstellung eines Videoclips, vom Anschauen und Beschreiben eines Bilderbuchs beispielsweise auf Deutsch und auf Türkisch artikulieren Kinder sich in vielfältiger und multisensorischer Weise. Eine Kita-Studie zeigt Kommunikationserfahrungen von Kindern beim Skypen mit Verwandten im Heimatland der Eltern (Marci-Boehncke & Rath 2011); das Internet übernimmt hier eine Ermöglichungs- oder Brückenfunktion, die den Handlungsradius erweitern kann.

Zudem werden für die frühkindliche Bildung auch medienpädagogische Angebote empfohlen, die Kinder beim Erwerb von Medienkompetenz für die Verarbeitung ihrer Medienerfahrungen im Alltag unterstützen (für einen guten Überblick aktueller Ansätze siehe Lauffer & Röllecke 2016). Medienkompetenzförderung wird hier nicht vordergründig als Zugang zu Mediennutzung verstanden, sondern im Sinne des Medienpädagogen Dieter Baacke (1996) darüber hinaus als Förderung der Kompetenzen zur reflektivierenden Medienkritik (z. B. eigenes Medienverhalten wie Fernsehkonsum reflektieren), der Mediengestaltung (gemeinsam eigene Medienprodukte erstellen, z. B. Fotos von gelben Gegenständen) und der Medienkunde (welches Medium eignet sich wofür, z. B. mit welchem Medium kann ich wie mit einem Kind ohne Verbalsprache kommunizieren).

3 Relevanz von Medien und Medienbildung für Inklusion in der Kita

Mit der Umsetzung von Inklusion in Bildungseinrichtungen (Bundesministerium für Arbeit und Soziales 2011) sowie in Nordrhein-Westfalen beispielsweise mit dem Gesetz zur frühen Bildung und Förderung von Kindern (Kinderbildungsgesetz – KiBiz) erwachsen Herausforderungen für Kitas auf den Ebenen der Institution, des Individuums, der Didaktik und der Fachkraft (Deutsches Jugendinstitut e.V. 2013, S. 19). Im Folgenden werden Potenziale einer inklusiven Medienbildung in der frühkindlichen Bildung für die Ebene der inklusiven Didaktik beleuchtet.

Die Heterogenität von Kindern in der Kita zeigt sich u. a. in unterschiedlichen Vorlieben, Interessen und Erfahrungen, in ihren Entwicklungsständen bei Motorik, Spracherwerb, kognitiver Entwicklung, Konzentrationsfähigkeit, Sozialverhalten u.v.a.m. „Inklusion erfordert nach diesem Verständnis einen Perspektivwechsel. Bislang stand ausschließlich die Förderung des einzelnen Individuums im Mittelpunkt, die durch geeignete Einrichtungen und Maßnahmen erfolgte. Inklusion bedeutet dagegen, am System anzusetzen und dieses für alle Kinder zu öffnen, indem Barrieren abgebaut werden und spezifische Hilfeleistungen allen zugänglich gemacht werden." (Deutsches Jugendinstitut e.V. 2013, S. 20). Auch auf der didaktischen Ebene erfordert Inklusion Methoden, die gemeinsames Spiel und Förderung unterstützen. Kann die Nutzung von diversen unterstützenden, motivierenden, kompensierenden oder Artikulationen fördernden Medien zur Ermöglichung gemeinsamen Spielens, Lernens und Kommunizierens als eine Methode dienen?

Die Verknüpfung der drei Bereiche frühkindliche Bildung, Medienbildung und Inklusion ist bislang wenig erforscht. Allerdings finden sich viele Ansätze zu Herausforderungen für gelingende Inklusion in der Kita, die Anknüpfungspunkte zu Medienbildung haben: So wird z. B. Sprachbildung in der Kita als Schlüssel zur Inklusion verstanden (König & Friederich 2014), die teilweise mit und durch Medien vermittelt wird. Oder kulturelle Bildung wird bereits als Mittel zu einer inklusiven Interaktion gesehen, die auf medialen Darstellungen und Interaktionen basiert (Marr 2016).

Digitale Medien haben wegen ihrer elektronischen datenbasierten Struktur spezifische Eigenschaften: Aufgrund ihrer Multimodalität und der Variabilität der Daten (Manovich 2002) ermöglichen sie individuelle Einstellungen, z. B. heller oder dunkler oder inverse Farbdarstellungen, Vergrößerungen; digitale Filme oder Sprachaufnahmen können schneller oder langsamer abgespielt und beliebig oft wiederholt werden – sie können gar automatisiert in eine andere Sprache übersetzt werden; sie können konsumiert oder selbst hergestellt oder ergänzt und adaptiert werden; sie können als Sprach-, Text- oder Bildausgabe genutzt werden u.v.a.m. Dies kann für inklusive Ansätze hilfreich sein, wenn für eine Diversität unter Kindern diverse Möglichkeiten genutzt werden können. So ist es derzeit bei traditionellen Vorlesesituationen in der Kita schwierig, beispielsweise auf unterschiedliche Sehfähigkeiten von Kindern, auf unterschiedliche Hörfähigkeiten und auf diverse Sprachverständnisfähigkeiten einzugehen. Mit einer zusätzlichen Videoaufzeichnung des vorgelesenen Buches könnten Vergrößerungen, Verlangsamungen, Wiederholungen oder Übersetzungen für die wiederholte Nutzung des vorgelesenen Buches gemacht werden, um so diversen Interessen oder Bedürfnissen von diversen Kindern gerecht zu werden. Diese könnten auch miteinander im Videoclip das vorgelesene Buch erzählen.

Grundsätzlich ist zu beachten, dass bei digitalen Medienanwendungen Datenschutzbestimmungen und der Schutz der Privatsphäre beachtet werden müssen (z. B. bei Überlegungen eigene Medienaufnahmen ins Internet zu stellen). Es ist zu prüfen, ob durch derart gezielt gestaltete variable und motivierende mediale Angebote die bislang häufig nicht ausreichenden Sprachaktivitäten in Kitas (Wirts et al. 2017) durch Eigeninitiative der Kinder erhöht werden könnten. Literacy-Forscherinnen zeigen den potenziellen Nutzen von interaktiven Tabletgeschichten für die Sprachbildung für Kindergartenkinder mit und ohne Behinderung, weisen aber darauf hin, dass derzeit noch wenig pädagogisch sinnvoll gestaltete Apps erhältlich sind (Smeets et al. 2014, Smeets & Bus 2012). Sie weisen darauf hin, dass Anwendungsentwicklungen Erkenntnisse aus der Spracherwerbs- und Lernforschung berücksichtigen sollten, z. B. über Ablenkung und Konzentration. Einzelne Studien zeigen Potenziale für die Nutzung von digitalen Medien für die Sprachförderung bzw. den Spracherwerb in multikulturellen und mehrsprachigen Gruppen (z. B. Sandvik et al. 2012).

In der Logopädie und Unterstützten Kommunikation werden bereits sprachtherapeutische Ansätze mit Tablets und iPads konzipiert (Hallbauer & Kitzinger 2014). Hier bestünden Potenziale der Integration von Medienbildungsaktivitäten und medialer Interaktion zwischen Kindern. Bislang findet sich in der Literatur kaum eine Verknüpfung von sprachtherapeutischen mit medienpädagogischen Ansätzen. Bei der Interaktion mit Kindern, die mit Assistenztechnologie unterstützt kommunizieren (lernen), z. B. mit Talkern, Tastern, Symbolen u. ä., könnte eine Verbindung zu medienpädagogischen Ansätzen sinnvoll sein, um die verwendeten Technologien oder Medien nicht auf ihre Assistenzfunktion zu reduzieren, sondern sie als Bildungsmedien für alle Kinder zu nutzen. Obwohl vielleicht nur eines der Kinder wegen einer Sprachentwicklungsstörung mit einem Taster kommunizieren lernen soll zur Unterstützten Kommunikation, kann es für alle/viele andere Kinder auch hilfreich sein, Botschaften auf diesen Taster zu sprechen und aufzunehmen und so das eigene Sprechen und Verstandenwerden zu erfahren und diverse Kommunikationsmöglichkeiten spielerisch zu erleben. Dies würde den Taster von einem Hilfsmittel zu einem attraktiven Spielzeug und Lernmaterial aufwerten und möglicherweise auch die Motivation des unterstützt kommunizierenden Kindes bei der Tasternutzung erhöhen. Allen Kindern ermöglicht dies zudem, dabei spielerisch inklusionsfördernde Erfahrungen mit diversen Kommunikationsformen zu machen. Erste Ansätze und Erprobungen für die Förderung inklusiven Spielens und Lernens in der Kita mit Medien sind vielversprechend (Brüggemann 2017, Najemnik & Zorn 2016, Zorn et al. 2016). Die Datenbasis zu inklusivem Spielen und Lernen mit digitalen Medien in der Kita ist insgesamt als sehr dünn zu konstatieren, weiterer Forschungsbedarf besteht. Im Vorschulalter durchgeführte Studien zur Förderung von Kindern mit motorischen Schwierigkeiten, z. B. mit MakeyMakey-Microcontrollern (Lin & Chang 2014) oder zur Förderung von Kindern mit ADHS durch Kinect-Lernspiele (Retalis et al. 2015), weisen auf positive Effekte hin. Diese sind jedoch weniger der frühkindlichen Bildung, sondern eher dem Rehabilitationsbereich zuzuordnen und zielten nicht auf die Gestaltung inklusiver Settings und inklusiver Medienbildung. Hier lassen sich aber möglicherweise Inspirationen für inklusives frühkindliches Spiel finden, das die Anpassbarkeit digitaler Medien nutzt.

Um solche Situationen als inklusive Situationen (und nicht nur als sprachtherapeutische) zu gestalten, bedarf es nicht nur inklusiver, sprachpädagogischer, sondern auch medienpädagogischer Kompetenz (bzw. deren Verknüpfung) bei den Fachkräften in der Kita.

4 Medienpädagogische Kompetenz von Fachkräften der frühkindlichen Bildung

In der Weiterbildungsinitiative des DJI zu Inklusion werden benötigte Kompetenzen aufgeführt. Fachkräfte müssen beispielsweise geeignete Spielmaterialien – also auch Medien – kennen, auswählen und anbieten, die inklusive Spiel- und Lernsituationen unterstützen oder individuelle Förderung erlauben, wenn sie allen Kindern geeignete anregende Spielmaterialien anbieten wollen (Deutsches Jugendinstitut e.V. 2013, S. 89-91). Dies erfordert neben der Erweiterung eigener Medienkompetenzen wie z. B. der Medienkunde oder der Mediengestaltungskompetenz auch eine inklusiv orientierte medienpädagogische und mediendidaktische Kompetenz, mit der Spielsituationen gestaltet werden. Es gilt beispielsweise zu entscheiden, ob zur Auseinandersetzung mit Farben und Formen diese auf Papier gemalt werden, in einem tabletbasierten Lernspiel angeklickt oder allein oder zu zweit in heterogenen Paaren im Gartenbereich der Kita fotografiert werden sollen. Es gilt dabei beispielsweise abzuwägen, wieviel Bewegung, Interaktion, Eigenaktivität, haptische und audiovisuelle Erfahrungen oder Peer-Lernen die Aktivitäten erfordern und erlauben sollen. In Zeiten zunehmender Verfügbarkeit von WLAN, Smartphones und sozialen Medien gilt es darüber hinaus bei Fachkräften auch Kompetenzen und Kenntnisse über Datenspeicherung und -verarbeitung und Datenschutz zu fördern. Zum Schutz von Kindern als einer extrem vulnerablen Gruppe muss kenntnisreich und gezielt abgewogen werden, welche Dokumentationen von Kinder-Aktivitäten und Ereignissen in der Kita im Internet dokumentiert werden. Langfristige Effekte von persönlichen oder profilbildenden Daten im Internet sind derzeit kaum abschätzbar. Es ist zu vermuten, dass benachteiligte Personengruppen von mangelndem Datenschutz besonders benachteiligt werden könnten. Kinderrechte müssen gewahrt bleiben (Siller 2015, Siller & Muuß-Merholz 2015).

Praxisbeispiele zu inklusiven Medienbildungsprojekten in der frühkindlichen Bildung finden sich in Anleitungen (Roboom 2017), wissenschaftlichen Reflexionen (Lauffer & Röllecke 2016, Neuß 2012, Fthenakis 2014, Knauf 2011) oder im regelmäßig erscheinenden Newsletter der Initiative MekoKita (Landesanstalt für Medien NRW o.J.).

Literatur

Alper, M. (2015). Digital youth with disabilities, The John D. and Catherine T. MacArthur Foundation reports on digital media and learning. Cambridge, Massachusetts: The MIT Press.

Baacke, D. (1996). Medienkompetenz als Netzwerk – Reichweite und Fokussierung eines Begriffs, der Konjunktur hat. medien praktisch, Vol. 20, 410.

Bleckmann, P. (2012). Medienmündig: Wie unsere Kinder selbstbestimmt mit dem Bildschirm umgehen lernen. Stuttgart: Klett-Cotta.

Bleckmann, P. (2014). Kleine Kinder und Bildschirmmedien. https://www.kita-fachtexte.de/uploads/media/KiTaFT_Bleckmann_2014.pdf [05.10.2017).

Bos, W., Eickelmann, B., Gerick, J., Goldhammer, F., Schaumburg, H., Schippert, K., Senkbeil, M., Schulz-Zander, R., Wendt, H. & Waxmann Verlag GmbH (Hrsg.), ICILS 2013: Computer- und informationsbezogene Kompetenzen von Schülerinnen und Schülern in der 8. Jahrgangsstufe im internationalen Vergleich. Münster: Waxmann.

Brüggemann, M. (2017). Frühe Medienbildung inklusiv(e). In F. von Gross, R. Röllecke (Hrsg.), Medienpädagogik der Vielfalt: Integration und Inklusion. Dieter Baacke Preis Handbuch, Vol. 12. München: kopaed.

Brüggemann, M., Averbeck, I. & Breiter, A. (2013). Förderung von Medienkompetenz in Bremer Kindertageseinrichtungen. Bestandsaufnahme und Befragung von Fachkräften in Bremen und Bremerhaven zur frühen Medienbildung, Bremen.

Bundesministerium für Arbeit und Soziales (2011). Unser Weg in eine inklusive Gesellschaft. Der nationale Aktionsplan der Bundesregierung zur Umsetzung der UN-Behindertenrechtskonvention. Berlin.

Deutsches Jugendinstitut e.V. (2013). Inklusion – Kinder mit Behinderung: Grundlagen für die kompetenzorientierte Weiterbildung; ein Wegweiser der Weiterbildungsinitiative Frühpädagogische Fachkräfte (WiFF). Inklusion, Vol. 6, München: Dt. Jugendinst., WiFF.

DIVSI – Deutsches Institut für Vertrauen und Sicherheit im Internet (2015). DIVSI U9-Studie I Kinder in der digitalen Welt. https://www.divsi.de/wp-content/uploads/2015/06/U9-Studie-DIVSI-web.pdf [10.04.2018].

Fthenakis, W. E. (2014). Frühe Medienbildung, Natur-Wissen schaffen. Essen: LOGO, Lern-Spiel-Verl.

GMK – Gesellschaft für Medienpädagogik und Kommunikationskultur (2017). Kinder im Mittelpunkt: Frühe Bildung und Medien gehören zusammen: Positionspapier der GMK-Fachgruppe Kita. http://www.gmk-net.de/index.php?id=256&tx_ttnews %5Btt_news %5D=433&cHash=dceb1c4ad07f65c222ed7e2c7668d07e [04.04.2018].

Hallbauer, A. & Kitzinger, A. (Hrsg.) (2014). Unterstützt kommunizieren und lernen mit dem iPad. Karlsruhe: Loeper.

Jörissen, B. & Marotzki, W. (2009). Medienbildung – eine Einführung: Theorie – Methoden – Analysen, Utb. Vol. 3189, Bad Heilbrunn: Klinkhardt.

Kamin, A.-M., Meister, D. M. & Schulte, D. (2013). Kinder – Eltern – Medien: Medienpädagogische Anregungen für den Erziehungsalltag. Forum, München: Fink.

Knauf, H. (2011). Bildungsbereich Medien, Frühe Bildung und Erziehung. Göttingen: Vandenhoeck & amp; Ruprecht.

König, A. & Friederich, T. (2014). Inklusion durch Sprachliche Bildung. Schlüssel für gesellschaftliche Teilhabe von Anfang an. In A: König & T. Friedrich (Hrsg.), Inklusion durch sprachliche Bildung: Neue Herausforderungen im Bildungssystem, Perspektive frühe Bildung (Band 1, S. 9-14). Weinheim/Basel: Beltz Juventa.

Landesanstalt für Medien NRW (o.J.). Medienkompetenz Kitas NRW: Newsletter und Materialien. http://www.meko-kitas-nrw.de/alle-themen-materialien.html [letzter Zugriff: 10.04.2018].

Lauffer, J. & Röllecke, R. (Hrsg.) (2016). Krippe, Kita, Kinderzimmer: Medienpädagogik von Anfang an. Dieter Baacke Preis Handbuch, Vol. 11, München: kopaed.

Lin, C.-Y. & Chang, Y.-M. (2014). Increase in physical activities in kindergarten children with cerebral palsy by employing MaKey-MaKey-based task systems. Research in developmental disabilities, Vol. 35, Nr. 9 1963-1969.

Manovich, L. (2002). The language of new media. Cambridge, Mass.: MIT Press.

Marci-Boehncke, G. (2008). Medienerziehung in der KiTa – Kompetenzen und Meinungen der ErzieherInnen. Ludwigsburger Beiträge zur Medienpädagogik, Nr. 11, 1-8.

Marci-Boehncke, G. & Rath, M. (2011). Skypen mit der Oma in der Ukraine. Neue Medien im Kindergartenalter. ProJugend, Nr. 3, 4-7.

Marci-Boehncke, G. & Rath, M. (2013). Kinder – Medien – Bildung: Eine Studie zu Medienkompetenz und vernetzter Educational Governance in der frühen Bildung, MedienBildungForschung, Bd. 2. München: kopaed.

Marci-Boehncke, G., Rath, M. & Güneşli, H. (2014). Medienkompetenzwahrnehmung im Migrationskontext: Empirische Ergebnisse aus der Frühen Bildung bei türkischen und deutschen Kindern. Frühe Bildung, Vol. 3, Nr. 4, 203-213.

Marr, S. (2016). „Ich sehe was, was du nicht siehst" – Kunstpädagogik, Kulturelle Bildung und Inklusion. https://www.kubi-online.de/artikel/ich-sehe-was-was-du-nicht-siehst-kunst paedagogik-kulturelle-bildung-inklusion [letzter Zugriff: 07.04.2018]

Medienpädagogischer Forschungsverbund Südwest (2015). miniKIM 2014. Kleinkinder und Medien. Basisuntersuchung zum Medienumgang 2- bis 5-Jähriger in Deutschland. http://www.mpfs.de/fileadmin/miniKIM/2014/miniKIM_2014.pdf [letzter Zugriff: 21.03.2016].

Medienpädagogischer Forschungsverbund Südwest (2017a). FIM-Studie 2016 Familie, Interaktion, Medien: Untersuchung zur Kommunikation und Mediennutzung in Familien. Stuttgart: Medienpädagogischer Forschungsverbund Südwest.

Medienpädagogischer Forschungsverbund Südwest (2017b). KIM-Studie 2016 Kindheit, Internet, Medien.: Basisstudie zum Medienumgang 6- bis 13-Jähriger in Deutschland. Stuttgart: Landesanstalt für Kommunikation Baden-Württemberg.

Ministerium für Familie, Kinder, Jugend, Kultur und Sport NRW/Ministerium für Schule und Weiterbildung NRW (Hrsg.) (2016). Bildungsgrundsätze: Mehr Chancen für alle. Grundsätze zur Bildungsförderung für Kinder von 0 bis 10 Jahren in Kindertagesbetreuung und Schulen im Primarbereich in Nordrhein-Westfalen. Freiburg: Verlag Herder.

Najemnik, N. & Zorn, I. (2016). Digitale Teilhabe statt Doing Disability: Assistive Technologien für inklusive Medienbildung im Kindergarten. In H. C. Mayr, M. Pinzger, Gesellschaft für Informatik e.V. Bonn, Gesellschaft für Informatik e. V (Hrsg.), GI Edition Proceedings Band 259 INFORMATIK 2016: 26.-30. September 2016 Klagenfurt, GI-Edition. Proceedings, Vol. 259, S: 1087-1096. Bonn: Köllen.

Neuß, N. (2012). Kinder & Medien: Was Erwachsene wissen sollten. Seelze-Velber: Klett/Kallmeyer.

Retalis, S., Boloudakis, M., Kourakli, M., Siameti, F., Korpa, T., Skaloumpakas, C., Papadopoulou, P. & Lytra, F. (2015). Empowering children with ADHD Learning Disabilities with the Kinems Kinect learning games. In C. Busch (Hrsg.), Proceedings of the 8th European Conference on games-based learning, Vol. 2, S. 469-477. Berlin.

Roboom, S. (2017). Mit Medien kompetent und kreativ umgehen: Basiswissen & Praxisideen, Kita kompakt. Weinheim: Beltz Nikolo.

Sandvik, M., Smørdal, O. & Østerud, S. (2012). Exploring iPads in Practicioners' Repertoires for Language Learning and Literacy Practices in Kindergarten. Nordic Journal of Digital Literacy, Vol. 7, Nr. 3, 204-220.

Siller, F. (2015). Where the Wild Things are. Kinder und Kinderschutz im Internet. In K. Friedrich, F. Siller, A. Treber (Hrsg.), Smart und mobil: Digitale Kommunikation als Herausforderung für Bildung, Pädagogik und Politik, Schriften zur Medienpädagogik, Vol. 49, S. 247-258. München: kopaed.

Siller, F. & Muuß-Merholz, J. (2015). Die Vermessung des Kindes in der digitalen Gesellschaft. In M. Hagener & V. Hediger (Hrsg.), Medienkultur und Bildung: Ästhetische Erziehung im Zeitalter digitaler Netzwerke, S. 247-260. Frankfurt [u. a.]: Campus-Verl.

Six, U. (2009). Förderung von Medienkompetenz im Kindergarten. In J. Lauffer (Hrsg.), Kinder im Blick: Medienkompetenz statt Medienabstinenz; [ausgezeichnete Medienprojekte mit Kindern und Jugendlichen], Dieter Baacke Preis Handbuch, Vol. 4, S. 79-84. Bielefeld: Gesellschaft für Medienpädagogik und Kommunikationskultur.

Smeets, D. J. H. & Bus, A. G. (2012). Interactive electronic storybooks for kindergartners to promote vocabulary growth. Journal of experimental child psychology, Vol. 112, Nr. 1.

Smeets, D. J. H., van Dijken, M. J. & Bus, A. G. (2014). Using Electronic Storybooks to Support Word Learning in Children With Severe Language Impairments. Journal of learning disabilities, Vol. 47, Nr. 5.

Spitzer, M. (2005). Vorsicht Bildschirm!: Elektronische Medien, Gehirnentwicklung, Gesundheit und Gesellschaft. Stuttgart u. a.: Klett.

Spitzer, M. (2012). Digitale Demenz: Wie wir uns und unsere Kinder um den Verstand bringen. München: Droemer Knaur.

Theunert, H. (2007). Medien im Kindergarten. Chance für das Aufwachsen in der konvergenten Medienwelt. Klein & groß, 7-9.

Theunert, H. & Demmler, K. (2007). (Interaktive) Medien im Leben Null- bis Sechsjähriger – Realitäten und Handlungsnotwendigkeiten. In Digitale Medien in der Schule. Standortbestimmung und Handlungsempfehlungen für die Zukunft. Studie zur Nutzung digitaler Medien in allgemein bildenden Schulen in Deutschland, Bonn/Paderborn. Deutsche Telekom/Universität Paderborn.

Wirts, C., Egert, F. & Reber, K. (2017). Early Literacy in deutschen Kindertageseinrichtungen – Eine Analyse der Häufigkeit von Literacy-Aktivitäten im Kita-Alltag. Forschung Sprache, Nr. 2, 96-106.

Zorn, I., Justino, J., Schneider, A. & Schönenberg, J. (2016). Potentials of Digital Technology for Participation of Special Needs Children in Kindergarten. In K. Miesenberger, C. Bühler & P. Penaz (Hrsg.), Computers Helping People with Special Needs: 15th International Conference, ICCHP 2016, Linz, Austria, July 13-15 2016, Proceedings, Part II., S. 301-304. Cham: Springer International Publishing.

Berufsfeld Grundschule

Marion Brüggemann

Der folgende Beitrag nähert sich dem Thema Medienbildung und Inklusion in der Grundschule aus der Perspektive der schulischen Medienpädagogik und fragt danach, wie die Medienbildung die Inklusion unterstützen kann. Dabei wird in Rechnung gestellt, dass sowohl der Anspruch der schulischen Medienbildung als auch das Recht auf Inklusion die Gesellschaft und ihre Bildungsinstitutionen strukturell, organisatorisch und inhaltlich auf allen Ebenen herausfordert. Beides (der Anspruch auf Medienbildung und das Recht auf Inklusion) bleibt dabei nicht auf die konkrete pädagogische Praxis beschränkt, auch wenn der Unterricht als das zentrale Handlungsfeld inklusiv gedachter Medienbildung in der Grundschule angesehen werden kann. Der Weg zu einer inklusiven Schule gehört zu den größten Herausforderungen des Schulsystems. Ausgehend von der UN-Behindertenrechtskonvention ist schulische Inklusion zur Pflichtaufgabe geworden (UN-Behindertenrechtskonvention 2006). Im Schulalltag hat sich vielerorts bereits einiges verändert, indem Kinder mit sehr unterschiedlichem Förderbedarf, mit und ohne Behinderung, in einer Klasse unterrichtet werden. So besucht in Niedersachsen lt. Kultusministerium etwa die Hälfte der Schüler*innen mit sonderpädagogischem Unterstützungsbedarf eine reguläre Grundschule (Niedersächsisches Kultusministerium 2017). Inklusion bedeutet: Bildungseinrichtungen und Bedingungen so zu gestalten, dass jede und jeder selbstverständlich am Lernprozess teilhaben kann.

Die hier beschriebene Verbindung von Medienbildung und Inklusion fußt auf der Grundannahme, dass die Förderung von Inklusion in der Schule eng mit der Nutzung und den Einsatzmöglichkeiten digitaler Medien verbunden ist. Dabei ist der Medieneinsatz kein Selbstzweck, noch sollte die technische Handhabung im Vordergrund stehen: Der Lerngegenstand und der pädagogische Prozess sowie die besonderen Anforderungen der (inklusiven) Grundschulpädagogik strukturieren die Mediennutzung im Unterricht (Irion 2016). Um das Potenzial der Medienbildung für die Inklusion wirksam nutzen zu können, bedarf es zunächst der Verfügbarkeit entsprechender Medien sowie des medienpädagogischen Wissens und Könnens auf Seite der Lehrpersonen. Darüber hinaus ist die strukturelle Verankerung der Medienbildung in der Schule eine zentrale Voraussetzung für einen gelingenden Medieneinsatz im Unterricht, hierfür steht auch der Begriff der Medienintegration (Breiter et al. 2013). Medienintegration im umfassenden Sinne adressiert unterschiedliche Ebenen der Schulentwicklung (von der Mikroebene des Unterrichts bis zur Makroebene der staatlichen Administration) und beschreibt die Wirkung und das Zusammenspiel der Faktoren eines Schulentwicklungsprozesses, wie sie auch für den Prozess der Inklusion gelten (Aus- und Fortbildung, Schulmanagement und Schulkultur, curriculare Integration, Ausstattung und Zugang, technischer Support, pädagogische Unterstützung, Einstellungen und Orientierungen usw.) (Breiter et al. 2013, S. 43).

Im Folgenden wird einerseits herausgearbeitet, warum die Etablierung einer umfassenden Medienbildung vor dem Hintergrund des medialen Wandels und der gesellschaftlichen Teilhabe zentraler Faktor für die schulische Inklusion sein muss. Anderseits wird gezeigt, wie die Inklusion auf der Mikroebene des Unterrichts durch Medienbildung gefördert und unterstützt werden kann.

1 Mediatisierte Kindheit

In der mediatisierten Gesellschaft verändert sich das Aufwachsen aller Kinder rasant. Der anhaltende Wandel der Gesellschaft durch Medien ist als ein sozialer Wandel erfahrbar, indem die Art und Weise der Interaktion und Kommunikation zunehmend medial bzw. digital vermittelt sind (Thomas & Krotz 2008, S. 29). Diese Entwicklung betrifft auch Grundschulkinder, indem die Lebenswelt Heranwachsender heute eng mit Medienerfahrungen verknüpft ist. Die Erkenntnis, dass kindliche Lebenswelten stets Medienwelten sind, ist indes nicht neu (Baacke 1999). Die Bedeutung der Medienwelt für das Aufwachsen hat mit dem Grad der medialen Durchdringung der Lebenswelt durch die Digitalisierung jedoch deutlich zugenommen. Die KIM Studie 2016 nimmt die alltägliche Mediennutzung von Kindern in den Blick. Zwar liegt der Besitz eines eigenen Handys oder Smartphones bei den sechs bis sieben Jahre alten Kindern lediglich bei 12 %, bei den Zehn- bis Elfjährigen sind es jedoch schon 71 %, die ein Handy oder Smartphone ihr Eigen nennen (mpfs 2016, S. 14). Mit zunehmenden Alter erweitern sich die Nutzungszeiten und die Nutzungsoptionen. Digitale Medien prägen die kognitive und soziale Entwicklung (aller) Heranwachsenden wesentlich mit (Tillmann et al. 2014). Neben ihrer Wirksamkeit als Sozialisationsinstanz bestimmen digitale Medien in der sogenannten Informations- und Wissensgesellschaft zunehmend die Aneignung von Wissen über die Welt. Wissen, dass sich Kinder nicht direkt aneignen können wird ihnen durch unterschiedliche Medien zugänglich.

Für die Nutzung des zur Verfügung stehenden (digitalen) Medienensembles müssen Kinder jedoch über entsprechende Kompetenzen verfügen, um sich altersgerecht und entsprechend ihrer individuellen Voraussetzungen in der digitalen Welt bewegen zu können. Der bedeutsamen Rolle digitaler Medien im Alltag von Kindern steht eine marginale Bedeutung dieser Medien für das Lernen in der Grundschule gegenüber.

2 Medienbildung in der Grundschule als Inklusionsfaktor

Um Medien verstärkt für Inklusionszwecke einsetzen zu können, ist die Etablierung einer unterrichtlichen Mediennutzung generell erforderlich. Die Grundschule begegnet insbesondere digitalen Medien immer noch mit einer gewissen Zurückhaltung (Irion 2016). Die Nutzungswahrscheinlichkeit von Computer oder Laptop ist in der Grundschule von allen Schulformen mit 27 % lt. KIM-Studie am geringsten (KIM 2016, S. 14). Die U9-Studie „Kinder in der digitalen Welt", für die mehr als 1.800 Eltern von drei- bis achtjährigen Kindern und über 1.000 sechs- bis achtjährigen Schüler*innen befragt wurden, gibt ebenfalls Anhaltspunkte zur Medienbildung in der Grundschule (DIVISI 2015). Nur 20 % der sechs- bis achtjährigen Schulkinder erfahren demnach einen regelmäßigen Computereinsatz im Unterricht oder dürfen einen Computer gelegentlich (z. B. während der Nachmittagsbetreuung) nutzen – bei den Achtjährigen, die in der Mehrheit die dritte Schulklasse besuchen, sind es 33 % (DIVISI 2015, S. 83).

Derzeit existiert kein repräsentativer Überblick zur Ausstattung und Nutzung digitaler Medien in der Grundschule. Eine umfangreichere Studie zur Medienintegration in der Grundschule stammt bereits aus dem Jahr 2013. Die Untersuchung von Breiter et al. macht deutlich, dass eine geeignete Ausstattung nicht zwingend zu mehr Medienbildung im Unterricht führt (Breiter et al. 2013). Eine Studie aus dem Jahr 2014 „Grundschulen in der digitalen Gesellschaft" greift auf Studien aus 2011 zurück, teilt aber die Einschätzung, dass die Ausstattung allein kein Indikator für den Umfang der Medienbildung ist (Eickelmann et al. 2014b). Schließlich bleibt festzustellen, dass die Bandbreite von medienbezogenen Aktivitäten in der Grundschule immer noch begrenzt ist. Eine kreative Nutzung digitaler Medien für Lehr-Lernprozesse ist in der Grundschule eher selten anzutreffen. Zumeist verbleibt der Medieneinsatz auf der Ebene der Nutzung gängiger Softwareprodukte und Lernsoftware (DIVISI 2015). Der aktuelle Länderindikator 2017 macht die Feststellung, dass die unterrichtliche Mediennutzung auch in der Sekundarstufe 1 kaum zugenommen hat (Bos et al. 2017). Insgesamt wird ein deutlicher „Nachholbedarf" im deutschen Schulsystem festgestellt (ICILS 2013), sowohl was die Ausstattung als auch die Anwendung sowie die Aus- und Fortbildung von Lehrkräften für die Medienbildung angeht. Die von der Deutschen Telekomstiftung in Auftrag gegebene Expertise „Medienbildung entlang der Bildungskette" (2014) stellt fest: „Die Grundschule als Ort der formalen Bildung wird dem Ziel einer grundlegenden Medienbildung für alle Kinder bisher nicht ausreichend gerecht. Aufgrund der geringen Verankerung medienpädagogischer Ausbildungsstandards in der Lehrerbildung, Ausstattungsunzulänglichkeiten und weiterer Spannungsfelder zeichnet sich ohne weitere Maßnahmen eine Änderung dieser Situation nicht ab." (Eickelmann et al. 2014a, S. 22).

In der KMK-Erklärung von 2016 „Bildung in der digitalen Welt" wurde der

Entwicklungsbedarf bildungspolitisch erkannt und auch für die Grundschule wurde dieser aufgezeigt (KMK 2016). Die KMK-Erklärung stellt sechs Dimensionen vor, die leitend für die Medienbildung in der Schule sein sollen: 1. Suchen, Verarbeiten Aufbewahren, 2. Kommunizieren und Kooperieren, 3. Produzieren und Präsentieren, 4. Schützen und sicher Agieren, 5. Problemlösen und Handeln, 6. Analysieren und Reflektieren (KMK 2016, S. 16). Die Verbindung von Medienbildung und Inklusion stellt das KMK-Papier indes nur marginal her. Unter dem Aspekt „Ausstattung und Infrastruktur" wird unter dem Gesichtspunkt der Inklusion eine zeitgemäße Präsentationstechnik erwähnt, die die Berücksichtigung individueller Vorrausetzungen der Schüler*innen begünstigen kann (KMK 2016, S. 37).

Im Zuge der KMK-Erklärung wurden (und werden) auf Länderebene Lehrpläne und Kompetenzraster überarbeitet, indem die medienbezogenen Bildungsziele konkretisiert und curricular festgeschrieben werden. Dabei können unterschiedliche Ansätze schulischer Medienintegration voneinander unterschieden werden: einerseits solche, die die Medienbildung innerhalb der Fächer integrieren und andererseits diejenigen, die ein eigenes Fach „Medienbildung" favorisieren. Daneben existiert eine Doppelstrategie, die beide Ansätze parallel verfolgt. Die Forderung nach einer digitalen Grundbildung steht im Raum (Kammerl & Irion 2018). Die konzeptionelle Verknüpfung mit dem ebenfalls das gesamte Schulsystem umfassenden Anspruch der Inklusion ist bislang nicht Gegenstand bildungspolitischer Überlegungen. Als Grundlage für KMK-Erklärung ist unter anderem das sogenannte Paderborner Modell schulischer Medienbildung zu nennen, welches Medienbildung in Schule und Unterricht umfänglich operationalisiert und ausdifferenziert (Tulodziecki et al. 2010). Die Überlegungen zur schulischen Medienbildung von Tulodziecki et al. unterschieden zwischen dem Lehren und Lernen *mit* Medien (Mediendidaktik) einerseits und dem Lehren und Lernen *über* Medien (Medienerziehung) andererseits in Form von medienpädagogischen Perspektiven. Um das Inklusionspotenzial schulischer Medienbildung aufzuzeigen, sollen die genannten Perspektiven (Mediendidaktik und Medienerziehung) als Analyseeinstellung dienen.

3 Das Lehren und Lernen mit Medien (mediendidaktische Perspektive)

Das Lehren und Lernen *mit* Medien insbesondere der Einsatz digitaler Medien bietet zahlreiche Bildungschancen. Unterstützende Technologien befördern z. B. eine barrierefreie Teilhabe an Lern- und Medienangeboten. Neben einer zunächst auf Kompensation ausgerichteten Förderstrategie sind Medien aber auch stets mehr als nur ein Lehr- oder Lernmittel. Sie können motivierend wirken und die Beschäftigung mit ihnen ermöglicht Freude an der gemeinsamen Interaktion. Aus mediendidaktischer Perspektive wird der Mehrwert des Medieneinsatzes für die individuelle Förderung und für das differenzierte Aufbereiten von Inhalten betont (Beckermann 2014, S. 40). Die zur Verfügung stehenden digitalen Werkzeuge erweitern sich derzeit beständig, so kann z. B. beim Einsatz von Tablets im inklusiven Unterricht auf eine Vielzahl von Apps für die auditive, sprachliche Wahrnehmungsförderung und auf Förderinstrumente zur motorischen Koordination zurückgegriffen werden (ebd.). Dabei sollten die eingesetzten Lernwerkzeuge dem Anspruch einer „inklusiven Mediendidaktik" folgen und eine leicht verständliche Sprache aufweisen, eindeutige und leicht erkennbare Piktogramme verwenden sowie sich durch klare Handlungsanweisungen auszeichnen und möglichst unterschiedliche Wahrnehmungsebenen einbeziehen (vgl. Bosse 2012). Aus der Perspektive der Schüler*innen bieten sich erweiterte Möglichkeiten der Artikulation, Beteiligung und Ergebnissicherung (z. B. Audioaufnahmen, Fotodokumentation etc.). Wichtig erscheint bei allen technischen Möglichkeiten, den pädagogischen Prozess im Blick zu behalten. Aspekte der Bedienung und Handhabung sollten nicht im Vordergrund stehen, sondern der Lernprozess und die Angemessenheit der eingesetzten Methoden und Medien, um diesen optimal zu unterstützen (Irion 2016, Kammerl & Irion 2018).

4 Das Lehren und Lernen über Medien (medienerzieherische Perspektive)

Die Medienerziehung ist neben der Mediendidaktik die zweite wichtige Säule der schulischen Medienbildung. Sie zielt auf den Reflexionszusammenhang im Umgang mit (digitalen) Medien (Tulodziecki et al., S. 141). Das altersgemäße Navigieren im Internet sowie die Erkundung von bildungsrelevanten Inhalten sind Nutzungsmuster eher bildungsnaher Milieus. Ob Kinder lernen, das Internet für formelle und informelle Lernprozesse zu nutzen, hängt auch mit ihrem Umfeld zusammen. Unter dem Stichwort digitale Spaltung wird nach wie vor kritisiert, dass Kinder aus benachteiligenden Verhältnissen häufig über weniger und häufig eher über instrumentelle Fertigkeiten im Umgang mit digitalen Medien verfügen (Kammerl & Irion 2018). Nicht der Zugang allein fördert die Teilhabe, sondern ob und wie Kinder erfahren haben digitale Medien für Bildungszwecke, Kommunikation und Interaktion einzusetzen. Die Erlangung von Kompetenzen zur möglichst selbständigen (und bildungsrelevanten) Nutzung digitaler Medien ist noch nicht fest in der Grundschule verankert. Als besonders geeignet für die Medienerziehung in der Grundschule erscheint in diesem Zusammenhang die aktive Medienarbeit. Aktive Medienarbeit (z. B. in Form von Film- und Fotoprojekten) hat sich in der Praxis als besonders motivierend und vielfältig erwiesen, sie bietet die Möglichkeit ganz unterschiedliche Kompetenzen einzubeziehen, sodass jedes Kind etwas für das Gelingen des Projektes beitragen kann. Die gemeinsame Beschäftigung mit Medien bietet die Chance, Begegnungen zu initiieren, Vorurteile abzubauen und eine Perspektivenübernahme zu erproben und gemeinsam Spaß zu haben. Das Produzieren und Bereitstellen eigener Medieninhalte fördert die medienbezogenen Kompetenzen umfassend, indem viele unterschiedliche Aspekte der Medienkompetenzförderung adressiert werden können (Süss et al. 2013, S. 163).

Im Zuge der Mediatisierung ist die kompetente Nutzung digitaler Medien zentral für die gesellschaftliche Teilhabe insgesamt, denn die Kommunikation sowie die Aneignung von Wissen ist heute untrennbar mit digitalen Medien verbunden. Medienerziehung als Teil der Medienbildung unterstützt Schüler*innen altersgemäß und entsprechend individueller Voraussetzungen in der Aneignung der Medienwelt. Die Nutzung von Bildern, Texten, Videos, Simulationen und Apps etc. erfordert Medienkompetenzen, die die Grundschule fördern muss. Darüber hinaus verfügen digitale Medien über Potenziale bei der Bearbeitung von Entwicklungsaufgaben, insbesondere für ältere Kinder (Schaumburg 2015).

5 Ausblick und Aufforderung

Die Grundschule wird in ihrem Bildungs- und Erziehungsauftrag in vielfacher Hinsicht gefordert, auf die Anforderungen der digitalen Welt zu reagieren und den Auftrag der Inklusion zu realisieren. Dabei soll Kindern einerseits das individuelle Lernen mit digitalen Werkzeugen ermöglicht und erweiterte Möglichkeiten der Kommunikation und Interaktion zugänglich gemacht werden. Andererseits soll die Grundschule auf das selbstbestimmte Leben in der digitalen Welt mit den damit verbundenen Chancen und Gefahren vorbereiten. Die strukturellen Herausforderungen für das System Schule sind sowohl für die Medienbildung als auch für den Anspruch der Inklusion enorm groß. Schulische Medienbildung unter inklusiven Vorzeichen sollte für alle Schüler*innen ein möglichst großes Maß an Selbstständigkeit realisieren, indem die Angebote so gestaltet werden, dass Medienbildung für alle möglich ist und für alle eine Bereicherung darstellt (Bosse 2012, S. 4). Die Teilnahme an medienvermittelter Kommunikation ist ein fester Bestandteil der mediatisierten Gesellschaft. Eine inklusiv ausgerichtete Medienbildung kann die Voraussetzungen dafür schaffen, dass mehr Teilhabe und Partizipation möglich werden.

Um eine inklusiv orientierte Medienbildung realisieren zu können, ist vor allem der Bereich der medienpädagogischen Aus- und Fortbildung systematisch mit den Aus- und Weiterbildungsinitiativen zur Inklusion zu verknüpfen. Konzepte, die diese wichtigen Aufgaben der Schulentwicklung auf einander beziehen, fehlen derzeit. In der pädagogischen Praxis werden die Synergien von Medienbildung und Inklusion bereits wirksam. Die notwendige Verknüpfung von schulischer Medienbildung und Inklusion erfordert den Blick über den Tellerrand und kann weder in der Behinderten- oder Inklusionspädagogik noch in den Fachdidaktiken oder der Medienpädagogik im Alleingang gelöst werden. Um die Medienbildung für die Inklusion nutzen zu können müssen alle Beteiligten den Prozess mittragen und die Bereitschaft zur Auseinandersetzung muss gegeben sein.

Ein Überblick dazu in welchem Umfang und in welcher Form digitale Medien in der Grundschule unter dem Aspekt der Inklusion bereits eingesetzt werden gibt es aktuell nicht. Was digitale Medien für den inklusiven Unterricht in der Grundschule leisten können, bedarf dringend bereichsübergreifender Forschung (Medienpädagogik, Fachdidaktik, Sonder- und Inklusionspädagogik). Letztlich sind für eine erfolgreiche Medienbildung im inklusiven Unterricht der Grundschule nicht allein die Lehrkräfte verantwortlich, geeignete Rahmenbedingungen sind erforderlich, die Aus- und Fortbildung von Lehrkräften, die Medienausstattung der Schulen und ein medienpädagogischer Support müssen mit inklusiven Vorzeichen versehen werden, damit Potenziale genutzt werden können.

Literatur

Baacke, D. (1999). Medienkompetenz als zentrales Operationsfeld von Projekten. In: Baacke, D., Kornblum, S., Lauffer, J., Mikos, L. & Thiele, G. (Hrsg.), Handbuch Medien: Medienkompetenz Modelle und Projekte. Bonn. Bundeszentrale für politische Bildung, 31-35.

Beckermann, Th. (2014). Lernen in der Hand haben. In: Computer+Unterricht 24(94). S. 40-41.

Bos, W., Lorenz, R., Endberg, M., Eickelmann, B., Grafe, S., Vahrenhold, J. (2017). Schule digital. Der Länderindikator 2017. Digitale Medien in den MINT-Fächern. Bonn.

Bosse, Ingo (2012). Standards für Menschen mit Behinderung in der Schule In: Ludwigsburger Beiträge zur Medienpädagogik. Themenheft: Medienpädagogik und Inklusion 15. S. 1-6.

Breiter, A., Aufenanger, St., Averbeck, I., Welling, St. & Wedjelek, M. (2013). Medienintegration in Grundschulen. Vistas.

DIVSI (2015). DIVSI U9-Studie: Kinder in der digitalen Welt. Hamburg. DIVISI https://www.divsi.de/publikationen/studien/divsi-u25-studie-kinder-jugendliche-und-junge-erwachsene-in-der-digitalen-welt/3-neue-welten-neue-werte-neue-worte-was-heisst-mediensozialisation-heute/ [20.02.2018]-

Eickelmann, B., Aufenanger, St. & Herzig, B. (2014a). Medienbildung entlang der Bildungskette – Ein Rahmenkonzept für eine subjektorientierte Förderung von Medienkompetenz im Bildungsverlauf von Kindern und Jugendlichen. Bonn. Deutsche Telekomstiftung.

Eickelmann, B., Lorenz, R., Vennemann, M., Gerick, J. & Bos, W. (Hrsg.) (2014b). Grundschule in der digitalen Gesellschaft. Befunde aus den Schulleistungsstudien IGLU und TIMSS 2011. Münster. Waxmann.

Irion, Th. (2016). Digitale Medien in der Grundschule – Primarstufenspezifische und medienpädagogische Anforderungen. In: Peschel, M. & Irion, Th. (Hrsg.), Neue Medien in der Grundschule. Frankfurt a. M. Grundschulverband, S. 16-32.

Kammerl, R. & Irion, Th. (2018). In der digitalen Welt. In: Die Grundschulzeitschrift, Heft 307, 6-11.

KMK (2016). Bildung in der digitalen Welt.

Kultusministerium, Niedersächsisches (2017). Entwicklung der inklusiven Schule. https://www.mk.niedersachsen.de/startseite/aktuelles/presseinformationen/heiligenstadt-groer-zuspruch-zur-inklusiven-schule---inklusionsquote-steigt-auf-614-prozent-im-schuljahr-20162017-153771.html [20.02.2018].

mpfs (2016). KIM-Studie 2016. Kindheit, Internet, Medien. Stuttgart. Medienpädagogischer Forschungsverbund Süd West. https://www.mpfs.de/studien/kim-studie/2016/ [20.02.2018]-

Schaumburg, H. (2015). Chancen und Risiken digitaler Medien in der Schule. Gütersloh. Bertelsmann Stiftung. Humboldt-Universität zu Berlin.

Süss, D., Lampert, C. & Wijnen, Ch. W. (2013). Medienpädagogik: ein Studienbuch zur Einführung. Wiesbaden. Springer VS.

Thomas, T. & Krotz, F. (2008). Medienkultur und soziales Handeln: Begriffsarbeiten und Theorieentwicklung In: (Hrsg.), Medienkultur und soziales Handeln. Wiesbaden. VS. S. S. 17-42.

Tillmann, A., Fleischer, S. & Hugger, K.-U. (2014). Handbuch Kinder und Medien. Wiesbaden. Springer VS.

Tulodziecki, G., Herzig, B. & Grafe, S. (2010). Medienbildung in Schule und Unterricht: Grundlagen und Beispiele. Bad Heilbrunn. Klinkhardt.

UN-Behindertenrechtskonvention (2006). Übereinkommen über die Rechte von Menschen mit Behinderungen (Convention on the Rights of Persons with Disabilities — CRPD), https://www.behindertenrechtskonvention.info/ [20.02.2018].

Berufsfeld Sekundarstufe I

Ingo Bosse & Jan-René Schluchter

1 Inklusion und Exklusion im Kontext von Mediatisierung und Digitalisierung

Während der Alltag von Heranwachsenden längst von (digitalen) Medien geprägt ist, stehen die Digitalisierung von Schule und die Verwendung digitaler Medien und Technologien im Unterricht weiterhin auf der bildungspolitischen Agenda, da damit immer noch zahlreiche offene Fragen verbunden sind. Ebenso zahlreiche Fragen wirft weiterhin die Umsetzung von Inklusion in der Sekundarstufe I auf. Dieser Beitrag geht aus Sicht der Medienpädagogik, der Sonderpädagogik sowie inklusiver pädagogischer Ansätze der Frage nach, welche besonderen Chancen sich für die Gestaltung von Inklusionsprozessen durch Formen der (schulischen) Medienbildung eröffnen. Damit ist die Zielstellung verbunden, die Akzeptanz von Diversität und Vielfalt in Schule und Gesellschaft zu erhöhen sowie gesellschaftliche Teilhabe und Zugehörigkeit für alle Kinder und Jugendlichen zu ermöglichen. Inklusion als schulischer Entwicklungsprozess kann nur im Verbund verschiedener Fachdisziplinen gelingen. In der Sekundarstufe gehören dazu neben den Erziehungswissenschaften im Besonderen die Fachdidaktiken. In jüngster Zeit hat sich die Beschäftigung einiger Fachdidaktiken mit inklusiver Didaktik deutlich intensiviert (vgl. u. a. Riegert & Musenberg 2015, Amrhein & Dziak-Mahler 2014).[1]

Als wesentlicher Begründungszusammenhang für die obligatorische Verankerung von Medienbildung in der Schule wird sowohl von den Fachdidaktiken als auch von der Medienpädagogik überwiegend die vor allem durch Krotz (2007) geprägte Theorie der Mediatisierung genannt (Marci-Boehncke & Bosse 2018, Schmoelz & Koenig 2016). Mediatisierung meint, dass die Alltags- und Lebenswelten ebenso wie die Gesellschaft zunehmend von Medien und medialer Kommunikation durchdrungen sind; so wirken Medien in beinahe alle Alltags- und Lebensbereiche hinein, gestalten deren Strukturen mit und beeinflussen das Denken und Handeln der Menschen (vgl. Krotz 2007, S. 25-50). In diesem Zusammenhang lässt sich Digitalisierung neben der Überführung analoger in digitale Datenströme analog zur Mediatisierung als Organisation von

1 Da aufgrund der Bedeutung von inklusiver Fachdidaktik mit digitalen Medien ein eigener Beitrag in diesem Handbuch (Thiele & Bosse) vorliegt, soll an dieser Stelle nicht weiter darauf eingegangen werden.

Gesellschaft entlang digitaler Medien und digitaler Infrastruktur verstehen (vgl. Brennen & Kreiss 2014). Entsprechend ist die Auseinandersetzung mit (digitalen) Medien und deren Bedeutung in der/für die Gesellschaft im Kontext inklusiver Bildung in der Schule bedeutsam, um Kindern und Jugendlichen Perspektiven für die Zugehörigkeit zur Gesellschaft und zur gelingenden Teilhabe an der Gesellschaft zu ermöglichen.

In diesem Zusammenhang wird im Kontext von Medienbildung und Inklusion im Besonderen die Frage nach den Potenzialen von (digitalen) Medien und Medienbildung zur Bearbeitung gesellschaftlicher Ungleichheits- und Benachteiligungsstrukturen aufgeworfen (vgl. Schluchter 2016). Eng verbunden hiermit sind auch Fragen der Bildungsgerechtigkeit (vgl. Bosse 2017).

Die Verfügbarkeit (digitaler) Medien durch Kinder und Jugendliche steht in keinem direkten Zusammenhang mit einer Veränderung von Strukturen sozialer Ungleichheit (vgl. Humer 2011, S. 55). Die Verfügbarkeit digitaler Medien ruft keine unmittelbare Veränderung an den Strukturen sozialer Ungleichheit hervor. Es zeigt sich hingegen, dass im Zugang zu und Umgang mit Medien bestehende soziale Ungleichheiten weitgehend reproduziert werden (vgl. Niesyto 2010, S. 149-153). In der 2014 erschienenen Studie „Medienbildung entlang der Bildungskette“ (Eickelmann, Aufenanger & Herzig 2014) wurde deutlich, dass vorhandene Ungleichheiten im Umgang mit Medien (und die vorhandene Medienkompetenz) von Schüler_innen im deutschen Bildungssystem überwiegend noch verstärkt und nicht aufgefangen werden. Es sind im Besonderen die sozialen Bedingungen des Aufwachsens der Kinder und Jugendlichen, welche einen wesentlichen Einfluss auf deren individuelle Medienumgangsformen und Medienkompetenzen nehmen (vgl. ebd., S. 35). In Anbetracht einer weiterhin unzureichenden Verankerung von Medienbildung in der Schule kommt somit den Formen informellen Lernens eine gesteigerte Bedeutung zu: hier zeigt sich, dass die Ressourcen des Elternhauses bzw. die familialen Anregungsmilieus im Kontext der jeweiligen sozialen Bedingungen des Aufwachsens wesentlich Einfluss nehmen auf den Umgang mit (digitalen) Medien (vgl. Bosse 2017, Paus-Hasebrink 2015).

Unter dem Begriff „Digital Divide“ lassen sich Forschungsbefunde zusammenfassen, welche das Spannungsfeld von Mediensozialisation und sozialer Ungleichheit in den Blick nehmen. Hierbei standen seit den 1990er Jahren für lange Zeit Fragen des Zugangs zu Medien und entsprechend der Medienausstattung im Fokus, welche inzwischen im deutschsprachigen Raum für das Gros der Bevölkerung weitgehend zu vernachlässigen sind (vgl. Reber & Luginbühl 2016). Für Menschen mit Behinderung ist die Frage des Zugangs zu Medien jedoch weiterhin von Bedeutung (Schluchter 2010, S. 120f.), da eine Barrierefreiheit von Medienangeboten und -inhalten immer noch nicht in ausreichender Weise umgesetzt ist und weiterhin ein Zusammenhang zwischen Beeinträchtigung und sozialer Benachteiligung besteht (vgl. Bosse & Hasebrink

2016). Des Weiteren zeigt sich, dass Fragen des Zugangs zu Medien sowie der Medienausstattung weiterhin von der sozialen Herkunft beeinflusst werden (vgl. Niesyto 2009, S. 7). In der letzten Dekade rückte der Fokus stärker auf die Unterschiede im Umgang mit Medien, zusammengefasst unter dem Begriff „Second Digitale Divide", verbunden mit der Frage nach dem „Zusammenhang von sozialer Ungleichheit, gesellschaftlicher Partizipation und medialer Kompetenz" (Henke, Huster & Mogge-Grotjahn 2012, S. 548, vgl. auch Bosse 2017). In diesem Zusammenhang konnten Sachdeva et al. (2015) neben Aspekten wie sozialer und/oder kultureller Herkunft oder Bildung die Bedeutung von Behinderung für den Zugang und Umgang mit Medien herausarbeiten. Für Heranwachsende mit Behinderung verdeutlichten sie, wie unter anderem die Aspekte Zugänglichkeit und Barrierefreiheit den „Digital Disability Divide" beeinflussen können (vgl. Sachdeva, Tuikka, Kimppa & Suomi 2015).

Inklusive Medienbildung in der Schule kann einen Beitrag dazu leisten, gesellschaftlichen Ungleichheiten und Schieflagen zu begegnen, indem Kindern und Jugendlichen Perspektiven für gelingende Alltags- und Lebensgestaltung in mediatisierten/digitalisierten Gesellschaften sowie für gesellschaftliche Zugehörigkeit und Teilhabe aufgezeigt werden (vgl. Schluchter 2016).

Für das Berufsfeld Schule stellt sich somit die Frage nach der Entwicklung von Strategien zur Implementierung von Digitalisierung, Medienbildung und Inklusion. Im Fokus dieses Beitrags steht die Frage, welche strukturellen Bedingungen von Schule zum Gelingen inklusiver Bildung in einer medial geprägten Welt betragen.

2 Medienbildung und Inklusion als Gegenstand von Schulentwicklung

Aus Sicht der Kultusministerkonferenz wird laut des Strategiepapiers „Bildung in der digitalen Welt" (2016) durch die Integration digitaler Innovationen in der Schule eine Modernisierung schulischen Lehrens und Lernens ermöglicht und somit eine immer differenziertere Gestaltung von Lehr- und Lernprozessen erlaubt (KMK 2016). Auch Brüggemann (2018) weist darauf hin, dass mit der KMK-Erklärung „Bildung in der digitalen Welt" (2016) der Entwicklungsbedarf an Schulen im Hinblick auf die Digitalisierung klar formuliert wurde.[2] Sie macht zugleich deutlich, dass das Papier jedoch nur marginal eine Verbindung zum Thema Inklusion herstellt. Seitens der Kultusministerkonferenz liegt zum Thema Inklusion einerseits das Papier „Inklusive Bildung von Kindern und Jugendlichen mit Behinderungen in Schulen" (2011) sowie anderseits die ge-

2 Zur Kritik des KMK-Papiers vgl. https://www.keine-bildung-ohne-medien.de/stellung nahmekmkstrategiepapier/).

meinsame Empfehlung mit der Hochschulrektorenkonferenz zur „Lehrerbildung für eine Schule der Vielfalt“ (2015) vor. In diesem Nebeneinander der Themen Medienbildung und Inklusion zeigt sich, dass die Diskurse zu Inklusion und Medienbildung auf nationaler politischer Ebene weiterhin wenig auf einander bezogen werden (Bosse 2014); für die (Berufs-)Praxis an Schulen zeichnet sich ein entsprechendes Bild (vgl. Schluchter 2014, S. 417-420). Demgegenüber stellt beispielsweise die deutsche UNESCO Kommission diesen Zusammenhang in ihren Leitlinien zu Inklusion für die Bildungspolitik bereits 2009 her: „Es [das Bildungssystem, I.B. & J.-R.S.] ist ausgestattet und in der Lage, Vielfalt zu begegnen durch: [...] Flexible Lehrmethoden mit innovativen Ansätzen für Unterrichtsmittel, Ausstattung und den Einsatz von Informations- und Kommunikationstechnologien.“ (Deutsche UNESCO-Kommission e.V. 2010, 15). Auch heißt es in Bezug auf das Verhältnis von (digitalen) Medien und Inklusion im BMBF-Strategiepapier „Bildungsoffensive für die digitale Wissensgesellschaft“ (2016): „[Digitale Medien] können individualisiertes und kooperatives Lernen erleichtern und helfen, Inklusion zu verwirklichen“ (BMBF 2016, 3).

Anhand der Positionen der KMK wie auch der UNESCO wird deutlich, dass Schulentwicklung in Perspektive Inklusion (Organisations-, Personal- und Unterrichtsentwicklung sowie Schulkultur), wenn sie konsequent gedacht ist, eng mit digitalen Medien verknüpft sein muss. Das Ineinandergreifen von inklusiven pädagogischen Ansätzen und Medienbildung ist ein komplexer Prozess, der alle Ebenen von Schulentwicklung betrifft (Brüggemann, Welling & Breiter 2014, S. 6). Auch wenn schulische Inklusion bundesweit als verbindliche Aufgabe angesehen wird, erfolgt ihre Umsetzung in der (Berufs-)Praxis von Schule und Unterricht in sehr unterschiedlicher Weise (vgl. Moser 2017, S. 15-18).

Werning und Arndt (2016) haben folgende Charakteristika einer gelingenden Umsetzung inklusiver Bildung an Schulen systematisiert:

- individuelle Förderung als Ziel der Gestaltung des Schullebens und des Unterrichts: individualisierter Leistungsbegriff sowie ein Blick für die soziale Eingebundenheit aller Schülerinnen und Schüler.
- Inklusion als Querschnittsaufgabe jeglicher Bereiche von Schule und Unterricht: fester Bestandteil schulischer Struktur(en) und Prozesse sowie Katalysator und Gegenstand der Reflexion schulischer (Weiter)Entwicklung.
- Enge Zusammenarbeit in multiprofessionellen Teams sowie mit den Familien der Schülerinnen und Schüler.
- Eine „inklusive Haltung“, die Kompetenz und das Engagement der an Schule und Unterricht beteiligten Personen, inklusive Bildung umzusetzen.
- Verfügbarkeit von (finanziellen, personellen etc.) Ressourcen für die Umsetzung von Schulentwicklung in Perspektive Inklusion. (vgl. Werning & Arndt 2016, 19-20).

Ein weithin akzeptiertes Instrument für die inklusive Schulentwicklung ist der Index für Inklusion. Mel Ainscow und Tony Booth entwickelten den „Index for Inclusion“, um Veränderungen in Bildungseinrichtungen zu unterstützen (vgl. für den deutschsprachigen Raum Boban & Hinz 2003). Schulen können daran ablesen, inwieweit sie bereits Kulturen, Strukturen und Praktiken der Inklusion umsetzen (Booth, Ainscow 2017). Die Rahmung bietet die Grundstruktur des Index in den folgenden drei Dimensionen mit jeweils zwei Schwerpunkten:

A Inklusive *Kulturen* schaffen: Schwerpunkte: „*Gemeinschaft bilden*“ und „*inklusive Werte verankern*“
B Inklusive *Strukturen* etablieren: Schwerpunkte: „*Eine Schule für alle entwickeln*“ und „*Unterstützung für Vielfalt organisieren*“
C Inklusive *Praktiken* entwickeln: Schwerpunkte: „*Lernarrangements organisieren*“ und *Ressourcen mobilisieren*“ (Brokamp 2014, 18).

Brokamp (2014) macht deutlich, dass der „Index für Inklusion“ auch ein geeignetes Instrument für die Implementierung und Etablierung inklusiver Medienbildung in der Schule darstellen kann (Brokamp 2014, vgl. auch Kamin, Schluchter & Zaynel 2018).

In Bezug auf Schulentwicklung in Perspektive Digitalisierung und Medienbildung zeichnet die jüngste Studie der Bertelsmann Stiftung „Monitor Digitale Bildung: Die Schulen im digitalen Zeitalter“ (2017) ein ernüchterndes Bild von der Entwicklung an deutschen Schulen (vgl. Schmid, Goertz, Behrens 2017): Die Digitalisierung von Schule und Unterricht ist zu oft ein Prozess, der individuell von einzelnen Lehrkräften ausgeht und wird noch zu selten als Schulentwicklungsprozess angesehen. Schulleitung und staatliche Behörden sind demgegenüber selten die Treiber dieser Entwicklung. Darüber hinaus sind die Rahmenbedingungen für Digitalisierung und Medienbildung an Schulen weiterhin oftmals schlecht: mangelnde Medienausstattung, mangelnde Kompetenzen der Lehrer_innen und Schulleitungen, mangelnder technischer Support von Fachleuten, unzureichende Fort- und Weiterbildung. Im Besonderen wird fehlendes oder mangelhaftes WLAN als großes Problem empfunden (vgl. ebd., 43f.). Weitergehend überwiegt im Rahmen der Gestaltung von Schule und Unterricht mit (digitalen) Medien das Lernen mit Medien, kreative Medienproduktion und reflexives, analytisches Lernen über Medien spielen eine untergeordnete Rolle (vgl. auch Initiative D-21 2014).

Grundsätzlich kritisieren die Autor_innen der Studie eine Verkürzung der Diskussion um Digitalisierung in und von Schule, welche Digitalisierung lediglich als Erweiterung des Lernens mit digitalen Medien versteht, während das Potenzial – insbesondere für Schule und Unterricht in inklusiven Settings –, Lernprozesse anders und individueller zu gestalten, vernachlässigt wird (vgl. ebd., S. 6). Digitale Medien können individualisiertes sowie kooperatives Lernen in inklusiven Settings unterstützen. Ebenso kann die Kombination von angemessenen individuellen Vorkehrungen mit Universal Design (of learning), Barrierefreiheit und assistiven Technologien (Bühler 2016) für alle Schüler_innen neue individuelle Lernwege, ein Mehr an Teilhabe in Schule und Gesellschaft sowie im Besonderen Möglichkeiten der Rezeption und des Ausdrucks eröffnen.[3]

Schmid, Goertz und Behrens kommen hinsichtlich des Verhältnisses von Medienbildung und Inklusion zum Schluss, dass zu wenige Akteurinnen und Akteure in und um Schule die Potenziale von digitalen Medien für inklusive Bildung sehen (vgl. Schmid, Goertz & Behrens 2017).

Ihre für die Bertelsmann Stiftung durchgeführte Studie „Monitor Digitale Bildung: Die Schulen im digitalen Zeitalter“ (2017) nennt fünf zentrale Handlungsfelder im Kontext der Digitalisierung von Medienbildung in Schule:

- „Digitale Kompetenz der Lehrkräfte verbessern (bereits auf Ebene der Lehramtsausbildung); [...] Lehrkräfte müssen beurteilen können, wann, wo und wie sich digitale Medien sinnvoll im Unterricht einsetzen lassen. Sie brauchen einen Überblick über die vorhandenen pädagogischen Möglichkeiten, gerade mit Blick auf die Förderung benachteiligter Kinder. [...]
- Unterrichtsentwicklung unterstützen: Fortbildungen und finanzielle Mittel für systematische Unterrichtsentwicklung im Team
- Schulentwicklung begleiten und externe Impulse durch Coaching und Vernetzung
- Geprüftes digitales Lernmaterial – Gütesiegel und bundesweite Plattform für OER und anderes digitales Lernmaterial
- Infrastruktur professionalisieren durch technische Mindeststandards und IT-Fachkräfte an Schulen“ (vgl. Schmid, Goertz, Behrens 2017, 46-48).

Kerres und Heinen (2017) halten einen Schulentwicklungsprozess für notwendig, bei dem sich alle Akteur_innen verpflichten, die Entwicklung als längeren Prozess zu verstehen, bei dem Digitalisierung als Mittel zum Erreichen pädagogischer Ziel verstanden werden muss. Nach ihrer Prognose stellt die Digitalisierung bisherige Arbeitsweisen und Strukturen infrage wie zum Beispiel den Umgang mit Lehr-Lernmitteln (Zulassung, Herstellung, Lizensierung, Verhältnis zum „Nachmittagsmarkt“ der frei verfügbaren Bildungsmöglichkeiten im Internet). Im derzeit intensiv geführten Diskurs über die Qualität von OER-Materialien sollte Barrierefreiheit ein Kriterium sein.

Bei der Digitalisierung ist nicht nur die Ausstattung wichtig, sondern die schulübergreifende Betreuung von Technik und eine medien-didaktische Unterstützung im Routinebetrieb. Im Vergleich zu internationalen Standards sind

3 Siehe dazu Bühler & Haage in diesem Band.

deutsche Schulen hier weiterhin auf sich allein gestellt (Heinen & Kerres 2017). Für die Wartung und Pflege der Technik brauche es Lösungen auf der Ebene von Schulbezirken, Landkreisen oder Regionen mit fachlich qualifiziertem Personal (ebd.). „Alle Akteure auf den unterschiedlichen Ebenen des Schulsystems – von der Einzelschule über die Eltern, den Schulträger und das Land – [müssen] Medien in ihre Planungs- und Organisationsprozesse im Sinne der Medienintegration (Breiter et al. 2013, S. 41ff.) einbinden und somit die Rahmenbedingungen für inklusive Medienbildung schaffen" (Brüggemann, Welling et al. 2014, S. 9).

Es zeigen sich viele Parallelen in den Diskursen zur Digitalisierung von Schule allgemein und zu digitalen Medien in der Sonderpädagogik sowie in inklusiven pädagogischen Ansätzen: In diesem Kontext sind in den vergangenen Jahren zahlreiche Studien veröffentlicht worden, die sich mit dem Einsatz von digitalen Medien (ICT) und assistiven Technologien in Schulen beschäftigen. Der internationale Forschungsstand macht die Bedeutung deutlich, die digitale Medien und assistive Technologien (AT) für den Lernerfolg und die Partizipation von Schüler_innen mit unterschiedlichen Beeinträchtigungen an Lern- und Schulaktivitäten haben (Lidström & Hemmingsson 2014, Craddock 2006). Es zeigen sich sowohl bessere Schulleistungen als auch eine bessere Integration in der Klasse. Assistive Technologien haben das Potenzial das gemeinsame Lernen zu fördern und der Tendenz entgegenwirken, Schüler_innen mit Beeinträchtigung in inklusiven Schulen separat zu unterrichten. Das ist vor allem dann der Fall, wenn das Schulpersonal eine positive Einstellung zu AT hat, die AT von hoher Qualität ist und sie einfach einzusetzen ist, und wenn Schüler_innen einen unmittelbaren Nutzen durch den Einsatz von AT erfahren (vgl. Ravneberg & Söderström 2017).

Fast alle Studien, die sich mit digitalen Medien und assisitiven Technologien in der inklusiven Schule beschäftigen, verweisen auf das Fehlen an Wissen, Kompetenz und mangelhafte Aus- und Fortbildung. Dies gilt in besonderem Maße für Regelschullehrer_innen, aber auch für Sonderpädagog_innen. Die Einstellungen der pädagogischen Fachkräfte haben einen bedeutenden Einfluss auf den Einsatz der digitalen Medien und assistiven Technologien (Karlsson, Johnston & Barker 2017, Ravneberg & Söderström 2017, Rekkedal 2017). Dabei spielt die Usability der Technologie und die Ausstattung/einfache Verfügbarkeit eine wichtige Rolle (Rekkedal 2014, 2017). Mit der Professionalisierung von Fachkräften beschäftigen sich Schluchter und Bosse in diesem Band.

Strategien und Konzepte zum Einsatz von digitalen und assistiven Technologien dürfen nicht vom individuellen Engagement Einzelner abhängen, sondern müssen als Teil der Schulentwicklung und Schulkultur begriffen werden. Medienkonzepte an Schulen, die auch den Einsatz von digitalen Medien und assistiven Technologien zur Unterstützung unterschiedlicher Bedarfe einschließen, sind ein Schritt auf Schulebene. Die Schulleitung spielt eine zentrale Rolle, kann sie doch zielgerichtet Ressourcen zur Verfügung stellen sowie die Entwicklung gemeinsamer Visionen und Ziele unterstützen. Dazu gehört auch ein guter pädagogischer und technischer Support. Beratung und Wartung gehören nicht zu den Aufgaben von Lehrkräften. Für die Wartung und Pflege digitaler Ausstattungen sind – wie international bereits häufig praktiziert – schulübergreifende Lösungen auf Schulbezirks-, Landkreis- oder regionaler Ebene sinnvoll (Kerres & Heinen 2017). Dies gilt ebenso für den hochspezialisierten Bereich der angepassten und assistiven Technologien (Feichtinger 2016).

Einige skandinavische Forscher_innen betrachten nicht nur den Lernerfolg durch digitale Medien und Technologien, sondern auch die soziale Partizipation der Schüler_innen und psychosoziale Aspekte. Während in der Forschung zumeist die Frage im Fokus steht, ob digitale Medien und assitive Technologien eingesetzt werden und wie die Kompetenz und Haltung von pädagogischen Fachkräften zum Einsatz sind, nehmen sie die „sozio-materielle Praxis" in der Schule mit ethnographischen Methoden in den Blick. Wann entstehen trotz assistiver Technologien Momente der Exklusion? Wann empfinden Jugendliche assistive Technologien als stigmatisierend? (Söderström 2009, 2014, 2016).

Neben Fragen des Einsatzes von (digitalen) Medien in Schule und Unterricht (in Perspektive Mediendidaktik) oder des Umgangs mit Technik sind vorrangig Fragen rund um (Medien-)Bildung sowie entsprechende (medien-) pädagogische Ziele und Intentionen in den Fokus von Digitalisierung und Medienbildung in der Schule zu rücken. Hierbei muss auch ein Verständnis von Medienbildung, von Medien und von Bildung entwickelt bzw. geklärt werden, um schulische Medienbildung im Kontext inklusiver Settings sinnvoll (weiter) zu entwickeln.

Medienbildung in der Schule birgt grundsätzlich die Chance allen Kinder und Jugendlichen den Zugang und den Umgang mit (digitalen) Medien zu ermöglichen. Hierbei besteht jedoch ein großer Nachholbedarf in der Entwicklung von Konzepten und Modellen zielgruppensensibler und im Besonderen inklusiver Formen der Medienpädagogik, welche der Heterogenität ihrer Adressatinnen und Adressaten Rechnung trägt. Hierbei ist ein Blick auf die Alltags- und Lebenswelten der Menschen notwendig, der deren Bedürfnisse ernst nimmt und zusammen mit diesen versucht einen Weg der bildungsbezogenen Weiterentwicklung der eigenen Person zu initiieren (vgl. Kutscher 2009, 14). Ein Verständnis von Medienbildung als Empowermentpraxis kann eine mögliche Perspektive der Verzahnung von Inklusion und Medienbildung darstellen (vgl. Schluchter 2012). Empowerment als pädagogische Intervention zielt auf eine (Wieder)Aneignung von sozialer Handlungsfähigkeit von Menschen, deren Lebensbedingungen und -zusammenhänge von Formen sozialer Benachteiligung, Diskriminierung und/oder Ausgrenzung gezeichnet sind (vgl. Herriger 1997, S. 73). Medienangebote und -inhalte sowie Angebote der Medienbildung und Formen aktiver Medienarbeit als (medien-)pädagogische Methode können entsprechend Bestandteil und Ausgangspunkt von Empowermentpraxen sein (vgl. Schluchter 2010, S. 167-172). Im Fokus aktiver Medienarbeit stehen der Erwerb und die Umsetzung von gesellschaftlicher Handlungsfähigkeit, verbunden mit dem Ziel, Zugehörigkeit zu und Teilhabe an Gesellschaft zu ermöglichen (vgl. u. a. Demmler & Rösch 2012, S. 19-20). Die Eigenproduktion von Medienangeboten und -inhalten, im Rahmen aktiver Medienarbeit, kann als Möglichkeit des kulturellen Selbstausdrucks, der sozialen Kommunikation, der Erweiterung individueller Erfahrungs-, Handlungs- und Kommunikationsräume sowie der Teilnahme an öffentlichen Kommunikationsprozessen angesehen werden (vgl. Schluchter 2015, S. 17-26). So ermöglichen Formen aktiver Medienarbeit zum Beispiel den Aufbau einer gemeinsamen Handlungs- und Erfahrungspraxis für Menschen, welche über die Kontaktaufnahme und den Austausch in der medialen Eigenproduktion eine Auseinandersetzung mit den jeweiligen Selbst- und Fremdwahrnehmungen ermöglicht. Hierbei können neue Sichtweisen auf die eigene Person (zum Beispiel: Entdecken eigener Handlungsfähigkeit, Wissensbestände, Fähigkeiten und Fertigkeiten, Interessen) und auf die Welt (zum Beispiel: Erfahren veränderter sozialer Reaktionen, Anerkennung erfahren, Kennenlernen anderer Sichtweisen auf Welt) von Bedeutung werden (vgl. ebd., S. 21).

Fazit und Ausblick

Bei der Umsetzung von Inklusion in der Sekundarstufe sollten digitale Medien sowohl auf der Ebene des Unterrichts als auch bei der Entwicklung der Schule als Einheit eine Rolle spielen. Eingebunden in einen Schulentwicklungsprozess können die Herausforderungen der Inklusion als Chance genutzt werden, Unterricht weiterzuentwickeln und dabei ganz bewusst auch digitale Medien einzusetzen. (Brüggemann, Welling et al. 2014, S. 9). Kritisch ist anzumerken, dass bisher dabei das Lernen mit (digitalen) Medien im Fokus des Diskurses steht, während ein Verständnis von Medien als konstitutives Element im Hinblick auf das schulische Lehren und Lernen im Allgemeinen vernachlässigt wird.

Während zahlreiche Studien und umfangreiche Literatur zu grundlegenden Fragen der inklusiven Schule vorliegen, ist der Forschungsstand zur Umsetzung von inklusiver Medienbildung auf der Unterrichts- wie auch auf der Schulebene weiterhin gering. Eine zentrale Herausforderung besteht in der gemeinsamen Konzeption von Medienbildung und Inklusion in der Schulentwicklung unter Nutzung der intraindividuellen Kompetenzen von inklusiven pädagogischen Ansätzen, der Fachdidaktiken sowie der Medienpädagogik (Abels & Schütz 2016).

Auch wenn Mediatisierung/Digitalisierung und Inklusion als Meta-Theorien die Veränderung von Schule vorantreiben, so ist dies ein langfristiger Prozess im Rahmen der Schulentwicklung, der von Schulleitung, Kollegium und anderen Akteur_innen in und um Schule getragen werden muss, wobei hier im Besonderen Digitalisierung – entgegen einer Vielzahl anderer Konnotationen – als Mittel zum Erreichen pädagogischer Ziele – im Kontext inklusiver pädagogischer Settings – verstanden werden muss. Inklusion und Medienbildung bergen als gemeinsame Ziele große Potenziale für die Schulentwicklung (Brüggemann et al. 2014, S. 9). An Schulen, an denen Inklusion gelingt, haben sich Schulen unter Einbezug aller Beteiligten auf den Weg gemacht (Abels & Schütz 2016). In der Schule wird zu wenig der disruptive Charakter der Digitalisierung diskutiert, der bisherige Arbeitsweisen und Strukturen in Schule und Unterricht, aber auch Konzepte wie Bildung, infrage stellt, zum Beispiel den Umgang mit Lehr-Lernmitteln (Heinen & Kerres 2017). Die Bildungsanforderungen, die sich für die Sekundarstufe aus den Metatheorien der Mediatisierung und der Inklusion ergeben, müssen curricular, konzeptionell und handlungspraktisch integriert werden (Brüggemann et al. 2014, S. 7). Abschließend ist festzuhalten, dass die Theorie der Mediatisierung sowie der Digitalisierung einer radikalen Kritik zu unterziehen ist. Diese Kritik kann ausgrenzende Strukturen und Potenziale in der inklusiven Medienbildung der Sekundarstufe I sichtbar machen (vgl. Schmoelz & Koenig 2016, S. 34).

Literatur

Abels, S. & Schütz, S. (2016). Fachdidaktik trifft inklusive Pädagogik-(Unausgeschöpfte) Potentiale in der Lehrerbildung. Zeitschrift für Heilpädagogik 67(9), 425-436.

Achermann, B., Ahrandjani-Amirpur, D., Braunsteiner, M.-L., Demo, H., Plate, E. & Platte, A. (Hrsg.). (2017). Index für Inklusion: Ein Leitfaden für Schulentwicklung (1. Auflage). Weinheim, Basel: Beltz.

Amrhein, B., Dziak-Mahler, M. (2014). Fachdidaktik inklusiv. Auf der Suche nach didaktischen Leitlinien für den Umgang mit Vielfalt in der Schule. Münster: Waxmann.

Bundesministerium für Bildung und Forschung (BMBF). Referat Digitaler Wandel in der Bildung (2016). Bildungsoffensive für die digitale Wissensgesellschaft. Strategie des Bundesministeriums für Bildung und Forschung. https://www.google.de/url?sa=t&rct=j&q=&esrc=s&source=web&cd=1&ved=0ahUKEwiwrrynwcPbAhUBD8AKHSHQA7QQFgg7MAA&url=https%3A%2F%2Fwww.bmbf.de%2Ffiles%2FBildungsoffensive_fuer_die_digitale_Wissensgesellschaft.pdf&usg=AOvVaw3JcjLKHdH8In4VesGEfrBW [08.06.2018].

Bosse, I. (2017). Medienbildung und Inklusion: wechselseitige Partizipationsgewinne. In: Sachverständigenkommission 15. Kinder- und Jugendbericht (Hrsg.). Materialien zum 15. Kinder- und Jugendbericht. Zwischen Freiräumen, Familie, Ganztagsschule und virtuellen Welten – Persönlichkeitsentwicklung und Bildungsanspruch im Jugendalter. München: DJI, S. 261-336. https://www.dji.de/ueber-uns/projekte/projekte/15-kinder-und-jugendbericht/expertisen-als-pdf.html [08.06.2018].

Bosse, I. & Hasebrink, U. (2016). Mediennutzung von Menschen mit Behinderungen. Forschungsbericht. Unter Mitarbeit von Anne Haage, Sascha Hölig, Sebastian Adrian, Gudrun Kellermann und Theresa Suntrup. Hrsg. v. Aktion Mensch, Die Medienanstalten. Berlin, http://www.kme.tu-dortmund.de/cms/de/Aktuelles/aktuelle-Meldungen/Langfassung-der-Studie-

Mediennutzung-von-Menschen-mit-Behinderungen-veroeffentlicht/Studie-Mediennutzung_Langfassung_final.pdf. [07.06.18].

Bosse, I. (2014). Zur Rolle der Medienpädagogik im Inklusionsprozess. Vierteljahresschrift für Heilpädagogik und ihre Nachbargebiete (2), 149-153.

Brennen, S. & Kreiss, D. (2014). Digitalization and Digizitation. In: Culture Digitally, http://culturedigitally.org/2014/09/digitalization-and-digitization/ [06.06.18]

Brokamp, B. (2014). Der Index für Inklusion: Ein Werkzeug zur Verknüpfung von Inklusion und Medienbildung im Schulentwicklungsprozess. Computer+Unterricht 24(94), 16-19.

Brüggemann, M. (2018). Berufsfeld Grundschule. In. Bosse, I., Schluchter, J.-R., Zorn, I. (Hrsg.), Handbuch Inklusion und Medienbildung. Weinheim und Basel: Beltz.

Brüggemann, M., Welling, S. & Breiter, A. (2014). Gelingende Inklusion mit Medienintegration. Einblicke in relevante Aspekte der Schulentwicklung. Computer+ Unterricht 94, 6-9.

Bühler, C. (2016). Barrierefreiheit und Assistive Technologie als Voraussetzung und Hilfe zur Inklusion. W: T. Bernasconi & U. Böing (red.), Impulse: Schwere und mehrfache Behinderung: Band 2. Schwere Behinderung & Inklusion. Facetten einer nicht ausgrenzenden Pädagogik (wyd. 1, s. 155-169). Oberhausen: Athena.

Craddock, G. (2006). The AT continuum in education: Novice to power user. Disability and Rehabilitation: Assistive Technology 1(1-2), 17-27. https://doi.org/10.1080/09638280500167 118.

Demmler, K. & Rösch, E. (2012). Aktive Medienarbeit in Zeiten der Digitalisierung. Kontinuitäten und Entwicklungen. In: Rösch, E., Demmler, K., Jäcklein-Kreis, E., Albers-Heinemann, T. (Hrsg.). Medienpädagogik Praxis Handbuch. Grundlagen, Anregungen und Konzepte für aktive Medienarbeit. München: kopaed. S. 19-26.

Deutsche UNESCO-Kommission e.V. (2010). Inklusion: Leitlinien für die Bildungspolitik. https://www.unesco.de/fileadmin/medien/Dokumente/Bildung/InklusionLeitlinienBildungspolitik.pdf.

Eickelmann, B., Aufenanger, S. & Herzig, B. (2014). Medienbildung entlang der Bildungskette: Ein Rahmenkonzept für eine subjektorientierte Förderung von Medienkompetenz im Bildungsverlauf von Kindern und Jugendlichen. https://www.telekom-stiftung.de//sites/default/files/dts-library/materialien/pdf/buch_medienbildung.bildungskette_end.pdf.

Feichtinger, M. (2016). AT und UK im LWL-Beratungshaus Münster- ein Angebot zur Unterstützung schulischer Inklusion. Sonderpädagogische Förderung in NRW, 54(Mittelungen 2), 46-51.

Heinen, R. & Kerres, M. (2017). „Bildung in der digitalen Welt" als Herausforderung für Schule. Die Deutsche Schule, 109(2), 128-145.

Henke, U., Huster, E.-U. & Mogge-Grotjahn, H. (2012). E-exclusion oder E-inclusion? W: E.-U. Huster, J. Boeckh, H. Mogge-Grotjahn (Hrsg.), Handbuch Armut und soziale Ausgrenzung // Handbuch Armut und Soziale Ausgrenzung (wyd. 2, s. 548-566). Wiesbaden: Springer Fachmedien; VS Verlag für Sozialwissenschaften.

Herriger, N. (1997). Empowerment in der Sozialen Arbeit. Eine Einführung. Stuttgart: Kohlhammer.

HRK, KMK (2015). Lehrerbildung für eine Schule der Vielfalt, https://www.kmk.org/fileadmin/Dateien/veroeffentlichungen_beschluesse/2015/2015_03_12-Schule-der-Vielfalt.pdf [07.06.18]

Humer, P. (2011). Informations- und Kommunikationstechnologien als Instrumente für Women's Empowerment. In: Österreichische Zeitschrift für Soziologie 36(3), S. 49-58

Initiative D-21 (2014). Medienbildung an deutschen Schulen. Handlungsempfehlungen für die digitale Gesellschaft, https://initiatived21.de/app/uploads/2017/01/141106_medien bildung_onlinefassung_komprimiert.pdf [07.06.18]

Kamin, A.-M., Schluchter, J.-R. & Zaynel, N. (2018). Medienbildung und Inklusion – Perspektiven für Theorie und Praxis. In: Schill, W. und Röllecke, R. (Hrsg.), Fachheft „Inklusive Medienbildung". Ein Projektbuch für Lehr- und pädagogische Fachkräfte. Düsseldorf: BZgA.

Karlsson, P., Johnston, C. & Barker, K. (2017). Stakeholders' views of the introduction of assistive technology in the classroom: How family-centred is Australian practice for students with cerebral palsy? Child: Care, Health and Development, 43(4), 598-607. DOI: https://doi.org/10.1111/cch.12468.

Kerres, M. & Heinen, R. (2017). „Bildung in der digitalen Welt" als Herausforderung für die Schule. DDS – Die Deutsche Schule, 109(2), 128-145.

KMK (2016). Bildung in der digitalen Welt, https://www.kmk.org/fileadmin/Dateien/pdf/PresseUndAktuelles/2016/Bildung_digitale_Welt_Webversion.pdf [07.06.18]

KMK (2011). Inklusive Bildung von Kindern und Jugendlichen mit Behinderungen an Schulen, https://www.kmk.org/fileadmin/veroeffentlichungen_beschluesse/2011/2011_10_20-Inklusive-Bildung.pdf [07.06.18]

Krotz, F. (2007). Mediatisierung: Fallstudien zum Wandel von Kommunikation (1. Aufl.). Medien – Kultur – Kommunikation. Wiesbaden: VS, Verl. für Sozialwiss.

Kutscher, N. (2009). Ungleiche Teilhabe – Überlegungen zur Normativität des Medienkompetenzbegriffs. In: Zeitschrift für Theorie und Praxis der Medienbildung, Nr. 17: Medien und soziokulturelle Unterschiede, http://www.medienpaed.com/article/view/110/110 [06.06.18]

Marci-Boehncke, G. & Bosse, I. (2018). Inklusive digitale Medienbildung im (Deutsch-)Unterricht: Ein kooperatives Lehrkonzept von Rehabilitationswissenschaft en und Literaturdidaktik. In: St. Hußmann und B. Welzel: DoProfiL – Das Dortmunder Profil für inklusionsorientierte Lehrerinnen- und Lehrerbildung, 223-236.

Moser, V. (2017). Inklusion und Organisationsentwicklung. In: Moser, V., Egger, M. (Hrsg.). Inklusion und Schulentwicklung. Konzepte, Instrumente, Befunde. Stuttgart: Kohlhammer. S. 15-30.

Niesyto, H. (2010). Medienpädagogik: Milieusensible Förderung von Medienkompetenz. In: Theunert, H. (Hrsg.), Medien. Bildung. Soziale Ungleichheit. Differenzen und Ressourcen im Mediengebrauch Jugendlicher. München: Verlag kopaed, S. 147-161.

Niesyto, H. (2009). Digitale Medien, soziale Benachteiligung und soziale Distinktion. In: MedienPädagogik, Zeitschrift für Theorie und Praxis der Medienbildung, Themenheft 17: Medien und soziokulturelle Unterschiede, http://www.medienpaed.com/article/view/115/115 [06.06.18]

Paus-Hasebrink, I. (2015). Mediensozialisation in sozial benachteiligten Familien: Das Beispiel jüngerer Kinder. Medien+Erziehung 59(2), 17-25.

Ravneberg, B. & Söderström, S. (2017). Disability, society, and assistive technology. Interdisciplinary disability studies. Abingdon, Oxon, New York, NY, Abingdon, Oxon, New York, NY: Routledge.

Reber, C. & Luginbühl, M. (2016). Inklusion ohne digitale Medien ist nicht mehr denkbar. Schweizerische Zeitschrift für Heilpädagogik 22(4), 13-18.

Rekkedal, A. M. (2014). Teachers' use of assistive listening devices in inclusive schools. Scandinavian Journal of Disability Research, 16(4), 297-315. https://doi.org/10.1080/15017419.2012.761152.

Rekkedal, A. M. (2017). Factors associated with school participation among students with hearing loss. Scandinavian Journal of Disability Research, 19(3), 175-193. https://doi.org/10.1080/15017419.2016.1167771.

Riegert, J. & Musenberg, O. (2015) (Hrsg.). Inklusiver Fachunterricht in der Sekundarstufe. Kohlhammer: Stuttgart.

Sachdeva, N., Tuikka, A.-M., Kimppa, K. K. & Suomi, R. (2015). Digital disability divide in information society: A framework based on a structured literature review. Journal of Information, Communication and Ethics in Society 13(3/4), 283-298.

Schluchter, J.-R. (2016). Medien, Medienbildung, Empowerment. In: merz – Medien und Erziehung 56(3), S. 24-30.

Schluchter, J.-R. (2015). Medienpädagogische Empowermentpraxis als Beitrag zur politischen Bildung. In: Dönges, C., Hilpert, W., Zurstrassen, B. (Hrsg.), Didaktik der inklusiven politischen Bildung. Bonn: Bundeszentrale für politische Bildung. S. 143-154.

Schluchter, J.-R. (2014). Medienbildung in der (sonder)pädagogischen Lehrerbildung. Bestandsaufnahme und Perspektiven für eine inklusive Lehrerbildung. München: kopaed.

Schluchter, J.-R. (2012). Medienbildung als Perspektive für Inklusion. In: merz – Medien und Erziehung 52(1), S. 16-21.

Schluchter, J.-R. (2010). Medienbildung mit Menschen mit Behinderung. München: kopaed.

Schmid, U., Goertz, L. & Behrens, J. (2017). Monitor Digitale Bildung: Die Schulen im digitalen Zeitalter. Gütersloh.

Schmoelz, A. & Koenig, O. (2016). Spuren inklusiver Medienpädagogik? Medien+Erziehung 31-34.

Söderström, S. (2009). The significance of ICT in disabled youth's identity negotiations. Scandinavian Journal of Disability Research 11(2), 131-144. https://doi.org/10.1080/15017410902830587.

Söderström, S. (2014). Assistive ICT and Young Disabled Persons: Opportunities and Obstacles in Identity Negotiations. I. R. Management Association (Hrsg.), Assistive Technologies (S. 1084-1105). IGI Global. https://www.igi-global.com/gateway/chapter/80661.

Söderström, S. (2016). Socio-material practices in classrooms that lead to the social participation or social isolation of disabled pupils. Scandinavian Journal of Disability Research 18(2), 95-105.

Werning, R. (2016). Aktuelle Trends inklusiver Schulentwicklung in Deutschland. Grundlagen, Rahmenbedingungen und Entwicklungsperspektiven. In: Lütje-Klose, B., Miller, S., Schwab, S., Stresse, B. (Hrsg.), Inklusion. Profile für die Schul- und Unterrichtsentwicklung in Deutschland, Österreich und der Schweiz. Theoretische Grundlagen, Empirische Befunde, Praxisbeispiele. Münster: Waxmann. S. 17-30.

Berufsfeld Förderschulen

Annette Pola & Simon Koch

Insbesondere für Menschen bzw. auch Kinder und Jugendliche mit Beeinträchtigungen sind Schlagworte wie Digitalisierung oder digitale Medien von ungeheurer Relevanz. Der Zugang dieser Zielgruppe zu diesen in der allgemeinen Bevölkerung verbreiteten Medien ist jedoch nicht selbstverständlich und erfolgt häufig problembehaftet. Die Chancen und Potenziale für diese Zielgruppe sind jedoch riesig. Aus diesem Grund ist die inklusive Medienarbeit insbesondere an Förderschulen von höchster Relevanz.

1 Begründung einer Medienbildung für Förderschulen

Ein kompetenter Umgang mit digitalen Medien gilt daher als elementare Voraussetzung für eine erfolgreiche gesellschaftliche Teilhabe (vgl. Eickelmann 2015, S. 1). Das Ausbleiben von Medienbildung bzw. die mangelnde Vermittlung von Medienkompetenz in einer hoch mediatisierten Gesellschaft bedeutet einen gesellschaftlichen und individuellen Ausschluss, der sämtliche Lebensbereiche durchdringt und sogar das Denken und Handeln beeinflussen kann (vgl. Schluchter 2016, S. 24). Darüber hinaus ist der kulturelle und gesellschaftliche Stellenwert von digitalen Medien bei Kindern und Jugendlichen innerhalb von Peergroups von hoher Wichtigkeit. Aber auch beim Übergang von der Schule in das Berufsleben spielt Medienbildung eine zentrale Rolle. Die Anforderungen der Arbeitswelt haben sich äquivalent zu den medialen Angeboten und zur fortschreitenden industriellen Digitalisierung (4.0-Bewegung) entwickelt. Die Bereitschaft zum lebenslangen Lernen bzw. zum Erwerb von digitalen Kompetenzen im Beruf ist bei der Auswahl von zukünftigen Arbeitnehmerinnen und Arbeitnehmern von großer Bedeutung (vgl. Richiger-Näf 2010, S. 7).

„Medienbildung gehört zum Bildungsauftrag der Schule, denn Medienkompetenz ist neben Lesen, Rechnen und Schreiben eine weitere wichtige Kulturtechnik geworden“ (KMK 2012, S. 9). Es wird deutlich, dass Medienbildung wichtiger Bestandteil des schulischen Lernens ist oder ggf. noch werden muss, um ein aktives, selbstständiges und in der Gesellschaft partizipierendes Leben zu führen. Medienbildung kann daher als vierte zu erlernende Kulturtechnik für alle Schülerinnen und Schüler angesehen werden, die es an den allgemeinen Schulen und den Förderschulen zu beherrschen gilt (vgl. Richiger-Näf 2010, S. 7).

Für Menschen mit (komplexen) Beeinträchtigungen oder intensiv-pädagogischem Förderbedarf bietet dieser neue mediale Bildungsbereich enorme Potenziale zur Teilhabe, Chancengleichheit und Partizipation. Medienbildung im Rahmen von Förderschulen braucht pädagogische Ansätze, bei denen es im Sinne der Entwicklung und Förderung von Medienkompetenz darum geht, dass Kinder und Jugendliche mit Behinderungen einen selbstbestimmen und sozial verantwortlichen Umgang mit Medien erlangen. Medienbildung bietet dazu umfassende Möglichkeiten, die selbstbestimmte Teilhabe von Kindern und Jugendlichen mit Beeinträchtigungen zu fördern. Darunter fallen die Individualisierung und Personalisierung des Lernens, das Entdecken und Erleben von Selbstwirksamkeit, das Einbringen und Entdecken eigener Stärken sowie das Entdecken von neuen Handlungs-, Kommunikations- und Erfahrungsräumen (vgl. Schluchter 2015, S. 18-21). Die Aufgabe der Sonderpädagogik muss über die Erschließung neuer Gerätetypen für das bekannte Arbeitsfeld hinausgehen und neue pädagogische Handlungsfelder und Themen erschließen (vgl. Reber & Luginbühl 2016, S. 14). Medienbildung für Schülerinnen und Schüler mit (komplexen) Beeinträchtigungen, intensiv-pädagogischem Förderbedarf oder inklusiv formuliert ‚Medienbildung für alle' ist mit besonderen Herausforderungen verbunden. Für inklusive Lern- und Lehrsituationen eignen sich produktive und handlungsorientierte Zugänge, die (multi-)medial ausgerichtet sind und somit über rein (schrift-)sprachliche Zugänge hinausgehen, wodurch die Möglichkeiten zur (digitalen) Teilhabe erweitert werden (vgl. Schnaak 2012, S. 21, Bosse 2014, S. 150).

Medienpädagogische Grundlagen sowie Rahmenbedingungen sind in Medienbildungskonzepten bzw. Medienbildungsplänen einer Schule festzuhalten und zu konkretisieren (vgl. KMK 2012). Einen Ausgangspunkt stellt das Kompetenzmodell ‚Kompetenzen in der digitalen Welt' der Kultusministerkonferenz (2016) dar, welche neue Anforderungen an schulisches Lernen formuliert. Unter Berücksichtigung des digitalen Wandels müssen Schulen ihre Bildungs- und Erziehungsziele ergänzen und inhaltliche sowie formale Umgestaltungen von Lernprozessen vornehmen (vgl. KMK 2016, S. 9). Schülerinnen und Schüler sollen am Ende ihrer Schulpflicht über Kenntnisse, Kompetenzen und Fähigkeiten verfügen, die sie zu einem selbstständigen und mündigen Leben in einer digitalen Welt befähigen (vgl. ebd., S. 11). Mit dieser Zielperspektive wurde der Medienkompetenzrahmen NRW entwickelt, welcher als Instrument zur „systematischen Vermittlung von Medienkompetenz" (Medienberatung NRW 2018, S. 5) an Schulen genutzt werden kann. Mithilfe von formulierten Kompetenzbereichen können Medienkonzepte im schulischen Lernsetting überarbeitet werden. Die Beschlüsse der Kultusministerkonferenzen (2012, 2016) sowie der neu überarbeitete Medienkompetenzrahmen NRW (2018) beinhalten keine spezifischen Hinweise auf den Förderschulsektor. Für eine Aktualisierung und Akzentuierung der Medienbildung an Förderschulen braucht es eine Berücksichtigung der besonderen Bedürfnisse von Schülerinnen und Schülern mit Beeinträchtigung (vgl. Bosse 2012, S. 2). Jede Förderschule hat gemäß ihren Förderschwerpunkten unterschiedliche und individuelle Profile. Der Begriff des Förderschwerpunktes meint „einen begründet abgeleiteten, vordringlichen Aspekt des ausgewiesenen Förderbereiches, dem Unterricht und Erziehung entsprochen werden mu[ss]" (Berndt-Schmidt et al. 1995, S. 325). Das Ziel der Medienbildung, die die spezifischen Gegebenheiten einer Förderschule fokussiert, lautet, „Technologien aus der alleinigen, funktionalen Verknüpfung mit Hilfsmitteln zu lösen und für sinnvolle pädagogische Anwendungskontexte zu öffnen" (Schnaak & Böhmig 2012, S. 21). Die Förderung der Medienkompetenz an Förderschulen sollte als Querschnittsaufgabe in allen Fächern, Projekten oder klassenübergreifenden Angeboten verstanden werden.

2 Medienbildung an Förderschulen

Medienarbeit bietet verschiedene Aufgabenbereiche an, die auch und vor allem für eine heterogene Schülerschaft unterschiedlicher Förderschwerpunkte angemessene Herausforderungen und Lerninhalte bereithält. Kinder und Jugendliche an Förderschulen sollen lernen, Medien für sich individuell mit oder ohne Unterstützung sowie Begleitung zu nutzen. Medien können durch ihre Benutzerfreundlichkeit die Schülerinnen und Schüler dazu auffordern, aktiv am Unterrichtsgeschehen teilzuhaben und eventuelle weiterreichende Bildungsmöglichkeiten wahrzunehmen (vgl. Jansen 2009, S. 5). Medienbildung an Förderschulen berücksichtigt alle unterschiedlichen Voraussetzungen und Kompetenzen der Schülerinnen und Schüler und setzt somit Heterogenität auch in der Förderung von Medienkompetenz voraus. Dabei muss sich die Medienarbeit an den Grundbedürfnissen der Kinder und Jugendlichen und ihren altersbedingten Fähigkeiten orientieren (vgl. Anfang 2015, S. 263). Sonderpädagogische Förderung beschäftigt sich mit der Unterstützung individueller Entwicklungsmöglichkeiten von Kindern und Jugendlichen. Liesen und Rummler (2016, S. 7) gehen für die Schnittstelle der Sonder- und Medienpädagogik von einem Verständnis aus, dass digitale Medien drei Dimensionen umfasst, welche im sonderpädagogischen Kontext eine wesentliche Rolle spielen. Dabei handelt es sich um folgende Dimensionen: Barrierefreiheit, Assistieren und Fördern mit digitalen Medien. Die Dimension der Barrierefreiheit mit der Funktion der Gleichstellung meint, dass Kinder und Jugendliche mit Behinderung digitale Medieninhalte ohne Hindernisse nutzen und verstehen können sowie das Recht auf eine freie Meinungsäußerung besitzen. Abhängig von individuellen Bedürfnissen und Beeinträchtigungen benötigen Schülerinnen und Schüler assistierende Technologien, die ihnen im Alltag helfen. Unterstützte Kommunikation und assistive Technologien zeigen einen bedeutsamen Zusammenhang und Möglichkeiten für

Kinder und Jugendliche auf, die aufgrund kognitiver, motorischer oder psychischer Beeinträchtigungen im Bereich der Kommunikation Unterstützung benötigen (vgl. Krstoski & Schluchter 2015, S. 31). Die Dimension Assistieren nach Liesen und Rummler (2016, S. 8) ist speziell für Förderschulen relevant, da sie die Bereiche Kommunikation, Ansteuerung von technischen Geräten, Unterstützung bei alltäglichen Verrichtungen im Alltag (u. a. zur Erhöhung der Mobilität) sowie besondere Technologien, um Lernen zu ermöglichen (Lernsoftware) beinhalten. Durch verschiedene kognitive Anforderungsbereiche innerhalb zahlreicher Programme sowie durch unterschiedliche Ansteuerungsmöglichkeiten werden Schülerinnen und Schülern individuelle Lernchancen angeboten (vgl. Wahl & Wiedecke 2015, S. 193). Die sonderpädagogische Förderung und Unterstützung hat stets einen fachlich-curricularen und einen individuell-entwicklungsbezogenen Aspekt (vgl. Heimlich & Kahlert 2012). Medien können als Vehikel für Kompetenzerwartungen der entsprechenden Förderbedarfe betrachtet werden. Nach Liesen und Rummler (2016, S. 8) stellt die Dimension Fördern eine entscheidende interdisziplinäre Schnittstelle zur Medienpädagogik dar. Medien beinhalten Potenziale und individuelle Entwicklungsmöglichkeiten für Kinder und Jugendliche mit Beeinträchtigungen. „Fördern mit digitalen Medien bezieht sich auf Bildungs- und Erziehungsziele" (ebd., S. 11). Im sonderpädagogischen Kontext wird der individuelle Entwicklungstand von Schülerinnen und Schülern in verschiedenen Entwicklungsbereichen ermittelt, um darauf aufbauend individuelle Fördermaßnahmen anzubieten. Der Einsatz digitaler Medien an Förderschulen kann Kindern und Jugendlichen mit Beeinträchtigungen erweiterte Handlungs- und Zugangsmöglichkeiten in den Bereichen Kommunikation, Mobilität sowie Kognition aufzeigen. Dabei sollten Angebote so gestaltet werden, dass alle Schülerinnen und Schüler an allen Lerninhalten in Bereich der Medienbildung beteiligt sind. Dazu bedarf es einer inklusiven Mediendidaktik, die „neben der Sprachebene auch das Lernen auf auditiver, haptischer und visueller Ebene [berücksichtigt]" (Bosse 2012, S. 4). Lentschow und Klauß (2014, S. 3) unterscheiden zur Planung von Lernaufgaben dabei vier Aneignungsniveaus, die auch auf das Lernen mit und über Medien ihre Berücksichtigung finden. Insbesondere für Kinder und Jugendliche mit komplexen Beeinträchtigungen kann die basal-perzeptive Aneignung von Medieninhalten bedeutsam sein. Dabei spielt die Wahrnehmung eine entscheidende Rolle, bei der bspw. das Hören und Sehen von Inhalten eine mediale Partizipation darstellt. In der konkret-gegenständlichen Aneignung können Lerngruppen an Förderschulen sich aktiv mit digitalen Medien auseinandersetzen und so das Ursache-Wirkung-Prinzip erfahren. Durch wiederkehrende Aktivitäten können auf dieser Ebene technische Kompetenzen als auch Nutzungskompetenzen im Sinne der Medienkompetenz nach Dieter Baacke (1996) erweitert werden. Eigene Ideen und Vorstellungen über Medien und Zusammenhänge können mithilfe der anschaulichen Aneignung verstanden werden. So können handlungsaktive

Rollenspiele dazu dienen, dass Schülerinnen und Schüler mit Lernschwierigkeiten ihre sozialen Kompetenzen im Sinne der Medienkompetenz erweitern. Unter der sozialen Kompetenz „wird [hier] verstanden, dass man über einen sozial kompetenten, situationsangemessenen Umgang mit digitalen Medien verfügt" (Reber & Luginbühl 2016, S. 15). Bei der Förderung der Rezeptions- und Reflexionskompetenz im Sinne der Medienkompetenz können Kinder und Jugendliche auf der abstrakt-begrifflichen Ebene nach Lentschow und Klauß (2014, S. 3) sich kritisch mit medialen Zusammenhängen auseinandersetzen und „ein Bewusstsein über Möglichkeiten, aber auch Gefahren, Grenzen und Konsequenzen der Mediennutzung [...] erlangen" (Reber & Luginbühl 2016, S. 15). Eine inklusive Mediendidaktik an Förderschulen sollte zudem das E-I-S-Prinzip mit der Ebene der enaktiven (haptisch erfahrbare Handlungen mit Medien), ikonischen (bildliche Unterstützung) und symbolischen Repräsentation (verbale Hilfestellung) berücksichtigen (vgl. Bruner 1974, S. 17, Bruner et al. 1971, S. 49), um alle individuellen Lernausgangslagen und Bedürfnisse der Lerngruppen einbeziehen zu können. Vor dem Hintergrund der unterschiedlichen Zugänge und Aneignungsebenen bei Schülerinnen und Schülern an Förderschulen soll ein kompetenter Umgang mit Medien gefördert werden. In diesem Zusammenhang kann aktive Medienarbeit an Förderschulen Perspektiven für das Lernen und Handeln mit und über Medien aufzeigen. „Der Königsweg einer Medienarbeit mit Kindern [und Jugendlichen], die an ihren Interessen und Bedürfnissen ansetzt und autonome Erfahrungen ermöglicht, liegt dabei in der aktiven Medienarbeit" (Anfang 2015, S. 264). So kann die aktive Medienarbeit wesentlich dazu beitragen, Medienbildung an Förderschulen zu unterstützen. „Sie bietet die Möglichkeit, sich mithilfe von Medien mit sich und der Umwelt auseinander zusetzen und Medien gezielt als Werkzeug für kreative Prozesse zu nutzen" (ebd., S. 264). Hier werden Medien in ihrer Funktion und Bedeutung er- und bearbeitet. „Die Medien werden [...] von den Nutzern in-Dienst-genommen [Hervorhebung v. Verf.], d. h. sie gehen selbstständig mit den Medien um und gebrauchen sie als Mittel der Kommunikation" (Schell 1999, S. 51). Aktive Medienarbeit zeichnet sich als adressaten- und handlungsorientiert aus, da sie Kinder und Jugendliche als gesellschaftlich handlungs- und gestaltungsfähige Individuum betrachtet (vgl. ebd., S. 51-52). Das Konzept der aktiven Medienarbeit fußt auf den Leitzielen der Mündigkeit und Emanzipation (vgl. ebd., S. 57). „Empowerment ist [...] als eine Form der (aktiven) Medienarbeit anzusehen, welche an den individuellen Ressourcen von Menschen mit Behinderung ansetzt und diese berücksichtigt" (Schluchter 2012, S. 19). Durch eine individuelle Auseinandersetzung mit digitalen Medien werden Kinder und Jugendliche mit Beeinträchtigung auf unterschiedlichen Aneignungsebenen in die Lage versetzt, sich selbst in einer mediengeprägten Umgebung zu orientieren, einzuordnen, ihre eigene Meinung zu vertreten und eigenständig zu vermitteln. Dabei sind individuelle Fähigkeiten und Bedürfnisse als Ausgangsbasis zu sehen.

3 Zielperspektive innerhalb des Förderschulsystems

Um gelingende, aktive Medienarbeit und Medienbildung in Förderschulen durchzuführen, ist eine didaktische, methodische und mediale Vielfalt des Unterrichts erforderlich. Hierzu sind mediale Angebote auf Potenziale und Chancen neuer Lernwege kritisch zu prüfen. Das Ziel ist der Anstoß inklusiver Prozesse und die Initiierung aktiver Medienarbeit von allen für alle. Hierbei sind nicht mehr nur barrierefreie Lernprozesse (vgl. Wocken 2012, S. 127), sondern inklusive Lernprozesse zu verfolgen. Schulen müssen sich in diesem inklusiven Transformationsprozess der Medienbildung stets nach innen und außen öffnen und sich immer wieder kritisch selbst hinterfragen und reflektieren. Dieser Prozess ist auf drei verschiedenen Ebenen zu vollziehen: auf der Ebene der Schülerinnen und Schüler, der Mitarbeiterinnen und Mitarbeiter (interdisziplinär) sowie auf der Ebene der Schulentwicklung (Digitalisierung, Curriculumarbeit und Kooperation). Wichtig sind hier kooperative und dynamische Strukturen, um die Erwartungshaltung und die Ziele des Kompetenzerwerbs immer wieder zu modifizieren und den Rahmenbedingungen anzupassen. Ziel ist die Nutzung der Lernangebote von allen Schülerinnen und Schülern, der Lehrangebote von allen Mitarbeiterinnen und Mitarbeitern aller Berufsgruppen sowie die curriculare Verankerung und Ausstattungsplanung. Selbst bei geringen finanziellen Budgets oder einer auszubauenden medialen Ausstattung lassen sich Ziele der inklusiven Medienbildung durch das Schließen von Kooperationen mit Medienzentren, Universitäten oder privaten Dienstleistern verfolgen.

4 Beispiel konzeptioneller Umsetzung inklusiver Medienarbeit

Schule am Marsbruch, Förderschule des Landschaftsverbandes Westfalen-Lippe, Förderschwerpunkt körperliche und motorische Entwicklung, Dortmund

Eine konzeptionelle Umsetzung inklusiver Medienarbeit, die an der Schule am Marsbruch stattfindet, ermittelt die Bedarfe auf unterschiedlichen Ebenen und setzt unterschiedliche Lernvoraussetzungen, Beeinträchtigungen und Kompetenzen voraus. Digitale Teilhabechancen werden an der Schule am Marsbruch durch verschiedene Medienprojekte ermöglicht. Eine mediale Partizipationschance für eine Schülergruppe ist die Radio-AG, die ihre selbst produzierte Radiosendung über den Bürgerfunk im Lokalradio einer breiten Öffentlichkeit präsentieren kann und in Form der aktiven Medienarbeit handlungs- und prozessorientiert individuelle Kompetenzen der Kinder und Jugendlichen erweitert. Innerhalb der UK-Werkstatt arbeiten heterogen zusammengesetzte Schülergruppen in Form eine Schülerfirma handlungs- und produktorientiert durch Computer und Tablets an einheitlichen Beschilderungen mit Symbolen sowie verschiedene Kommunikationshilfen innerhalb der Schule – mit der

Zielperspektive, das Themenfeld der Unterstützten Kommunikation inklusiv nach außen zu tragen. Einen niederschwelligen Zugang wird durch die Arbeit mit Tablets geschaffen, der auch Schülerinnen und Schülern mit komplexen Beeinträchtigungen auf der basal-perzeptiven Aneignungsebene eine individuelle Medienkompetenzförderung ermöglicht. Beim Green-Screen-Foto-Projekt werden Kinder und Jugendliche gemäß dem Medienkompetenzrahmen NRW in den Bereichen „Bedienen und Anwenden" und „Produzieren und Präsentieren" gefördert, in dem sie kreative Fotoarbeiten innerhalb und außerhalb der Schulgemeinschaft anbieten.

Im Rahmen der aktiven Medienarbeit finden in Kooperation mit der Technischen Universität Dortmund regelmäßige Medientage statt, an denen Studierende, Lehrkräfte und Schülergruppen an Medienstationen Medien selbstwirksam ausprobieren und im gemeinsamen Handeln Medienwissen austauschen. Dabei spielen die Medienexpertinnen und -experten der Schule eine entscheidende Rolle, die gemäß des Peer-to-Peer-Ansatzes ihre Medienerfahrungen weitergeben. Im Rahmen von schulinternen Fortbildungen mit freiem und reflektierendem Ausprobieren von verschiedenen Medien wird der Forderung zur Vermittlung von Medienbildung der Lehrkräfte, die sowohl eigene Medienkompetenz als auch medienpädagogische Kompetenzen benötigen, Rechnung getragen (vgl. KMK 2012, S. 7). Weitere Informationen zur Arbeit der Schule am Marsbruch sind auf www.marsbruch.net zu finden.

Fazit

Eine inklusive Medienbildung an Förderschulen sollte sich stets an den Spezifika der einzelnen Förderschwerpunkte sowie an den Bedürfnissen und Bedarfen der jeweiligen Schülerschaft orientieren. Ziel ist es, dass Medien in verschiedenen Formen und in unterschiedlichen Unterrichtssituationen zum Einsatz kommen. Medienkonzepte stellen einen festen Bestandteil des Schulprogramms dar und schaffen eine gemeinsame Basis für eine aktive Nutzung von (digitalen) Medien. Im Kontext der heterogenen Schülerschaft an Förderschulen wird deutlich, dass inklusive Medienbildung auf individueller Ebene mit dem Ziel der Maximierung der Teilhabemöglichkeiten und der Chancengleichheit erfolgen muss. Das Ziel ist dabei das Lernen mit Lebensweltbezug, Schülerorientierung und größtmöglicher Handlungsorientierung.

Literatur

Anfang, G. (2015). Von der Medienerziehung zur aktiven Medienarbeit. In Anfang, G., Demmler, K., Lutz, K., Struckmeyer K. (Hrsg.). wischen klicken knipsen. Medienarbeit mit Kindern. kopaed, 263-265.

Baacke, D. (1996). Medienkompetenz – Begrifflichkeit und sozialer Wandel. In A. v. Rein (Hrsg.), Medienkompetenz als Schlüsselbegriff (S. 111-123). Bad Heilbrunn: Klinkhardt.

Berndt-Schmidt, K., Lackmann, R., Müller, P. (1995). Sonderpaedagogischer Förderbedarf, Förderbereiche, Förderschwerpunkte. Überlegungen zu Begriff-Inhaltskomponenten und zu Folgerungen für Unterricht, Erziehung und Lehrerausbildung. In: Zeitschrift für Heilpädagogik, 46, 323-333.

Bosse, I. (2012). Standards der Medienbildung für Menschen mit Behinderung in der Schule. Ludwigsburger Beiträge zur Medienpädagogik 15, 1-6.

Bosse, I. (2014). Zur Rolle der Medienpädagogik im Inklusionsprozess. Vierteljahreszeitschrift für Heilpädagogik und ihre Nachbargebiete 2, 148-152.

Bruner, J. S. (1974). Entwurf einer Unterrichtstheorie. Berlin: Pädagogischer Verlag Schwann.

Bruner, J. S., Oliver, R. R. & Greenfield, P. M. (1974). Studien zur kognitiven Entwicklung. Stuttgart: Ernst Klett.

Eickelmann, B. (2015). Bildungsgerechtigkeit 4.0. https://www.boell.de/sites/default/files/uploads/2015/04/2015-04-eickelmann_-_bildungsgerechtigkeit-4.0.pdf [abgerufen am 25.02.2018].

Heimlich, U. & Kahlert, J. (2012). Inklusionsdidaktische Netze – Konturen eines Unterrichts für alle (dargestellt am Beispiel des Sachunterrichts). In: Heimlich, U. & Kahlert, J. (Hrsg.), Inklusion in Schule und Unterricht. Wege zur Bildung für alle. Stuttgart: Kohlhammer.

Jansen, W. (2009). Vorwort. In: Landesmedienzentrum Baden-Württemberg (Hrsg.). Neue Medien und Sonderpädagogik. Eine Publikation der Medienoffensive Schule II Baden-Württemberg für Unterricht und Praxis. Karlsruhe: LMZ Baden-Württemberg, 5-7.

KMK – Kultusministerkonferenz (2012). Medienbildung in der Schule. Beschluss der Kultusministerkonferenz vom 8. März 2012. https://www.kmk.org/fileadmin/Dateien/veroeffentlichungen_beschluesse/2012/2012_03_08_Medienbildung.pdf [abgerufen am 20.05.2018].

KMK – Kultusministerkonferenz (2016). Strategie der Kultusministerkonferenz „Bildung in der digitalen Welt". Beschluss der Kultusministerkonferenz vom 8.12.2016. https://www.kmk.org/fileadmin/Dateien/pdf/PresseUndAktuelles/2016/Bildung_digitale_Welt_Webversion.pdf [abgerufen am 20.05.2018].

Krstoski, I. & Schluchter, J.-R. (2015). Aktive Medienarbeit und Unterstützte Kommunikation. Eine Annäherung. Unterstützte Kommunikation. Die Fachzeitschrift der Gesellschaft für Unterstützte Kommunikation e.V. 4, 31-33.

Lentschow, H. & Klauß, T. (2014). Die Aneignungsebenen als Grundlage zur Schülerbeobachtung sowie zur Analyse und Planung von Lernangeboten. https://www.ph-heidelberg.de/fileadmin/wp/wpklauss/Lenschow_Klauß_Aneignungsniveaus_KLGH_2014.pdf [abgerufen am 20.05.2018].

Liesen, C. & Rummler, K. (2016). Digitale Medien und Sonderpädagogik. Eine Auslegungsordnung für die interdisziplinäre Verbindung von Medien- und Sonderpädagogik. Schweizerische Zeitschrift für Heilpädagogik 22, 6-12.

Medienberatung NRW (2018). Medienkompetenzrahmen NRW. Münster/Düsseldorf.

Reber, C. & Luginbühl, M. (2016). Inklusion ohne digitale Medien ist nicht mehr denkbar. Schweizerische Zeitschrift für Heilpädagogik 4, 13-18.

Richiger-Näf, B. (2010). ICT und Sonderpädagogik. Schweizerische Zeitschrift für Heilpädagogik 10, 6-11.

Schell, F. (1999). Aktive Medienarbeit mit Jugendlichen. Theorie und Praxis. München: kopaed.

Schnaak, T. & Böhmig, S. (2012). Inklusive Medienpädagogik – Was ist das? In: Landesarbeitsgemeinschaft Lokale Medienarbeit NRW e.V. (Hrsg.), Materialien für eine inklusive Medienpädagogik (S. 17-22). Paderborn: Bonifatius.

Schluchter, J.-R. (2012). Medienbildung als Perspektive für Inklusion. merz, medien+erziehung, Zeitschrift für Medienpädagogik 1, 16-21.

Schluchter, J.-R. (2015). Medienbildung als Perspektive für Inklusion. Modelle und Reflexionen für die pädagogische Praxis. München: kopaed.

Schluchter, J.-R. (2016). Medien, Medienbildung, Empowerment. merz, medien+erziehung, Zeitschrift für Medienpädagogik 3, 24-30.

Wahl, M. & Wiedecke, J. (2015). Der Einsatz des iPads/Tablets im Unterricht bei Schülerinnen und Schülern mit sonderpädagogischem Förderbedarf: Eine Befragung. Zeitschrift für Heilpädagogik 66, 191-205.

Wocken, H. (2012). Das Haus der inklusiven Schule. Baustellen – Baupläne – Bausteine. Hamburg: Feldhaus.

Praxisbeispiel: Zusammenarbeit zwischen Förderschulen und Medienpädagogik

Pia Lauscher & Katja Batzler

1 „mobil+stark – Wege zu einer inklusiven Medienbildung“ – eine Projektreihe

1.1 Ziele

Mit der Projektreihe „mobil+stark – Wege zu einer inklusiven Medienbildung“ sollen neben den medienpädagogischen auch die sozialen Kompetenzen gestärkt werden, durch die gesellschaftliche Teilhabe unterstützt und gesellschaftliche Differenzlinien aufgeweicht werden (vgl. Lutz & Wenning 2001, S. 20). Die Erschwernisse der Teilnehmenden im sozialen Kontext werden in den Blick gerückt, um vor diesem Hintergrund ein gelingendes Projekt und damit eine Stärkung der Ressourcen zu erlangen. Dies geschieht über die Förderung des individuellen Stärkenbewusstseins.

1.2 Arbeitsprinzipien

- Jede/r Schüler/in und jede Schulklasse ist unterschiedlich (Anzahl, Wissensstand, Wünsche, Hintergründe) und jedes Projekt findet in einem anderen Setting statt (Projektwoche, Fachunterricht, AG). „mobil+stark“ bietet *verschiedene Bausteine* an, die auf die Bedürfnisse der jeweiligen Zielgruppen abgestimmt werden.

Abb. 1: mobil+stark, Bausteine 2018

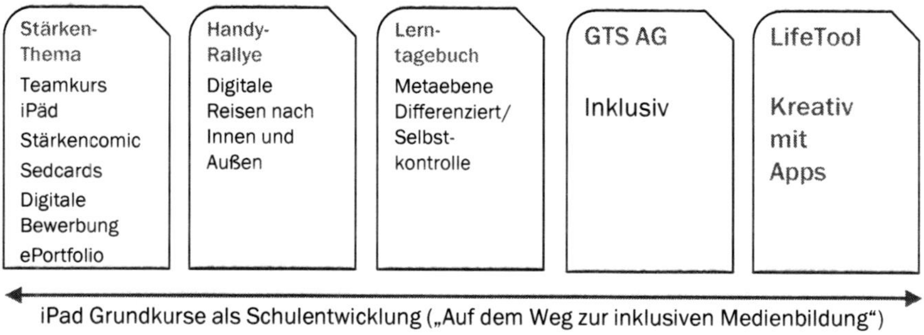

Extra Bausteine

Lebens-geschichten	Medien-praktikum	Inklusiv digital Spiel	E-Book Experten für Handicap testen Lehrmittel

- Der Dialog zwischen allen Betreuer/innen und Teilnehmer/innen ist ein wichtiger Gelingens-Faktor. So entscheidet das multiprofessionelle *Team aus Lehrer/innen und Medienpädagog/innen* im Vorfeld *gemeinsam* über die zum Einsatz kommenden mobilen Medien, Projektinhalte und -ziele sowie Methoden. Anregungen und Wünsche der Schüler/innen werden berücksichtigt.
- Die *Schüler/innen* werden als *Expert/innen für ihre Hürden* wahrgenommen, so dass innerhalb der Projekte häufig Feedbackrunden durchgeführt werden.
- Die *Förderung der sozialen Kommunikation* innerhalb und außerhalb der Projekte ist ein wichtiger Gelingens-Faktor. Es werden alle Mitwirkenden angehalten, sich über ihre Interessen und Bedürfnisse auszutauschen.
- In den Projekten gilt *ein gemeinsames Ziel für alle*, so dass im Team jede/r seinen/ihren Teil zur Zielerreichung (mit oder ohne Unterstützung) beiträgt.
- Um jedem/r Schüler/in gerecht zu werden, wird – soweit notwendig – *binnendifferenziert* gearbeitet. Dabei werden methodisch und/oder thematisch unterschiedliche Zugänge zu Lerninhalten ermöglicht.
- Inhaltlich wird an den *Interessen* und der *Lebenswelt* der *Schüler/innen angeknüpft*, so dass die Bedürfnisse der individuellen Teilnehmergruppe auch in der Themenfindung berücksichtigt werden.
- Die Stärken der Schüler/innen werden wahrgenommen und gestärkt und sind direkt oder indirekt ein Thema. Dabei geht es weg von Leistungsstandards hin zu individuellen Lernprozessen, in denen Behinderungen nicht als Defizite, sondern als überwindbare Herausforderungen gesehen werden.

1.3 Technik

Die handlungsorientierten „mobil+stark"-Konzepte basieren auf dem Einsatz von Tablets, insbesondere von iPads. Die mobilen Geräte sind intuitiv und leicht zu bedienen, verfügen über eine eindeutige Bildsymbolik und über Bedienungshilfen wie zum Beispiel Sprachausgabe, Lupenfunktion, Kontrastveränderung des Displaybildes, Übersetzungshilfen, Worterkennung und eine Verbindungsmöglichkeit von Gehörgeräten über Bluetooth. Eine Reihe von Apps des Betriebssystems iOS eignen sich für den inklusiven Unterricht, da mit ihnen leicht binnendifferenziert gearbeitet werden kann.

2 „Stärken-Comics mit iPads" im Rahmen der Berufsvorbereitung – ein Praxisprojekt an der Mosaikschule Ludwigshafen mit Förderschwerpunkt motorische Entwicklung

Mit der Mosaikschule mit Förderschwerpunkt motorische Entwicklung in Ludwigshafen hat medien+bildung.com Methoden, Konzepte und Apps mit und für Menschen mit Handicaps entwickelt bzw. getestet. Das vereinbarte Projektziel lautete: Alle Schüler/innen der Abschlussklasse 2014 sollten mitwirken, damit jede/r einen eigenen Stärkencomic mit der Software „Comic Book" mit iPads erstellen kann, um diesen später seinem/ihrem Abschlusszeugnis beilegen zu können.

2.1 Zielgruppe

Dreiundzwanzig Schüler/innen (davon fünf mit komplexen Beeinträchtigungen), die gemeinsam in den Bildungsgängen Hauptschule (Berufsreife), Schule mit dem Förderschwerpunkt Lernen und Schule mit dem Förderschwerpunkt ganzheitliche Entwicklung unterrichtet wurden.

2.2 Ablauf

1. *Vorbereitung:* Schüler/innen reflektierten im Unterricht mittels verschiedener Methoden ihre Stärken und wurden sich so ihrer Ressourcen bewusst, z. B. indem sie in der „Stärkenbox" ein Statement zu den eigenen Stärken abgaben (dabei waren die Schüler/innen jeweils alleine in einem Zimmer mit einem Betreuer und sprachen in diesem geschützten Raum über ihre Stärken und wurden dabei mit der Videokamera aufgenommen).
2. *Projektwoche:* Die Schüler/innen erstellten jeweils einen Stärkencomic mit der App „Comic Book", produzierten ein Making-of-Video und präsentieren ihre Ergebnisse in einer feierlichen Abschlussveranstaltung.
3. *Nachbereitung mit Ausblick auf ein Folgeprojekt:* Schüler/innen machten sich ihre Schwächen und Barrieren bewusst.

2.3 Die Projektwoche

Das Pilotprojekt wurde im Rahmen einer fünftägigen Projektwoche umgesetzt. Als Betreuer/innen fungierten zwei Medienpädagog/innen an zwei Tagen. Die Schule stellte mindestens drei Personen, die mitunter wechselten.

Am ersten Tag nahmen alle Schüler/innen am „Tablettrainingscamp" teil. Dabei wurden auch die technischen Voraussetzungen und Zugänge für die Teilnehmenden getestet und nachjustiert. Am zweiten Tag gestalteten die Teilnehmenden Fotos, die ihre Stärken darstellten. Der dritte Tag diente der Produktion der Stärken-Comics. Ein weiterer Tag zum Fertigstellen der Medienprodukte und zur Vorbereitung des letzten Tages ließ genügend Zeit für unterschiedliche Lerntempi und Fähigkeiten. Am letzten Tag wurden alle Ergebnisse im Rahmen eines feierlichen Stärkenfestes präsentiert. Die Gäste (Eltern, Geschwister, Mitschüler/innen, Lehrer/innen) schauten sich die ausgestellten Comic-Ausdrucke und das von Schülern/innen selbst produzierte Making-of-Video an.

2.4 Spezielle Organisationsformen und Methoden

- Ganzheitliche Methoden zur Schaffung einer fehlerfreundlichen und vertrauensvollen Atmosphäre zum sensiblen Thema „Eigene Kompetenzen erkennen" und „Anderen Kompetenzen zuschreiben".
- Regelmäßige Feedbackrunden und die Umsetzung der Schülerwünsche und -Bedürfnisse, z. B. für die Zusammensetzung der Arbeitsgruppen.
- Visualisierung des strukturierten Tagesablaufs wie beispielsweise Fotos der Schüler/innen an Whiteboards mit der dazugehörigen Aufgabe, Laufzettel beim Stationenlernen für die Teilnehmenden.
- Kleingruppenarbeit mit Chancen auf Peer-to-Peer-Lernen.
- Zeitpuffer mit freier App-Spielzeit zum Auffangen unterschiedlicher Lerntempi oder der Möglichkeit auszuspannen und sich bei nachlassender Konzentration zu erholen.

2.5 Positive Effekte

Insgesamt erwies sich das Projekt „Stärken-Comics" als voller Erfolg. Durch den intuitiven Zugang im Umgang mit den iPads war gerade für die Schüler/innen der Bildungsgänge Förderschwerpunkt ganzheitliche Entwicklung und Förderschwerpunkt Lernen ein hoher Zuwachs an Medienkompetenz möglich. Somit erweiterten die Teilnehmenden ausnahmslos ihre Kenntnisse in den Bereichen Medienkompetenz, Selbstreflexion, Teamfähigkeit und Kommunikation. Bei den Schüler/innen der Bildungsgänge Hauptschule eröffnete die Arbeit mit iPads neue Einblicke in wichtige Berufsfelder. Darüber hinaus wurden die individuellen Stärken erfolgreich auch im Hinblick auf die Berufsvorbereitung reflektiert.

Literatur

Lutz, H. & Wenning, N. (2001). Differenzen über Differenz – Einführung in die Debatten. In H. Lutz & N. Wenning (Hrsg.), Unterschiedlich verschieden. Differenz in der Erziehungswissenschaft (S. 11-24). Opladen: Leske+Budrich.

Berufsfeld Arbeit/Beruf

Martina Kunzendorf

Im Jahr 2009 hat die Regierung der Bundesrepublik Deutschland das „Übereinkommen über die Rechte von Menschen mit Behinderungen", UN-Behindertenrechtskonvention (UN-BRK), ratifiziert. Artikel 27 der UN-BRK formuliert das Recht behinderter Menschen auf Arbeit. Dieses umfasst „die Möglichkeit, den Lebensunterhalt durch Arbeit zu verdienen, die in einem offenen, integrativen und für Menschen mit Behinderungen zugänglichen Arbeitsmarkt und Arbeitsumfeld frei gewählt oder angenommen wird" (UN-BRK 2017). Für die Realisierung dieses Anspruchs müssen die Vertragsstaaten jeweils entsprechende Regelungen und Rechtsvorschriften treffen. Inklusive Berufsbildung wird dabei nur am Rande in den Blick genommen, denn es wird lediglich postuliert, barrierefreie und diskriminierungsfreie Zugänge zur landestypischen Berufsbildung zu schaffen, wobei die entsprechenden Regelungen und Maßnahmen von den jeweiligen Staaten festzulegen sind (Biermann 2015, S. 17-19).

Im Jahr 2014 wurde die Digitale Agenda für Deutschland verabschiedet, um den digitalen Wandel auch politisch zu gestalten. Der Digitalisierung werden viele Potenziale zugeschrieben. Die Politik will den Prozess begleiten und „Rahmenbedingungen für das Leben, Lernen, Arbeiten und Wirtschaften in der digitalen Welt" (Presse- und Informationsamt der Bundesregierung 2017, o. S.) setzen, um allen die Teilhabe am digitalen Wandel zu ermöglichen. *Bildung, Forschung, Wissenschaft, Kultur und Medien* ist eines von insgesamt sieben Handlungsfeldern. Mit der Bildungsoffensive für die digitale Wissensgesellschaft will sich die Bundesregierung unter anderem für einen stärkeren Einsatz digitaler Medien in der Bildung und im Lebensverlauf einsetzen, wie auch im Bereich der beruflichen Bildung (Presse- und Informationsamt der Bundesregierung 2017, o.S.).

Vor dem Hintergrund beider Entwicklungsstränge stellt sich die Frage, inwieweit die Potenziale digitaler Medien zur Beförderung von Inklusion im Beruf genutzt werden können. Dieser Frage wird in Forschungsprojekten zur „Inklusion durch digitale Medien in der beruflichen Bildung" ein Förderprogramm des Bundesministeriums für Bildung und Forschung (BMBF) nachgegangen. Die FE-Projekte *ELoQ*, *DoQ* und *VIA4all* haben hierzu bereits erste Konzepte entwickelt und erprobt. Gemeinsame Zielsetzung der Vorhaben ist es, Menschen mit Behinderung durch den Einsatz digitaler Medien in beruflicher Aus- und Weiterbildung zu unterstützen. Hierbei wurden unterschiedliche Zielgruppen, methodisch-didaktische Variationen sowie diverse Medienformate erprobt.

In den folgenden Kapiteln werden die gemeinsamen Vorgehensweisen und Ansätze aus den Projekten dargelegt. Ausgangspunkt sind Überlegungen zum Einsatz neuer Medien in der Arbeitswelt sowie in der beruflichen Bildung im Allgemeinen. Es folgen eine Begriffsbestimmung Digitaler Medien, eine Darstellung des Zusammenhangs zwischen Digitalen Medien und Lernen sowie ein Aufriss über die Anforderungen beruflicher Bildung und ihre didaktischen Implikationen für die Planung von Digitalen Lernmedien. Abschließend werden die besonderen Anforderungen einer Inklusiven Berufsbildung an Digitale Lernmedien sowie ihre für berufliche Inklusion herausgearbeitet.

1 Digitale Medien in der beruflichen Bildung

Digitale Medien halten zunehmend Einzug in die Arbeitswelt und verändern diese. Viele, insbesondere einfache, Arbeitsprozesse werden automatisiert. Zugleich entstehen neue Arbeitsaufgaben, die deutlich komplexer sind. Damit steigen auch die Anforderungen an die Kompetenzen von Mitarbeitenden. „In einer digitalisierten Arbeitswelt wird zudem berufsspezifische Medien- und IT-Kompetenz zu einer erfolgsrelevanten Größe." (Bundesinstitut für Berufsbildung 2017, S. 89)

Folglich wird der Digitalisierungsprozess begleitet von Chancen und Risiken. Es zeigt sich, dass insbesondere Arbeitsplätze für Geringqualifizierte in Folge der Digitalisierung entfallen. Vor diesem Hintergrund kann antizipiert werden, dass der Eintritt auf den ersten Arbeitsmarkt für Menschen mit Lernschwierigkeiten oder geistigen Behinderungen zunehmend schwieriger wird (Engels 2016, S. 15). Auch für Menschen mit psychischen Beeinträchtigungen werden negative Auswirkungen angenommen, da sie verlässliche Abläufe und reizarme Umgebungen bedürfen (ebd., S. 34).

Dies ist jedoch nur eine Seite der Medaille. Denn im Zuge der Digitalisierung entstehen auch neue einfache Tätigkeiten, wie zum Beispiel in der Logistik mit den Teilbereichen Verpackung und Lagerung, die nur partiell von Maschinen durchgeführt werden können (ebd., S. 35) Darüber hinaus bietet die Omnipräsenz von IT und Medien diverse Möglichkeiten, den Aufbau beruflicher Handlungskompetenz vielfältig zu unterstützen. Zahlreiche Lern- und Einsatzszenarien sind vorstellbar. Im Folgenden werden Ideen und Konzepte der zuvor genannten FE-Projekte vorgestellt.

2 Digitale Medien

Die Bandbreite dessen, was unter digitalen Medien subsummiert wird, ist ausgesprochen weit und reicht von digitalen Büchern, über Filme, Hardware (PC, Tablet, Handy), Software, Internet, Animationen, Simulationen bis hin zu Augmented und Virtual Reality. Im Unterschied zu analogen Medien können digitale Medien auch Kommunikations- und Kooperationsaspekte beinhalten – Wikis, Foren, Chat etc. Die Nutzungsabsicht digitaler Medien – Informieren, Lernen, Entspannung, Unterhaltung etc. – bleibt dabei weitgehend unberücksichtigt. Erst durch eine mediendidaktische Aufbereitung der Inhalte und die Planung von Lernszenarien kann eine gezielte Nutzung zu Lehr-Lernzwecken angestrebt werden. Hierbei sind stets das Bildungsproblem sowie die Lernenden in den Fokus der Planungen zu stellen (Reinmann-Rothmeier 2003, S. 86, Kerres 2011, S. 4, 66f.). Der Einsatz digitaler Medien zu Lehr-/Lernzwecken wird oftmals unter dem Oberbegriff E-Learning subsumiert (Kerres 2011, S. 18).

3 Digitale Medien & Lernen

Das didaktische Planungsmodell nach Wildt (2001; s. Abb. 1) geht über das klassische didaktische Dreieck (Lehrende, Lernende, Wissen) hinaus und nimmt weitere relevante Planungskriterien, wie Ziele, Inhalte, Medien, Sozialformen, Methoden, Lernsituationen, Raum/Zeit und Evaluation in den Blick. Hierüber werden die Interdependenzen der planungsrelevanten Faktoren sowie die Komplexität der Planung selbst sichtbar.

Zudem berücksichtigt das Modell kontextuelle Einflüsse, wie gesellschaftliche und betriebliche Bedingungen, die Kulturen und Anforderungen der Fachdisziplinen, die Bedingungen von Aus- und Weiterbildung sowie die Sozialisation der Beteiligten.

Aus dem Modell (Abb. 1) wurden in o. g. FE-Projekten zahlreiche Planungsfragen und -hilfen abgeleitet, wie z. B.:

- Welche Kompetenzen sollen erworben werden?
- Anhand welcher Themen können die Kompetenzen erworben werden?
- Welche Methoden – fallbasiert, projektorientiert, Vortrag, selbstgesteuert, Planspiel etc. – fördern die Kompetenzentwicklung?
- Welche realitätsbezogenen Lernsituationen (inkl. Handlungsprodukte) tragen zu Kompetenzaufbau und Transfer bei?
- Welche Lernräume müssen dafür geschaffen werden?
- Welche Lernvoraussetzungen bringen die Lernenden mit?
- Welche Vorkenntnisse können vorausgesetzt werden?

Abb. 1: Didaktisches Planungsmodell nach Wildt

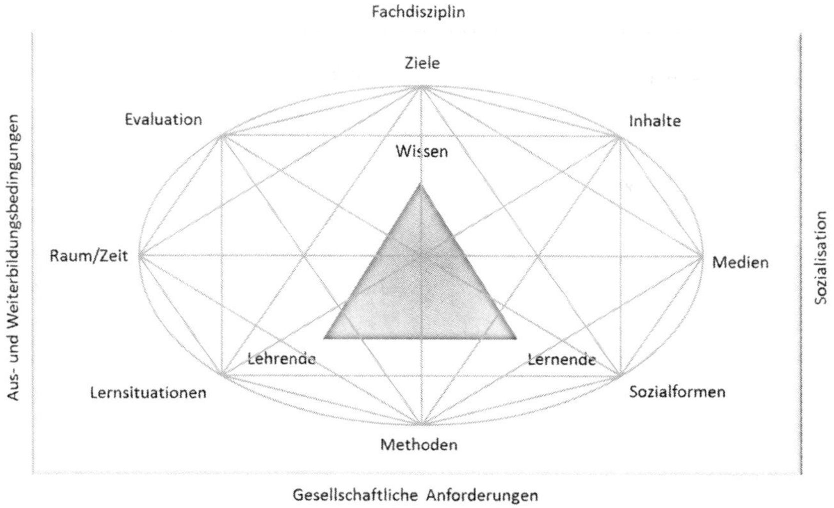

- Welche Unterstützungsformen werden benötigt?
- Was ist die Rolle des Ausbilders im Lernprozess? (Anleiter, Begleiter, Berater)

Neben den zuvor exemplarisch aufgeführten Planungsfragen gilt es, Fragen hinsichtlich des Einsatzes digitaler Medien zu stellen, wie zum Beispiel:

- Welche Medien unterstützen den Aufbau der Kompetenzen?
- Welche Medien verbessern die Verständlichkeit der Inhalte?
- Welche digitalen Lernräume/-Werkzeuge befördern den Lernprozess?

Dabei gilt es stets das Bildungsproblem, für das ein Mehrwert durch den Einsatz von E-Learning antizipiert werden kann, zum Ausgangspunkt der Planungen zu machen (Reinmann-Rothmeier 2003, S. 86).

4 Digitale Medien in der beruflichen Bildung

Für die Planung des Einsatzes digitaler Medien in der beruflichen Bildung sind darüber hinaus die betrieblichen Rahmenbedingungen, die Anforderungen der Fachdisziplin sowie der Aus- und Weiterbildung zu bedenken. Ziel der beruflichen Bildung ist es beispielsweise, berufliche Fertigkeiten, Kenntnisse und Fähigkeiten aufzubauen respektive diese zu erhalten und anzupassen oder für einen beruflichen Aufstieg zu erweitern (BBiG 2017).

Handlungsorientierung befördert den Aufbau beruflicher Handlungskompetenzen und befähigt Menschen zu selbstständigem Planen, Durchführen und

Beurteilen von Arbeitsaufgaben im Rahmen ihrer beruflichen Tätigkeit (Kultusministerkonferenz (KMK) 2007). Der Bezug zum Arbeitsprozess ist essentiell (KMK 2007). Das Handlungsprodukt ist Ausgangspunkt für die Lernorganisation respektive den Lernprozess (Ott 2011, S. 222f.). Daher orientieren sich berufliche Bildungsprozesse an Arbeitsprozessen – hier dem vollständigen Handlungsablauf einer Person im Rahmen ihrer Arbeitsaufgabe (Becker 2013, S. 3).

Die vollständige Handlung umfasst die Schritte Informieren, Planen, Entscheiden, Ausführen, Kontrollieren und Bewerten (Ott 2011, S. 222f.). Methodisch kann die vollständige Handlung durch das Lernen im Kundenauftrag umgesetzt werden. Der Kundenauftrag besteht aus den Teilaufgaben Auftragsanalyse, Auftragsplanung, Auftragsdurchführung und Auftragsauswertung, in denen die Schritte der vollständigen Handlungen aufgehen (s. Abb. 2). Diese Form des Lernens ermöglicht den Aufbau zusammenhängenden, kontextualisierten und transferfähigen Wissens und führt bestenfalls zur erfolgreichen Bewältigung beruflicher Anforderungen (Sonntag & Stegmaier 2007, S. 12f.). Darüber hinaus sorgt die Arbeitsprozessorientierung auch für Erwachsenengemäßheit und Problemhaltigkeit der Lernangebote (Kunzendorf 2015, S. 138). Dieses Prinzip liegt den oben genannten Forschungs- und Entwicklungsprojekten zugrunde.

Abb. 2: Vollständige Handlung im Kundenauftrag

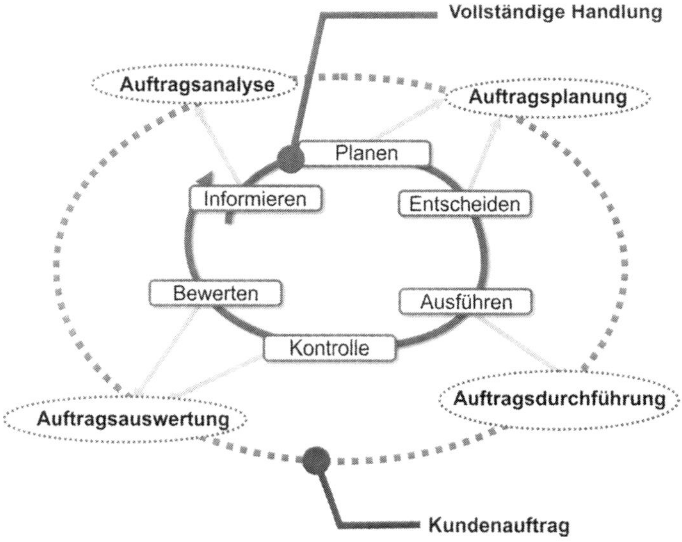

Ausgangspunkt für Lerninhalte sowie für die Gestaltung von Lernszenarien sind demnach die Arbeitsprozesse. Im Vorhaben *VIA4all* beispielsweise werden die arbeitsprozessorientierten Lerninhalte in interaktiven, mit zusätzlichen

Informationen angereicherten Videos abgebildet. Besonderheit im Vorhaben ist, dass die Arbeitsprozesse mit einem Eye-Tracker aufgenommen werden, den Experten und Novizen bei der Durchführung eines Arbeitsprozesses tragen. Der Eye-Tracker zeichnet die Blickbewegungen der Mitarbeiter auf, die im Nachgang analysiert und verglichen werden. Durch die Analyse können schwierige und aufmerksamkeitsrelevante Passagen eines Arbeitsprozesses identifiziert werden.

Abb. 3: Beispiel eines interaktiven, angereicherten Lernvideos mit Zusatzinformationen, Orientierungshilfen etc.

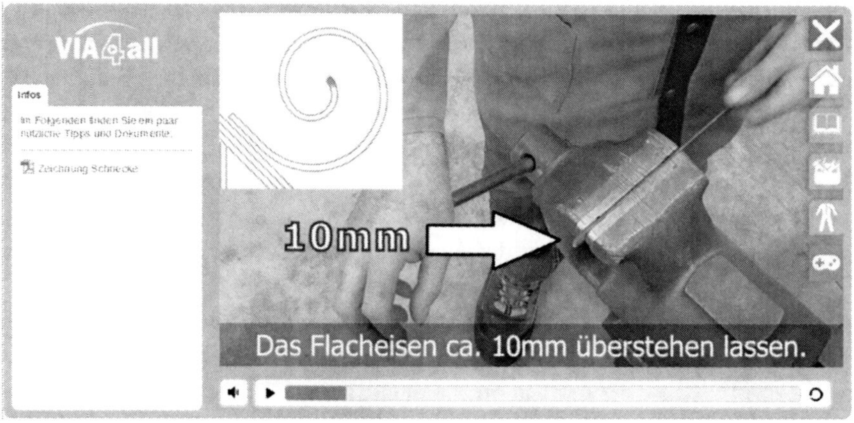

Bei der didaktischen Planung der Lernvideos wird auf diese Passagen ein besonderes Augenmerk gelegt. Hier werden zusätzliche Informationen eingearbeitet, Orientierungshilfen gegeben bzw. die Aufmerksamkeit auf bestimmte Bereiche gelenkt (vgl. Abb. 3). Dieses Vorgehen sichert eine Darstellung der Lerninhalte entlang der jeweiligen Arbeitsprozesse. Eingebettet werden die Lernvideos in ganzheitliche, arbeitsprozessorientierte E-Lernszenarien, die sich am Kundenauftrag orientieren. Das Lernmanagement moodle, das in Hinblick auf die Barrierefreiheit optimiert ist, bildet als digitale Plattform die Grundlage für die E-Learning-Prozesse. Es ermöglicht die Bereitstellung der Lerninhalte – Videos, Betriebsanweisungen, Bedienungsanleitungen –, die Kommunikation aller am Lernprozess Beteiligten sowie ihre Kollaboration.

5 Digitale Medien und Inklusive Berufsbildung

Für den Einsatz digitaler Medien im Rahmen einer inklusiven Berufsbildung gilt es darüber hinaus, die Angebote möglichst barrierefrei zu gestalten. Die Barrierefreiheit bezieht sich sowohl auf technische als auch auf gestalterische und didaktische Aspekte. Technische Aspekte sind beispielsweise die Bedienbarkeit der Medienangebote per Tastatur, die Audioausgabe, Screen Reader oder die Skalierbarkeit der Inhalte, wie Text oder Bilder.

Gestalterische Gesichtspunkte sind zum Beispiel das Design, welches Navigation und Orientierung unterstützt und nicht von den Lerninhalten ablenkt sowie Farben und Kontraste, die die Wahrnehmbarkeit auch bei potenziellen Sehbeeinträchtigungen zulassen.

Im Hinblick auf die didaktische Barrierefreiheit wurden drei Prinzipien aufgegriffen: die Leichte Sprache, das Universal Design for Learning sowie das Leitmotiv Konstruktion mit Instruktion.

Die *Leichte Sprache* hilft Menschen mit kognitiven Einschränkungen, Sprachproblemen oder eingeschränkter Lesefähigkeit, textuelle Inhalte leichter zu verstehen und verbessert so auch ihre Chancen auf berufliche Teilhabe. Die Regeln der Leichten Sprache beziehen sich beispielsweise auf die Schrifttypen und -größe, auf Satzlängen, den Umgang mit Abkürzungen, abstrakten Begriffen und Fachwörtern. In den Projekten wurden die Prinzipien weitgehend berücksichtigt (Netzwerk Leichte Sprache 2018). Explizit ausgenommen wurden jedoch die Empfehlungen der Leichten Sprache, lange Wörter mit einem Bindestrich zu trennen und Fremdwörter zu vermeiden. Auf die Bindestrichtrennung wurde verzichtet, weil sie zum einen nicht dudenkonform und zum anderen im (beruflichen) Alltag auch nicht anzutreffen ist. Ein Verzicht auf Fachbegriffe ist im Berufsleben weder möglich noch gewünscht, da sie in der Kommunikation zwischen den Arbeitnehmenden gebräuchlich sind. Beide Empfehlungen befördern eine berufliche Inklusion nur bedingt (Maaß 2014). Daher werden solche Worte kontextsensitiv erklärt und wenn möglich visualisiert.

Das *Universal Design for Learning* nennt drei zentrale Prinzipien – vielfältige Möglichkeiten für a) Darstellung, für b) Handlungs- und Ausdruckformen sowie für c) Beteiligung – zur Realisierung der didaktischen Barrierefreiheit und der Ermöglichung gleicher Lernchancen (CAST 2018).

a) Das Prinzip der vielfältigen Darstellungsweisen intendiert, die unterschiedlichen Präferenzen von Lernenden zur Informationsaufnahme durch multiple Repräsentationen der Inhalte zu unterstützen – Grafik, Audio, Video, Animation, Text etc. Auch können kontextsensitive Hilfen eingesetzt werden. Zur Beförderung des Verständnisses tragen die Aktivierung von Vorwissen und die Hervorhebung zentraler Ideen bei.
b) Das Prinzip der vielfältigen Möglichkeiten für Handlungen und eigene Äußerungen zielt auf die Flexibilisierung von Handlungs- und Ausdrucksformen. Lernende sollen Alternativen zur Eingabe, Kommunikation und Interaktion bekommen, um ihr Wissen, ihre Ideen und Konzepte ausdrücken zu können. Zudem sollen sie verschiedene Formate zur Selbststeuerung und

Selbstorganisation nutzen können, um Unterstützung bei der (Lern-)Zielsetzung, bei der Entwicklung von Planungs- und Strategiekompetenzen, beim Umgang mit Informationen und Ressourcen sowie dem Monitoring des (Lern-)Fortschritts zu erhalten.

c) Das Prinzip der vielfältigen Arten des Engagements stellt die Bedeutung der emotionalen Beteiligung beim Lernen in den Fokus. Um diese herzustellen sollen unterschiedliche Zugänge offeriert werden, da Lernende unterschiedlich zu motivieren sind. Aspekte zur Interessensgewinnung und ihrer Aufrechterhaltung sind beispielsweise individuelle Wahlmöglichkeiten und Autonomie, Relevanz, Nutzen und Authentizität der Lernangebote sowie die Vermeidung von Ablenkung. Wichtig ist es zudem, die Bereitschaft für nachhaltige Anstrengung respektive Beharrlichkeit methodisch vielfältig zu unterstützen und Möglichkeiten zur Selbstregulation anzubieten (CAST 2018).

Die *Leitlinie Konstruktion mit Instruktion* wurde aus folgenden Gründen gesetzt: Arbeitsprozessorientierte respektive handlungsorientierte Lernszenarien folgen einer konstruktivistisch geprägten Auffassung des Lehrens und Lernens. Ein konstruktivistisches Lehr-/Lernverständnis versteht Lernen als einen aktiven, selbständigen und konstruktiven Prozess des jeweiligen Lernenden, der kontextuell und situativ gebunden ist. Mit dieser Sichtweise geht eine Veränderung der Rollen von Lernenden und Lehrenden einher. Lernende übernehmen zunehmend die Verantwortung und Steuerung des eigenen Lernprozesses; Lehrende gestalten Lerngelegenheiten oder kreiert Lernanlässe und begleiten und coachen die Lernenden.

Forschungen zu konstruktivistischen Lehr-/Lernansätzen indizieren, dass fehlende oder mangelnde Anleitung und Unterstützung in konstruktivistischen Lernszenarien zu Desorientierung und Überforderung führen können. Dies betrifft insbesondere eher leistungsschwache Lernende (Reinmann-Rothmeier & Mandl 2001, S. 623). Dies bedeutet nicht, dass konstruktivistisch orientierte Lernumgebungen für leistungsschwache Lernende ungeeignet sind, sondern ist vielmehr ein Hinweis darauf, dass die (individuellen) Lernvoraussetzungen und das Anspruchsniveau sorgfältig berücksichtigt werden müssen (Reinmann-Rothmeier & Mandl 2001, S. 624). Weitere Untersuchungen zeigen, dass alle Lernenden, ob mit oder ohne Lernbeeinträchtigungen, in Lernszenarien, die nach konstruktivistischen Paradigmen gestaltet sind, am erfolgreichsten Lernen, wenn sie instruktionale Unterstützung erhalten (Reinmann-Rothmeier & Mandl 2001, S. 619). Daher gilt es eine Balance zwischen Konstruktion und Instruktion, Selbststeuerung und Anleitung zu finden (Sonntag & Stegmaier 2007, S. 21).

6 Beitrag zur Inklusion

Die Lernangebote der genannten Projekte bieten durch eine barrierefreie Infrastruktur, die Verwendung Leichter Sprache und die Anwendung der Prinzipien des Universal Design for Learning einen niedrigschwelligen und effizienten Zugang zu beruflichen Bildungsangeboten. Sie stellen die Lernenden ins Zentrum des Lernprozesses und ermöglichen arbeitsprozessorientiertes und selbstgesteuertes Lernen. Die Einsätze digitaler Medien sowie mobiler Endgeräte lassen zudem eine Integration von Arbeiten und Lernen zu. So können beispielsweise am Arbeitsplatz problemorientiert arbeitsprozessrelevante Fragen mittels verschiedener (mobiler) Endgeräte geklärt werden (vgl. Abb. 4). Dadurch können sowohl arbeitsplatzbezogene Kompetenzen als auch transferfähiges Wissen gefördert werden. Das Lernangebot erfährt eine hohe Praxisrelevanz. Darüber hinaus können Lernende mit Hilfe der digitalen Medien ohne ihren Anleiter Arbeitsaufträge durchführen, wodurch ihr Selbstbewusstsein und ihre Selbstwirksamkeitsüberzeugung befördert wird – ein Aspekt, der insbesondere bei Lernenden mit negativen Lernerfahrungen bedeutsam ist. Das Angebot stößt bei den Teilnehmenden auf hohe Akzeptanz. Dies zeigen die Ergebnisse der Erprobungen, die mit 105 Teilnehmenden der Adressatengruppe durchgeführt wurden. Die Akzeptanz wurde über die Faktoren Bedienbarkeit, Mehrwert, Nutzungsabsicht und Transfernutzen über jeweils 3-4 Items erhoben. Die Items waren in Form von Selbstaussagen formuliert, zum Beispiel: Ich werde *VIA4all* meinen Kollegen empfehlen. Diese Selbstaussagen waren auf einer Skala von 1 = ‚trifft zu' bis 5 = ‚trifft nicht zu' zu bewerten. Die Faktoren Bedienbarkeit, Mehrwert und Transfer wurden im Mittel mit 1,9 und die Nutzungsabsicht mit 2,4 bewertet. Insgesamt stellt sich die Akzeptanz somit durchaus positiv dar (vgl. Abb. 5).

Abb. 4: VIA4all – Einsatz im Arbeitsprozess

Die Adaptierbarkeit und Adaptivität der E-Learning-Angebote lässt individualisierte Lernwege und Lerntempi zu, wodurch eine Binnendifferenzierung entsteht. Denn Lernende können Lerninhalte respektive auch Lernszenarien entsprechend ihrer individuellen Bedürfnisse und Voraussetzungen bearbeiten und auch individuell kontextsensitive Hilfen, differente Darstellungen sowie Coaching Angebote abrufen. Mit dem Einsatz digitaler Medien in Lern- und Arbeitsprozessen entstehen für Lehrende und Ausbildende Freiräume, die sie für eine individuelle Lernbegleitung & Coaching nutzen können.

Abb. 5: Ergebnisse der Akzeptanzerhebung

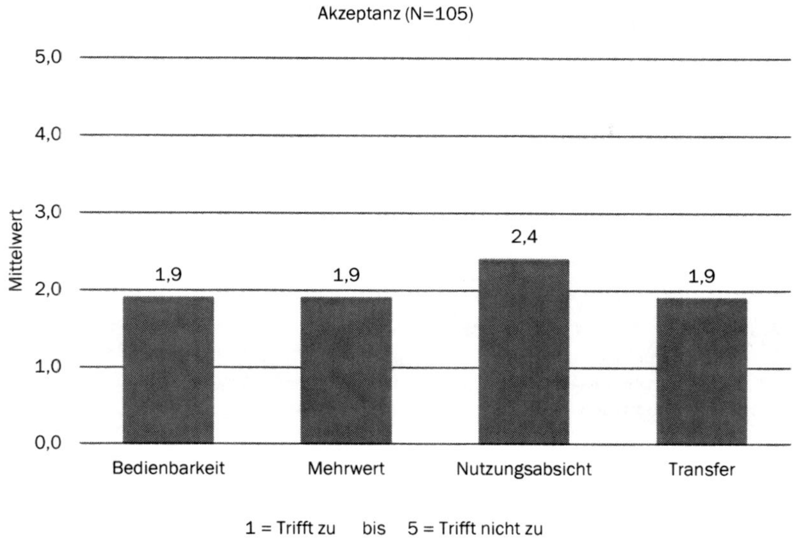

Ausblick

Wenn viele Arbeitsplätze mit vergleichbaren arbeitsprozessorientierten Lernhilfen ausgestattet werden könnten, ist davon auszugehen, dass die selbständige Arbeit von Menschen mit Lernbeeinträchtigungen und infolgedessen ihre Zugänge auf den ersten Arbeitsmerkt verbessert werden können. Damit können digitale Medien den Weg zur individuellen Teilhabe an beruflicher Aus- und Weiterbildung, Qualifizierung bereiten und zur (Wieder-)Eingliederung und längerfristigen Beschäftigung von Arbeitnehmern mit und ohne Behinderung beitragen.

Literatur

BBiG (2017). § 1 BBiG – Einzelnorm. https://www.gesetze-im-internet.de/bbig_ 2005/__1.html, [29.08.2017].

Becker, M. (2013). Arbeitsprozessorientierte Didaktik. bwp@ Berufs- und Wirtschaftspädagogik – online, Juni 2013, Bd. 24, S. 1-22. http://www.bwpat.de/ausgabe24/, [29.08.2017].

Biermann, H. (2015). Berufliche Teilhabe – Anspruch und Realität. In H. Biermann (Hrsg.), Inklusion im Beruf. (1. Aufl., S. 17-56). Stuttgart: W. Kohlhammer Verlag.

Bundesinstitut für Berufsbildung (2017). Datenreport zum Berufsbildungsbericht 2017. Informationen und Analysen zur Entwicklung der beruflichen Bildung.

CAST (2018). http://www.cast.org/ [12.03.2018].

Engels, D. (2016). Chancen und Risiken der Digitalisierung der Arbeitswelt für die Beschäftigung von Menschen mit Behinderung, Forschungsbericht, 467, Institut für Sozialforschung und Gesellschaftspolitik, Köln, http://www.bmas.de/SharedDocs/Downloads/DE/PDF-Publikationen/Forschungsberichte/fb-467-digitalisierung-behinderung.pdf?__blob=publicationFile&v=3, [12.03.2018].

Kerres, M. (2011). Multimediale Lernumgebungen. Konzeption und Entwicklung (3. Aufl.). München: Oldenbourg.

Kultusministerkonferenz (KMK) (2007). Handreichung für die Erarbeitung von Rahmenlehrplänen der Kultusministerkonferenz für den berufsbezogenen Unterricht in der Berufsschule und ihre Abstimmung mit Ausbildungsordnungen des Bundes für anerkannte Ausbildungsberufe. Bonn. http://www.kmk.org/fileadmin/veroeffentlichungen_beschluesse/2007/2007_09_01-Handreich-Rlpl-Berufsschule.pdf [12.03.2018].

Kunzendorf, M. (2015). Didaktische Leitlinien der Dortmunder Grundbildungsqualifizierung und ihre Umsetzung. In: M. Kunzendorf & J. Meier (Hrsg.), Arbeitsplatzorientierte Grundbildung. Grundlagen, Umsetzung und Ergebnisse (1. Aufl., S. 129-149). Bielefeld: Bertelsmann

Maaß, C. (2014). Der Mediopunkt. In: C. Maaß, I. Rink, C. Zehrer: Leichte Sprache. Forschungsstelle Leichte Sprache. https://www.uni-hildesheim.de/fb3/institute/institut-fuer-uebersetzungs wissfachkommunikation/forschung/forschungsprojekte/leichtesprache/forschung/ [20.01.2016].

Netzwerk Leichte Sprache (2018). https://www.leichte-sprache.org/ [12.03.2018]

Ott, B. (2011). Grundlagen des beruflichen Lernens und Lehrens. Ganzheitliches Lernen in der beruflichen Bildung (4. Auflage), Berlin: Cornelsen.

Presse- und Informationsamt der Bundesregierung (2017). Digitale-Agenda 2014-2017. https://www.digitale-agenda.de/Webs/DA/DE/Home/home_node.html, zuletzt geprüft am 15.09.2017.

Reinmann-Rothmeier, G. & Mandl, H. (2001). Unterrichten und Lernumgebungen. In: A. Krapp & B: Weidenmann (Hrsg.), Pädagogische Psychologie (4., vollst. überarb. Aufl. S. 601-646). Weinheim: Beltz.

Reinmann-Rothmeier, G. (2003). Didaktische Innovation durch Blended Learning. Leitlinien anhand eines Beispiels aus der Hochschule. Göttingen: Verlag Hans Huber

Sonntag, K. & Stegmaier, R. (2007). Arbeitsorientiertes Lernen. Zur Psychologie der Integration von Lernen und Arbeit. In H. Heuer, F. Rösler, W. H. Tack (Hrsg.), Standards Psychologie, Stuttgart: Kohlhammer Verlag.

UN-BRK (2017). Arbeit und Beschäftigung. https://www.behindertenrechtskonvention.info/arbeit-und-beschaeftigung-3921/ [15.09.2017].

Wildt, J. & Gaus, O. (2001). Journalistisches Schreiben für Wissenschaftler. Neuwied: Hermann Luchterhand Verlag.

Berufsfeld Soziale Arbeit

Nadia Kutscher & Lisa-Marie Kreß

Die zeitliche, räumliche und soziale Durchdringung des Alltags mit Medien, welche unter dem Begriff der Mediatisierung gefasst wird (vgl. Krotz & Hepp 2012), spielt mittlerweile in vielen Handlungsfeldern der Sozialen Arbeit sowohl auf der Ebene der Organisationen selbst als auch insbesondere mit Blick auf Fachkräfte und Adressat*innen eine Rolle (vgl. Kutscher, Ley & Seelmeyer 2015). Digitale Medien werden in der Sozialen Arbeit eingesetzt, um Angebote niedrigschwellig, zeit- und ortsunabhängig für Adressat*innen zugänglich zu machen und um nahe an der zunehmend digitalisierten Lebenswelt entsprechende Angebote zu verankern.

Vielfach wird davon ausgegangen, dass prinzipiell das Vorsehen digitaler Angebotsformen eine lebensweltnahe und damit prinzipiell teilhabeermöglichende Funktion hat. Orientiert an dem Konzept der Lebensweltorientierung von Hans Thiersch folgen diese Argumentationen den Maximen der Alltagsnähe, der Integration und der Demokratisierung, basierend auf der kritischen Analyse gesellschaftlicher Ungleichheitsstrukturen (vgl. Thiersch et al. 2012, S. 189). In diesem Sinne geht es also um die Überwindung bzw. Nivellierung von sozialer Ungleichheit als Inklusion angesichts ungleicher Ausstattungen mit ökonomischem, sozialem und kulturellem Kapital im bourdieuschen Sinne – und die Bedeutung, die digitale Medien in diesem Zusammenhang in verschiedenen Kontexten Sozialer Arbeit haben können (vgl. Kutscher 2012, S. 58).

In der überwiegenden Zahl der Haushalte in Deutschland finden sich mittlerweile digitale Medien und nahezu alle Jugendlichen in Deutschland (98 %) besitzen ein eigenes Smartphone (vgl. MPFS 2016, S. 7 und 29f.). Vor diesem Hintergrund ist zunächst die Frage der Teilhabe weniger eine der Verfügbarkeit von digitalen Medien als vielmehr die Frage, wie sich digitale Ungleichheit innerhalb von Medienpraxen als Ungleichheit zweiter Ordnung zeigt (vgl. Kutscher & Otto 2014, Verständig et al. 2016, DiMaggio & Hargittai 2001, S. 13). Die faktische und wirkmächtige Teilhabe an den Möglichkeitsräumen des Internets ist nicht gleichermaßen gegeben (vgl. BMFSFJ 2017, S. 60), sondern eng mit den vorhandenen Bildungsressourcen verknüpft (Bundesjugendkuratorium 2016, S. 19). Dies zeigt sich beispielsweise in der ungleichen Nutzung von Onlineberatung: Unter den Adressat*innen von Onlineberatungsangeboten sind sozial benachteiligte Zielgruppen deutlich unterrepräsentiert (vgl. Klein 2008). Eine Reihe von Studien verweist darauf, dass auch Partizipationsangebote im virtuellen Raum ebenfalls durch alte Ungleichheiten geprägt sind und damit ungleiche Teilhabe reproduzieren (vgl. u. a. DIVSI 2014, Forschungsverbund DJI/TU Dortmund 2011). Dies wirft die Frage auf, inwiefern bestimmte digitale Angebotsformen implizit oder explizit voraussetzungsvoll sind und damit für bestimmte Zielgruppen exkludierend wirken. Neben der Frage digitaler Ungleichheit innerhalb der Mediennutzung zeigt sich jedoch gerade im Kontext öffentlicher Einrichtungen der Bildung und Erziehung wie beispielsweise der Kinder- und Jugendhilfe, aber auch in anderen Feldern Sozialer Arbeit, dass eine Ausstattung mit digitalen Medien dort vielfach nicht selbstverständlich vorhanden ist. Diese institutionelle Zugangskluft birgt in sich das Potenzial, dass durch den mangelnden Zugang zu Geräten wie Computern alltägliche Dinge wie Hausaufgabenerledigung in stationären Einrichtungen nur unter erschwerten Bedingungen möglich sind. Für junge Geflüchtete stellt sich das Problem, dass bei nicht oder nur begrenzt verfügbaren Internetverbindungen in Inobhutnahmeeinrichtungen oder im Zusammenhang mit dem Erfordernis, mobile Medien privat zu finanzieren, grundlegende Hindernisse für den Kontakt mit der fernen Familie im Herkunftsland oder in anderen Ländern, aber auch für das Erlernen der Sprache im Aufnahmeland und Möglichkeiten, sich zu orientieren (vgl. Kutscher & Kreß 2015), entstehen. Dabei wird ein Zusammenspiel von gesellschaftlicher und digitaler Teilhabe sichtbar (vgl. Campayo & Kreß 2017), sofern Teilhabe als das Vorhandensein finanzieller und infrastruktureller Ressourcen, der Besitz von Freiheitsrechten und politischen Mitbestimmungsmöglichkeiten sowie die Möglichkeit, am sozialen und kulturellen Leben teilzunehmen zu verstehen ist (vgl. Kaufmann 2005, S. 76f.).

Medienbildung im Zusammenhang mit Teilhabeermöglichung in der Sozialen Arbeit steht somit vor der Frage, wie gesellschaftliche Ungleichheitsstrukturen in diesem Feld bearbeitet werden können. Da es sich um Ungleichheiten handelt, die nicht ursächlich im Feld Sozialer Arbeit entstehen, durch nicht hinlängliche Reflexion derselben jedoch reproduziert und verstärkt werden können, ist zunächst eine entsprechende Reflexion dieser Ungleichheitsmechanismen erforderlich. Die Ursache für ungleiche Medienpraxen liegt in ungleichen Alltagskontexten, in die Medienhandeln eingebettet und mit unterschiedlichen lebensweltlichen Relevanzen verbunden ist. Die Sinnhaftigkeit und die Anerkennbarkeit von bestimmten Formen und Inhalten der Mediennutzung richten sich daran aus (vgl. Welling 2008, Wagner 2008). Je nachdem ob das angeeignete kulturelle Kapital oder das verfügbare soziale Kapital neben dem subjektiven Gebrauchswert für den/die einzelne/n Adressat*in auch einen Tauschwert in Bezug auf die bildungsinstitutionellen Anforderungen beinhaltet, kann dann Mediennutzung Teilhabe befördern oder auch nicht (vgl. Kutscher 2012, S. 59).

Im Bereich der Elementarpädagogik wird der Einsatz von digitalen Medien höchst kontrovers diskutiert. Die Kindertageseinrichtung ist der erste Ort, an dem Kinder und Familien in einer digitalisierten Gesellschaft begleitet werden und der diese auf den Eintritt in die Schule vorbereitet. Damit können durch

Beratung von Eltern und die pädagogische Einbettung von frühen Medienerfahrungen der Kinder auch Ungleichheitsverhältnisse in der Medienerziehung (vgl. Kutscher 2013, S. 5) durch Bildung durch, mit und über Medien ausgeglichen werden (vgl. Theunert & Demmler 2007). In der aufsuchenden Jugendarbeit sowie der Jugendsozialarbeit sind die Zielgruppen vor allem vulnerable Jugendliche, die einerseits häufig zu den Intensivnutzer*innen digitaler Medien gehören und andererseits oftmals besondere Formen der Ansprache benötigen. Hier ist im Sinne inklusiver Medienbildung die Befähigung zu einem reflektierten Medienumgang ebenso relevant wie die Ermöglichung von Kontakt über digitale Formen, da sie eine erhöhte Erreichbarkeit eröffnen (vgl. Bollig & Keppeler 2015, S. 106f.). In der stationären Kinder- und Jugendhilfe stellt sich die Herausforderung, sowohl über pädagogische Begleitung als auch Ausstattung die bislang in diesen Einrichtungen stattfindende Reproduktion digitaler Ungleichheit zu überwinden.

> „Je mehr Ressourcen die Jugendlichen aufbringen können, desto besser können sie über Medien verfügen und somit lebensweltliche und institutionelle Bezüge verknüpfen. Andererseits werden bestehende Machtverhältnisse durch das Medienhandeln der Jugendlichen aufgegriffen und durch Verschiebung im Kommunikationshandeln der Jugendlichen in Frage gestellt“ (Witzel 2015, S. 127).

Angesichts der Etablierung kommerzieller sozialer Netzwerke als Haupträume digitalen Medienhandelns stellt sich jedoch die Teilhabefrage auf andere Weise verschärft: Sofern nicht nur die momentane Beteiligung an Kommunikation, sondern auch die Auswirkungen digitaler Mediennutzung auf Teilhabeoptionen in der Zukunft in den Blick genommen werden, gilt es, die im Zug von Datafizierung und Metadatenauswertung entstehenden Ungleichheitsrisiken in den Blick zu nehmen (vgl. Eubanks 2018). Sofern durch Kommunikation in der Sozialen Arbeit (beispielsweise über WhatsApp) psychosoziale belastende Metadaten entstehen, wirft dies – neben der Frage nach Klient*innendatenschutz – die Frage nach der Verantwortung für künftige gesellschaftliche Inklusion bzw. Exklusion im Kontext sozialpädagogischen Handelns auf (vgl. Kutscher 2018, S. 1436).

Mit Blick auf die Gestaltung von digitalen Angeboten und einer begleitenden Medienbildung stellt die Orientierung an den lebensweltlichen Relevanzen und Voraussetzungen der jeweiligen Zielgruppen den Ausgangspunkt für die Reflexion einer relationalen Angebotsqualität, die ausgehend von den Bedürfnissen und Fähigkeiten der Nutzer*innen differenzierte Formen entwickelt und potenzielle Exklusionsmechanismen reflektiert. Hierfür ist die systematische Auseinandersetzung mit Ungleichheitsmechanismen inner- wie außerhalb digitaler Medienarrangements in Relation zu den jeweiligen feldspezifischen und digitalen Logiken erforderlich.

Um sowohl die Potenziale als auch die Risiken für Inklusion und gesellschaftliche Teilhabe in den Feldern der Sozialen Arbeit fachlich zu begleiten, bedarf es a) einer konzeptionellen Einbettung sowohl pädagogischer Ziele und Ansätze als auch fachlicher Standards, b) einer systematischen feldsensiblen Qualifizierung und kontinuierlichen Beratung von Fachkräften (vgl. Helbig & Kutscher 2017), c) einer entsprechenden Trägerpolitik, die digitale Medien sowohl konzeptionell als auch ausstattungsbezogen reflektiert.

Literatur

Bundesministerium für Familie, Senioren, Frauen und Jugend (BMFSFJ) (2017). 15. Kinder- und Jugendbericht. Berlin. Bundesdrucksache 18/11050.

Bundesjugendkuratorium (BJK) (2016). Digitale Medien. Ambivalente Entwicklungen und neue Herausforderungen in der Kinder- und Jugendhilfe. Berlin.

Bollig, C. & Keppeler, S. (2015). Virtuell-aufsuchende Arbeit in der Jugendsozialarbeit. In: Kutscher, N., Ley, T. & Seelmeyer, U. (Hrsg.), Mediatisierung (in) der Sozialen Arbeit. Reihe Grundlagen der Sozialen Arbeit, Band 38. Baltmannsweiler: Schneider Verlag Hohengehren, S. 94-114.

Bosse, I. & Hasebrink, U. (2016). Mediennutzung von Menschen mit Behinderungen. Forschungsbericht. Hrsg. von Aktion Mensch & Die Medienanstalten. http://kme.tu-dortmund.de/cms/de/Aktuelles/aeltere-Meldungen/Studie-Mediennutzung-von-Menschen-mit-Behinderung-_MMB16_/Studie-Mediennutzung_Langfassung_final.pdf [22.02.2018].

Campayo, S. & Kreß, L.-M. (2017). Digitale Ungleichheit. In: Sozial Aktuell 49(5), S. 16-17.

DiMaggio, P. & Hargittai, E. (2001). From the "Digital Divide" to "Digital Inequality" – Studying Internet Use as Penetraction Increases. Working Paper 15.

DIVSI (2014). DIVSI-Studie zu Bereichen und Formen der Beteiligung im Internet. https://www.divsi.de/wp-content/uploads/2014/04/DIVSI-Studie-zu-Bereichen-und-Formen-der-Beteiligung-im-Internet.pdf (24.03.2018)

Eubanks, V. (2018). Automating Inequality: How High-Tech Tools Profile, Police, and Punish the Poor. New York: St. Martin's Press.

Forschungsverbund DJI/TU Dortmund (2011). Jugendliche Aktivitäten im Wandel. Gesellschaftliche Beteiligung und Engagement in Zeiten des Web 2.0. Endbericht. Dortmund. http://www.forschungsverbund.tu-dort-mund.de/fileadmin/Files/Freiwilliges_Engagement/Abschluss bericht_Engagement_2_0.pdf

Herz, A. (2010). Informelle Unterstützungsstrukturen in Zeiten der Transnationalisierung. Von push-pull und Integration zu transnationaler sozialer Einbindung. In: Sozial Extra. Vol. 34, Issue 1-2. VS Verlag, Wiesbaden, S. 41-43.

Kaufmann, F.-X. (2005) [1982]. Elemente einer soziologischen Theorie sozialpolitischer Intervention. In: Ders.: Sozialpolitik und Sozialstaat: Soziologische Analysen, 2., erw. Aufl., Wiesbaden, S. 49-86.

Klein, A. (2008). Soziales Kapital online. Soziale Unterstützung im Internet. Eine Rekonstruktion virtualisierter Formen sozialer Ungleichheit. http://bieson.ub.uni-bielefeld.de/volltexte/2008/1260/

Krotz, F. & Hepp. A. (Hrsg.) (2012). Mediatisierte Welten. Beschreibungsansätze und Forschungsfelder, Wiesbaden.

Kutscher, N. (2013). Medienbildung in der Kindheit. In: Medienpädagogik – Zeitschrift für Theorie und Praxis der Medienbildung, Themenheft Nr. 22: Frühe Medienbildung. http://www.medienpaed.com/Documents/medienpaed/22/kutscher1310.pdf

Kutscher, N. (2014). Mobile Medien – Körper – Raum: Aneignung oder Subjektivierung? In: Wagner, U. (Hrsg.), vernetzt _ öffentlich _ aktiv. Mobile Medien in der Lebenswelt von Jugendlichen. Schriftenreihe Interdisziplinäre Diskurse, Band 8. München: kopaed, S. 67-83.

Kutscher, N. (2017). Geflüchtete als Zielgruppe medienpädagogischer Arbeit in der digitalisierten Gesellschaft. In: Eder, S., Mikat, C. & Tillmann, A. (Hrsg.), Software takes command. München: kopaed, S. 203-217.

Kutscher, N. (2018). Soziale Arbeit und Digitalisierung. In: Otto, H.-U., Thiersch, H., Treptow, R. & Ziegler, H. (Hrsg.), Handbuch Soziale Arbeit. (6., überarbeitete Auflage). München: Reinhardt Verlag, S. 1430-1440.

Kutscher, N. & Kreß, L.-M. (2015). Internet ist gleich mit Essen. Empirische Studie zur Nutzung digitaler Medien durch unbegleitete minderjährige Flüchtlinge. Projektbericht in Zusammenarbeit mit dem Deutschen Kinderhilfswerk. http://bit.ly/1OAnwtl.

Kutscher, N., Ley, T. & Seelmeyer, U. (Hrsg.) (2015). Mediatisierung (in) der Sozialen Arbeit. Reihe Grundlagen der Sozialen Arbeit, Band 38. Baltmannsweiler: Schneider Verlag Hohengehren.

Kutscher, N. & Otto, H.-U. (2014). Digitale Ungleichheit – Implikationen für die Betrachtung medialer Jugendkulturen. Überarbeitete Fassung. In: Hugger, K.-U. (Hrsg.), Digitale Jugendkulturen. Wiesbaden: VS Verlag für Sozialwissenschaften. 2. überarbeitete Auflage, S. 283-298.

Medienpädagogischer Forschungsverbund Südwest (mpfs) (2016). JIM 2016. Jugend, Information, (Multi-)Media-Basisstudie zum Medienumgang 12- bis 19-Jähriger in Deutschland. Stuttgart.

Niesyto, H. (2009). Digitale Medien, soziale Benachteiligung und soziale Distinktion. In: Zeitschrift für Theorie und Praxis der Medienbildung. Themenheft Nr. 17: Medien und soziokulturelle Unterschiede.

Norris, P. (2001). Digital Divide: Civic Engagement, Information Poverty, and the Internet Worldwide. Cambridge University Press: Cambridge.

Theunert, H. & Demmler, K. (2007). (Interaktive) Medien im Leben Null- bis Sechsjähriger – Realitäten und Handlungsnotwendigkeiten In: Herzig, B. & Grafe, S.: Digitale Medien in der Schule. Standortbestimmung und Handlungsempfehlungen für die Zukunft. Studie zur Nutzung digitaler Medien in allgemein bildendenden Schulen in Deutschland, Bonn.

Thiersch, H., Grunwald, K. & Köngeter, S. (2012). Lebensweltorientierte Soziale Arbeit. In: Thole, W. (Hrsg.), Grundriss Soziale Arbeit. Wiesbaden: VS Verlag, S. 175-196.

Verständig, D., Klein, A. & Iske, S. (2016). Zero-Level Digital Divide: neues Netz und neue Ungleichheiten. In: Siegen: Sozial: Analysen, Berichte, Kontroversen (SI:SO); 21 (2016) 1.

Witzel, M. (2015). Digitale Medien in der stationären Erziehungshilfe zwischen lebensweltlichen und institutionellen Kontexten. In: Kutscher, N., Ley, T. & Seelmeyer, U. (Hrsg.), Mediatisierung (in) der Sozialen Arbeit. Reihe Grundlagen der Sozialen Arbeit, Band 38. Baltmannsweiler: Schneider Verlag Hohengehren, S. 115-129.

Berufsfeld Jugendstrafvollzug

Julia Behr

Heranwachsende, die mit dem Gesetz in Konflikt geraten und zu einer Gefängnisstrafe verurteilt worden sind, scheinen kaum die typische Zielgruppe inklusiver Bildungsangebote zu sein – zumal sie aufgrund ihres zeitweisen Aufenthalts in einer Justizvollzugsanstalt (JVA) erst einmal von der Gesellschaft exkludiert sind.

Es soll in diesem Beitrag nicht in erster Linie darum gehen, wie Inklusion im Sinne des gemeinsamen Lernens von behinderten und nichtbehinderten Jugendlichen in Haftanstalten aussieht. Vielmehr liegt der Fokus darauf, inwieweit Bildungsangebote mit jugendlichen Strafgefangenen einen Beitrag zur Inklusion, d.h. zur möglichen Teilhabe aller an der Gesellschaft, leisten und ob medienpädagogische Arbeit mit jugendlichen Strafgefangenen anders gestaltet sein muss als für andere Zielgruppen.

Dazu wird es neben einem kurzen theoretischen Aufriss Einblicke in die praktische Medienarbeit mit strafgefangenen Jugendlichen geben. In einem Fazit soll der Versuch unternommen werden, die Fragen nach den Potenzialen und Rahmenbedingungen der Medienbildung für eine gelingende Inklusion von jugendlichen Strafgefangenen zu beantworten.

1 Inklusion, Medienpädagogik und Jugendstrafvollzug in der digitalisierten Gesellschaft

Der Begriff Inklusion ist seit der Ratifizierung der sogenannten UN-Behindertenrechtskonvention im Jahr 2009 in Deutschland in aller Munde und wird in erster Linie mit der gleichberechtigten Teilhabe von behinderten Menschen verbunden. Inklusion ist aber wesentlich umfassender oder, wie Schluchter betont, hier auch „als grundlegende […] Entwicklungsaufgabe und -anspruch [sic!] von Gesellschaft zu begreifen" (Schluchter 2012), in der es darum geht, „die Ausgrenzung von Menschen benachteiligter gesellschaftlicher Gruppen (Menschen mit formal geringem Bildungsniveau, Menschen mit Migrationshintergrund, Menschen mit Behinderung etc.) zu überwinden" (Dönges et al. 2015).

Gerade aus dem Bildungskontext ist Inklusion nicht mehr wegzudenken. Das gemeinsame Lernen in heterogenen Gruppen wird mehr und mehr zum leitenden Prinzip, auch wenn die Umsetzung vor allem in formalen Lernsettings wie der Schule nach wie vor nicht einfach ist. Besonders in der außerschulischen Bildung – wie auch in der Medienpädagogik – scheint Inklusion mittlerweile selbstverständlich. Einrichtungen der Jugendarbeit wie z. B. das Bennohaus in Münster oder Projekte wie „NIMM – Netzwerk Inklusion mit Medien“ der Landesarbeitsgemeinschaft Lokale Medienarbeit NRW e.V. fördern seit mehreren Jahren die Inklusion in der Medienpädagogik. Eine Publikation wie diese und ein Eintrag „Inklusion“ im aktuellen Handbuch „Grundbegriffe Medienpädagogik“ sind da nur folgerichtig (Schorb, Hartung & Dallmann 2017). Von inklusiver Medienpädagogik kann man nach Bröckling dann sprechen, „wenn sie auf gesellschaftliche Handlungsfähigkeit und Teilhabe, den freien Zugang zu Wissen und Information und Empowerment jeder/jedes Einzelnen abzielt, unabhängig von vorhandenen Beeinträchtigungen“ (Bröckling 2017, S. 160). Auch hier lässt sich auf ein weites Verständnis des Begriffs Inklusion schließen: „Eine inklusive Medienpädagogik berücksichtigt [...] die Heterogenität emotionaler, kognitiver oder sozialer Leistungsfähigkeit innerhalb von Zielgruppen und ist an individuellen lebensweltlichen Bedingungen und Bedürfnissen der Teilnehmenden orientiert“ (ebd.). Man könnte also schlussfolgern, dass jede Gruppe inklusiv ist, da alle Teilnehmenden unterschiedliche Bedürfnisse mitbringen. Auf diese Bedürfnisse und die damit möglicherweise unterschiedlichen Lebenswelten sollten Konzeption und pädagogisches Handeln abgestimmt sein (ebd.). Die gesellschaftliche Handlungsfähigkeit und Teilhabe soll in medienpädagogischen Maßnahmen durch eine Stärkung der Medienkompetenz erreicht werden.

Die Lebenswelt von jugendlichen Strafgefangenen unterscheidet sich massiv von der anderer Jugendlicher. Aufgrund der Verurteilung zu einer Freiheitsstrafe haben sie nur beschränkten Zugang zu anderen Menschen, sehen ihre Familien kaum und sind weiteren strengen Regeln und Zeitabläufen unterworfen. Dazu gehört u. a. der nicht vorhandene Zugang zu digitalen Medien. Dieser wird mit der gewollten Kappung sozialer Beziehungen im kriminellen Umfeld begründet. Jugendliche, die sich im sogenannten „offenen Vollzug“ befinden, können die Haftanstalt immerhin tagsüber zum Arbeiten verlassen und haben so einen zumindest die Möglichkeit, eines eingeschränkten sozialen Kontaktes.

Ob jemand nach Jugendstrafrecht verurteilt wird und seine Strafe in einer Jugendhaftanstalt verbüßt, hängt einerseits von seinem Alter und andererseits von seinem Reifegrad ab. In den Jugendhaftanstalten sitzen Jugendliche im Alter von circa 14 bis 24 Jahren ein (Walkenhorst 2010). Wenn jemand in diesem Alter inhaftiert wird, hat er – selten sind es junge Frauen – andere Maßnahmen der Jugendhilfe bereits hinter sich. Diese haben keinen Wandel einer von Kriminalität geprägten Lebensweise bewirkt.

Da statistisch gesehen mehr *junge* Menschen straffällig werden, geht man davon aus, dass es sich um eine „Episode im Rahmen ihres Reifungs- und Anpassungsprozesses“ handelt (Heinz 2016). Als Ursachen für die Kriminalität werden Integrationsprobleme und defizitäre Lebenslagen angenommen. „Die Lebens- und Lerngeschichten junger Inhaftierter, ihre schulische und berufliche Qualifikation werden als ungünstig beurteilt" (ebd., o.S.). Man geht davon aus, dass 30 % bis 50 % der inhaftierten Jugendlichen keinen Bildungsabschluss haben (Walkenhorst 2002). Unter jugendlichen Strafgefangenen finden sich besonders viele Mitglieder aus sozial benachteiligten Bevölkerungsgruppen. Die Benachteiligung liegt dabei meist in geringen persönlichen Ressourcen begründet (Meier 2015).

Im Vergleich zum Erwachsenenstrafvollzug stehen in den Jugendhaftanstalten Erziehung und Förderung der Inhaftierten im Vordergrund. Es sollen Sozialisation und Rehabilitation ermöglicht werden. Die Jugendlichen werden mit ihren Entwicklungsdefiziten wahrgenommen, eine Verbesserung ihrer Lebenssituation nach der Haftentlassung – ohne Straftaten – wird angestrebt (Ministerium der Justiz Nordrhein-Westfalen 2017). Die Haftanstalten bieten ihren jugendlichen Bewohnern[1] schulische und berufliche Qualifizierungsmöglichkeiten sowie Freizeitangebote. Außerdem gibt es eine enge sozialpädagogische und psychologische Betreuung (Heinz 2016). Walkenhorst konstatiert, dass sich Bildungsmaßnahmen vor allem methodisch von schulischem Frontalunterricht unterscheiden sollten, um den inhaftierten Jugendlichen neue positive Lernerfahrungen und Erfolgserlebnisse zu ermöglichen (Walkenhorst 2002).

Nicht nur was die Ausgestaltung von Bildungsmaßnahmen betrifft, auch die Ziele des Jugendstrafvollzugs ähneln denen von Inklusion und Medienbildung. Die Teilhabe an der Gesellschaft soll gefördert werden. Wenn man Inklusion zudem als Förderung von Menschen in benachteiligten Lebenslagen versteht, muss man dies auch auf die Klientel von Jugendhaftanstalten beziehen.

All dies muss vor dem Hintergrund einer sich wandelnden Gesellschaft betrachtet werden, in der das Digitale mehr und mehr zum leitenden Prinzip wird. Wenn heute von Digitalisierung die Rede ist, ist der Einfluss und der Einzug des Digitalen in alle Lebensbereiche gemeint. Kein Unternehmen funktioniert mehr ohne Computer und Vernetzung. Die Strom- und Wasserversorgung wird von Computern gesteuert. Es gibt immer weniger Bankfilialen, Geldgeschäfte werden stattdessen zunehmend online abgewickelt. Es ist schwierig, mit der rasanten technischen Entwicklung Schritt zu halten und die technischen Abläufe nachzuvollziehen. Medienpädagogik und die Förderung von Medienkompetenz, um sich in dieser digitalisierten Welt zurechtzufinden und an ihr teilhaben zu können, gewinnt immer weiter an Bedeutung. Wenn jugendliche Strafgefangene nach der Zeit in der Haftanstalt entlassen werden – die meisten verbüßen eine Haftstrafe zwischen sechs und 31 Monaten (Stelly,

1 Dieser Text bezieht sich auf männliche Inhaftierte, da Jungen häufiger straffällig werden. In Jugendhaftanstalten sitzen nur junge Männer ein. Die wenigen Mädchen, die eine Haftstrafe verbüßen müssen, sind in Abteilungen in Frauenhaftanstalten untergebracht (Heinz 2016).

Thomas 2015) – ist auch diese Entwicklung fortgeschritten. Die Jugendlichen müssen wieder Anschluss finden, um ein selbstbestimmtes Leben führen zu können.

2 Bildungsangebote für jugendliche Häftlinge

Aufgrund der erzieherischen Ausrichtung des Jugendstrafvollzugs verfügen die Haftanstalten über pädagogisches Personal und Unterrichtsräume. Es handelt sich auch bei Jugendhaftanstalten um Lernorte, an denen die Inhaftierten in ihren Fähigkeiten und ihrer Selbstständigkeit gefördert werden sollen (LJSt-VollzG 2007). Eine Weiterentwicklung ihrer Kenntnisse, Fertigkeiten und Fähigkeiten wird als notwendig angesehen, um die meist sozial benachteiligten Jugendlichen auf die Arbeitswelt und ein verantwortungsbewusstes und selbstständiges Leben nach der Haft vorzubereiten. Haftanstalten sind besondere Lernorte, da es sich um prinzipiell geschlossene Systeme handelt, die alle Lebensbereiche der Inhaftierten abdecken. Alle Jugendlichen nehmen entweder an schulischen oder an berufsqualifizierenden Maßnahmen teil. „Durch differenzierte Angebote soll auf den jeweiligen Entwicklungsstand und den unterschiedlichen Erziehungs- und Förderbedarf der Gefangenen eingegangen werden" (ebd.). Die Bildungsmaßnahmen werden von den Jugendlichen unterschiedlich aufgenommen. Einige sehen darin eine Chance, Zukunftsperspektiven zu entwickeln, andere nehmen diese als Zwangsmaßnahme wahr. Nicht selten bringen jugendliche Strafgefangene negative Schulerfahrungen mit (Reiss 2011).

Bildungsangebote werden nicht nur von den in den Haftanstalten beschäftigen Lehreinnen und Lehrern, Sozialpädagoginnen und Sozialpädagogen, sondern auch durch externe Fachkräfte durchgeführt, um bestimmte Lernfelder, wie z. B. Medienbildung abzudecken (ebd.)

Ein Beispiel aus der medienpädagogischen Praxis ist das Projekt „JuMP – Jugend, Medien, Partizipation"[2] des Haus Neuland e.V. Modellhaft entwickeln die Bielefelder Medienpädagoginnen und Medienpädagogen seit 2013 Workshop-Formate für benachteiligte Jugendliche, in denen diese befähigt werden sollen, digitale Medien bewusst, kreativ und kritisch für die Teilhabe an der Gesellschaft zu nutzen. Dazu gehören auch jugendliche Strafgefangene, mit denen in mehrtägigen Workshops vor Ort verschiedene Medienprodukte mit

2 JuMP ist ein seit 2013 durch das Ministerium für Familie, Kinder, Jugend, Kultur und Sport des Landes NRW gefördertes Modellprojekt. Es wird von Pädagoginnen und Pädagogen der politischen Jugendbildungsstätte Haus Neuland in Bielefeld durchgeführt und richtet sich an Jugendliche und pädagogische Fachkräfte aus ganz NRW. Mehr Informationen unter www.jump-nrw.de.

Tablets – Musikvideos, Kurzfilme u. ä. – zu Themen wie Freiheit oder ihre Situation im Gefängnis erstellt werden.

Einen ähnlichen Ansatz verfolgt das von der Landesmedienanstalt Nordrhein-Westfalen geförderte und in verschiedenen Haftanstalten durchgeführte Modellprojekt „Podknast“: Ziel ist es, „den jugendlichen Inhaftierten langfristig einen Zugang zu den neuen technischen Medien“ zu ermöglichen sowie „die Medienkompetenz zu steigern“ (Justizministerium des Landes Nordrhein-Westfalen 2013). Es werden unter Anleitung kurze Audio- oder Videosequenzen produziert, die einen Einblick in den Alltag einer Justizvollzugsanstalt geben. Beide Ansätze verbindet ein handlungsorientiertes Vorgehen in der medienpädagogischen Arbeit. Die Jugendlichen werden selbst aktiv und stellen ein wichtiges Zahnrad im Produktionsprozess dar, wodurch sie Selbstwirksamkeit erfahren.

Die medienpädagogische Praxis im geschlossenen Vollzug einer Jugendhaftanstalt unterscheidet sich in ihren Rahmenbedingungen und der pädagogisch-methodischen Praxis von üblichen Kontexten und Zielgruppen. In den meisten bundesdeutschen Justizvollzugsanstalten ist der Zugang zum Internet grundsätzlich nicht erlaubt (Gruber 2013). Der Einsatz von digitalen Endgeräten wie z. B. Tablets ist zwar möglich, der Online-Zugang muss jedoch gesperrt sein, wodurch die medienpraktische Arbeit erschwert wird. Trotz eingeschränkter Nutzungsmöglichkeiten wirkt die Arbeit mit Tablets äußerst motivierend auf die jungen Teilnehmenden und stellt zudem einen Vertrauensvorschuss an sie dar.

Insgesamt kann man in einer Jugendhaftanstalt weniger frei agieren als anderswo, da viel reglementiert ist. Man muss sich mit den vorherrschenden Abläufen arrangieren und ist immer vom begleitenden pädagogischen Personal abhängig.

Bezogen auf die Zielgruppe sind weitere Besonderheiten herauszustellen: Den externen Pädagoginnen und Pädagogen kommt eine Sonderrolle zu, da sie nicht Teil der Anstalt und ihrer Regeln sind. Sie kennen die Jugendlichen und ihre Hintergründe nicht und gehen im Idealfall offen und unvoreingenommen auf diese zu. Wie oben beschrieben, handelt es sich bei jugendlichen Inhaftierten oft um sogenannte Bildungsverlierer. Sie fühlen sich in einem typischen Unterrichtssetting unwohl und können sich nicht lange konzentrieren. In kleinen Gruppen mit einem guten Betreuungsschlüssel und medienpraktischen Methoden können bestimmte Defizite aufgefangen werden. Theoretische Inhalte werden vor allem in Nebengesprächen thematisiert. Bei der Arbeit an eigenen Medienprodukten, die in Kleingruppen erfolgt, können sie die eigene Expertise einbringen und entdecken möglicherweise bislang unbekannte Talente bei sich und anderen.

Gleichzeitig muss auch auf Schwierigkeiten hingewiesen werden. Ein Medienworkshop mit Externen ist zwar für Anstaltspersonal und Inhaftierte eine willkommene Abwechslung, allerdings können die Jugendlichen diese auch ausnutzen, indem sie z. B. in unbeobachteten Momenten die Tablets für eigene Zwecke missbrauchen (etwa dem Drehen von Videos mit islamistischem Inhalt). Hinzu kommt, dass das Konfliktpotenzial in Gruppen, die nur aus „schwierigen" Jugendlichen bestehen, sehr hoch ist. Kombiniert mit einer geringen Frustrationstoleranz kann es besonders in Phasen der selbstständigen Gruppenarbeit zu Auseinandersetzungen kommen.

Neben den institutionell bedingten Rahmenbedingungen ist auch die Heterogenität der Lerngruppen in Jugendhaftanstalten ein Faktor, der eine besondere Ausgestaltung von Bildungsmaßnahmen nötig macht. Dennoch: „Solange sich Pädagogen, Lehrkräfte und Bedienstete den Herausforderungen bewusst sind, die der positiven Jugendstrafvollzug in Deutschland Entwicklung und Förderung im Weg stehen und versuchen anregende Freiräume und eine wertschätzende Atmosphäre zu schaffen, ist Lernen im Jugendstrafvollzug möglich" (Reiss 2011).

3 Potenziale und Rahmenbedingungen einer Medienbildung mit strafgefangenen Jugendlichen

Die Konzeption von Bildungsangeboten mit dieser Zielgruppe muss wie auch mit anderen inklusiven Gruppen auf die heterogene Lerngruppe abgestimmt sein. Entscheidend ist außerdem die Gestaltung der Lernatmosphäre, die sich deutlich von Schule unterscheiden sollte. Ihre besondere Rolle gegenüber dem JVA-Personal können die externen Medienpädagoginnen und Medienpädagogen nutzen: Über die Einbeziehung der Expertise der Jugendlichen, etwa bei der Bedienung von Geräten, begegnen sie ihnen auf Augenhöhe.

Digitale Medien stellen nach wie vor einen großen Motivationsfaktor für Jugendliche dar. Gerade solche Jugendlichen, die Lernschwierigkeiten haben, kommen in Workshops, in denen sie selbst aktiv werden können, besser zurecht. Bei der Erstellung eigener Medienprodukte machen sie positive Erfahrungen und erleben Selbstwirksamkeit – ohne eine Straftat zu begehen. Sie lernen sich selbst mit ihren Interessen und Fähigkeiten kennen. Besonders bei jungen Strafgefangenen, die im Gefängnis neue Zukunftsperspektiven entwickeln müssen, kann Medienbildung unter Umständen einen Beitrag zur Berufsorientierung leisten. Medienbildung trägt so auch zur Persönlichkeitsbildung bei. Die jungen Inhaftierten lernen in medienpädagogischen Workshops nicht nur den Umgang mit fremdem Eigentum und Verantwortung für dieses zu übernehmen, sondern sind in der Kleingruppenarbeit außerdem gefordert, sich miteinander auseinanderzusetzen, Aushandlungsprozesse zu führen und sich selbst zu organisieren. Bei der Gestaltung der Medienprodukte müssen sie die Perspektive wechseln und sich in ihre potenziellen Zuschauer hineinversetzen.

Die Förderung dieser verschiedenen Kompetenzen kann die Chancen der Jugendlichen auf eine gesellschaftliche Teilhabe nach ihrer Haftentlassung verbessern.

Die inhaftierten Jugendlichen können sich während des medienpädagogischen Projekts durch die Zusammenarbeit mit den externen Pädagoginnen und Pädagogen als Teil der Gesellschaft wahrnehmen. Eine darüberhinausgehende Rückmeldung und Honorierung von „außen" zu ihren produzierten Filmen und Musikstücken erfahren sie nicht.

Medienbildung im geschlossenen Strafvollzug ist eben nur unter den dort herrschenden Regeln und Strukturen denkbar. Eine genaue Abstimmung mit den Kolleginnen und Kollegen vor Ort, die die Maßnahmen begleiten und eine Orientierung für die Jugendlichen bieten, ist notwendig. Medienpädagogische Arbeit und der Umgang mit heterogenen Gruppen erfordert Offenheit und Flexibilität, die in den Mauern einer Jugendhaftanstalt stark eingeschränkt sind. Obwohl der fehlende Zugang zum Internet die medienpädagogische Arbeit erschwert, kann ein produktiver Umgang mit digitalen Medien erprobt werden. Die Erfahrung aus den Projekten zeigt, dass die Jugendlichen in der JVA erreichbar und offen für medienpädagogische Angebote sind. Grundsätzlich aber steht zur Debatte, inwieweit eine Medienkompetenzförderung und die Befähigung zur Teilhabe an der digitalisierten Gesellschaft ohne Zugang zu digital vernetzten Medien wirklich sinnvoll sind. Gesellschaftliche Teilhabe bedeutet heute immer auch mediale Teilhabe. Der schnelle Wandel, der mit der Digitalisierung einhergeht, vollzieht sich quasi ohne diese jungen Menschen. Medienpädagogische Angebote in der JVA können einen Beitrag leisten, so dass die Jugendlichen nach dem Verbüßen ihrer Haftstrafe Anschluss an die (digitalisierte) Gesellschaft finden. In diesen Angeboten geht es darum, zusätzliche (legale) Nutzungsweisen von Medien aufzuzeigen, sich der eigenen Mediennutzung bewusst zu werden und die Jugendlichen so in ihrer Medienkompetenz zu fördern. Auch wenn medienpädagogische Workshops in Jugendhaftanstalten nicht inklusiv im Wortsinn sein können, indem auch anderen Jugendlichen die Teilnahme an diesen ermöglicht wird, so leisten sie doch einen wichtigen Beitrag für die jungen Strafgefangenen, zumindest vorbereitend an der digitalisierten Gesellschaft teilzuhaben.

Literatur

Bröckling, G. (2017). Inklusion. In B. Schorb, A. Hartung-Griemberg & C. Dallmann (Hrsg.), Grundbegriffe Medienpädagogik (S. 160-164). München: kopaed.

Dönges, C., Hilpert, W. & Zurstrassen, B. (Hrsg.) (2015). Didaktik der inklusiven politischen Bildung. Bonn: Bundeszentrale für politische Bildung.

Gruber, A. (2013). Internet im Knast. Häftlinge sind offline. http://www.zeit.de/digital/internet/2013-09/internet-gefaengnis-jva-tegel/komplettansicht [07.2017].

Heinz, W. (2016). Jugendkriminalität – Zahlen und Fakten. http://www.bpb.de/politik/innen politik/gangsterlaeufer/203562/zahlen-und-fakten [24.07.2017].

Justizministerium des Landes Nordrhein-Westfalen. (2013). Podknast. Das Internet kennt keine Gitter. Düsseldorf.

Landesjugendstrafvollzugsgesetz Rheinland-Pfalz (LJStVollzG). 2007. http://www.dvjj.de/sites/default/files/medien/imce/documente/themenschwerpunkte/jugendstrafvollzug/rheinland-pfalz-JStVollzG %20RLP2.pdf [29.5.2018].

Meier, J. (2015). Jugendliche Gewalttäter zwischen Jugendhilfe- und krimineller Karriere. Abschlussbericht. https://www.dji.de/fileadmin/user_upload/jugendkriminalitaet/AST_Abschlussbericht_Gewalttaeter.pdf [24.07.2017].

Ministerium der Justiz Landes Nordrhein-Westfalen. (2017). Jugendstrafvollzug. Rechtsgrundlage und Informationen zum Jugendstrafvollzug. https://www.justiz.nrw.de/Gerichte_Behoerden/Justizvollzug/justizvollzug1/jugendstrafvollzug/index.php [02.09.2017].

Reiss, K. Grundbildung im Jugendstrafvollzug. (2011). https://www.alphabetisierung.de/file admin/files/Dateien/RAUS/Dokumente/2011_Grundbildung_im_Jugendstrafvollzug.pdf [29.05.2018].

Schluchter, J-R. (2012). Editorial. Ludwigsburger Beiträge zur Medienpädagogik. Themenheft Medienpädagogik und Inklusion, 15. www.ph-ludwigsburg.de/fileadmin/subsites/1b-mpxx-t-01/user_files/Online-Magazin/Ausgabe15/Editorial15.pdf [04.09.2017].

Stelly, W. & Thomas, J. (2015). Evaluation des Jugendstrafvollzugs in Baden-Württemberg, Bericht 2013-2014. www.jura.uni-tuebingen.de%2Feinrichtungen%2Fifk%2Fhomepages%2Fstelly%2Fveroeffentlichungen%2Fevaluationsbericht-jugendstrafvollzug-2013-2014&usg=AOvVaw3yNiiJRAPtmdfRTu98MOdE [29.05.2018].

Walkenhorst, P. (2010). Jugendstrafvollzug. Aus Politik und Zeitgeschichte, 7. http://www.bpb.de/apuz/32971/jugendstrafvollzug?p=all [03.09.2017].

Walkenhorst, P. (2002). „Gute Schulen“ im Jugendstrafvollzug – Jugendstrafvollzug als „gute Schule“ – Überlegungen zu Voraussetzungen und Möglichkeiten. In M. Bereswill & T. Höynck (Hrsg.), Jugendstrafvollzug in Deutschland. Grundlagen, Konzepte, Handlungsfelder. Beiträge aus Forschung und Praxis. Mönchengladbach: Forum Verl. Godesberg.

Berufsfeld Tagesförderung/ Wohneinrichtungen

Michael Mayerle

Als eine Schwierigkeit der Identifizierung von Potenzialen der inklusiver Medienbildung in den Feldern Wohnen und Tagesförderung erweist sich zunächst der Umstand, dass inklusive Medienbildung den Zugang aller Menschen zu Medienbildung – unabhängig von Behinderung, psychischer Erkrankung oder Alter – im Blick hat, dass die institutionalisierten Unterstützungsangebote in den Feldern, auf die sich dieser Beitrag bezieht, Personen (oder Gruppen) mit Hilfebedarfen bzw. zugeschriebenen Merkmalen im Blick haben, die auf der Grundlage dieser Zuschreibungen in einer bestimmten Einrichtungsform wohnen bzw. auf bestimmte Unterstützungsangebote angewiesen sind.

Vor diesem Hintergrund soll inklusive Medienbildung als Zielperspektive in Wohnen und Tagesförderung verstanden werden, auch wenn die gewählte Grenzziehung entlang institutionell vorgefundener Strukturen verläuft und nicht unmittelbar die Lebenswelt des einzelnen Menschen zum Ausgangspunkt hat. Nach Ansicht des Autors hängen die Potenziale von inklusiver Medienbildung stark von der Entwicklung der Angebotsstrukturen ab, die im Folgenden kurz dargestellt werden sollen.

1 Zur Struktur und Entwicklung der Felder Wohnen und Tagesförderung

Die Felder Wohnen und Tagesförderung sind in besonderer Weise geprägt von institutionalisierten Angebotsformen, zum Beispiel des Unterstützten Wohnens und der Tagesförderung in den Praxisfeldern Behindertenhilfe und Gemeindepsychiatrie.

Im Feld der Behindertenhilfe hat die fachwissenschaftliche Auseinandersetzung mit dem Selbstbestimmungsprinzip und der Individualisierung von Hilfen die Entwicklung von bedarfsgerechten Wohn- und Unterstützungsformen eingefordert, die in den 1990er und vor allem 2000er Jahren zur Entstehung von neuen Einrichtungsformen wie Außenwohngruppen und ambulanten Hilfen geführt haben (vgl. Theunissen & Schirbort 2006, vgl. Rohrmann 2003, vgl. Niediek 2010). Gleichzeitig wurden eher stationäre Wohnformen mehr und mehr in Frage gestellt (Brachmann 2011, S. 11-14). Analog zu den Entwicklungen in der Behindertenhilfe ist im Feld der Gemeindepsychiatrie seit der Psychiatrie-Enquête 1975 eine starke Ausdifferenzierung gemeindenaher Wohnangebote zu beobachten. Insgesamt vollzog sich ein Paradigmenwechsel „Von der Anstalts- zur Patientenorientierung“ (Vieten 2001) und zu einem Vorrang der ambulanten gegenüber den stationären Hilfen. Die Angebote der Gemeindepsychiatrie umfassen heute „gemeinde-integrierte Hilfen in Tagesstätten, Übergangswohnheimen, betreuten Wohngemeinschaften, Rehabilitationswerkstätten, Sozialpsychiatrischen Diensten, Kriseninterventionsdiensten sowie niedrigschwelligen Begegnungsstätten und Gemeindeclubs für psychisch Kranke.“ (Hörster 2008, S. 369)

Tages(-förder-)stätten bieten jugendlichen und erwachsenen Menschen mit mehrfachen bzw. schweren Behinderungen oder auch psychischen Erkrankungen individuelle, tagesstrukturierende Förderangebote.

> „Ihre Aufgabe besteht darin, durch geeignete psychologische, pädagogische und therapeutische Maßnahmen Menschen mit schweren Behinderungen die Teilhabe am Leben in der Gemeinschaft und die Ausübung einer der Behinderung entsprechenden Tätigkeit zu ermöglichen, zur Weiterentwicklung ihrer Gesamtpersönlichkeit beizutragen und sie ggf. auf die Arbeit in einer [...] Werkstatt für behinderte Menschen (WfbM) vorzubereiten.“ (Jankuhn 2017, S. 901)

Es handelt sich um ein „angepasstes Angebot an Beschäftigungsmöglichkeiten [...], die der Arbeitswelt zuzuordnen sind“ (ebd.), und um Bildungsangebote, die an den Interessen und Fähigkeiten der Menschen ansetzen und dazu beitragen, ihre persönlichen, sozialen und lebenspraktischen Fähigkeiten weiterzuentwickeln (vgl. ebd.). Tagesförderung richtet sich an Personen, die nicht in einer Werkstatt für Menschen mit Behinderungen oder vergleichbaren Formen arbeiten können. Hierbei ist unter anderem an diejenigen Personen zu denken, die einen hohen Unterstützungsbedarf (zum Beispiel durch Pflege) aufweisen, welcher in der WfbM nicht durch entsprechendes Personal gedeckt werden kann (vgl. ebd.).

2 Zur individuellen und sozialen Bedeutung von Wohnen und Beschäftigung

Mit Wohnen verbindet sich „einerseits die gebaute und gestaltete Umwelt, andererseits ein zentrales soziales Handlungsfeld des Menschen, in dem Sozialisation, Kommunikation, Rekreation und Selbstverwirklichung geschieht. Wohnen bedeutet [...] nicht nur, dauerhaft an einem Ort zu sein, sondern bildet für beinahe jeden Menschen in unserer Gesellschaft den Mittelpunkt der Lebensgestaltung.“ (Schwarte & Oberste-Ufer 2001, S. 22).

Schon vor der Digitalisierung und Mediatisierung des sozialen Handelns und sämtlicher Lebenswelten (vgl. Krotz 2001) war die Komplexität des Wohnens und seiner gesellschaftlichen Funktionen enorm, wie das Modell der „Sozialen Wohnverfassung" (Teuteberg 1985, S. 3, Schwarte & Oberste-Ufer 2001, S. 23) veranschaulicht. Es fällt auf, dass in dem über 30 Jahre alten Modell einer Sozialen Wohnverfassung elektronische Mediengeräte noch nicht explizit benannt werden. Auch 15 bis 20 Jahre später – in der Hochphase der Qualitätsmanagement-Diskussion in Wohneinrichtungen der Behindertenhilfe (vgl. Wetzler 2003, Schwarte & Oberste-Ufer 2001) – wurde die Bedeutung der Mediengeräte und des zu jener Zeit in den Privathaushalten angekommenen Internets im entsprechenden Fachdiskurs zu stationärem Wohnen nicht thematisiert, auch wenn in der Sonderpädagogik erste Publikationen zur Technologienutzung vorgelegen haben (Lamers 1999).

Nichtsdestotrotz könnte das Teuteberg'sche Modell als Ausgangspunkt für die Entwicklung eines „Modells der Sozialen Wohnverfassung im Zeitalter von Digitalisierung und Mediatisierung" darstellen, wie es in Abbildung 1 (S. 173) skizziert wird.

Bezüglich des Zusammenwirkens der individuellen Unterstützungsformen in den Feldern Wohnen und Tagesstruktur wird hier die sozialpädagogische Position vertreten, dass die Gestaltung und Bewältigung eines „normalen Alltags" (Schwarte & Oberste-Ufer 2001, S. 201) als übergeordnetes Ziel für alle Unterstützungsdienste gelten sollte.

In unterschiedlichen Publikationen, bezogen auf die Berufsfelder Behindertenhilfe und Gemeindepsychiatrie, wird dabei auf die Problematik der Zeitstrukturen im Tagesablauf hingewiesen (z. B. Beermann 1991, S. 11-13, Schwarte & Oberste-Ufer 2001, S. 235-240, Tamm 2015, S. 102-104).

Hier geht es darum, dass Angebote und Unterstützungsformen darauf abzielen sollten, den individuellen Alltagsrhythmus zu erleichtern, keinesfalls jedoch den Alltag ersetzen sollten (vgl. Schwarte & Oberste-Ufer 2001, S. 235). Vor allem aber sollten sich die Zeitstrukturen nicht in erster Linie an den Arbeitsabläufen und Routinen der Unterstützungsdienste orientieren, sondern an den Grundbedürfnissen der Adressat_innen. Eine Tagesförderstätte sollte also an den Interessen und Fähigkeiten der Menschen ansetzen und neben der Förderung von alltagspraktischen Fähigkeiten und Fertigkeiten auch Angebote bezüglich der Grundbedürfnisse soziale Zugehörigkeit und gesellschaftliche Anerkennung leisten. Konkret bedeutet dies, dass die Nutzer_innen nicht nur lernen, einen Computer zu bedienen und das Internet zu nutzen, sondern dass in konzeptionellen Vorstellungen einer Einrichtung auch die Potenziale von digitaler Teilhabe und inklusiver Medienbildung berücksichtigt werden (vgl. Mayerle 2015b).

Abb. 1: Soziale Wohnverfassung im Zeitalter von Digitalisierung und Mediatisierung (modifizierte Darstellung nach Teuteberg 1985, S. 3)

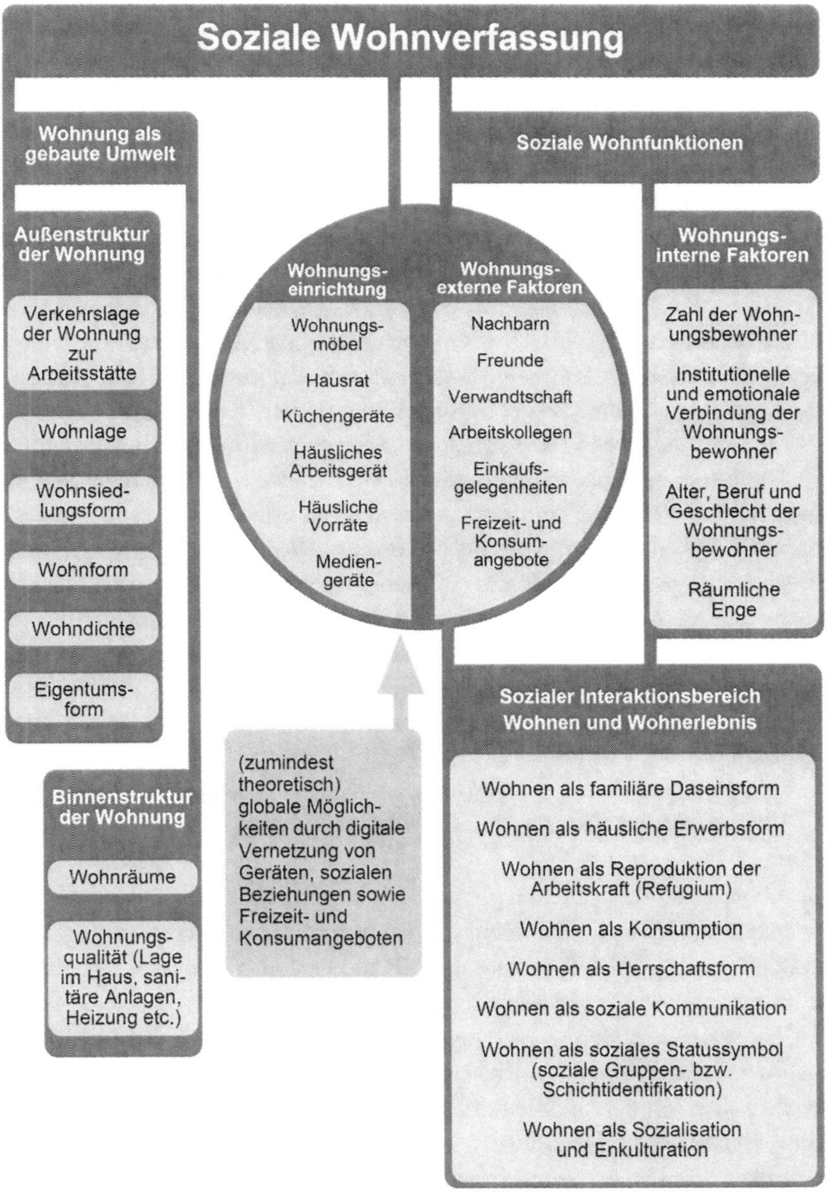

3 Medienbildung in Wohnen und Tagesförderung

Bei der Weiterentwicklung individueller und flexibler Hilfen im Feld des Wohnens und der Unterstützungsdienste für Menschen mit Behinderungen ist in den letzten Jahren ein rasanter Anstieg des Einsatzes von Informations- und Kommunikationstechnologien zu beobachten (vgl. Mayerle 2015a, S. 9). Während die neuen Technologien bei Menschen mit körperlichen Behinderungen und Sinnesbehinderungen (zum Beispiel zur Unterstützung der Kommunikation) bereits häufig zum Einsatz gebracht werden, ohne sich dabei jedoch explizit an den Zielen von (inklusiver) Medienbildung zu orientieren, sind diese im Feld der Hilfen für Menschen mit einer geistigen Behinderung noch deutlich unterrepräsentiert (vgl. ebd.). Diese Beobachtung hängt offenbar mit der tradierten Vorstellung zusammen, dass Menschen mit einer geistigen Behinderung spezielle Orte zum Leben benötigen, die sie vor den Anforderungen des Lebens in der modernen Gesellschaft schützen (vgl. ebd.). Vor diesem Hintergrund prägen weiter pädagogisch gestaltete Sonderwelten im Bereich der Bildung, der Beschäftigung und der Gestaltung des Alltags den Lebenslauf der Menschen (vgl. ebd.). Auf Seiten der Professionellen herrscht möglicherweise auch eine eher skeptische Haltung gegenüber der Nutzung neuer Technologien vor, die mit den Kennzeichen von Bewahrpädagogik in der Medienbildung von Kindern und Jugendlichen (vgl. Hoffmann 2008) vergleichbar ist, mit dem Unterschied, dass die bewahrpädagogischen Sichtweisen sich hier auf die Mediennutzung von erwachsenen Menschen beziehen.

4 Vorgelagerte Barrieren von Medienbildung

Wie auch an anderen Stellen in diesem Handbuch deutlich wird, weist die Forschung zur inklusiven Medienbildung weiterhin deutliche Lücken auf (vgl. auch Freese & Mayerle 2013, S. 5). Dies betrifft die Personengruppe der Menschen mit so genannter geistiger Behinderung und in besonderem Maße die Felder des Unterstützten Wohnens (vgl. Reichstein 2016, S. 81) sowie der Tagesförderung. In einer der wenigen (nicht repräsentativen) Studien zur Internetnutzung von Menschen mit Behinderung „Web 2.0/barrierefrei“, herausgegeben von der Aktion Mensch (Berger et al. 2010), wird auch das Problem deutlich, dass schon durch die Wahl der Erhebungsinstrumente – in diesem Fall eine barrierefreie Onlinebefragung – bestimmte Personen und Gruppen ausgeschlossen werden, zum Beispiel wenn sie keine Zugangsmöglichkeit zum Internet besitzen. Den Beobachtungen von Berger et al. hängen diese „vorgelagerten Barrieren“ (ebd., S. 59, vgl. auch Reichstein 2016) nicht alleine mit fehlenden Medienkompetenzen zusammen, sondern vor allem auch mit den fehlenden finanziellen Mitteln zur Beschaffung von internetfähigen Geräten bzw. für den Besuch eines Internetcafés (vgl. auch Reichstein 2016, S. 81). Auch gibt es signifikante Hinweise darauf, dass tendenziell weiterhin Zugänge zu internetfähigen Geräten für diejenigen Menschen versperrt sind, die in eher stationären Einrichtungen wohnen (vgl. Berger et al. 2010, S. 59, vgl. Reichstein 2016, S. 81, vgl. Göthling & Düber 2013, vgl. Bosse & Hasebrink 2016).

Parallel zu den weiter vorhandenen Vorbehalten gegenüber Mediennutzung aus der Perspektive von Professionellen sind in den letzten Jahren einige Projekte und Unterstützungsdienste von Trägern der Behindertenhilfe entstanden, die unter anderem ein breites Medienbildungsangebot für Menschen mit Behinderung vorhalten und den Zugang zu Mediengeräten und Anwendungen – zumindest für einen eingeschränkten Personenkreis – gewährleisten können (vgl. Mayerle 2015a).

5 Potenziale von inklusiver Medienbildung in den Feldern Wohnen und Tagesförderung

Anknüpfend an frühere Entwürfe (z. B. Bosse 2017, S. 58-66, Freese & Mayerle 2013, Mayerle 2015b) wird im Folgenden der Versuch unternommen, die Potenziale dieser bislang deutlich unterrepräsentierten Perspektive in den Feldern Wohnen und Tagesförderung zu skizzieren.

5.1 Potenziale einer Weiterentwicklung der Angebotsstrukturen

> „Insgesamt zeigt sich […] das Erfordernis, für eine befähigende Begleitung des Aufwachsens mit digitalen Medien beteiligungsbezogene Macht- und Ungleichheitslagerungen mit Blick auf Ressourcenungleichheiten, Aneignungspotentiale, kommunikative ‚Anschlussprozesse', anbieterseitige Strukturen und politischen Steuerungsmechanismen zu analysieren und auch im Kontext politischer Förderprogrammatiken sowie pädagogischer Angebote und Konzepte zu berücksichtigen.“ (Kutscher 2015, S. 14)

Diese Forderung in Bezug auf Kinder und Jugendliche lässt sich auf die Zielgruppe Erwachsene, die von der Fortschreibung und Verschärfung von Sozialer Ungleichheit durch Digitalisierung (vgl. Verständig, Klein & Iske 2016, S. 51) betroffen oder bedroht sind, übertragen, insbesondere auf Menschen, die in stark institutionalisierten Kontexten wohnen oder einer arbeitsähnlichen Beschäftigung nachgehen. Auch wenn diese Felder bislang wenig erforscht sind, verdichten sich die Hinweise darauf, dass der Zugang zu Informationstechnologien und zu Angeboten der Medienbildung für diesen Personenkreis häufig von einer örtlich sehr unterschiedlichen Ausstattung in Wohnstätten, Wohngruppen und Tagesförderstätten und von den konzeptionellen Ausrichtungen der Einrichtungen abhängt. Hier sind politische Förderprogramme und -systematiken, Angebotsstrukturen und pädagogische Konzepte in der Weise weiterzuentwickeln, dass die Anforderungen der UN-Behindertenrechtskonvention, zum Beispiel bezüglich des freien Zugangs zu neuen Technologien und Informationen und der gleichberechtigten Teilhabe (vgl. Kempf 2013, S. 17), erfüllt werden können. Dies betrifft in besonderer Weise die Unterstützungsdienste in Wohnen und Beschäftigung, weil diese zentrale Lebensbereiche von Menschen gestalten und ausstatten. Zentral erscheint dabei, inwieweit es gelingt, Perspektiven der inklusiven Medienbildung in einem flächendeckenden System der Regelversorgung (zum Beispiel im gemeindepsychiatrischen Verbundsystem, vgl. Hörster 2008, S. 374ff.) zu etablieren und mit anderen fachlichen Perspektiven zu verzahnen. Dazu erscheint es unter anderem notwendig, (inklusive) Medienbildung und entsprechende Unterstützungsdienste in eine Regelförderung zu überführen (vgl. Mayerle 2015b, S. 50, vgl. Deutscher Bundestag 2017, S. 302), weil die sporadische Förderung von modellhaften Projekten nicht geeignet ist, verbindliche und verlässliche Orientierungen zu generieren. Außerdem erscheint es sinnvoll, die Entwicklung dieser Hilfen zunehmend im Zusammenhang mit der kommunalen Planung von inklusionsorientierten Unterstützungsdiensten zu betrachten (vgl. Rohrmann, Schädler, Kempf, Konieczny & Windisch 2014). Hierbei ist es unerlässlich, dass Unterstützungsangebote und -dienste der inklusiven Medienbildung (weiter)entwickelt werden (vgl. Mayerle 2015a, S. 57f.). Ein konzeptioneller Vorschlag ist hier die Schaffung von „regionalen inklusiven Orten zur Weiterentwicklung der digitalisierten Gesellschaft" (Freese & Mayerle 2015, S. 395), an denen Medienbildung, politische Bildung sowie inter- und transdisziplinäre Forschung stattfindet. Diese Zentren könnten z. B. ambulante Unterstützungsangebote für Menschen im stationären Wohnen weiterentwickeln, wie sie vereinzelt schon existieren, zum Beispiel im PIKSL-Labor in Düsseldorf (vgl. Mayerle 2015b, S. 50).

5.2 Potenziale einer Weiterentwicklung von fachlichen Perspektiven

In einer Sozialen Wohnverfassung vor dem Hintergrund von Digitalisierung haben sich eine Vielzahl von Wohnungseinrichtungsgegenständen verändert – in kulturüblichen Haushalten sind nicht mehr nur Computer, Smartphone oder Tablet-PCs global vernetzt, sondern zunehmend auch weitere Gegenstände des Hausrats wie Küchengeräte zu finden, wenn auch die Nutzung dieser intelligenten Geräte im Vergleich zur Nutzung von Smartphones noch gering ist (vgl. Initiative D21, S. 38). Durch die Möglichkeit, theoretisch jederzeit mit unterschiedlichen Menschen überall auf der Welt in Kontakt treten zu können, Freizeit-, Konsum- und auch Beschäftigungsmöglichkeiten wahrzunehmen oder einzukaufen, hat sich die Bedeutung der Wohnung als gebaute Umwelt sowie die Bedeutung von externen Faktoren im Umfeld der Wohnung wie Nachbarschaft, Freunde, Verwandtschaft und Einkaufsgelegenheiten möglicherweise stark verändert. In institutionellen Kontexten von Wohnen bedeutet dies, dass die neuen digitalen Technologien Teilhabechancen in *sämtlichen Lebensbereichen* eröffnen, die räumlich über das enge Wohnumfeld und erst recht über ein durch Betreuung geprägtes Umfeld im institutionellen Wohnen (vgl. Mayerle 2015b, S. 7) hinausragen. Gleichzeitig birgt die digitale Vernetzung des Wohnens Risiken, zum Beispiel Isolation, diskriminierende Erfahrungen, Verletzungen des Datenschutzes, Suchtgefahren, Gewalt und Ausbeutung, denen jedoch nicht mit bewahrpädagogischen Handlungskonzepten begegnet werden darf, weil dadurch elementare Grundrechte von erwachsenen Menschen verletzt würden, vor allem bezüglich des freien und gleichberechtigten Zugangs zu neuen Technologien und Informationen sowie zu entsprechenden Bildungsangeboten (vgl. Kempf 2013, S. 17).

Pädagogische Handlungskonzepte haben sich den veränderten Leitgedanken in Behindertenhilfe und Gemeindepsychiatrie (selbstbestimmte Teilhabe, Individualisierung) und in Bezug auf die sich verändernden Möglichkeiten von Selbst- und Peer-Sozialisation (vgl. Zinnecker 2000) vor dem Hintergrund von Digitalisierung und Mediatisierung (vgl. Sutter 2010) zu stellen und neue fachliche Perspektiven einzubeziehen und neu zu entwickeln, die angemessen erscheinen, den neuen Anforderungen gerecht zu werden. Ein Ansatz könnte dabei die inklusive Medienbildung sein, die den Erwerb von Medienkompetenz (vgl. Baacke 1996) und den Zugang zu (Medien-)Bildungsoptionen und -chancen (vgl. Jörissen & Marotzki 2009, S. 30) in den Mittelpunkt pädagogischer Bemühungen rückt und als Voraussetzung für gesellschaftliche Teilhabe begreift (vgl. Schluchter 2010, vgl. Bosse 2017, S. 58f.). Bei der zukünftigen Weiterentwicklung medienpädagogischer Handlungskonzepte in Wohnen und Beschäftigung ist aus meiner Sicht künftig noch deutlicher die sozialpädagogische Perspektive eines gelingenden Alltags zu betonen, wonach ‚Wohnen' nicht gleichzusetzen ist mit ‚Training' und ‚sinngebende Beschäftigung' nicht automatisch ‚Tagesförderung' bedeutet. Ein sozialpädagogisch erweitertes Handlungskonzept der inklusiven Medienbildung würde die alltägliche Mediennutzung im ‚normalen' Alltag von Wohnen und Tagesförderung verorten und dort Lernerfahrungen ermöglichen. Jenseits von Förderplänen und Curricula würde die selbstgesteuerte und durch Pädagog_innen begleitete Aneignung von Medien im Mittelpunkt stehen und durch Möglichkeiten der gemeinsamen medienpraktischen Betätigung und des Lernens von und mit Peers ergänzt (vgl. Sutter 2010). Einer interdisziplinären Verschränkung, vor allem von förder- und sozialpädagogischen Sichtweisen, in einer Perspektive der inklusiven Medienbildung werden hier die größten Chancen eingeräumt, den aktuellen fachlichen Anforderungen in Wohnen und Beschäftigung angemessen zu begegnen.

5.3 Potenziale der Forschung

Neben einer Grundlagenforschung in Erziehungswissenschaft und Sozialwissenschaften, die danach fragt, „wie gesellschaftliche Teilnahme an und Teilhabe in digitalen Räumen [...] zu konzeptualisieren und zu analysieren sind" (Verständig et al. 2016, S. 53) bzw. Fragen „im Kontext der Inklusion ÜBER Medien und der medialen Zugänglichkeit" (Bosse 2017, S. 62) stellt, ist unter der Perspektive von inklusiver Medienbildung eine anwendungsbezogene Praxisforschung von Nöten, welche die Teilhabemöglichkeiten in digitalen Räumen von Bewohner_innen stationärer Wohnformen in den Blick nimmt und Prozesse der (kommunalen) Planung und Entwicklung von Angebotsstrukturen und die Entwicklung von Einrichtungsformen, Unterstützungsdiensten und pädagogischen Handlungskonzepten vor einem fachwissenschaftlichen Hintergrund begleitet und evaluiert. Und schließlich gehört zu den Potenzialen der Forschung „eine tiefergehende theoretische Fundierung der Schnittmenge zwischen Medienpädagogik, sozialer Arbeit und Sonderpädagogik" (Bosse 2017, S. 63), die in der Lage ist, einen eigenständigen fachwissenschaftlichen Hintergrund zu bilden.

Literatur

Baacke, D. (1996). Medienkompetenz als Netzwerk. Medien praktisch: medienpädagogische Zeitschrift für die Praxis 20 (TS – SOLI (c) GESLeibniz-Institut für Sozialwissenschaften), 4-10.

Beermann, M. (1991). Unser Heim entwickelt sich fort. In K. Dörner (Hrsg.), Aufbruch der Heime (S. 10-31). Gütersloh: Verl. Jakob van Hoddis.

Berger, A, Caspers, T., Croll, J., Hofmann, J., Kubicek, H. & Peter, Ulrike et al. (2010). Web 2.0/ Barrierefrei. Eine Studie zur Nutzung von Web 2.0 Anwendungen durch Menschen mit Behinderung. In Aktion Mensch (Hrsg.), http://www.digitale-chancen.de/transfer/downloads/ MD967.pdf.

Bosse, I. & Hasebrink, U. (2016). Mediennutzung von Menschen mit Behinderungen. Forschungsbericht. Unter Mitarbeit von Annegret Haage, Sascha Hölig, Sebastian Adrian und Gudrun Kellermann. Bonn. Online verfügbar unter https://www.aktion-mensch.de/dam/jcr:8b186ca0-b0f1-46f8-acb1-a59f295b5bb4/aktion-mensch-studie-mediennutzung-langfassung-2017-03.pdf [07.04.2017].

Bosse, I. (2017). Medienbildung und Inklusion: wechselseitige Partizipationsgewinne. Zwischen Freiräumen, Familie, Ganztagsschule und virtuellen Welten – Persönlichkeitsentwicklung und Bildungsanspruch im Jugendalter. München (Materialien zum 15. Kinder- und Jugendhilfebericht). http://www.dji.de/fileadmin/user_upload/bibs2017/15_KJB_Bosse_neu.pdf [07.04.2017].

Brachmann, A. (2011). Re-Institutionalisierung statt De-Institutionalisierung in der Behindertenhilfe. Neubestimmung der Funktion von Wohneinrichtungen für erwachsene Menschen mit geistiger Behinderung. Wiesbaden: Springer Fachmedien.

Chassé, K.A. & Wensierski, H.-J. (Hrsg.) (2008). Praxisfelder der sozialen Arbeit (4., aktualisierte Aufl.). Weinheim [u. a.]: Juventa (Grundlagentexte soziale Berufe).

Deutscher Bundestag, 18. Wahlperiode (2017). Bericht über die Lebenssituation junger Menschen und die Leistungen der Kinder- und Jugendhilfe in Deutschland. 15. Kinder- und Jugendbericht. Drucksache 18/11050 vom 01.02.2017. https://www.bmfsfj.de/blob/115438/

d7ed644e1b7fac4f9266191459903c62/15-kinder-und-jugendbericht-bundestagsdrucksache-data.pdf [15.07.2017].

Freese, B. & Mayerle, M. (2013). Digitale Teilhabe – zum Potenzial der neuen Technologien im Alltag von Menschen mit Lernschwierigkeiten. SIEGEN:SOZIAL. Analysen, Berichte, Kontroversen 18(1), 4-15. http://dokumentix.ub.uni-siegen.de/opus/volltexte/2014/785/ [17.07.2017].

Freese, B. & Mayerle, M. (2015). Digitale Teilhabe als Teil einer barrierefreien (E-)Partizipationskultur am Beispiel des PIKSL-Labors. In M. Düber, A. Rohrmann & M. Windisch (Hrsg.), Barrierefreie Partizipation. Entwicklungen, Herausforderungen und Lösungsansätze auf dem Weg zu einer neuen Kultur der Beteiligung (1. Aufl., S. 382-395). Weinheim und Basel: Beltz Juventa.

Göthling, S. & Düber, M. (2013). Dann kriegen alle graue Haare und keiner sagt: Das verstehe ich nicht. Barrieren im Internet für Menschen mit Lernschwierigkeiten. In SIEGEN:SOZIAL. Analysen, Berichte, Kontroversen 18(1), 24-29. http://dokumentix.ub.uni-siegen.de/opus/volltexte/2014/785/ [04.07.2017].

Hörster, R. (2008). Sozialpsychiatrie und Soziale Arbeit. In K. A. Chassé und H. J. Wensierski (Hrsg.), Praxisfelder der sozialen Arbeit (4., akt. Aufl., S. 369-383). Weinheim und München: Juventa (Grundlagentexte soziale Berufe).

Hoffmann, B. (2008). Bewahrpädagogik. In F. von Gross, K.-U. Hugger & U. Sander (Hrsg.), Handbuch Medienpädagogik (1. Aufl.). Wiesbaden: VS Verlag für Sozialwissenschaften.

Initiative D21 (2018). D21-Digital-Index 2017/2018. Jährliches Lagebild zur Digitalen Gesellschaft. https://initiatived21.de/publikationen/d21-digital-index-2017-2018/ [15.03.2018].

Jankuhn, R. (2017). Tagesförderstätte für schwerst- und mehrfachbehinderte Jugendliche und Erwachsene. In Deutscher Deutscher Verein für öffentliche und private Fürsorge e.V. (Hrsg.), Fachlexikon der Sozialen Arbeit (8., völlig überarb. und akt. Aufl., S. 901). Baden-Baden: Nomos-Verl.-Ges.

Jörissen, B. & Marotzki, W. (2009). Medienbildung. Bad Heilbrunn: Klinkhardt (UTB, 3189: Erziehungswissenschaft, Medienbildung).

Kempf, M. (2013). Digitale Teilhabe und UN-Behindertenrechtskonvention. SIEGEN:SOZIAL. Analysen, Berichte, Kontroversen. 18(1), 16-23. http://dokumentix.ub.uni-siegen.de/opus/volltexte/2014/785/index.html [15.07.2017].

Krotz, F. (2001). Die Mediatisierung kommunikativen Handelns. Der Wandel von Alltag und sozialen Beziehungen, Kultur und Gesellschaft durch die Medien (1. Aufl.). Zugl.: Hamburg, Univ., Phil. und Sozialwiss., Habil.-Schr. 2001.Wiesbaden: Westdt. Verl.

Kutscher, N. (2015). Mediatisierung der Kinder- und Jugendhilfe. Herausforderungen der digitalen Gesellschaft für professionelle Handlungskontexte. Archiv für Wissenschaft und Praxis der sozialen Arbeit, H. 2, 4-20.

Lamers, W. (Hrsg.) (1999). Computer- und Informationstechnologie. Geistigbehindertenpädagogische Perspektiven. Düsseldorf: Verl. Selbstbestimmtes Leben.

Mayerle, M. (2015a). Woher hat er die Idee? Selbstbestimmte Teilhabe von Menschen mit Lernschwierigkeiten durch Mediennutzung. Abschlussbericht der Begleitforschung im PIKSL-Labor. Siegen: universi (ZPE-Schriftenreihe, 40). http://dokumentix.ub.uni-siegen.de/opus/volltexte/2015/948/index.html [24.11.2015].

Mayerle, M. (2015b). Medienbildung als Beitrag zur kulturellen Teilhabe von Menschen mit Behinderung. SIEGEN:SOZIAL. Analysen, Berichte, Kontroversen 20(1), 44-53.

Niediek, I. (2010). Das Subjekt im Hilfesystem. Eine Studie zur individuellen Hilfeplanung im unterstützten Wohnen für Menschen mit einer geistigen Behinderung (1. Aufl.). Wiesbaden: VS, Verl. für Sozialwiss.

Reichstein, M. F. (2016). Teilhabe an der Gesellschaft? Über (vorgelagerte) Barrieren bei/in der Nutzung digitaler Medien durch Menschen mit einer sogenannten geistigen Behinderung. Teilhabe (2), 80-85.

Rohrmann, A. (2003). Individualisierung und Behinderung. Diss. Univ., Siegen. Fachbereich 2 (Erziehungswissenschaft – Psychologie – Sportwissenschaft).

Rohrmann, A., Schädler, J., Kempf, M., Konieczny, E. & Windisch, M. (2014). Inklusive Gemeinwesen Planen. Siegen: Zentrum für Planung und Evaluation Sozialer Dienste der Universität Siegen (ZPE-Schriftenreihe, 36).

Schluchter, J.- R. (2010). Medienbildung mit Menschen mit Behinderung. München: kopaed (Reihe medienpädagogische Praxisforschung, 5).

Schwarte, N. & Oberste-Ufer, R. (2001). LEWO II. Lebensqualität in Wohnstätten für erwachsene Menschen mit geistiger Behinderung (2. Aufl.). Marburg: Lebenshilfe-Verl.

Sutter, T. (2010). Medienkompetenz und Selbstsozialisation im Kontext von Web 2.0. In B. Herzig, D. M. Meister, H. Moser & H. Niesyto (Hrsg.), Medienkompetenz und Web 2.0. Jahrbuch Medienpädagogik 8, S. 41-58. Wiesbaden: VS Verlag für Sozialwiss.

Tamm, J. (2015). Ambulant Betreutes Wohnen aus der Perspektive Psychiatrieerfahrener. Siegen: universi – Univ.-Verl. Siegen.

Teuteberg, H. J. (Hrsg.) (1985). Homo habitans. Zur Sozialgeschichte des ländlichen und städtischen Wohnens in der Neuzeit. Münster: Coppenrath (Studien zur Geschichte des Alltags, 4).

Theunissen, G. & Schirbort, K. (Hrsg.) (2006). Inklusion von Menschen mit geistiger Behinderung. Zeitgemäße Wohnformen, soziale Netze, Unterstützungsangebote. Stuttgart: Kohlhammer.

Verständig, D., Klein, A. & Iske, S. (2016). Zero-Level Digital Divide. Neues Netz und neue Ungleichheiten. SIEGEN:SOZIAL. Analysen, Berichte, Kontroversen 21(1), 50-55.

Vieten, B. (2001). Von der Anstalts- zur Patientenorientierung. Aachen: Shaker.

Wetzler, R. (2003). Qualitätsmanagement in Wohneinrichtungen der Behindertenhilfe. Eine empirische Bestandsaufnahme. Freiburg im Breisgau: Lambertus.

Zinnecker, J. (2000). Selbstsozialisation. Essay über ein aktuelles Konzept. Zeitschrift für Sozialisationsforschung und Erziehungssoziologie, 20(3), 272-290.

Berufsfeld Kulturelle Bildung

Melanie Schaumburg

Seit der Ratifizierung der Behindertenrechtskonvention der Vereinten Nationen prägt der Begriff der Inklusion die deutsche Bildungslandschaft. Auch die Kulturelle (Medien-)Bildung setzt sich unlängst mit diesem Thema in Theorie und Praxis auseinander. Es geht dabei um das Recht der uneingeschränkten Teilhabe an Kultur und Bildung. Daraus ergibt sich die zentrale Frage, wie Bildungsangebote, auch im Rahmen von kultureller Medienbildung, menschenrechtsbasiert entwickelt und umgesetzt werden können. Dieser Beitrag befasst sich nach einer grundlegenden Auseinandersetzung mit dem Begriff der kulturellen Bildung insbesondere mit den Anforderungen, die sich durch das Leitprinzip der Inklusion ergeben.

1 Zum Begriff der kulturellen Bildung

Der Begriff der kulturellen Bildung wurde 1968 durch die Umbenennung der *Bundesvereinigung Musische Bildung* in *Bundesvereinigung Kulturelle Jugendbildung* eingeführt. Der Begriff der musischen Bildung war aufgrund der Kritik der Frankfurter Schule ins Abseits geraten und man benötigte einen neuen Begriff, um Kinder, Jugendliche und junge Erwachsene mit neuen Konzepten anzusprechen (vgl. Fuchs 2009, S. 14, Wolf 2015). Bis heute hat sich *kulturelle Bildung* für die Auseinandersetzung und Erschließung der Welt mit und durch Kunst und Kultur weitestgehend durchgesetzt, wenngleich auch Begriffe wie Jugendkulturarbeit oder ästhetische Bildung Verwendung finden. Kultur wird in diesem Begriffspaar sehr weit gefasst. Er beinhaltet vom Menschen Hervorgebrachtes – dazu gehören Sprache, Rituale, Werte und Normen genauso wie die Art, wie wir uns kleiden, wie wir essen sowie kulturell-ästhetische Artefakte, die eine Kultur hervorbringt wie z. B. Gemälde oder Musikinstrumente. Es geht sowohl um die schönen Künste als auch um Lebensart, daher kann Kultur als ein „Ensemble symbolischer Ordnungen und materieller Praktiken" (Ehrenspeck 2010, S. 203) verstanden werden, die für die eigene Kultur einen Orientierungsrahmen bieten, aber auch Abgrenzung zu anderen Kulturen bedeuten. Bildung, als zweiter Begriff innerhalb dieses Begriffspaares, wird in diesem Kontext als ein Prozess der Persönlichkeits- und Selbstbildung verstanden, der sich in der Auseinandersetzung und Aneignung mit „Objektivationen bisheriger menschlicher Kulturtätigkeiten" (Klafki 2007, S. 21) vollzieht.

In diesem Sinne versteht sich kulturelle Bildung als Bestandteil der Allgemeinbildung (Zacharias 2001, S. 20) die jedem Menschen die Möglichkeit eröffnet „sich zu entfalten, an der Gesellschaft teilzuhaben und die Zukunft aktiv mitzugestalten" (BKJ 2011, S. 8). Kulturelle Bildung unterscheidet sich nicht in ihren Zielen von anderen Formen der Allgemeinbildung, sondern nur in der Auswahl verschiedenster kulturpädagogischer Methoden aus den Bereichen der traditionellen Künste sowie der Spiel-, Museum- und Medienpädagogik (Fuchs 2010, S. 391). Ein Schwerpunkt der pädagogischen Praxis liegt insbesondere in der außerschulischen Arbeit mit Kindern und Jugendlichen. Als Aufgabe der Kinder- und Jugendhilfe ist die kulturelle Bildung im KJHG § 11 (3) seit 1991 gesetzlich verankert. In den Richtlinien des Kinder- und Jugendplans (KJP) des Bundes heißt es, dass Angebote der kulturellen Bildung die individuelle ästhetisch-kulturelle Praxis fördert und Kinder und Jugendliche dazu befähigt werden, sich die Welt über Kunst und Kultur differenziert zu erschließen. Mit Angeboten soll die gesellschaftliche Teilhabe genauso wie personale, soziale und methodische Kompetenzen gefördert werden (BMFSFJ 2016, S. 813). Das Praxisfeld eröffnet hierfür ästhetische Erfahrungsräume, in denen sich Menschen jeden Alters, aber Kinder und Jugendliche im Speziellen, mit sich und der Welt im Kontext von Kultur auseinandersetzen können.

2 Kulturelle Medienbildung

Spielen Medien im Rahmen kultureller Bildung eine wesentliche Rolle, so kann von kultureller Medienbildung gesprochen werden. Der Begriff Medienbildung verdeutlicht, dass die Aufgabe der Medienpädagogik nicht auf die Vermittlung von formalen Fähigkeiten und Fertigkeiten zur instrumentellen und kognitiven Bewältigung im Umgang mit Medien, im Sinne von Bedienkompetenzen, verkürzt werden kann. Vielmehr geht es um Lebenskompetenz, Lebensbewältigung und Teilhabe in einer mediatisierten Welt (Hüther & Podehl 2005, S. 42). Die Lebenswelt von Kindern und Jugendlichen ist in besonderem Maße von Mediatisierung geprägt, denn sie gehören zu den *early adopters* des Medienzeitalters (Moser 2010, S. 140). Auch die Studien des Medienpädagogischen Forschungsverbunds Südwest belegen, dass die mediale Ausstattung von Familien als auch der Gerätebesitz der Jugendlichen selbst, sehr hoch ist (vgl. JIM-Studien, FIM-Studie). Als täglicher Begleiter gehört das Smartphone bei 97 % der Jugendlichen zum Standard (mpfs 2017, S. 8). Aber auch schon Kinder im Kita-Alter wischen, knipsen und schauen Videos mit mobilen Endgeräten (vgl. BLIKK Medienstudie 2017). Die hohe Ausstattung sowie die vielfältigen Anwendungspraxen prägen die Kommunikation und damit auch Sozialisation und Enkulturation von Kindern und Jugendlichen. Durch die tagtägliche und selbstverständliche Nutzung von Smartphone, Computer und Internet erwerben sie schon ein Vielfaches an Medienkompetenz. Diese Vorerfahrungen werden im Rahmen von Medienbildungsangeboten aufgegriffen und die Vertiefung sowie die Erweiterung von Medienkompetenz initiiert (Moser 2010, S. 279).

Im Bereich der kulturellen Bildung kann dies auf zwei Ebenen stattfinden. Zum einen ganz explizit in Form von Medienpädagogik, die im Rahmen medienpädagogischer Angebote Bildungsprozesse ermöglicht. In der Medienpädagogik haben sich dafür insbesondere handlungsorientierte und aktivierende Settings bewährt, allen voran die Methode der Aktiven Medienarbeit, die vielfach als Königsweg der Medienpädagogik bezeichnet wird. In handlungsorientierten Projekten eröffnet sich die Möglichkeit, eigene Medienprodukte zu erstellen und sich während des produktiven Prozesses mit medialen Ausdrucksformen, Medienkritik und Mediengestaltung auseinanderzusetzen. Eigene Weltsichten können artikuliert, reflektiert und durch das mediale Produkt der Öffentlichkeit zugänglich gemacht werden. Dadurch können sich insbesondere soziale und kommunikative Kompetenzen entfalten (Niesyto 2010, S. 397). Die Produkte, die innerhalb von Medienprojekten entstehen, sind vielfältig und reichen von Portraitfotografien über Videos bis hin zu selbst programmierten Computerspielen. Den Teilnehmenden werden in diesen Projekten Freiräume geboten, um Medien für sich zu nutzen, Inhalte und Vorlagen aufzugreifen aber auch eigene Gestaltungen zu erproben. Das globale Ziel dieser handlungsorientierten Praxis ist, Kinder und Jugendliche für ein gelingendes und souveränes Leben in einer Medienkultur stark zu machen (Demmler 2017, S. 17) und ihnen dafür die benötigten Kompetenzen mit auf den Weg zu geben. Im Zentrum stehen dabei die Heranwachsenden mit ihren Interessen, Themen und Lebenslagen. Ihre Alltagserfahrungen und medialen Handlungspraxen werden aufgegriffen und zum Gegenstand des Prozesses gemacht.

Neben den expliziten medienpädagogischen Angeboten kann kulturelle Medienbildung auch in interdisziplinären Projekten umgesetzt werden. In diesen Projekten können unter Einbeziehung digitaler Medien neue künstlerische Ausdrucksformen entstehen. In der Studie *Sind wir on – Digitale Medien in der Kulturellen Bildung*, in der Einrichtungen der Kulturellen Kinder- und Jugendbildung befragt wurden, gaben 63,6 % der Befragten an, interdisziplinäre Angebote umzusetzen (2010, S. 13). Insbesondere der Bereich Tanz bedient sich medialer Elemente, um beispielsweise mit Hilfe von Videoinstallationen Bühnenbilder entstehen zu lassen. Es werden aber auch Tanzvideos gedreht oder die Tänzer*Innen agieren mit Bild und Ton auf der Bühne (KJF 2010, S. 14).

Die Ausführungen zeigen, dass kulturelle Medienbildung ein weites Feld darstellt, das verschiedenste Handlungsfelder, Künste und Pädagogiken vereint. Dadurch wird dieses Feld auch von unterschiedlichsten Akteuren bespielt, dazu gehören Medienpädagog*Innen, Sozialpädagog*Innen, Kulturpädagog*Innen, aber auch Künstler*Innen und Kulturschaffende. Auch in der Schule ist kulturelle Bildung durch den Ausbau der Ganztagsbetreuung und der damit einhergehenden Kooperationen von Schule mit außerschulischer Kinder- und Jugendbildung ein Thema.

Alle Angebote und Initiativen haben zum Ziel, Bildungspotenziale medialer Artikulations- und Partizipationsfelder in unterschiedlichen medialen Bereichen und auf verschiedenen Komplexitätsebenen zu erschließen (Jörissen & Marotzki 2010, S. 436).

3 Kulturelle Medienbildung im Horizont von Inklusion

Das Recht auf Bildung sowie das Recht auf Teilhabe am kulturellen Leben der Gemeinschaft sind Bestandteil der Allgemeinen Erklärung der Menschenrechte. Seit deren Formulierung im Jahr 1948 wurden zahlreiche weitere Konventionen und Pakte erarbeitet, in denen sich diese Rechte wiederfinden und die für bestimmte Gruppen spezifiziert wurden. Hierzu gehören beispielsweise die Kinderrechtskonvention (Artikel 29 und 31), die Frauenrechtskonvention (Artikel 3, 10 und 13) sowie die Behindertenrechtskonvention (Artikel 24 und 30). Zur Umsetzung des Rechts auf kulturelle Teilhabe spielt (kulturelle) Bildung eine besondere Rolle, denn sie kann als Voraussetzung für eine Teilhabe an Kunst und Kultur verstanden werden (Fuchs 2008, S. 69). Teilhabe an Bildung ist der Dreh- und Angelpunkt für kulturelle Teilhabe. Im Jahr 1990 wurde auf der ersten Weltkonferenz zum Thema „Bildung für alle“ der universelle Zugang zu Bildung für alle Kinder, Jugendliche und Erwachsene, sowie die Förderung von Gerechtigkeit von den teilnehmenden Staaten als Ziel formuliert. Dies bedeutet, dass zum einen Barrieren identifiziert werden müssen, die sich Menschen beim diskriminierungsfreien Zugang zur Bildung stellen ebenso wie Ressourcen zu identifizieren, um Barrieren abzubauen (UNESCO 2009, S. 8). Dieser Prozess kann mit dem Begriff der Inklusion beschrieben werden. Es geht dabei nicht explizit um die Teilhabe bzw. Inklusion von Menschen mit Behinderung, wie häufig verkürzt dargestellt wird. Inklusion kann vielmehr als Strategie zur Umsetzung von Menschenrechten verstanden werden (Gummich & Hinz 2017, S. 16). Um in diesem Sinne Bildung für alle zu ermöglichen, muss sich auch die kulturelle Medienbildung fragen, an welchen Stellen sie diskriminiert, Zugänge nicht ermöglicht oder nicht die notwendigen Ressourcen aufbringt, um diese Barrieren aus dem Weg zu räumen und menschenrechtsbasierte Angebote zu realisieren.

Um Bildungsangebote dahingehend zu analysieren und reflektieren kann das so genannte 4A-Schema, entwickelt vom Sozialpaktausschuss (*Committee on Economic, Social and Cultural Rights* – CESCR) der Vereinten Nationen, herangezogen werden (UN – CESCR 1999). Demnach umfasst das Recht auf Bildung vier empirisch überprüfbare Bestandteile: Availability (Verfügbarkeit), Accessibility (Zugänglichkeit), Acceptability (Annehmbarkeit) und Adaptability (Adaptierbarkeit).

Availability meint, dass Bildungseinrichtungen und -angebote in ausreichendem Maß zur Verfügung stehen, genauso wie die Ressourcen, die zur Umsetzung von Angeboten benötigt werden. Für die kulturelle Medienbildung bedeutet dies, dass auch sie als Angebot der Allgemeinbildung für alle mit den verfügbaren Ressourcen verfügbar sein muss. Über die Ausgestaltung und Fülle an Angeboten in der Kulturellen Medienbildung gibt es bisher kaum erhobenen Daten, aber einige regionale Studien verweisen darauf, dass nur begrenzte Ressourcen zur Verfügung stehen und die medienpädagogische Arbeit nur unzureichend abgedeckt werden kann (vgl. LAG Medien MP 2017) Hier wäre ein flächendeckender Ausbau, wie von vielen Initiativen gefordert, ein erster Schritt.

Des Weiteren unterliegen Bildungsangebote der Bedingung der Zugänglichkeit (Accessibility), d. h. dass der Zugang diskriminierungsfrei, physisch und ökonomisch ermöglicht werden muss. Niemand darf aufgrund von sozialen, ethnischen, sozioökonomischen oder anderen Gründen ausgeschlossen werden. Es sollte beim Zugang genauso auf barrierefreie Veranstaltungsorte geachtet werden, wie auf geringe Kosten, denn kulturelle Medienbildung sollte für jeden erschwinglich sein. Ketzer und Böhmig weisen darauf hin, dass gerade die Barrierefreiheit von Räumen vielfach ein Problem darstellt. So sei beim Bau von beispielsweise Jugendzentren die Teilhabe von Heranwachsenden mit Behinderung nicht bedacht worden, daher weisen viele Einrichtungen Mängel auf (2012, S. 1).

Weiterhin muss auf die Annehmbarkeit (Acceptability) geachtet werden, d.h. das Methodik und Didaktik sowie auch die Inhalte an die Bedürfnisse und Lebenslagen der Lernenden angepasst sein müssen (d.h. relevant, kulturell angemessen und von guter Qualität). Die handlungsorientierten Angebote der kulturellen Medienbildung bieten methodisch eine geeignete Grundlage für die Arbeit in heterogenen Gruppen. Unterschiedlichste Aufgaben müssen zur Realisierung der Produkte erledigt werden, so dass sich jede(r) mit seinen Interessen und Begabungen einbringen kann. Dabei werden die Lebenslagen und Wahlthemen der Kinder und Jugendlichen berücksichtigt. Um Qualität zu gewährleisten, müssten zu allererst die notwendigen Ressourcen zur Verfügung stehen, dazu gehören assistive Technologien aber auch geschultes Personal, dass sowohl Medienbildungsprozesse initiieren kann, dabei aber auch unterschiedliche Diversitätsdimensionen und damit einhergehende Diskriminierungen im Blick hat. Um fachliche und zeitgemäße Standards sicherzustellen ist eine Professionalisierung der Medienpädagogik unerlässlich (Pöttinger 2013, S. 105).

Als letzten Punkt wird die Adaptability (Adaptierbarkeit) genannt. Demnach müssen Bildungsangebote flexibel gestaltet sein, d. h. dass sie sich an die gesellschaftlichen Veränderungen sowie an den Bedürfnissen der Lernenden mit ihren verschiedenen sozialen, ökonomischen und kulturellen Hintergründen anpassen. Wesentliche Veränderungen gehen derzeit mit der Digitalisierung und Vernetzung einher, die mit Schlagwörtern wie Industrie 4.0 oder Internet der Dinge beschrieben wird. Diese Veränderungen werden in den nächsten Jahrzehnten maßgeblich auch Kunst und Kultur prägen. Es wird daher die Herausforderung der Zukunft, diese Entwicklungen im Blick zu haben und unter Berücksichtigung der Bedürfnisse der Lernenden darauf adäquat mit neuen Ideen und Projekten zu reagieren

Ausblick

Die Medienpädagogik hat schon immer zum Ziel „allen gleichermaßen Mediennutzung zu ermöglichen, Medienkompetenz in allen räumlichen, sozialen und generativen Bereichen zu verankern, soziale und politische Teilhabe für alle zu ermöglichen" (Bosse & Jäcklein-Kreis 2012, S. 8). Trotzdem ist die Inklusion innerhalb der kulturellen Medienbildung noch ein recht junges Thema, das erst durch die Ratifizierung der UN-Behindertenrechtskonvention an Beachtung fand. Erste theoretische Auseinandersetzungen haben in den letzten Jahren stattgefunden, wenngleich auch häufig nur eine Diversitätsdimension berücksichtigt wurde. In der Praxis haben sich viele Pädagog*Innen auf den Weg gemacht, um Inklusion in der medienpädagogischen Bildung umzusetzen, wie die vielfältigen Projektbeschreibungen auf der Webseite *www.inklusive-medienarbeit.de* der Landesarbeitsgemeinschaft lokale Medienarbeit NRW belegen. Dies sollte von Wissenschaft und Forschung aufgegriffen werden, um Praxisforschung zu betreiben und systematisch Gelingensfaktoren für die inklusive Medienbildung herauszuarbeiten. Einer der Bezugspunkte hierfür könnte das 4A-Schema der UN darstellen. Eine solche gestaltungsorientierte Forschung, in der praxis- und theoriegeleitete Entwicklung von Konzepten für medienpädagogisches Handeln zentral ist, kann einen wichtigen Baustein zur Professionalisierung von inklusiver Medienbildung beitragen (Knaus, Meister & Tulodzieki 2017, S. 14).

Literatur

BKJ – Bundesvereinigung Kulturelle Kinder- und Jugendbildung e.V. (Hrsg.) (2011). Stark im Leben mit Kunst und Kultur. Imagebroschüre. https://www.bkj.de/fileadmin/user_upload/documents/BKJ_Image/BKJ_Imagebroschuere_2011.pdf [3.2.2018].

BMFSFJ – Bundesministerium für Familie, Senioren, Frauen und Jugend (2016). Richtlinien des Kinder- und Jugendplans (KJP) des Bundes. https://www.bmfsfj.de/blob/111964/2f7ae557daa0d2d8fe78f8a3f9569f21/richtlinien-kjp-2017-data.pdf.

Bosse, I. & Jäcklein-Kreis, E. (2012). Editorial – Medienpädagogik und Inklusion. merz. Zeitschrift für Medienpädagogik, 56(1), 8-10.

Demmler, K. (2017). Kulturelle Medienbildung aus der Perspektive der Medienpädagogik. Kulturelle Bildung, 11(15).

Ehrenspeck, Y. (2010). Ästhetisch-kulturelle Bildung. In A. Kaiser, D. Schmetz, P. Wachtel & B. Werner (Hrsg.), Bildung und Erziehung (Bildung, Erziehung und Sozialisation, S. 203-205). Stuttgart: W. Kohlhammer.

Fuchs, M. (2008). Kulturelle Teilhabe und kulturelle Bildung. In J. Maedler (Hrsg.), TeilHabeNichtse. Chancengerechtigkeit und kulturelle Bildung (1. Aufl.) (Kulturelle Bildung, S. 69-77). München: kopaed.

Fuchs, M. (2009). Kulturelle Bildung: Eine Bestandsaufnahme. In K. Bäßler, M. Fuchs, G. Schulz & O. Zimmermann (Hrsg.), Kulturelle Bildung: Aufgaben im Wandel (1. Aufl.) (S. 7-26). Berlin: Dt. Kulturrat.

Fuchs, M. (2010). Kulturelle Bildung. In R. Vollbrecht & C. Wegener (Hrsg.), Handbuch Mediensozialisation (1. Auflage) (S. 391-395). Wiesbaden: VS Verlag für Sozialwissenschaften.

Gross, F. v. & Röllecke, R. (Hrsg.) (2017). Medienpädagogik der Vielfalt – Integration und Inklusion: Medienpädagogische Konzepte und Perspektiven: Beiträge aus Forschung und Praxis: prämierte Medienprojekte. Dieter-Baacke-Preis – Handbuch: Bd./GMK, Gesellschaft für Medienpädagogik und Kommunikationskultur. Friederike von Gross/Renate Röllecke (Hrsg.) 12. München: kopaed.

Gummich, J. & Hinz, A. (2017). Inklusion – Strategie zur Realisierung von Menschenrechten. In I. Boban & A. Hinz (Hrsg.), Inklusive Bildungsprozesse gestalten. Nachdenken über Horizonte, Spannungsfelder und Schritte (1. Auflage) (S. 16-30). Seelze: Klett Kallmeyer.

Hüther, J. & Podehl, B. (2005). Geschichte der Medienpädagogik. In J. Hüther & B. Schorb (Hrsg.), Grundbegriffe Medienpädagogik (4. Aufl.) (S. 28-43). kopaed verlagsgmbh. https://www.lmz-bw.de/fileadmin/user_upload/Medienbildung_MCO/fileadmin/bibliothek/huether-schorb_grundbegriffe/huether-schorb_grundbegriffe.pdf [23.1.2018].

Jörissen, B. & Marotzki, W. (2010). Medienbildung. In R. Vollbrecht & C. Wegener (Hrsg.), Handbuch Mediensozialisation. Wiesbaden: VS Verlag für Sozialwissenschaften.

Ketzer, C. & Böhmig, S. (2012). medienkompetent teilhaben! Das Modellprojekt zur Etablierung einer inklusiven Medienpädagogik in NRW. Ludwigsburger Beiträge zur Medienpädagogik. Online-Magazin des Interdisziplinären Zentrums für Medienpädagogik und Medienforschung an der PH Ludwigsburg(15). https://www.ph-ludwigsburg.de/fileadmin/subsites/1b-mpxx-t-01/user_files/Online-Magazin/Ausgabe15/Ketzer15.pdf.

KJF – Kinder- und Jugendfilmzentrum Deutschland (Hrsg.) (2010). Sind wir on? Digitale Medien in der kulturellen Jugendbildung. https://www.bkj.de/fileadmin/user_upload/documents/Kulturelle_Medienbildung/Auswertung_kulturelle_Umfrage.pdf [18.2.2018].

Klafki, W. (2007). Neue Studien zur Bildungstheorie und Didaktik: Zeitgemäße Allgemeinbildung und kritisch-konstruktive Didaktik (6. Aufl.). Weinheim und Basel: Beltz Verlagsgruppe.

Knaus, T., Meister, D. M. & Tulodziecki, G. Futurelab Medienpädagogik: Qualitätsentwicklung – Professionalisierung – Standards: Thesenpapier zum Forum Kommunikationskultur 2017 der GMK. http://www.medienpaed.com/article/view/597 [3.2.2018].

LAG Medien MV (Hrsg.) (2017). Qualität in der Medienbildung in Mecklenburg-Vorpommern. http://lagmedienmv.ljrweb.de/wp-content/uploads/2017/10/171007QuiMStudie_online.pdf [4.2.2018].

Moser, H. (2010). Einführung in die Medienpädagogik: Aufwachsen im Medienzeitalter (5., durchges. und erw. Aufl.). Wiesbaden: VS Verl. für Sozialwiss.

mpfs – Medienpädagogischer Forschungsverbund Südwest (Hrsg.). JIM 2017 – Jugend, Information, (Multi-)Media: Basisstudie zum Medienumgang 12 – bis 19 – Jähriger in Deutschland. https://www.mpfs.de/fileadmin/files/Studien/JIM/2017/JIM_2017.pdf [7.2.2018].

Niesyto, H. (2010). Handlungsorientierte Medienarbeit. In R. Vollbrecht & C. Wegener (Hrsg.), Handbuch Mediensozialisation (1. Auflage) (S. 396-403). Wiesbaden: VS Verlag für Sozialwissenschaften.

Pöttinger, I. (2013). Stellungnahme der GMK zur Förderung von Medienkompetenz in Deutschland. In Bundesministerium für Familie, Senioren, Frauen und Jugend (Hrsg.), Medienkompetenzförderung für Kinder und Jugendliche. Eine Bestandaufnahme (S. 101-106).

UN – Vereinte Nationen CESCR (1999). General Comment No. 13: Kommentar zum Recht auf Bildung. https://documents-dds-ny.un.org/doc/UNDOC/GEN/G99/462/16/PDF/G9946216.pdf?OpenElement [1.2.2018].

UNESCO – Deutsche UNESCO-Kommission e.V. (Hrsg.) (2009). Inklusion: Leitlinien für die Bildungspolitik. https://www.unesco.de/fileadmin/medien/Dokumente/Bildung/InklusionLeitlinienBildungspolitik.pdf.

Wolf, B. (2015). Kulturelle Bildung zwischen kultur-, bildungs- und jugendpolitischen Entwicklungen: 50 Jahre der BKJ – eine Analyse. https://www.kubi-online.de/artikel/kulturelle-bildung-zwischen-kultur-bildungs-jugendpolitischen-entwicklungen-50-jahre-bkj.

Zacharias, W. (2001). Kulturpädagogik: Kulturelle Jugendbildung Eine Einführung. Wiesbaden, s.l.: VS Verlag für Sozialwissenschaften.

Berufsfeld Erwachsenen- und Seniorenbildung

Kristin Sonnenberg

Erwachsenenbildung kann einen Beitrag zur sozialen Inklusion leisten. Dies soll der vorliegende Beitrag am Beispiel der Themenfelder Medienbildung und Inklusion zeigen.

Es liegen derzeit keine Standards für inklusive Erwachsenenbildung vor. Eine Modifikation des Index für Inklusion steht noch aus und Studien in dem Bereich sind selten (Sonnenberg & Arlabosse 2014, S. 64.). Dennoch ergeben sich klare Anforderungen aus der UN-Behindertenrechtskonvention (UN-BRK). Hier heißt es, Bildung solle als lebenslanger Prozess auf allen Ebenen des Bildungssystems stattfinden und damit explizit auch in der Erwachsenenbildung (Artikel 24 UN-BRK). Für die Ausgestaltung von Bildungsprozessen sollen „ergänzende Formen, Mittel und Formate der Kommunikation sowie pädagogische Verfahren und Materialien" (Abs. 4) zur Unterstützung vorgehalten werden. Zudem ist ein „gleichberechtigter Zugang" (Abs. 5) für alle zu gewährleisten.

Ob die Erwachsenenbildung dies leisten kann, soll im Folgenden über einen Einblick in die Theorie und Praxis überprüft werden. U.a. am Beispiel der Rolle der Medienbildung bei der Entwicklung einer inklusiven Erwachsenenbildung. Abschließend wird der Zusammenhang von Inklusion und Medienbildung vor dem Hintergrund der Bedeutung von Bildung als Faktor zur Vermeidung von Exklusion diskutiert.

1 Erwachsenenbildung

Der Bereich der Erwachsenenbildung als Teil Lebenslangen Lernens „[...] zielt auf die lange Erhaltung der Beschäftigungsfähigkeit, die Selbstentfaltung der Persönlichkeit und die Behauptung der Selbstständigkeit bis in das hohe Alter." (Tippelt & Schmidt 2009, S. 205). Bereits 1960 entsteht als vierte offizielle Bildungssäule der Bereich der Erwachsenenbildung. Es heißt: „Gebildet wird jeder, der in der ständigen Bemühung lebt, sich selbst, die Welt und die Gesellschaft zu verstehen und diesem Verständnis gemäß zu handeln." (Deutscher Ausschuss 1960, S. 20, zitiert nach Schlummer 2012, S. 82). Gebildet wird jeder – dieser Anspruch ist nicht für einen bestimmten Personenkreis ausgelegt, sondern für alle. Er fokussiert die Entwicklungsfähigkeit des Menschen im Verlauf seines Lebens.

Bildungsprozesse von Erwachsenen können als „[...] Auseinandersetzung mit Personen und Themen in sozialen Situationen der Begegnung" (Sonnenberg 2017, S. 16) beschrieben werden. Dies umfasst insbesondere die soziale und kulturelle Teilhabe und eine Anerkennung des Menschen als Subjekt im Lernprozess. Dieser Subjektstatus ermöglicht die besondere Stellung des Individuums als aktiver Part in der Erwachsenenbildung und stellt hohe Anforderungen an die didaktische Planung. Die Idee inklusiver Bildungsprozesse in der Erwachsenenbildung gründet auf der Annahme, dass Bildung und Teilhabe in direktem Zusammenhang stehen, sich wechselseitig beeinflussen und somit soziale Inklusion ermöglichen (Fornefeld 2012). Ein entsprechender Ausschluss der Teilhabe an Bildungsmöglichkeiten verhindert demnach Mitwirkung an gesellschaftlichen und sozialen Zusammenhängen. Voraussetzungen für eine Öffnung von Bildungsprozessen sind Lernorte, die als Orte der Begegnung gestaltet sind und Raum für Interaktion in wechselseitigem Respekt und Anerkennung der Subjekte füreinander öffnen, um somit soziale Inklusion zu ermöglichen. Dies kann erreicht werden durch eine methodisch-didaktische Handlungsorientierung, die Aspekte von Begegnung, Verständigung und Beziehungsgestaltung umfasst.

1.1 Inklusive Erwachsenenbildung

Die Frage nach einem inklusiven Anspruch an Angeboten der Erwachsenenbildung kann über eine Analyse der Teilnehmer_innen erfolgen oder über eine Prüfung der Angebote. Nehmen beispielsweise Menschen mit Behinderungen an Kursen der öffentlichen Erwachsenenbildung der Volkshochschulen teil? Gibt es Angebote für heterogene Gruppen? Sind die Zugänge entsprechend niedrigschwellig? Es liegt hierzu wenig statistisches Material vor. Dem Teilhabebericht der Bundesregierung (2013) kann entnommen werden, dass 7 % der Teilnehmer_innen an beruflicher und allgemeiner Weiterbildung zu der Gruppe „Menschen mit anerkannter Behinderung in Privathaushalten" gehören (BMAS 2013, S. 122). Dieser Anteil ist sehr gering, hinzu kommt, dass Menschen mit Behinderungen an anderen Wohnorten in der Statistik nicht erfasst wurden (vgl. Sonnenberg 2017, S. 69ff.). 2016 ist weiterhin unklar, wie viele Kurse und Angebote speziell für Erwachsene mit Beeinträchtigungen, wie viele inklusiv gestaltete Angebote es gibt und wie viele Menschen mit Behinderungen daran teilnehmen, da derzeit „[...] weder die Anzahl und Inhalte dieser Angebote noch ihre Inanspruchnahme durch Menschen mit Beeinträchtigungen statistisch erfasst [werden]." (BMAS 2016, S. 151). Eine Studie zur Barrierefreiheit 2012 zeigte, dass „Menschen mit Beeinträchtigungen in Einrichtungen der

Erwachsenenbildung unterrepräsentiert sind" (Koscheck/Weiland/Ditschek 2012 in ebd.). Menschen mit Lernschwierigkeiten haben in ihrem Wohnraum deutlich seltener Zugang zum Internet (Bosse & Hasebrink 2016, S. 100): „Für die Nutzung des Internets lassen sich erhebliche Unterschiede konstatieren. Es wird von einigen Gruppen mit Beeinträchtigungen weniger genutzt als in der Gesamtbevölkerung. Besonders große Differenzen wurden für Menschen mit Lernschwierigkeiten festgestellt" (ebd., S. 9). Das bedeutet, dass diese Zielgruppe zu den digital abgehängten Personen gezählt werden kann, da hier die Ungleichheit bereits im Zugang zu digitalen Medien besonders groß ist.

Einen möglichen Zusammenhang von fehlender Medienkompetenz und Einschränkungen der gesellschaftlichen Teilhabe benennt die *Enquête-Kommission Internet und Digitale Gesellschaft*: „Fehlende Medienkompetenz kann sich aber ebenso ganz konkret auf die gesellschaftliche Teilhabe, die Bildung und den sozialen Aufstieg auswirken" (Deutscher Bundestag 2011, S. 13). Bildungsangebote sollen Bedarfe von Menschen mit Behinderungen berücksichtigen, sowohl bei dem Einsatz technischer Hilfsmittel als auch auf die methodisch-didaktische Konzeptionierung (vgl. ebd., S. 26f.). Artikel 9 Abs. 2g fordert den „Zugang von Menschen mit Behinderungen zu den neuen Informations- und Kommunikationstechnologien und -systemen, einschließlich des Internets, zu fördern". Für die Akteure im Bereich der Erwachsenenbildung bedeutet dies eine konkrete Aufforderung, sich weiter mit der Frage nach Zugängen, z. B. Internetseiten in Leichter Sprache und dem Aufbau von Medienkompetenz auseinanderzusetzen und einen Informationsfluss über Angebote zu initiieren.

In der Praxis arbeiten einzelne Träger der Behindertenhilfe, wie z. B. Einrichtungen der Lebenshilfe, mit der VHS als Bildungsträger zusammen. Seit 2009 bietet z. B. die Volkshochschule Berlin Mitte in Zusammenarbeit mit der Lebenshilfe Bildung gGmbH Kurse in Leichter Sprache an. Sie berichten hierzu: „Das Interesse ist groß, insbesondere von Menschen mit Lernschwierigkeiten." (vgl. Lebenshilfe Berlin o. J., o. S.). Um Teilhabechancen durch Bildung systematisch zu fördern entwickelte die *Lebenshilfe Bildung* in Kooperation mit den zwölf Berliner Volkshochschulen (VHS) ein Projekt im Bereich Inklusion, das seit November 2013 für drei Jahre von der Aktion Mensch gefördert wurde. Das Projekt ERW-IN (Erwachsenenbildung inklusiv) „[...] soll Kurse in Leichter Sprache und langsamem Lerntempo organisieren, bewerben und evaluieren." (ebd., o. S.). Leichte Sprache ermöglicht einen barrierearmen Zugang für Menschen mit kognitiven Beeinträchtigungen und Lernschwierigkeiten.

1.2 Zur Situation von Senior_innen

Die Gruppe der Senior_innen ist eine Zielgruppe der Erwachsenenbildung. Für sie gilt, dass ein verhinderter Zugang zu Bildung als Exklusionsrisiko beschrieben werden kann, da mit dem Vorenthalten von Ressourcen, wie z. B. Angebote der Erwachsenenbildung, ein individueller sozialer Rückzug aus gesellschaftlichen Bezügen verbunden sein kann (Friebe 2010, S. 141). Friebe kommt zu dem Schluss, dass Weiterbildung alleine nur eingeschränkt einen Beitrag zur Inklusion älterer Menschen leisten kann: „Im Zusammenspiel mit anderen sozialen und politischen Maßnahmen kann sie aber prinzipiell das Individuum und die gesellschaftlichen Akteure bei der Gestaltung der Lebenssituation unterstützen." (Friebe 2010, S. 175). Auf dem Weg zu einer inklusiven Erwachsenenbildung ist somit die Kooperation unterschiedlicher Akteure und eine staatlich-sozialpolitische Unterstützung notwendig.

2 Die Rolle der Medienbildung bei der Entwicklung einer inklusiven Erwachsenenbildung

Erwachsenenbildung ermöglicht Teilhabe. Medienbildung kann ein Schlüssel dazu sein. Im Kontext einer zunehmenden Mediatisierung und Digitalisierung der Gesellschaft wird von dem Begriff der „E-Inclusion" gesprochen. Dieser umfasst eine digitale Grundbildung und die Unterstützung von Bildungsprozessen durch Computer und Internet z. B. für funktionale Analphabeten und Bildungsbenachteiligte sowie den Einsatz von Computer und Internet zur Beteiligung von digitalen Analphabeten in inklusiven Lernarrangements: „Für Menschen mit Behinderung kann der Computer ein Werkzeug sein, das ihnen hilft, bestimmte Beeinträchtigungen auszugleichen." (Ditschek 2013, S. 216).[1]

Eine mögliche Form der Umsetzung ist die sogenannte offene Werkstatt, die auf wechselseitiger Unterstützung und konsequenter Beteiligung aller am Lernprozess basiert. Ein Lernort könnten Werkstätten für behinderte Menschen sein. Diese Angebotekönnten u. a. ältere Menschen mit und ohne Behinderung, Menschen mit Lernschwierigkeiten oder psychischen Erkrankungen sowie funktionale Analphabeten nutzen (ebd., S. 218).

Im Bereich der inklusiven Medienpraxis in der Erwachsenenbildung liegt inzwischen Material in folgenden Bereichen vor (vgl. Ditschek 2013, S. 221ff.): E-Learning – Kriterien (mmb 2011), Blended-Learning Konzepte, Peer-to-Peer-Learning, Fernlernen in virtuellen Räumen, Lernspiele –, game based learning, das Lernarrangement *Webquest* und z. B. die Veröffentlichung hand-

1 So können z. B. Menschen mit Sehbeeinträchtigungen (große Schrift, Vorlesen), Sprachbeeinträchtigungen und Mobilitätseinschränkungen an virtuellen Welten teilhaben (PC, Laptop, Smartphone, Tablet), sich beteiligen und auch die Sprachunkundigen sich unterstützt durch Symbole einklicken. Menschen mit Behinderungen, die zu den digital natives gehören, sind Nutznießer der digitalen Entwicklung. „Menschen, die nicht zu den digital natives gehören, brauchen dagegen Assistenz und pädagogische Begleitung bei ihren jeweils sehr individuell verschiedenen Vorhaben zur Nutzung von Computer und Internet." (ebd., S. 217).

lungsorientierte Medienarbeit – Leitlinien für Medienprojekte (Schaumburg 2010). Zentral bei allen Angeboten ist die Beteiligung der jeweiligen Zielgruppen bei der Entwicklung von Konzeptionen.

Senioren_innenbildung als Exkurs

Den Bereich der Seniorenbildung im Kontext digitaler Medien untersuchte z. B. die Studie „Digital mobil im Alter – Tablet PC's für Seniorinnen und Senioren". Sie wurde von 05/2016 bis 05/2017 in 30 Senioreneinrichtungen in vier Städten durchgeführt. Ziel der Studie was es sowohl „[...] Chancen als auch Hindernisse zu ermitteln, die sich für Senioren bei der Nutzung von digitalen Medien auftun." (Stiftung Digitale Chancen & Telefónica Deutschland Holding AG 2017, S. 10).Die Ergebnisse zeigten: „Für die Nutzung des Internets ist nicht allein das Alter entscheidend. Wichtig sind beispielsweise auch der Grad der Mobilität und die sozialen Kontakte." (ebd., S. 3). Hinzu komme Selbstvertrauen im Umgang mit dem Internet, welche die digitale Kompetenz ergänzt sowie eine Orientierung der Angebote an den Erwartungen und den Lebenswirklichkeiten der Senior_innen. Für die konkrete Anwendung zeigte sich, dass Mobile Technologien, wie beispielsweise Navigationsanwendungen für Tablet PCs, die Mobilität von Senior_innen verbessern können und somit eine aktive Teilhabe am Leben unterstützen.

Wie auch in der EdAge Studie dargestellt, wird es eine Herausforderung für die Anbieter von Erwachsenenbildungsangeboten im formalen, non-formalen und informellen Bereichen sein, die heterogenen Erwartungen, Motivationen und Interessen älterer Teilnehmer_innen zu berücksichtigen und zugleich ein Mehr an Angeboten vorzuhalten, wenn die Gruppe der jetzt 40-50-Jährigen die Nacherwerbsphase erreicht. „Für die Erwachsenenbildung ergibt sich daraus, dass diese Jahrgänge eine besonders große Zielgruppe darstellen, die bildungsaktiv ist und den Grundgedanken des Lebenslangen Lernens verinnerlicht hat." (Tippelt & Schmidt 2009, S. 202). Es wird eine Kooperation zwischen Bildungseinrichtungen, Betrieben, Sozialdiensten und medizinischen Diensten anzustreben sein (ebd., S. 206).

3 Notwendigkeit und Bedeutung der Medienbildung als Beitrag zu sozialer Inklusion

Erwachsene haben fortwährend die Möglichkeit des Lebenslangen Lernens und nehmen diese in Form von Angeboten der Erwachsenenbildung wahr. Da Weiterbildung als ein entscheidender Indikator zur Vermeidung sozialer Exklusion gesehen werden (Friebe 2010, S. 151), bietet sich das Feld der Erwachsenenbildung an für die Einführung inklusiver Strukturen und Prozesse. Aufgrund seiner Verortung im non-formalen Bereich mit dem Prinzip der Freiwilligkeit und seiner Zielsetzung Bildung für alle anzubieten, müssten hier gemäß Art. 24 UN-BRK Formate und Zugänge verändert werden. Erschwert wird die Umsetzung bei nicht-öffentlichen Trägern. Eine Selbstverpflichtung an beispielsweise einem Index für Inklusion für die Erwachsenenbildung wäre die Voraussetzung, sich einen neuen Markt von Teilnehmenden zu erschließen.

Anspruchsvoll bleibt die Aufgabe an Fortbilder_innen, da diese pädagogisch-didaktische Kenntnisse für den Umgang mit heterogenen Gruppen mitbringen müssen, was sich über interdisziplinäre Teams lösen lassen könnte und über die Einbeziehung von Zielgruppen mit besonderen Bedürfnissen in der Rolle von Mediator_innen, Berater_innen und Fortbildner_innen. Bausteine inklusiver Lehr-Lernarrangements in der Erwachsenenbildung sind neben passender Ausstattung und strukturellen Rahmenbedingungen, vor allem die Zugänglichkeit und konzeptionelle Ausgestaltung einer Methodik-Didaktik mit Partizipationsmöglichkeiten, Wahlmöglichkeiten und offenen Formaten (Sonnenberg 2017, S. 157ff.).

Es werden Fortbildner_innen gebraucht, die bereit sind dies alles umzusetzen, denn für eine erfolgreiche Umsetzung ist die Person der Lehrenden und deren Haltung im Bildungsprozess zentral (vgl. auch Schweizer & Horn 2014, Furrer 2013).

Sinnvoll ist des Weiteren eine Vernetzung von Institutionen aus der Lebenswelt von Menschen mit Beeinträchtigungen sowie die Schulung von beteiligten Assistent_innen (Bosse 2015, S. 21).

Eines der wenigen Projekte, die inklusive Erwachsenenbildung realisiert hat und die Themen Medienbildung und Menschen mit geistigen Behinderungen zusammenbringt ist PIKSL, eine Organisation, die digitale Barrieren abbauen und Komplexität im Alltag verringern will. PIKSL nutzt die Fähigkeit von Menschen mit und ohne Behinderung, um Produkte und Dienstleistungen für alle Menschen zu entwickeln. So werden beispielsweise Computerkurse für Senior_innen gemeindenah von Fortbildner_innen mit Behinderung angeboten.[2]

In Zeiten der Digitalisierung stellt Medienbildung und damit verbunden Medienkompetenz einen Schlüssel zur Teilhabe an gesellschaftlichen Prozessen dar. Ältere Menschen, Menschen mit Behinderungen oder auch Menschen mit Migrationserfahrungen gehören tendenziell zu Zielgruppen, die vom Ausschluss an Bildungsprozessen bedroht sind. Um diese zu erreichen, bedarf es besonderer Anstrengungen im Sinne der Einführung und Bekanntmachung von Angeboten, Einbindung der Betroffenen, eines barrierefreien oder barrierearmen niedrigschwelligen Zugangs sowie der Bereitschaft der Öffnung und

2 PIKSL, http://www.piksl.net/

Veränderung vorhandener Strukturen, um den Anspruch *Gebildet wird Jede_r* gemeinsam umzusetzen und Lernorte als Orte der Begegnung zu gestalten.

Literatur

Deutscher Bundestag (2011). Zweiter Zwischenbericht der Enquete-Kommission „Internet und digitale Gesellschaft. Medienkompetenz. http://dipbt.bundestag.de/doc/btd/17/072/1707286.pdf [28.12.2017].

BMAS, Bundesministerium für Arbeit und Soziales (Hrsg.) (2016). Zweiter Teilhabebericht der Bundesregierung über die Lebenslagen von Menschen mit Beeinträchtigungen. Teilhabe – Beeinträchtigung – Behinderung. Bonn: Eigendruck.

BMAS, Bundesministerium für Arbeit und Soziales (Hrsg.) (2013). Teilhabebericht der Bundesregierung über die Lebenslagen von Menschen mit Beeinträchtigungen. Teilhabe – Beeinträchtigung – Behinderung. Bonn: Eigendruck.

Bosse, Ingo (2015). Medienbildung mit Erwachsenen mit Behinderungen: Herausforderung und Chance für gelingende Teilhabe. In: Sonnenberg, Kristin/Arlabosse, Anneke (2015): Soziale Inklusion und Lebenslange Bildung. Abschlussbericht des Forschungsprojektes „Soziale Inklusion von Menschen mit mehrfachen Behinderungen: Computergestützte Schreibwerkstatt als Teil Lebenslangen Lernens" 01.03.2012-31.03.2015. Bochum 2015. http://www.efh-bochum.de/index.php/forschungsprojekte/articles/soziale-inklusion-von-menschen-mit-mehrfachen-behinderungen.html [03.03.2016], S. 10-24.

Bosse, Ingo/Hasebrink, Uwe (2016). Mediennutzung von Menschen mit Behinderungen. Forschungsbericht. http://kme.tu-dortmund.de/cms/de/Aktuelles/aeltere-Meldungen/Studie-Mediennutzung-von-Menschen-mit-Behinderung-_MMB16_/Studie-Mediennutzung_Langfassung_final.pdf.[12.11.2017]

Ditschek, Eduard Jan (2013). Digitale Alphabetisierung – Inklusion und computer-unterstützter Unterricht. In: Burtscher, Reinhard/Ditschek, Eduard Jan/Ackermann, Karl-Ernst/Kil, Monika/Kronauer, Martin (Hrsg.) (2013): Zugänge zu Inklusion. Erwachsenenbildung, Behindertenpädagogik und Soziologie im Dialog. Bielefeld: Bertelsmann Verlag, S. 215-226.

Fornefeld, Barbara (2012). Bildung und soziale Teilhabe ohne Grenzen? https://beb-ev.de/files/pdf/2012/dokus/lehrer/Bildung%20und%20soziale%20Teilhabe%20-%20Vortragsversion.pdf [Zugriff: 31.01.2018]

Friebe, Jens (2010). Exklusion und Inklusion älterer Menschen in Weiterbildung und Gesellschaft. In: Kronauer, Martin (Hrsg.) (2010): Inklusion und Weiterbildung. Reflexionen zur gesellschaftlichen Teilhabe in der Gegenwart. Bielefeld: W. Bertelsmann Verlag. S. 141-184.

Lebenshilfe Berlin (o.J.). ERW-IN. Erwachsenenbildung inklusiv. https://www.lebenshilfe-berlin.de/bildung/seminare-in-leichter-sprache/erw-in.php [30.09.2016].

mmb (2011). „E-Learning für Inklusion" – Nutzung und Einsatz von digitalen Lernangeboten in der Weiterbildung von Menschen mit Behinderungen. Essen: MMB-Institut für Medien- und Kompetenzforschung.

Schaumburg, Melanie (2010). Medienpädagogik mit Menschen mit geistiger Behinderung – eine methodische Anleitung für die Praxis. In: Heilpädagogik online, Heft 1, S. 5-19. http://www.sonderpaedagoge.de/hpo/heilpaedagogik_online_0110.pdf [09.10.2016]

Schlummer, Werner (2012). Erwachsenenbildung – Empowerment – Inklusion Konkurrierende oder verbindende Impulse in einer sich verändernden Gesellschaft? In: Ackermann, Karl-Ernst/Burtscher, Reinhard/Ditschek, Eduard Jan/Schlummer, Werner (Hrsg.) (2012): Inklusive Erwachsenenbildung. Kooperationen zwischen Einrichtungen der Erwachsenenbildung und der Behindertenhilfe. Erwachsenenbildung konkret 10. Edition Schräge Reihe der GEB. Berlin: Eigenverlag, S. 79-95.

Schweizer, Karin/Horn, Michael (2014). Kommt es auf die Einstellung zu digitalen Medien an? Normative Überzeugungen, personale Faktoren und digitale Medien im Unterricht: eine Untersuchung mit Lehrpersonen und Lehramtsstudierenden. In: Schorb, Bernd/Theunert, Helga (Hrsg.), merz, Zeitschrift für Medienpädagogik. Wissenschaft: Bildung mit und über Medien. Perspektiven von Bildungsforschung und Medienpädagogik. S. 50-62.

Stiftung Digitale Chancen/Telefónica Deutschland Holding AG (Hrsg.) (2017). Digital mobil im Alter_ So nutzen Senioren das Internet. Zentrale Befunde einer Studie. http://www.digitale-chancen.de/tabletpcs/index.cfm/secid.75 [14.11.2017]

Sonnenberg, Kristin (2017). Soziale Inklusion – Teilhabe durch Bildung. Medienkompetenz als Beitrag zu sozialer und kultureller Teilhabe von Menschen mit Beeinträchtigungen. Weinheim, Basel: Beltz Juventa.

Sonnenberg, Kristin/Arlabosse, Anneke (2015). Soziale Inklusion und Lebenslange Bildung. Abschlussbericht des Forschungsprojektes. Bochum. http://www.efh-bochum.de/index.php/forschungsprojekte/articles/soziale-inklusion-von-menschen-mit-mehrfachen-behinderungen.html [20.06.2016]

Sonnenberg, Kristin/Arlabosse, Anneke (2014). Mediale Kompetenz als Voraussetzung gesellschaftlicher Teilhabe – Lebenslange Bildung für erwachsene Menschen mit Behinderungen. In: Teilhabe Jg. 53, Heft 2/2014, S. 63-68.

Tippelt, Rudolf/Schmidt, Bernhard (2009). Handlungsempfehlungen und Forschungsdesiderate. In: Tippelt, Rudolf/Schmidt, Bernhard/Schnurr, Simone/Sinner, Simone/Theisen, Catharina (2009): Bildung Älterer. Chancen im demografischen Wandel. DIE spezial. WBV-Verlag, Bielefeld, S. 198-206.

III Methoden und übergreifende Themen inklusiver Medienbildung

Methoden Inklusiver Medienbildung

Jan-René Schluchter

Das Gros der Methoden, welche im Kontext von Inklusion und Medienbildung[1] Verwendung finden, ist nicht neu, muss aber unter dem Blickwinkel Inklusion jeweils neu bewertet werden. D.h., dass das jeweilige Verständnis von Inklusion, die hiermit einhergehenden Ziele und Intentionen pädagogischer Praxis als auch Wege und Mittel des Lehrens und Lernens in inklusiven Settings als Orientierung für die Methodenwahl, den Methodeneinsatz sowie für die Weiterentwicklung von Methoden heranzuziehen sind. Darüber hinaus bilden die disziplinären und professionellen Traditions- und Entwicklungslinien einzelner erziehungswissenschaftlicher Gebiete wie Allgemeine Pädagogik, Schulpädagogik, Sozialpädagogik etc. den Rahmen für die Entwicklung von Perspektiven inklusiver pädagogischer Ansätze. Bislang liegen für das Gros der Handlungsfelder Konzepte und Modelle inklusiver pädagogischer Ansätze als auch der Medienpädagogik (mitgedacht: Mediendidaktik) vor – meist jedoch ohne in Verbindung zueinander gedacht zu werden. Entsprechend steht die Erziehungswissenschaft samt ihrer Teilgebiete – weiterhin – vor der Aufgabe die eigenen Traditions- und Entwicklungslinien in (inter)disziplinärer/(inter)professioneller Perspektive entlang der (Reflexions- und Kristallisations-)Folie Inklusion zu hinterfragen, zu analysieren und (weiter) zu entwickeln sowie in dieser Perspektive Schnittstellen zur Medienpädagogik zu erschließen.

1 Didaktik – Methoden – Techniken

Methoden stellen grundsätzliche Wege des Lehrens und Lernen dar; sie bestimmen wie und mit welchen Wegen und Mitteln Kinder, Jugendliche und Erwachsene bestimmte(s) Wissen, Fähigkeiten und Fertigkeiten etc. für sich erarbeiten, wie dieser Prozess abläuft und welche Ergebnisse erreicht werden sollen (vgl. auch Reich 2014, S. 314). Methoden lassen sich grundsätzlich im Verhältnis von Approach (theoretische Grundlagen – Konzept) – Method (Prinzipien und Strategien – Methode) – Technique (spezifische Aktivitäten und Verfahren in der Praxis – Verfahren) denken:

1 Eine ausführliche Diskussion der Begriffe Inklusion und Medienbildung bzw. deren Verhältnis zueinander kann an dieser Stelle nicht erfolgen, ist aber u. a. an der folgenden Stelle zu finden, vgl. Schluchter (2016).

- *Approach*/Konzept: das theoretische Fundament didaktischer (Handlungs-) Modelle und Strategien, welche Ziele, Inhalte, Methoden und Verfahren in einen (sinnhaften) Zusammenhang bringt.
- *Method*/Methode: ein vorausgedachter Plan der Vorgehensweise bzw. ein systematisierter Komplex von Vorgehensweisen, um bestimmte Ziele und Aufgaben im Kontext pädagogische Settings zu bearbeiten und konstitutive Bestandteile von didaktischen Konzepten.
- *Techniques*/Techniken/Verfahren: Einzelelemente von Methoden, welche durch ihre kurze/begrenzte Reichweite, im Sinne eines Impulses, gekennzeichnet sind (vgl. Fromm 2014, S. 8-10).

Infolgedessen sind Methoden konstitutive Elemente von didaktischen Konzepten und Modellen – didaktische Konzepte und Modelle sind hierbei als Aussagesysteme zur Struktur und Gestaltung von Lehr-Lern-Prozessen zu verstehen. Es lassen sich drei zentrale Traditions- und Entwicklungslinien didaktischer Konzepte und Modelle unterscheiden: (1) Bildungstheoretische Didaktik, (2) lern- und lehrtheoretische Didaktik und (3) konstruktivistische Didaktik (vgl. Raithel, Dollinger & Hörmann 2009, S. 77-82). Im Kontext integrativer und inklusiver pädagogischer Ansätze finden sich verschiedene Überlegungen zu einer „Didaktik des gemeinsamen Unterrichts/Lernens“ wie „Allgemeine und integrative Didaktik“ und „Entwicklungslogische Didaktik“ (Feuser 1989), „Theorie integrativer Prozesse“ (Reiser, Klein, Kreis & Kron 1986a, b), Gemeinsame Lernsituationen (Wocken 1998), „Pädagogik der Vielfalt“ (Prengel 1993). Aktuell diskutierte Perspektiven auf didaktische Konzepte und Modelle im Kontext inklusiver pädagogischer Settings entsprechen respektive folgen weitgehend diesen Traditions- und Entwicklungslinien (vgl. u. a. Reich 2014, Seitz 2006, Heimlich 2004, Kullmann, Lütje-Klose & Textor 2014, Ziemen 2017, Häcker 2017). Bislang liegt für das Handlungsfeld Schule das breiteste Spektrum an entsprechenden Konzepten und Modellen vor. Gemein ist allen diesen didaktischen Konzepten und Modellen im Kontext inklusiver pädagogische Ansätze, dass sie Perspektiven für Struktur und Gestaltung von Lehr-Lern-Prozessen (auch von Bildungsprozessen) in heterogenen Gruppen entwickeln, welche

- die einzelnen Kinder, Jugendlichen oder Erwachsenen in ihrer Individualität wahrnehmen und anerkennen;
- die jeweiligen Stärken bzw. Ressourcen des Individuums zum Ansatzpunkt und zur Orientierung von Formen des individualisierten und gemeinsamen Lernens machen;
- individualisierte/auf das Individuum bezogene sowie gemeinsame Wege des Lernens ermöglichen;
- Erfahrungsräume für Gemeinsamkeit herstellen.

Kurzum: Wege für Lernen, aber auch für Bildung, für jeden ermöglichen.

Innerhalb dieser verschiedenen didaktischen Konzepte und Modelle im Kontext inklusiver pädagogischer Ansätze wird die Bedeutung von Medien für die Gestaltung von Lehr-Lern-Prozessen nur in ersten Ansätzen detailliert(er) umrissen; meist werden Medien weitgehend unspezifisch auf Ebene von didaktischen Konzepten und Modellen oder auf Ebene von Methoden verortet, ohne vertiefte Überlegungen zu Potenzialen, Möglichkeiten und Perspektiven des methodischen Einsatzes von Medien darzulegen (vgl. u. a. Reich 2014, 251-255). Eine Ausnahme stellen hierbei Überlegungen in den Bereichen Assistive Technologien, Universal Design (for Learning) und Unterstützte Kommunikation dar.

Innerhalb der Medienpädagogik respektive Mediendidaktik zeichnet sich eine gleichermaßen unsystematische Aufarbeitung und Auseinandersetzung mit didaktischen Perspektiven inklusiver pädagogischer Ansätze ab (vgl. Schluchter 2015, S. 7). Entsprechend stellen Perspektiven der Verzahnung von medienpädagogischen (mitgedacht: mediendidaktischen) und didaktischen Konzepten und Modellen inklusiver pädagogischer Ansätze eine wesentliche Entwicklungsaufgabe im Rahmen von Medienbildung und Inklusion dar.

Darüber hinaus führt aus Perspektive der Erziehungswissenschaft heraus eine zunehmende Spezialisierung und Ausdifferenzierung der Erziehungswissenschaft (von der Frühen Bildung bis hin zur Erwachsenen- und Seniorenbildung) zu einer Vielzahl an eigenständigen didaktischen Konzepten auf theoretischer Ebene und Modellen in den jeweiligen pädagogischen Praxisfeldern (vgl. Terhart 2008, S. 13), welcher in diesem Zusammenhang ebenso Rechnung getragen werden muss.

2 Methoden Inklusiver Medienbildung

Didaktische Konzepte und Modelle im Kontext von Medienbildung und Inklusion müssen Kindern, Jugendlichen und Erwachsenen verschiedene Zugänge zum Lernen (als auch zu Bildung) ermöglichen, die der Vielfalt der Lernenden entspricht und diesen Möglichkeiten bietet, Lernen für sich gelingend zu gestalten (vgl. Reich 2014, S. 207). Hierzu zählen beispielsweise Formen der Differenzierung auf Ebene der Leistungsanforderungen, der Lerninhalte/Themen, der Lernziele, der Methoden, der Lernzeiten, nach Lerntechniken/-strategien sowie der Ausdrucks- und Rezeptionsmodi (zur Relevanz von Differenzierung für inklusive Lehr-Lern-Settings vgl. u. a. Werning & Arndt 2015). Die individuellen Stärken, wie Fähigkeiten und Fertigkeiten oder Wissen, sowie Bedürfnisse, Themen und Interessen der Kinder, Jugendlichen oder Erwachsenen bilden hierbei den Ausgangspunkt und die Orientierung für die Entwicklung von didaktischen Szenarien – oder: das jeweilige Alter, der jeweilige Lern- und Entwicklungsstand, das jeweilige Selbstkonzept, die alltags- und lebensweltlichen Sinnstrukturen etc. sind Orientierung (medien-)pädagogischen Handelns. Nebenan stehen weitere Orientierungen wie bildungspolitische Vorgaben, im Besonderen Bildungsstandards, aber auch verschiedene theoretische Aufladungen von Bildung und Erziehung sowie Ziele und Intentionen der verschiedenen pädagogischen Handlungsfelder (verbunden mit fachkulturellen Selbstverständnissen und Logiken), welche gleichermaßen in didaktischen Konzepten und Modellen aufgehen. In diesem Zusammenhang entfaltet sich in der Entwicklung didaktische Konzepte und Modelle im Kontext von Inklusion/Medienbildung und Inklusion im Besonderen das Spannungsfeld von Standardisierung und Individualisierung in bzw. von Lehr- und Lernprozessen (als auch Bildungsprozessen) (vgl. u. a. Miller 2011).

Entsprechend sind Perspektiven zu entwickeln, welche auf der einen Seite Raum für individuelle Entwicklung, individuelle Ziele, individuelle Anforderungen an Lernen – auch im Verständnis von Bildung – ermöglichen, auf der anderen Seite die Relevanz von standardisierten Fähigkeiten und Fertigkeiten, Wissensbeständen, auch Kulturtechniken etc. beleuchten – hierbei geht es um Balancen, Akzentuierungen und (politische, ethische etc.) Positionen auf Ebene der didaktischen Konzepte und Modelle und deren Niederschlag in den jeweiligen pädagogischen Praxisfeldern, welche sich in der Vielfalt an Vorschlägen für eine „Inklusive Didaktik" widerspiegeln.

Innerhalb der Medienpädagogik zeichnet sich, obwohl pädagogische Prinzipien wie Alltags- und Lebensweltorientierung, wie Subjektorientierung oder wie Ressourcenorientierung, in der Theorie, aufgegriffen werden, eine eher einseitige Vertretung von standardisierten – oft normativ aufgeladenen – Vorstellungen zu den Zielen und Intentionen der Medienpädagogik, manifestiert im Medienkompetenzbegriff (bzw. dessen verschiedenen Konzeptualisierungen), ab (zur Kritik am Medienkompetenzbegriff vgl. Kutscher 2009, S. 7-11). Eine Perspektive der einzelnen Individuen und deren alltags- und lebensweltliche (Medien-)Praxen auf Medienkompetenz findet sich eher randständig vertreten (vgl. ebd.). Auch mangelt es an theoretisch fundierten Überlegungen zur Differenzierung und Individualisierung medienpädagogischer Angebote in inklusiven pädagogischen Settings, beispielsweise der aktiven Medienarbeit.

Aktive Medienarbeit stellt eine zentrale Methode der Medienpädagogik dar. Das Erstellen eigener Medien(-angebote) eröffnet Kindern, Jugendlichen und Erwachsenen die Möglichkeit ihre alltags- und lebensweltlichen Themen, Bedürfnisse und Interessen mit Foto, Video, Print, Audio und digitalen Medien zu entdecken, zu artikulieren und in eine Öffentlichkeit zu tragen. In dieser Perspektive ist die Eigenproduktion von Medien als Möglichkeit des kulturellen Selbstausdrucks, der sozialen Kommunikation, der Erweiterung individueller Erfahrungs-, Handlungs- und Kommunikationsräume, der Teilnahme an öffentlichen Kommunikationsprozessen sowie der Mitgestaltung von Gesellschaft zu denken.

In Bezug auf Formen aktiver Medienarbeit in inklusiven Settings liegen erste Überlegungen zur methodisch-didaktischen (Weiter)Entwicklung bestehender Konzeptionalisierungen aktiver Medienarbeit vor (vgl. Schluchter 2015, S. 13-15).

Im Folgenden sollen – exemplarisch – erste Überlegungen zu Methoden bzw. zu methodisch-didaktischen Rahmenbedingungen (zum Teil auch pädagogische Prinzipien) im Kontext von Medienbildung in inklusiven pädagogischen Settings dargelegt werden. Diese Überlegungen orientieren sich dabei an den vorangegangene Ausführungen, in denen die Verzahnung von medienpädagogischen und didaktischen Konzepten und Modellen inklusiver pädagogischer Ansätze hervorgehoben wurden. Ein besonderer Brennpunkt liegt hierbei auf Formen aktiver Medienarbeit (vgl. ebd.[2]; auch Kamin, Schluchter & Zaynel 2018):

2.1 Diagnostik

Als Grundlage der Gestaltung von Lehr-Lern-Prozessen sollten Formen der Diagnostik zu Beginn und im Laufe des (medien-)pädagogischen Angebots dienen, welcher einerseits Aussagen zu den individuellen Ressourcen, dem Lern- und Entwicklungsstand, den Bedürfnissen, den Lerndispositionen etc. (zu Beginn) sowie andererseits zu den individuellen Entwicklungen und Entwicklungshemmnisse in Bezug auf Wissen, Fähigkeiten, Fertigkeiten oder auch soziale Aspekte) (im Verlauf) geben können. Hierbei geht es nicht um quantifizierende und vergleichende Diagnoseverfahren, sondern um Verfahren, welche Aufschluss über aktuellen Stand und die Entwicklung eines Kindes, Jugendlichen und Erwachsenen geben.

2.2 Individualisierung – Differenzierung

Mit dem Begriff Individualisierung wird auf pädagogische Prozesse, Angebote und Maßnahmen Bezug genommen, welche die jeweils individuellen Voraussetzungen eines Kindes, eines Jugendlichen und/oder Erwachsenen – wie individuelle Lern- und Entwicklungsstände, Interessen und Bedürfnisse sowie soziale und kulturelle Einbettung – in den Mittelpunkt stellen. Ausgehend von

2 Die im Folgenden skizzierten Überlegungen zu Methoden bzw. zu methodisch-didaktischen Rahmenbedingungen von Medienbildung in inklusiven Settings gehen auf eine Meta-Analyse von Projekten aktiver Medienarbeit in inklusiven Settings (schulisch/ außerschulisch) zurück, welche im Rahmen von Lehrveranstaltungen an der Pädagogischen Hochschule Ludwigsburg seit dem Jahr 2010 (in jedem Semester) stattfinden (für eine erste Dokumentation dieser Meta-Analyse vgl. Schluchter 2015).

diesen individuellen Bildungs-, Entwicklungs- und Lernvoraussetzungen eines Kindes/eines Jugendlichen sind in pädagogischen Kontexten vielfältige Erfahrungs- und Erprobungsräume sowie Wege, Methoden und Orte des Lernens zu ermöglichen. Hierbei geht es um eine Passung des jeweiligen pädagogischen Szenarios einerseits und den jeweils individuellen Voraussetzungen der Kinder, Jugendlichen und Erwachsenen andererseits. Zu unterscheiden sind hierbei gesteuerte und offene Formen der Individualisierung von pädagogischen Prozessen. Individualisieren der medienpädagogischen Projektarbeit bedeutet, an den individuellen (Vor-)Erfahrungen der Kinder und Jugendlichen anzuknüpfen, weitgehend selbstgesteuerte und selbstverantwortete Arbeitsphasen einzuplanen sowie individuelle Lernwege bzw. individuelle Wege der Erfahrung zu fördern. In diesem Zusammenhang sind Möglichkeitsräume zu eröffnen, in welchen die Kinder, Jugendlichen und Erwachsenen eigene Wege in Bezug auf die (Lern-)Gegenstände, den (Lern-)Ort, die (Lern-)Partner/innen, die Arbeitszeit sowie das Ziel entwickeln können. Das jeweilige Kind oder der jeweilige Jugendliche mit seinen individuellen Voraussetzungen wird zum Dreh- und Angelpunkt der gemeinsamen pädagogischen Praxis. Entsprechend sind auf Ebene des Projekts Aspekte wie eine individualisierte, flexible Zeitplanung/-strukturen zu ermöglichen, welche z. B. den individuellen Lern- und Arbeitstempi, aber auch den Bedürfnissen der Teilnehmer/innen entsprechen. Vor diesem Hintergrund kann es ebenso von Bedeutung sein, eine Gleichschrittigkeit in der Projektarbeit weitgehend aufzulösen. Die individuellen Lernwege der Teilnehmer/innen zu fördern bedeutet auch, dass auf Ebene der Aufgaben(-stellungen), der bereitgestellten oder entwickelten Materialien sowie Unterstützungssysteme etc. eine Vielfalt an möglichen Zugängen und Umgangsweisen abgebildet wird.

2.3 Ressourcenorientierung

Anknüpfend an den individuellen Wissensbeständen, Fähigkeiten und Fertigkeiten, aber auch Interessen, Themen und Bedürfnissen der Kinder, Jugendlichen und Erwachsenen wird eine Anerkennung und Würdigung dieser möglich, die Anerkennung und Entwicklung von Stärken fördert, das Vertrauen der Kinder und Jugendlichen in ihre eigenen Fähigkeiten und Fertigkeiten stärkt und somit zur Bedingung von individueller (Weiter-)Entwicklung beiträgt. Hier werden Aspekte wie das Ernstnehmen und die Anerkennung der Sichtweisen von Kindern, Jugendlichen und Erwachsenen auf Welt von Bedeutung wie auch die Idee, Möglichkeitsräume für das Entdecken (z. B. experimentelle Zugänge und Umgangsweisen aktiver Medienarbeit) und die Entfaltung vorhandener Ressourcen (z. B. Expertenstatus zuweisen) zu eröffnen.

2.4 Barrierefreiheit

Barrierefreiheit bezieht sich im Kontext von Medienbildung und Inklusion im Besonderen auf (Medien-)Technik sowie Medienangebote und -inhalte. In Bezug auf Hardware ist entsprechend die Bedienbarkeit von z. B. Videokameras durch alle Teilnehmer/innen zu prüfen. Weiterhin gilt, die Zugänglichkeit und Nutzbarkeit von Computern und Software, u. a. unter Einbezug von Assistiven Technologien, zu prüfen (Lesbarkeit, Darstellung, Interface etc.). Konzepte wie User Centered Design, Universal Design (for Learning) oder auch Konzepte wie einfache und leichte Sprache stellen weitere relevante Bereiche im Kontext von Barrierefreiheit dar.

2.5 Kooperatives Lernen

In der Berücksichtigung von Ansätzen der peer-to-peer-education stellt aktive Medienarbeit eine Chance dahingehend dar, dass Kinder, Jugendliche und Erwachsene sich einerseits als Experten/innen für bestimmte Bereiche erleben können sowie andererseits auf eine weitere Option an Beratungs- und Unterstützungssystem zurückgreifen können. Des Weiteren weisen Formen der peer-to-peer-education oft andere (didaktische/methodische) Zugänge und Umgangsweisen mit bestimmten Aspekten der Projektplanung und -durchführung auf – auch hier wird auf Ebene der Beratungs- und Unterstützungssysteme eine Pluralisierung von Zugängen und Umgangsweisen ermöglicht.

2.6 Vielfalt an Rezeptions- und Ausdrucksformen

Neben Schrift und Sprache sind auch (audio)visuelle Rezeptions- und Ausdrucksmöglichkeiten aufzugreifen, wie z. B. in Form von Filmen/Videos (u. a. Videotutorials), aber auch Audioaufnahmen. Zu berücksichtigen sind in diesem Zusammenhang gleichermaßen Formen der Unterstützten Kommunikation. Indem eine Vielfalt an Rezeptions- und Ausdrucksformen zur Verfügung gestellt wird, besteht für alle Kinder, Jugendliche und Erwachsene die Möglichkeit sich entsprechend ihrer Präferenzen, aber auch Fähigkeiten und Fertigkeiten in das jeweilige medienpädagogische Szenario einzubringen.

2.7 Vielzahl an inhaltlichen Ankerpunkten für Themen, Interessen sowie Wissensbestände, Fähigkeiten und Fertigkeiten

Kindern, Jugendlichen und Erwachsenen soll Raum geboten werden, um ihre vorhandenen Ressourcen im Projekt einzubringen und somit ihre selbst wahrgenommenen Stärken auszuleben und auszubauen. Dies stellt die Basis für das Erleben von Sicherheit dar, sodass auch das Entdecken von Selbstwirksamkeit befördert wird. Vor diesem Hintergrund wird dann auch das Sich-Ausprobieren in anderen Bereichen des jeweiligen medienpädagogischen Szenarios niedrigschwelliger. Formen aktiver Medienarbeit stellen grundsätzlich viele Ankerpunkte bereit, wie z. B. im Bereich Film: Kameramann/-frau, Tonmann/-frau, Regisseur/in, Kulissenbauer/in, Kostümemacher/inn, Maskenbildner/-in, Schauspieler/in etc.

2.8 Experimentelle Zugänge und Umgangsweisen

Weniger kognitiv-planerische, eher experimentell-spielerische Zugänge und Umgangsweisen zur Medienproduktion ermöglichen allen Kindern, Jugendlichen und Erwachsenen ein Herantasten und Hereinfinden in das jeweilige medienpädagogische Szenario. Auch der Einbezug von Körperlichkeit, wie Tanz, Bewegung, Schauspiel und Gesang stellen in Verbindung mit medienbezogenen Gestaltungsformen einen Raum dar, in dem allen Teilnehmer/innen eine Annäherung an das Medienprojekt möglich wird. Auch kann über diese Herangehensweise ein Entdecken eigener Interessen, Präferenzen sowie eigener Stärken und Schwächen in Bezug auf die verschiedenen Aspekte einer Medienproduktion, wie z. B. im Bereich Film, möglich werden. Ebenso kann so eine erste Annäherung an Formen der Gestaltung mit Medien, wie z. B. im Bereich von Aufnahmen mit der Kamera (technische und ästhetische Perspektive), stattfinden.

Fazit

Die (Weiter-)Entwicklung von Methoden der Medienbildung in inklusiven Settings steht erst am Anfang, so müssen bestehende Methoden wie aktive Medienarbeit stärker, wie oben angeführt, in der Perspektive Inklusion gedacht werden. Die oben angeführten methodisch-didaktischen Rahmenbedingungen sollen einen ersten Aufschlag für den Prozess der Neukonzeptionierung bestehender Methoden der Medienpädagogik in Theorie und Praxis darstellen.

Literatur

Feuser, G. (1989). Allgemeine integrative Pädagogik und entwicklungslogische Didaktik. In: Behindertenpädagogik, Jahrgang 28, Heft 1, S. 4-48.
Fromm, M. (2014). Einführung in didaktisches Denken. Münster: Waxmann.
Häcker, T. (2017). Individualisierter Unterricht. In: Bohl, T., Budde, J. & Rieger-Ladich, M. (Hrsg.), Umgang mit Heterogenität in Schule und Unterricht. Bad Heilbrunn: Klinkhardt. S. 275-290.
Heimlich, U. (2004). Didaktische Konzepte für den zieldifferenten Gemeinsamen Unterricht. In: Zeitschrift für Heilpädagogik 2004, Heft 6, S. 288-295
Kamin, A.-M., Schluchter, J.-R. & Zaynel, N. (2018). Medienbildung und Inklusion – Perspektiven für Theorie und Praxis. In: Schill, W., Röllecke, R. (Hrsg.), Fachheft „Inklusive Medienbildung“ Ein Projektbuch für Lehr- und pädagogische Fachkräfte. Düsseldorf: BZgA.
Kullmann, H., Lütje-Klose, B. & Textor, A. (2014). Allgemeine Didaktik für inklusive Lerngruppen. Fünf Leitprinzipien als Grundlage eines Bielefelder Ansatzes der inklusiven Didaktik. In: Amrhein, B., Dziak-Mahler, M. (Hrsg.), Fachdidaktik inklusiv. Auf der Suche nach didaktischen Leitlinien für den Umgang mit Vielfalt in der Schule. Münster: Waxmann. S. 89-107.
Kutscher, N. (2009). Ungleiche Teilhabe. Überlegungen zur Normativität des Medienkompetenzbegriffes. In: Zeitschrift für Medienpädagogik in Theorie und Praxis. http://www.medienpaed.com/article/view/110/110 [01.06.2018]
Miller, S. (2011). Methodische Vielfalt für heterogene Lerngruppen. In: Kaiser, A., Schmetz, D., Wachtel, P., Werner, B. (Hrsg.), Didaktik und Unterricht. Stuttgart: Kohlhammer. S. 146-156.
Niesyto, H. (2009). Aktive Medienarbeit. In: In: Mertens, G., Frost, U., Böhm, W., Landenthin, V. (Hrsg.), Handbuch der Erziehungswissenschaft. Band III, 2. Paderborn, München, Wien, Zürich: Schöningh. S. 855-862.
Prengel, A. (1993). Pädagogik der Vielfalt. Verschiedenheit und Gleichberechtigung in Interkultureller, Feministischer und Integrativer Pädagogik. Wiesbaden: VS-Verlag.
Raithel, J., Dollinger, B. & Hörmann, G. (2009). Einführung Pädagogik. Begriffe – Strömungen – Klassiker – Fachrichtungen. Wiesbaden: VS-Verlag.
Reich, K. (2014). Inklusive Didaktik. Bausteine für eine inklusive Schule. Weinheim, Basel: Beltz.
Reiser, H., Klein, G., Kreie, G. & Kron, M. (1986a). Integration als Prozeß. In: Sonderpädagogik 16(3), S. 115-122.
Reiser, H., Klein, G., Kreie, G. & Kron, M. (1986b). Integration als Prozeß (Fortsetzung aus Heft 3). In: Sonderpädagogik, Jahrgang 16, Heft 4, S. 154-160.
Schluchter, J.-R. (2016). Medien, Medienbildung, Empowerment. In: merz – Medien und Erziehung, Jahrgang 56, Heft 3, S. 16-21.
Schluchter, J.-R. (2015) (Hrsg.). Medienbildung als Perspektive für Inklusion. Modelle und Reflexionen für die pädagogische Praxis. München: kopaed.
Seitz, S. (2006). Inklusive Didaktik. Die Frage nach dem „Kern der Sache“. In: Zeitschrift für Inklusion. Online-Magazin, Heft 1. https://www.inklusion-online.net/index.php/inklusion-online/article/view/184/184 [01.06.2018}
Terhart, E. (2008). Allgemeine Didaktik. Traditionen, Neuanfänge, Herausforderungen. In: Zeitschrift für Erziehungswissenschaft, Themenheft Perspektiven der Didaktik. S. 13-34.
Werning, R. & Arndt, A.-K. (2015). Unterrichtsgestaltung und Inklusion. In: Kiel, E. (Hrsg.), Inklusion im Sekundarbereich. Stuttgart: Kolhlhammer. S. 53-96.
Wocken, H. (1998). Gemeinsame Lernsituationen. In: Hildeschmidt, A. & Schnell, I. (Hrsg.), Integrationspädagogik. Weinheim, München: Juventa, S. 37-52.
Ziemen, K. (2017). Inklusive Didaktik. In: Ziemen, K. (Hrsg.), Lexikon Inklusion. Göttingen: Vandenhoeck & Ruprecht. S. 107-109.

Barrierefreiheit

Anne Haage & Christian Bühler

Welches große Potenzial (digitale) Medien für die Inklusion haben, ist ein zentrales Thema dieses Bandes. Eine entscheidende Voraussetzung, dass dieses Potenzial auch wirksam werden kann, ist Barrierefreiheit. Medienbildung, die einen Beitrag zur gleichberechtigten Teilhabe an Medien, Information und Kommunikation leisten will, muss sich mit Barrierefreiheit befassen und sie in ihrer Methodik und Didaktik berücksichtigen. Der Artikel beschreibt, welche Konzepte und Herangehensweisen im Kontext der Barrierefreiheit betrachtet werden, ihre rechtliche Verankerung und die sich daraus ergebenen Anforderungen an die Medienbildung.

Die UN-Behindertenrechtskonvention führt „Accessibility", was in Deutschland in diesem Zusammenhang mit dem Begriff Barrierefreiheit übersetzt wird, als eines ihrer Grundprinzipien auf und konkretisiert es in Artikel 9 (Bundesministerium für Arbeit und Soziales (BMAS) 2008). Barrierefreiheit, Universal Design und Assistive Technologien sind drei Herangehensweisen, die – wenn sie in geeigneter Weise kombiniert werden – individuelle Lösungen bieten, die dem Anspruch der UN-BRK gerecht werden (Bühler 2016, S. 155).

Barrierefrei sind Infrastrukturen wie Gebäude, Verkehrsmittel, technische Produkte oder Medien, „wenn sie für Menschen mit Behinderungen in der allgemein üblichen Weise, ohne besondere Erschwernis und grundsätzlich ohne fremde Hilfe auffindbar, zugänglich und nutzbar sind", so die gesetzliche Definition in § 4 des Bundesgleichstellungsgesetz (BMAS 2016). „In der allgemein üblichen Weise" und „ohne besondere Erschwernis" bedeutet, dass man Gebäude zum Beispiel nicht erst über die Hintertür und nach vorheriger Anmeldung beim Hausmeister betreten können sollte, sondern durch den Haupteingang. Digitale Inhalte sollen mit der üblichen Software und assistiven Technologie nutzbar sein. „Auffindbar, zugänglich und nutzbar" besagt, dass man Gebäude oder Webseiten nicht nur betreten, sondern das gewünschte Ziel finden kann, auch den Sitzungssaal im 3. Stock und jede Unterseite einer Website. „Ohne fremde Hilfe" schließt die Nutzung von menschlicher Assistenz nicht aus, macht aber die selbständige Nutzung zum Regelfall.

Assistive Technologien (AT) und Hilfsmittel umfassen Produkte,

> „die von oder für Menschen mit Behinderungen verwendet werden, um am öffentlichen Leben teilzuhaben; um Körperfunktionen/-strukturen und Aktivitäten zu schützen, zu unterstützen und zu ertüchtigen, zu messen oder zu ersetzen; oder um Schädigungen,

Beeinträchtigungen der Aktivität und Einschränkungen der Teilhabe zu verhindern" (DIN EN ISO 9999:2017-03).

Rollstühle, Hörgeräte, alternative Tastaturen oder Zeigegeräte, Software wie Screenreader, die blinden Nutzer_innen die Inhalte als Brailletexte ausgegeben oder vorlesen, oder Talker im Bereich der Unterstützten Kommunikation (UK) gehören zu Hilfsmitteln und AT. Im Bereich der Informations- und Kommunikationstechnologie (IKT) ist das Verhältnis zwischen Mainstreamtechnologie und assistiver Technologie nicht problemlos, denn die Technologie muss für übliche AT zugänglich sein, auch nach Updates. Gerade Updates können Probleme verursachen. Beispielsweise halten Screenreader mit der rasanten technologischen Entwicklung nicht immer Schritt, denn die Entwicklung läuft in der Regel so ab, dass die Anbieter der Screenreader auf Updates der Mainstreamtechnologie oder neue Entwicklungen reagieren müssen und nicht die Mainstream-Technologie bzw. Updates von vorneherein den Zugriff durch übliche Screenreader ermöglichen. Das dauert und führt teilweise wiederum zu kostenpflichtigen Updates der assistiven Technologie. Ohne die allerneueste Version des Screenreaders sind blinde_r Nutzer_innen schnell bei vielen Seiten und Anwendungen ausgebremst (Bosse & Hasebrink 2016, S. 67).

Universal Design meint nach der Definition der UN-BRK, Produkte, Umfelder, Programme oder Dienstleistungen so zu gestalten, dass sie von allen Menschen möglichst weitgehend ohne eine Anpassung oder ein spezielles Design genutzt werden können (UN-BRK Art. 2, BMAS 2010). Automatisch öffnende und breite Türen, durch die Rollstühle und Kinderwagen passen, sind Beispiele für Universal Design oder Design für Alle. Der Ansatz des Universal Design, nicht für einen Durchschnittsnutzer zu entwerfen, sondern die Heterogenität der Nutzer_innen in den Blick zu nehmen, entspricht dem Konzept der Inklusion. Dadurch werden nicht länger Menschen ausgeschlossen oder erst durch nachträgliche – in der Regel aufwändigere – Anpassungen oder Zusätze berücksichtigt (Bühler 2015, S. 121). Auch universelles Design schließt die Nutzung von Hilfsmitteln nicht aus. In der Definition der UN-BRK ist „möglichst weitgehend" eingefügt, weil eine Lösung für alle nicht immer möglich sein wird. So werden beim Straßenübergang mehrere Lösungen nebeneinander angeboten: abgesenkte Bordsteine für Rollstühle, Kinderwagen und Fahrräder sowie Blindenleitstreifen am Bordstein. An Bahnhöfen gibt es Rolltreppen, Treppen und Aufzügen nebeneinander. Filme bieten Untertitel als Option zum Zuschalten an und sind nicht eingebrannter Bestandteil. Betriebssysteme und Software geben Möglichkeiten der erleichterten Bedienung, die man je nach Bedarf und Vorliebe auswählen kann.

Bei Barrierefreiheit und Universal Design sind vor allem vier Dimensionen zu berücksichtigen:

- Wahrnehmen (Sehen, Hören, Tasten)
- Bedienen (Bewegen und Kraft)
- Verstehen (Inhalte und Komplexität der Bedienung)
- Technische Nutzbarkeit (Robustheit).

Robustheit bezieht sich auf Fehleranfälligkeit und die Anschlussfähigkeit für übliche assistive Technologien.

Barrierefreiheit nützt nicht nur Menschen mit Behinderungen. Es profitieren Senior_innen oder Menschen, die aus unterschiedlichen Gründen Unterstützungsbedarf beim Sprachverständnis haben. Die zunehmende Nutzung mobiler Medien schafft Situationen, die Unterstützungen notwendig machen: Sehr laute oder sehr leise Umgebungen erfordern Filme mit Untertiteln, wie es in sozialen Medien mehr und mehr üblich wird. Für die schnelle und oft flüchtige Nutzung unterwegs ist es von Vorteil, die Bedienung von Apps so einfach und intuitiv wie möglich zu gestalten.

1 Gesetzliche Regelungen, Richtlinien und Standards

In der deutschen Gesetzgebung wird Barrierefreiheit in Artikel 4 des Behindertengleichstellungsgesetzes (BGG) bzw. in entsprechenden Paragraphen der Behindertengleichstellungsgesetze der Länder definiert. Zur Barrierefreiheit verpflichtet sind öffentliche Träger. Wer genau darunter fällt, regeln das BGG und die entsprechenden Landesgleichstellungsgesetze. Das BGG sieht zudem in Artikel 5 (Zielvereinbarungen) ausdrücklich vor, dass die Standards auf freiwilliger Basis durch Zielvereinbarungen zwischen gewerbsmäßigen Anbieten und anerkannten Verbänden von Menschen mit Behinderungen übernommen werden (BMAS 2016).

Mindestanforderungen werden in den jeweiligen Bereichen (Gebäude, Verkehr, IKT usw.) in Verordnungen und Normen geregelt. Die Standards im Bereich der IKT sind in der BITV 2.0 (Barrierefreie Informationstechnik-Verordnung) festgehalten. Sie beruhen auf den Internationalen Leitlinien für Webinhalte (WCAG 2.0), erarbeitet von der Web Accessibility Initiative (WAI), einer Einrichtung des World Wide Web Consortiums (W3C). Die Richtlinien sind im Internet dokumentiert, Erklärungen und Hinweise zur Umsetzung findet man auf den Seiten des BITV-Lotsen (www.bitv-lotse.de) und der Internetseite der Aktion Mensch zu digitaler Barrierefreiheit (www.einfach-fuer-alle.de).

Bisher hat es keine Konsequenzen, wenn Träger öffentlicher Gewalt die Standards der BITV nicht erfüllen. Das kann sich in den nächsten Jahren ändern. Denn im Dezember 2016 ist die neue EU-Richtlinie zur Barrierefreiheit im Internet (EU Web Accessibility Directive) in Kraft getreten, die die Verpflichtung zur

Barrierefreiheit auch auf mobile Anwendung und Apps ausdehnt, sowie die Mitgliedsstaaten verpflichtet, die Einhaltung der Standards zu überwachen. Sie sind zum Monitoring und zur Berichterstattung gegenüber der EU verpflichtet. Neu ist auch die Pflicht, eine Erklärung über die Barrierefreiheit der Internetseiten oder Apps zu veröffentlichen und ein Feedbackverfahren einzuführen, nach welchem Hinweisen und Kritik von Nutzer_innen nachgegangen werden muss. Die Mitgliedsstaaten sind verpflichtet, bis September 2018 die Mindeststandards der EU-Richtlinie in nationales Recht zu überführen.

2 Design for all, Design for me

In diesem Abschnitt wird beschrieben, wo Universal Design Grenzen hat und durch individuelle Lösungen ergänzt werden muss. Im Sinne der Inklusion ist zunächst das Konzept des Universellen Designs heranzuziehen. Das bedeutet, es sind Rampen und Aufzüge als Aufgänge zu planen, die gerne von allen genutzt werden, statt auf die nachträgliche Konstruktion von Plattformliftern oder auf treppensteigenden Rollstühlen zu setzen. Solche individuellen Hilfen können sinnvoll sein. Aber Barrierefreiheit wird in der UN-BRK als Voraussetzung zur Umsetzung der Menschenrechte, damit als gesellschaftliche Verpflichtung angesehen und nicht als individuelle Verantwortung.

Design for all ist aber nicht zwangsläufig in jedem Fall auch „Design for me“. Individuelle Lösungen können Universal Design ergänzen und die bessere Lösung für die Person darstellen (Ravneberg & Söderström 2017, S. 84-93). So braucht man eben den individuell angepassten Rollstuhl und die barrierefreie Umgebung oder individuelle akustische Hilfen und barrierefreie Bedienoberflächen.

Wie mobile Medien als Mainstream-Technologien dazu beitragen können, Barrieren abzubauen, wird anhand der App Greta und Starks exemplarisch deutlich. Mit der App können Nutzer_innen mit Seh- oder Hörbeeinträchtigungen Untertitel oder Audiodeskriptionen von Filmen herunterladen, um im Kino Filme schauen zu können. Die APP bringt Untertitel und Audiodeskription dahin, wo sie noch fehlen und erweitert so die individuellen Wahlmöglichkeiten der Personen. (Greta und Starks Apps o. J.). Sie verlagert aber auch die Verantwortung, für Barrierefreiheit zu sorgen, vom Anbieter, in diesem Fall dem Kino, hin zu den Nutzer_innen.

Funktionen der erleichterten Bedienung wie eine integrierte Vorlesefunktion oder Vergrößerungsmöglichkeiten können gesonderte assistive Technologien ersetzen und so viele Apps für viele Menschen nutzbar machen. Auch hier liegt es in der Verantwortung des Individuums, die neuen Gerätegenerationen anzuschaffen, sie müssen sie verstehen und auf dem neuesten Stand halten.

Menschen mit Beeinträchtigungen haben aus unterschiedlichen Gründen häufig keinen Zugang zu neuesten Mediengenerationen und Technologien. Nach der Studie zur Mediennutzung von Menschen mit Behinderungen aus dem Jahr 2016 schwankt der Anteil derjenigen, die im Haushalt Zugang zu einem Smartphone haben, zwischen 55 % der Menschen mit Hörbeeinträchtigungen und 34 % der Menschen mit Lernschwierigkeiten (Bosse & Hasebrink 2016, S. 46, 69, 79, 93, 100).

Technologie, die die volle Teilhabe an der Gesellschaft unterstützt oder erst ermöglicht, muss die zentralen Anforderungen der UN-BRK erfüllen. Sie soll für viele nutzbar sein (Art. 2) und niemanden ausschließen oder diskriminieren (Art. 3). „Sie muss verfügbar und erschwinglich bzw. im Versorgungssystem bezahlbar sein (Art. 4.1)“ (Bühler 2016, S. 159). Vieles davon ist in Deutschland über die Sozialgesetzgebung und über Versorgungswege geregelt. Allerdings werden vor allem spezielle assistive Technologien und Hilfsmittel finanziert. Allgemeine Gebrauchsgegenstände des täglichen Lebens – wie Smartphones und Apps – werden von der Finanzierung über Versorgungswege (noch) weitgehend ausgeschlossen (ebd.).

In § 84 des neu verabschiedeten Bundesteilhabegesetzes werden erstmals barrierefreie Computer als notwendiges Hilfsmittel zur sozialen Teilhabe genannt. Dies ist ein erster Schritt anzuerkennen, dass auch digitale Mainstreamtechnik grundsätzlich erstattungsfähige Teilhabeleistungen sein können. Nun könnten zum ersten Mal auch digitale Geräte finanziert werden. In der Praxis wird entscheidend sein, die digitalen Bedarfe den Rehabilitationsträgern gegenüber deutlich zu machen. Dies kann zum Beispiel ein Thema bei der individuellen Hilfeplanung sein.

3 Continuum of Solutions

Passende individuelle Lösungen bestehen häufig aus einer Kombination von Herangehensweisen, dem Continuum of Solutions, das in diesem Abschnitt erläutert wird. In der Schule und der außerschulischen Bildung müssen zunächst Universal Design und Barrierefreiheit als Leitlinien gelten, um Räume, Medien und Lernmaterialien für alle nutzbar zu machen. Universal Design und Barrierefreiheit müssen im Voraus geplant und angegangen werden. Sie zielen auf Gruppen und noch nicht auf das konkrete Individuum.

Für den Einzelfall greifen assistive Technologien, die den Zugang und die Bedienung bei unterschiedlichen Beeinträchtigungen ermöglichen. Auch das wird nicht immer ausreichend sein. Deshalb fordert die UN-BRK in Art. 2 zudem das Konzept der angemessenen Vorkehrungen („reasonable accomodation“), das auf den Einzelfall gerichtet ist und in konkreten Situationen greift. Das kann von technischen Einzellösungen über Gebärdensprachdolmetscher_innen bis zur persönliche Assistenz reichen. Begreift man die genannten

Lösungsansätze als Koordinaten eines mehrdimensionalen Raumes, wird die Gesamtlösung für jede Person jeweils mehr oder weniger Anteile aller Dimensionen enthalten. „Somit spannen Universelles Design, Barrierefreiheit, Assistive Technologien und ‚reasonable accomodation' einschließlich persönlicher Assistenz einen Lösungsraum ‚Continuum of Solutions – CoS' (Bühler 2009) auf, aus dem in einer Kombination der Konzepte eine konkrete Lösung für einen Menschen mit Behinderung spezifiziert wird" (Bühler 2016, S. 162).

4 Barrierefreiheit und Universal Design in der Medienbildung

Medienbildung, die zu gleichberechtigter Teilhabe an Information, Medien und Kommunikation befähigen will, muss Barrierefreiheit mit allen bisher beschriebenen Herangehensweisen berücksichtigen. Was das bedeutet, wird in diesem Abschnitt umrissen.

Um Bildungsangebote der Medienbildung barrierefrei zu gestalten, liefert das Universal Design for Learning (UDL) ein grundlegendes Konzept (Center for Applied Special Technology (CAST)), das die oben beschriebenen Herangehensweisen auf Lernsituationen anwendet. UDL will allen Schüler_innen Zugang zu den Inhalten und Methoden des Unterrichts ermöglichen. Drei Prinzipien liegen UDL zugrunde (Bühler 2015, Schluchter 2015, Schlüter, Melle & Wember 2016):

- *Flexible Zugänge zu Inhalten, damit alle Lernenden Informationen aufnehmen können.* Dazu gehören unterschiedliche Arten der Darstellung, damit sie auch mit nur einem Sinn (hören bzw. sehen) wahrgenommen werden können. Anschauliche Informationen berücksichtigen neben Text und Sprache auch audiovisuelle Darstellungsformen. Einfache und Leichte Sprache machen Texte für Menschen zugänglich, die aus unterschiedlichen Gründen Probleme mit der in Bildungskontexten vorherrschenden mittelschichtsorientierten Sprache haben.
- *Vielfältige Wege, sich auszudrücken.* Alle Lernenden müssen aktiv arbeiten und Ergebnisse erzielen können. Hier bieten digitale Medien viele Möglichkeiten, durch Ansätze des Universal Designs bei mobilen Medien und Apps, die sich intuitiv bedienen lassen. Dazu kommt eine Vielfalt von assistiven Technologien. Apps und Software auch unter dem Gesichtspunkt der Nutzbarkeit für Lernende mit unterschiedlichen Bedarfen zu prüfen, gehört zur Aufgabe von Pädagog_innen in der Medienbildung. Hier gibt es bereits viel Erfahrungen und Know-how. Das Netzwerk Inklusion und Medien (Nimm) veröffentlicht auf ihrer Internetseite regelmäßig Good-Practice-Beispiele und Erfahrungen, welche Hard- und Software für unterschiedliche Bedarfe in der Medienarbeit geeignet ist (www.inklusive-medienarbeit.de).

- *Vielfältige Formen und Hilfen, sich einzubringen und Erfolgserlebnisse zu erzielen.* Alle müssen die Aktivitäten als positiv und motivierend empfinden. Dazu gehört neben einer offenen und demokratischen Kommunikationskultur die Orientierung an den Ressourcen, Interessen und Fähigkeiten der Lernenden und passende Unterstützungen. In der aktiven Medienarbeit ist oft Zeigen, Vormachen und Ausprobieren ein guter Weg. Digitale Medien und zahlreiche Produktivitäts-Apps bieten die Möglichkeit, relativ schnell ansprechende Ergebnisse und damit Erfolgserlebnisse zu erzielen.

Die oben beschriebene Kombination aus Universal Design, Barrierefreiheit, assistiven Technologien und angemessenen individuellen Vorkehrungen bietet Lösungsmöglichkeiten für die inklusive Medienbildung, in heterogenen Settings alle Lernenden im Sinne des Universal Designs for Learning einzubeziehen. Assistive Technologien müssen kontinuierlich in das pädagogische Handeln eingebunden werden, damit die Aktivitäten tatsächlich für alle als motivierend empfunden werden (Ravneberg & Söderström 2017, S. 44). Sie zu benutzen, ist nicht nur Angelegenheit der Lernenden, die sie benötigen. Ravneberg und Söderström beschreiben in ihrer Untersuchung zur sozio-materiellen Praxis im gemeinsamen Lernen, dass es in der Dynamik des Unterrichts immer wieder Situationen gibt, die zur Exklusion führen, weil die Bedarfe, die sich aus der Nutzung Assistiver Technologien ergeben, nicht ausreichend bedacht werden. So beschreiben sie zum Beispiel Situationen, in denen hörbeeinträchtigte Schüler_innen ausgeschlossen werden, weil das Mikrofon, über das die Schüler_innen mit Hörgerät alles verstehen, nur in Frontalsituationen, nicht aber in Gruppen- oder Einzelarbeitsphasen benutzt wird, wenn Schüler_innen Zwischenfragen stellen und wichtige Gespräche zwischen Lehrer_in und Schüler_innen stattfinden (ebd., S. 40). Die assistiven Technologien müssen also konsequent genutzt werden und die Kursleiter_innen müssen die Nutzungskontexte allen Beteiligten erläutern.

Alle Beteiligten in Lernprozessen – Pädagog_innen und Unterstützungskräfte – müssen nicht nur mit dem Umgang mit Lerngeräten und -software vertraut sein, sondern auch mit Hilfsmitteln und Assistiven Technologien, die Lernende aus der Einzelversorgung mitbringen. Sie müssen zudem Kenntnisse haben über ihre Einsatzkontexte und diese in ihre pädagogische Praxis integrieren und den anderen Beteiligten vermitteln. Dies wäre ein weiterer Bestandteil und Benefit inklusiver Medienbildungsarbeit. Auf diese Art und Weise entwickeln alle Beteiligten ein Bewusstsein für die Bedeutung von Barrierefreiheit und assistiven Technologien und entdecken vielleicht sogar, dass beides auch für sie selbst einen Nutzen haben kann.

In der inklusiven Medienbildung kann dies auch ein spannendes Feld für aktive Medienarbeit sein. Eigene Medienbeiträge werden von vorneherein barrierefrei hergestellt. Es gibt bereits Beispiele wie im Rahmen von Maker-

Aktivitäten selbst alternative Eingabehilfen aus Alltagsmaterialien gebaut werden können, zum Beispiel, um Computerspiele zu spielen (Werning 2016). Dies schafft nicht nur individuell passgenaue und „coole" Hilfsmittel, es fördert auch das Bewusstsein für unterschiedliche Bedarfe und Bedürfnisse.

Fazit

„Accessibility", was im Deutschen allgemein unter Barrierefreiheit zusammengefasst wird, wird ergänzt durch verschiedene Herangehensweisen, die erst in der richtigen Kombination zu passenden Lösungen für individuelle Bedarfe werden. Barrierefreiheit und Universal Design sorgen für die Zugänglichkeit und Nutzbarkeit für Gruppen. Sie müssen in der medienpädagogischen Arbeit im Voraus bedacht und geplant werden. In der konkreten Praxis wird dies aber nicht immer für alle ausreichen. Hier greifen auf individueller Ebene konkrete assistive Technologien und angemessene Vorkehrungen wie persönliche Assistenzen. Kreative Lösungen aus Mainstreamtechnologie, offiziellen und selbst gebauten Hilfsmitteln zu finden, fordert Medienpädagogik auf ihrem ureigenen Feld und ist in der Maker-Bewegung längst Thema.

Literatur

BMAS (2016). Gesetz zur Gleichstellung von Menschen mit Behinderungen: BGG. http://www.gesetze-im-internet.de/bgg/BJNR146800002.html.

Bosse, I. & Hasebrink, U. (2016). Mediennutzung von Menschen mit Behinderungen: Forschungsbericht (Die Medienanstalten, Aktion Mensch, Hrsg.). Berlin. http://www.kme.tu-dortmund.de/cms/de/Aktuelles/aktuelle-Meldungen/Langfassung-der-Studie-_Mediennutzung-von-Menschen-mit-Behinderungen_-veroeffentlicht/Studie-Mediennutzung_Langfassung_final.pdf. [18.12.2017]

Bühler, C. (2015). Universelles Design des Lernens und Arbeitens. In H. Biermann (Hrsg.), Inklusion im Beruf (S. 118-137). Stuttgart: Kohlhammer Verlag.

Bühler, C. (2016). Barrierefreiheit und Assistive Technologie als Voraussetzung und Hilfe zur Inklusion. In Bernasconi, T. & Böing, U. (Hrsg.), Schwere Behinderung und Inklusion. Facetten einer nicht ausgrenzenden Inklusion (S. 155-169). Oberhausen: Athena.

Bundesministerium für Arbeit und Soziales (BMAS) (2008, 21. Dezember). Gesetz zu dem Übereinkommen der Vereinten Nationen vom 13. Dezember 2006 über die Rechter der Menschen mit Behinderungen. Bundesgesetzblatt(35), S. 1419-1457. http://www.un.org/depts/german/uebereinkommen/ar61106-dbgbl.pdf.

Center for Applied Special Technology (CAST). Universal Design of Learning. http://www.udlcenter.org/DIN, EN ISO 9999:2017-03 (2017). Beuth-Verlag.

Greta und Starks Apps. Datenbrille: Starks AR Headset. https://www.gretaundstarks.de/starks/datenbrille.

Ravneberg, B. & Söderström, S. (2017). Disability, society, and assistive technology. Interdisciplinary disability studies. Abingdon, Oxon, New York, NY, Abingdon, Oxon, New York, NY: Routledge.

Schluchter, J.-R. (2015). Inklusive Medienbildung: Eine Skizze. In J.-R. Schluchter (Hrsg.), Medienbildung als Perspektive für Inklusion. Modelle und Reflexionen für die pädagogische Praxis (S. 17-26). München: kopaed.

Schlüter, A.-K., Melle, I. & Wember, F.B. (2016). Unterrichtsgestaltung in Klassen des Gemeinsamen Lernens: Universal Design of Learning. Sonderpädagogische Förderung heute 61(3), 270-285.

Werning, C. (Netzwerk Inklusion und Medien, Hrsg.) (2016). Computerspiele und unterstützende Technologien. http://www.inklusive-medienarbeit.de/themenmonat-3-computerspiele-und-unterschuetzende-technologien-taster-und-spielecontroller-selbst-gebaut-von-karoline-klaus/.

Leichte Sprache – ein Mittel zur Barrierefreiheit?

Saskia Schuppener, Anne Goldbach & Bettina M. Bock

1 Zum Konzept der Leichten Sprache

Die sog. Leichte Sprache ist intendiert als eine Form barrierefreier Kommunikation und soll einen Beitrag zur Verringerung der sprachlichen Barrieren und damit zu mehr Teilhabemöglichkeiten leisten. Im Zuge der UN-Behindertenrechtskonvention (UN-BRK) und den dort verankerten Forderungen nach der Ermöglichung von mehr Teilhabe in den verschiedenen Lebensbereichen, konnte sich Leichte Sprache schnell etablieren (vgl. Bergelt, Goldbach & Seidel 2016), besonders Texte aus dem Kommunikationsbereich Politik existierten von Anfang an in vergleichsweise großer Zahl (vgl. Bock 2015a). Die Ursprünge des Konzepts liegen für den deutschsprachigen Raum bei der Interessenvertretung von und für Menschen mit Lernschwierigkeiten: Ein direkter Vorläufer ist die Organisation „People first", die sich in den USA schon in den 1970er Jahren dafür einsetzte, dass Menschen mit Lernschwierigkeiten die für sie relevanten Informationen in verständlicher Sprache erhalten können. Aus dieser Tradition heraus entstand ab den frühen 2000ern auch im deutschsprachigen Raum ein Konzept Leichter Sprache, das vorrangig auf intuitiv entwickelten und mittlerweile in der Praxis etablierten Regelwerken fußt. Die Wirksamkeit der aufgestellten Regeln und Prinzipien wurde allerdings bisher kaum empirisch überprüft. Erste Ergebnisse weisen darauf hin, dass nicht alle Gestaltungsprinzipien Barrieren tatsächlich abbauen helfen. Damit ist auch kritisch zu reflektieren, welche Möglichkeiten und Grenzen ihr praktischer Einsatz in der jetzigen Form in einzelnen Anwendungsfeldern tatsächlich hat.

Eine Auseinandersetzung mit den Möglichkeiten der Leichten Sprache aus medienpädagogischer Sicht erscheint besonders für die Medienbildung und Mediendidaktik relevant, da diese sich

> „vordringlich mit dem Lehren und Lernen mit Medien [auseinandersetzt] und damit verbunden mit der Frage, wie Medien bzw. Medienangebote zur Erreichung pädagogisch begründeter Ziele konzipiert und eingesetzt werden können bzw. sollten und wie Lehr-/Lern-Prozesse durch die Gestaltung oder den Einsatz von Medien optimiert werden können" (Süss, Lampert & Wijnen 2013, S. 170).

So ist es zum einen relevant, danach zu fragen, inwiefern Leichte Sprache eine angemessene Möglichkeit ist, um die Zugänglichkeit zu Medien laut Artikel 9 UN-BRK abzusichern, aber auch, inwiefern der Einsatz von Leichter Sprache als Hilfsmittel im Prozess inklusiver Mediengestaltung (bspw. in inklusiven Medienprojekten) eine Rolle spielen kann.

Eine Beantwortung dieser Fragen steht noch aus und kann auch in diesem Beitrag nur aus benachbarten Forschungsfeldern antizipiert werden.

2 Bisherige empirische Erkenntnisse

Bisher gibt es nur wenige empirische Untersuchungen, die sich mit der Frage beschäftigen, wie Leichte Sprache in der Praxis angewandt und im Hinblick auf eine verbesserte Barrierefreiheit bewertet wird. Für den speziellen Bereich der Medienpädagogik ist dieses Feld noch vollkommen unerschlossen. Auch aus sprachwissenschaftlicher Perspektive besteht weiterhin Forschungsbedarf in Bezug auf die Frage, wie verständlich Leichte-Sprache-Texte für die Zielgruppen tatsächlich sind und wie effektiv die aufgestellten Regelwerke sind, welche den Anspruch nahelegen, auch Laien die Erstellung zielgruppenangemessener Texte ‚einfach' zu ermöglichen.

In einem dreijährigen Forschungsprojekt an der Universität Leipzig haben sich Forscherinnen und Forscher im interdisziplinären BMAS-Projekt *„Leichte Sprache im Arbeitsleben – Evaluationsstudie zur Wirksamkeit der Leichten Sprache im Hinblick auf eine Verbesserung der Teilhabe von Menschen mit Lernschwierigkeiten am Arbeitsleben" (LeiSA)* einem Teil der bestehenden Forschungsdesiderata gewidmet. Die Ergebnisse beziehen sich auf Texte und Bedingungen des Arbeitslebens, haben aber teilweise generelle Gültigkeit (z. B. Aspekte der Textverständlichkeit) oder werfen grundsätzliche Fragen auf, die nicht auf den Bereich des Arbeitslebens beschränkt sind.

In einem Onlinesurvey konnten 365 Personen, die beruflich als Professionelle mit Menschen mit Lernschwierigkeiten zusammenarbeiten[1] zur Nutzungswirklichkeit Leichter Sprache befragt werden (vgl. Bergelt, Goldbach & Seidel 2016). Die Ergebnisse zeigen, dass Leichte Sprache in der Praxis zweifelsohne vor dem Hintergrund eingesetzt wird, dass sie sowohl zu einer besseren Informiertheit als auch zu einer Steigerung der Selbständigkeit der Nutzer_innen beitragen soll (vgl. ebd.). Die bestehenden Regeln zur Erstellung von Texten in Leichter Sprache werden dabei zu einem großen Teil als sehr hilfreich eingeschätzt, wenngleich sich ebenso Unsicherheiten im Umgang mit den Re-

1 Dabei handelt es sich in 66,1 % der Fälle um Mitarbeiter_innen in Werkstätten für behinderte Menschen, zu 18,2 % um Mitarbeiter_innen in Integrationsbetrieben. Der Anteil an Teilnehmenden aus Integrationsämtern und Integrationsfachdiensten ist vergleichsweise gering. (Bergelt, Goldbach & Seidel 2016)

gularien zeigen, welche auf Unklarheiten hinsichtlich der tatsächlichen *verstehenserleichternden Funktion* einzelner Regeln fußen. Die Befragten problematisieren außerdem eine *zu starke Simplifizierungen der Texte* und damit einhergehende *stigmatisierende Wirkungen.*

Inwiefern Leichte Sprache Texte für die adressierten Personenkreise tatsächlich verständlicher macht, wurde im Projekt mit zwei Zielgruppen empirisch untersucht: Menschen mit Lernschwierigkeiten sowie funktionalen Analphabeten bzw. Menschen mit geringen Lesekompetenzen. Überprüft wurde u. a. das Textverstehen authentischer Leichte-Sprache-Texte sowie die Wirksamkeit des Verbots bestimmter grammatischer Phänomene, wie es in der Leichten Sprache erhoben wird. Zusammenfassend lässt sich festhalten, dass manche Praktiken Leichter Sprache in den Untersuchungen Bestätigung erfahren, manche widersprechen ihnen aber auch unmittelbar (vgl. ausführlicher Bock 2017, Bock & Lange 2017). Insgesamt zeigt sich, dass Leichte Sprache ihren Zielgruppen, insbesondere aber auch ihrer Hauptzielgruppe Menschen mit Lernschwierigkeiten, manche Defizite zu pauschal zuschreibt (bspw. bei der Wortschatzkenntnis, beim Umgang mit Negation oder Satzkomplexität) und gleichzeitig andere Barrieren, die das Leseverstehen eröffnen kann, entweder noch gar nicht bearbeitet oder sogar verkomplizierend löst. Ein Beispiel wäre hier die sprachliche und typografische Markierung von Textsorten in Leichter Sprache: Ob es sich bei einem gelesenen Text um Nachrichten, um einen Roman, einen Vertrag oder um eine Anleitung handelt, ist Teil des Textverständnisses. Wie Inhalte zu verstehen sind, ist nicht unabhängig von der Textsorte, und Leser_innen haben – nicht immer bewusste – Vorstellungen davon, was prototypische Formulierungen oder prototypische Gestaltungsmerkmale einzelner Textsorten sind. Anders als in der finnischen Leichten Sprache (Leskelä 2017) werden die Textsortenmerkmale in der deutschen Leichten Sprache aber unkenntlich gemacht. Für alle Textsorten gelten dieselben Prinzipien. Das erschwert das Textverständnis, auch und gerade für schwächere Leser_innen (vgl. Bock & Lange 2017, Bock & Sieghart, i.V.).

Von einem generellen Barriereabbau durch Leichte Sprache kann also aus linguistischer Perspektive derzeit nicht die Rede sein, wenngleich es ohne Zweifel gelungene Texte gibt, die Teilhabe an Informationen ermöglichen, und auch die genannten Problemstellen scheinen überwindbar, beispielsweise durch einen anderen, flexibleren Umgang mit den bestehenden Regelwerken.

Wie Erfahrungen aus dem LeiSA-Projekt zeigen, intendiert die Erstellung und Bereitstellung von Informationen in Leichter Sprache aber nicht per se eine ernsthafte Absicht, Teilhabe- und Selbstbestimmungsmöglichkeiten zu verbessern, denn für die Bereitstellung von relevanten Textmaterialen bedarf es auch und vor allem des *ehrlichen Engagements der Verantwortlichen* (vgl. Schuppener, Goldbach & Bock 2018).

3 Chancen und Risiken der Anwendung Leichter Sprache als Gestaltungsmittel

Aus den bisherigen Forschungsergebnissen und Praxiserkenntnissen können Rückschlüsse auf die Chancen und Risiken, die in der Anwendung von Leichter Sprache liegen gezogen werden. So muss eine große Chance darin gesehen werden, dass die Nutzung von Leichter Sprache – und damit die weitere Etablierung dieser Sprachvarietät – dafür sensibilisieren kann, dass es Menschen gibt, die auf leicht verständlich aufbereitete Texte angewiesen sind. Wird dieser Bedarf tatsächlich ernst genommen, so können angemessene Texte in Leichter Sprache dazu beitragen, dass deren Leser_innen an einer größeren Informationsvielfalt partizipieren können und ihnen somit andere Teilhabebereiche geöffnet werden.

Inwiefern jedoch die bisherigen Regeln und üblichen Praktiken hilfreich sind, muss hinterfragt werden.

Angemessenheit und Teilhabe an (massen-)medialer Kommunikation durch Leichte Sprache

Mittlerweile existiert eine Vielzahl von Medientexten in Leichter Sprache, insbesondere Rundfunkstationen und Online-Zeitungen machen entsprechende Angebote. Vermittelt werden, meist in wöchentlichem Rhythmus, aktuelle Nachrichten aus etlichen Gesellschaftsbereichen. Zur realen Nutzung dieser Angebote durch die Zielgruppen gibt es u.W. bisher keine empirischen Studien. Wenn Leichte Sprache die Zielstellung verfolgt, Teilhabe an Kommunikation und Informationen zu ermöglichen, stellt sich die Frage, woran gelingende Teilhabe im Bereich (massen-)medialer Kommunikation zu bemessen wäre. Diese Frage geht über die oben erörterte Problematik der Verständlichkeit weit hinaus.

Die Leichte-Sprache-Regelkataloge umfassen v.a. Prinzipien, die auf eine Transformation der sprachlichen Textoberfläche zielen. Aspekte der Semantik und Aspekte des Textinhalts sind demgegenüber kaum im Blick. Es liegt auf der Hand, dass insbesondere bei aktuellen Nachrichten diese Aspekte ganz entscheidend sind: Welche Nachrichten werden überhaupt zur „Übersetzung" in Leichte Sprache ausgewählt? Welche Informationen werden wie präsentiert? Wird diese Präsentation sowohl dem Adressat_inn_enkreis als auch den Ereignissen gerecht? Wie wird mit brisanten, möglicherweise belastenden Nachrichten umgegangen? Wie wird mit Wertung umgegangen (vgl. auch Linz 2017)? Und wie wird verhindert, dass Menschen mit Lernschwierigkeiten – von den Autoren nicht unbedingt gewollt oder bewusst – Manipulation und politischer Überwältigung ausgesetzt sind (vgl. Zurstrassen 2017)?

Grundsätzlich lässt sich die Angemessenheit von Leichte-Sprache-Texten nur *kontextabhängig* bestimmen. Zu beurteilen ist, inwiefern die sprachlich-inhaltliche (sowie typografische) Gestaltung angemessen ist hinsichtlich folgender fünf Dimensionen (s. das Angemessenheitsmodell und eine Beispielanalyse bei Bock 2015b):

- *adressatenbezogen:* Ist der Text angemessen in Bezug auf den Adressaten, d.h. ist er verständlich, ist der Stil adressatenangemessen etc.?
- *textfunktionsbezogen:* Macht der Text deutlich, welche Funktion er erfüllen soll? D.h.: Ist ein Nachrichtentext als sachlich-informierender Text gestaltet, ist ein Wahlwerbespot als appellierende Kommunikationsform erkennbar etc.? Bei Leichter Sprache gibt es bisher eine Tendenz, die spezifische Textfunktion zugunsten eines allgemein-informierenden (und ggf. wertenden) Charakters zu vernachlässigen. Damit einher geht die Gefahr, dass Leichte-Sprache-Texte gar keine „echte Funktion" in der Welt erfüllen (können), sondern lediglich eine Funktion als Aushängeschild bedienen. Die Anbieter_innen signalisieren, dass sie sich um das Thema Barrierefreiheit kümmern, sind aber nicht (hinreichend) bemüht, die Funktionalität des Textes für die Adressaten zu gewährleisten (vgl. Bock 2015c)
- *sachlich-inhaltliche Angemessenheit:* Passt die Art der sprachlichen Darstellung zum Gegenstand? Negativbeispiele wären unzulässige Simplifizierung von Inhalten, die den Adressaten echte Teilhabe an Informationen letztlich verwehrt.
- *situationsbezogene Angemessenheit:* Passt die sprachliche und typografische Gestaltung zur Situation, in der der Text gelesen wird? Dies kann räumliche Aspekte betreffen, aber bspw. auch zeitliche oder die Frage, welche Personen in der Lesesituation anwesend sind.
- *senderbezogen*[2]*:* Passt die sprachlich-inhaltliche und typografische Gestaltung zum Sender, d.h. zum Auftraggeber?

Diese Dimensionen sind nicht unabhängig voneinander, und sie können auch widerstreitend sein. D.h. es wird kaum einen Fall geben, in dem alle Dimensionen eine maximale Ausprägung erreichen können. Je nach Kontext können einzelne Dimensionen mehr oder weniger wichtig sein, wobei den Faktoren der Adressaten und der Textfunktion kontextübergreifend große Bedeutung zukommt. Die Fragen können darüber hinaus helfen, wichtige Aspekte zu bestimmen und Entscheidungen bei der Gestaltung von Leichte-Sprache-Texten bewusst zu fällen.

2 Die Unterscheidung von Sender und Produzent (dem unmittelbaren Verfasser/Urheber) ist hier von Bedeutung.

Fazit und Ausblick

Für den Einsatz von Leichter Sprache als Gestaltungsmittel im Kontext von Medien und Medienpädagogik bedeutet dies, dass eine ausschließliche Bereitstellung von Medieninhalten in standardisiertem Sprach- bzw. Textformat eine große Gruppe von Menschen unserer Gesellschaft (und darunter fallen nicht nur Menschen mit Lernschwierigkeiten) davon ausschließt, diese Inhalte zu verstehen. Folgt man Sutter (2006), ist das Hineinwachsen des Individuums in die Gesellschaft und gleichzeitig die eigene Individuierung aber sehr stark abhängig von einer angemessenen und individuell passfähigen Medienkommunikation. Medienpädagogik hat im Kontext von Inklusion demnach die wichtige Aufgabe, diese Passfähigkeit für alle zu gewährleisten. Dass der „einfache" Übertrag der Inhalte in Leichte Sprache jedoch eine automatisch zielführende Möglichkeit ist, um medienpädagogische Barrierefreiheit zu gewährleisten, muss nach den bisherigen Erkenntnissen bezweifelt werden.

Leichte Sprache ist in ihrer derzeitigen Praxis keineswegs grundsätzlich für alle leicht verständlich. Eine Flexibilisierung im Umgang mit den bisherigen Regeln Leichter Sprache scheint notwendig, um adressaten- und inhaltsangemessene Angebote zur Verfügung zu stellen. Eine Orientierung bieten hier die fünf herausgearbeiteten Angemessenheitsdimensionen.

Da bisher Untersuchungen zur sprachlichen Angemessenheit im medienpädagogischen Kontext jedoch fehlen, wäre eine Untersuchung vor dem Hintergrund der hier geschilderten Problemlage wünschenswert.

Literatur

Bergelt, D., Goldbach, A. & Seidel, A. (2016). Leichte Sprache im Arbeitsleben. Analyse der derzeitigen Nutzung von Texten in Leichter Sprache im beruflichen Kontext von Menschen mit Lernschwierigkeiten. Teilhabe 55(3), 106-113.

Bock, B. M. (2017). Das Passiv- und Negationsverbot „Leichter Sprache" auf dem Prüfstand – empirische Ergebnisse aus Verstehenstest und Korpusuntersuchung. Sprachreport 33(1), 20-28.

Bock, B. M. (2015a). Barrierefreie Kommunikation als Voraussetzung und Mittel für die Partizipation benachteiligter Zielgruppen. Ein (polito-)linguistischer Blick auf Probleme und Potenziale von „Leichter" und „einfacher Sprache". In Vogel, F. & Knobloch, C. (Hrsg.), Sprache und Demokratie. Linguistik Online Bd. 73, Nr. 4/2015. https://bop.unibe.ch/linguistik-online/ article/view/2196

Bock, B. M. (2015b). Zur Angemessenheit Leichter Sprache: aus Sicht der Linguistik und aus Sicht der Praxis. In Birte A. & Pavla S. (Hrsg.), Themenheft Angemessenheit. Aptum (2), 131-140.

Bock, B. M. (2015c). Leichte Texte schreiben. Zur Wirksamkeit von Regellisten Leichter Sprache in verschiedenen Kommunikationsbereichen und im WWW. http://www.trans-kom.eu/bd08nr01/trans-kom_08_01_04_Bock_Leichte_Texte.20150717.pdf

Bock, B. M./Sieghart, S. (i.V.). Empirische Studie zur Makrotypografie von „Leichte Sprache"-Texten.

Bock, B. M., Lange, D. (2017). Empirische Untersuchungen zu Satz- und Textverstehen bei Menschen mit geistiger Behinderung und funktionalen Analphabeten. In Bock, B. M., Fix, U. & Lange, D. (Hrsg.), „Leichte Sprache“ im Spiegel theoretischer und angewandter Forschung (S. 253-274). Berlin: Frank & Timme.

Leskelä, L. (2017). Textgenre-orientierte Prinzipien für Leichtes Finnisch. In: Bock, B. M., Fix, U. & Lange, D. (Hrsg.), „Leichte Sprache“ im Spiegel theoretischer und angewandter Forschung (431-446). Berlin: Frank & Timme.

Linz, E. (2017). „Leichte Sprache ist nicht Kindersprache“ – Zur sozialen und pragmatischen Relevanz stilistischer Aspekte in Leichte-Sprache-Texten. In: Bock, B. M., Fix, U. & Lange, D. (Hrsg.), „Leichte Sprache“ im Spiegel theoretischer und angewandter Forschung (147-162). Berlin: Frank & Timme.

Schuppener, S., Goldbach, A. & Bock, B. M. (2018). LEICHTE SPRACHE – ein inklusionssensibles Konzept zur Förderung beruflicher Teilhabe? In: Feyerer, E. u. a. (Hrsg.), System – Wandel – Entwicklung. Akteurinnen und Akteure inklusiver Prozesse im Spannungsfeld von Institution, Profession und Person (361-367). Bad Heilbrunn: Klinkhardt.

Süss, D, Lampert, C. & Wijnen, C. (2013). Medienpädagogik. Ein Studienbuch zur Einführung. 2.Auflage, Springer VS, Wiesbaden.

Sutter, T. (2006). Vergesellschaftung durch Medienkommunikation in Prozessen der Inklusion durch Medien. In Rehberg, K.-S. (Hrsg.); Deutsche Gesellschaft für Soziologie (DGS) (Hrsg.): Soziale Ungleichheit, kulturelle Unterschiede: Verhandlungen des 32. Kongresses der Deutschen Gesellschaft für Soziologie in München. (Teilbd. 1 und 2. Frankfurt am Main, S. 1873-1881): Campus Verl. http://nbn-resolving.de/urn:nbn:de:0168-ssoar-144175

Zurstrassen, B. (2017). Leichte Sprache – eine Sprache der Chancengleichheit? In: Bock, B. M., Fix, U., Lange, D. (Hrsg.), „Leichte Sprache“ im Spiegel theoretischer und angewandter Forschung (S. 53-69). Berlin: Frank & Timme.

Barrierefreie Gestaltung von Veranstaltungen der Medienbildung

Nadia Ullrich

Barrierefreiheit in der Medienbildung ist bis heute keine Selbstverständlichkeit, sondern noch immer eine Herausforderung. Sowohl die gesellschaftlichen als auch die rechtlichen Rahmenbedingungen für die Gleichstellung von Menschen mit Behinderung haben sich seit der Jahrtausendwende allerdings zunehmend verbessert. Es ist daher davon auszugehen, dass sich die barrierefreien Anforderungen weiter zu einer Norm im öffentlichen Raum und zur Basis einer inklusiven Gesellschaft entwickeln werden. Die verstärkte und durch die Digitalisierung noch weiter angeschobene selbstbewusste Partizipation behinderter Menschen an öffentlichen und privaten Veranstaltungen macht es notwendig, den daraus erwachsenden Bedürfnissen Rechnung zu tragen. Einen ersten Anhaltspunkt dafür und für ein materielles und rechtsfähiges Verständnis von Barrierefreiheit bietet das Behindertengleichstellungsgesetz, dessen in § 4 BGG formulierte Begriffsbestimmung auch den Überlegungen in diesem Beitrag zugrunde gelegt ist. Barrierefreiheit erschließt demzufolge nicht nur den rein räumlich-baulichen Bereich, sondern gleichrangig die Teilhabe an allen Kommunikationsweisen und Möglichkeiten der Mediennutzung (Deutschland 2003/2016). Medienbildung bzw. Medienpädagogik per se umfassen komplexe theoretische Reflexionen über Artikulationsformen, strukturelle Strategien und praktische Zugangsweisen (Ketzer 2012). Angelehnt an Jörissen und Marotzki (2009) wird Medienbildung pragmatisch definiert als Nutzung von Medienangeboten und deren Inhalten bzw. generalisiert als die Vermittlung von Medienkompetenz.

Maßgeblich für die praktische Umsetzung sind insbesondere die Rechtsrahmen (Küstermann & Eikötter 2016), die durch die UN-Behindertenrechtskonvention sowie durch die Legislative auf deutscher Bundes- und Landesebene vorgeben werden (etwa Bundesteilhabegesetz oder Hochschulzukunftsgesetz NRW). Weiterhin von wesentlicher Bedeutung dafür sind die jeweiligen Ausgangssituationen und deren besondere Bedingungen – sollen z. B. medienpädagogische Angebote in Schulen, Hochschulen oder in der freien oder beruflichen Aus- und Fortbildungspraxis offeriert werden (Schluchter 2010, Weich, Othmer & Zickwolf 2018, Zaynel 2017). Aktuell stellt sich hierbei insgesamt betrachtet die Aufgabe, Medienbildungsangebote für alle Partizipierenden konsequent inklusiv zu gestalten.

Eine umfängliche Forschung zur Didaktik der Medienbildung im weiteren Sinne kann hier aus Platzgründen nicht formuliert werden. Primär konzentriert sich dieser Beitrag auf die strukturellen Basisdaten, nach denen Veranstaltungen im Allgemeinen, aber auch solche der Medienbildung gestaltet sein sollten. Die barrierefreie Gestaltung von Veranstaltungen ist inklusionstheoretisch kein reines Forschungsdesiderat, aber bisher eher soziologisch erschlossen (vgl. Papadopoulos 2012, S. 37-39). Aus der Übersicht der theoretisch-methodischen Forschungsliteratur sowie ausgewerteter Praxisleitfäden wie des Paritätischen Baden-Württemberg (2016) oder des Bundeskompetenzzentrums Barrierefreiheit (2012) summiert dieser Beitrag eine einführende Kurzübersicht über die zentralen Merkmale und methodischen Anforderungen barrierefreier Medienbildungsveranstaltungen. Methodisch beschränkt sich die Darstellung auf einen deskriptiven Ansatz. Ferner basiert die folgende praxisorientierte Darstellung auf der Auswertung objektivierter eigener empirischer Daten. Kommerziell ausgerichtete Angebote werden aus Neutralitätsgründen grundsätzlich nicht berücksichtigt.

Damit möglichst viele potenziell Partizipierende mit unterschiedlichen kommunikativen, körperlichen und kognitiven Voraussetzungen an einer solchen Veranstaltung teilnehmen können, bedarf es einer Reihe von Vorüberlegungen, Selbstreflexionen und zielgerichteter Planungen. Entsprechend strukturiert ist dieser Beitrag nach der Reihenfolge von der ersten Zielbeschreibung, den Planungsstufen, über die Öffentlichkeitsarbeit bis zu den örtlichen Anforderungen, den didaktisch-hermeneutischen Funktionen sowie zu den Mediensorten.

1 Planung

Es ist bereits in der Planungsphase für eine inklusive Veranstaltung wichtig, sich zuerst über die Art und potenzielle Zusammensetzung des Teilnehmerkreises, den man erreichen möchte, Gedanken zu machen und Vorkehrungen für deren spezielle Bedürfnisse zu überlegen (Ottersbach, Platte & Rosen 2016). Viele Probleme können bereits durch die Wahl eines von vorneherein baulich barrierefreien Veranstaltungsortes vermieden werden (Lüke 2013, Nikoleit & Castro 2018).[1]

1 Weitere Praxishilfen zur Veranstaltungsplanung finden sich mit verschiedenen Links zu Checklisten unter https://www.bundesfachstelle-barrierefreiheit.de [letzter Zugriff am 10.4.2018].

Tipps und weitere Informationen im Internet

http://Ramp-up.me (Anforderungen für barrierefreie Veranstaltungen der Sozialhelden e.V.)

http://www.bundesfachstelle-barrierefreiheit.de (u. a. breite Sammlung verschiedener Links zu Checklisten von Rampensteigung, Türbreite bis zur Verwendung Leichter Sprache der Bundesfachstelle Barrierefreiheit)

Auf Empirie beruhende und den Eigen-Sinn inklusiver Konditionen reflektierende Darstellungen sind für die bewusste Planung von Medienveranstaltungen von großem Mehrwert. Aus ihnen lassen sich praktische Hinweise für die regionale oder lokale „inklusive Medienszene" sowie kompetente Ansprechpartner für die Bedarfsplanung ermitteln (z. B. Der Paritätische Baden-Württemberg 2016). Um erforderliche Maßnahmen für Barrierefreiheit zielgerichtet und effizient zu planen, ist es sehr hilfreich, durch inklusive Planungsteams alle Zielgruppen mit ihren Bedürfnissen direkt in die Konzeption einzubeziehen. Die gemeinsame Planung ist bereits der erste Schritt zur inklusiven (Medien-) Arbeit und trägt zu gegenseitigem Verständnis und zur Reflexion bei. Im Dialog können wertvolle Hinweise ausgetauscht werden, mögliche Probleme offen und direkt angesprochen und Unsicherheiten ausgeräumt werden (Papadopoulos 2012, S. 37). Ein positiver praktischer Nebeneffekt ist die Möglichkeit, die Veranstaltung frühzeitig in der „Community" zu bewerben. Grundsätzlich müssen in der Planungsphase die im Folgenden erläuterten Arbeitsschritte Ankündigung und Werbung, Anfahrt, Räume und technische Ausstattung, Kommunikation und Medienarten analysiert und in jeweiligen Maßnahmepaketen verpackt werden.

2 Ankündigung

Es nutzt nichts, eine Veranstaltung zugänglich zu machen, wenn niemand davon erfährt. Für barrierefreie Veranstaltungen ist es enorm wichtig, an die Menschen heranzutreten und sie aktiv auf das Angebot aufmerksam zu machen (Caritas Behindertenhilfe und Psychiatrie e.V. 2004). Zu bedenken ist auch, dass – wie bereits eingangs im Kontext zum BGG erläutert – der Begriff „barrierefrei" nicht eindeutig ist. Er bezeichnet ein umfassendes Kaleidoskop an Anforderungen, Bedürfnislagen wie Maßnahmemöglichkeiten und kann sich daher auf die Rampe genauso wie auf Texte in Leichter Sprache beziehen (Schröder & Wenning 2004). Bei der Werbung sollten also möglichst konkret über die Maßnahmen der Zugänglichkeit nachgedacht und die potenziellen Partizipierenden informiert werden. Dienlich sind im Vorhinein zum Beispiel grundlegende Fragen wie: „Sind am Veranstaltungsort rollstuhlgerechte Parkplätze vorhanden?", oder „Ist eine Induktionsschleife vorhanden?".

Bei der Anmeldung (etwa über ein barrierefrei zugängliches Formular) müssen die konkreten Bedürfnisse der TeilnehmerInnen abgefragt werden: „Ich benötige einen Schriftdolmetscher", „Ich bin Rollstuhlfahrer" etc. Somit kann sich der Veranstaltende einen Überblick verschaffen, wie viele TeilnehmerInnen Maßnahmen der Barrierefreiheit benötigen und kann dementsprechend planen.

Wie bei der Planung der Veranstaltung ist die Zusammenarbeit mit Verbänden und Einrichtungen der Behindertenhilfe und Selbsthilfe sowie mit inklusiven Schulen oder Bildungseinrichtungen vor Ort besonders zielführend. So gelangt die Information auf direktem Wege zu den potenziellen TeilnehmerInnen der Veranstaltung und reziprok zum Veranstalter bzw. Projektträger.

Konkrete Informationen in Flyern oder im Internet sollten graphisch kontrastreich gestaltet sein und in ausreichend großer Schriftgröße. Eine verständliche und einladende Sprache ist wichtig, damit sich viele Interessenten, etwa mit unterschiedlichen Sprachkompetenzen, angesprochen fühlen. Für Menschen mit einer Lernbehinderung sind zusätzlich Informationen in Leichter Sprache unerlässlich. Gehörlose Interessenten benötigen Informationen in Gebärdensprache. Dafür ist ein Video auf der Homepage der Veranstaltung die beste Wahl (de Oliveira 2013).

3 Mobilität und Orientierung

Die schrittweise Umsetzung barrierefreier gesetzlicher Bau- und Nutzungsrichtlinien im gesellschaftlichen Modus der Inklusion macht den öffentlichen Raum für Menschen mit Mobilitätsrestriktionen zunehmend zugänglicher (Firlinger 2005, Schnieder, Heinrichs, Haas & Mentz 2016) und verändert gleichfalls die Erwartungshaltung behinderter Menschen gegenüber sämtlichen Formen partizipativer Angebote (Niehoff 2006).

Da Menschen mit einer Behinderung häufiger von Mobilitätseinschränkungen betroffen sind, muss die barrierefreie Anreise zum Veranstaltungsort wie die Ausstattung der Räumlichkeiten und die Auswahl des Ortes gründlich reflektiert werden (Tervooren & Weber 2012).

Daher muss neben dem Vorhandensein von rollstuhlgerechten Parkplätzen am Veranstaltungsort die Anfahrt mit den öffentlichen Verkehrsmitteln überprüft werden. Barrierefrei zugängliche Bus- oder Bahnhaltestellen in der Nähe sollten in der Ankündigung aufgeführt sein. Zu prüfen ist, ob im Zeitraum der Veranstaltungen Bauarbeiten oder andere Ereignisse etwa zur Umlegung von Haltestellen führen. Dann müssen gegebenenfalls Alternativen für die Anfahrt gefunden werden (Grawenhoff & Motzkus 2009).

Zudem sollte der Weg zum Gebäude gut erkennbar und ausgeschildert sein, um allen Menschen und insbesondere den TeilnehmerInnen mit einer Seheinschränkung oder Menschen mit einer Lernbehinderung das Ankommen zu erleichtern. Hierfür haben neben Schildern mit großer kontrastreicher Schrift auch Bildsymbole einen großen Nutzeffekt. Wenn immer möglich, sollte es ferner einen Eingang für alle geben. Falls dies nicht gegeben und der Zugang für RollstuhlfahrerInnen an einer anderen Stelle verortet ist, muss auch dieser gut ausgeschildert und ohne starke Steigung oder unebenen Untergrund erreichbar sein (Böhringer & Loeschcke 2002).

4 Räume, Ausstattung und Versorgung

Bereits im Vorfeld einer geplanten Veranstaltung sollten hinsichtlich der räumlichen Strukturen und der vielfältigen Orientierungsmöglichkeiten der avisierten TeilnehmerInnen anhand von rechtlich und empirisch bewährten Mustern sowie im dialogischen Verfahren mit Partizipierenden die optimale Raumbeschaffenheit, das Tagungsmobiliar sowie die Verpflegung geklärt werden. Insbesondere die Ausstattung von Gebäuden ist sehr unterschiedlich und somit auch der Grad der Barrierefreiheit. Grundsätzlich ist es bei jedem Gebäude unerlässlich, die Gegebenheiten im Hinblick auf Ausstattung der Räumlichkeiten, Orientierung, mögliche Stolperstellen wie schwere Türen, unebene Fußböden usw. zu prüfen. Eine grundlegende Orientierung für barrierefreie Raumkonditionen bietet die durch die Bundes- und Landesbauminister beschlossene Musterbauordnung, die in § 50 auch grundlegende Richtlinien zum barrierefreien Bauen enthält (Alten & Barthel 2016, S. 11f.). Weitere generelle Anforderungen sowie Beispiele praktischer nationaler wie internationaler Umsetzungen für Barrierefreiheit in Museen finden sich bei Föhl, Erdrich, John und Maass (2007). Die Technischen Regeln für Arbeitsstätten (Barrierefreie Gestaltung von Arbeitsstätten, ASR V3a.2), die die Bundesanstalt für Arbeitsschutz und Arbeitsmedizin herausgibt, formulieren unter anderem konkrete Raummaße (z. B. Türen, Fenster, Belüftung, Beleuchtung, Rampen), die zuverlässige und prinzipielle Kriterien für die Mobilität körperlich beeinträchtigter Menschen geben (Kreizberg 2017).

Konkret muss anfangs Folgendes beachtet werden: Der Veranstaltungsraum sollte stufenlos erreichbar und durch gut lesbare, kontrastreiche Beschilderungen (Schrift und Piktogramme) für alle Partizipierende zu finden sein. Bei der Wahl der Räume sollte auf genügend Bewegungsfläche und breite Türen für RollstuhlfahrerInnen geachtet werden. Besonderer Wert ist darauf zu legen, dass barrierefreie WCs vorhanden und leicht zugänglich in der Nähe des Veranstaltungsraums zu finden sind. Zu beachten sind die unterschiedlichen baurechtlichen Vorschriften für Barrierefreiheit in öffentlichen Gebäuden des Bundes, der Länder und Kommunen sowie für private HauseigentümerInnen. Für Bundesbauten gilt das übergreifende Ziel, diese vollständig barrierefrei zu gestalten (Alten & Barthel 2016). Im Baurecht der Länder gibt es dagegen variierende Vorgaben für Barrierefreiheit etwa für öffentlich genutzte oder umgenutzte Gebäude (auch privater EigentümerInnen) wie etwa Stadthallen oder auch Restaurants (Walberg 2017, Neumann & Beckerhoff 2017).

Eine hohe Bedeutung kommt persönlichen und technischen Assistenzdiensten zu. Etwa sollten eine oder mehrere Personen bei der Orientierung im Gebäude assistieren oder bei anderen Fragen weiterhelfen können, zum Beispiel hinsichtlich Busfahrzeiten, Taxidiensten oder Fahrdiensten. Für blinde TeilnehmerInnen ist es ferner hilfreich, wenn sie vor Beginn der Veranstaltung eine Begehung der Räumlichkeiten vornehmen können. Die allgemeine Erfahrung zeigt weiterhin, dass Rückzugsmöglichkeiten und Ruhezonen in den Pausen für alle Teilnehmenden angenehm sind, noch besser, wenn sie mit bequemen Sitz- oder Liegemöglichkeiten ausgestattet sind.

Bei der Auswahl der Möbel muss auf problemlos unterfahrbare Tische geachtet werden. Zwischen den Tischen muss genug Durchgangsfläche für RollstuhlfahrerInnen vorhanden sein. Wenn die Möblierung vornehmlich mit Stehtischen erfolgt, müssen für RollstuhlfahrerInnen und Menschen mit Gehbehinderung zusätzlich niedrige Tische und Stühle bereitgestellt werden. Infotafeln etc. sollten so angebracht sein, dass sie aus jeder Höhe gut betrachtet werden können. Zugleich muss deren Inhalt leicht lesbar und kognitiv erfassbar sein (Papadopoulos 2012, S. 38).

Von hellen Räumen und einer guten Akustik profitieren alle, insbesondere die TeilnehmerInnen mit einer Seh- oder Höreinschränkung. Wenn es bei der Veranstaltung eine Bühne gibt, muss diese über eine Rampe erreichbar sein. Eine gute Ausleuchtung ist für die Sichtbarkeit vor allem der Gebärdensprachdolmetschenden wichtig. Darüber hinaus muss immer eine freie Sicht auf die DolmetscherInnen gewährleistet sein.

Wenn ein Catering und Getränke angeboten werden, sollten Speisen gewählt werden, die „unfallfrei" gegessen bzw. durch Alternativen ergänzt oder ersetzt werden können. Ein Buffet nur aus Suppen kann etwa für Gäste mit motorischen Einschränkungen eine Herausforderung sein. Daher ist auf eine auf die Zielgruppe abgestimmte (technische) Darreichung der Speisen und Getränke zu achten. Speisen sollten außerdem in ausreichend großer Schrift sowie etwa in Braille-Schrift beschildert sein. Ferner könnten spezielle Assistenten oder Personal beim Catering zur Unterstützung der Gäste beim Auftragen und Transport der Speisen helfen. Bei Büffets mit Selbstbedienung sollten die Speisen auf einem für RollstuhlfahrerInnen erreichbaren Höhenniveau angeboten werden und es müssen ausreichend Abstellflächen vorhanden sein. Allergene in Speisen sollten deutlich gekennzeichnet sein.

5 Infrastrukturen des Verstehens

Nach der Betrachtung der räumlichen Gegebenheiten wenden wir uns dem Verstehen bzw. Verständnis der Inhalte und der kommunikativen Barrierefreiheit zu. Während sich erstere mit den Formen der kommunikativen Selbst-Präsentation auseinandersetzt, behandelt die kommunikative Barrierefreiheit die Möglichkeiten, durch inhaltliche Übertragung und Übersetzung sowie technische Transmission das basale und inklusive Zeichenverständnis zu gewährleisten (Gapski 2012).

Generell gilt für die Vortragsrhetorik: Vortragende sollten langsam und deutlich sprechen und in einer unkomplizierten Sprache. Das ist nicht nur für das Verständnis der TeilnehmerInnen wichtig, sondern auch für die DolmetscherInnen. Insbesondere für Menschen mit einer Sehbeeinträchtigung müssen Bilder und Grafiken erklärt werden. Es ist auf jeden Fall ratsam, Zeit einzuplanen, um den unterschiedlichen Verständnisebenen und -bedürfnissen gerecht zu werden. Neben diesen allgemeinen Hinweisen, die allen das Verstehen erleichtern, gibt es spezielle kommunikative Anforderungen, die nur durch Dolmetschung geleistet werden können: GebärdensprachdolmetscherInnen übertragen für gehörlose Teilnehmende Redebeiträge in Gebärdensprache. GebärdensprachdolmetscherInnen müssen immer an einer gut ausgeleuchteten und gut sichtbaren Stelle im Raum stehen. Sie werden in der Regel im Duo gebucht, da sie sich bei längeren Veranstaltungen ab einer Stunde und bei Gesprächsrunden mit mehreren RednerInnen abwechseln müssen. Gehörlose oder ertaubte Menschen, die die Gebärdensprache nicht beherrschen, sind wiederum auf Schriftdolmetschung angewiesen. Dabei werden entweder durch Schnellschreiben oder mit Hilfe von Spracherkennung die Redebeiträge in Text übersetzt. Diese werden je nach Bedarf entweder auf dem Laptop-Bildschirm (für einzelne TeilnehmerInnen, die dann neben den ÜbersetzerInnen sitzen) oder auf einer Leinwand für alle Gäste visualisiert. Auch SchriftdolmetscherInnen treten in der Regel bei längeren Einsätzen zu zweit auf.

Mittels Live-Audiodeskription wird für Menschen mit einer Sehbeeinträchtigung das Geschehen in der Veranstaltung beschrieben. Dies kann über Kopfhörer geschehen oder durch direkte Ansprache, wenn Dolmetschende neben Teilnehmenden sitzen (vgl. Jekat et al. 2014). Eine Methode, um die wichtigsten Ergebnisse des Seminars auf unterhaltsame und das Verständnis strukturierende aber auch interpretierende Weise festzuhalten, ist das Graphic Recording. Hierbei visualisieren professionell Zeichnende den Verlauf der Veranstaltung in einem großen Bild. Die Zeichnung veranschaulicht auf ansprechende Art die Zusammenhänge und Ergebnisse der Veranstaltung (Klanten et al. 2016). Ein noch sehr junger Zweig der Dolmetschertätigkeit ist die Leichte Sprache. Bisher gibt es hier nur wenige Angebote wie sie Maaß (2015) normativ vorstellt oder Maaß, Rink und Zehrer (2014) in einem Sammelband u. a. aus der übersetzungswissenschaftlichen Perspektive problematisieren.

> *http://www.bgsd.de* (Informationen über den Einsatz von Gebärdensprachdolmetschern des Bundesverbands für GebärdensprachdolmetscherInnen Deutschlands e.V.)
>
> *http://www.gehoerlosen-bund.de* (Vermittlungszentrale für Dolmetscher des Deutschen Gehörlosenbundes)
>
> *http://bsd-ev.org* (Bundesverband der Schriftdolmetscher Deutschlands e.V.)
>
> *https://www.schwerhoerigen-netz.de* (Liste zertifizierter Schriftdolmetscher vom Deutschen Schwerhörigenbund e.V.)

Für alle DolmetscherInnen gilt: Eine möglichst frühzeitige Buchung ist sehr wichtig, weil das Angebot an Fachkräften nach wie vor begrenzt ist. DolmetscherInnen benötigen in ausreichendem zeitlichen Abstand zur Vorbereitung umfassende Informationen zu den Inhalten: Texte, Redemanuskripte, Präsentationen, Filme, Fachbegriffe, Namen usw. Es ist auch möglich, GebärdensprachdolmetscherInnen oder SchriftdolmetscherInnen online auf einer Leinwand oder auf mobile Geräte zuzuschalten. Das bietet sich an, wenn in der näheren Umgebung keine Dolmetschung gefunden werden kann. Voraussetzung ist natürlich eine stabile Internetverbindung.

Speziell für Hörgeräteträger sollte die Verlegung einer Induktionsschleife erwogen werden. Dabei handelt es sich um ein Kabel, das um den Veranstaltungsbereich herum gelegt wird und die Übertragung des Tons verstärkt (über die T-Spule des Hörgeräts). Für diese Technik ist die Verwendung von Mikrofonen erforderlich. Induktionsschleifen gibt es auch als um den Hals tragbare Geräte.

6 Technische Prämissen der Mediennutzung

Bei der Nutzung von Medien und bei den Angeboten der digitalen Medien, die Barrierefreiheit ermöglichen, gibt es ebenfalls einiges zu beachten (Bremus 2013, Mälzer 2016).

Wenn mit Filmen gearbeitet wird, sollten diese mit „Untertiteln für Hörgeschädigte" (Untertitel mit Beschreibungen von Geräuschen und Musik) sowie mit Audiodeskription für Menschen mit einer Sehbehinderung versehen sein. Filme mit Untertiteln und Audiodeskription sind inzwischen in großer Anzahl verfügbar und über Links im Netz auffindbar. Darüber hinaus gibt es auch die Möglichkeit, Filme zusätzlich mit Gebärdensprache zu versehen (siehe Informationskasten).

http://www.ffa.de (Liste barrierefreier Filme der Filmförderungsanstalt FFA)

http://www.tjfbg.de (Alles über barrierefreie Medien und barrierefreies Internet inkl. Technologien der Technischen Jugendfreizeit- und Bildungsgesellschaft gGmbH)

http://www.stiftung-barrierefrei-kommunizieren.de (Informationen zu Barrierefreiheit in/mit Alten und Neuen Medien der Stiftung Barrierefrei Kommunizieren)

https://www.einfach-für-alle.de (Informationen zur digitalen Barrierefreiheit der Aktion Mensch e.V.)

http://www.bik-fuer-alle.de/arbeitskreis-barrierefreie-videos-in-der-hochschullehre.html (Informationen zur Erstellung von Videos)

http://www.https://www.aktion-mensch.de/bildung/bildungsservice/materialsuche/detail?id=118 (Toolkit mit praktischen Arbeitsmaterialien, um das Thema Filmbildung und Hörbehinderung in inklusiven Gruppen mit Jugendlichen ab 12 Jahren zu erarbeiten der Aktion Mensch e.V. in Zusammenarbeit mit den Internationalen Kurzfilmtagen Oberhausen)

https://www.uni-due.de/barrierefreies-lernmaterial (Hinweise und links zum barrierefreien Lernmaterial der Universität Duisburg-Essen)

Für viele Filme, die im Kino zu sehen sind, aber auch für einige Fernsehangebote gibt es darüber hinaus Anbieter, die Audiodeskription oder Untertitel über das Smartphone bereitstellen. Die Apps *Greta* und *Starks* etwa (http://gretaundstarks.de) können gratis heruntergeladen werden, ebenso Audiodeskriptionen und Untertitel für eine große Zahl von Kinofilmen; ebenfalls liefert die AudioApp des MDR (http://www.mdr.de/barrierefreiheit) Tonspuren von Fernseh- und Radiosendungen, Nachrichten, Verkehrshinweisen und Film-Audiodeskriptionen.

Beim Arbeiten mit Computern, Laptops etc. sollte barrierefreie Software eingesetzt werden. Diese ermöglicht es den TeilnehmerInnen, alternative Ausgabegeräte wie Braillezeile, Screenreader oder die Steuerung über die Tastatur zu nutzen. Am besten ist es, wenn die Nutzenden ihren eigenen Rechner, Mobiltelefone oder Tablets nutzen können. Bereits bei der Anmeldung sollten daher die technischen Parameter der einzelnen Teilnehmenden abgefragt werden, um die Kompatibilität und Synchronizität der technischen Infrastruktur zu gewährleisten. Daneben bietet der Markt verschiedene spezielle Software-Produkte etwa zur Vergrößerung des Bildschirminhaltes oder für die Nutzung einer Bildschirmmaus. Hier ist auf jeden Fall die Abklärung der Bedürfnisse im Vorfeld der Veranstaltung notwendig, um multilateral abgestimmte Lösungen zu finden.

Ein letzter Erkenntniswert zur Darstellung von Inhalten: Grundsätzlich sollten Präsentationen nicht nur kontrastreich gestaltet und in verständlicher Sprache gehalten sein. Sie sollten auch für blinde Menschen zur Vor- oder Nachbereitung barrierefrei angelegt werden, etwa mit Bildbeschreibungen durch Alternativtexte und durch korrekte Überschriftenformatierung. Hilfestellungen und Standards für die Barrierefreiheit von Webseiten, Dokumenten und PDFs finden sich auf verschiedenen Internetseiten (vgl. Bremus 2013). Diese Leistungen können auch über spezialisierte, zumeist kommerzielle Anbieter bezogen werden.

7 Ausblick

Souveräne Mediennutzung und der Erwerb von Medienkompetenz in der inklusiven Gesellschaft ist untrennbar verbunden mit der Zugänglichkeit zu allen Medien und ihrer reflektierten Vermittlung in der Medienarbeit. Vor allem die Digitalisierung bietet enormes Potenzial, medial vermittelte Inhalte und Medien für Zielgruppen zu öffnen, die bisher noch immer in der Mediennutzung benachteiligt sind (Bosse & Hasebrink 2016). Wesentlich für die Planung von inklusiven Veranstaltungen der Medienbildung ist daneben ein Prozess der Bewusstseinsbildung auf Seiten der VeranstalterInnen im Hinblick auf die konkreten Erfordernisse, aber auch die kreativen Möglichkeiten, die die barrierefreie Umsetzung einer Veranstaltung bietet – Stichwort „transmediale Interdisziplinarität". Hier ist zum Beispiel an die Kombinierbarkeit verschiedener medialer Dimensionen der barrierefreien Kommunikation zu denken, wie sie etwa durch Gebärdensprache, Brailleschrift oder Graphic Recording entstehen können. Es sollte deshalb in Zukunft noch mehr darüber nachgedacht werden, wie sich barrierefreie und inhaltliche Gestaltung in der Medienbildung zum gegenseitigen Nutzen verbinden lassen.

Literatur

Alten, P. & Barthel, R. (Hrsg.) (2016). Leitfaden Barrierefreies Bauen. Hinweise zum inklusiven Planen von Baumaßnahmen des Bundes. Deutschland (4. Aufl.). Berlin: Bundesministerium für Umwelt Naturschutz Bau und Reaktorsicherheit (BMUB). http://www.bmub.bund.de/fileadmin/Daten_BMU/Pools/Broschueren/barrierefreies_bauen_leitfaden_bf.pdf, zuletzt geprüft am 10.04.2018.

BKB Bundeskompetenzzentrum Barrierefreiheit e.V. (Hrsg.) (2012). Handreichung und Checkliste für barrierefreie Veranstaltungen. Berlin. http://www.barrierefreiheit.de/tl_files/bkb-downloads/Projekte/barrierefreie_veranstaltungen/handreichung_dez_2012_web.pdf, zuletzt geprüft am 10.04.2018.

Böhringer, D. & Loeschcke, G. (Hrsg.) (2002). Taktile, akustische und optische Informationen im öffentlichen Bereich. Erfahrungsaustausch mit internationaler Beteiligung, Berlin, 04. bis 06.05.2000, Tagungsbericht. Verband der Blinden- und Sehbehindertenpädagogen und -pädagoginnen; Erfahrungsaustausch (2. Aufl.). Würzburg: Ed. Bentheim.

Bosse, I. (Hrsg.) (2012). Medienbildung im Zeitalter der Inklusion. Landesanstalt für Medien Nordrhein-Westfalen. Düsseldorf: Landesanstalt für Medien Nordrhein-Westfalen. http://nbn-resolving.de/urn:nbn:de:hbz:061:3-21250, [10.04.2018].

Bosse, I. & Hasebrink, U. (2016). Mediennutzung von Menschen mit Behinderungen. Forschungsbericht. Hrsg. v. Aktion Mensch e.V. und die medienanstalten – ALM GbR. https://www.aktion-mensch.de/dam/jcr:8b186ca0-b0f1-46f8-acb1-a59f295b5bb4/aktion-mensch-studie-mediennutzung-langfassung-2017-03.pdf, [10.4.2018].

Bremus, T. (2013). Barrierefreiheit. Webanwendungen ohne Hindernisse. Frankfurt am Main: entwickler.press.

Caritas Behindertenhilfe und Psychiatrie e.V. (2004). Dokumentation der Fachtagung des Arbeitskreises Öffentlichkeitsarbeit und Verbandsmarketing „Mit drei Klicks am Ziel – Segen und Fluch des Internets". Vom 05. Oktober 2004 in Mainz. Freiburg.

Der Paritätische Baden-Württemberg (2016). Leitfaden barrierefreie Kommunikation bei Veranstaltungen. Hinkommen, Reinkommen, Zurechtkommen. Stuttgart.

Deutschland (2003/2016). Das Gesetz zur Gleichstellung behinderter Menschen. Als Beitrag zur Umsetzung des Benachteiligungsverbotes im Grundgesetz. Berlin: Bundesministerium für Gesundheit und Soziale Sicherung Referat Information Publikation Redaktion. https://www.gesetze-im-internet.de/bgg/BJNR146800002.html, [10.04.2018].

Firlinger, B. (Hrsg.) (2005). MAINual. Handbuch barrierefreie Öffentlichkeit; Information, Kommunikation, Inklusion. Verein MAIN, Medienarbeit Integrativ. Wien: MAIN.

Föhl, P. S., Erdrich, S., John, H. & Maass, K. (2007). Das barrierefreie Museum. Theorie und Praxis einer besseren Zugänglichkeit. Bielefeldt: transcript.

Gapski, H. (Hrsg.) (2012). Informationskompetenz und inklusive Mediengesellschaft. Dokumentation einer Fachtagung mit Projektbeispielen. Fachtagung „All Inclusive? Informationskompetenz und Inklusive Mediengesellschaft". Düsseldorf: kopaed-Verl.

Grawenhoff, S. & Motzkus, A. (Hrsg.) (2009). Urbane Mobilität. Verkehrsforschung des Bundes für die kommunale Praxis. Deutschland. Bremerhaven: Wirtschaftsverl. NW Verl. für neue Wissenschaft.

Jekat, S., Jüngst, H. E., Schubert, K. & Villiger, C. (Hrsg.) (2014). Sprache barrierefrei gestalten. Perspektiven aus der Angewandten Linguistik. Berlin: Frank & Timme.

Jörissen, B. & Marotzki, W. (2009). Medienbildung – eine Einführung. Theorie – Methoden – Analysen. Bad Heilbrunn: Klinkhardt.

Ketzer, C. (2012). Inklusion in der aktiven Medienarbeit. Das Projekt „medienkompetent teilhaben!". In I. Bosse (Hrsg.), Medienbildung im Zeitalter der Inklusion (S. 71-73). Düsseldorf: Landesanstalt für Medien Nordrhein-Westfalen.

Klanten, R., Schiller, A. L. & Ehmann, S. (Hrsg.) (2016). Graphic recording. Eine Anleitung zum Illustrieren von Meetings, Konferenzen und Workshops. Berlin: Die Gestalten Verlag GmbH & Co. KG.

Kreizberg, K. (2017). Barrierefreie Arbeitsstätten. Technische Regeln für Arbeitsstätten mit Anhängen zur Barrierefreiheit. Berlin: Erich Schmidt Verlag GmbH & Co.

Küstermann, B. & Eikötter, M. (Hrsg.) (2016). Rechtliche Aspekte inklusiver Bildung und Arbeit. Die UN-Behindertenrechtskonvention und ihre Umsetzung im deutschen Recht. Weinheim, Basel: Beltz Juventa.

Lüke, K. (Hrsg.) (2013). Der Barriere-Checker. Veranstaltungen barrierefrei planen. Deutscher Paritätischer Wohlfahrtsverband – Gesamtverband (2., aktual. Aufl.). Magdeburg: Der Paritätische Wohlfahrtsverband Landesverband Sachsen-Anhalt e.V. http://nbn-resolving.de/urn:nbn:de:gbv:3:2-75156, [10.04.2018].

Maaß, C. (2015). Leichte Sprache. Das Regelbuch. Münster: Lit.

Maaß, C., Rink, I. & Zehrer, C. (2014). Leichte Sprache in der Sprach- und Übersetzungswissenschaft. In S. Jekat, H. E. Jüngst, K. Schubert und C. Villiger (Hrsg.), Sprache barrierefrei gestalten. Perspektiven aus der Angewandten Linguistik. (S. 53-86). Berlin: Frank & Timme.

Mälzer, N. (2016). Barrierefreie Kommunikation – Perspektiven aus Theorie und Praxis. Berlin: Frank und Timme GmbH.

Neumann, A. & Beckerhoff, P. (2017). Barrierefreiheit und Bauwerkssicherheit im neuen Bauordnungsrecht. Novelle der Bauordnung Nordrhein-Westfalen. Baurecht 48(5), 824-829.

Niehoff, U. (Hrsg.) (2006). Weg mit den Hindernissen! Was heißt eigentlich Barrierefreiheit für Menschen mit geistiger Behinderung? Ergebnisse der Fachtagung am 15. und 16. Februar 2006 in Berlin. Bundesvereinigung Lebenshilfe für Menschen mit Geistiger Behinderung. Marburg: Bundesvereinigung Lebenshilfe.

Nikoleit, S. & Castro, S. de (2018). Handreichung. Checkliste Barrierefreiheit – Öffentliche Gebäude & Wohnen. Hrsg. v. Studierendenwerk Essen – Duisburg AöR. https://www.studentenwerke.de/sites/default/files/handreichung_u_checkliste_oeff_gebaeude_0.pdf, [10.04.2018].

Oliveira, D. de (2013). Barrierefreiheit im Internet. Ein Handbuch für Redakteure. Berlin: epubli.

Ottersbach, M., Platte, A. & Rosen, L. (Hrsg.) (2016). Soziale Ungleichheiten als Herausforderung für inklusive Bildung. Wiesbaden: Springer VS.

Papadopoulos, C. (2012). Barrierefreiheit als didaktische Herausforderung. DIE Zeitschrift für Erwachsenenbildung (2), 37-39.

Schluchter, J.-R. (2010). Medienbildung mit Menschen mit Behinderung. München: kopaed.

Schnieder, L., Heinrichs, D., Haas, C. & Mentz, H.-J. (2016). Perspektiven der barrierefreien Gestaltung von Mobilität. Der Nahverkehr 34(11), 21-26.

Schröder, J., Wenning, N. (2004). „Barrierefreiheit" und Heterogenität – eine erweiterte Perspektive auf Zugänglichkeit und Nutzung Neuer Medien. MedienPädagogik: Zeitschrift für Theorie und Praxis der Medienbildung, 1-22. DOI: 10.21240/mpaed/00/2004.04.17.X, [10.04.2018].

Tervooren, A., Weber, J. (Hrsg.) (2012). Wege zur Kultur. Barrieren und Barrierefreiheit in Kultur- und Bildungseinrichtungen. Tagung Die Wege zur Kultur – Barrierefreiheit in Bibliotheken und Museen: Kulturwissenschaftliche Aspekte des Umgangs mit Behinderung. Köln, Weimar, Wien: Böhlau.

Walberg, D. (Hrsg.) (2017). Barrierefreiheit im Wohnungsbau in Schleswig-Holstein 2.0. Kommentar zu den Mindestanforderungen nach der Landesbauordnung Schleswig-Holstein. Kiel: Arbeitsgemeinschaft für Zeitgemäßes Bauen e.V.

Weich, A., Othmer, J., Zickwolf, K. (Hrsg.) (2018). Medien, Bildung und Wissen in der Hochschule. Wiesbaden: Springer Fachmedien.

Zaynel, N. (2017). Internetnutzung von Jugendlichen und jungen Erwachsenen mit Down-Syndrom. Wiesbaden: Springer VS.

E-Learning

Björn Fisseler

E-Learning ist nicht neu, es ist kein Neuland, das erst entdeckt und erschlossen werden muss, und dennoch wird derzeit wieder zu einer neuen, veränderten Bildung aufgerufen, die durch den Einsatz digitaler Technologien das Lernen und Lehren einfacher, nachhaltiger und erfolgreicher machen soll. Das Bundesministerium für Bildung und Forschung zeigt mit seiner Strategie „Bildungsoffensive für die digitale Wissensgesellschaft", wie es sich die künftige Bildungslandschaft der Bundesrepublik Deutschland vorstellt: mittels Digitalisierung sollen räumliche Grenzen überwunden, der Zugang zu Bildung vereinfacht und unabhängig von Zeit und Ort gestaltet werden, und dies alles mit dem Ziel, leichter, besser und erfolgreicher zu lernen (Bundesministerium für Bildung und Forschung 2016). Dass diese Überlegungen zum Teil bereits kritisch widerlegt sind, soll an dieser Stelle nicht weiter interessieren (vgl. dazu Schulmeister 2006). Angesichts dieser Herausforderungen zeigt der vorliegende Beitrag auf, was bei der Gestaltung von E-Learning-Angeboten beachtet werden sollte, damit diese auch für Menschen mit Behinderungen und/oder chronischen Erkrankungen neue Bildungschancen bieten und zu Teilhabe und Inklusion beitragen.

1 Begriffsbestimmung

E-Learning und Digitalisierung in der Bildung sind nicht neu, was eine genaue Begriffsbestimmung nicht leichter macht. Der Begriff *E-Learning* wird in der Regel als Abkürzung für *electronic learning* begriffen, wobei digitale Medien „Grundlage der Produktion, des Einsatzes und der Distribution von Lernformen und Lernszenarien" (Klimsa & Issing 2009, S. 14) darstellen. Bislang analog gestaltete Bildungsprozesse werden digitalisiert und entweder lokal am einzelnen Rechner bereitgestellt und verteilt oder aber – und das ist mittlerweile die geläufigste Form – online über das Internet verfügbar gemacht. Dabei wird nicht nur Material digital zur Verfügung gestellt, sondern auch die Interaktionen zwischen Lehrenden und Lernenden und die Arbeit mit den Lernressourcen findet im digitalen Raum statt.

Die Formen der digitalen Bildung sind vielfältig und reichen von Computer-Based-Trainings als computergestützte Wissensvermittlung über interaktiv gestaltete Lernräume mit Hilfe von Lern-Management-Systemen bis hin zu immersiven Formen des sog. *E-Learnings 4.0* (Dittler 2017). Letztgenanntes zeichnet sich aus durch eine zunehmende Entkopplung von Ort und Zeit des Lernens sowie durch eine stärkere Individualisierung der Bildungsangebote. Mobile elektronische Geräte wie Smartphones und Tablets lösen den stationär verwendeten Computer ab und erlauben eine veränderte Nutzung von Lernangeboten. Entsprechende Lernsettings ermöglichen eine Veränderung der Lernorte, der Lernzeiten und -formen. Es kann theoretisch rund um die Uhr und genau dann gelernt werden, wenn das Wissen benötigt wird. Darin unterscheidet sich aber E-Learning 4.0 nicht wesentlich von den bisherigen Konzepten digitaler Bildung. Zentral für E-Learning 4.0 ist die von Dittler (2017) so genannte *Postmedialität*, worunter er die Ubiquität von Informations- und Kommunikationsmedien in Form von tragbaren Geräten, aber auch die Folgen dieser Verfügbarkeit für das Leben und Erleben einzelner Individuen versteht. Stärker noch als bisher werde sich das Verhältnis von institutionalisiertem zu informellem Lernen verschieben und die individuelle Konstruktion eines Modells der Lebenswelt dominieren.

Die Frage ist, was diese Entwicklung für marginalisierte Individuen und Gruppen bedeutet. Dabei sollte es nicht nur um die Vermeidung weiterer Benachteiligungen und die Ermöglichung von Teilhabe und Inklusion gehen. Vielmehr sollte überlegt werden, welche Chancen und Gelegenheiten diese Entwicklung bietet, um Bildungsangebote zu ermöglichen für bislang benachteiligte Gruppen. Hierzu möchte der Beitrag ein paar Anregungen geben.

2 Barrierefreiheit und Inklusion

Damit Angebote digitaler Bildung auch von Menschen mit gesundheitlichen Beeinträchtigungen – dieser Begriff wurde von der 20. Sozialerhebung übernommen und umfasst Menschen mit Behinderungen und/oder chronischen Erkrankungen – genutzt werden können, müssen verschiedene Dinge berücksichtigt werden. Recht offensichtlich ist, dass die *technischen Elemente barrierefrei* gestaltet werden müssen. Eine *inklusionssensible Didaktik* hilft bei der didaktisch-methodischen Planung und Umsetzung von digitalen Angeboten. Darüber hinaus müssen die *institutionellen Rahmenbedingungen* passen. Der Vollständigkeit halber dürfen *Assistive Technologien* als individuelle technische Hilfen in dieser Aufzählung nicht fehlen; auf diesen Aspekt geht der vorliegende Beitrag aber nicht weiter ein.

Der Begriff der Barrierefreiheit ist definiert in § 4 des Behindertengleichstellungsgesetzes (BGG) und legt fest, dass gestaltete Lebensbereiche auch für Menschen mit gesundheitlichen Beeinträchtigungen in der allgemein üblichen Weise, ohne besondere Erschwernis und grundsätzlich ohne fremde Hilfe zugänglich und nutzbar sind. Da digitale Bildungsangebote in der Regel webbasiert sind, greift für deren barrierefreie Gestaltung das sogenannte POUR-Konzept der *Web Content Accessibility Guidelines (WCAG)*:

- *Perceivable:* Wahrnehmbar – Alle Informationen und Bedienelemente müssen für die Nutzenden wahrnehmbar präsentiert werden.
- *Operable:* Bedienbar – Alle Elemente der Benutzerschnittstelle und Navigation müssen bedienbar sein.
- *Understandable:* Verständlich – Informationen und Bedienung der Benutzerschnittstelle müssen verständlich sein.
- *Robust:* Robust – Inhalte müssen technisch robust sein, damit sie zuverlässig mit vielen Geräten und unterschiedlichster Software einschließlich assistierender Techniken genutzt werden können.

Dieses Konzept stellt die anerkannte Grundlage von Standards und Richtlinien zur barrierefreien Gestaltung von Webinhalten dar und kann auf alle webbasierten digitalen Bildungsangebote angewendet werden. Aber auch auf sämtliche Inhalte, auf die über das Internet zugegriffen wird, lassen sich diese Standards anwenden, wozu Text-, Audio- und Video, aber auch multimediale Inhalte gehören (Coombs 2010).

In der Bundesrepublik Deutschland gilt derzeit auf Bundesebene noch die *BITV 2.0*, die teilweise auch auf Landesebene angewendet wird. Ob die Anbieter von digitaler Bildung in den sachlichen Geltungsbereich der Bundes-BITV oder jeweiligen Landes-BITV fallen, muss im Einzelfall geprüft werden. Relativ neu ist die im Oktober 2016 verabschiedete *EU-Richtlinie 2016/2102*, die vor allem die verschiedenen nationalen Richtlinien innerhalb der EU harmonisieren soll und der die Mitgliedsstaaten bis zum 23.09.2018 nachkommen müssen. Im Vergleich zur BITV 2.0 wird sich substantiell nicht viel ändern; die Grundlagen barrierefreier Gestaltung nach der EU-Richtlinie stellt die europäische Norm EN 301 549, die wiederum die Anforderungen der *WCAG 2.0* enthält. Letztgenannte ist zwar noch gültiger W3C-Standard, aber seit Ende Januar 2018 gibt es die WCAG 2.1 als Candidate Recommendation, d.h. mit einer Aktualisierung der WCAG ist im Laufe des Jahres 2018 zu rechnen.

Der Vollständigkeit halber erwähnt werden sollen auch die *Authoring Tool Accessibility Guidelines (ATAG)* der W3C, denn neben barrierefreien Inhalte benötigen digitale Bildungsangebote auch Werkzeuge, mit denen eben solche Inhalte erstellt werden können. Für weitere Details zur Barrierefreiheit sei auf den gleichnamigen Beitrag von Christian Bühler in diesem Band verwiesen.

Neben der Barrierefreiheit der digitalen Bildungsangebote müssen auch die *institutionellen Rahmenbedingungen* passen. Am Beispiel des Hochschulsektors zeigt Jane Seale (2014) mit dem *Contextualized Model of Accessible E-Learning Practice in Higher Education*, dass es zahlreiche Akteure und Kontextfaktoren gibt, die bei der Realisierung von barrierefreien Angeboten digitaler Bildung eine Rolle spielen. Ob und wie weit die Barrierefreiheit bereits institutionalisiert ist, lässt sich mit *EU4ALL Stage Model of Professionalism in Accessibility* (McAndrew, Farrow & Cooper 2012) untersuchen und beschreiben.

Im deutschsprachigen Diskurs lässt sich derzeit ein eher breit angelegtes Verständnis einer inklusiven Didaktik erkennen, das sich in seinem handlungsleitenden Impetus um die Einbeziehung von bislang aus dem Bildungssystem ausgeschlossenen bzw. in diesem benachteiligten Personen bemüht. Kernpunkt ist das menschrechtsorientierte Modell der UN-Behindertenrechtskonvention. Wesentliche Protagonisten des aktuellen deutschsprachigen Diskurses verwehren sich aber dagegen, Maßnahmen wie barrierefreie Dokumente und Materialien als „Verwirklichung und Umsetzung von Inklusion zu verfabeln" (Dannenbeck & Dorrance 2016, S. 27). Dabei sind aber genau solche Grundlagen für die Teilhabe an digitalen Bildungsangeboten essentiell und notwendig. Zusätzlich zu technischen und institutionellen Faktoren trägt zudem die *didaktisch-methodische Planung* und Gestaltung digitaler Bildungsangebote zu Inklusion und Teilhabe bei. Es reicht nicht aus, sich lediglich um eine technische Barrierefreiheit zu bemühen, wenn die Teilhabe anschließend daran scheitert, dass eine Lernaktivität aufgrund einer Beeinträchtigung nicht selbstständig und mit einem angemessenen Aufwand durchgeführt werden kann. Insbesondere im internationalen Diskurs werden hier Konzepte des Universal Designs zur didaktisch-methodischen Realisierung einer inklusiven Bildung genutzt (für den Hochschulbereich: Burgstahler 2015, für Schule und Berufsbildung: Meyer, Rose & Gordon 2014).

3 Potenziale für die Inklusion

Alle bisher angesprochenen Aspekte bilden den gegenwärtigen Status-Quo ab und zielen auf eine Veränderung, damit vorhandene digitale Bildungsangebote überhaupt von Menschen mit gesundheitlichen Beeinträchtigungen genutzt werden können. Zu den Potenzialen von digitaler Bildung für die Inklusion und Teilhabe ist dabei noch wenig gesagt worden. Schon aus allgemeiner Perspektive stellt sich die Frage nach den Vorteilen oder Mehrwerten digitaler Bildungsangebote. Rolf Schulmeister hat versucht, Antworten auf diese Frage zu finden und sieht den großen Vorteil von E-Learning in der Überwindung von Schranken, von denen er vier verschiedene ausgemacht hat (Schulmeister 2006, S. 205-209):

- *Zeitschranke:* Die Digitalisierung erlaubt eine Vernetzung von Lernphasen bspw. durch eine Expansion der Lernzeit und durch einen didaktisch sinnvollen Wechsel von asynchronen und synchronen Lernphasen. Außerdem ermöglicht die Digitalisierung eine Virtualisierung der Zeit, bei der durch

Zeitraffer und Zeitlupe, aber auch durch historische Perspektiven neue Lernerfahrungen möglich sind.

- *Raumschranke:* Durch die Vernetzung und Virtualisierung verteilter Objekte machen digitale Bildungsangebote den Zugang zu bislang raren Ressourcen möglich, bspw. über im Netz verfügbare Archive und Datenbanken. Virtualisierte Labore, virtuelle Exkursionen oder der virtuelle Besuch von Lernorten bieten Lernerfahrungen, die bislang aufgrund räumlicher Beschränkungen oder fehlender Ressourcen nicht realisierbar waren.
- *Analog-digital-Schranke:* Dank der Digitalisierung von analogen Medien lassen sich Lernobjekte interaktiv gestalten und sind nahezu beliebig miteinander kombinierbar. Dazu gehört auch die Verbindung von virtuellem mit realem Raum in Form einer Augmented- oder Virtual-Reality.
- *Normenschranke:* Damit meint Schulmeister die Überwindung von Schranken, die durch soziale Probleme oder ökonomische und andere Faktoren entstanden sind und zu normativen Barrieren wurden. Digitale Bildungsangebote haben das Potenzial zur Individualisierung und Personalisierung, sie bieten mehr Handlungsmöglichkeiten für Minoritäten sowie Chancen zur Diversifizierung und Differenzierung des Lernens.

Die Chancen von E-Learning und digitalen Bildungsangeboten liegen gerade für marginalisierte Gruppen in der Überwindung der o.g. Schranken durch die Digitalisierung. Es geht um mehr als um die Ermöglichung von Teilhabe, es geht um die Frage, welche Chancen digitale Bildungsangebote bieten, die ansonsten nicht oder nur eingeschränkt zur möglich wären.

Aus Sicht der Diskussion um Teilhabe und Inklusion sollte dieser Frage noch verstärkt nachgegangen werden. So wie Edyburn (2010) zum Thema UDL die Frage nach den primären und sekundären Auswirkungen stellt, muss diese Frage auch bei der Planung, der Gestaltung und dem Einsatz von E-Learning in inklusiven Bildungssettings gestellt werden. Im Sinne des gerne falsch zitierten Bonmot Marshall McLuhans „The Medium is the Message“ (McLuhan 1997) ist darüber nachzudenken, wie digitale Bildung zur Erweiterung der Bildungschancen für benachteiligte Lernende beitragen kann. Es geht nur vordergründig um die Inhalte oder um die Digitalisierung von Bildungsangeboten. Welche Gelegenheiten eröffnen sich bspw. für die Ausbildung von Menschen mit kognitiven Beeinträchtigungen durch die Nutzung von Augmented-Reality? Wie lassen sich die Potenziale digitaler Bildung zur Differenzierung nutzen, damit alle Lernenden am gleichen Lerngegenstand arbeiten können, aber eben den individuellen Möglichkeiten und Präferenzen entsprechend? Solchermaßen gedachte und entwickelte Angebote digitaler Bildung eröffnen wirklich Chancen zur Teilhabe und Inklusion. Digitale Bildung bietet Chancen für alle Lernenden, wenn sie technisch barrierefrei gestaltet, didaktisch-methodisch inklusionssensibel durchgeführt und dies institutionell verankert wird. Der wesentliche Mehrwert liegt in der Digitalisierung selber und damit in der Erweiterung der Lernmöglichkeiten, welche sich für marginalisierte Gruppen eröffnen.

Literatur

Bundesministerium für Bildung und Forschung (2016). Bildungsoffensive für die digitale Wissensgesellschaft. Strategie des Bundesministeriums für Bildung und Forschung.

Burgstahler, S. (Hrsg.) (2015). Universal Design in Higher Education: From Principles to Practice (2. Aufl.). Cambridge, MA: Harvard Education Press.

Coombs, N. (2010). Making Online Teaching Accessible: Inclusive Course Design for Students with Disabilities (1. Aufl.). San Francisco: Jossey-Bass.

Dannenbeck, C. & Dorrance, C. (2016). Da könnte ja jede/r kommen! – Herausforderungen einer inklusionssensiblen Hochschulentwicklung. In C. Dannenbeck, C. Dorrance, A. Moldenhauer, A. Oehme & A. Platte (Hrsg.), Inklusionssensible Hochschule: Grundlagen, Ansätze und Konzepte für Hochschuldidaktik und Organisationsentwicklung (S. 22-33). Bad Heilbrunn: Klinkhardt.

Dittler, U. (Hrsg.) (2017). E-learning 4.0: Mobile Learning, Lernen mit Smart Devices und Lernen in sozialen Netzwerken. Berlin: Walter de Gruyter.

Edyburn, Dave (2010). Would You Recognize Universal Design for Learning If You Saw It? Ten Propositions for New Directions for the Second Decade of UDL. Learning Disability Quarterly 33(1), 33-41.

Klimsa, P. & Issing, L. J. (2009). Einführung. In L.J. Issing & P. Klimsa (Hrsg.), Online-Lernen: Handbuch für Wissenschaft und Praxis (S. 13-16). München: Oldenbourg.

McAndrew, P., Farrow, R. & Cooper, M. (2012). Adapting Online Learning Resources for All: Planning for Professionalism in Accessibility. Research in Learning Technology 20(0).

McLuhan, M. (1997). Medien verstehen: der McLuhan-Reader. Mannheim: Bollmann.

Meyer, A., Rose, D.H. & Gordon, D. (2014). Universal Design for Learning: Theory and Practice. Wakefield, MA: CAST Professional Publishing.

Schulmeister, R. (2006). eLearning: Einsichten und Aussichten. München: Oldenbourg.

Seale, J. (2014). E-Learning and Disability in Higher Education: Accessibility Theory and Practice (2. Aufl.). London, New York: Routledge.

Assistive Technologien

Susanne Dirks & Hanna Linke

1 Einsatz von assistiven Technologien in der Medienbildung

1.1 Definitionen

Gefördert durch den technischen Fortschritt und die zunehmende Verbreitung von technischen Hilfen in vielen Bereichen des privaten und öffentlichen Lebens spielt der Einsatz von assistiven Technologien auch für Menschen mit sensorischen, motorischen oder kognitiven Beeinträchtigungen eine zunehmend wichtige Rolle. In diesem Beitrag werden die Einsatzmöglichkeiten und Grenzen von assistiven Technologien im Bereich der Medienbildung vorgestellt und diskutiert.

Im Aktionsplan der Landesregierung NRW ‚Eine Gesellschaft für alle' wird, basierend auf den Vorgaben durch die UN-BRK und das Behindertengleichstellungsgesetz, zu einer konsequenten Nutzung der Chancen des technologischen Fortschritts aufgefordert, um Menschen mit Beeinträchtigungen einen gleichberechtigten und umfassenden Zugang zu Informations- und Kommunikationstechnologien zu ermöglichen (MAIS 2012). Um einen gleichberechtigten und umfassenden Zugang zu ermöglichen, müssen Voraussetzungen auf verschiedenen Ebenen geschaffen werden. Zum einen muss die Entwicklung von assistiven Technologien und die barrierefreie Zugänglichkeit von Alltagstechnologien gefördert werden und zum anderen müssen Menschen mit Beeinträchtigungen Zugang zu Informationen über Hilfsmittel, Technologien und Unterstützungsdiensten haben.

Assistive Technologien unterstützen Menschen mit Beeinträchtigungen durch die teilweise oder vollständige Übernahme von Funktionen oder Fertigkeiten, die nicht mehr aus eigener Kraft durchgeführt werden können, und umfassen sowohl Low-Tech- als auch High-Tech-Systeme. Zu den assistiven Technologien zählen so unterschiedliche Hilfsmittel wie Kalender und Organizer, Symbol- und Bildtafeln, Exo-Skelette und Rollstühle, sprechende Uhren und elektronische Kalender, Computer und Software, welche die selbständige Steuerung und Nutzung von Computern wie auch Hilfsmitteln ermöglichen. Eine Übersicht über die in Deutschland als Hilfsmittel klassifizierten Systeme findet man z. B. über das Informationsangebot zur beruflichen Teilhabe von Menschen mit Behinderungen (Rehadat). Zusätzlich zu den speziell entwickelten Hilfsmitteln nutzen Menschen mit Beeinträchtigungen zunehmend auch

Alltagstechnologien zur Unterstützung. Insbesondere durch die Nutzung der digitalen Medien können vorhandene Barrieren beim Zugang zu Informationen und Dienstleistungen abgebaut werden. Daraus folgt, dass auch Alltagstechnologien, die von Menschen mit Beeinträchtigungen zur funktionalen Unterstützung eingesetzt werden, im weiteren Sinne als assistive Technologien zu verstehen sind. Dieses Verständnis entspricht der international akzeptierten Definition von assistiven Technologien als „any means any item, piece of equipment, or product system, whether acquired commercially off the shelf, modified, or customized, that is used to increase, maintain, or improve functional capabilities of a ... (person) with a disability" (IDEA 2004).

Während die Alltagstauglichkeit und das Potenzial von assistiven Technologien für die Teilhabe am sozialen und politischen Leben und insbesondere für die Erwerbstätigkeit bereits vielfach untersucht worden sind, ist der Einsatz von assistiven Technologien im Bereich der Medienbildung bislang nur wenig erforscht. Menschen mit körperlichen, sensorischen oder kognitiven Beeinträchtigungen sind bei der Nutzung digitaler Medien oft auf Unterstützung durch assistive Technologien angewiesen. Um diesen Nutzergruppen die für eine erfolgreiche Mediennutzung notwendige Medienkompetenz vermitteln zu können, müssen geeignete Strategien für die Einbindung assistiver Technologien in die Prozesse der Medienbildung entwickelt werden. Menschen mit Beeinträchtigungen sollen, wie alle anderen Menschen auch, die Fähigkeit entwickeln können, souverän in einer von Medien geprägten Gesellschaft leben und mit den daraus entstehenden Herausforderungen umgehen zu können. Um das leisten zu können, müssen Fähigkeiten auf vier verschiedenen Ebenen entwickelt werden (siehe auch Baacke 1999, Moser 2010):

1. *Medienkunde:* das Wissen über moderne Medien und Mediensysteme, ihre Wissensbestände und die Fähigkeit zur Bedienung neuer Geräte.
2. *Mediennutzung:* die Fähigkeit, Medien und Medieninhalte als Rezipient nutzen zu können.
3. *Mediengestaltung:* die Fähigkeit zur innovativen und kreativen Gestaltung und Weiterentwicklung der Medieninhalte und Mediensysteme.
4. *Medienkritik:* die Fähigkeit zur reflektierenden, analytischen und kritischen Untersuchung und Nutzung von Medieninhalten.

Die hier beschriebene Aufteilung der Medienkompetenz in die vier genannten Dimensionen ist seit den 90er Jahren in der wissenschaftlichen Gemeinschaft etabliert und soll deshalb im Folgenden als Grundlage für die Bewertung der Einsatzmöglichkeiten von assistiven Technologien zur Förderung der Medienkompetenz dienen.

1.2 Einsatz assistiver Technologien in der Medienbildung

Die Vermittlung von Medienkompetenz als Kernziel der Medienbildung ist in einer Gesellschaft, in der die Medien immer mehr zu einer Schaltstelle von Kommunikation und Information gestaltet werden, von elementarer Bedeutung für Teilhabe und Partizipation. Ohne Medienkompetenz kann keine Partizipation an der gesellschaftlichen Kommunikation realisiert werden, weder Mitgestaltung noch Mitreden sind ohne Medienkompetenz möglich.

Insbesondere für Menschen mit Beeinträchtigungen ist der Erwerb von Medienkompetenz von besonderer Bedeutung. Zum einen gibt es Evidenz dafür, dass Menschen mit körperlichen, sensorischen oder kognitiven Beeinträchtigungen mediale Informations- und Kommunikationsangebote ebenso intensiv wie Menschen ohne Beeinträchtigungen nutzen (Adrian et al. 2017) bzw. Medien gern intensiver und häufiger nutzen würden, wenn sie besser zugänglich wären (SAFE Report 2017). Zum anderen stellen insbesondere die Menschen mit kognitiven Beeinträchtigungen eine besonders anfällige Nutzergruppe in Bezug auf die Gefahren der Mediennutzung dar (Zaynel 2017).

Die Bedeutung von assistiven Technologien für den Zugang zu und die Nutzung von medialen Informations- und Kommunikationsangeboten ist unumstritten. Darüber hinaus ist davon auszugehen, dass ohne den Einsatz assistiver Technologien der Erwerb von Medienkompetenz für eine große Gruppe von Menschen mit Beeinträchtigungen nicht oder nur unter Schwierigkeiten möglich ist.

1.2.1 Medienkunde und Mediennutzung

Unter Medienkunde ist nach Baacke (Baacke 1999) der Bereich der Medienkompetenz zu verstehen, in dem es um den Erwerb und die technische Handhabung von Wissen über Medien und medialen Austauschtechniken geht. Im Bereich der Mediennutzung werden die Voraussetzungen für den aktiven Einsatz des erarbeiteten Wissens erworben. Menschen mit Beeinträchtigungen benötigen zum Erwerb und zur Ausübung der Fähigkeiten auf diesen beiden Ebenen der Medienkompetenz Unterstützung durch technische Hilfsmittel auf der motorischen, der sensorischen und der kognitiven Ebene.

1.2.1.1 Motorische Unterstützung

Um mediale Informations- und Kommunikationsangebote nutzen zu können, ist zunächst erst einmal ein Zugang zu digitalen Medien notwendig. Computer, in Form von PCs, Tablets oder Smartphones, gelten mittlerweile als der Hauptzugangskanal zu digitalen Informationen. Viele der üblichen Eingabekomponenten, wie das Standard-Keyboard oder eine optische Maus, sind für Menschen mit motorischen Beeinträchtigungen gar nicht oder nur unter Schwierigkeiten nutzbar.

Bei eingeschränkter, aber grundsätzlich noch vorhandener Funktionsfähigkeit der oberen Extremitäten können z. B. ergonomisch angepasste Großfeldtastaturen, ergonomische Maussteuerungen oder an die NutzerInnen angepasste Joysticks als alternative Eingabehilfen verwendet werden. Hilfsmittel wie Orthesen oder dynamische Systeme zur Bewegungsunterstützung (Zero Gravity Arm) können eingesetzt werden, um die oberen Extremitäten zu stabilisieren und die motorischen Funktionen, vor allem bei Ermüdungserscheinungen, zu unterstützen.

Alternative Eingabesysteme, wie Mundstäbe, Augensteuerungen oder Sprachsteuerungen, können eingesetzt werden, wenn die motorischen Funktionen der oberen Extremitäten nicht (mehr) ausreichend sind und andere motorische Funktionen für die Eingabe genutzt werden müssen.

Abbildung 1 zeigt einen PC mit Augensteuerung und eine Großfeldtastatur als Beispiele für assistive Technologien zur motorischen Unterstützung.

Abb. 1: Notebook mit Augensteuerung, Großfeldtastatur (TU Dortmund, Studylab)

1.2.1.2 Sensorische Unterstützung

Menschen mit Beeinträchtigungen des Seh- oder des Hörvermögens benötigen in vielen Fällen sensorische Unterstützung bei der Nutzung digitaler Medien, um die Informationen, die standardmäßig über den beeinträchtigten Sinn verarbeitet werden, über einen anderen Sinn wahrnehmen zu können.

Oft verwendete technische Hilfsmittel zur sensorischen Unterstützung sind Bildschirmlesegeräte, Vergrößerungssysteme (Screen Magnifier), Braille-Displays, Vorlesesysteme (Screen Reader) oder Textunterstützung (Alternativtexte, Untertitel). Eine wichtige Voraussetzung für den erfolgreichen Einsatz von Hilfsmitteln zur sensorischen Unterstützung ist ein weitgehend barrierefreies Design der Internetangebote. In der im Jahr 2011 erlassenen Verordnung für barrierefreie Informationstechnik (BMJV 2011), in der Richtlinien für die Erstellung barrierefreier Internetangebote definiert sind, ist vorgeschrieben, dass barrierefreie Internetangebote so gestaltet sein müssen, dass alle Informationen und Komponenten auch von Menschen mit sensorischen Beeinträchtigungen wahrgenommen werden können.

1.2.1.3 Unterstützung der Kommunikation

Für die Entwicklung und Anwendung von Sachkompetenz im Rahmen der inklusiven Medienbildung spielen sowohl die Kommunikation über Medieninhalte als auch die Kommunikation in den Medien eine wichtige Rolle. Es gibt viele verschiedene assistive Technologien, die Menschen mit Beeinträchtigungen zur Unterstützung der Kommunikation einsetzen können. Während Spracherkennungs- (Speech-to-Text) und Sprachsynthesesysteme (Text-to-Speech) eher komplexe technische Systeme sind, können zur Unterstützung der Kommunikation auch Low-Tech-Systeme, wie Bildtafeln oder Gebärdensprachen, eingesetzt werden. Hilfsmittel zur Unterstützten Kommunikation, wie sie oft von Menschen mit Mehrfachbehinderungen oder progredienten Erkrankungen eingesetzt werden, vereinen verschiedene assistive Technologien, z. B. die Kommunikationssystem von Tobii mit Augensteuerung und Kommunikator. Abbildung 2 zeigt den Tobii Dynavox I-12+.

Abb. 2: Augensteuerung Tobii Dynavox (TU Dortmund Studylab)

1.2.1.4 Kognitive Unterstützung

Menschen mit kognitiven Beeinträchtigungen benötigen vor allem Unterstützung beim Wissenserwerb und beim Verständnis der Inhalte von Informations- und Kommunikationsangeboten. Die Unterstützung durch Familienmitglieder, Freunde oder andere nahestehende Personen ist zwar hilfreich, schränkt aber die Autonomie und die selbstbestimmten Teilhabemöglichkeiten stark ein. Deshalb ist der Einsatz von assistiven Technologien auch im Bereich der kognitiven Unterstützung sinnvoll und wünschenswert. Texte in Leichter Sprache, die nach BITV 2.0 das Grundprinzip ‚Verständlichkeit' für barrierefrei Informationsangebote umsetzen, sind eine Möglichkeit, diese Nutzergruppe zu unterstützen. Spezielle Browser oder Softwareprodukte, die die Übersichtlichkeit von Webseiten oder Oberflächen verbessern, oder Hilfsmittel, die durch zusätzliche Informationen, Definitionen und Erklärungen das Verstehen von Informationen erleichtern, sind ebenfalls sinnvoll (Dirks et al. 2017). Abbildung 3 zeigt Bilder von vereinfachten Nutzer-Oberflächen für Nutzer mit kognitiven Beeinträchtigungen. Darüber hinaus profitieren Menschen mit kognitiven Beeinträchtigungen auch vom Einsatz von Kommunikationshilfen, wie Vorlese- oder Diktiersysteme, die ihnen die kognitiven Anforderungen beim Lesen und Schreiben erleichtern.

Abb. 3: Klares und übersichtliches Oberflächendesign (Dirks et al. 2017)

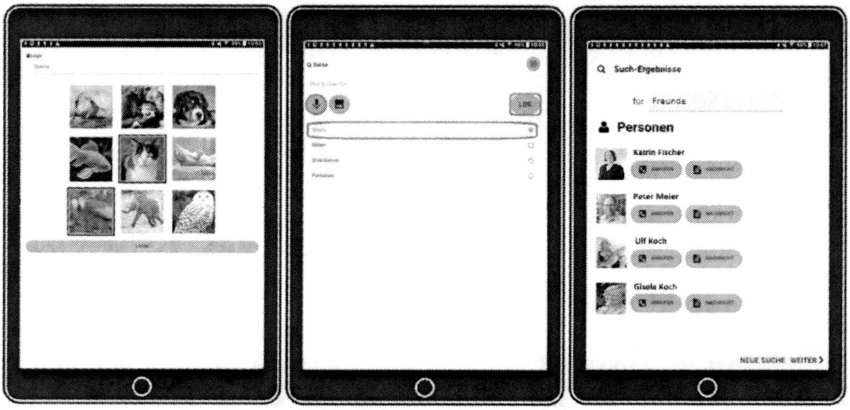

1.2.2 Medienkritik

Auf der Ebene der Medienkritik geht es um den Erwerb von Fähigkeiten zum kritischen Umgang mit den Medien und zu einer kritischen Distanz zu Medieninhalten. Während Menschen mit motorischen und sensorischen Fähigkeiten in erster Linie Unterstützung beim Zugang zu den Informations- und Kommunikationsangeboten benötigen, brauchen Menschen mit kommunikativen oder kognitiven Beeinträchtigungen vor allem in diesem Bereich persönliche und technische Unterstützung, um zu einem kritischen Umgang mit Medien und Medieninhalten befähigt zu werden.

1.2.2.1 Motorische Unterstützung

Unter der Voraussetzung, dass ein umfassender Zugang zu den Informations- und Kommunikationsangeboten durch den Einsatz der in Abschnitt 1.2.1.1 beschriebenen assistiven Technologien gegeben ist, benötigen Menschen mit motorischen Beeinträchtigungen keine besondere technische Unterstützung in diesem Kompetenzbereich.

1.2.2.2 Sensorische Unterstützung

Menschen mit sensorischen Beeinträchtigungen haben, ebenso wie Menschen mit motorischen Beeinträchtigungen, ihren Hauptunterstützungsbedarf im Bereich des Zugangs zu den Informationsangeboten. Die Fähigkeit zu einem kritischen Umgang mit Medieninhalten wird wie bei allen Mediennutzern durch eine grundsätzliche Schulung der Reflexionsfähigkeit ausgebildet, bedarf aber in der Regel keiner weiteren Unterstützung durch assistive Technologien.

1.2.2.3 Unterstützung der Kommunikation

Da die Reflexionsfähigkeit auch durch die Auseinandersetzung mit Medieninhalten in kommunikativen Prozessen entwickelt und trainiert wird, können Kommunikations-beeinträchtigungen die Entwicklung und Ausübung der Rezeptionskompetenz erschweren. Der Einsatz von komplexen assistiven Technologien, wie Sprechhilfen, Spracherkennungs- und Sprachsynthesesystemen oder Kommunikatoren, ermöglicht Menschen mit kommunikativen Beeinträchtigungen die Teilnahme an Gesprächen und Diskussionen in den Medien. Alternative Kommunikationssysteme, wie bild- oder symbolbasierte Kommunikationstafeln oder Gebärdensprachen, können die Kommunikation ebenfalls anbahnen und unterstützen und damit den Austausch von Meinungen über mediale Inhalte und die Teilnahme an medialen Diskussionen ermöglichen.

1.2.2.4 Kognitive Unterstützung

Da die Entwicklung von Fähigkeiten zum kritischen Umgang mit Medien zum einen das Verständnis der Funktionsweise von Medien und das Verständnis der Medieninhalte und zum anderen die Fähigkeit zu einem kritischen Umgang mit Informationen und Meinungen voraussetzt, sind Menschen mit kognitiven Beeinträchtigungen in besonderer Weise auf Unterstützung angewiesen. Bei der Entwicklung von Rezeptionskompetenz profitieren Menschen mit kognitiven Beeinträchtigungen in erster Linie von einer geduldigen und ihren Fähigkeiten angepasste Kommunikation. Assistive Technologien können eingesetzt werden, wenn es um die Unterstützung des Verstehens von Gesprächsinhalten geht. Online-Ressourcen wie Hurraki (Wörterbuch für Leichte Sprache) oder Bild- und Informationsmaterial in Leichter Sprache helfen beim Entschlüsseln der Informationen. Insbesondere für das Verständnis der Gefahren, die sich aus der Nutzung von Medien ergeben können, ist Informationsmaterial, welches konzeptuell und sprachlich an die Fähigkeiten und Bedürfnisse der Menschen mit kognitiven Beeinträchtigungen angepasst ist, wesentlich. Schriftsprachliche Kommunikation, die für viele Menschen mit kognitiven Beeinträchtigungen eine besondere Herausforderung darstellt, kann durch den Einsatz von sprachtechnologischen Hilfsmitteln (Text-to-Speech, Speech-to-Text) unterstützt werden.

1.2.3 Mediengestaltung

Die vierte Dimension der Medienkompetenz, die Mediengestaltung, umfasst die Fähigkeiten zu einem kreativen und innovativen Umgang mit Medien und Medieninhalten und bildet die Voraussetzung für die Fähigkeit, Medieninhalte selbstbestimmt erstellen und verbreiten zu können und damit partizipativ auf das Mediensystem Einfluss nehmen zu können.

1.2.3.1 Motorische Unterstützung

Wie in Abschnitt 1.2.1.1 beschrieben, benötigen Menschen mit motorischen Beeinträchtigungen in erster Linie Unterstützung beim Zugang zu Informations- und Kommunikationsangeboten. Um selbst Inhalte erstellen und verbreiten zu können, kann darüber hinaus technische Unterstützung bei der Informationseingabe notwendig sein. Alternative Steuerungs- und Eingabesysteme, wie Kopfsteuerungen, Kopf- und Mundstäbe oder Fußschreibertastaturen, erleichtern die Eingabe von Informationen und das Verfassen von Diskussionsbeiträgen. Um eigenständig Textbeiträge zu erstellen oder Kommentare verfassen zu können, nutzen Menschen mit motorischen Beeinträchtigungen oft auch assistive Technologien zur Kommunikationsunterstützung (Diktiersysteme, Sprachsteuerung). Ebenso können weitere Aspekte der Mediengestaltung, wie die Vernetzung mit anderen Aktiven oder die Planung und Gestaltung von Aktivitäten, durch die Nutzung von assistiven Technologien ermöglicht und unterstützt werden.

1.2.3.2 Sensorische Unterstützung

Menschen mit Sehbeeinträchtigungen profitieren im Bereich der Mediengestaltung vom Einsatz assistiver Technologien wie Videobrillen, Vergrößerungssystemen, Bildschirmlesegräten und Spracherkennungs- und Sprachsynthesesystemen. Diese Hilfsmittel ermöglichen ihnen, wie in Abschnitt 1.2.1.2 beschrieben, den Zugang zu Informationen und unterstützen sie beim Erstellen und Verbreiten von Informationen sowie der selbstbestimmten Teilnahme an Diskussionsforen. Menschen mit Hörbeeinträchtigungen können die meisten schriftsprachlichen Ressourcen ohne technische Unterstützung erstellen und verbreiten, für die Teilnahme an Livekonferenzen oder die Erstellung von Video- und Tondokumenten können, zusätzlich zu den sonst auch genutzten Hörhilfen, Hörverstärker oder spezielle Kopfhörer genutzt werden. Spracherkennungssysteme (Speech-to-Text) können bei Bedarf zur automatischen Erstellung von Untertiteln eingesetzt werden.

1.2.3.3 Unterstützung der Kommunikation

Beeinträchtigungen in Bereich der Kommunikation erschweren die Entwicklung und die Ausübung von Mediengestaltung erheblich. Assistive Technologien, wie sie auch schon den Abschnitten 1.2.1.3 und 1.2.2.3 beschrieben worden sind, unterstützen Menschen mit kommunikativen Beeinträchtigungen auch bei der selbständigen Erstellung und Verbreitung von Medieninhalten. Diktiersysteme, als eine besondere Art von Spracherkennungssystemen, ermöglichen die Erstellung von Texten und Diskussionsbeiträgen. Sprechhilfen oder Sprachsynthesesysteme ermöglichen die Teilnahme an Livekonferenzen und alternative Kommunikationssysteme, wie symbol- oder bildbasierte Talker oder Gebärdensprachen, ermöglichen die digitale Kommunikation zusätzlich innerhalb spezieller Nutzergruppen.

1.2.3.4 Kognitive Unterstützung

Menschen mit kognitiven Beeinträchtigungen benötigen auch im Bereich der Mediengestaltung vielfältige Unterstützung, damit sie diese auf eine Weise entwickeln können, die ihnen eine selbstbestimmte digitale Teilhabe ermöglicht. Viele der assistiven Technologien, die in den Abschnitten 1.2.1.4 und 1.2.2.4 vorgestellt worden sind, können auch im Bereich der Mediengestaltung unterstützend eingesetzt werden. Hilfsmittel, die das Verständnis von Sachverhalten und die Formulierung von eigenen Beiträgen unterstützen sind ebenso hilfreich wie sprachtechnologische Hilfsmittel, die die Erstellung von Texten und Diskussionsbeiträgen erleichtern. Software, die die Darstellung und Komplexität von Informationen und die Gestaltung von Oberflächen an die Fähigkeiten der Nutzer mit kognitiven Beeinträchtigungen anpasst, kann ebenfalls unterstützend eingesetzt werden.

1.4 Kriterien des Einsatzes assistiver Technologien in der Medienbildung

Technologie im Allgemeinen hat heute in allen Lebensbereichen und Altersstufen Einzug erhalten. Die Nutzungsmöglichkeiten von assistiven Technologien in der inklusiven Medienbildung hängen jedoch sehr von der barrierefreien Gestaltung sowie den vielseitigen Anforderungen von Seiten der Nutzer und der Umgebung ab. Dementsprechend stellt sich die Frage, wie Hilfsmittel beschaffen sein müssen, um in der Medienbildung eingesetzt zu werden (Kahlert & Heimlich 2012, S. 177).

Die Nutzung assistiver Technologie hängt von den folgenden nutzerbezogenen und technologiebezogenen Faktoren ab.

Nutzerbezogene Kriterien:

1. Art und Umfang des individuellen Unterstützungsbedarfs
2. Erfahrungshorizont der NutzerInnen und der anleitenden Personen hinsichtlich der einzusetzenden assistiven Technologien
3. Unmittelbare Zugänglichkeit der assistiven Technologie
4. Kostenumfang und Versorgungsstruktur der Technologien
5. Wissen über den Markt der assistiven Technologien, sowie der individuellen Rechte und Pflichten (vgl. Okolo & Diedrich 2014, S. 7-11)

Technologiebezogene Kriterien:

1. Niederschwellig, flexibel und mobil gestaltete Technologie
2. Modulare Einsatzmöglichkeiten
3. Flexible Einsatzmöglichkeiten von Technologien auch außerhalb der individuellen Versorgung

Fazit

Für einen optimalen Einsatz assistiver Technologien im Kontext von Inklusion und Medienbildung ist ein Beratungssystem erforderlich, das NutzerInnen und professionell Tätige über neue Entwicklungen informiert und im Einsatz anleitet und unterstützt. Hierfür müssen sowohl zeitliche als auch räumliche Ressourcen zur Verfügung gestellt werden.

In vielen Bereichen wäre ein Einsatz von Mainstreamtechnologie prinzipiell möglich, wenn das Design besser an die Bedürfnisse vom Menschen mit Beeinträchtigungen anpassbar wäre und so eine Stigmatisierung durch auffällige und suboptimal gestaltete Hilfsmittel vermieden wird.

Neuartige Produktionstechnologien wie 3D-Druck, die eine individuelle, kostengünstige und eigenständige Herstellung von Hilfen im Low-Tech-Bereich ermöglichen, bieten Möglichkeiten, um Beschränkungen auf dieser Ebene begegnen zu können (siehe z. B. Bosse, Linke & Pelka 2018).

Zu der Ermittlung eines Bedarfs an assistiver Technologie in der inklusiven Medienbildung gehört auch die Klärung der Zuständigkeiten zur Wartung und Pflege der Technologie. Oft zieht das neben der Notwendigkeit der individuellen Schulung aller Beteiligten eine langfristige Planung nach sich, damit der Einsatz assistiver Technologien positive Auswirkungen auf die gesellschaftliche Teilhabe und das individuelle Wohlbefinden der NutzerInnen hat.

Literatur

Adrian, S., Hölig, S., Hasebrink, U., Bosse, I. & Haage, A. (2017). Mediennutzung von Menschen mit Beeinträchtigungen. Medienbezogene Handlungen, Barrieren und Erwartungen einer heterogenen Zielgruppe. In: Media Perspektiven 3/2017, 145-156.

Baacke, D. (1999). ‚Medienkompetenz' – Theoretisch erschließend und praktisch folgenreich. In: medien+erziehung Nr.1/1999.

BMAS (27.04.2002). Gesetz zur Gleichstellung von Menschen mit Behinderungen. BGG. Fundstelle: juris GmbH. http://www.gesetze-im-internet.de/bgg/BJNR146800002.html [15.09.2017].

BMJV (12.09.2011). Verordnung zur Schaffung barrierefreier Informationstechnik nach dem Behindertengleichstellungsgesetz (BITV 2.0). https://www.gesetze-im-internet.de/bitv_2_0/BJNR184300011.html [15.09.2017].

Bosse, I., Linke, H. & Pelka, B. (2018): SELFMADE – Self-determination and Communication through inclusive MakerSpaces. In: Antona, M & C. Stephanidis (Hrsg.): Universal Access in Human-Computer Interaction. Human and Technological Environments, 12th International Conference, UAHCI 2017, Held as Part of HCI International 2018, Las Vegas, July 16-20 2018, Proceedings (in Print)

Bühler, C., Dirks, S., Nietzio, A. (2016). Easy Access to Social Media: Introducing the Mediata-App. ICCHP (2) 2016: 227-233

Dirks, S., Bühler, C. (2017). Participation and Autonomy for Users with ABI through Easy Social Media Access. AAATE Conf. 2017

Hurraki. Wörterbuch für Leichte Sprache. https://hurraki.de/wiki/Hauptseite [15.09.2017]

IDEA (2004). Individuals with Disabilities Education Act 2004, 20 U.S.C. Part B, Subpart A, Section 300.5. http://idea.ed.gov/download/statute.html [15.09.2017]

Kahlert, U. & Heimlich, J. (Hrsg.) (2012). Inklusionsdidaktische Netze – Konturen eines Unterrichts für alle (dargestellt am Beispiel des Sachunterrichts). In: Inklusion in Schule und Unterricht. Wege zur Bildung für alle. Verlag W. Kohlhammer

MAIS (2012). Aktionsplan der Landesregierung „Eine Gesellschaft für alle – NRW inklusiv". https://www.gew-nrw.de/fileadmin/user_upload/Themen_Wissen_PDFs/Aktionsplan-Landesregierung-NRW-Inklusiv.pdf [15.09.2017]

Moser, H. (2010). Einführung in die Medienpädagogik. 5. Auflage. GWV Fachverlage GmbH: Wiesbaden.

Okolo, C.M. & Diedrich, J. (2014). Twenty-Five Years Later: How is Technology Used in the Education of Students with Disabilities? Results of a Statewide Study. Journal of Special Education Technology 29(1), https://www.learntechlib.org/p/130509/m [15.09.2017]

Rehadat. https://www.rehadat-hilfsmittel.de/de/ [05.03.2018]

SAFE (2017). http://www.safeaustin.org/wp-content/uploads/2017/05/SAFE-DRTx-People-with-Disabilities-Social-Media-Report-Final.pdf [20.03.2018]

Theunert, H. (1996). Perspektiven der Medienpädagogik in der Multimedia-Welt. In: von Rein, A. (Hrsg.) Medienkompetenz als Schlüsselbegriff. Klinkhardt-Verlag: Bad Heilbrunn.

Zaynel, N. (2017). Internetnutzung von Jugendlichen und jungen Erwachsenen mit Down-Syndrom. Springer Fachmedien Wiesbaden GmbH: Wiesbaden.

Unterstützte Kommunikation

Igor Krstoski

Der Medieneinsatz bei Menschen mit Beeinträchtigungen kann unterschiedliche Facetten aufweisen. Verschiedene Einsatzszenarien werden benannt, u. a. im Rahmen schulischer Förderung, zur Freizeitgestaltung, im Bereich ITG oder mit prothetischem Charakter als Hilfsmittel zur Kommunikation (vgl. Boenisch 2002, S. 75, Beyer-Dannert 2003, S. 92, Luder 2003, S. 13). Folgender Beitrag fokussiert kompensierende und alternative Möglichkeiten, wenn expressive Lautsprache nicht vorhanden ist. Der Beitrag legt einen weiten Medienbegriff zugrunde und erläutert diverse Medien, die für die Unterstützte Kommunikation genutzt werden. Medien und Werkzeuge der Unterstützten Kommunikation werden aus medizinischer Sicht als Hilfsmittel genutzt, lassen sich aber auch aus medienpädagogischer Perspektive als für Kommunikation und Information bedeutsame Medien verstehen.

1 Begriffsklärung

Was versteht man unter Unterstützter Kommunikation (i.F. UK)? „UK ist eine behindertenpädagogische Konzeption, die kommunikative *Situation* für Menschen mit schweren Kommunikationsbeeinträchtigungen und ihren Gesprächspartnern zu verbessern und das Verstehen und Verständigen zu erleichtern“ (Lage 2016, S. 375).

Anfänge nimmt die Unterstützte Kommunikation in Skandinavien, Groß-Britannien und den USA. Genannt wird sie dort allerdings Alternative and Augmentative Communication, abgekürzt AAC. Übersetzt bedeutet AAC alternative und ergänzende Kommunikationsformen. 1983 wird die internationale Gesellschaft für UK, *international society of augmentative and alternative communication*, in Toronto gegründet. In Deutschland wird die deutschsprachige Sektion von ISAAC 1990 gegründet (vgl. Renner 2003, S. 16). Insbesondere LehrerInnen von Schulen mit den Förderschwerpunkten geistige sowie körperlich-motorische Entwicklung tragen dazu bei, dass UK im deutschsprachigen Raum unter dem Namen „Unterstützte Kommunikation“ bekannter wird (vgl. Kristen 1997, S. 18f.).

2 Zielgruppen Unterstützter Kommunikation

Wie hoch der Anteil derjenigen ist, welche Lautsprache nicht adäquat zur Kommunikation verwenden kann, ist schwer abzuschätzen. Für verschiedene Bundesländer liegen unterschiedliche Erhebungen vor (vgl. Boenisch 2009, S. 127). In einer Erhebung von Haupt und Wieczorek in Rheinland-Pfalz haben ca. 50 % aller SchülerInnen an Schulen mit dem Förderschwerpunkt körperlich-motorische Entwicklung einen Förderbedarf im Bereich Kommunikation (Haupt & Wieczorek 2013, S. 6). In dieser Erhebung wurden auch Unterschiede bezüglich Förderort festgestellt. „Kinder die sich nicht mit gesprochener Sprache verständigen können, besuchen überwiegend Förderschulen“ (Haupt & Wieczorek 2013, S. 16). Das heißt aber andererseits, dass Personen mit Förderbedarf im Bereich Kommunikation Teil inklusiver Settings sind.

Der Personenkreis, der auf UK angewiesen ist, ist sehr heterogen bezüglich der individuellen Voraussetzungen. Tetzchner und Martinsen teilen die Zielgruppen von UK nach der Funktion der Sprache ein. Die Gruppen unterscheiden sich darin, „in welchem Ausmaß sie ein Ausdrucksmittel, eine Unterstützung oder einen Ersatz für die Lautsprache brauchen“ (Tetzchner & Martinsen 2000, S. 79). Alle drei Gruppen zeichnet aus, dass die Personen im Vergleich zur Normalentwicklung verzögert sprechen gelernt haben oder dass ihre Sprachfähigkeit wieder verloren gegangen ist. Folglich können sie nicht wie Menschen ohne Beeinträchtigung kommunizieren.

- *UK als Ausdrucksmittel:* Bei den Personen dieser Gruppe gibt es einen Unterschied zwischen der Fähigkeit Lautsprache zu nutzen und dem Sprachverständnis. Aufgrund motorischer Schwierigkeiten fällt es diesem Personenkreis schwer, Sprache verbal zu nutzen.
- *UK als Hilfe zum Sprachanbahnung:* Hierbei kann UK für den Lautspracherwerb eingesetzt werden. Darunter fallen Kinder mit einer Sprachentwicklungsverzögerung, welche mittels UK das Verwenden von Lautsprache lernen können. Dieser Gruppe werden auch Personen zugerechnet, die zwar sprechen können – die sich aber nur schwer verständlich machen können bzw. deren Ausdrucksweisen nur durch ein sehr eingegrenztes Umfeld verstanden wird.
- *UK als Ersatzsprache:* Laut Tetzchner und Martinsen fallen in diese Gruppe Menschen, die eine schwere geistige Behinderung haben und nicht in der Lage sind, Lautsprache als Kommunikationsmittel zu nutzen.

Durch die Einteilung der Gruppen betonen von Tetzchner und Martinsen, dass „der Unterricht in Unterstützter Kommunikation unterschiedliche Ziele haben kann und daß die Intervention in jeder dieser Gruppen anders aussieht“ (ebd., S. 83).

Einen weiteren sehr wichtigen Impuls bietet die Zielgruppenbeschreibung von Weid-Goldschmidt. Sie orientiert sich hierbei am COCP-Programm aus den Niederlanden. Ein Unterscheidungsmerkmal zur zuvor genannten Gruppenbeschreibung ist, dass die Gruppeneinteilung anhand anderer Kriterien erfolgt. Dabei liegt der Fokus auf den Ressourcen einer Person mit Orientierung an Meilensteinen der Kommunikationsentwicklung. Hierbei wird davon ausgegangen, dass Kommunikation auf vier aufeinander aufbauenden Kompetenzstufen abläuft. In Anlehnung an diese Kompetenzstufen leitet Weid-Goldschmidt vier verschiedene Personengruppen ab, bei denen UK in unterschiedlichen Formen eingesetzt werden kann. Diese bezeichnet sie als Zielgruppen Unterstützter Kommunikation (vgl. Weid-Goldschmidt 2013, S. 11). Damit trägt dieses Modell einem personenzentrierten und ressourcenorientierten Modell in der Sonderpädagogik Rechnung. In der ersten Gruppe findet man Personen, welche noch nicht intentional und primär über körpernahe Sinne kommunizieren. In Gruppe zwei befinden sich Menschen, die zwar intentional kommunizieren können, jedoch auf prä-symbolischem Niveau. Das bedeutet, dass das symbolische Kommunizieren in bestimmten Situationen möglich ist, aber nicht generell beispielweise ein Ja-Nein-Konzept in verschiedenen Kontexten sicher angewandt wird. In Zielgruppe drei sind Menschen, die mit Piktogrammen kommunizieren können – jedoch ist der Gebrauch des verwendeten Wortschatzes gering. In Gruppe vier wiederum sind alle Personen zu nennen, die mit passenden Kommunikationsmitteln altersentsprechend kommunizieren können. Innerhalb der einzelnen Gruppen können die Fähigkeiten sehr unterschiedlich ausgeprägt sein und die Übergänge zwischen den einzelnen Gruppen verlaufen fließend (vgl. ebd., S. 279ff.).

3 Partizipationsmodell: Interventionen planen und evaluieren

In der Unterstützten Kommunikation hat sich zur Planung und Evaluation von Interventionsmaßnahmen das so genannte Partizipationsmodell durchgesetzt. Beschrieben wurde dieses Modell durch Pat Mirenda und David Beukelmann in den USA (vgl. Antener 2001, S. 258ff.). Im deutschsprachigen Raum wurde das Partizipationsmodell insbesondere durch Gabriele Antener und Dorothea Lage bekannt (vgl. Braun & Kristen 2001, S. 6). Durch das Partizipationsmodell sollen Barrieren bei der unterstützt kommunizierenden Person, so genannte Zugangsbarrieren, identifiziert werden. Andererseits wird aber auch das Umfeld der Person nach Barrieren analysiert. Diese werden Gelegenheitsbarrieren genannt. Sie lassen sich auf verschiedenen gesellschaftlichen Ebenen identifizieren: in der Politik, im Wissen, Einstellungen und Fertigkeiten zu UK. In diesem Modell geht es also darum, die Aktivität und Partizipation des UK-Nutzenden zu erhöhen. Durch das Involvieren des Umfelds, werden auch so genannte

Kontextfaktoren einbezogen. Daran erkennt man die Nähe des Partizipationsmodells zur ICF. Kann eine Person nicht entsprechend kommunizieren, wird nach Barrieren im Umfeld gesucht. Das Kommunikationsproblem sei nicht mehr nur an der Person allein festzumachen.

Eng damit verknüpft ist die Tatsache, dass es in diesem Kontext einen Zusammenhang zwischen Inhalt (welches Vokabular ist passend für den Anlass), Funktion (welche Kommunikationsfunktion soll durch den Kommunikationsanlass geübt werden) sowie der Form (wie soll das Vokabular repräsentiert sein) gibt (vgl. Leber 2016). Infolgedessen lassen sich Wörter einer entsprechenden Kommunikationsfunktion zuordnen. Beispielsweise kann mit der Funktion „sich als Verursacher eine Handlung erfahren" das Vokabular „nochmal, auch" verbunden werden. Die Form, wie das Vokabular repräsentiert ist, gilt es auszusuchen. Es könnten Gebärden, Symbole, Zeichnungen, einfache elektronische Hilfen oder komplexe elektronische Kommunikationshilfen eingesetzt werden, um in entsprechenden Situationen eine Bedeutungszuweisung des Begriffs (Vokabular) zu ermöglichen. Was die Auswahl des Vokabulars betrifft, sollten aber auch die Interessen und Hobbys aufgefasst werden, um Kommunikationsanlässe zu planen. Einen weiteren Impuls zur Vokabularauswahl bietet das Konzept des Kern-Vokabulars, welches in Deutschland durch Boenisch erforscht wurde. „Kernvokabular bezeichnet die ca. 200 am häufigsten verwendeten Wörter der Alltagssprache. Sie machen bereits 80 % des Gesprochenen aus und können unabhängig von Alter und Thema flexibel eingesetzt werden" (Boenisch 2016, S. 300).

Die Ergebnisse der Forschung zum Kernvokabular haben Auswirkung auf die Oberflächengestaltung von Kommunikationsordnern und elektronischen Kommunikationshilfen.

Unter welchen Umständen lernen UK-Nutzer Wörter und Wortbedeutungen? In englischsprachigen Ländern über Aided Language Stimulation oder Partner Augmented Input/Communication. Die Idee hinter dieser Methode ist, dass UK-Nutzer einen sprachlichen Input benötigen, und zwar in der Form, in welcher sich die Person ausdrücken kann. In Deutschland hat sich der Begriff Modelling etabliert: Durch Bedeutungszuweisungen in der jeweiligen Form lernt der UK-Nutzer Begriffe und Wörter (vgl. Castaneda, Fröhlich & Waigand 2017, Krstoski & Reinhard 2017). „Wenn wir UK als alternative Sprache verstehen und bedenken, dass Sprache immer nur durch einen entsprechenden natürlichen Input erworben wird, ist Modelling wohl eine der wenigen Ideen in der UK, die allgemein für einen Großteil der Nutzer zu empfehlen ist" (Castaneda & Waigand 2016, S. 44). „Das Modeling und das Vorbild-Sein für multimodales Kommunizieren scheint entscheidend dazu beizutragen" (Lage 2016, S. 376). Das bedeutet, dass das Umfeld sich gut in der entsprechenden Kommunikationsform auskennen muss, um als sprachliches Modell dienen zu können.

Ziel der UK ist somit, die Möglichkeiten zum Selbstausdruck zu erweitern und zu unterstützen durch das Angebot individuell nutzbarer, geeigneter Medien. Die eigene Artikulationsfähigkeit und die Interaktion mit der Umwelt sollen unterstützt werden. Dies sind auch Ziele von Medienbildungsansätzen: Beispielsweise werden gelingende Kommunikation und sinnhafte Bedeutungszuschreibung mit Medien als relevante Voraussetzungen für mediale Bildungsprozesse gesehen (Spanhel 2010) und die Artikulationsfähigkeit mit und durch Medien als bildungsrelevant beschrieben (Marotzki & Jörissen 2008) und als ermöglichend für eine Transformation von Selbst- und Weltverhältnis. Denkbar ist eine Übertragung dieser Konzepte auch für den Kontext des Einsatzes von Medien in der Unterstützten Kommunikation, der dann Grundlage zum Erleben veränderter Selbst- und Weltverhältnisse ist. Mediale Kommunikation wird so zur Grundlage von gesellschaftlicher Teilhabe und erfordert eine gewisse Medienkompetenz, beispielsweise die Kompetenz, geeignete Medien nutzen zu können (vgl. Medienkompetenzmodell von Baacke 1996).

4 Formen von UK

In der Unterstützten Kommunikation gibt es eine lange Tradition, die Kommunikationsmöglichkeiten in körpereigen, ohne Hilfsmittel sowie durch Hilfsmittel einzuteilen (vgl. Herrmann 2003, Nonn 2011, Terfloth & Bauersfeld 2015, Braun 2015).

4.1 Körpereigene Kommunikationsformen

Die Kommunikation über körpereigene Kommunikationsformen erfolgt ohne Hilfsmittel, stattdessen ausschließlich über den eigenen Körper. Der Körper selbst ist das Medium. Hierzu zählen Braun und Kirsten (2008) Atmung, Körpersprache, Mimik, Gestik sowie Gebärden. Lautsprache und lautsprachliche Äußerungen und individuelle, selbst entwickelte Zeichen werden ebenfalls dazu gezählt. Der schnelle und spontane Einsatz sowie die Ortsunabhängigkeit zählen zu den Vorteilen. Außerdem stellt sie mit vertrauten Personen, bedingt auch durch deren Strategien, häufig die effektivste Vorgehensweise dar (vgl. Otto & Wimmer 2013, S. 33). Andererseits wird daran auch der große Nachteil dieser Methode deutlich: Kommunikation ist mit unvertrauten Personen erschwert. Des Weiteren sind komplexe Inhalte auf diese Art und Weise schwer vermittelbar, weil das Ausdrucksrepertoire begrenzt ist. Gebärden werden in der Unterstützten Kommunikation weiter differenziert in Gebärdensysteme und -sammlungen. In diesem Zusammenhang unterscheidet man auch in der Verwendung der Gebärden: Werden alle Wörter parallel zu gesprochener Sprache gebärdet, spricht man von lautsprachbegleitendem Gebärden. Werden nur

Schlüsselwörter gebärdet, hat sich der Terminus für lautsprachunterstützendes Gebärden etabliert (vgl. Kaiser-Mantel 2012, S. 30). In Schulen mit den Förderschwerpunkten geistige sowie körperlich-motorische Entwicklung wird allgemein in Abhängigkeit von den UK-Nutzern eher die letztgenannte Variante genutzt (Braun 2015, S. 18ff.).

4.2 Kommunikationsformen ohne Hilfsmittel

Mit Kommunikationsformen „ohne Hilfsmittel“ sind unterstützte Kommunikationsformen gemeint, die zwar mit helfenden Methoden und Medien, aber ohne von Krankenkassen verordnete „Hilfsmittel“ unterstützt werden (s.u.).

Es lässt sich zwischen dreidimensionalen, sprich tastbaren Gegenständen, und zweidimensionalen, sprich grafischen Darstellungen, unterscheiden. Zur erstgenannten Kategorie zählt man Realgegenstände und Miniaturobjekte, die zur Kommunikation, auch als Verweiser, eingesetzt werden können. Diese Form der Kommunikation ist besonders hilfreich für Menschen, „die aus unterschiedlichen Konditionen nicht in der Lage sind, konventionellere und abstraktere Zeichensysteme, wie z. B. Bildsymbole oder Gebärden zu gebrauchen“ (Nonn 2011, S. 66). Hieran wird ersichtlich, dass es Personen gibt, die aufgrund kognitiver Beeinträchtigungen Bedeutungszuweisungen aus bestimmten Medien wie Fotos, Piktogrammen etc. nicht entnehmen können.

Innerhalb des zweidimensionalen Systems werden unter anderem Gegenstände, Tätigkeiten oder Gefühle mit Hilfe von Fotos oder Piktogrammen dargestellt. Piktogramme können als Repräsentant von einem Oberbegriff, resp. Gruppe von Dingen, sprich symbolisch verwendet werden. Bei Symbolen wiederum unterscheidet man zwischen Symbolsystemen und Symbolsammlungen. Generell lassen sich Symbole nach ihrer Ikonizität unterscheiden (vgl. Lage 2006, S. 133ff.). Es ist darauf hinzuweisen, dass das Wiedererkennen bestimmter Gegenstände in Symbolen relativ einfach ist. Jedoch ist der Bezug von Funktionswörtern zu einem Symbol nicht immer mittelbar und muss daher auch vom Umfeld und dem UK-Nutzer gelernt werden. Im Gegensatz zu Mimik, Gestik und Gebärden sind Fotos, Bilder und Symbole nicht flüchtig. Symbole finden häufig in Kommunikationstafeln und -ordnern Verwendung.

Nicht alles, was UK unterstützt, zählt im strengen Sinne zur UK – häufig werden Visualisierungen oder Medien in Schulen eingesetzt (Stundenpläne etc. in Grundschulen). Das wird aber nicht zur UK gezählt, sondern kann teilweise mit dem Begriff der Mediendidaktik, also dem Einsatz von Medien zur bessern didaktischen Vermittlung von Lerninhalten deutlicher umrissen werden. Die Gefahr besteht, dass durch die fehlende Trennschärfe alles Unterstützende als UK bezeichnet wird. Daher wird i. F. auf die Kompensation und Finanzierung hingewiesen und der Bezug zu Assistierender Technologie hergestellt:

Der Begriff der „Hilfsmittel" wird in der UK streng medizinisch verwendet, dagegen sind beispielsweise in der Mathematik auch Taschenrechner etc. Hilfsmittel. In der Körper- und Geistigbehindertenpädagogik versteht man unter diesem Begriff im Sinne der UK Folgendes: „Hilfsmittel sind Produkte, die im Einzelfall notwendig sind, um einer drohenden Behinderung vorzubeugen, den Erfolg der Heilbehandlung zu sichern oder eine Behinderung bei der Befriedigung von Grundbedürfnissen des täglichen Lebens auszugleichen, soweit sie nicht allgemeine Gebrauchsgegenstände des täglichen Lebens sind" (SGB IX § 31 Hilfsmittel, Abs. 1). Nichtelektronische und elektronische Kommunikationshilfen gehören zu den verordnungsfähigen Hilfsmitteln. Entscheidend ist, dass die Finanzierung von Hilfsmitteln durch verschiedene Kostenträgern wie Krankenkasse, Sozialhilfeträger, Unfall- oder Rentenversicherung sowie das Arbeitsamt erfolgen kann. Genaueres ist in entsprechenden Gesetzen geregelt. „Richtlinien für die Gewährung von Hilfsmitteln sind im Behindertengleichstellungsgesetz (BGG), in der Kommunikationshilfeverordnung (KHV) und in Sozialgesetzbüchern (SGB V § 33 Hilfsmittel, § 128 Hilfsmittelverzeichnis, SGB VII § 31 Hilfsmittel, SGB XI § 40 Pflegehilfsmittel und technische Hilfen, SGB) festgesetzt" (Kaiser-Mantel 2012, S. 142). Hilfsmittel sind im Hilfsmittelverzeichnis der gesetzlichen Krankenkassenversicherung gelistet. Dementsprechend kann die Finanzierung durch gesetzliche Krankenkassen übernommen werden. Kompensierende Funktionen von Medien werden auch im Bereich der Assistiven Technologien (AT) aufgegriffen. Alternativ werden diese Technologien auch Unterstützende oder Assisitierende Technologien genannt. Ein Unterschiedsmerkmal zu Hilfsmitteln im Sinne der UK ist Folgender: „Unterstützende Technologien sind käuflich erworbene handelsübliche Geräte oder Produkte, die bei Bedarf modifiziert oder angepasst werden, um die funktionalen Fähigkeiten eines Menschen mit Behinderung zu bewahren, zu verbessern oder zu erweitern" (Fisseler 2012, S. 87). In diesem Sinne wären AT handelsübliche Produkte, welche angepasst, bzw. adaptiert werden. D.h. diese wurden nicht speziell zum Zwecke einer Funktionskompensation ursprünglich entwickelt. Es bleibt festzuhalten:

> „Eine Diskussion über Assistive Technologien und UK wurde in Deutschland bisher kaum geführt. Dies hängt vermutlich auch mit der Finanzierung der Hilfsmittel zusammen. Insbesondere hochpreisige Hilfsmittel, wie eine elektronische Kommunikationshilfe, werden i. d. R. durch gesetzliche Krankenkassen finanziert, weil Ansprüche geltend gemacht werden können. Inwiefern das im großen Rahmen von AT möglich ist, ist fraglich, da Hilfsmittelnummern fehlen." (Krstoski & Reinhard 2017, S. 175)

4.3 Kommunikationsformen mit Hilfsmitteln

In dieser Kategorie kann man zwischen einfachen und elektronischen komplexen Kommunikationshilfen unterscheiden. Erstere werden auch sprechende Tasten genannt: Großflächige Tasten mit Mikrofon und Lautsprecher zeichnen Sprachmitteilungen der Assistenzperson aus der Perspektive der nutzenden Person auf, diese drückt auf den Taster, um die Mitteilung abzuspielen, und kann so z. B. berichten, was sie am Wochenende erlebt hat. Oder es werden zwei Taster benutzt, die mit „Ja" und „Nein" besprochen sind, so dass die nichtsprechende Person durch Tastendruck der entsprechenden Taste eine Willensäußerung machen kann (vgl. Breul 2014). Diese Aufnahmemedien können für den Kita- oder Grundschulkontext für alle Gruppenkinder unterhaltsam und bildend eingesetzt und so für inklusive Spielkontexte genutzt werden (z. B. Lied- oder Gedichtaufnahmen, Kurzinterview, etc.). Diese sprechenden Tasten sind unter den Namen BigMack, StepbyStep, Go-Talk-One oder Smooth-Talker in verschiedenen Varianten, bspw. Größe und oder mit mehreren Ebenen, erhältlich. Einsatzgebiet dieser Geräte ist häufig die Kommunikationsanbahnung. Zu den einfachen Kommunikationshilfen kann man auch noch die Go-Talks nennen. Diese haben ein statisches Display. Durch die Sprachausgabe ist der UK-Nutzer in seiner Kommunikation unabhängiger von einem Kommunikationspartner. Manche Tasten können auch zur Ansteuerung eingesetzt werden, um elektrische Spielzeuge oder Küchengeräte zu starten oder zu stoppen oder sogar um einen Computer zu steuern.

Komplexe elektronische Kommunikationshilfen gibt es mit dynamischem Display. Grundlage dieser Geräte sind Computer, die sich durch eine gewisse Robustheit und durch eine synthetische Sprachausgabe auszeichnen. Dynamisches Display bedeutet, dass Felder auf einer Kommunikationsoberfläche mit einer Unterseite verknüpft sind. „Auf diese Art und Weise lässt sich ein umfangreiches Vokabular ablegen, indem beispielsweise nach dem Auslösen des Symbols für ‚Spielen' eine ganze Auswahl verschiedener Spielmöglichkeiten erscheint" (Braun 2015, S. 31). Diverse Ansteuerungsmöglichkeiten können implementiert werden, die eine Benutzbarkeit auch bei umfassender motorischer Beeinträchtigung ermöglichen, z. B. Touchmonitor, Kopfsteuerung, Mundsteuerung, Augensteuerung oder sogar Tastensteuerung (Scanning). Des Weiteren zeichnet diese Geräte aus, dass sie eine Hilfsmittelnummer haben und bei medizinischer Notwendigkeit durch die gesetzlichen Krankenkassen finanziert werden. Seit 2017 haben alle Anbieter von Hilfsmitteln auch iPads als Kommunikationshilfsmittel im Angebot. Zum iPad als Hilfsmittel gehören bestimmte Kommunikations-Apps, wie z. B. MetaTalkDE, GoTalkNow, Predictable etc. sowie spezifische Hüllen (vgl. Krstoski & Adam 2015). An manchen Schulen mit dem Förderschwerpunkt geistige Entwicklung zeichnet sich ab, dass es zunehmend mehr SchülerInnen gibt, die über ein iPad als Kommunikationshilfe verfügen. Eine Verknüpfung der Potenziale des Kommunikationshilfsmittels iPad mit seinen Potenzialen für Medienbildungsaktivitäten bedarf noch weiterer Forschung.

Erste Ergebnisse von Untersuchungen aus den USA zeigen auf, dass das schnelle Bearbeiten von Vokabularen in entsprechenden Apps ohne zusätzliche technische Geräte und Programmier-Know-how relativ schnell vonstatten geht, insofern wurde in den USA in diesem Kontext der Begriff „just-in-time-communication" (JIT) geprägt (vgl. Caron, Light & Drager 2016). Schlosser und weitere Autoren stellen fest, dass durch die JIT Kommunikationsangebote flexibel und schnell angepasst werden können. „A JIT approach allows for more flexibility and timeliness because every activity offers the potential to select new vocabulary, teach new vocabulary, refresh retention of learned vocabulary, teach navigation to previously unused or forgotten vocabulary, and to select symbols and other visual representations of vocabulary" (Schlosser et al. 2015, S. 188). Das größte Potenzial sehen sie darin, dass man bspw. neues Vokabular zügig in den Apps auf Tablets adaptieren kann, was sich wiederum positiv auf die Sprachentwicklung auswirken kann. Ein weiterer Vorteil ist auch darin zu sehen, dass Tablets nicht so stigmatisierend wirken können. Die Weiterentwicklung der Technologie ermöglicht auch das Partizipieren an social media, z. B. Videotelefonie über verbreitete Apps oder Kameraaufnahmen von persönlichen Erlebnissen als Artikulationsmöglichkeit.

Fazit

Unterstützte Kommunikation bedient sich unterschiedlicher Medien. Alle Formen Unterstützter Kommunikation haben Vor- und Nachteile. Es hat sich etabliert, ein multimodales Kommunikationssystem zu nutzen. „Dabei sind sowohl körpereigene Formen (Mimik, Gestik, Handzeichen, Körper- und Kopfsprache), Zeichen (taktile, auditive, grafische, manuelle), einfache technische und/oder elektronische Kommunikationshilfen individuell zusammengeführt" (Lage 2016, S. 375). Eine Kommunikationsform macht dabei noch keine Kommunikation aus. Zentral für die Auswahl der UK-Medien ist die Fähigkeit der nutzenden Person, dieses leicht und für die benötigten Ausdrucksmöglichkeiten benutzen zu können. Von Relevanz ist auch, dass die weiteren KommunikationspartnerInnen diese UK-Medien nutzen und verstehen können. Insofern ist die Förderung von Medienkompetenz bei der Mediennutzung (Baacke 1996) sowie der Medienkunde bei der Auswahl der angebotenen Medien bei der nutzenden Person, aber auch bei den Betreuungspersonen sowie den KommunikationspartnerInnen notwendig.

Einen Fokus nur auf elektronische Medien zu richten, ist nicht zielführend und kann dem Ziel entgegenwirken, die Aktivität und Partizipation zu erhöhen.

Medien der Unterstützten Kommunikation wie Aufnahmegeräte, Computer (Talker, Tablets), Symbolkarten können nicht nur als UK-Unterstützung verstanden werden, sondern auch als Basis für Bildungsangebote. Spanhel (2010) beschreibt Medien als Basis für Lernprozesse und weist auf ihre generelle Bedeutung zur Erweiterung für Erfahrungsmöglichkeiten hin. Insofern sind UK-Medien auch Bildungsmedien, die durch Kommunikation, Interaktion und Informationsaustausch wie alle Medien dabei helfen können, die eigenen Bildungsmöglichkeiten und somit den Bildungsraum (ebd.) zu erweitern. Sie sind zudem darauf hin zu prüfen, ob sie geeignet oder sogar notwendig sind, eine inklusive Medienbildung, also Medienbildungsangebote für Menschen mit und ohne Lautsprache, zu unterstützen.

Literatur

Antener, G. (2001). Und jetzt? – Das Partizipationsmodell in der Unterstützten Kommunikation. In J. Boenisch & C. Bünk (Hrsg.), Forschung und Praxis der Unterstützten Kommunikation (S. 257-267). Karlsruhe: von Loeper.

Baacke, D. (1996). Medienkompetenz – Begrifflichkeit und sozialer Wandel. In A. v. Rein (Hrsg.), Medienkompetenz als Schlüsselbegriff (S. 111-123). Bad Heilbrunn. http://www.die-frankfurt.de/esprid/dokumente/doc-1996/rein96_01.pdf#page=111.

Beyer-Dannert, K. (2003). Der Computer in der schulischen Arbeit mit körperbehinderten Kindern und Jugendlichen. In R. Lelgemann & N. Kuckartz (Hrsg.), Körperbehindertenpädagogik (S. 90-105). Meckenheim: Vds NRW.

Boenisch, J. (2016). Unterstützte Kommunikation. In: M. Dederich, I. Beck, U. Bleidick & G. Antor (Hrsg.), Handlexikon der Behindertenpädagogik (S. 298-301). Stuttgart: Kohlhammer.

Boenisch, J. (2009). Kinder ohne Lautsprache. Karlsruhe: von Loeper.

Boenisch, J. (2002). Einsatz neuer Medien im Unterricht mit körperbehinderten Kindern und Jugendlichen. In: J. Boenisch & V. Daut (Hrsg.), Didaktik des Unterrichts mit körperbehinderten Kindern (S. 75-92). Stuttgart: Kohlhammer.

Braun, U. (2015). Unterstützte Kommunikation. Düsseldorf: BVKM.

Braun, U. & Kristen, U. (2012). Körpereigene Kommunikationsformen. In von Loeper Literaturverlag und ISAAC Gesellschaft für Unterstützte Kommunikation e.V. (Hrsg.), Handbuch der UK (S. 02.003.001 – 02.007.001). Karlsruhe: von Loeper.

Braun, U. & Kristen, U. (2001). Woran hakt es? Analysehilfe durch das Partizipationsmodell nach Beukelmann/Mirenda. Zeitschrift für Unterstützte Kommunikation (1-2), 6-10.

Breul, W. (2012). Elektronische Kommunikationshilfen – Ein Überblick. In von Loeper Literaturverlag und ISAAC Gesellschaft für Unterstützte Kommunikation e.V. (Hrsg.), Handbuch der UK (S. 04.005.001 – 04.011.001). Karlsruhe: von Loeper.

Caron, J., Light, J. & Drager, K. (2016). Operational Demands of AAC Mobile Technology Applications on Programming Vocabulary and Engagement During Professional and Child Interactions. Augmentative and Alternative Communication, 32(1), 12-24.

Castaneda, C., Fröhlich, N. & Waigand, N. (2017). Modelling in der Unterstützten Kommunikation: ein Praxishandbuch für Eltern, pädagogische Fachkräfte, Therapeuten und Interessierte. Heigenbrücken: Monika Waigand.

Castaneda, C. & Waigand, M. (2016). Modelling in der Unterstützten Kommunikation. Zeitschrift für Unterstützte Kommunikation (3), 41-44.

Fisseler, B. (2012). Assistive und Unterstützende Technologien in Förderschule und inklusivem Unterricht. In I. Bosse (Hrsg.), Medienbildung im Zeitalter der Inklusion (S. 87-90). Düsseldorf: Landesanst. für Medien Nordrhein-Westfalen (LfM) (LfM-Dokumentation, 45).

Haupt, U. & Wieczorek, M. (2013). Kinder und Jugendliche mit cerebralen Bewegungsstörungen in der Schule. Düsseldorf: BVKM.

Herrmann, T. (2003). Kommunizieren heißt teilhaben – Unterstützte Kommunikation an der Schule für Körperbehinderte. In R. Lelgemann & N. Kuckartz (Hrsg.), Körperbehindertenpädagogik (S. 106-127). Meckenheim: Vds NRW.

Marotzki, W. & Jörissen, B. (2008). Strukturale Medienbildung. In U. Sander, F. v. Gross & K.-U. Hugger (Hrsg.), Handbuch Medienpädagogik (1. Aufl) (S. 100-109). Wiesbaden: VS Verl. für Sozialwiss.

Kaiser-Mantel, H. (2012). Unterstützte Kommunikation in der Sprachtherapie: Bausteine für die Arbeit mit Kindern und Jugendlichen. München, Basel: Ernst Reinhardt.

Kristen, U. (1997). Praxis Unterstützte Kommunikation. Düsseldorf: selbstbestimmtes leben.

Krstoski, I. & Reinhard, S. (2017). iPad und UK – quo vadis? Erstes Fazit eines Geräts, welches nicht für die UK entwickelt wurde. Teilhabe, 56(4), 175-181.

Krstoski, I. & Adam, M. (2015). Das iPad als Kommunikationshilfe – eine Übersicht. Zeitschrift für Unterstützte Kommunikation (4), 14-16.

Lage, D. (2016). Unterstützte Kommunikation. In I. Hedderich, G. Biewer, J. Hollenweger & R. Markowetz (Hrsg.), Handbuch Inklusion und Sonderpädagogik (S. 375-380). Bad Heilbrunn: Klinkhardt.

Leber, I. (2016). Erste Zeichen in der Unterstützten Kommunikation bei Kindern mit Behinderungen. Behinderte Menschen, 39(3), 31-36.

Luder, R. (2003). Neue Medien im heil- und sonderpädagogischen Unterricht. In U. Haeberlin (Hrsg.), Beiträge zur Heil- und Sonderpädagogik. 30. Beiheft der Vierteljahreszeitschrift für Heilpädagogik und ihre Nachbargebiete. Freiburg: Haupt.

Nonn, K. (2011). Unterstützte Kommunikation in der Logopädie. Stuttgart: Thieme.

Renner, G. (2003). Theorie der Unterstützten Kommunikation. Berlin: Marhold.

Otto, K. & Wimmer, B. (2013). Unterstützte Kommunikation. Idstein: Schulz-Kirchner.

Schlosser, R.W. et al. (2016). Just-in-time supports in augmentative and alternative communication. Journal of Developmental and Physical Disabilities, 28(1), 177-193.

Spanhel, D. (2010). Mediale Bildungsräume. Ihre Erschließung und Gestaltung als Handlungsfeld der Medienpädagogik. In P. Bauer, H. Hoffmann & K. Mayrberger (Hrsg.), Fokus Medienpädagogik. Aktuelle Forschungs- und Handlungsfelder (S. 29-44). München: kopaed. https://www.lmz-bw.de/fileadmin/user_upload/Medienbildung_MCO/fileadmin/bibliothek/spanhel_bildungsraeume/spanhel_bildungsraeume.pdf [4.10.2016].

Tetzchner, S. von & Martinsen, H. (2000). Einführung in die Unterstützte Kommunikation. Winter: Heidelberg.

Terfloth, K. & Bauersfeld, S. (2012). Schüler mit geistiger Behinderung unterrichten. München: Reinhardt.

Weid-Goldschmidt, B. (2013). Zielgruppen Unterstützter Kommunikation: Fähigkeiten einschätzen – Unterstützung gestalten. Karlsruhe: Loeper.

Möglichkeiten diversitätssensibler Kommunikation in den Medien

Lilian Masuhr

Der weiße, heterosexuelle, nichtbehinderte, mittelalte, christlich orientierte Mann der Mittelschicht mit deutschem Pass scheint in deutschen Medien der „normale" Mensch zu sein. Er ist sicherlich der Prototyp der am häufigsten sichtbaren Figur in den Medien. Menschen mit davon abweichenden Merkmalen wünschen sich jedoch, repräsentiert zu werden, um sich angesprochen zu fühlen. Gesetzlich haben sie dazu auch ein Recht, da der Pressekodex und die UN-Behindertenrechtskonvention eine Diskriminierung in den Medien verbieten. Doch wie kann in der öffentlichen Kommunikation eine diversitätssensible Mediendarstellung umgesetzt werden? Im Folgenden wird erörtert, wie zwischen Fremd- und Eigenwahrnehmung zu unterscheiden ist und warum Vielfalt in den Redaktionen hilft, klischeehafte Sprache und Bildsprache zu vermeiden. Dabei dienen die Disability Studies als Wegweiser für einen Perspektivwechsel auf Behinderung (Waldschmidt 2003, Dederich 2007, Harms 2010).

1 Vielfalt in Redaktionen

Seit den 1990er Jahren ist eine Reihe zunehmend erfolgreicher Initiativen zu beobachten, die sich für mehr Vielfalt in den Medien einsetzen, um die Gesellschaft so abzubilden, wie sie wirklich ist. Den Anfang machten Menschen mit Migrationsgeschichte: Einer der ersten war Aiman Abdallah, Moderator der Fernsehsendung Galileo (Pro7), gefolgt von Moderatorinnen der Musik- und Jugendsender, wie Collien Fernandes und Mola Adebisi. Jedoch sei die Bereitschaft, sich für mehr Vielfalt in den Redaktionen einzusetzen, größer als die tatsächliche Umsetzung – es gebe dort nur wenige einstellige Prozent Menschen mit Migrationsgeschichte (Altenkamp 2010, Pöttker 2013). Auch Frauen moderieren immer häufiger politische Rundfunk- und Fernsehsendungen, wenn sie auch nur selten als Expertinnen in Interviews auftreten und in mediale Führungspositionen aufsteigen. In diesen Funktionen waren behinderte Menschen früher kaum vertreten, während heute bereits einige Sendungen von Menschen mit Behinderungen moderiert werden, meist jedoch mit Bezug zum Thema Behinderung.

Neuerdings werden mediale Programminhalte von Menschen unterschiedlichster Merkmale gestaltet – etwa das Medienprojekt Amal Berlin von und für geflüchtete Menschen oder die Ausgabe „taz – mit behinderung" von Menschen mit und ohne Behinderung. Derartige Projekte entsprechen dem Slogan der internationalen Bürgerrechtsbewegung Independent-Living: „Nichts über uns ohne uns!".

2 Blicke auf die Anderen

Doch in Interviews, ob für Artikel oder Podiumsdiskussionen, kommen weiterhin marginalisierte Gruppen häufig nicht selbst zu Wort, sondern es wird gewöhnlich über sie gesprochen – bei Themen über Behinderung sind es beispielsweise ein Assistent oder eine Familienangehörige (Mürner 2013, S. 15), bei allgemein gesellschaftsrelevanten Themen sind es die erwähnten „Normmenschen", wie die Vielzahl sogenannter „all male panels" besonders verdeutlicht.

Es scheint, als sei der Blick auf die „Anderen" von der eigenen Identität verdeckt. Dies hat Tradition, wie das Ausstellungsprojekt Der (im-)perfekte Mensch im Deutschen Hygiene-Museum (2000-2001) herausstellte (Deutsches Hygiene-Museum 2001, S. 194), das mitverantwortlich für die Einführung der Disability Studies in Deutschland war. Es wurden die seit Jahrhunderten gültigen typologischen Blicke auf Menschen mit Behinderung herausgearbeitet (etwa der staunende, medizinische, vernichtende, mitleidige, instrumentalisierende, ausschließende Blick). Einige dieser Blicke können gleichsam auch auf Menschen anderer marginalisierter Gruppen übertragen werden. So erinnert der ausschließende Blick an die zahlreichen medialen Diskussionsrunden und Preisverleihungen, bei denen Frauen, Menschen mit Migrationsgeschichte und jene mit Behinderung fehlen. Der instrumentalisierende Blick wird zu einem Werkzeug, sich selbst sozialer darzustellen – auf der Benefizgala posiert man zum Beispiel neben behinderten Menschen, und auf Firmenwebseiten werden Menschen dunkler Hautfarbe ins Foto hineinplatziert als „Token" (dt.: Maskottchen, Symbol, Zeichen). Letztlich verweist auch der vernichtende Blick sowohl auf Diskussionen über Abtreibung behinderter Föten wie auch Gewalt gegenüber geflüchteten Menschen. Und der bewundernde Blick wirkt dann, wenn jemand mit einer Behinderung, Fluchterfahrung oder X-Chromosomen etwas „trotz" jenes Merkmals bis ganz nach oben geschafft habe.

3 Behindert sein und behindert werden

Wären journalistische Teams in Medienhäusern und Verbänden vielfältiger aufgestellt, könnten sie solche täuschenden Blicke vermeiden und sich von „Expert*innen in eigener Sache" beraten lassen. Es würden Barrieren abgebaut werden, die marginalisierte Gruppen von der Mitgestaltung abhalten. Die Disability Studies beschreiben es als das „soziale Modell", nachdem Menschen mit Behinderung erst behindert werden, statt nur behindert zu sein („individuelles Modell"). Entstanden aus politischem Engagement behinderter Menschen der USA, Großbritannien und Deutschland verstehen sich die Disability Studies heute als interdisziplinäre Wissenschaft, die auch die Kulturwissenschaften miteinbeziehen und somit das „kulturelle Modell" von Behinderung betonen: Jede Kultur konstruiere Normalität und Abweichung und gestalte gesellschaftliche Praktiken der Ein- und Ausschließung (Waldschmidt 2003); man habe nach S. Harms (2012, S. 137f.) die „Konsequenzen materieller Barrieren, sowie als Produkte kultureller Werte, Erwartungen und Praktiken", zu vertreten, die es immer wieder zu überdenken gilt.

Der Mechanismus des Behindertwerdens gilt im Prinzip für alle Menschen, denen statt einer Ermöglichung echter Teilhabe Steine in den Weg gelegt werden: Frauen fehlen trotz diskutierter Quote häufig in Führungspositionen; Menschen mit Fluchterfahrung und mit einer Behinderung bleiben durch institutionelle Separierung ohne freien Kontakt zur Außenwelt. Insbesondere behinderte Menschen halten sich oft vorrangig in Sonderschulen, Werkstätten und Wohnheimen auf. Nach Ingo Bosse haben aus diesen Gründen behinderte Menschen häufig „nur wenige soziale Interaktionspartner außerhalb des Rehabilitationssystems und des persönlichen Umfeldes" (Bosse 2012, S. 61). Der Zugang zu Orten gesellschaftlichen Austausches, etwa Cafés oder Kulturveranstaltungen, bleibt ihnen durch strukturelle Barrieren häufig verschlossen – es mangelt an barrierefreien Zugängen (fehlende Rampen und Aufzüge) wie auch barrierefreier Kommunikation bei Veranstaltungen (fehlende Dolmetscher*innen in Gebärdensprache und Untertitel). Dabei wird der Nutzen für andere oft verkannt – Aufzüge helfen Familien mit Kinderwagen, Untertitel auch dem eigenen schwerhörigen Großvater. Bei einem Durchschnittsalter der Zuschauer*innen des öffentlich-rechtlichen Fernsehens jenseits der 60 sind gerade die Medien gefragt, barrierefrei zu kommunizieren.

4 Sprachliche Klischees – von „Opfern" und „Helden"

Solange der Abbau von Barrieren in der Gesellschaft nur allmählich vorankommt, können hauptsächlich informierte Medien Brücken bauen und zum Beispiel Aspekte des Lebens mit Behinderung beleuchten, worauf Luther, Lepre und Clark (2012) hinweisen. Doch in einer distanzierten Haltung zum „Anderen" zeigen sich vielfache Mängel: Es wird das Äußerliche beschrieben – bei Frauen das Outfit, bei Menschen mit Behinderung der körperliche Zustand – wahlweise wird der Mythos des „Opfers" oder „Helden" beschworen.

Als „Opfer" werden Menschen mit Behinderung bezeichnet, die „an den

Rollstuhl gefesselt sind" oder an ihrer Behinderung – aber scheinbar nicht an sozialer Ausgrenzung – leiden. Die Arbeitslosenquote ist unter ihnen besonders hoch, nicht zuletzt, weil ihnen häufig weitere Unvollkommenheiten und negative Eigenschaften zugeschrieben werden (Cloerkes 2007). Menschen mit Fluchterfahrungen werden zu bemitleidenswerten Menschen, eben zu „Flüchtlingen", denen oft jegliche Identität abgesprochen wird. Oder sie werden zur Bedrohung, wie die Begriffe „Flüchtlingskrise" und „Flüchtlingswelle" es suggerieren.

Als „Helden", die der bewundernde Blick begleitet, werden Menschen „erfolgreich trotz Handicap", oder sie „meistern tapfer ihr Schicksal" – auch wenn es sich um eine einfache Handlung ihres Alltags wie den Supermarkteinkauf dreht. Das Außergewöhnliche reizt für ein massenmedial wirksames Storytelling – so werden die Para-Athlet*innen in London zu „Superheroes", und so werden auch homosexuelle Menschen zu Paradiesvögeln der CSD-Parade oder des „Homosexuellen-Milieus" stilisiert. Auch bei Menschen mit Migrationsgeschichte können Medienberichte über Muslim*innen als „moderne" und „westlich orientierte" Menschen nur ein Konstrukt sein, dass traditionelle Lebensrealitäten negativ markiert.

Das Ergebnis solcher Berichterstattung sei eine „merkwürdige Verbindung von Sachlichkeit und Schaulust" (Murphy 1995, S. 140). Denn die mediale Verwendung einer Behinderung werde zu einem Motiv quotenstarker Sendungen. Dies sei ein Teufelskreis: Der fehlende Austausch der Menschen werde durch diese distanzierte Darstellung weiter aufrechterhalten. Das emotional gefärbte Narrativ, die Darstellung von Mythen und die dadurch hervorgerufenen Ängste erzeugten mehr Irritation als jede reale Begegnung mit behinderten Menschen.

5 Fremd- und Selbstwahrnehmung

Das Wort „behindert" wird von vielen nichtbehinderten Menschen als Schimpfwort wahrgenommen – nicht zuletzt, weil es auf dem Schulhof (und unter Erwachsenen) häufig als Begriff für alles verwendet wird, was nicht funktioniert. Doch wie beispielsweise homosexuelle Menschen das Wort „schwul" sich wieder angeeignet haben, empfinden auch viele behinderte Menschen das Wort „behindert" als neutrale Beschreibung. Sie wollen nur nicht als „die Behinderten" wahrgenommen werden, um nicht auf den körperlichen Zustand reduziert zu werden; sondern als „Menschen mit Behinderung" oder „behinderte Menschen". Ein Fortschritt ist, dass auch der Begriff „Flüchtlinge" allmählich in den Medien durch „Geflüchtete" oder „geflüchtete Menschen" ersetzt wird.

So wie „Flüchtlinge" nicht ständig auf den Status des auf Hilfe angewiesenen Menschen festgelegt werden wollen, wollen auch behinderte Menschen nicht als „Schützlinge", sondern als vollwertige Mitglieder der Gesellschaft wahrgenommen werden. Mitleid möchte keiner empfinden, Mitgefühl hingegen schon. Sie sind „auf den Rollstuhl angewiesen" (statt an ihn gefesselt), sie „leben mit einer Behinderung" (statt an ihr zu leiden).

Besonders auffällig ist die Diskrepanz zwischen Fremd- und Selbstwahrnehmung bei Menschen mit Down-Syndrom. Gewöhnlich werden die in Werkstatt oder Wohnheim betreuten Erwachsenen zugunsten einer vertrauensvollen Atmosphäre geduzt oder auch „Downie" genannt. Nach V. Schönwiese (2007) grenzt diese Tendenz an positive Diskriminierung, vor allem wenn Erwachsene mit Down-Syndrom in einem Interview oder in der Verbandskommunikation als stets „fröhlich", gar „engelsartig" beschrieben oder in einer Podiumsdiskussion unreflektiert geduzt werden. Die Medien spiegeln wider, wie uneinig sich die Gesellschaft in der Wahrnehmung von behinderten Menschen ist. Während einige Personen mit Down-Syndrom als forschende und journalistisch tätige Menschen (Projekt „Touchdown 21", Magazin „Ohrenkuss") oder als Schriftsteller und Schauspieler gezeigt werden, wie zum Beispiel Sebastian Urbanski, ist der Stil der Berichterstattung in anderen Medien durch Floskeln gekennzeichnet. Die Bild-Zeitung betitelte ein Interview mit Urbanski, anlässlich seiner Rede im Bundestag zum Jahrestag der Befreiung des KZ Auschwitz, mit der Schlagzeile: „Darf man Sie Mongo nennen?" (Bild 2017). Auch in seriösen Zeitungen finden sich missverständliche Bemerkungen über die für Menschen mit Lernschwierigkeiten entwickelte so genannte Leichte Sprache, die als „dümmlich" bezeichnet wird (vgl. Leichtfuß 2017).

Da die Begriffe der dynamischen Sprache sich fortwährend ändern, hilft es, die Interviewpartner*in selbst zu fragen, wie sie beschrieben werden möchte. Geht es um Sammelbegriffe für eine Menschengruppe, lohnen sich Blicke in aktuelle Kampagnen und Projekte: Die beispielsweise 2017 in Italien lancierte Kampagne „Not Special Needs" der Organisationen Coordown und Si Downsyndrome stellte sich gegen die Verwendung von „special needs" („besondere Bedürfnisse"). Euphemistische Beschreibungen wie „besondere Bedürfnisse", auch wenn sie gut gemeint sind, führten eher zur Abgrenzung als zur Anerkennung von behinderten Menschen.

6 Bildsprache und Kontext

Die Bildsprache ist ganz entscheidend für die Wahrnehmung marginalisierter Gruppen, denn viele Abbildungen sind oft unmittelbar mit dem verinnerlichten Kontext verbunden, der diesen Gruppen zugesprochen wird.

So werden Artikel über Menschen mit Behinderung gewöhnlich der Sparte Gesundheit oder Medizin zugeordnet, wodurch ihre Behinderung oder Krankheit hervorgehoben wird. Man fotografiert kleinwüchsige Menschen gelegentlich aus der Vogelperspektive und betont damit ihr Kleinsein im Vergleich zum „Normmenschen"; der Rollstuhl wird aus der Froschperspektive fotografiert oder sogar ganz ohne eine menschliche Gestalt abgebildet. Nach C. Mürner (2003) werden dadurch behinderte Menschen als Subjekte verdinglicht. Das öffentliche Interesse an Behinderungen scheint so groß zu sein, dass selbst in Nachrufen über den kürzlich verstorbenen Astrophysiker Stephen Hawking die Beschreibung seiner Krankheit meist vor der Würdigung seiner außergewöhnlichen Forschungsarbeit rangierte (vgl. Masuhr 2018).

Was der Rollstuhl symbolhaft für Behinderung ist, scheint das Kopftuch für Menschen mit Migrationsgeschichte zu sein. Auch hier weist der Kontext der Berichterstattung häufig distanzierende Elemente auf, vor allem wenn es um Beispiele „gescheiterter Integration" von Muslim*innen geht, vor allem Diskussionen über das Kopftuch.

Die Schilderung des Besonderen ist reizvoll, aber zum Beispiel wollen auch nicht alle autistischen Menschen über „Inselbegabungen" sprechen, sondern mehr über alltägliche Schwierigkeiten der Anpassung an eine Umwelt, die von Smalltalk und ständiger Fehlinterpretation des Verhaltens geprägt ist (Kretschmer 2016). Dazu gehört auch ein Stereotyp in undifferenzierten Berichten über Blindheit: Nicht alle blinden Menschen haben ein „absolutes Gehör", wünschen sich vielmehr adäquate Berichte über technische Lösungen, die das Leben behinderter Menschen verbessern.

In vielen Zeitungsartikeln über Frauen ist es der Kontext von Mode und Familie. Die genauen Details der Kleidung mischen sich mit Angaben zum Alter und Familienstand der Frau. Selbst in Berichten über Politikerinnen haben sie entweder ein „Mädchenlächeln" und pflegen einen „freizügigen Stil" oder ihnen wird die Weiblichkeit vollständig abgesprochen. Nach S. Berg (2017) werden Frauen andere Fragen gestellt als Männern bzw. Vätern – etwa nach der Vereinbarkeit von Beruf und Familie. Was häufig in der Thematisierung von Familienstrukturen fehlt, sind Bilder und Berichte von Vätern sowie von gleichgeschlechtlichen Paaren.

In diesem Kontext liefert die Werbewelt Inspirationen für eine neue Bildsprache. Homosexuelle Menschen werden in einer Werbung für Eheringe thematisiert, Kinder und Jugendliche unterschiedlicher Hautfarbe oder mit Behinderung in Modekampagnen gezeigt. J. Oberwittler (2015) kommentiert dies folgendermaßen: „Im Vergleich zur Fernsehbranche ist die Fashion-Branche demnach gesellschaftlich das, was sie modisch schon ist: Trendsetter." Was das Verständnis von Inklusion über die Bildsprache besonders fördert, sind Berichte über gemeinsame Handlungen von Menschen mit und ohne Behinderung, zum Beispiel Diskussionen in Kampagnen-Spots der Aktion Mensch.

Fazit: Neue Perspektiven auf marginalisierte Gruppen

Diese diversitätssensible Mediendarstellung umgeht mögliche Stolperfallen. Durch unmittelbaren Kontakt und enge Zusammenarbeit in der Redaktion verändert sich die gewöhnliche Einstellung, Menschen einer marginalisierten Gruppe mit „Opfer"- oder „Helden"-Attributen zu versehen. Es kann sich die Erkenntnis durchsetzen, dass viele Merkmale unsichtbar sind, etwa der Migrationshintergrund, die sexuelle Präferenz oder unsichtbare Behinderungen wie psychische Beeinträchtigungen.

Im Sinne eines „Diversity Mainstreamings" treten marginalisierte Gruppen auch auf Covern von Life-Style-Magazinen und zur Primetime im Fernsehen auf. Dabei bewährt sich ein intersektionaler Ansatz: Wird über Frauen gesprochen, ist auch die Perspektive von Frauen mit Behinderung wichtig; sind geflüchtete Menschen ein Thema, sollten auch jene mit einer Behinderung erwähnt werden; wird über Familien gesprochen, sollten auch Familien mit gleichgeschlechtlichen Eltern angesprochen werden. Der Perspektivwechsel wird erleichtert, wenn gemeinsame Interessen wahrgenommen werden: Wenn Männer merken, dass auch sie aus der Förderung von Frauen – ihrer Ehefrauen oder Töchter einen Vorteil ziehen; wenn Menschen ohne Behinderung sich vorstellen, dass auch sie selbst im Alter (geh-/hör-/seh-)behindert sein könnten; und wenn Menschen ohne Fluchterfahrungen sich erinnern, dass auch ihre Vorfahren einmal als „Heimatvertriebene" geflohen sind. Diesem Perspektivwechsel folgt auch die Frage nach der Verantwortung einer Gesellschaft, die Vielfalt und Barrierefreiheit als Werte schätzt und fördert.

Literatur

Aktion Mensch (2017). Barrierefreitag – für mehr WIR. https://www.aktion-mensch.de/barrierefreitag.html [15.03.2018]

Al-Dali, A. (2015). Newcomer in Berlin. Nennt mich nicht Flüchtling! https://www.tagesspiegel.de/berlin/newcomer-in-berlin-nennt-mich-nicht-fluechtling/12368912.html [15.03.2018]

Altenkamp, B. (2010). Zur Rolle der Medien in der Einwanderungsgesellschaft: Veranstaltungsdokumentation im Auftrag des Gesprächskreises Migration und Integration der Friedrich-Ebert-Stiftung. WISO Diskurs – Expertisen und Dokumentationen zur Wirtschafts- und Sozialpolitik. Bonn: Friedrich-Ebert-Stiftung, Abt. Wirtschafts- und Sozialpolitik.

Berg, Sybille (2017). Kunst des Interviews. Fragen, die Männern nie gestellt werden. http://www.spiegel.de/kultur/gesellschaft/maenner-und-interviews-wie-man-k-einen-mann-interviewt-kolumne-a-1162110.html [15.03.2018]

Bild (2017). Darf man sie Mongo nennen? http://www.bild.de/bild-plus/news/inland/down-syndrom/tag-des-down-syndroms-bild-fragt-fragen-die-sich-keiner-zu-stellen-traut [15.03.2018]

Bösl, E. (2010). Die Geschichte der Behindertenpolitik in der Bundesrepublik aus Sicht der Disability History. Aus Politik und Zeitgeschichte. 23/2010. S. 6-12.

Bosse, I. (2006). Behinderung im Fernsehen. Wiesbaden: Deutscher Universitätsverlag.

Chladek, K. (2015). Behindert auf der Flucht. http://leidmedien.de/aktuelles/behindert-auf-der-flucht/ [15.03.2018]

Cloerkes, G. & Felkendorff, K. (2001). Soziologie der Behinderten. Eine Einführung. Heidelberg: Universitätsverlag Winter.

Coordown (2017). Not special needs. http://www.notspecialneeds.com/ [15.03.2018]

Dederich, M. (2007). Körper, Kultur und Behinderung. Eine Einführung in die Disability Studies. Bielefeld: transcript Verlag

Deutsches Hygiene-Museum (2000). Der [im-]perfekte Mensch: Vom Recht auf Unvollkommenheit; Begleitbuch zur Ausstellung „Der (Im-)perfekte Mensch – vom Recht auf Unvollkommenheit" im Deutschen Hygiene-Museum vom 20. Dezember bis 12. August 2001. Ostfildern-Ruit: Hatje Cantz.

Deutschlandfunk (gen 2017). Frauen zählen, Frauen zählen, Frauen zählen.

http://www.deutschlandfunk.de/geschlechtergerechtigkeit-in-kultur-und-medien-frauen.2907.de.html?dram:article_id=391300 [15.03.2018]

Gleichstellungsbüro Goethe-Universität (2016). Handlungsempfehlungen für eine diversitätssensible Mediensprache. https://www.uni-frankfurt.de/66760835/Diversitaetssensible-Mediensprache.pdf [15.03.2018]

Ha, K. N. (2007). Partizipation und Sichtbarkeit von MigrantInnen und Minderheiten in Kunst, Kultur und Medien. https://heimatkunde.boell.de/2007/08/01/partizipation-und-sichtbarkeit-von-migrantinnen-und-minderheiten-kunst-kultur-und-medien [15.03.2018]

Handelsblatt (15.1.2013). Malu Dreyer regiert Rheinland-Pfalz. Die Frau mit dem Mädchenlächeln. http://www.handelsblatt.com/politik/deutschland/malu-dreyer-regiert-rheinland-pfalz-die-starke-frau-mit-dem-maedchenlaecheln/7632120.html [15.03.2018]

Harms, S. (2010). Auf der Suche nach Behinderung: Gedanken zur Wahrnehmung von deformierter Körperlichkeit in der bildlichen Überlieferung des Mittelalters. in: (Hrsg.) G. Antunes, B. Reich: (De)formierte Körper: die Wahrnehmung und das Andere im Mittelalter; interdisziplinäres Seminar Straßburg S. 137-154 Göttingen: Universitätsverlag

Isenson, N. (2018). Die Medien haben ein Frauenproblem. http://www.dw.com/de/die-medien-haben-ein-frauenproblem/a-42871237 [15.03.2018]

Kretschmer, P. (2016). Perspektivwechsel: Bücher über Autismus von Autist*innen. http://leidmedien.de/aktuelles/buecher-ueber-autismus-von-autisten/ [15.03.2018]

Leichtfuß, A. (2017). Leichte Sprache – ein Mittel der Teilhabe oder „dümmliches Deutsch"?. http://leidmedien.de/aktuelles/leichte-sprache-ein-mittel-der-teilhabe-oder-duemmliches-deutsch/ [15.03.2018]

Ludwig, L. (2018). Stell dir vor, du wirst Ministerin – und alle reden nur über dein Outfit. https://www.vice.com/de/article/zmwjd5/stell-dir-vor-du-wirst-ministerin-und-alle-reden-nur-uber-dein-outfit [15.03.2018]

Luther, C. A., Lepre, C. R. & Clark, N. (2012). Diversity in U.S. Mass Media. First Edition. Hoboke, NJ: Wiley Blackwell Publishing

Mantel, U. (2017). Langzeit-Entwicklung des TV-Markts. Wie die Sender gealtert sind – und wer sich dagegen stemmt https://www.dwdl.de/magazin/60418/wie_die_sender_gealtert_sind__und_wer_sich_dagegen_stemmt/ [15.03.2018]

Maskos, R. (2015). „Bewundernswert an den Rollstuhl gefesselt – Medien und Sprache in einer noch nicht inklusiven Gesellschaft." In: T. Degener/E. Diehl (Hrsg.), Handbuch Behindertenrechtskonvention. S. 308-319.Bonn: Bundeszentrale für politische Bildung: Bonn.

Masuhr, L. (2016). Behinderung und Medien – ein Perspektivwechsel. http://www.bpb.de/apuz/221581/behinderung-und-medien-ein-perspektivwechsel [[15.03.2018]

Masuhr, L. (2018). Die dritte Meinung. In Nachrufen wurde Stephen Hawking zu oft aufs Körperliche reduziert, sagt Lili Masuhr. https://www.taz.de/!5489164/ [15.03.2018]

Mediendienst Integration (2016). Journalistenhandbuch zum Thema Islam. https://mediendienst-integration.de/fileadmin/Handbuch_Islam.pdf [15.03.2018]

Meedia (2018). Titelblätter vom 15.03.2018. http://meedia.de/2018/03/15/titelblaetter-vom-15-03-2018/#04-wlt_-4 [15.03.2018]

Meyer, B. (2009). „Nachts, wenn der Generalsekretär weint" – Politikerinnen in der Presse http://www.bpb.de/apuz/31546/nachts-wenn-der-generalsekretaer-weint-politikerinnen-in-der-presse?p=all [15.03.2018]

Mürner, C. (2003). Medien- und Kulturgeschichte behinderter Menschen. Weinheim: Beltz und Gelberg Verlag.

Murphy, R. (1995). Encounters: The Body Silent in America. In: B. Ingstad, S. Reynolds Whate (Hrsg.) Disability and Culture, S. 140-158. Berkley: University of California Press.

Neue deutsche Medienmacher (2017). Journalisten mit Migrationshintergrund. http://www.neuemedienmacher.de/journalisten-mit-migrationshintergrund/ [15.03.2018]

Neue deutsche Medienmacher (2017). Darstellung von Muslimen in Medien. http://www.neuemedienmacher.de/darstellung-von-muslimen-in-medien/ [15.03.2018]

Oberwittler, J. (2015). Marke Eigenheit. http://www.spiegel.de/stil/aussergewoehnliche-models-inklusion-auf-dem-laufsteg-a-1044983.html [15.03.2018]

Ohrenkuss (2018). Ohrenkuss. www.ohrenkuss.de [15.03.2018]

Pöttker, H. (Mediendienst Integration, Hrsg.) (2013, 02. August). Vielfalt in Medien – Mangel an Zahlen und Forschung. https://mediendienst-integration.de/artikel/mehr-vielfalt-als-weg-zur-integration.html [20180604].

Radtke, P. (2003). Zum Bild behinderter Menschen in den Medien. APuZ (2003) 8, S. 7-12

Renggli, C. (2004). Behinderung in den Medien. http://www.medienheft.ch/kritik/bibliothek/k23_RenggliCornelia.html« [15.03.2018]

Schönwiese, V. (2007). Vom transformatorischen Blick zur Selbstdarstellung, http://bidok.uibk.ac.at/library/schoenwiese-blick.html [15.03.2018]

Stegemann, J. (2015). Werbekampagne mit schwulem Paar. Fortschritt bei Tiffany. http://www.sueddeutsche.de/stil/werbekampagne-mit-homosexuellem-paar-fortschritt-bei-tiffany-1.2301897 [15.03.2018]

Taz (2016). Taz mit Behinderung. http://www.taz.de/!p5043/ [15.03.2018]

Tonn, J. J. (2016). Frauen in Führungspositionen. Ursachen der Unterrepräsentanz weiblicher Führungskräfte in Unternehmen. Wiesbaden: Springer VS. https://studlib.de/8953/sozial/frauen_in_fuhrungspositionen [15.03.2018]

Touchdown 21 (2018). Touchdown 21. www.touchdown21.info [15.03.2018]

Urbanski, S. (2015). Am liebsten bin ich Hamlet. Frankfurt a.M.: Fischer Taschenbuch

Waldschmidt, A. (2003). Kulturwissenschaftliche Perspektiven der Disability Studies. Tagungsdokumentation. 1. Auflage. Kassel: Bifos.

Weber, N. (2015). Faktencheck zum Münster-„Tatort". Autist, also ein Mathegenie? http://www.spiegel.de/gesundheit/psychologie/tatort-check-sind-autisten-wirklich-mathegenies-a-1061051.html#js-article-comments-box-pager [15.03.2018]

Barrierefreie Kommunikation und Sprache

Carola Werning & Susanne Bömig

Zu einer barrierefreien Kommunikation gehört zunächst die Bereitschaft aller Kommunikationspartner, das Gegenüber verstehen zu wollen und für andere verständlich zu sein. Dies ist keine Banalität: Sprache drückt immer auch Machtstrukturen und Abgrenzungen aus, bei denen erwünscht ist, dass das Gegenüber nicht versteht, was man mitteilt. Barrierefreie Kommunikation bedeutet daher: Ich möchte, dass das, was ich mitteile, für alle zugänglich ist. Ich erkenne (an), dass nicht alle Menschen „meine" Sprache verstehen bzw. dass die Art und Weise meiner Mitteilung nicht für alle zugänglich ist. Ich ergreife Maßnahmen, damit meine Botschaft zugänglich ist. Dazu bedarf es des Wissens um unterschiedliche Kommunikationsvoraussetzungen. Es müssen Lösungen bekannt sein, wie man unterschiedlichen Bedarfen gerecht werden kann. Und nicht zuletzt müssen sie umgesetzt werden – auch wenn sie anstrengend(er) sein können, Zeit und Geld kosten. Dieser Beitrag vermittelt einen Überblick über Aspekte barrierefreier Kommunikation, wie sie für die Arbeit der Stiftung barrierefrei kommunizieren! relevant sind. Die Stiftung wurde 2005 gegründet, um über die Chancen digitaler Medien für Menschen mit Behinderungen zu informieren. So können Mobilitäts- und Sinneseinschränkungen durch digitale Informationen, Kommunikation und Dienste kompensiert und mehr Teilhabe ermöglicht werden. Der technische Wandel birgt aber auch Risiken für diese, sowieso nicht einheitliche, Zielgruppe. Die Arbeit der Stiftung fokussierte zunächst stark auf Beratungen zu Themen wie barrierefreies Internet und technische Hilfsmittel. Mit den Jahren wuchs die Erkenntnis, dass technische Zugänglichkeit nicht ausreicht, um Inklusion wirklich voranzubringen, sondern dass dazu weitere Aspekte gehören, wie sie auch in der UN-Behindertenrechtskonvention beschrieben sind.

1 Die UN-Behindertenrechtskonvention

Laut UN-BRK müssen „Menschen mit Behinderung vollen Zugang zu Information und Kommunikation haben, damit sie alle Menschenrechte und Grundfreiheiten voll genießen können" (Präambel, v 2008, S. 1419). Kommunikation und Sprache sind im Sinne der Konvention

„Textdarstellung, Brailleschrift, taktile Kommunikation, Großdruck, leicht zugängliches Multimedia sowie schriftliche, auditive, in einfache Sprache übersetzte, durch Vorleser zugänglich gemachte sowie ergänzende und alternative Formen, Mittel und Formate der Kommunikation, einschließlich leicht zugänglicher Informations- und Kommunikationstechnologie, gesprochene Sprachen, Gebärdensprachen und andere nicht gesprochene Sprachen.“ (Artikel 2, Begriffsbestimmungen 2008, S. 1419)

Menschen mit Behinderungen müsse der gleichberechtigte Zugang „zur [...] Information und Kommunikation, einschließlich Informations- und Kommunikationstechnologien und -systemen“ verschafft werden und Zugangsbarrieren müssten abgebaut werden, um eine unabhängige Lebensführung und volle Teilhabe in allen Lebensbereichen zu ermöglichen (Artikel 9, Zugänglichkeit, 1 2008, S. 1419). Auch Aspekte der Bewusstseinsbildung werden in Artikel 8 der Konvention hervorgehoben: So seien Klischees und Vorurteile zu bekämpfen und eine positive Wahrnehmung von Menschen mit Behinderung bzw. ein größeres gesellschaftliches Bewusstsein ihnen gegenüber zu fördern – hier sind vor allem die Medien aufgefordert (Artikel 8, 1b, 2 a ii, 2 c 2008, S. 1419). Insgesamt sei das Bewusstsein für alle Kommunikationsformen zu fördern und Fachpersonal entsprechend zu schulen.

2 Barrierefreies Internet

Wesentliche Grundlage barrierefreier Kommunikation ist also, dass Menschen mit Behinderung den gleichen Zugang zu Informationen haben wie alle. Im digitalen Zeitalter betrifft das zu einem großen Teil den Zugang zu digitalen Informationen. In Abhängigkeit von der Art der Behinderung gibt es bei der programmiertechnischen Umsetzung barrierefreier Digitalangebote unterschiedliche Dinge zu beachten. Diese sind als Vorschrift zusammengefasst in der Barrierefreien Informationstechnik-Verordnung 2.0 (BITV 2.0), die für die digitalen Angebote von Bundesbehörden verpflichtend ist. Wichtige Aspekte sind skalierbare Schrift, ausreichende Kontraste, vollständige Bedienbarkeit mit der Tastatur, Kompatibilität mit unterstützenden Technologien, konsistente Navigation, logische Strukturierung und Auszeichnung der Inhalte, Kontrolle über zeitgesteuerte Elemente u. a. m. Für private Webangebote ist die BITV 2.0 zwar nicht bindend, jedoch ergeben sich aus einer barrierefreien Programmierung Vorteile, die über die Vergrößerung der Zielgruppe hinausgehen. Denn auch Suchmaschinen erfassen Webseiten ähnlich wie blinde Menschen mit ihrer Screenreader-Software. Barrierefrei bedeutet damit bessere Suchmaschinenplatzierung. Wichtig ist neben der Programmierung auch die Pflege der Inhalte. Hier kann jede Online-Redaktion und jede Person, die digitale Dokumente mit Office-Programmen erzeugt und allgemein zugänglich macht, viel zur Barrierefreiheit beitragen: zum Beispiel durch eine lesefreundliche Strukturierung von Texten mittels richtig eingesetzter Überschriftenformatierungen – blinde Menschen navigieren mittels dieser Formatierungen durch Inhalte – oder durch Alternativtexte für Bildinformationen.

3 Unterstützende Technologien

Barrierefreie Programmierung ist vor allem wichtig, weil sie den Zugang zu digitalen Informationen auch mit technischen Hilfsmitteln bzw. unterstützenden Technologien ermöglicht. Zu diesen Hilfsmitteln gehören z. B. Screenreader für blinde Menschen, die Text- und Strukturinformationen entweder vorlesen oder, taktil erfassbar, über eine Braillezeile ausgeben. Dazu gehören auch alternative Eingabegeräte, die je nach Art und Schwere einer motorischen Beeinträchtigung sehr verschieden sein können (z. B. Taster, Spezialjoystick, Mundmaus, Augensteuerung…). Dazu gehören Spracheingabe- und Vorlesetechnologien, die Menschen mit motorischen, seh- oder lernbehinderten Menschen unterstützen. Wichtig ist das Wissen um die Möglichkeiten: Zum Beispiel sind einige Technologien in Betriebssystemen bereits vorinstalliert, als günstige App oder kostenfreie Open-Source-Technik vorhanden. So lässt sich mit einer günstigen App ein Printdokument abfotografieren, digitalisieren, via Tablet-Tastatur beschriften und sogar vorlesen. Und stellt damit eine gute Lösung dar für Lernende, die nicht oder nur schwer mit dem Stift schreiben können oder Seh- und Leseschwierigkeiten haben. Zu wissen, welche technischen Hilfsmittel es gibt, um bestimmte Nachteile auszugleichen; die Fähigkeit, diese kompetent zu nutzen und nicht zuletzt die (finanzielle) Möglichkeit, Technologien anzuschaffen bzw. bei Kostenträgern zu beantragen – all dies kann individuelle Möglichkeiten gravierend beeinflussen.

4 Unterstützte Kommunikation

Mit dem Begriff Unterstützte Kommunikation (UK) fasst man alle technischen und nicht-technischen Hilfsmittel zusammen, die Menschen ohne (verständliche) Lautsprache dabei unterstützen, sich mitzuteilen. Die UN-BRK spricht von „ergänzenden und alternativen [Kommunikations-] Formen“, was sich auf den englischen Fachausdruck AAC (Augmentative and Alternative Communication) bezieht. Menschen, die nicht (verständlich) lautsprachlich kommunizieren können, sind sehr verschieden: Sie sind unterschiedlich alt und haben unterschiedliche kommunikative Fähigkeiten. Einige sind kognitiv und/oder motorisch sehr fit, andere nicht. Entsprechend unterschiedlich sind die (technischen) Hilfen, um Kommunikation zu ermöglichen. Nicht-technische Hilfen sind z. B.

körpereigene Ausdrucksformen (Gestik, Mimik), Gebärden, Kommunikation über Bildkarten und Bilderbücher. Bei technischen Hilfen geht es los mit adaptiertem Spielzeug oder Apps, die mit Tastendruck gestartet werden, um Ursache- und Wirkungszusammenhänge als Grundlage jeder Kommunikation zu verstehen. Weiter geht es mit sprechenden Tasten und einfachen sogenannten „Talkern", auf die Sprachaufnahmen gesprochen und durch Tastendruck abgespielt werden können. Am Ende stehen komplexe Kommunikationshilfen, auf denen Bildsymbole (Piktogramme) und/oder Buchstaben kombiniert und mit denen grammatikalisch korrekt kommuniziert werden kann – bei schwerer Körperbehinderung auch mit Augensteuerung. Für motorisch fitte Nutzer gibt es Kommunikationshilfen auch als Tablet-App. Der Einsatz von Bildsymbolen (Piktogrammen) spielt in der UK eine große Rolle, hier gibt es verschiedene Symbol-Vokabulare. Bild-Kommunikation ist mit der zunehmenden Zahl geflüchteter Menschen stärker in den Fokus gerückt: Auch für sie kann die Kommunikation mittels Symbol-Apps und Pikto-Büchern, zum Beispiel beim Arzt, eine lebensnotwendige Erste Hilfe sein, zumal nicht alle von ihnen lesen, schreiben und „normale" Übersetzungs-Apps nutzen können.

5 Leichte und Einfache Sprache

Zielgruppenspezifische Sprachformen sind wichtig, wenn man allen Menschen Zugang zu Informationen verschaffen will. Leichte Sprache wurde als Sprachform mit eigenen Regeln im Zusammenhang mit der People-First-/Mensch-zuerst-Bewegung speziell für die Zielgruppe Menschen mit Lernschwierigkeiten entwickelt. Das Netzwerk Leichte Sprache hat die Regeln zusammengefasst. Wichtige Regeln sind der Verzicht auf Fremdwörter, kurze Sätze mit einer Aussage in einer Zeile, die wiederkehrende Bezeichnung einer Sache mit einem immer gleichen Begriff und der Verzicht auf Metaphern sowie eine einfache Grammatik, ohne Passivkonstruktionen, Konjunktiv etc. Dazu kommt eine bestimmte Formatierung mit größerer Schrift und größeren Zeilenabstand sowie der Einsatz von Bildern, was die Lesbarkeit und die Verständlichkeit verbessern soll. Einfache Sprache demgegenüber verzichtet auf fest fixierte Regeln und ist nicht ganz so leicht wie die Leichte Sprache. Einfache Sprache soll ungefähr dem Leseniveau von Drittklässlern entsprechen. Zielgruppe sind Deutschlernende bzw. Menschen, die das Lesen lernen. Der wichtigste Unterschied ist: Texte in Leichter Sprache müssen von Menschen mit Lernschwierigkeiten geprüft werden, bei Verständnisschwierigkeiten muss der Text überarbeitet werden. Es gibt aus der Forschung verschiedene Kritik gegen die Leichte Sprache (Zurstrassen 2015, S. 126-138). Wirkmächtiger sind jedoch Presse-Polemiken, die sich in Tradition konservativer Sprachkritik einreihen und Leichte Sprache mit Sprachverfall gleichsetzt bzw. sich über diese lächerlich macht (Leichtfuss 2017). Diese Art von Kritik verstößt gegen die Grundlage der barrierefreien Kommunikation, wie sie in der Einleitung dieses Beitrags formuliert wurde, indem sie die Kommunikationsbedarfe von Menschen mit Lernschwierigkeiten nicht (an)erkennt.

6 Kommunikationsassistenz

Kommunikationsassistenten tragen insbesondere dazu bei, Kommunikation für Menschen mit Hörschädigung in ihre Sprache zu übertragen: Zum Beispiel in Gebärdensprache oder in Schriftsprache. Denn was viele nicht wissen: Kommunikationsbedürfnisse von Menschen mit Hörbehinderung sind extrem unterschiedlich. Menschen mit der Muttersprache Gebärdensprache bevorzugen in der Regel diese, zumal sie manchmal schriftsprachliche Informationen nur auf relativ einfachem Niveau gut verstehen bzw. komplexe Texte nicht schnell erfassen können. Menschen, die erst im Erwachsenenalter ertaubt sind, können häufig gar keine Gebärdensprache, da sie auch in ihrem privaten und beruflichen Umfeld keine Kontakte zu Gehörlosen haben. Für sie ist Schriftdolmetschung unverzichtbar. Dabei wird alles, was gesprochen wird, entweder sehr schnell mitgetippt oder in eine Spracherkennungssoftware nachgesprochen und in Schrift umgewandelt, so dass hörgeschädigte Menschen mit nur geringer Zeitverzögerung an Diskussionen teilhaben können. Dabei entstehen natürlich Kosten, für bestimmte Bereiche – wie Arbeit oder Studium – werden diese von Kostenträgern übernommen.

7 Bilder in den Köpfen

Die Annahme, dass in der Sprache gesellschaftliche Realitäten zum Ausdruck kommen bzw. dass durch bewusste Formulierungen Wirklichkeiten beeinflusst werden können, ist aus der Diskussion um geschlechtergerechte Sprache bekannt. Sprachliche Ausdrücke lassen erkennen, wie über eine Sache gedacht wird – können aber Einstellungen auch prägen. Dies ist besonders im medialen Diskurs über Menschen mit Behinderung nicht trivial, da aufgrund separierter Lebenswelten viele Menschen oft wenig oder keinen Kontakt zu Menschen mit Behinderung haben und mediale Darstellungen so überproportionalen Einfluss bekommen. Floskeln wie „an den Rollstuhl gefesselt" oder „an xyz leidend", Darstellungen, in denen Menschen „trotz" ihrer Behinderung etwas erreicht haben, die Alltäglichkeiten als außergewöhnliche Leistungen feiern oder in denen mit außergewöhnlichen Leistungen eine Behinderung „überwunden" wird, transportieren problematische Vorstellungen von Behinderung: Voller Leiden und Drama. Auf jeden Fall fernab dem Leben sogenannter normaler

Menschen. Mediale Berichterstattung kann das „Bild in den Köpfen" über Behinderung also wesentlich (mit)prägen. Projekte wie das mittlerweile sehr bekannte Leidmedien und die Datenbank Gesellschaftsbilder des Vereins Sozialhelden wollen insbesondere Medienschaffende für die Problematik sensibilisieren, schlagen neutrale Begrifflichkeiten wie „Rollstuhl nutzend" oder „mit xyz lebend" vor und stellen Bildmaterial für eine selbstbestimmte, alltagsnahe Darstellung von Menschen mit Behinderung zur Verfügung.

8 Inklusion und Exklusion durch Sprache und Kommunikation

Nicht vergessen werden darf, dass neben Menschen mit Behinderung auch andere soziale Gruppen von Prozessen der Inklusion und Exklusion durch Kommunikation und Sprache betroffen sind. So erfahren zum Beispiel auch Schülerinnen und Schüler mit einem anderen sozialen und kulturellen Hintergrund als das deutsche Kind aus bildungsbürgerlich-akademischem Elternhaus Benachteiligungen in der Schule, weil der Wortschatz in Bildungsmedien nicht an Erfahrungen ihrer Lebenswelt anknüpft. Geflüchtete Menschen erleben mindestens zeitweilig vergleichbare Barrieren wie Menschen, die aufgrund ihrer Behinderung vom Diskurs der Mehrheitsgesellschaft ausgeschlossen sind – sie können aber ebenso von Instrumenten und Hilfsmitteln profitieren, die zunächst für Menschen mit einer Sprachbehinderung entwickelt wurden. So wurden parallel mit der wachsenden Zahl geflüchteter Menschen im Land nicht nur Sprachlern-Apps, sondern auch symbolbasierte Kommunikationsbücher entwickelt, wie sie sonst im Kontext der Unterstützten Kommunikation (UK) für nichtsprechende Menschen zum Einsatz kommen. Diese können eine Grundlage für die Erstkommunikation darstellen, insbesondere in Bereichen wie der medizinischen Versorgung und für Menschen ohne ausreichende Alphabetisierung.

9 Auf Augenhöhe

Im Zusammenhang mit Diskussionen um die (Nicht-)Angemessenheit von Begrifflichkeiten ist manchmal das Argument zu vernehmen, dadurch werde man zunehmend verunsichert, diese Debatten würden einem „natürlichen" Umgang erst recht im Wege stehen: Was dürfe man denn überhaupt noch sagen? Dabei ließen sich die meisten Probleme im gegenseitigen Umgang durch entgegenkommende und dabei respektvolle Kommunikation auf Augenhöhe aus dem Weg räumen: Menschen mit Lernschwierigkeiten möchten als Erwachsene nicht zwangsgeduzt werden. Blinde Menschen sind darauf angewiesen, dass man visuelle Kommunikationsinhalte für sie versprachlicht – was einem häufig erst bewusst macht, wie hoch der Anteil non-verbaler Signale in der eigenen Kommunikation ist. Hörbehinderte Menschen wünschen sich demgegenüber, dass ihr Gegenüber bereit ist, Infos zu wiederholen, durch Vormachen und Zeigen zu verdeutlichen oder Infos auch schriftlich zu vermitteln – ohne dass man ihnen unterstellt, begriffsstutzig oder dumm zu sein. Denn ähnlich wie Menschen ohne (verständliche) Lautsprache werden sie geistig oft nicht für voll genommen, wenn sie nicht angemessen oder für andere verständlich reagieren. Es gibt weitere Indizien dafür, dass gleichwertige Anerkennung noch (zu) oft daran geknüpft ist, kompetent und ohne Einschränkung am „herrschenden Diskurs" teilhaben zu können: Zum Beispiel die Tatsache, dass die Deutsche Gebärdensprache erst seit 2002 als vollwertige Sprache in Deutschland anerkannt ist, dass sie in der schulischen Ausbildung gehörloser Schülerinnen und Schüler lange unterdrückt und Gehörlosigkeit mit geistiger Behinderung gleichgesetzt wurde. Barrierefreie Kommunikation will demgegenüber für die Anerkennung verschiedener Kommunikationsbedarfe, -stile und Sprachvielfalt in Bezug auf die Zielgruppe Menschen mit Behinderung werben und Informationen und Mittel für eine Umsetzung bereitstellen.

Literatur

Leichtfuss, A. (2017). Leichte Sprache – ein Mittel der Teilhabe oder „dümmliches Deutsch"? http://leidmedien.de/aktuelles/leichte-sprache-ein-mittel-der-teilhabe-oder-duemmliches-deutsch [Abrufdatum]

Zurstrassen, B. (2015). Inklusion durch Leichte Sprache? Eine kritische Einschätzung. In: Christoph Dönges, Wolfram Hilpert, Bettina Zurstrassen (Hrsg.), Didaktik der inklusiven politischen Bildung (S. 126-138). Bonn.

Bundesministerium für Arbeit und Soziales (Hrsg.), Netzwerk Leichte Sprache. Leichte Sprache – Ein Ratgeber 2014. http://www.gemeinsam-einfach-machen.de/GEM/DE/AS/Leuchttuerme/Ratgeber/Ratgeber_LS/ratgeber_ls_node.html (07.09.2017)

Übereinkommen über die Rechte von Menschen mit Behinderungen vom 13. Dezember 2006. Zwischen Deutschland, Liechtenstein, Österreich und der Schweiz abgestimmte Übersetzung. Quelle: Bundesgesetzblatt (BGBL) 2008 II (S. 1419). http://www.institut-fuer-menschenrechte.de/fileadmin/user_upload/PDF-Dateien/Pakte_Konventionen/CRPD_behindertenrechtskonvention/crpd_b_de.pdf (07.09.2017)

Verordnung zur Schaffung barrierefreier Informationstechnik nach dem Behindertengleichstellungsgesetz (Barrierefreie-Informationstechnik-Verordnung – BITV 2.0). https://www.gesetze-im-internet.de/bitv_2_0/BJNR184300011.html (07.09.2017)

IV Professionalisierung

Professionalisierung in der Eltern- und Familienarbeit

Anna-Maria Kamin

Familienbildung

1 Familienmedienbildung unter der Perspektive von Inklusion

Um Familienbildung mit Medien unter der Perspektive von Inklusion und im Hinblick auf Professionalisierungsbestrebungen zu beurteilen, gilt es Diskurse aus den Disziplinen Erwachsenenbildung, Medienpädagogik und Inklusion aufzugreifen, um daraufhin ein kohärentes Begriffsverständnis zu entfalten. Dazu werden die Begriffe Familienbildung, Medienbildung und Inklusive Medienbildung erläutert und im Konstrukt *Inklusive Familienmedienbildung* zusammengeführt.

Als Aufgabe von Familien- bzw. Elternbildung gilt die „Vermittlung von Wissen und die Anleitung zu angemessenem pädagogischen Handeln" (Burkhardt 2001, S. 138). Familienbildung ist dabei von einer zweigleisigen Bestimmung geprägt. Zum einen gelten Angebote der Familienbildung als Teil der Erwachsenenbildung, zum anderen sind diese in das System von Fürsorge und Sozialer Arbeit integriert. Dabei bestehen unterschiedliche Auffassungen darüber, ob sich die Angebote der Familienbildung entweder an die Familie als Ganzes richten, ob Elternbildung als Unterform der Familienbildung verstanden wird oder die Begriffe gar synonym verwendet werden (vgl. Mengel 2007, S. 15). Vor dem Hintergrund, dass die pädagogische Perspektive sowohl in der Erwachsenenbildung als auch in der Familienfürsorge zumeist die Eltern als Erziehende fokussiert – auch wenn Kinder in das Bildungsangebot integriert sind – wird Familienbildung in diesem Beitrag als übergreifendes Konzept verstanden, das unterschiedliche Arbeitsansätze aus der Erwachsenenbildung und der Familienfürsorge vereint und dabei Lern- und Bildungsprozesse von Eltern fokussiert (vgl. ebd.).

Erweitert auf Lern- und Bildungsprozesse mit Medien, kann mit Marotzki und Jörissen argumentiert werden, dass sich „Bildungs- und Subjektivierungsprozesse grundsätzlich auch in medial geprägten kulturellen Lebenswelten und in medialen Interaktionszusammenhängen ereignen" (Marotzki & Jörissen 2008, S. 100). Daher ist Aspekten der Medialität in der Bildungswissenschaft – und damit auch in der Familienbildung – ein systematischer theoriebildender und forschungsleitender Wert zuzuweisen (ebd.). Die Autoren verstehen „Medienbildung als die in und durch Medien induzierte strukturale Veränderung von Mustern des Welt- und Selbstbezugs" (ebd., S. 109). Zugrunde gelegt wird also ein Bildungsbegriff, der Bildung nicht als Ergebnis oder als Zustand, sondern als kontinuierlichen Prozess versteht. Das impliziert ferner, dass Medienbildung nicht nur auf den Erwerb von Verfügungswissen, sondern auch von Orientierungswissen abhebt und damit über die in der Familienbildung primär fokussierte Vermittlung und Anleitung hinausgeht. Familienmedienbildung in diesem Verständnis muss insofern auch Angebote umfassen, die nicht nur auf den Erwerb einer instrumentell-qualifikatorischen Bedienkompetenz und von Wissen über Mediennutzungsoptionen oder Regeln im Medienumgang abheben, sondern auch Reflexionsprozesse etwa in Bezug auf die Erweiterung von Handlungsmöglichkeiten durch Medien anregen.

Betrachtet man Familienmedienbildung im Hinblick auf die Perspektive von Inklusion, so lässt sich ableiten, dass Medienbildung auch als eine Frage der Möglichkeiten und Bedingungen der gesellschaftlichen Teilhabe zu verstehen ist (Schluchter 2012, Bosse 2012). Teilhabe gilt als Voraussetzung für Inklusion – ein Idealbild einer Gesellschaft, bei dem es *jedem* Menschen gleichermaßen ermöglicht werden soll, an jeglicher Form von gesellschaftlichen Prozessen teilzuhaben (vgl. z. B. Hinz 2006), also auch an Medienbildung. Ein solches Verständnis schließt darüber hinaus ein, dass Inklusion nicht nur auf ein medizinisches Verständnis von Behinderung – im Sinne von körperlichen oder geistigen Einschränkungen – reduziert wird, sondern auch weitere Gruppen, die Unterstützung benötigen, berücksichtigt, wie sozial benachteiligte Personengruppen oder Migrantinnen und Migranten.

Diese theoretisch-konzeptionellen, modellhaften Verbindungen zwischen medienpädagogischen, sonderpädagogischen und inklusiven Ansätzen lassen sich in einem Verständnis von Inklusiver Medienbildung vereinen, die die Schaffung und Entdeckung neuer *gemeinsamer* Handlungs-, Kommunikations- und Erfahrungsräume für Heranwachsende und Erwachsene unabhängig von der individuellen Prädisposition in den Fokus stellt (vgl. Schluchter 2012, S. 20). Die Ausgestaltung von Lehr- und Lernprozessen in der Inklusiven Familienmedienbildung sollte demzufolge ebensolche Optionen zum gemeinsamen Lernen bereithalten. Es gilt nun zu analysieren, inwiefern ein solches Verständnis Eingang in Familienmedienbildungsangebote gefunden hat.

2 Familienmedienbildungsangebote

Familienmedienbildung findet in unterschiedlichen Kontexten statt. Zur Systematisierung der Angebote lassen sich drei unterschiedliche Formen voneinander abgrenzen. Zum einen bestehen Angebote für die Eltern- und Familienmedienarbeit in Form von Ratgeberliteratur, Informationsbroschüren, Internetportalen, Datenbanken oder Ähnlichem (1). Neben diesen rein informativen Angeboten zur Unterstützung der Medienerziehung in der Familie existieren auch an Bildungsinstitutionen (z. B. Kita, Schule, Bildungsstätten, gemeinnützige Vereine) angegliederte Angebote für Eltern. Diese werden zumeist in Form von Elternabenden oder Gesprächsrunden angeboten und ermöglichen einen interaktiven Austausch (2). Als dritte Form von Unterstützungsangeboten für die Familienmedienbildung lassen sich speziell für Familien eingerichtete Angebote benennen (3). In dieser Kategorie sind beispielsweise Mediencafés oder Aktionen in Familienzentren, Museen oder anderen Einrichtungen vorstellbar, die Familien einen Austausch zu Medienthemen und praktische Medienprojekte ermöglichen.

2.1 Informationsangebote zur Familienmedienbildung

Informationsangebote in Printform oder in digitaler Form liefern Hinweise und Handlungsempfehlungen für den Medienalltag in der Familie. Sie geben Eltern einen Überblick über relevante Bereiche der Medienerziehung, ihre konkreten Aufgaben in diesem Kontext und das kindliche Medienerleben. Als Beispiele für *Ratgeberliteratur* lassen sich die von der Landesanstalt für Medien Nordrhein-Westfalen (LfM) herausgegebene Broschüre „Mit Medien leben und lernen. Tipps für Eltern von Kindergartenkindern“ oder die von der Bundeszentrale für gesundheitliche Aufklärung (BZgA) publizierte Broschüre „Gut hinsehen und zuhören! Tipps für Eltern zum Thema ‚Mediennutzung in der Familie‘“ anführen. Weitere Ratgeberliteratur, die ausführlicher zum Thema Medienerziehung informiert, ist in Form von Sammelbänden (z. B. Kamin, Meister & Schulte 2013) oder Grauer Literatur (z. B. BZgA 2012, BZgA, o. J.). zu finden. Alle der genannten Angebote richten sich primär an alle Eltern, ohne dass ausgewählte Gruppen angesprochen oder ausgeschlossen werden.

Als prominente Beispiele für Familienmedienbildungsangebote im Internet lassen sich etwa der Elternratgeber „SCHAU HIN! Was dein Kind mit Medien macht“ (www.schau-hin.info) und die Initiative „klicksafe.de“ (www.klicksafe.de) anführen. Im Hinblick auf die Zugänglichkeit für alle ist in Bezug auf das Angebot von SCHAU HIN zu konstatieren, dass die Seite auch in türkischer Sprache verfügbar ist. Auch Broschüren und weitere Informationsmaterialien stehen in mehrsprachiger Ausführung zum Download bereit. Zudem besteht die Möglichkeit, die Webseite in Leichter Sprache aufzurufen. Auch Klicksafe.de gestaltet sich in (fremd-)sprachlicher Hinsicht barrierefrei. So stehen die Seiten des Internetportals in deutscher, englischer, russischer, türkischer und arabischer Sprache zur Verfügung.

Um der zunehmenden Durchdringung des Familienalltags mit mobilen Geräten Rechnung zu tragen, gilt es auch medienerzieherische Angebote zu betrachten, die über Apps abrufbar sind. Gerade das vermeintlich unbegrenzte und unübersichtliche Angebot von Apps für Kinder zur Unterhaltung und zum Lernen stellt viele Familien vor die Frage, wo altersgerechte und lernförderliche Apps zu finden sind. Die Datenbank „Apps für Kinder" des Deutschen Jugendinstituts (DJI) kann hier als Best-Practice-Beispiel für Hilfestellung im medienerzieherischen Alltag betrachtet werden. Die DJI App-Datenbank ermöglicht Eltern die Suche nach kindgerechten Apps, die unterschiedlich gefiltert werden kann. So kann spezifisch für eine Zielgruppe bzw. Altersklasse, sortiert nach Genre oder themenbezogen nach geeigneten Apps für Kinder gesucht werden. Das kostenlose – allerdings lediglich deutschsprachige – Angebot steht prinzipiell allen Internetnutzer*innen zur Verfügung.

2.2 Familienmedienbildung an Bildungsinstitutionen

Als prominenter Anbieter für klassische Familienmedienbildungsangebote der Erwachsenenbildung sind die Landesanstalten für Medien zu nennen. So bietet etwa die LfM NRW mit der „Initiative Eltern+Medien" seit 2007 Elternabende zur Medienerziehung an, die kostenlos gebucht und in Schulen, Kindertagesstätten, Familienzentren oder ähnlichen Einrichtungen durchgeführt werden können. Bei den Elternabenden informieren qualifizierte Referent*innen wahlweise über die Themenbereiche kindliche Mediennutzung, Internet und Handy, Computer- und Konsolenspiele oder Faszination Hören. Die Initiative kommt damit dem wachsenden Beratungs- und Aufklärungsbedarf der Eltern entgegen und schafft mit den Elternabenden neben der Möglichkeit zur Information auch eine Gelegenheit zum persönlichen Erfahrungsaustausch mit Expert*innen und anderen Eltern.

Einen differenten Ansatz verfolgt das Projekt ELTERNTALK. Familienmedienbildung findet hier nicht im institutionellen Rahmen, sondern direkt im familiären Umfeld statt. Das Projekt besteht bereits seit dem Jahr 2001 und wird von der Aktion Jugendschutz, Landesarbeitsstelle Bayern e.V. realisiert und aktuell auf Niedersachsen und NRW ausgeweitet. ELTERNTALK bietet moderierte Gesprächsrunden für Eltern zu den Themen Medien, Konsum, Suchtvorbeugung und gesundes Aufwachsen in der Familie. Das Projekt richtet sich primär an alle Eltern mit Kindern bis 14 Jahren. Die Eltern treffen sich in privaten Gesprächsrunden mit ca. 4-8 Personen, diese werden von einer geschulten Moderatorin oder einem Moderator, selbst Mutter oder Vater, begleitet. Im Vorfeld wird ein gemeinsames Thema vereinbart und dazu aktuelles Informationsmaterial ausgewählt. Die Talks finden in verschiedenen Sprachen mit Eltern aus 89 unterschiedlichen Herkunftsländern statt. Zudem werden Talks für gehörlose Eltern erprobt. Die Teilnahme an ELTERNTALKs ist freiwillig und kostenlos. ELTERNTALK erreicht damit Eltern, die von klassischen Angeboten nicht oder kaum erreicht werden. Das Projekt Elterntalk wird kontinuierlich evaluiert. Zentrale Ergebnisse sind, dass ein hohes Potenzial der Organisations- und Netzwerkprinzipien in der Gesamtkonstruktion besteht. Dadurch können Eltern aus unterschiedlichen Bildungsniveaus und mit unterschiedlichem kulturellen Hintergrund angesprochen werden (vgl. Höfer, Straus, Weinhandl & Ziesel 2016, Dill, Straus, Gmür & Höfer 2012). Die Evaluation ergab zudem eine hohe Akzeptanz des ELTERNTALKs, insbesondere bei Migrant*innen und bei bildungsfernen Eltern (ebd.).

2.3 Angebote speziell für Familien

Familienmedienbildungsangebote, die sich an die gesamte Familie richten, sind etwa Aktionstage von Bildungsstätten, medienpädagogischen Vereinen (z. B. Blickwechsel e.V.) oder Museen, Workshops sowie Elterncafés. Gegenstand der Veranstaltungen sind etwa Mitmachaktionen, Medienproduktion oder intergenerationelle Projekte. Weiterhin existieren oftmals mit Hilfe öffentlicher Förderinitiativen finanzierte Projektangebote für Familien.

Als Good-Practice-Beispiel eines solchen Angebots lässt sich das vom Förderverein Putjatinhaus e.V. in Dresden durchgeführte Mediencafé nennen. Die Veranstaltungsserie fand über einen Zeitraum von einem Jahr (2013/2014) einmal monatlich jeweils zu einem bestimmten Thema statt. Die teilnehmenden Familien erhielten die Möglichkeit, verschiedene Medien wie z. B. Kameras, Computer, Spielkonsolen oder Tonaufnahmegeräte gemeinsam auszuprobieren und individuelle Medienprodukte zu produzieren. Neben der aktiven Medienarbeit gab es zusätzlich eine offene Gesprächsrunde, in der ein Austausch zu medienerzieherischen Fragen stattfinden konnte. Die Veranstaltungstermine wurden durch pädagogische Fachkräfte moderiert.

2.4 Inklusive Familienmedienbildung

In Anlehnung an das oben aufgezeigte Verständnis von Familienbildung, sollten die Angebote nicht darauf abheben, Eltern zu bevormunden, sondern ihre Autonomie stärken, damit sie selbstbestimmt handeln können. Weiterhin verfolgt Familienmedienbildung die Zielstellung, Beratung in Problemsituationen und bei Fragen zu bieten (vgl. Aufenanger 2001, S. 32). Es ist zu konstatieren, dass insbesondere die Informationsangebote sowie die Angebote an Bildungsinstitutionen den Vermittlungs- und Ratgeberaspekt betonen. Die Möglichkeiten von Medienbildung im Sinne von Selbstbildung und Reflexion sind vermutlich im Projekt Elterntalk und im Dresdener Mediencafé am ehesten gegeben. Inklusive Gedanken im Sinne von gesellschaftlicher Teilhabe für Alle ist zumeist auf die Mehrsprachigkeit der Angebote reduziert, wenn auch hier noch keine Durchgängigkeit zu verzeichnen ist. Nur vereinzelt sind die Informationsangebote in Leichter Sprache verfügbar oder gar mit Sprachausgabe oder Untertitelung versehen. Durch diese mangelnde Barrierefreiheit ist eine umfassende Teilhabe aller nur bedingt möglich. Obwohl Angebote an Bildungsinstitutionen primär allen interessierten Eltern und Familien offenstehen, bleibt unklar, inwieweit diese inklusiv gestaltet sind. Das bedeutet, dass nicht gesichert ist, ob die Angebote auch für Teilnehmer*innen mit Einschränkungen (Hör-, Seh- Lernbehinderung etc.) geeignet sind oder ob Übersetzungsmöglichkeiten für nicht-deutschsprachige Teilnehmer*innen vorhanden sind. Darüber hinaus ist fraglich, ob Möglichkeiten der Erweiterung gemeinsamer Erfahrungsräume in Form des Lernens *von-* und *miteinander* bereitgestellt werden. Insgesamt muss insofern der Inklusionsgedanke auch in medienpädagogische Unterstützungsangebote für Eltern und Familien stärker Eingang finden. Das bedeutet, dass neben der Sicherung der Zugänglichkeit der Angebote für Alle auch ein inklusives Setting in der Gestaltung von Familienmedienbildung – wie es etwa im Projekt ELTERNTALK in Ansätzen bereits praktiziert und weiterentwickelt wird – forciert werden sollte.

3 Professionalisierung in der Inklusiven Familienmedienbildung

Inklusive Familienmedienbildung im Hinblick auf Professionalisierung zu betrachten, bedeutet zu analysieren, inwiefern Berufsausbildungen und die Weiterentwicklung der professionellen Wissensbasis dieser Berufe systematisiert und institutionalisiert ist und bestimmte Tätigkeitsfelder für Angehörige dieser Berufe reserviert sind (vgl. Heidenreich 1999, S. 39). Im Hinblick auf die Notwendigkeit der Professionalisierung der Medienpädagogik als Profession und der medienpädagogischen Arbeit insgesamt (vgl. z. B. Hugger 2008, KBOM 2014, GMK 2017) ist in Bezug auf Inklusive Familienmedienbildung ein potenziertes Desiderat zu verzeichnen. Medienpädagogische Arbeit wird von unterschiedlichen Professionen praktiziert und stellt eine Querschnittsdisziplin dar, die noch nicht durchgängig Eingang in die Berufsausbildung von potenziellen Akteuren in der Familienbildung (z. B. Sozialarbeiter*innen, Erzieher*innen, Lehrer*innen, Erwachsenenbildner*innen) Eingang gefunden hat. Eine Systematisierung und Institutionalisierung von Familienmedienbildung ist demzufolge nur in Ansätzen festzustellen. Vor dem Hintergrund der zunehmenden gesellschaftlichen Bedeutung von Medien in allen Lebensbereichen erscheint die Notwendigkeit, auf Familienmedienbildung spezialisierte Fachkräfte auszubilden, die zur Schaffung und Entdeckung von gemeinsamen Handlungs-, Kommunikations- und Erfahrungsräume beitragen, somit besonders groß.

Ansätze von Professionalisierung finden durch Zertifizierung von Kitas und Bildungsstätten statt, diese berücksichtigen jedoch oftmals die medienpädagogische Perspektive nur am Rande. Bei den rezeptiven Angeboten finden Professionalisierungsgedanken Eingang, indem etwa wissenschaftliche Beiräte eingerichtet werden (z. B. SCHAU-HIN) oder Bewertungskriterien für Apps transparent gemacht werden (App-Datenbank des DJI). Insgesamt stehen aber unzureichende Qualitätssicherungsaspekte der bestehenden Angebote, wie fehlende Evaluation und nur vereinzelte wissenschaftliche Begleitung, einer Weiterentwicklung und Systematisierung Inklusiver Familienmedienbildung entgegen. Um die Qualität der Angebote zu sichern und Eltern in der Familienmedienbildung zu begleiten, erscheint eine weitere Professionalisierung in dieser Hinsicht jedoch dringend notwendig. Dabei muss – wie bereits gezeigt – verstärkt auch der Gedanke der Inklusion mitgedacht werden, um die gesellschaftliche Teilhabe aller zu gewährleisten.

Literatur

Aufenanger, S. (2001). Elternbildung und Medienkompetenz – Analyse, Modelle und Perspektiven. In Landesanstalt für Rundfunk Nordrhein-Westfalen (Hrsg.), Förderung kindlicher Medienkompetenz durch die Eltern. 9. Medienpädagogische Fachtagung des Landesanstalt für Rundfunk Nordrhein-Westfalen (LfR) (S. 25-43). Düsseldorf.

Hinz, A. (2006). Integration. In: Bleidick u. a. (Hrsg.), Handlexikon der Behindertenpädagogik (S. 97-99). Stuttgart: Kohlhammer.

Bosse, I. (2012). Partizipation von Menschen mit Behinderungen. In K. Lutz, E. Rösch & D. Seitz (Hrsg.), Partizipation und Engagement im Netz (Schriften zur Medienpädagogik, S. 177-186). München: kopaed.

Bundeszentrale für gesundheitliche Aufklärung (2012). Anregung statt Aufregung. Neue Wege zur Förderung von Medienkompetenz in Familien. Köln.

Bundeszentrale für gesundheitliche Aufklärung (o. J.) (Hrsg.), Wertstattbuch Medienerziehung. Zusammenarbeit mit Eltern – in Theorie und Praxis. Köln.

Burkhardt, W. (2001). Förderung kindlicher Medienkompetenz durch die Eltern: Grundlagen, Konzepte und Zukunftsmodelle. Schriftenreihe Medienforschung der Landesanstalt für Rundfunk Nordrhein-Westfalen: Bd. 40. Opladen: Leske+Budrich. http://dx.doi.org/10.1007/978-3-322-97514-0.

Dill, H., Straus, F., Gmür, W. & Höfer, R. (2012). Elterntalk 2001 bis 2011: Netzwerkbildung, Nachhaltigkeit und Innovationspotential. Elterntalk. München (Zweite wissenschaftliche Begleitstudie zum Projekt ELTERNTALK).

GMK (2017). Save the Date: 34. Forum Kommunikationskultur 2017 der Gesellschaft für Medienpädagogik und Kommunikationskultur (GMK). http://www.gmk-net.de/index.php?id=390&no_cache=1&sword_list%5B0%5D=professionalisierung

Heidenreich, M. (1999). Berufskonstruktion und Professionalisierung. Erträge der soziologischen Forschung. H.J. Apel, K.-P. Horn, P. Lundgreen & U. Sandfuchs (Hrsg.). Professionalisierung pädagogischer Berufe im historischen Prozeß (S. 35-58). Bad Heilbrunn/Orb.: Julius Klinkhardt.

Höfer, R., Straus, F., Weinhandl, K. & Ziesel, E. (2016). ELTERNTALK: Evaluation 2015München: Aktion Jugendschutz, Landesarbeitsstelle Bayern e.V.

Hugger, K.-U. (2008). Medienkompetenz. In U. Sander, F. von Gross & K. U. Hugger (Hrsg.), Handbuch Medienpädagogik (1. Aufl) (S. 93-99). Wiesbaden: VS Verlag für Sozialwissenschaften.

Kamin, A.-M., Meister, D. M. & Schulte, Dietmar (2013) (Hrsg.). Kinder – Eltern – Medien. Medienpädagogische Anregungen für den Erziehungsalltag. München: Fink.

KBOM (2014). Breiter Konsens für medienpädagogische Grundbildung. http://www.keine-bildung-ohne-medien.de/wp-content/uploads/2014/04/BreiterKonsensFuerMedienpaedagogischeGrundbildung.pdf.

Marotzki, W. & Jörissen, B. (2008). Medienbildung. In U. Sander, F. von Gross & K. U. Hugger (Hrsg.), Handbuch Medienpädagogik (1. Aufl) (S. 100-109). Wiesbaden: VS Verlag für Sozialwissenschaften.

Mengel, M. (2007). Familienbildung mit benachteiligten Adressaten: Eine Betrachtung aus andragogischer Perspektive. Wiesbaden: VS Verlag für Sozialwissenschaften I GWV Fachverlage GmbH Wiesbaden. http://dx.doi.org/10.1007/978-3-531-90730-7.

Schluchter, J.-R. (2012). Medienbildung als Perspektive für Inklusion. merz (medien+erziehung) (1), 16-21.

Professionalisierung in der frühkindlichen Bildung

Gudrun Marci-Boehncke

Inklusive Bildung als Menschenrecht und wertschätzende Grundüberzeugung gegenüber allen Menschen kann durch digitale Medien erleichtert werden. Ziel ist die Teilhabe aller an der mediatisierten (Krotz 2007) Gesellschaft. Auch für Kinder ist Digitalität in umfassendem Sinn Teil ihrer „Kinderkultur". Um Kindern zum Schulanfang so gut es geht vergleichbare Eintrittsbedingungen zu schaffen, sind in den letzten Jahren in allen Bundesländern verbindliche Curricula für die Frühe Bildung eingeführt worden. In Einrichtungen der Frühen Bildung sollen zentrale Kompetenzen zur gleichberechtigten gesellschaftlichen Teilhabe für alle Kinder und für ihre Kommunikation untereinander vermittelt werden. Den Anfang der Bildungskette macht zwar die Familie, aber schon bald kommen andere, professionalisierte Institutionen ins Spiel. Die Akzeptanz des Kita-Besuchs der Drei- bis Sechsjährigen ist bundesweit hoch: 93,6 % sind es 2016 (Suhr 2017). Über 90 % aller Kinder werden erreicht. Der folgende Beitrag fragt, wie pädagogisches Personal in der Frühen Bildung die nötigen Kompetenzen zur Realisierung von inklusiv gestalteter digitaler Medienbildung erwirbt.

1 Forschungsergebnisse zum Professionsverständnis in Bezug auf inklusive Medienbildung

Digitalität und Inklusion bestimmen gesellschaftliches Handeln für alle Teile der Gesellschaft. *Digitalität* bestimmt unsere mediatisierte Gegenwart, alles Handeln ist in digitale Kontexte eingebettet. *Inklusion* definiert gesellschaftliche Ansprüche auf die Teilhabe aller, niemand darf „behindert werden".

Im rezeptiven wie produktiven Bereich ermöglichen digitale Geräte Menschen mit verschiedenen körperlichen, lernbezogenen, aber auch sozial-emotionalen Schwierigkeiten die Teilhabe an privater Kommunikation von Mensch zu Mensch, aber auch an den Angeboten, die über nicht-digitale Medien vermittelt werden. Manche Menschen mit unterschiedlichsten Schwierigkeiten können sich schon im frühkindlichen Alter leichter mit digitalen Medien ausdrücken und so digital gleichberechtigt auf institutionellen Ebenen (etwa in der Kita) und später an der Gesellschaft als Ganzer partizipieren. Die Voraussetzungen

zungen dazu muss jedoch die Gesellschaft schaffen. Für die Frühe Bildung bedeutet dies, dass Erziehungspersonal Kinder mit Inklusionsbedarf angemessen fördern und beteiligen kann. Einer Studie der forsa Politik und Sozialforschung (2016) zeigt, dass dies – zumindest in NRW – auf der Ebene der Schulen eher beim Unterricht in den Grundschulen realisiert ist. Hier sind die Inklusionszahlen nicht nur deutlich höher als im Gymnasium, die Lehrkräfte zeigen sich auch deutlich flexibler als ihre Kolleg*innen an den weiterführenden Schulen. Trotz – nach eigenen Angaben – schlechteren Umfeldbedingungen (Barrierefreiheit, Gruppengröße) und weniger Zeit, sich auf die inklusive Arbeit vorzubereiten, beurteilen sie Inklusion letztlich positiver als die Kolleg*innen der weiterführenden Schulen. Begründungen, die gegen eine Realisierung inklusiver Schulkonzepte sprechen, verweisen vorrangig auf fehlendes Personal und mangelnde Ausbildung.

2 Einstellung und Selbstwirksamkeit als zentrale Einflussfaktoren

Differenziertere Forschung[1] verweist auf intrinsische Faktoren wie *Selbstwirksamkeitserwartung* und die generelle *Einstellung* gegenüber Inklusion. Charley (2015) verweist auf *Selbstwirksamkeit(serwartung)* als die wichtigste Einflussgröße auf die Einstellung zum Thema Inklusion. Sonderpädagoginnen, die in der Ausbildung einen entsprechenden Fokus auf Fördersituationen erfahren haben, reagieren danach aufgeschlossener auf Inklusion als Lehrkräfte aus Regelschulen ohne vorherige Inklusionserfahrung (vgl. auch Emam & Mohamed 2011, S. 976-985, Götz, Hauenschild, Greve & Hellmers 2015, S. 34-39, Bosse, Jäntsch, Lambrecht et al. 2016, S. 99-104). Gebhardt et al. (2015) beschreiben zwar auch die hohe Relevanz von Selbstwirksamkeitserwartung, aber für Lehrkräfte der Sonderpädagogik erkennen sie eine größere Skepsis in Bezug auf gemeinsamen Unterricht, was mit Rollenveränderungen im inklusiven Schulbetrieb erklärt wird. Anders als bei digitaler Medienbildung verändert sich bei inklusivem Unterricht häufig auch die Unterrichtssituation dahingehend, dass hier Regelschullehrkräfte und sonderpädagogische Lehrkräfte kooperieren sollen, zumindest gemeinsam präsent sind und idealiter im Team unterrichten. Da in die Regelschule inkludiert wird, wird die besondere Fördersituation zunächst als die Ergänzung wahrgenommen, die Differenzierung erfordert, was Einfluss auf das Berufsbild und die Souveränitätseinschätzung v.a. des sonderpädagogischen Lehrpersonals hat. Gerade mit zunehmender Höhe des Bil-

1 Da in anderen Ländern die Grenzen zwischen vorschulischer und schulischer Bildung zum Teil anders gezogen werden als in Deutschland, werden hier auch internationale Studien berücksichtigt, die sich auf Bildungssituationen im Grundschulbereich beziehen.

dungsabschlusses sinkt die Bereitschaft von Lehrkräften in Regelschulen zur Kooperation im *team-teaching* oder zu intensiver gemeinsamer Planung (vgl. Richter & Plant 2016). Hemmings & Woodcock (2011, S. 22) weisen auf der Basis ihrer qualitativen Interview-Analyse speziell für die Vorschulpädagogik noch auf einen anderen relevanten Faktor neben Unterstützung und Kooperation hin: die soziale Akzeptanz ihres Handeln als Erziehungspersonal durch andere, vor allem Kolleg*innen und Eltern. Sie wünschen sich eine Verbesserung der Ausbildung. Unterschiede im Umgang mit und der Einstellung zu Inklusion scheinen auch je nach Ausbildungsgang des Erziehungspersonals und Verantwortung für unterschiedliche Altersgruppen zu existieren (Loreman, Sharma & Forlin 2013, Hemmings & Woodcock 2011).

Weitgehend ähnliche Faktoren sind auch für den Einsatz digitaler Medien im Vorschulbereich untersucht. Für die Realisierung digitaler Bildung werden grundsätzlich zwei Bereiche als relevant beschrieben:

1. Interne Faktoren wie individuelle kognitive und motivationale Voraussetzungen des pädagogischen Personals, Können, Einstellungen und Selbstwirksamkeitserfahrungen;
2. Externe oder Kontextfaktoren wie allgemeine Personalsituation, technische Ausstattung, curriculare Implementierung etc. (vgl. Gruszczynska, Merchant & Pountney 2013).

Nachhaltigere Aussagekraft wird den internen Faktoren zugeschrieben. Blackwell, Lauricella & Wartella (2014) konnten in ihrer Studie mit mehr als 1200 Probanden feststellen, dass die Einstellung (*Attitude*) der Lehrkräfte in der Frühen Bildung der wichtigste Faktor ist, der das Lehrerverhalten zugunsten von digitalem Medieneinsatz beeinflusst. Die Einstellung wiederum ist v.a. abhängig vom beruflichen *Selbstvertrauen* (*Confidence*) und dann von erfahrenen *Unterstützungsmaßnahmen*. Das technische Umfeld gehört hier auch dazu, ist aber weniger relevant. Interessant ist der signifikant negative Einfluss von *Lehrerfahrung* (*Teaching-Experience*).

Es wird deutlich, dass sich offensichtlich ein unkritisches Maß an Routine in den Lehrgewohnheiten (Methoden und Inhalte) negativ auswirkt, zu Unflexibilität führt und die Übernahme von Neuerungen wie die Adaption an eine digital-mediatisierte Umwelt verhindert. Auch Friedrich-Liesenkötter (2015), die mit dem Kapitalien-Modell nach Bourdieu argumentiert, beschreibt Einstellungen und Haltungen als wichtigste Einflussfaktoren auf die Bereitschaft zu digitaler Medienbildung bei Personal in der Frühen Bildung. Ebenso beschreiben Marci-Boehncke & Rath (2013) im Rahmen einer Action-Research-Studie mit 175 Erzieher*innen aus 21 Einrichtungen den Erwerb *Kulturellen Kapitals* in Form von praktischer Selbstwirksamkeit und erlebter Freude bei den Kindern als wichtigen Faktor zur Änderung der Einstellung zu digitaler Medienbildung.

Auch berufliche Anerkennung und Unterstützung im Team wurden gewünscht. Fortbildungen sollten deshalb nicht als Maßnahmen für einzelne Mitarbeiter*innen durchgeführt werden, sondern im Team, um soziale Akzeptanz zu stärken (vgl. ebd., S. 235). Außerdem sollten die Träger Medienbildungskompetenzen gratifizieren. Es scheint (vgl. Kontovourki et al. 2017, Hestermann 2011), dass nicht verallgemeinernd für verschiedene Kontexte ein einziger klar bestimmender Faktor für die Integration von Medienbildung in das pädagogische Selbstverständnis verantwortlich ist. Wichtig ist vielmehr eine grundsätzliche Bereitschaft zur Veränderung (Honan 2008, Parette, Quesenberry & Blum 2009).

3 Zur Beschreibung der Professionalisierungsansätze

Im Kompetenzmodell für die Professionalisierung von Erzieher*innen von Fröhlich-Gildhoff, Nentwig-Gesemann & Pietsch (2011) finden sich die o.a. Bereiche der Werthaltungen, Einstellungen und handlungsleitende Orientierungen wieder: Wissen, Fertigkeiten, Haltungen als Grundlage des Kompetenzbegriffs, Habitus (Disposition), Planungsschritte, Selbstreflexion, Handeln und externe Evaluation (vgl. auch Anders 2012). Unberücksichtigt bleiben externe Rahmenbedingungen, die je nach pädagogischer Herausforderung zu definieren sind. Für digitale Medienbildung und Inklusion sind diese teilweise unterschiedlich, die notwendigen *internen* Faktoren weisen aber hohe Parallelität auf. Beide Herausforderungen bedeuten Veränderungen bisheriger Praxis, erfordern neues Wissen und neue praktische Übung. Digitale Medien*bildung* wird jedoch zurzeit noch nicht als Menschenrecht verstanden. Bei der Entscheidung für eine inklusive Bildung von Kindern mit und ohne Förderbedarf gibt es angesichts der UN-Resolution keine grundsätzlichen Spielräume. Beiden Bereichen gemein ist, dass die individuelle *Haltung* als Teil der reflexiv schwer zugänglichen *teachers' beliefs* zu Inklusion und digitaler Medienbildung eine zentrale Rolle für die Umsetzung im Bildungsbereich spielt. Zum professionellen Selbstverständnis einer Erziehungsperson im Bereich der Frühen Bildung gehört die Anerkennung eines inklusiven Bildungs- und Erziehungsauftrags. Angesichts immer noch kontroverser gesellschaftlicher Diskussionen ist auf die Einstellungen hierzu in der Professionalisierung besonderes Augenmerk zu legen. In einer Untersuchung von Schwab & Seifert (2014) zeigen sich die Einstellungen sowohl von Lehramtsstudierenden als auch von Pädagogikstudierenden zur schulischen Inklusion von Kindern mit sonderpädagogischem Förderbedarf durchweg positiv, lediglich gegenüber der Inklusion von Schüler*innen mit körperlichen Schwierigkeiten äußern die befragten Lehramtsstudierenden Skepsis. Die Umsetzung von Inklusion fällt umso leichter, je eher man sich in diesem Bereich selbstwirksam erlebt, also die Erfahrung gemacht hat, dass das eigene professionelle Handeln erfolgreich und angemessen ist. Theoretische Fundierung sowie die Möglichkeit, Gelerntes auszuprobieren, erhöhen grundsätzlich und nachhaltig das Gefühl der Selbstwirksamkeit (Palmer 2006).

Da inklusive Bildung ebenso wie digitale Medienbildung auf Erfahrungen aufbauen, die nicht alle pädagogischen Fachkräfte während ihrer Ausbildung gemacht haben bzw. machen konnten, bleiben hier in der Praxis verständlicherweise Unsicherheiten. Professionelles Handeln ist auf Dauer als selbstregulativer Prozess zu verstehen, der Selbstbeobachtung erfordert. Neue professionelle Herausforderungen – etwa die Einarbeitung in Themen und Handlungspraxen wie Inklusion und digitale Medienbildung – erfordern die Aktivierung der eigenen professionellen Kompetenzentwicklung und damit auch *idealiter* eine Beteiligung am Ausbildungskonzept (vgl. Trumpa 2015, S. 278) und gleichzeitig den Schutz vor Überforderung und Selbstausbeutung. In diesem Spannungsfeld erfolgt die Ausbildung.

Die zur Gestaltung von und Erziehung in einer gemeinsamen modernen, mediatisierten Kinderkultur notwendigen Kompetenzen beziehen sich zum einen auf ein Wissen und Können (Fachkompetenzen) im *technischen Umgang* mit digitalen Medien. Es geht zum Beispiel darum, die Einstellungen am Gerät vornehmen zu können, um damit ein individuelles Nutzermanual herzustellen, Programme und Apps ansteuern und in Betrieb nehmen zu können sowie weiterführende Handlungen durchzuführen wie z. B. Audio- oder Videoschnitt bzw. Bildbearbeitung. Andererseits sollten diese Handlungen auch an *Inhalte* (*content knowledge*) gebunden sein und die *pädagogische Situation* berücksichtigen.

Ein Modell, das versucht, nicht nur die Zusammenhänge zwischen den benötigten Wissensqualitäten von Lehrenden für die Integration von Technologie in ihre Lehre zu beschreiben, sondern in den Schnittmengen neue Kompetenzen erkennt, ist das Modell TPACK (Koehler & Mishra 2006), basierend auf PCK von Lee Shulman (1986). Hier sind diese drei Kompetenzen verbunden. Shulman und nach ihm Koehler & Mishra (2006, S. 66) weisen darauf hin, dass in der Schnittmenge dieser Kompetenzen spezifizierte Kompetenzen entstehen, die mehr und anders sind als die Summe ihrer Teile. Ein technisches Wissen, das an pädagogische Situationen und entsprechende Inhalte gebunden ist, reiht diese Bestände nicht nur aneinander, sondern bezieht sie aufeinander und vernetzt spezifisch (vgl. auch Cox & Graham 2009). Das entstehende Wissen ist hochgradig situationsspezifisch und zu jeder Seite hin weiter differenzierbar. Es setzt eine Reflexion des Zusammenspiels aller drei Komponenten durch die pädagogische Fachkraft voraus. Die neu entstehenden Kompetenzen sind konstruiert, prägen je nach eigenen Hintergründen auch individuell aus, das Gemeinsame ist jedoch die Perspektivierung unter Berücksichtigung aller drei Komponenten.

Da es sich bei Inklusion ebenso wie der Mediatisierung um einen epistemologischen Hintergrund handelt, der ähnlich determiniert ist, liegt es nahe, das Modell TPACK zu erweitern. Sowohl Technikeinsatz als auch Inklusion wirken sich auf das Gesamtmodell des Unterrichts aus, verändern für Erziehende und Kinder Inhalte („Content Knowledge") und auch die zur Erarbeitung heranzuziehenden pädagogischen Settings („Paedagogical Knowledge").

Abb. 1: Modell I-TPACK

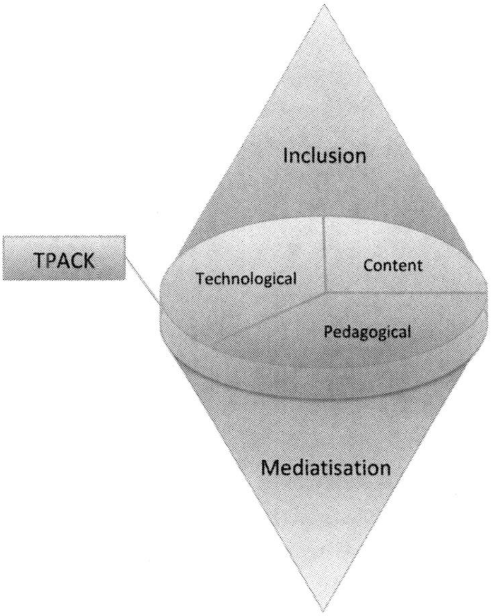

Erweitert man also das Modell TPACK um den Bereich der Inklusion, entstehen zusätzliche Schnittmengen und eine Art *Superkern – der I-TPACK: Inclusion-Technological-Paedagogical-Content-Knowledge.* Je nachdem, von welchem Ausgangspunkt man die Kompetenzfelder betrachtet, ergeben sich neue Querschnitt-Professionalisierungen.

Dieses Modell eignet sich grundsätzlich zur Erklärung und Planung neuer Kompetenzaspekte in der Ausbildung. Damit ist auch grundsätzlich Anschluss geschaffen zum Modell des Universal Design for Learning (Wember 2013), bei dem der Zugang zu Information – den man jetzt eben explizit auch über verschiedene Medien verstehen würde –, die Motivation und Anknüpfung an eigene Interessen sowie die Handlungs- und Ausdrucksmöglichkeiten in der Arbeit (die immer medial sind) als die drei zentralen Prinzipien inklusiver Unterrichtsplanung gesehen werden. Dennoch geht I-TPACK darüber hinaus, weil es berücksichtigt, dass im Zusammendenken aller Bereiche neue Kompetenzen entstehen und auch das Content-Knowledge noch berücksichtigt wird.

Es eignet sich damit sowohl für den Bereich der frühen vorschulischen wie auch der schulischen Bildung.

Für die beiden konkreten Themen Inklusion und Medienbildung und eine möglichst praxisnahe Umsetzung liefert auch das *White Paper* des EU-Projekts DigiLitEY ein kleinschrittiges Planungsraster zum Thema digitale Medienbildung (Marsh, Kontovourki & Tafa 2017, S. 15), das nur wenig erweitert werden müsste als Orientierung für inklusive digitale Konzepte, z. B. durch einen zusätzlichen Planungsschritt, der angemessen lauten müsste: „Das Programm ermöglicht Erfahrung mit assistiver Technologie und Methoden zum partizipativen und inklusiven Arbeiten. Differenzierung wird besonders erprobt". Ebenfalls erweiternd von bisherigen Modellen wird hier Wert gelegt auf gemeinsame Arbeitskontexte, die eine Verfestigung traditioneller Handlungsstrategien verhindern sollen (Co-teaching, Peer-Monitoring etc.) (vgl. Greiten & Trumpa 2017).

Fazit

Für die gelingende Umsetzung neuer Ausbildungsaspekte in der Frühen Bildung wie Inklusion und digitale Medienbildung wurden in der Forschung vor allem interne Faktoren des Erziehungspersonals wie Einstellung, Selbstwirksamkeit und Selbstwirksamkeitserwartung als relevant erkannt. Flexibilität im pädagogischen Handeln – die Fähigkeit, neue Methoden, Techniken und Handlungssettings auszuprobieren – gilt als wichtige Eigenschaft gerade in solchen Bereichen, die sich selbst – wie im Fall digitaler Bildung – als Rahmenfaktoren in ständiger Weiterentwicklung befinden. Solche Ausbildungsmodelle sind zu favorisieren, die selbst partizipativ strukturiert sind und ständige metakognitive Reflexionsprozesse anleiten sowie Interventionsforschung einplanen. Eine forschende und experimentierende Haltung des Personals sollte durch entsprechende technische und andere unterstützenden Maßnahmen (etwa *peer-to-peer teaching*) ermöglicht und gefordert werden. Basierend auf dem Modell TPACK ließe sich ein Bewusstsein für vernetztes Denken und Planen vermitteln. Die gleichzeitige Berücksichtigung unterschiedlicher Handlungsaspekte – Inklusion, digitale Technik, pädagogische Intention und fachliche Bezüge – schafft eigene neue Kompetenzen, die mehr sind als die Summe jeder Einzelkompetenz. Insofern ist auch ein verständliches Theoriewissen als Basis aller Handlungsorientierung und ein Ausbildungskonsens sinnvoll.

Literatur

Anders, Y. (2012). Modelle professioneller Kompetenzen für pädagogische Fachkräfte. Aktueller Stand und ihr Bezug zur Professionalisierung. Expertise zum Gutachten „Professionalisierung in der Frühpädagogik" im Auftrag des Aktionsrats Bildung, hrsg. vom Vbw – Vereinigung der Bayerischen Wirtschaft e.V. URL: http://www.aktionsrat-bildung.de/fileadmin/Dokumente/Expertise_Modelle_professioneller_Kompetenzen.pdf (Zugriff: 13.11.2017).

Blackwell, C.K., Lauricella, A.R. & Wartella, E. (2014). Factors influencing digital technology use in early childhood education. Computers & Education 77, 82-90.

Bosse, S., Henke, T., Jäntsch, C., Lambrecht, J., Maaz, K., Vock, M., Schründer-Lenzen, A. & Spörer, N. (2016). Zum Zusammenhang von Einstellung und Selbstwirksamkeit von inklusiv arbeitenden Grundschullehrkräften. In: K. Liebers, B. Landwehr, S. Reinhold, S. Riegler & R. Schmidt (Hrsg.), Facetten grundschulpädagogischer und -didaktischer Forschung 9-104. Wiesbaden: Springer VS.

Charley, C. Y. (2015). General Education and Special Education Teachers' Attitudes Toward Inclusion. Walden: Walden Dissertations and Doctoral Studies.

Cox, S. & Graham, C. R. (2009). Disgramming TPACK in practice: Using an elaborated model of the TPACK framework to analyze and depict teacher knowledge. TechTrends 53(5), 60-69.

Ertmer, P. A. & Ottenbreit-Leftwich, A. (2010). Teacher technology change: How knowledge, confidence, beliefs and culture intersect. Journal of Research on Technology in Education 42(3), 255-284.

Canbazoğlu, Bilici S., Yamak, H., Kavak, N. & Guzey, S. S. (2013). Technological Pedagogical Content Knowledge Self-Efficacy Scale (TPACK-SeS) for Pre-Service Science Teachers: Construction, Validation, and Reliability. Eurasian Journal of Education Research, 52, 37-60.

Emam, M. M. & Mohamed, A. H. H. (2011). Preschool and primary school teachers' attitude towards inclusive education in Egypt: The role of experience and self-efficiacy. Procedia – Social and Behavioral Sciences, 29, 976-985.

forsa (2016). Inklusion an Schulen aus Sicht der Lehrerinnen und Lehrer – Meinungen, Einstellungen und Erfahrungen Ergebnisse einer repräsentativen Lehrerbefragung in Nordrhein-Westfalen. o. A.

Friedrich-Liesenkötter, H. (2015). Media-educational habitus of future educators in the context of education in day-care-centers. Journal of Media Literacy Education 7(1), 18-34.

Fröhlich-Gildhoff, K., Nentwig-Gesemann, I., Pietsch, S. (2011). Kompetenzorientierung in der Qualifizierung frühpädagogischer Fachkräfte. Weiterbildungsinitiative Frühpädagogische Fachkräfte (WiFF). München: Verlag Deutsches Jugendinstitut.

Gebhardt, M., Schwab, S., Nusser, L. & Hessels, M. G. P. (2015). Einstellungen und Selbstwirksamkeit von Lehrerinnen und Lehrern zu schulischen Inklusion in Deutschland – Eine Analyse mit Daten des Nationalen Bildungspanels Deutschlands (NEPS). In: Empirische Pädagogik 2, 211-229.

Götz, J., Hauenschild, K., Greve, W. & Hellmers, S. (2015). Einstellungen von Lehrerinnen und Lehrern zur inklusiven Grundschule. In: Blömer, D., Lichtblau, M., Jüttner, A.-K., Koch, K., Krüger, M. & Werning, R. (Hrsg.), Perspektiven auf inklusive Bildung. Gemeinsam anders lehren und lernen, 34-39. Wiesbaden: Springer.

Greiten, S. & Trumpa, S. (2017). Co-Peer-Learning in Praxisphasen. Ein Ausweg aus der „Tradierungsfalle" didaktischer Konzeptionen zur Unterrichtsplanung. Lehrerbildung auf dem Prüfstand. Sonderheft Empirische Pädagogik, 63-79.

Gruszczynska, A., Merchant, G. & Pountney, R. (2013). "Digital Futures in Teacher Education": Exploring Open Approaches towards Digital Literacy. Electronic Journal of E-Learning 11(3), 193-206.

Hemmings, B. & Woodcock, S. (2011). Preservice teachers' view of inclusive education: A content analysis. Australian Journal of Special Education 35(2), 103-116.

Hesterman, S. (2011). Multiliterate Star Warians: The force of popular culture and ICT in early learning. In: Australasian Journal of Early Childhood 36(4), 86-95.

Honan, E. (2009). Barriers to teachers using digital texts in literacy classrooms. Literacy 42(1), 36-43.

Koehler, M.J. & Mishra, P. (2005). What happens when teachers design educational technology? The development of technical pedagogical content knowledge. Journal of Educational Computing Research 32(2), 131-152.

Kontovourki, S., Garoufallou, E., Ivarsson, L., Klein, M., Korkeamaki, R. L., Koutsomiha, D., Marci-Boehncke, G., Tafa, E. & Virkus, S. (2017). Digital Literacy in the Early Years: Practices in Formal Settings, Teacher Education, and the Role of Informal Learning Spaces: A Review of the Literature. COST ACTION IS1410. URL: http://digilitey.eu/wp-content/uploads/2017/01/WG2-LR-March-2017-v2.pdf (Zugriff: 6.11.2017).

Krotz, Friedrich (2007). Mediatisierung: Fallstudien zum Wandel von Kommunikation. Springer VS-Verlag: Wiesbaden.

Loreman, T., Sharma, U. & Forlin, C. (2013). Do Pre-Service teachers Feel Ready to Teach in Inclusive Classrooms? A Foru Country Study of Teaching Self-Efficacy. Australian Journal of Teacher Education 38(1), 27-44.

Marci-Boehncke, G. & Rath, M. (2013). Kinder-Medien-Bildung: Eine Studie zu Medienkompetenz und vernetzter Educational Governance in der Frühen Bildung. München: Kopaed.

Marsh, J., Kontovourki, S. & Tafa, E. (2017). Developing Digital Literacy in Early Years settings: Professional Development Needs for Practitioners. DigiLitEY White Paper. URL: http://digilitey.eu/wp-content/uploads/2017/01/WG2-LR-jan-2017.pdf (Zugriff: 6.11.2017).

Palmer, D. (2006). Durability of Changes in Self-Efficiacy of Preservice Primary teachers. International Journal of Science Education 28(6), 655-671.

Parette, H. P., Quesenberry, A. C. & Blum, C. (2010). Missing the boat with technology usage in early childhood settings: A 21st. Century view of developmentally appropriate practice. Early Childhood Education Journal 37, 355-343.

Richter, D. & Pant, H. A. (2016). Lehrerkooperationen in Deutschland. Gütersloh: Bertelsmann Stiftung URL: https://www.bertelsmann-stiftung.de/fileadmin/files/BSt/Publikationen/GrauePublikationen/Studie_IB_Lehrerkooperation_in_Deutschland_2016_final.pdf (Zugriff 10.11.2017)

Rose, D. H. & Meyer, A. (2002). Teaching every student in the digital age: Universal Design for Learning. Alexandria, VA: Association for Supervision and Curriculum Development.

Schwab, S. & Seifert, S. (2014). Einstellungen von Lehramtsstudierenden und Pädagogikstudierenden zur schulischen Inklusion – Ergebnisse einer quantitativen Untersuchung. Zeitschrift für Bildungsforschung 5, 73-87.

Shulman, L. S. (1986). Those who understand; Knowledge growth in teaching. Educational Researcher 15(2), 4-14.

Suhr, F. (2017). Mehr als neun von zehn Kindern gehen in die Kita. URL: https://de.statista.com/infografik/9687/betreuungsquote-von-kindern-in-deutschland/ (Zugriff: 13.11.2017).

Trumpa, S. (2015). Bewältigungsstrategien von Grundschullehrerinnen bei der Übernahme von gemeinsamem Unterricht. Zwei Fallrekonstruktionen. In: Schnell I. (Hrsg.), Herausforderung Inklusion – Theoriebildung und Praxis. 269-279. Bad Heilbrunn: Klinkhardt.

Wember, F. (2013). Herausforderung Inklusion: Ein präventiv orientiertes Modell schulischen Lernens und vier zentrale Bedingungen inklusiver Unterrichtsentwicklung. Zeitschrift für Heilpädagogik 10, 380-387.

Professionalisierung in der Schule

Jan-René Schluchter & Ingo Bosse

Die Umsetzung von Inklusion und Medienbildung verläuft in der ersten und zweiten Phase der Lehrerbildung in den einzelnen Bundesländern sehr unterschiedlich. Unterm Strich ist an Hochschulen (vgl. u. a. Schmidt, Goertz, Radomski, Thom & Behrens 2017) die Arbeit mit (digitalen) Medien weiterhin nicht umfassend implementiert (vgl. für die Lehrerbildung im Allgemeinen Imort, Niesyto 2014). Wesentlichen Einfluss darauf haben Haltungen und Einstellungen sowie Wissen und Können für pädagogisches Handeln (angehender) Lehrkräfte in Bezug auf (digitale) Medien und Technologien (vgl. Schmidt, Goertz, Radomski, Thom & Behrens 2017). In Bezug auf Inklusion und inklusive Bildung zeichnet sich auf Ebene von Hochschulen (vgl. u. a. Monitor Lehrerbildung 2015) ein weitgehend entsprechendes Bild, einer eher zurückhaltenden/moderaten Entwicklung in Perspektive Inklusion, ab. Die möglichen Gründe für diese ernüchternde Bestandsaufnahme der Entwicklung der Lehrerbildung in Perspektive Inklusion und Medienbildung sind vielfältig, im Folgenden soll jedoch ein Blick auf die Bedeutung des Herkunfts- und v.a. des Berufshabitus von Pädagog*innen geworfen werden, um zu zeigen, dass eine Veränderung von Strukturen der Lehrerbildung ohne eine gleichzeitige Arbeit am Habitus nur bedingt zielversprechend ist:

> „Bourdieus Theorie des sozialen Feldes und des Habitus sensibilisiert dafür, dass der Wegfall äußerer Barrieren nicht direkt zu Mobilität und gleichen Chancen führt. Distanzen im sozialen Raum sind verbunden mit Distanzen im sozialen Leben; sie betreffen die ganze Lebensweise. Die Abstände zu überwinden, muss auch innerlich, vom Habitus her, bewältigt werden.“ (Bremer 2007, S. 145f.)

1 Professionalisierung

Der Diskurs um Profession, Professionalisierung und pädagogische Professionalität ist durch begriffliche Unschärfen, Überschneidungen und divergente Definitionen und Ansätze gekennzeichnet (Nittel 2000, S. 15-21). Mit Nittel (2002) lässt sich weitergehend folgende Unterscheidung festhalten: (1) Profession als Strukturbegriff und -kategorie, (2) Professionalisierung als Prozessbegriff und -kategorie und (3) Professionalität als Handlungsbegriff und -kategorie (vgl. Nittel 2002, S. 253).

Professionalisierung als Begriff beschreibt individuelle und kollektive Prozesse der Verberuflichung und wird als immanenter Wandlungsprozess über die Zeit angesehen, der sich von selbst vollzieht (ebd.). In Bezug auf Ansätze der Professionalisierung unterscheidet Nittel (2000) zwei professionstheoretische Grundpositionen, welche Gegenstand einer Vielzahl aktueller Diskurse um Professionalisierung und pädagogische Professionalität sind:

- *Kompetenztheoretische Ansätze/Zugänge:* Auf Basis der normativen Beschreibung der Aufgaben und -funktionen von Lehrkräften werden – weitgehend standardisierte – Kompetenzen und Kompetenzdimensionen abgeleitet, welche Voraussetzung für die Erfüllung dieser Aufgaben und -funktionen sind (vgl. ebd., S. 74-80).
- *Differenztheoretische Ansätze/Zugänge:* Das Handeln in pädagogischen Kontexten ist durch Unsicherheiten, Unbestimmtheiten und Widersprüche, im Besonderen auf Ebene der Handlungsanforderungen, geprägt. Hierbei stellt der konstruktive und reflexive Umgang mit den im Berufsalltag erwachsenen Kontingenzerfahrungen eine zentrale Aufgabe von Pädagog*innen dar (ebd., S. 80-85).

Weitgehend synonym zum Begriff der Professionalisierung wird der Begriff der professionellen Entwicklung (Dlugosch 2003) verwendet. Er akzentuiert darüber hinaus die individuellen Dynamiken und Prozesse der beruflichen Entwicklung von Pädagog*innen, auch Kenntnis- und Fähigkeitserwerb; hierbei ist professionelle Entwicklung als biografische(s) Konstruktion und Projekt eines Individuums zu verstehen (ebd., S. 44). Von Bedeutung ist hierbei, dass nicht alleinig die Anforderungen der Profession das pädagogisch-professionelle Feld Schule sowie einhergehend die Aus- und Weiterbildung von Pädagog*innen strukturieren, sondern das Verhältnis zwischen den Perspektiven des Individuums und den Perspektiven der Gesellschaft. Im Zuge der professionellen Entwicklung kommt es zur Ausbildung eines berufstypischen Habitus, zu bestimmten Wahrnehmungs-, Denk-, und Handlungsweisen von Pädagog*innen (vgl. Dlugosch 2005, S. 39, Schrittesser & Hofer 2012, S. 141).

Pädagogische Professionalität als Begriff beschreibt die Handlungsebene einer Profession, welche sich entlang der sich überschneidenden Dimensionen Wissen, Können und Reflexion begründet, insbesondere berufsbezogenem Wissen, situationsbezogenen Könnens sowie berufsethischen Werthaltungen (Nittel 2000, S. 71). Mit einer Orientierung am Begriff der professionellen Entwicklung besteht die Möglichkeit von entwicklungs- und prozessorientierten Perspektiven auf pädagogische Professionalität und zugleich einer Abgrenzung von statischen und/oder normativen Verständnissen von pädagogischer Professionalität (Dlugosch 2003, S. 23f.). Eine derartige Perspektive auf pädagogische Professionalität gibt beispielsweise Raum für die Auseinandersetzung mit den individuellen Aneignungs-, Bewältigungs- und Entwicklungsprozessen von (angehenden) Pädagog*innen, auf Basis dessen Raum für die reflexive Auseinandersetzung mit pädagogischer Professionalität und pädagogischem Handeln und somit mögliche Impulse für die Gestaltung von Professionalisierungsprozessen.

Überlegungen zur Weiterentwicklung von Lehrerbildung in Perspektive Inklusion bewegen sich innerhalb dieses Spektrums an Verständnissen von Professionalisierung und pädagogischer Professionalität, als auch auf Ebene der divergenten Modelle/Ansätze von Professionalisierung und Pädagogischer Professionalität (u. a. Greiten, Geber, Gruhn & Köninger 2017, BMBF 2018).

2 Inklusion als Perspektive der Lehrerbildung

In der Empfehlung der HRK & KMK „Lehrerbildung für eine Schule der Vielfalt" (2015) wird auf Ebene der ersten Phase der Lehrerbildung Inklusion als Querschnittaufgabe aller Disziplinen sowie als Querstruktur aller Lehramtsstudiengänge verstanden (vgl. HRK, KMK 2015, S. 3). Hierbei steht der Erwerb von Basiskompetenzen für den Umgang mit Vielfalt in der Schule, für alle angehenden Lehrkräfte, im Fokus, mit Akzenten in den Bereichen Diagnostik und Förderung. Erweiternd hierzu bedarf es einer vertieften sonderpädagogischen Expertise einzelner Lehrkräfte. Ebenso stellt die Entwicklung von konstruktiven Einstellungen und Haltungen gegenüber Vielfalt eine weitere Aufgabe der Lehrerbildung in Perspektive Inklusion dar, genauso wie die Vorbereitung auf die Arbeit in multiprofessionellen Teams. Hierbei liegt der zentrale Fokus der Umsetzung auf den Bildungswissenschaften, eine Abstimmung auf Ebene von Curricula soll mit den Fachwissenschaften und -didaktiken erfolgen, welche ihrerseits Konzepte für Formen individualisierten/differenzierten Unterrichts entwickeln sollen (vgl. ebd.). Auf Ebene der zweiten Phase der Lehrerbildung sollen in der ersten Phase anschlussfähige methodisch-didaktische Konzepte mit Fokus auf Heterogenität entwickelt werden (vgl. ebd.). In der HRK & KMK-Empfehlung werden jedoch keine Perspektiven zur konkreten Umsetzung von Inklusion als zentrales Moment der Lehrerbildung abgebildet, beispielsweise zur Entwicklung von Studiengängen, Curricula und/oder Modulen – hier findet sich in der Empfehlung eine „Leerstelle" (Greiten, Geber, Gruhn & Köninger 2017, S. 5). Konkrete Umsetzungen in der Praxis der Lehrerbildung weisen hingegen ein gewisses Spektrum auf, welches im Papier „Inklusionsorientierte Lehrerbildung – Vom Schlagwort zur Realität?!" des Projekts Monitor Lehrerbildung (2015) folgendermaßen systematisiert wird (vgl. Monitor Lehrerbildung 2015):

- *Additive Lehrveranstaltungen:* Aufnahme einzelner, themenspezifischer Lehrveranstaltungen in Curricula

- *Inklusion als Querschnittsthema:* Aufnahme als Querschnittsthema in Curricula, Module und Lehrveranstaltungen der Bildungswissenschaften und der Fachwissenschaften und -didaktiken
- *Umstrukturierte Studiengänge:* Neukonzeption von Studiengängen, in denen bspw. sonderpädagogische Inhalte obligatorischer Bestandteil der Curricula aller Lehrämter sind.
- *Lehrerbildung ohne Differenzierung nach Lehrämtern:* keine Unterscheidung mehr nach Lehrämtern, sondern Etablierung von (alters)stufenbezogenen Lehramtsstudiengängen oder eines Lehramtsstudiengangs für alle (Monitor Lehrerbildung 2015, S. 5)

In Zusammenhang mit den Strukturen der Lehrerbildung rückt auch die Frage nach den zentralen Wissensbeständen, Fähigkeiten und Fertigkeiten der (angehenden) Pädagog*innen in den Fokus, welche sich wiederum in Curricula, Modulen und Lehrveranstaltungen spiegeln. Hierzu liegt eine Vielzahl an Überlegungen vor (vgl. u. a. Greiten, Geber, Gruhn &Köninger 2017, Häcker & Walm 2014). Diese Überlegungen laufen in die folgende Richtung: „In Hinblick auf eine Weiterentwicklung der Lehrerbildung in Perspektive Inklusion bedarf es entsprechend einer Professionalisierung von Fach- und Reflexionswissen sowie die Integration von Wertüberzeugungen in die Ausbildung, als berufsorientierte Wissenschaftlichkeit" (vgl. Moser 2016, S. 667).

Verbunden mit dem Ziel, „einer gemeinsam geteilten professionellen Verständigung und Verantwortung für die Teilhabe aller am Bildungsprozess" (Hudelmaier-Mätzke & Sauter 2018, S. 27).

Vor diesem Hintergrund verweisen Hillenbrand, Melzer & Hagen (2013) darauf, dass Forschung zur Professionalisierung von Lehrkräften in Perspektive Inklusion bislang zu stark auf Einstellungen und Haltungen gegenüber Vielfalt bzw. in Bezug auf Schule und Unterricht in inklusiven Settings verhaftet ist und Perspektiven auf das Wissen und Können für pädagogisches Handeln in diesem Feld vernachlässigen (vgl. Hillenbrand, Melzer & Hagen 2013, S. 2). Entsprechend bleiben Verbindungen und Bezüge zwischen Einstellungen und Haltungen, Wissen und Können für pädagogisches Handeln oft unbestimmt.

In Rekurs auf die Ausführungen zur professionellen Entwicklung von Pädagog*innen (vgl. Dlugosch 2003), hier im Besonderen die Bezüge zum Habitus-Konzept Bourdieus, zeigt sich, dass im Besonderen die Verbindungslinien zwischen den Einstellungen und Haltungen – weiter gedacht als sozialisatorisch (Herkunftshabitus) und fachsozialisatorisch (Berufshabitus) erworbene Wahrnehmungs-, Denk- und Handlungsweisen – und dem Wissen und Können für pädagogischen Handeln und somit pädagogisches Handeln von Bedeutung sind. Kramer (2015) spricht in Bezug auf die Lehrerbildung von einer „[...] Herausbildung eines Berufshabitus als Amalgam von Milieu- und beruflich spezifizierten Feldanforderungen [...]" (Kramer 2015, S. 355), also einer Nähe von Herkunftshabitus und Berufshabitus (vgl. auch Helsper 2018). Für Dlugosch (2003) ist somit ein zentraler Aspekt der Professionalisierung von Pädagog*innen sowie von pädagogischer Professionalität, dass ein Verstehen der Habitusformationen möglich wird (vgl. Dlugosch 2003, S. 173). Entsprechend kann eine Professionalisierung von Pädagog*innen – im Allgemeinen sowie in Perspektive Inklusion – nicht alleinig auf einer Vermittlung von Wissen und Können für pädagogisches Handeln beschränkt sein, sondern muss Reflexions- und Handlungsraume für die Auseinandersetzung mit Prozessen der Habitusformationen und deren Bedeutung für pädagogische Handeln anbieten (Kramer 2015, S. 356). Hierbei kommt im Besonderen dem Praxisfeld Schule eine besondere Bedeutung zu, da Habitusformation und -transformation auf Ebene der Lehrerbildung nicht ohne das pädagogische Praxis- und Handlungsfeld zu denken ist – d.h., dass eine Einbindung der Berufspraxis von Schule und Unterricht in die Lehrerbildung, u. a. in Form von Praxisphasen, von zentraler Bedeutung ist. Folglich sind die (begleiteten) Praxisphasen der Ort, an dem eine intensive Auseinandersetzung mit den Wechselwirkungen von Wissen und Können für pädagogisches Handeln und den bestehenden Habitusformationen stattfinden sollte.

In dieser Perspektive wird Reflexivität pädagogischen Handelns (auch: der Profession, der Professionalisierung und Professionalität) zu einer der zentralsten Aufgaben- und Entwicklungsfelder der Lehrerbildung in Perspektive Inklusion:

> „Gegenstand pädagogischer Reflexivität sind hierbei in erster Linie nicht die individuellen Positionen und Positionierungen der Pädagogen/innen, sondern das im pädagogischen Deuten und Handeln aufscheinende und wirksam werdende erziehungswissenschaftliche, kulturelle und alltagsweltliche Wissen; ein Wissen, welches möglicherweise als unhinterfragte Selbstverständlichkeit auftritt und kaum bewusst das Handeln und Deuten anleitet. Dieses Wissen gilt es im Rahmen reflexiver Professionalität zu bearbeiten." (Dogmus, Karakaşoğlu & Mecheril 2016, S. 7)

3 Medienbildung als Perspektive der Lehrerbildung

Zeichnet die Expertenkommission „Kompetenzen in einer digital geprägten Kultur" des BMBF (2009) noch folgende Bestandsaufnahme von Medienbildung in der Lehrerbildung: „Gerade in der Lehreraus- und Lehrerfortbildung fehlt es bislang in nahezu allen Bundesländern an einer verbindlichen Mediengrundbildung." (BMBF 2009, S. 14). Und fordert: „Für alle Lehramtsstudierenden muss – unabhängig von fachspezifischen Vertiefungen – eine Mediengrundbildung gewährleistet sein (Medienkompetenz als Querschnittkompetenz im Rahmen der Verknüpfung von bildungswissenschaftlichen und fachwissenschaftlichen/-didaktischen Kompetenzbereichen)“ (ebd.). So folgen seitens der Bildungspolitik mit der KMK-Empfehlung „Medienbildung in der Schule“ (2012) sowie der KMK-Empfehlung „Bildung in der digitalen Welt" (2016) Orientierungen für die (Weiter)Entwicklung der Lehrerbildung in Perspektive Medienbildung (und Digitalisierung): „In diesem Sinne ist Medienbildung sowohl in den Bildungswissenschaften als auch in der fachbezogenen Lehrerausbildung der ersten und zweiten Phase in den Prüfungsordnungen ausreichend und verbindlich zu verankern“ (KMK 2012, S. 7).

2014 konstatieren Kammerl & Mayrberger (2014), dass „[...] Medienpädagogische Inhalte im weitesten Sinne [...] bis dato in den meisten Lehrerbildungsstandorten kein verpflichtender Bestandteil der Lehramtsstudiengänge [sind]. Nur in Einzelfällen sind einzelne medienpädagogische Veranstaltungen in den BA- und MA-Studiengängen integriert.“ (Kammerl & Mayrberger 2014, S. 84). Die Veröffentlichung im Rahmen des Projekts Monitor Lehrerbildung „Lehramtsstudium in der digitalen Welt – Professionelle Vorbereitung auf den Unterricht mit Medien?!“ (2018) unterstreicht diese Aussage – obwohl eine begriffliche Verschiebung auf digitale Medien und Digitalisierung als auch ein Verzicht auf Begriffe wie Medienkompetenz zu beobachten sind – auch vier Jahre später noch; so ist/so sind:

- „[...] die strategische Steuerung durch die Länder [seitens der Bildungspolitik, J.R.S. & I.B.) [...] bislang unzureichend“
- „[...] digitale Medien meist nur optionaler Studieninhalt“
- „[...] die praktische Erprobung von digitalen Medien [...] kaum verbindlich vorgesehen“
- „[...] die Nutzung digitaler Medien in der Lehre wird nicht konsequent genug durch strategische Gestaltungsprozesse gefördert.“ (Monitor Lehrerbildung 2018, S. 15-18)

Obwohl in den letzten Jahren das Thema Medienbildung Teil bildungspolitischer Agenda war, hat sich – wie die obigen Beispiele zeigen – auf Ebene der Strukturen und Prozesse der Lehrerbildung bislang wenig hiervon niedergeschlagen (beispielhafte Ausnahmen siehe u. a. Imort & Niesyto 2014, Marci-Boehncke & Bosse 2018). Wissen und Können für pädagogisches Handeln – mit Fokus auf Inklusion und Medienbildung – kann sich somit nicht umfassend entwickeln: „Maßgeblich sind auch hier Einstellungen und Selbstwirksamkeitserfahrungen (vgl. Gebhardt, Schwab, Nusser & Hessels 2015) sowie professionsspezifische Überzeugungen, die sich aus der eigenen Berufsbiographie begründen.“ (Marci-Boehncke & Bosse 2018, o.S.). Im Kontext von Inklusion und Medienbildung sind für (angehende) Lehrkräfte dabei neben Überlegungen zur Gestaltung von Schule und Unterricht in Perspektive Inklusion zwei Aspekte von besonderer Relevanz: zum einen das Wissen um die spezifische Mediennutzung von vulnerablen Gruppen (Bosse & Hasebrink 2016, Kaletka & Pelka 2016) sowie zum anderen Wissen um spezifische Unterstützungsmöglichkeiten durch Medien und Technologien (Marci-Boehncke & Bosse 2018, o.S.).

Eine wesentliche Begründungslinie in Bezug auf unzureichende Qualifizierung von Pädagog*innen im Bereich Medienpädagogik (v. a. in Perspektive medienpädagogische Kompetenz) ist das Theorem des medialen Habitus (Kommer 2006).

Der mediale Habitus bezeichnet „[…] das (dynamische) Feld von Einstellungen zu Medien, ihrer subjektiven kulturellen Verortung (Wertigkeit), aber auch Erfahrungen und Kompetenzen im Umgang mit den verschiedenen Medien bis hin zu den individuellen, mehr oder weniger stabilen Nutzungsmustern" (Kommer 2006, S. 168). Mit dem medialen Habitus wird der Versuch unternommen, Zusammenhänge von sozialem Herkunftsmilieu und der Ausbildung medialer Wahrnehmungs-, Denk- und Handlungsdispositionen zu beschreiben (Biermann 2009, S. 17, Kommer 2010, S. 14). Über die Auseinandersetzung mit dem medialen Habitus von (angehenden) Pädagog*innen (Biermann 2009, Kommer 2010) sowie Pädagog*innen in der (Berufs)Praxis von Schule und Unterricht (Meurer 2006, Henrichwark 2009) wird dessen Bedeutung für (medien-)pädagogischen Handeln in Schule und Unterricht rekonstruiert.

In Erweiterung hierzu lohnt der Blick auf Aspekte der Fach- oder fachkulturellen Sozialisation auf Ebene der Lehrerbildung; grundlegend beschäftigt sich Fachkultur- und Fachsozialisationsforschung mit der Frage nach Zusammenhängen zwischen Sozialisation und Studiengang und -fachwahl sowie den sozialisierenden Effekten von Ausbildungsstrukturen und -institutionen im Allgemeinen als darüber hinaus des gewählten Faches im Besonderen. Hierbei sind primär die Bedingungen und Prozesse der Aneignung gemeinsamer, disziplinärer Weltsichten auf Ebene der studentischen und akademischen Kultur von Bedeutung (Ecarius 2010, S. 102-105). Die Fachsozialisations- und Fachkulturforschung sieht sich wesentlich von der Bourdieu'schen Habitustheorie sowie durch dessen Lebensstilkonzept beeinflusst. Auch lassen sich hier Bezüge zu Dlugoschs (2003) zuvor skizzierten Überlegungen zur Ausbildung eines berufstypischen Habitus im Rahmen der Lehrerbildung bzw. im Rahmen der professionellen Entwicklung von Pädagog*innen herstellen.

In dieser Perspektive kristallisierten sich laut einer Studie von Schluchter (2014) – in Erweiterung des Blicks auf den medialen Habitus der Studierenden – die Strukturen und Prozesse fachkultureller Sozialisation auf Ebene der Lehrerbildung als wesentlicher Moment der Verfestigung, aber auch Ausbildung von bestimmten Wahrnehmungs-, Denk- und Handlungsmustern in Bezug auf die disziplinäre(n) Rahmung(en) der Lehrerbildung, aber gleichermaßen in Bezug auf Medien und deren Relevanz für die Gestaltung von Schule und Unterricht heraus. In Anbetracht dessen zeigt sich, dass die sozialisatorisch erworbenen Wahrnehmungs-, Denk- und Handlungsmuster in Bezug auf Medien, der mediale Habitus, beim Gros der Studierenden mit den fachkulturellen Wahrnehmungs-, Denk- und Handlungsmustern hinsichtlich Medien korrespondieren. In Anbetracht dessen zeichnen sich in beiden Perspektiven eher kritisch-bewahrende Haltungen und Einstellungen ab. In dieser Perspektive verfestigt respektive bestätigt die Lehrerbildung bestehende medienbezogene Haltungen und Einstellungen der Studierenden, indem diese durch die fachkulturellen Traditions- und Entwicklungslinien sowie Logiken der jeweiligen Disziplin legitimiert werden respektive als handlungsleitende Orientierungen für die Berufspraxis in dieser angelegt sind. Auch bei Studierenden, deren Haltungen und Einstellungen gegenüber Medien, vor dem Hintergrund ihrer mediensozialisatorischen Erfahrungen in Kindheit und Jugend, eher medienaffin sind, zeichnet sich auf Ebene der Lehrerbildung ein weitgehend entsprechendes Bild der Prägekraft fachkultureller Sozialisation; die eigenen Perspektiven auf Medien, auch als antizipierte Perspektiven für die eigene Schul- und Unterrichtspraxis der Studierenden weichen auf Ebene der Handlungspraxis der Studierenden, auf Ebene von Hochschule, aber auch in der Berufspraxis fachkulturell geprägten Handlungsorientierungen und -praxen. Die eher medienaffinen Wahrnehmungs-, Denk- und Handlungsmuster der Studierenden bleiben erhalten, u. a. auf Ebene der privaten Medienumgangsformen und -präferenzen, die Studierenden ordnen sie den fachkulturellen Orientierungsmustern auf Ebene der Lehrerbildung jedoch unter.

In dieser Perspektive erwächst in Verwobenheit mit fachkulturellen Sozialisationsbedingungen und -prozessen die Relevanz von hochschuldidaktischen Perspektiven. Hier zeigt sich, dass auf Ebene von Hochschule bestimmte Formen der Medien- und Lehrpraxis etabliert sind, in deren Rahmen sich gleichermaßen die Medienumgangsformen der Studierenden sowie die Formen der Gestaltung von Lehre der Dozent*innen bewegen; diese Medienumgangsformen sind primär an der Wissens- und Informationsgenerierung und -vermittlung orientiert und begreifen Medien primär als Arbeitsgerät und -werkzeug. Vor diesem Hintergrund entfalten sich Ambivalenzen zwischen den privaten Medienumgangsformen und -präferenzen der Studierenden und deren studienbezogenen Mediennutzung; diese entstehen aufgrund der Unterscheidung von legitimen und nichtlegitimen Formen der Medien- und Lehrpraxis auf Ebene von Hochschule. In dieser Perspektive schließt Hochschule die privaten Medienumgangsformen und -präferenzen der Studierenden weitgehend aus und prägt ihrerseits Orientierungen der legitimen Ausgestaltung von Bildungsprozessen auf Ebene von Hochschule

In der Aufnahme des Studiums etabliert sich entlang der fachkulturellen Sozialisation auf Ebene von Hochschule bei den Studierenden zunehmend eine Unterscheidung zwischen studien- respektive berufsbezogenen und privaten Medienumgangsformen und -präferenzen; hierbei wird, auch bei gewissen

Nähen, die Aufnahme eines fachkulturellen Habitus im Laufe des Studiums als Bestandteil und Prozess der Professionalisierung bzw. der professionellen Entwicklung angesehen, die privaten Medienumgangsformen und -präferenzen sind in diesem Zusammenhang Bestandteil des Privaten und nicht Bestandteil der angestrebten Professionalisierung (Schluchter 2014, S. 476-484).

Entsprechend zeigt sich, dass die Lehrerbildung (erste und zweite Phase) von enormer Prägekraft in Bezug auf Wahrnehmungs-, Denk- und Handlungsmustern in Bezug auf Medien(-angebote, -inhalte und -umgangsformen) ist, entsprechend von der Ausbildung eines berufsbezogenen Habitus von Pädagog*innen gesprochen werden.

Fazit

Es zeichnen sich deutliche Analogien zwischen der skizzierten Bestandsaufnahme der Lehrerbildung in Bezug auf Inklusion und in Bezug auf Medienbildung ab – beide Themen sind im Rahmen der Professionalisierung von Pädagog*innen eher unzureichend vertreten. Einen Unterschied macht hierbei die Rechtsverbindlichkeit der Umsetzung von Inklusion, welche durch die Ratifizierung der UN-Konvention über die Rechte von Menschen mit Behinderungen entstanden ist, insofern, dass hier flächendeckender Initiativen zur Umsetzung in der Lehrerbildung angelegt sind (Monitor Lehrerbildung 2015). Jedoch sind diese Entwicklungen durch ein „Dilemma der Orientierung am Bestehenden" sowie eine unzureichende „reflexive Institutionskultur" (Merz-Atalik 2014, S. 266) gekennzeichnet, zum Beispiel durch eine weiterhin starke Ausrichtung der Lehrerbildung an Schulformen/-typen, welche sich in Strukturen, Curricula sowie Inhalten von Studiengängen wiederspiegeln (vgl. ebd.). Neben Hemmnissen auf Ebene der Bildungspolitik treten hier auch Logiken von Fachdisziplinen, -kulturen als retardierende Momente der Weiterentwicklung der Lehrerbildung in Perspektive Inklusion auf. Wie der Beitrag zeigt, lassen sich sehr ähnliche Beobachtungen für die Implementierung medienpädagogischer Inhalte in der Lehrerbildung machen.

In Anbetracht dessen möchte dieser Beitrag zeigen, dass Fachkultur und entsprechend die fachkulturelle Sozialisation in Bezug auf Inklusion sowie auf Medienbildung bestimmte Wahrnehmungs-, Denk- und Handlungsmuster hervorbringt, welche ihrerseits auf vielfältigen Ebene des Bildungssystems – so auch auf Ebene der Lehrerbildung – eine Weiterentwicklung in Perspektive Inklusion und auch Medienbildung erschwert.

Entsprechend muss eine Professionalisierung von (angehenden) Pädagog*innen neben Aspekten wie Studiengangsstrukturen, Curricula und Studieninhalten Reflexions- und Handlungsräume für die Auseinandersetzung mit Prozessen der Habitusformation(en) und deren Bedeutung für pädagogisches

Handeln sowie gleichermaßen zur Habitustransformation, der Weiterentwicklung bestehender Habitusformationen, anbieten. Hierbei kommt im Besonderen dem (Praxis-)Feld von Schule eine besondere Bedeutung zu, da Habitusformation und -transformation auf Ebene der Lehrerbildung nicht ohne das zugehörige pädagogische Praxis- und Handlungsfeld zu denken ist – d.h., dass eine Einbindung der Berufspraxis von Schule und Unterricht in die Lehrerbildung, u. a. in Form von Praxisphasen, von zentraler Bedeutung ist. Die Praxisphasen dienen dazu, Erfahrungen in den Bereichen inklusiver pädagogischer Settings und medienpädagogisches Handeln zu sammeln und zu vertiefen, es braucht hier jedoch einen theoretischen Hintergrund wie einer kritisch-reflexiven Begleitung, um individuelle Erfahrungen kritisch zu reflektieren und in die eigene pädagogische Professionalität zu integrieren (Marci-Boehncke & Bosse 2018). Dies gilt sowohl für den Herkunftshabitus als auch für den Berufshabitus, in diesem Sinne einer reflexiven Auseinandersetzung mit Fachkulturen. Vor diesem Hintergrund muss die Professionalisierung von (angehenden) Pädagog*innen – im Sinne professioneller Entwicklung – in erster Linie als reflexive Praxis der Auseinandersetzung mit dem eigenen Herkunftshabitus sowie der im Rahmen Lehrerbildung nahegelegten Habitusformation(en) verstanden werden – hier im Besonderen in Bezug auf Inklusion und Medienbildung.

In Anlehnung an Überlegungen von Merz-Atalik (2014) zur Neustrukturierung der Lehrerbildung in Perspektive Inklusion finden sich einerseits Perspektiven für Wissen und Können für pädagogisches Handeln sowie Räume für eine Arbeit am Habitus:

- *Strukturen:* polyvalente Bachelorstudiengänge (zur Berufsorientierung); stufenbezogene Lehrämter mit flexiblen Profilen (u. a. im Bereich Sonderpädagogik)
- *Entwicklungsorientierter Lernbegriff:* Inklusive Pädagogik (in Theorie und Praxis) für alle Lehrer*innen und bildungswissenschaftlichen Berufe; Ausweisung von Pflichtmodulen (Teamarbeit, Kooperation, inklusive Didaktik/Methodik, Beratung etc.); intensivierte Praxisphasen in inklusiven Settings; Verankerung von Inklusion, Individualisierung, individueller Förderung in den Fachdidaktiken
- *Inklusives Lehren als Entwicklungsaufgabe:* Entwicklung flexibler Bausteine für die Weiterbildungs-, Aufbau- und Masterstudiengänge zur Inklusion; Qualifizierung und Professionalisierung von Dozent*innen in der Lehrerbildung; Forschendes Lehren in Kooperation mit der inklusiven Praxis; Modelle der Praxisbegleitung und Reflexion

In dieser Perspektive gilt es (inter-)disziplinäre und -professionelle Verbindungslinien zur Medienpädagogik zu entdecken und in der Lehrerbildung zu integrieren (vgl. Schluchter 2014, S. 421-425); neben einer Verbindung von Inklusion und Medienbildung sind – aus Perspektive der Medienpädagogik – medienpädagogische Inhalte auch als eigenständiger Profilbereich sowie im Rahmen einer medienpädagogischen Grundbildung in allen Lehramtsstudiengängen zu verankern (vgl. Imort & Niesyto 2014).

Literatur

Biermann, R. (2009). Zum medialen Habitus von Lehramtsstudierenden. Eine quantitative Studie zum Medienhandeln angehender Lehrpersonen. Wiesbaden: VS-Verlag.

BMBF (2009) (Hrsg.). Kompetenzen in einer digital geprägten Kultur. Medienbildung für die Persönlichkeitswicklung, für die gesellschaftliche Teilhabe und für die Entwicklung von Ausbildungs- und Erwerbsfähigkeit, http://www.bmbf.de/pub/kompetenzen_in_digitaler_kultur.pdf [27.06.2018]

BMBF (2018) (Hrsg.). Perspektiven für eine gelingende Inklusion. Beiträge der „Qualitätsoffensive Lehrerbildung" für Forschung und Praxis, https://www.bmbf.de/pub/Perspektiven_fuer_eine_gelingende_Inklusion.pdf [27.06.2018]

Bosse, I. & Hasebrink, U. (2016). Mediennutzung von Menschen mit Behinderungen. Forschungsbericht. Hrsg. von Aktion Mensch & Die Medienanstalten. https://www.aktion-mensch.de/themen-informieren-und-diskutieren/barrierefreiheit/mediennutzung.html, [09.12.2016].

Bremer, H. (2007). Soziale Milieus, Habitus und Lernen. Zur sozialen Selektivität des Bildungswesens am Beispiel der Weiterbildung. Weinheim, München: Juventa.

Dlugosch, A. (2005). Professionelle Entwicklung in sonderpädagogischen Kontexten. In: Horster, D., Hoyningen-Süess, U. & Liesen, C. (Hrsg.), Sonderpädagogische Professionalität. Wiesbaden: VS-Verlag. S. 27-51.

Dlugosch, A. (2003). Professionelle Entwicklung und Biografie. Impulse für universitäre Bildungsprozesse im Kontext schulischer Erziehungshilfe. Bad Heilbrunn: Klinkhardt.

Doğmuş, A., Karakaşoğlu, Y. & Mecheril, P. (Hrsg.). (2016). Pädagogisches Können in der Migrationsgesellschaft. Wiesbaden: Springer VS.

Ecarius, J., Köbel, N., Wahl, K. (2010). Familie, Erziehung und Sozialisation. Wiesbaden: VS-Verlag.

Greiten, S., Geber, G., Gruhn, A. & Köninger, M. (Hrsg.). (2017). Lehrerbildung für Inklusion – Hochschuldidaktische Fragen und Konzepte. Münster: Waxmann

Häcker, T. & Walm, M. (2014). Inklusion als Entwicklung. Konsequenzen für Schule und Lehrerbildung. Bielefeld: Waxmann.

Helsper, W. (2018). Lehrerhabitus. Lehrer zwischen Herkunft, Milieu und Profession. In: Paseka, A., Keller-Schneider, M., Combe, A. (Hrsg.). Ungewissheit als Herausforderung pädagogischen Handelns. Wiesbaden: VS-Verlag. S. 105-140.

Henrichwark, C. (2009). Der bildungsbezogene mediale Habitus von Grundschulkindern. Eine empirische Studie zur Reproduktion sozialer Ungleichheit in Schule und Familie, http:// elpub.bib.uni- wuppertal.de/servlets/DerivateServlet/Derivate-1131/dg0901.pdf [27.06.2018]

Hillenbrand, C., Melzer, C. & Hagen, T. (2013). Ausbildung und Professionalisierung von Fachkräften für inklusive Bildung im Bereich der Allgemeinbildenden Schulen, https://www.gemeinsam-einfach-machen.de/SharedDocs/Downloads/DE/AS/UN_BRK/Dokumente_Inklusion Gestalten/Expertise2.pdf?__blob=publicationFile&v=1 [27.06.2018]

HRK, KMK (2015). Lehrerbildung für eine Schule der Vielfalt, https://www.kmk.org/fileadmin/Dateien/veroeffentlichungen_beschluesse/2015/2015_03_12-Schule-der-Vielfalt.pdf [07.06.18]

Kaletka, C. & Pelka, B. (2016). Empowerment for vulnerable people through „digital social innovation", Wien: Zentrum für Soziale Innovation.

Merz-Atalik, K. (2014). Lehrer_innenbildung für Inklusion – „Ein Thesenanschlag!" In: Schuppener, S., Bernhardt, N., Hauser, M., Poppe, F. (Hrsg.), Inklusion und Chancengleichheit. Diversity im Spiegel von Bildung und Didaktik. Bad Heilbrunn: Klinkhardt. S. 266-277.
Hudelmaier-Mätze, P. & Sauter, S. (2018). Inklusive Antinomien? Lehrerinnen- und Lehrerprofessionalität im Spannungsfeld von Fachdidaktik, Fachwissenschaft und Erziehungswissenschaft, In: BMBF, 2018 ((Hrsg,). Perspektiven für eine gelingende Inklusion. Beiträge der „Qualitätsoffensive Lehrerbildung" für Forschung und Praxis, https://www.bmbf.de/pub/Perspektiven_fuer_eine_gelingende_Inklusion.pdf [27.06.2018], S. 22-31.
Imort, P. & Niesyto, H. (2014) (Hrsg.). Grundbildung Medien in pädagogischen Studiengängen. München: kopaed.
Kammerl, R. & Mayrberger, K. (2014). Medienpädagogik in der Lehrerbildung. Zum Status Quo dreier Standorte in verschiedenen deutschen Bundesländern. In: Imort, P, Niesyto, H. (Hrsg.). Grundbildung Medien in pädagogischen Studiengängen. München: kopaed. S. 81-93.
Klemm, K. (2015). Inklusion in Deutschland. Daten und Fakten. URL [29.06.2018]
KMK (2012). Medienbildung in der Schule, http://www.kmk.org/fileadmin/veroeffentlichungen_beschluesse/2012/2012_03_08_Medienbildung.pdf [27.06.2018]
KMK (2016). Bildung in der digitalen Welt, https://www.kmk.org/fileadmin/Dateien/pdf/PresseUndAktuelles/2016/Bildung_digitale_Welt_Webversion.pdf [27.06.2018]
Kommer, S. (2010). Kompetenter Medienumgang? Eine qualitative Untersuchung zum medialen Habitus und zur Medienkompetenz von SchülerInnen und Lehramtsstudierenden. Opladen: Budrich Uni Press.
Kommer, S. (2006). Zum medialen Habitus von Lehramtsstudierenden. Oder: Warum der Medieneinsatz in der Schule eine so ‚schwere Geburt' ist. In: Treibel, A., Maier, M., Kommer, S. & Welzel, M. (Hrsg.), Gender medienkompetent. Medienbildung in einer heterogenen Gesellschaft. Wiesbaden: VS-Verlag. S. 165-177.
Kramer, R.T. (2015). „Reproduktionsagenten" oder „Transformationsakteure"? Lehrkräfte im Blick der Bildungssoziologie Pierre Bourdieu. In: Zeitschrift für Soziologie der Erzieung und Sozialisation, 35. Jahrgang, Heft 4, S. 344-359.
Marci-Boehncke, G. & Bosse, I. (2018). Inklusive digitale Medienbildung im (Deutsch-) Unterricht: Ein kooperatives Lehrkonzept von Rehabilitationswissenschaften und Literaturdidaktik. In: St. Hußmann und B. Welzel: DoProfiL – Das Dortmunder Profil für inklusionsorientierte Lehrerinnen- und Lehrerbildung, (in Druck).
Meurer, M. (2006). „Es ist noch zu früh" – Habituskonstruktionen von GrundschullehrerInnen im Umgang. mit Neuen Medien. In: Treibel, A., Maier, M., Kommer, S. & Welzel, M. (Hrsg.), Gender.
medienkompetent. Medienbildung in einer heterogenen Gesellschaft. Wiesbaden: VS-Verlag. S. 193-206.
Monitor Lehrerbildung (2018). Lehramtsstudium in der digitalen Welt. Professionelle Vorbereitung auf den Unterricht mit digitalen Medien?!, http://www.che.de/downloads/Monitor_Lehrerbildung_Broschuere_Lehramtsstudium_in_der_digitalen_Welt.pdf [27.06.2018]
Monitor Lehrerbildung (2015). Inklusionsorientierte Lehrerbildung. Vom Schlagwort zur Realität?!, https://www.monitor-lehrerbildung.de/export/sites/default/.content/Downloads/Monitor_Lehrerbildung_Inklusion_04_2015.pdf [27.06.2018]
Moser, V. (2016). Professionsforschung. In: Hedderich, I., Hollenweger, J, Biewer, G., Markowetz, R. (Hrsg.). Handbuch Inklusion und Sonderpädagogik. Bad Heilbrunn: Klinkhardt UTB. S. 665-669.
Nittel, D. (2002). Professionalität ohne Profession? „Gekonnte Beruflichkeit" in der Erwachsenenbildung im Medium narrativer Interviews mit Zeitzeugen. In: Kraul, M., Marotzki, W. & Schweppe, C. (Hrsg.), Biographie und Profession. Bad Heilbrunn: Klinkhardt. S. 253-286.
Nittel, D.(2000). Von der Mission zur Profession? Stand und Perspektiven der Verberuflichung in der Erwachsenenbildung. Bielefeld: Bertelsmann.
Schmid, U., Goertz, L., Radomski, S., Thom, S. & Behrens, J. (2017). Monitor Digitale Bildung. Die Hochschulen im digitalen Zeitalter. Gütersloh: Bertelsmann Stiftung DOI 10.11586/2017014.

Schrittesser, I. & Hofer, M. (2012). Lehrerbildung als kulturelle Praxis? Wie Pierre Bourdieus Habitusbegriff die Kulturen der Lehrerbildung und der Schulpraxis einander näher bringen könnte… In: Kraler, C., Schnabel-Schüle, H., Schratz, M. & Weyand, B. (Hrsg.), Kulturen der Lehrerbildung. Professionalisierung eines Berufsstands im Wandel. Münster: Waxmann. S. 141-154.

Schluchter, J.-R. (2014). Medienbildung in der (sonder)pädagogischen Lehrerbildung. Bestandsaufnahme und Perspektiven für eine inklusive Lehrerbildung. München: kopaed.

Schlüter, A. K., Melle, I. & Wember, F. B. (2016). Unterrichtsgestaltung in Klassen des Gemeinsamen Lernens. Universal Design for Learning. In: Sonderpädagogische Förderung heute 61 (3), 270-285.

Professionalisierung in der Arbeit/im Beruf

Andrea Burda-Zoyke

In Anlehnung an die Initiative „Bildung für alle“, die die Unesco in ihren Leitlinien zu inklusiver Bildung aufgreift (DUK 2014), kann inklusive Berufsbildung komprimiert unter der Leitidee „Berufsbildung für alle“ gefasst werden. Unter Berücksichtigung auch der VN-Behindertenrechtskonvention (VN-BRK 2008) und des Diskurses in der Berufs- und Wirtschaftspädagogik kann dies in der Forderung konkretisiert werden, allen Menschen gleiche Chancen auf Zugang zu und Teilhabe an qualitativ hochwertiger Berufs(-aus-)bildung möglichst in Settings gemeinsamen Lernens und mit betrieblichen Erfahrungsräumen zu gewähren. Diese Bemühungen sollen der Zielsetzung dienen, allen die gleichen Chancen auf Beschäftigung auf dem allgemeinen Arbeitsmarkt und damit zur Teilhabe an der Gesellschaft zu gewähren. Dabei fasst die Berufs- und Wirtschaftspädagogik unter Berufs(-aus-)bildung nicht allein die instrumentalistisch verkürzte Qualifizierung für eine (arbeitsplatzbezogene) berufliche Beschäftigung, sondern auch eine darüberhinausgehende allgemeine Bildung und Persönlichkeitsentwicklung. Ihr Leitziel, die Handlungskompetenz, welche sich aus den Dimensionen fachlicher, sozialer und personaler Kompetenz zusammensetzt, wurde in Anlehnung an Roth (1966, 1971) bildungstheoretisch fundiert (Reetz 1999).

Wie nicht erst der vorliegende Sammelband verdeutlicht, wird der Medienbildung aller Menschen für eine gelingende Inklusion eine besondere Bedeutung beigemessen (siehe schon Bosse 2012a, KMK 2011). Unter Medienbildung kann die Vermittlung von Medienkompetenz verstanden werden (Bosse 2012b). Damit wird neben gleichen Zugangsmöglichkeiten zu Medien insbesondere in den gleichen Nutzungsmöglichkeiten, für die eine entsprechende Medienkompetenz erforderlich ist, eine wesentliche Voraussetzung für die chancengleiche Teilhabe an Gesellschaft, Bildung sowie Beschäftigung gesehen (Rößner 2010). Während die Berufs- und Wirtschaftspädagogik dem Begriff Medienbildung bisher kaum Aufmerksamkeit geschenkt hat, arbeitet sie vielmehr analog zum bildungstheoretisch fundiert Leitziel der Handlungskompetenz mit dem Begriff der Medienkompetenz. Medienbildung und -kompetenz werden in diesem Beitrag aus Kürzungsgründen synonym verwendet. Medienkompetenz wird dabei vielfach in Anlehnung an Baacke (1996) und an Adaptionen seiner vier Dimensionen (Medienkritik, -kunde, -nutzung und -gestaltung) konkretisiert. Die (berufliche) Medienkompetenz der BMBF-Expertenkommission (2010) deckt neben der Medienkompetenz von Medienanwendern auch die Kompetenz der Medienprofis, d.h. der Menschen in medienproduzierenden Bereichen ab (Krämer, Jordanski & Goertz 2017), die ebenfalls in der beruflichen Bildung aus- und weitergebildet werden. Kärmer et al. definieren Medienkompetenz in der Berufsausbildung auf der Basis theoretischer Analysen sowie empirischer Erhebungen als

> „ein mehrdimensionales Konstrukt. Dieses umfasst die Entwicklung der Fähigkeit zur zielgerichteten Mediennutzung (etwa den aufgabenbezogenen Einsatz einer Software), die Fähigkeit zur verantwortungsvollen Zusammenarbeit (etwa den verantwortungsvollen Einsatz von Social Media in der Kommunikation), die zielgerichtete Nutzung von Sprache (etwa den situationsbezogenen sprachlichen Ausdruck) sowie die Kompetenz zum selbstständigen Lernen (auch unter Nutzung von Medien)“ (Krämer et al. 2017, S. 35).

Mit der Digitalisierung in unserer Gesellschaft allgemein und insbesondere in der Arbeitswelt, welche u. a. Veränderungen von Berufen mit sich bringt, wird die Bedeutung von Medienkompetenz aller Menschen als wesentlicher Faktor für eine nachhaltige und qualifizierte Beschäftigung auf dem Arbeitsmarkt ebenso wie zur Teilhabe an der veränderten Lernkultur allgemein und in der beruflichen Bildung deutlich (Padur & Zinke 2015, KMK 2016a, Wilbers 2017). Eine differenzierte theoretisch-konzeptionelle Klärung von inklusiver Medienkompetenz im Zeichen von Digitalisierung der Gesellschaft und der Arbeitswelt steht in der Berufs- und Wirtschaftspädagogik jedoch noch aus.

Die Umsetzung sowohl von inklusiver Berufsbildung als auch von inklusiver Medienbildung bzw. der Förderung der Medienkompetenz aller Schülerinnen und Schüler erfordert ein entsprechend aus- und weitergebildetes pädagogisches Personal (Bylinski 2015, Zoyke 2016a b, Schluchter 2012), von dem in diesem Beitrag aus Platzgründen und aufgrund der besonderen Bedeutung sowie der vergleichsweise hohen Standardisierung die Lehrkräfte an beruflichen Schulen im Mittelpunkt der Betrachtung stehen sollen. Dabei wird auch erwartet, dass (angehende) Lehrkräfte barrierefreie und auf die Bedürfnisse der Lernenden angepasste Medien in Lehr-Lernprozessen einsetzen (KMK 2011). Der Beitrag geht der Frage nach, inwiefern die Aus- und Weiterbildung von Lehrkräften an beruflichen Schulen Inklusion unter Berücksichtigung der Medienbildung aller Schülerinnen und Schüler behandelt. Hierzu werden zum einen Ordnungsgrundlagen im Sinne von Soll-Vorgaben für die Aus- und Weiterbildung der Lehrkräfte an beruflichen Schulen zum Thema Inklusion sowie zur Medienbildung analysiert. Zum anderen werden – soweit vorhanden – Befunde zur tatsächlichen Verankerung dieser Themenbereiche zusammengetragen.

1 Aus- und Weiterbildung von Lehrkräften an beruflichen Schulen zu Inklusion[1] und Medienbildung

Wesentliche Ordnungsgrundlagen für die Aus- und Weiterbildung von Lehrkräften für das Lehramt an beruflichen Schulen fordern sehr explizit und durchgängig zur Behandlung des Themas Inklusion auf, und zwar möglichst als Querschnittsthema in der Breite des Studiums, d. h. in Bildungswissenschaften, Fachdidaktiken und Fachwissenschaften (Standards für die Bildungswissenschaften KMK 2014, Rahmenvereinbarung über die Ausbildung und Prüfung für das Lehramt an beruflichen Schulen KMK 2016b, Ländergemeinsame inhaltliche Anforderungen für die Fachwissenschaften und Fachdidaktiken KMK 2015a, Basiscurriculum BWP 2014). Dies wird über ergänzende Beschlüsse speziell zur Inklusion bekräftigt (KMK 2011, KMK & HRK 2015). Ebenso schlagen sich in den Lehrerbildungsgesetzen der Länder – wenn auch in unterschiedlicher Tiefe – Regularien zur Behandlung des Themas Inklusion im Lehramt für die beruflichen Schulen nieder (Bertelsmann Stiftung, CHE Gemeinnütziges Centrum für Hochschulentwicklung, Deutsche Telekom Stiftung, Stifterverband für die Deutsche Wissenschaft 2015a 2015b). Auch die Medienbildung ist grundsätzlich in der Lehrerbildung verankert (Standards für die Bildungswissenschaften KMK 2014, Basiscurriculum BWP 2014) und wird insbesondere durch die Beschlüsse zur Medienbildung in der Schule (KMK 2012) und durch die Strategie zur Bildung in der digitalen Welt (KMK 2016a) besonders betont. In Letzterer wird sie als integraler Bestanteil aller Unterrichtsfächer, beruflichen Fachrichtungen sowie der Bildungswissenschaften gefordert. Lehrkräfte an beruflichen Schulen sollen beispielsweise ergänzend berufsbezogene Kompetenzen im Kontext von digitalen Arbeits- und Geschäftsprozessen fördern. In diesen Ordnungsgrundlagen ist punktuell erkennbar, dass eine Vorbereitung auf Inklusion auch unter Berücksichtigung von Medienbildung und anders herum, dass Medienbildung auch unter Inklusionsgesichtspunkten behandelt werden soll. So fordert beispielweise die Strategie zur Bildung in der digitalen Welt u. a., dass Lehrende „angesichts veränderter digitaler Lernvoraussetzungen und des Kommunikationsverhaltens in der digitalen Welt den adäquaten Einsatz digitaler Medien und Werkzeuge" (KMK 2016a, S. 26) planen, durchführen und reflektieren und die lerntheoretischen und didaktischen Möglichkeiten der digitalen Medien für die individuelle Förderung nutzen können (KMK 2016a). Das heißt beide Themen werden auf der Ebene der allgemeinen Ordnungsgrundlagen für die Aus- und Weiterbildung grundsätzlich in der Lehrerbildung verankert, aber nur begrenzt in ihrer Kombination. Diese Verbindungsaufgabe obliegt damit weitgehend den an der Lehrerbildung beteiligten Standorten und Einrichtungen. Zudem scheinen

1 Siehe ausführlich in Zoyke 2016a.

digitale Medien im Wesentlichen als methodische Unterstützer von individualisierten Lehr-Lernprozessen betrachtet zu werden als auch unter der Perspektive der weiteren Dimensionen von Medienkompetenz bzw. -bildung aller Schülerinnen und Schüler.

Grundsätzlich können drei Varianten zur Verankerung von Inklusion im Lehramtsstudium unterschieden werden, die in den Bundesländern derzeit diskutiert und teilweise schon umgesetzt werden (Bertelsmann Stiftung et al. 2015a 2015b):

1. *Additive Lehrveranstaltungen,* d.h. Aufnahme einzelner fakultativer oder obligatorischer Lehrveranstaltungen zur Inklusion in das Curriculum. In ca. 40 % der befragten Hochschulen ist Inklusion in Pflichtveranstaltungen in allen Lehramtsformen verankert.
2. *Inklusion als Querschnittsthema,* d.h. Integration von inklusionsbezogenen Inhalten in bestehende Module/Lehrveranstaltungen, im Extremfall das gesamte Curriculum durchziehend. Der Großteil der befragten Hochschulen sieht das Thema Inklusion in den Bildungswissenschaften (96 %) und den Fachdidaktiken (86 %) der Lehramtsstudiengänge allgemein verankert.
3. *Umstrukturierte Lehramtsstudiengänge,* d.h. Konzeption von integrierten Studiengängen, in denen beispielsweise sonderpädagogische Inhalte als Zweitfach verankert sein können. Für das Lehramt an beruflichen Schulen boten 2014 sechs Universitäten Sonder- und/oder Sozialpädagogik mit oder ohne sonderpädagogischen Förderschwerpunkt als Zweitfach an (Autorengruppe Bildungsberichterstattung 2014).

Ähnlich kann auch das Thema Medienbildung in den Curricula verankert werden, insbesondere über additive Lehrveranstaltungen und als Querschnittsthema. Leider liegen derzeit keine belastbaren Daten zu der bereits vorzufindenden Art der Verankerung dieses Themas im Lehramtsstudium für die beruflichen Schulen vor. Für das Lehramtsstudium allgemein wird aufgrund der häufig nur fakultativen Verankerung ein Mangel konstatiert (Schluchter 2012, Imort & Niesyto 2014). In der Studie zur Inklusion blieb ebenfalls unberücksichtigt, inwiefern Medienbildung unter Inklusionsgesichtspunkten behandelt wird. Im Rahmen der „Qualitätsoffensive Lehrerbildung“ des Bundesministeriums für Bildung und Forschung arbeiten derzeit sechs Hochschulstandorte (Bamberg, Dresden, Kassel, Kiel, Münster, Stuttgart) aktiv an der integrativen und additiven Verankerung des Themas Inklusion im Lehramtsstudium für berufliche Schulen (Zinn 2018). Zwar beschäftigt sich keiner der Standorte im Schwerpunkt mit Medienbildung, es lassen sich aber erste Bezüge erkennen (z. B. barrierefreie Kommunikation, Mediennutzung im inklusiven Unterricht, Medieneinsatz zum adaptiven Lehren). Auch für den Vorbereitungsdienst geben nahezu alle Länder in einer Selbstauskunft an, das Thema Inklusion in irgendeiner Form zu behandeln (KMK 2015b), zum Einbezug von Medienbildung liegen leider keine Angaben vor. Für die Phase der Weiterbildung kommen Amrhein und Badstieber in ihrer Studie 2013 zu dem Ergebnis, dass in allen Bundesländern Angebote zur Inklusion vorliegen und weitere Konzepte entwickelt werden, kritisieren jedoch gleichzeitig die mangelnde Wirksamkeit und Nachhaltigkeit (Amrhein & Badstieber 2013). Aus ihrer Analyse der Inhalte der Weiterbildungen lässt sich nicht erkennen, inwiefern auch Medienbildung behandelt wird. Sie scheint zumindest keinen prominenten Stellenwert einzunehmen.

2 Fazit und Ausblick

Zusammenfassend kann festgehalten werden, dass zwar insbesondere das Thema Inklusion sowie die Medienbildung Gegenstand der Lehreraus- und Weiterbildung sein sollen, die Befundlage zur tatsächlichen Verankerung jedoch relativ dünn ist. Insbesondere zur Verbindung beider Teilthemen liegen kaum Vorgaben geschweige denn dokumentierte Erkenntnisse über ihre tatsächliche Behandlung vor. Die vorliegenden dünnen Befunde deuten auf einen Bedarf zur Entwicklung und Erprobung entsprechender kombinierter Angebote in der Lehrerbildung hin. Denkbar ist sowohl eine additive Verankerung (z. B. Lehrveranstaltung zur Medienbildung für alle bzw. zur Medienbildung unter Inklusionsgesichtspunkten oder zum medienbasierten inklusiven Lehren, Lernen und Arbeiten) als auch eine integrative (z. B. als Anreicherung von bereits bestehenden Lehrveranstaltungen allgemein sowie zur Inklusion und/oder zur Medienbildung, wenn hierzu bereits Veranstaltungen implementiert wurden). So kann beispielsweise geprüft werden, inwiefern sich bestehende Veranstaltungen zur Inklusion um Fragen und Inhalte der Medienbildung und Veranstaltungen zur Medienbildung um inklusionsbezogene Fragen und Inhalte erweitern lassen. Dafür sind jedoch weitere Befunde zu Modellen und Konzepten inklusiver Medienbildung erforderlich.

Literatur

Amrheiner, B. & Badstieber, B. (2013). Lehrerfortbildung zu Inklusion – eine Trendanalyse. Gütersloh http://www.jakobmuthpreis.de/uploads/tx_itao_download/Lehrerfortbildung_Inklusion.pdf [05.12.2017].

Autorengruppe Bildungsberichterstattung (2014). Bildung in Deutschland 2014. Ein indikatorengestützter Bericht mit einer Analyse zur Bildung von Menschen mit Behinderungen. Bielefeld: Bertelsmann.

Bertelsmann Stiftung, CHE Gemeinnütziges Centrum für Hochschulentwicklung, Deutsche Telekom Stiftung, Stifterverband für die Deutsche Wissenschaft e.V. (2015a). Inklusionsorientierte Lehrerbildung – vom Schlagwort zur Realität?! Eine Sonderpublikation aus dem Projekt ‚Monitor Lehrerbildung'. O.O. https://www.telekom-stiftung.de/sites/default/files/monitor_lehrerbildung_inklusion_finale_fassung_150324.pdf [05.12.2017].

Bertelsmann Stiftung, CHE Gemeinnütziges Centrum für Hochschulentwicklung, Deutsche Telekom Stiftung & Stifterverband für die Deutsche Wissenschaft e.V. (2015b). Monitor Lehrerbildung. Inklusion. Vertiefende Daten. O.O. 2015b. 2013.monitor-lehrerbildung.de/web/publikationen/inklusion/Vertiefende-Daten [05.12.2017].

BMBF (2010). Kompetenzen in einer digital geprägten Kultur. Medienbildung für die Persönlichkeitsentwicklung, für die gesellschaftliche Teilhabe und für die Entwicklung von Ausbildungs- und Erwerbsfähigkeit. Bonn, Berlin. http://www.dlr.de/pt/Portaldata/45/Resources/a_dokumente/bildungsforschung/Medienbildung_Broschuere_2010.pdf [09.03.2018].

Bosse, I. (Hrsg.) (2012a). Medienbildung im Zeitalter der Inklusion. Düsseldorf: LfM.

Bosse, I. (2012b). Medienbildung im Zeitalter der Inklusion – eine Einleitung. In I. Bosse (Hrsg.), Medienbildung im Zeitalter der Inklusion (S. 11-26). Düsseldorf: LfM.

Bylinski, U. (2015). Eine inklusive Berufsbildung fordert die Professionalität der pädagogischen Fachkräfte. In: T. Häcker & M. Walm (Hrsg.), Inklusion als Entwicklung. Konsequenzen für Schule und Lehrerbildung (S. 213-228). Bad Heilbrunn: Klinkhardt.

DUK (Deutsche UNESCO-Kommission e.V.) (2014). Inklusion: Leitlinien für die Bildungspolitik. https://www.unesco.de/fileadmin/medien/Dokumente/Bildung/2014_Leitlinien_inklusive_Bildung.pdf [05.12.2017].

Imort, P. & Niesyto, H. (Hrsg.) (2014). Grundbildung Medien in pädagogischen Studiengängen. München: kopaed.

KMK (Sekretariat der Ständigen Konferenz der Kultusminister der Länder in der Bundesrepublik Deutschland) (2011). Inklusive Bildung von Kindern und Jugendlichen mit Behinderungen in der Schule. Beschluss vom 20.10.2011. http://www.kmk.org/fileadmin/veroeffentlichungen_beschluesse/2011/2011_10_20-Inklusive-Bildung.pdf [05.12.2017].

KMK (2012). Medienbildung in der Schule. Beschluss der KMK vom 8.03.2012. http://www.kmk.org/fileadmin/Dateien/veroeffentlichungen_beschluesse/2012/2012_03_08_Medienbildung.pdf [24.11.2017].

KMK (2014). Standards für die Lehrerbildung: Bildungswissenschaften. Beschluss der KMK vom 16.12.2004 i.d.F. vom 12.06.2014. Berlin. http://www.kmk.org/fileadmin/veroeffentlichungen_beschluesse/2004/2004_12_16-Standards-Lehrerbildung-Bildungswissenschaften.pdf [05.12.2017].

KMK (2015a). Ländergemeinsame inhaltliche Anforderungen für die Fachwissenschaften und Fachdidaktiken in der Lehrerbildung. Beschluss der KMK vom 16.10.2008 i.d.F. vom 12.02.2015. Berlin. http://www.kmk.org/fileadmin/veroeffentlichungen_beschluesse/2008/2008_10_16-Fachprofile-Lehrerbildung.pdf [05.12.2017].

KMK (2015b). Übersicht der Kultusministerkonferenz Umsetzung der inklusiven Bildung in den Ländern. Stand 13.01.2015. Unveröffentlichtes Papier (erhältlich auf Anfrage)

KMK (2016a). Bildung in der digitalen Welt. Strategie der Kultusministerkonferenz. Beschluss der KMK vom 08.12.2016. Berlin. https://www.kmk.org/fileadmin/Dateien/pdf/PresseUndAktuelles/2016/Bildung_digitale_Welt_Webversion.pdf [24.11.2017].

KMK (2016b). Rahmenvereinbarung über die Ausbildung und Prüfung für ein Lehramt der Sekundarstufe II (berufliche Fächer) oder für die beruflichen Schulen (Lehramtstyp 5). Beschluss vom 12.05.1995 i. d. F. vom 06.10.2016. https://www.kmk.org/fileadmin/ Dateien/veroeffentlichungen_beschluesse/1995/1995_05_12-RV-Lehramtstyp-5.pdf [05.12.2017].

KMK & HRK (Sekretariat der Ständigen Konferenz der Kultusminister der Länder in der Bundesrepublik Deutschland; Hochschulrektorenkonferenz) (2015). Lehrerbildung für eine Schule der Vielfalt. Gemeinsame Empfehlung von Hochschulrektorenkonferenz und Kultusministerkonferenz. Beschluss der KMK vom 12.03.2015/Beschluss der HRK vom 18.03.2015. http://www.kmk.org/fileadmin/veroeffentlichungen_beschluesse/2015/2015_03_12-Schule-der-Vielfalt.pdf [05.12.2017].

Krämer, H., Jordanski, G. & Goertz, L. (2017). Medien anwenden und produzieren – Entwicklung von Medienkompetenz in der Berufsausbildung. Bonn: BIBB. https://www.bibb.de/veroeffentlichungen/de/publication/download/8275 [09.03.2018].

Padur, T. & Zinke, G. (2015). Digitalisierung der Arbeitswelt – Perspektiven und Herausforderungen für eine Berufsbildung 4.0. Berufsbildung in Wissenschaft und Praxis – BWP (6), 30-32.

Reetz, L. (1999). Zum Zusammenhang von Schlüsselqualifikationen – Kompetenzen – Bildung. In T. Tramm, D. Sembill, F. Klauser & E. G. John (Hrsg.), Professionalisierung kaufmännischer Berufsbildung. Beiträge zur Öffnung der Wirtschaftspädagogik für die Anforderungen des 21. Jahrhunderts (S. 32-51). Frankfurt am Main: Lang.

Rößner, M. (2010). Partizipation, Exklusion und Inklusion von jugendlichen Mediennutzern im Internet: Zur lebensweltlichen Relevanz der barrierearmen Zugänglichkeit. Eine empirische Studie. Eberhard-Karls-Universität Tübingen. http://tobias-lib.uni-tuebingen.de/volltexte/2011/5582/pdf/DissRoessner.pdf [05.12.2017].

Roth, H. (1966). Pädagogische Anthropologie. Bildsamkeit und Bestimmung (Band 1). Hannover: Schroedel.

Roth, H. (1971). Pädagogische Anthropologie. Entwicklung und Erziehung. Grundlagen einer Entwicklungspädagogik (Band 2). Hannover: Schroedel.

Schluchter, J.-R. (2012). Medien, Bildung und Inklusion – Perspektiven für die Professionalisierung von Lehramtsstudierenden. In I. Bosse (Hrsg.), Medienbildung im Zeitalter der Inklusion (S. 64-70). Düsseldorf: LfM.

Sektion Berufs- und Wirtschaftspädagogik (der Deutschen Gesellschaft für Erziehungswissenschaft) (2014). Basiscurriculum für das universitäre Studienfach Berufs- und Wirtschaftspädagogik im Rahmen berufs- und wirtschaftspädagogischer Studiengänge. http://www.bwp-dgfe.de/images/Dokumente/Basiscurriculum_Berufs-und_Wirtschaftspaedagogik_2014.pdf [05.12.2017].

VN-BRK (Vereinte Nationen). Gesetz zu dem Übereinkommen der Vereinten Nationen vom 13. Dezember 2006 über die Rechte von Menschen mit Behinderungen sowie zu dem Fakultativprotokoll vom 13.12.2006 zum Übereinkommen der Vereinten Nationen über die Rechte von Menschen mit Behinderungen. Bundesgesetzblatt II Nr. 35, S. 1419 vom 21.12.2008. www.un.org/depts/german/uebereinkommen/ar61106-dbgbl.pdf [05.12.2017].

Wilbers, K. (2017). Industrie 4.0 und Wirtschaft 4.0: Eine Chance für die kaufmännische Berufsbildung. In K. Wilbers (Hrsg.), Industrie 4.0 Herausforderungen für die kaufmännische Bildung (S. 9-51). Berlin: epubli https://opus4.kobv.de/opus4-fau/frontdoor/index/index/docId/8640 [09.03.2018].

Zinn, B. (Hrsg.) (2018). Inklusion und Umgang mit Heterogenität in der berufs- und wirtschaftspädagogischen Forschung. Stuttgart: Steiner Verlag.

Zoyke, A. (2016a). Inklusive Berufsbildung in der Lehrerbildung für berufliche Schulen. Impressionen und Denkanstöße zur inhaltlichen und strukturellen Verankerung. In A. Zoyke & K. Vollmer (Hrsg.), Inklusion in der Berufsbildung: Befunde – Konzepte – Diskussionen (S. 207-237). Bielefeld: Bertelsmann.

Zoyke, A. (2016b). Inklusion und Umgang mit Heterogenität im Lehramtsstudium für berufliche Schulen. Zeitschrift für Hochschulentwicklung, 11(1), 57-78. http://www.zfhe.at/index.php/zfhe/article/view/888/703 [05.12.2017].

Professionalisierung in der Sozialen Arbeit

Alexandra Klein & Caroline Pulver

Inklusion und Digitale Medien stellen omnipräsente Schlagworte im Fachdiskurs Sozialer Arbeit dar, die zum einen aus sehr unterschiedlichen Perspektiven diskutiert werden und zum anderen gleichermaßen in der Gefahr stehen, in ihrem vielfältigen und mitunter unbestimmten Gebrauch trivialisiert zu werden. Dementgegen verfügt ein ungleichheitstheoretischer Zugang zu Inklusion und Digitalen Medien über das Potenzial, die damit verbundenen, grundlegenden Herausforderungen für eine Professionalisierung Sozialer Arbeit zu erhellen.

1 Inklusion als Herausforderung Sozialer Arbeit

Mit der UN-Konvention über die Rechte von Menschen mit Behinderung (UN-BRK) wurde Inklusion in sozial- und bildungspolitischen Diskussionen und im Fachdiskurs Sozialer Arbeit allgegenwärtig. Zumeist aus sonderpädagogischer Perspektive wird dabei die Ermöglichung gesellschaftlicher Teilhabe von Menschen mit Behinderungen gefordert. In der Kinder- und Jugendhilfe aktualisiert sich mit der Diskussion um die Gesamtzuständigkeit und die auf Inklusion zielende Erweiterung des SGB VIII vor allem die Frage nach deren organisationaler Gestaltung. Mit der Auseinandersetzung um die Zweiteilung der Hilfen für Kinder und Jugendliche ‚mit und ohne Behinderung' wird in der erziehungswissenschaftlichen Inklusionsdiskussion zunehmend die Unterscheidung in ‚Behinderung' und ‚Benachteiligung' selbst problematisiert (Oehme & Schröer 2018). Damit kann für eine breitere, ungleichheits- und gerechtigkeitstheoretisch aufgeklärte Bestimmung *reflexiver Inklusion* plädiert werden. Reflexive Inklusion zielt dabei „sowohl auf das Wahrnehmen und Ernstnehmen von Differenzen und das Sichtbarmachen von darin eingeschriebener Benachteiligung als auch auf den Verzicht auf Festschreibung und Verlängerung impliziter Normen durch deren Dekonstruktion" (Budde & Hummrich 2013). Soziale Arbeit zielt auf die Veränderbarkeit ungleichheits(re)produzierender Strukturen, denen sie jedoch selbst gleichsam unterliegt.

> „Als Instanz zur Bearbeitung von Differenz und Andersheit kann Soziale Arbeit Gesellschaftsmitgliedern oder Bevölkerungsgruppen im Fall einer erfolgreichen Intervention helfen, in Relation zur Gesamtbevölkerung weniger ‚anders' zu sein […] Soziale Arbeit

> passt ‚die Anderen' in diesem Sinne an die bestehenden Normen an oder produziert die Nutzer_innen durch die fachliche Fallmarkierung überhaupt erst als ‚Andere' mit." (Kessl & Plößer 2010, S. 8)

Soziale Arbeit ist als Normalisierungs- und Integrationsinstanz in soziale Ungleichheitsverhältnisse verstrickt und bewegt sich konstitutiv in der Gefahr der Beteiligung an Grenzziehungen, Normalitätskonstruktionen, Kulturalisierungen sowie Ein- und Ausgrenzungsprozessen. Gleichzeitig ist Soziale Arbeit als Gerechtigkeitsprofession aber auch aufgefordert Perspektiven der Kritik und des Eingreifens in Verhältnisse zu entwickeln (Schrödter 2009, Riegel 2016). Im Anschluss an solche Perspektiven kann es etwa darum gehen, das Ausmaß und die Reichweite jener Möglichkeiten und Handlungsbemächtigungen zu erweitern, die es allen Adressat*innen Sozialer Arbeit erlauben, ihr Leben in einer Weise zu führen, dass sie vor dem Hintergrund ihrer eigenen Lebensziele wertschätzen können. Im Umkehrschluss können Missachtung, Diskriminierung oder Unterdrückung als Einschränkung dieser Entfaltungsmöglichkeiten herausgearbeitet werden (Klein 2016). Eine zentrale Herausforderung Sozialer Arbeit liegt demnach in

> „einem fachlich verantworteten Umgang mit Differenz und Andersheit, im Zuge dessen die Differenzpraktiken der Adressat_innen Sozialer Arbeit wie auch die der im Feld professionell Tätigen zugleich reflektiert werden. In Profession und Disziplin gilt es daher, Konzepte zu profilieren, in denen die Relevanz und Unhintergehbarkeit von Differenzkategorien ebenso Berücksichtigung finden, wie die machtvollen Praktiken der Ausgrenzung, der Normalisierung und Stigmatisierung entlang von Differenz zu vermeiden gesucht werden und über diese aufgeklärt wird" (Kessl & Plößer 2010, S. 7).

Beeinträchtigungen, Positionierungen oder Zugehörigkeiten in ihren sozialen Konstruktions- und Transformationsprozessen zu betrachten, bei denen aus Differenzen Ungleichheiten gemacht werden (und umgekehrt), erweist sich so als politisch, disziplinär und professionell zu bearbeitender Auftrag reflexiver Inklusion. Damit wird nicht nur ein spezifisches Wissen um die Bedeutungen sozialer Ungleichheitskategorien wie Behinderung, Gender, Ethnizität, Milieu usw. notwendig. Vielmehr bringt ein solches breites Inklusionsverständnis als Teil einer sich professionalisierenden Sozialen Arbeit fachliches Handeln und organisationale Strukturen gleichermaßen an seine Grenzen. In Disziplin und Profession ebenso wie in der Aus- und Weiterbildung der Fachkräfte bedarf es daher systematischer theoretischer wie empirischer Analysen, in denen die exkludierenden und inkludierenden Aspekte Sozialer Arbeit reflexiv zugänglich werden. Auch, um damit – zumindest potenziell – sozial- und bildungspolitische Praxis orientieren zu können.

2 Digitale Medien als Herausforderung Sozialer Arbeit

Heterogenität und Ungleichheit prästrukturieren Aufwachsen und Lebensalltag im 21. Jahrhundert ebenso wie deren Mediatisierung. Medien stellen Bedingungen für Kommunikation her. Verändern sich Art und Weise der Medien, die für Kommunikation bedeutsam sind, wandeln sich auch die individuellen, institutionellen und gesellschaftlichen Kommunikationsprozesse (Krotz 2001, S. 19). Wobei Technik nicht einseitig auf Kommunikation wirkt. Vielmehr erfordert Kommunikation, als eine Form sozialen Handelns, dass Menschen sich neue Techniken in Form von Medien aneignen. Sie sind es, die Medien in den Alltag integrieren, Funktionszuweisungen vornehmen und neue (Medien-) Praktiken finden. Als 'Digitale Medien' können jene begriffen werden, die auf Software und digitale Netzwerke zurückgreifen, um Kommunikation zu ermöglichen. Die Grenzen verlaufen aber längst nicht immer klar (Hartmann & Hepp 2010, Zorn 2010).

Mit Blick auf die rasante Zunahme Digitaler Medien in den letzten Jahrzehnten wird deutlich, wie sich in diesem Zusammenhang auch die Kommunikationsprozesse verändert haben. Was als Digitalisierung begonnen hat, endete in einen weitreichenden Mediatisierungsschub, deren Auswirkungen sich zum jetzigen Zeitpunkt gerade erst erahnen lassen (Krotz 2017a, Kutscher, Ley & Seelmeyer 2015). Während mit Digitalisierung die technischen Veränderungen von der elektrischen Schreibmaschine zu den heutigen Computern treffend beschrieben werden können, reicht das Konzept nicht aus, die gesamthaften Veränderungen der gesellschaftlichen Strukturen und Beziehungen zu beschreiben (Krotz 2017b). Mit Mediatisierung ist hingegen die Ausdifferenzierung von Medien und Kommunikation grundsätzlich gemeint und kann den Wandel von Alltag, Kultur und Gesellschaft im Kontext der Veränderung von Medien in den Blick bekommen (Krotz 2017a). Der Begriff eignet sich demnach als möglicher analytischer Zugang zum besseren Verständnis der Metaprozesse, die den gesellschaftlichen Wandel grundsätzlich charakterisieren. Für die Soziale Arbeit gibt dieser Ansatz Anhaltspunkte, die sich verändernden gesellschaftlichen Anforderungen erfassen und neu systematisieren zu können. Die Verschiebung weiter Teile des Alltags und sozialer Handlungen in mediale Räume bedeutet auch, dass sich dort soziale Realitäten und Probleme manifestieren. Dies hat Auswirkungen auf die „*Anlässe*, auf die Soziale Arbeit eine Reaktion darstellt, als auch hinsichtlich der *Formen*, in denen sie ihren Gegenstand bearbeitet […] sowie schliesslich für die *Rahmenbedingungen*, innerhalb derer sie sich vollzieht" (Kutscher, Ley & Seelmeyer 2015, S. 3). Die mediatisierten Veränderungen gesellschaftlicher Kommunikationsprozesse und Lebenswelten führen zu neuen Anforderungen für die Sozialen Arbeit. Kommunikation und Tätigkeiten stellen sich zunehmend nicht mehr als in einer Dichotomie von inner- und außermedial erfahrbar dar, sondern vielmehr verschmelzen online und offline Räume und werden zu einer hybriden Lebenswelt. Dabei lassen sich mindestens zwei fundamentale Problemfelder ausmachen: Die Reproduktion sozialer Ungleichheit im virtuellen Kontext und die „Ökonomisierung von Privatheit in Form von Datengenerierung und Enteignung, der Emergenz von Selbstführung und der Disziplinierung innerhalb von virtuellen Vergemeinschaftungsformen“ (Kutscher 2013, S. 413). Diverse Studien liefern Daten zu digitalen Ungleichheiten, die sich im Zusammenhang mit dem sogenannten ‚digital divide‘ ergeben (Heinen 2012, Klein 2015). Während mit ‚first-level divide‘ die unterschiedlichen *Zugangsmöglichkeiten* zum Internet und zu Digitalen Medien bezeichnet werden (auch digitale Spaltung), bezeichnet ‚second-level divide‘ die digitalen Ungleichheiten, die sich aufgrund unterschiedlicher *Nutzungsweisen* ergeben (Hargittai 2002). Ungleichheiten, die sich aufgrund der Beschaffenheit der zu nutzenden Technologie, z. B. eines schnellen oder langsamen Internets durch Regulierungen bei der Netzneutralität oder durch infrastrukturelle Rahmenbedingungen auf der Ebene des Software-Codes ergeben, beeinflussen grundlegend die überhaupt nur realisierbare Nutzungsmöglichkeiten und wurden von Verständig, Klein und Iske (2016) als ‚zero-level divide‘ erläutert. Ein ‚third-level divide‘ betrifft Diskriminierungen, die durch (automatisierte) Datenerhebungen und -verarbeitungen durch Software-Algorithmen und der Kodifizierung bestimmter Nutzungsmuster für Benutzer*innen von Daten erhebenden Technologien entstehen können (Zorn 2017, S. 23). In dem Maße, wie mediale Räume (bereits privilegierteren) Gesellschaftsgruppen neue Möglichkeiten und Chancen eröffnen und andere aufgrund ungleicher Zugänge oder Nutzungsmöglichkeiten davon ausgeschlossen und diskriminiert werden, formieren sich neuartige Inklusions- und Exklusionsprozesse, die es innerhalb Sozialer Arbeit zu bearbeiten gilt. Dies gilt umso mehr, wie bestehende soziale Ungleichheiten durch digitale Ungleichheiten verstärkt werden (Henke, Huster & Mogge-Grotjahn 2012, Zillien 2009, Najemnik & Zorn 2016).

3 Inklusion und Digitale Medien als Herausforderung Sozialer Arbeit

Inklusion und Digitale Medien erweisen sich insofern als zentrale Herausforderung in der Professionalisierung Sozialer Arbeit als soziale und digitale Ungleichheiten nicht unabhängig voneinander sind. Entlang der Frage danach, wodurch soziale Ungleichheiten und soziale Benachteiligungen konstruiert werden, wird sichtbar, dass es „soziale Zugangsverwehrungen sind, die z. B. Kinder, Jugendliche und Erwachsene, die von Beeinträchtigungen betroffen sind, aber auch andere Menschen in bestimmten Lebenslagen treffen“ (Oehme & Schröer 2018, S. 285). Prozesse sozialer Ungleichheitsformierung liegen überall dort vor, „wo die Möglichkeiten des Zugangs zu allgemein verfügbaren und erstrebenswerten sozialen Gütern und/oder zu sozialen Positionen, die mit ungleichen Macht und/oder Interaktionsmöglichkeiten ausgestattet sind, dauerhafte Einschränkungen erfahren und dadurch die Lebenschancen der betroffenen Individuen, Gruppen oder Gesellschaften beeinträchtigt oder begünstigt" werden (Kreckel 2004, S. 17). Damit lassen sich Verteilungs- und Beziehungsungleichheiten als zwei aufeinander bezogene sozial strukturierte Ungleichheitsformen verstehen, die auch auf Digitale Medien übertragbar sind. Auch hier werden plurale, sozial selektierende Zugangsbarrieren bedeutsam, die Teilhabechancen und Verwirklichungsmöglichkeiten beschränken. Die Perspektive von Nancy Fraser (2003) auf *gleichberechtigte Teilhabe* eröffnet für die Soziale Arbeit das Potenzial, politisch-ökonomische, lebensführungspraktische, symbolische und sozio-moralische Aspekte sozialer Ungleichheiten zusammen zu denken und systematisch nach der Beteiligung Sozialer Arbeit bei der Reproduktion bzw. Kompensation sozialer Ungleichheiten zu fragen (Heite u. a. 2007). Diese Blickrichtung ist auch für Digitale Medien und mediatisierte Formen ungleicher Teilhabe weiterführend (Klein 2008, 2010). Grundlegend lässt sich mit diesem Modell nach der Bedeutung fragen, die institutionalisierten, kulturellen Wertmustern bei der Einordnung sozialer Akteure zukommt und nach den sozialen Regelungen und Maßnahmen, die es ermöglichen bzw. verhindern, dass sich Akteure als Ebenbürtige begegnen. Damit wird die Erweiterung der Handlungs- und Gestaltungsmöglichkeiten der Adressat*innen Sozialer Arbeit fokussiert. Grundlegend setzt *partizipatorische Parität* Interventionen auf drei Ebenen voraus, die sich jedoch nicht gleichermaßen für die Soziale Arbeit als zugänglich und gestaltbar erweisen: Erstens sind soziale Verhältnisse so zu gestalten, dass Formen der ökonomischen Ungleichheit ausgeschlossen sind, „die Verelendung, Ausbeutung und schwerwiegende Ungleichheiten in Sachen Wohlstand, Einkommen und Freizeit institutionalisieren und dabei einigen Menschen die Mittel und Gelegenheiten vorenthalten, mit anderen als Ebenbürtige zu interagieren" (Fraser 2003, S. 45). Zweitens ist sicherzustellen, dass der Status gleichberechtigter Interaktionsteilnehmender nicht durch institutionalisierte kulturelle Wertmuster, Normen und Regulationen in Frage gestellt wird, die bestimmte Personen oder Gruppen als defizient definieren und ihnen so den Status als Gleichberechtigte verwehren. Neben diesen ökonomischen und kulturellen Aspekten geht es schließlich um Fragen von politischer Repräsentation und Einflussnahme, deren Verweigerung die dritte Ebene von Missachtung darstellt. Diese Formen der Missachtung, die gleichberechtigte Teilhabe verhindern, sind innerhalb Sozialer Arbeit, in der Auseinandersetzung mit den (mediatisierten) Zugangs-, Nutzungs- und Verwirklichungschancen aller Kinder, Jugendlichen und Erwachsenen systematisch zu reflektieren. Erst so lässt sich inklusive Medienbildung für die Soziale Arbeit als professionelles Projekt beschreiben, ohne trivial zu sein.

Literatur

Budde, J. & Hummrich, M. (2013). Reflexive Inklusion. Abgerufen von https://www.inklusion-online.net/index.php/inklusion-online/article/view/193/199

Fraser, N. & Honneth, A. (2003). Umverteilung oder Anerkennung? Eine politisch-philosophische Kontroverse. Frankfurt am Main: Suhrkamp.

Hargittai, E. (2002). Second-Level Digital Divide: Differences in People's Online Skills. First Monday, 7(4), 942.

Hartmann, M. & Hepp, A. (2010). Mediatisierung als Metaprozess: Der analytische Zugang von Friedrich Krotz zur Mediatisierung der Alltagswelt. In M. Hartmann & A. Hepp (Hrsg.), Die Mediatisierung der Alltagswelt (S. 9-20). Wiesbaden: VS Verlag.

Heite, C. (2008). Soziale Arbeit im Kampf um Anerkennung. Professionstheoretische Perspektiven. Weinheim und München: Juventa.

Heite, C. u. a. (2007). Das Elend der Sozialen Arbeit — Die „neue Unterschicht" und die Schwächung des Sozialen. In: Kessl, F. u. a. (Hrsg.), Erziehung zur Armut? (S. 55-79). Wiesbaden: VS Verlag.

Heinen, J. (2012). Internetkinder – Eine Untersuchung der Lebensstile junger Nutzergruppen. Opladen, Berlin und Toronto: Budrich UniPress.

Henke, U., Huster, E.-U. & Mogge-Grotjahn, H. (2012). E-exclusion oder E-inclusion? In E.-U. Huster, J. Boeckh & H. Mogge-Grotjahn (Hrsg.), Handbuch Armut und Soziale Ausgrenzung (S. 548-566). Wiesbaden: VS Verlag für Sozialwissenschaften.

Kessl, F. & Plößer, M. (2010). Differenzierung, Normalisierung, Andersheit. Soziale Arbeit als Arbeit mit den Anderen. Eine Einleitung. In F. Kessl & M. Plößer (Hrsg.), Differenzierung, Normalisierung, Andersheit. Soziale Arbeit als Arbeit mit den Anderen (S. 7-16). Wiesbaden: VS Verlag für Sozialwissenschaften.

Klein, A. (2008). Soziales Kapital Online – Soziale Unterstützung im Internet. (Doktorarbeit), Universität Bielefeld, Bielefeld. Abgerufen von https://pub.uni-bielefeld.de/publication/2301811

Klein, A. (2010). Bin ich schon drin oder was? Partizipation und Internet. In G. Cleppien & U. Lerche (Hrsg.), Soziale Arbeit und Medien (S. 165-176). Wiesbaden: VS Verlag.

Klein, A. (2015). Soziale Unterstützung Online – Unterstützungsqualität und Professionalität. In N. Kutscher, T. Ley & U. Seelmeyer (Hrsg.), Mediatisierung (in) der Sozialen Arbeit (S. 130-150). Baltmannsweiler: Schneider Verlag Hohengehren.

Klein, A. (2016). Moralpaniken in der Jugendhilfe. Sozialmagazin 41(7-8), 7-14

Kreckel, R. (2004). Politische Soziologie der sozialen Ungleichheit (2., erw. Aufl.). Frankfurt am Main: Campus.

Krotz, F. (2001). Die Mediatisierung kommunikativen Handelns – Der Wandel von Alltag und sozialen Beziehungen, Kultur und Gesellschaft durch die Medien. Wiesbaden: Westdeutscher Verlag.

Krotz, F. (2007). Mediatisierung – Fallstudien zum Wandel von Kommunikation. Wiesbaden: VS Verlag.

Krotz, F. (2017a). Mediatisierung: Ein Forschungskonzept. In F. Krotz, C. Despotovic & M.-M. Kruse (Hrsg.), Mediatisierung als Metaprozess – Transformationen, Formen der Entwicklung und die Generierung von Neuem (S. 13-32). Wiesbaden: Springer VS.

Krotz, F. (2017b). Pfade der Mediatisierung: Bedingungsgeflechte für die Transformationen von Medien, Alltag, Kultur und Gesellschaft. In F. Krotz, C. Despotovic & M.-M. Kruse (Hrsg.), Mediatisierung als Metaprozess – Transformationen, Formen der Entwicklung und die Generierung von Neuem (S. 347-364). Wiesbaden: Springer VS.

Krotz, F., Despotovic, C. & Kruse, M.-M. (2017). Zur Einleitung – Mediatisierung als Metaprozess: Transformationen, Formen der Entwicklung und die Generierung von Neuem. In F. Krotz, C. Despotovic & M.-M. Kruse (Hrsg.), Mediatisierung als Metaprozess – Transformationen, Formen der Entwicklung und die Generierung von Neuem (S. 1-10). Wiesbaden: Springer VS.

Kutscher, N. (2013). Virtuelle Netzwerke als Raum Sozialer Arbeit – Herausforderungen und Perspektiven für Bildung und Teilhabe. In J. Fischer & T. Kosellek (Hrsg.), Netzwerke und Soziale Arbeit – Theorien, Methoden, Anwendungen. Weinheim und Basel: Beltz Juventa.

Kutscher, N., Ley, T. & Seelmeyer, U. (2015). Mediatisierung (in) der Sozialen Arbeit. In N. Kutscher, T. Ley & U. Seelmeyer (Hrsg.), Mediatisierung (in) der Sozialen Arbeit (S. 3-15). Baltmannsweiler: Schneider Verlag Hohengehren.

Landhäußer, S. & Klein, A. (2007). Inclusive Social Work? – Ein Rezensionsaufsatz zu Roland Anhorn/Frank Bettinger (Hrsg.), Sozialer Ausschluss und Soziale Arbeit. Wiesbaden. In: Widersprüche, Heft 105 2007, S. 103-120.

Najemnik, N. & Zorn, I. (2016). Digitale Teilhabe statt Doing Disability: Assistive Technologien für inklusive Medienbildung im Kindergarten. In H. C. Mayr & M. Pinzger (Hrsg.), INFORMATIK 2016 – Lecture Notes in Informatics (LNI). Bonn: Gesellschaft für Informatik.

Oehme, A. & Schröer, W. (2018). Beeinträchtigung und Inklusion. In K. Böllert (Hrsg.), Kompendium Kinder- und Jugendhilfe (S. 273-290). Wiesbaden: VS Verlag für Sozialwissenschaften.

Riegel, Ch. (2016). Intersektionalität, Bildung, Othering. Pädagogisches Handeln in widersprüchlichen Verhältnissen. Bielefeld: transcript Verlag.

Schrödter, M. (2009). Soziale Arbeit als Gerechtigkeitsprofession. Zur Gewährleistung von Verwirklichungschancen. Neue Praxis 1/2007.

Verständig, D., Klein, A. & Iske, S. (2016). Zero-Level Digital Divide: neues Netz und neue Ungleichheiten. Siegen: Sozial: Analysen, Berichte, Kontroversen 21(1), 50-55.

Zillien, N. (2009). Digitale Ungleichheit: Neue Technologien und alte Ungleichheiten in der Informations- und Wissensgesellschaft (2. Aufl.): VS Verlag für Sozialwissenschaften.

Zorn, I. (2017). Wie viel „App-Lenkung“ verträgt die digitalisierte Gesellschaft? Herausforderungen digitaler Datenerhebungen für die Medienbildung. In S. Eder, C. Mikat & A. Tillmann (Hrsg.), Software takes command. Herausforderungen der „Datafizierung“ für die Medienpädagogik in Theorie und Praxis (Schriften zur Medienpädagogik, S. 19-33). München: kopaed.

Zorn, I. (2010). Konstruktionstätigkeit mit Digitalen Medien Eine qualitative Studie als Beitrag zur Medienbildung. (Doktorarbeit), Universität Bremen, Bremen. Abgerufen von https://d-nb.info/1000936236/34

Professionalisierung in der Kulturellen Bildung

Christian Helbig

Fragestellungen rund um die Professionalisierung und Professionswerdung (in) der Kulturellen Bildung[1] haben in den vergangenen Jahren an Bedeutung gewonnen. Wie u. a. Fuchs (1994, S. 121ff.) und Zacharias (2001, S. 196ff.) konstatieren, wird eine umfassende Analyse der Professionalisierungsprozesse durch die Heterogenität und die Unschärfe des Berufsfeldes allerdings erschwert. So stellt sich Kulturelle Bildung als plurales professionelles Handlungsfeld dar, dessen Diffusität und Differenz sich in der Vielfalt der praktischen Aufgaben, Orte, Adressat*innen und Inhalte zeigt (vgl. Zacharias 2012, S. 844). Die Unschärfe des Begriffs Kulturelle Bildung zeichnen sich bereits in der Betrachtung der feld- und tätigkeitsspezifischen Berufsbezeichnung ab: Kunst-, Theater-, Literatur-, Museums-, Musik- und Tanzpädagogik sowie Medien- und Spielpädagogik stellen nur eine Auswahl der Bindestrichpädagogiken mit je eigenen Berufszugängen und (Spezial-)Diskursen dar (zur Bedeutung von Spezialdiskursen in Pädagogik und Bildungssoziologie vgl. Brüsemeister 2008). Die jeweiligen Handlungsfelder sind zudem geprägt durch verschiedene Gruppen fachlicher Akteur*innen, die über unterschiedliche beruflich-biografische Wege in die Kulturelle Bildung gefunden haben. Die Autorengruppe Bildungsberichterstattung (2012, S. 188) identifiziert vier verschiedene Typen die mit unterschiedlichen fachlichen Voraussetzungen haupt- oder nebenberuflich Angebote in formalen und non-formalen Bildungsbereichen leiten:

1. Personen mit einer grundständigen künstlerischen und pädagogischen/didaktischen Ausbildung, die über formale Qualifikationen verfügen,
2. Künstler*innen mit oder ohne pädagogische Zusatzqualifikation,
3. fächerübergreifend ausgebildete Pädagog*innen, die in ihrer Ausbildung musisch-ästhetische Angebote belegt haben, und
4. Personen ohne jede formale Qualifikation, die autodidaktisch oder durch Weiterbildungen Wissen und Können zur Umsetzung von künstlerisch-ästhetischen Angeboten erworben haben.

1 Kulturelle Bildung meint hier das kultur- und bildungspolitische Feld bzw. den organisatorisch-institutionellen Rahmen und wird folglich – im Gegensatz zum subjektiven Prozess „kulturelle Bildung" – groß geschrieben (vgl. Zacharias 2008, S. 1).

Zacharias (2012, 844) plädiert dafür, den Begriff der Kulturpädagogik als Professions- und Qualitätsbezeichnung zu profilieren und die spezifischen Feld- und Teilbegriffe darunter zu subsummieren. Demnach könne eine gemeinsame bzw. allgemeine Fachlichkeit von Kulturpädagog*innen identifiziert werden, die abgrenzbar ist zu anderen künstlerischen, kulturellen, pädagogischen und sozialen Fachlichkeiten und Berufsfeldern. In Anbetracht der unterschiedlichen Akteur*innengruppen stellt sich aber Frage, wo kulturpädagogische Professionalisierungsprozesse stattfinden. Vor allem mit Blick auf drängende gesellschaftliche Herausforderungen, wie die Förderung von Inklusion und Medienbildung, ist diese Frage zunehmend relevant. Gleichermaßen stellt ihre Klärung nicht nur vor dem Hintergrund heterogener Akteur*innen spartenspezifischer Berufsbilder und unterschiedlicher Qualifizierungswege, sondern auch durch die vielen Orte und strukturellen Bedingungen Kultureller Bildung eine Herausforderung dar.

Nicht zuletzt stellt sich der Begriff der Professionalisierung selbst als doppeldeutig dar. Einerseits beschreibt er den historischen Entwicklungsprozess einer personenbezogenen Dienstleistung und andererseits die Steigerung der Kompetenzen und der Befähigungen des beruflichen Rollenträgers in einem Berufsfeld (vgl. Nittel 2000, S. 16f.). Beide Perspektiven sind für die Umsetzung von Inklusion und Medienbildung von großer Bedeutung und bedingen sich gegenseitig. In diesem Beitrag wird ein weites Verständnis von Professionalisierung zugrunde gelegt, das vor allem die Entwicklung von Fachlichkeit der pädagogisch handelnden Akteur*innen in den Blick nimmt. Dabei wird der Blick insbesondere auf die Ausbildungsgänge und die Weiterbildungsangebote der Kulturellen Bildung gerichtet.

1 Professionalisierung zu einer inklusiven Kulturellen Bildung

Inklusion erhält spätestens seit dem Inkrafttreten der UN-Behindertenrechtskonvention (Beauftrage der Bundesregierung für die Belange von Menschen Behinderungen 2017) im Jahr 2008 in allen Gesellschaftsbereichen zunehmend Aufmerksamkeit. Für die Kulturelle Bildung stellt insbesondere Artikel 30, der die Teilhabe am kulturellen Leben thematisiert, eine Maxime dar: Es sind geeignete Maßnahmen zu treffen „um Menschen mit Behinderungen die Möglichkeit zu geben, ihr kreatives, künstlerisches und intellektuelles Potenzial zu entfalten und zu nutzen, nicht nur für sich selbst, sondern auch zur Bereicherung der Gesellschaft." (Art. 30 (2)) Die Bedeutung von Inklusion und die mit ihr verbundenen Fragestellungen und Herausforderungen in der Kulturellen Bildung und im Kulturbetrieb spiegeln sich in zunehmenden Publikationen (z. B. Gerland/Keuchel/Merkt 2017) und Fachtagungen (z. B. Netzwerk Kultur und Inklusion 2015) wider. Die Wissensplattform „Kulturelle Bildung online" hat sowohl Inklusion als auch Teilhabe als eigenständige Schwerpunktthemen verankert, die dort in Form von Artikeln (z. B. Brokamp 2016) diskutiert werden.

Mit der zunehmenden Sensibilisierung für inklusionsorientierte Aufgaben in den Handlungsfeldern der Kulturellen Bildung gehen vor allem fachliche Anforderungen an die professionellen Akteur*innen einher. Eine einheitliche Entwicklung zeichnet sich hier bislang allerdings nicht ab. Vielmehr sind Professionalisierungsprozesse abhängig von den fachlichen und methodischen Zugängen und den Kunstsparten sowie den beruflichen Kontexten, den regionalen Bedingungen und den Ressourcen, die für die Kulturelle Bildung zur Verfügung stehen. In einer Analyse der spartenspezifischen Qualitätskataloge stellt der Rat der Kulturellen Bildung (2014a) jedoch fest, dass Qualitätsmerkmale zum Aspekt der Teilhabe bislang nur eine geringe Rolle spielen (vgl. ebd., S. 42) und deutliche Unterschiede zwischen städtischen und ländlichen Räumen sowie zwischen einzelnen Regionen und Bundesländern existieren (vgl. ebd., S. 63). Förderprogramme wie die BMBF-Richtlinie „Kultur macht Stark" oder „JeKits – Jedem Kind Instrumente, Tanzen, Singen" des Landes NRW können zwar strukturelle Defizite verringern, eine Grundversorgung an Kultureller Bildung kann bislang nicht gewährleistet werden.

Historisch ist die Kulturelle Bildung in Form von Kunst- und Musikvermittlung vor allem in der Schule und somit in der Lehrer*innenausbildung verortet. Insbesondere die förder- und sonderpädagogisch ausgerichteten Lehramtsstudiengänge spielen bei Themen der Inklusion eine wichtige Rolle. Diese Entwicklung ist auch darauf zurückzuführen, dass bis in die 80er Jahre des letzten Jahrhunderts künstlerische Aktivitäten von Menschen mit Behinderung überwiegend zu therapeutischen Aufgabenbeschreibungen gehörten. Das Studium zum Lehramt Sonder- oder Förderpädagogik kann heute u. a. in Kombination mit Kunst und Musik als Unterrichtsfächer studiert werden (vgl. Merkt 2012, Klingmann 2017, Krebber-Steinberger 2016). Mit der gesellschaftlichen Inklusionsdebatte hat sich in der Kulturellen Bildung allerdings ein breiteres Verständnis von Teilhabe und Professionalität entwickelt (vgl. Merkt 2010). So finden sich erste Studiengänge und Institute, die Kulturelle Bildung und Inklusion im Lehramt vereinen (vgl. Gerland 2017). Dennoch stellt der Schwerpunkt Inklusion weiterhin eine Besonderheit dar und ist vielfach von dem Interesse und dem Engagement der Lehrenden abhängig (vgl. Merkt 2012).

Seit den 1990er Jahren entstehen zudem zunehmend Berufsfelder der außerschulischen Kulturvermittlung und Studiengänge über die Lehrer*innenbildung hinaus. Ein Forschungsprojekt des Instituts für Kulturpolitik der Kulturpolitischen Gesellschaft e.V. zählte für Deutschland im Jahr 2011 364 Studiengänge, die sich zum Feld der Kulturellen Bildung zuordnen lassen. Einbezogen wurden somit nicht nur kulturpädagogische Studiengänge, sondern auch Bereiche wie die Kulturwissenschaft(en) und das Kulturmanagement (vgl.

Blumenreich 2012). Allerdings liegen bislang keine Daten vor, inwiefern Inklusion in diesen Studiengängen thematisiert wird. Hingegen zeigen sich in praxisnahen Studiengängen an Fachhochschulen teilweise deutliche Positionierungen zum Themenfeld Inklusion und Kulturelle Bildung. Vor allem in den Studiengängen Soziale Arbeit und Heilpädagogik sind häufig Professuren aus künstlerischen Disziplinen zu finden (vgl. Merkt 2012). Durch die Prämisse des Anwendungsbezugs in diesen Studiengängen entstehen hier häufig Impulse mit deutlichem Praxis- und Anwendungsbezug.

Die Praxisorientierung ist auch Prämisse der Weiterbildungsangebote in der Kulturellen Bildung. Bei Themen der Inklusion kommt ihr eine zentrale Rolle zu, da der Weiterbildungsmarkt wesentlich schneller auf gesellschaftliche Wandlungsprozesse reagieren kann als Hochschulstrukturen. Des Weiteren ist die Zielgruppe von Weiterbildung bereits in der Praxis tätig, wodurch ein Theorie-Praxis-Transfer begünstigt wird (vgl. Keuchel 2017). Ferner betont Keuchel, dass auch Weiterbildungsangebote inklusiver gedacht und eine inklusionsorientierte Kulturelle Bildung als selbstverständliche Querschnittsaufgabe verankert werden muss (vgl. ebd., S. 27f.)

2 Professionalisierung in der Kulturellen Medienbildung

Digitale Medien nehmen in der Kulturellen Bildung zunehmend wichtige Rollen ein. Auf der einen Seite besitzt Kulturelle Bildung mit ihren kreativ-gestalterischen Ansätzen die Potenziale, die komplexen und abstrakten Prozesse digitaler Infrastrukturen und ihre soziokulturelle Wirkkraft für Kinder und Jugendliche verständlich und erfahrbar zu machen. Auf der anderen Seite bietet die Kulturelle Bildung mit digitalen Medien ihren Zielgruppen neue Möglichkeiten der Positionierung und Artikulation. Nicht zuletzt bieten digitale Medien und Technologien neue Möglichkeiten, um Angebote und Zugänge der Kulturelle Bildung inklusiver zu gestalten. Hier nehmen Bibliotheken und Museen Vorreiterrollen ein.

Die Förderung von Medienkompetenz und Medienbildungsprozessen als Aufgabe der Kulturellen Bildung wird unter dem Begriffspaar Kulturelle Medienbildung diskutiert.

> „Kulturelle Medienbildung zielt mit ihren Inhalten und Formen auf eine umfassende Medienkompetenz, die im Umgang mit Medien über Jugendschutz, Technikaneignung, aktive Medienarbeit und politisch-kritische Sichtweisen hinaus die Fülle kulturpädagogischer sinnlicher Arbeitsformen und Erfahrungsmöglichkeiten nutzt." (BKJ 2000, S. 461)

Bereits im Jahr 2000 fordert die Bundesvereinigung Kulturelle Kinder- und Jugendbildung (BKJ) in ihrem „Medienpolitischen Positionspapier", dass alle kulturellen und pädagogischen Berufe um Ausbildungselemente der kulturellen Medienanwendung erweitert werden müssen. Demzufolge braucht es „entsprechende Fortbildungsangebote, auch in der Kunst- und kulturspartenspezifischen Vermittlung von Musik, Theater, Bildnerisches, Tanz, Lese-/Schreibförderung u. a." (BKJ 2000, S. 459) Der Deutsche Kulturrat nahm in den vergangenen Jahren ebenfalls Stellung zur „Kulturellen Bildung im digitalen Zeitalter" (Deutscher Kulturrat 2000) und zur Rolle der digitalen Medien: „Neue Medien. Eine Herausforderung für die kulturelle Bildung" (Deutscher Kulturrat 2008). Insbesondere die Potenziale von soziokulturellen und kulturpädagogischen Einrichtungen bei der Förderung eines gleichberechtigten Zugangs aller Jugendlichen zu Informationstechnologien und die spezifischen Zugänge zu technischen Medien, die die Kulturelle Bildung bietet, machen „Neue Medien" zu einem wichtigen Bestandteil (vgl. Deutscher Kulturrat 2008, S. 392ff.). Die professionelle Einbindung von Medien – heute vor allem digitale Medien – erfordert allerdings nicht nur medienpädagogische Qualifizierungsmaßnahmen, sondern auch personelle und technische Ressourcen (vgl. ebd., S. 395). Empirischen Studien über die Einbindung von digitalen Medien und medienpädagogischen Ansätzen in der Kulturellen Bildung stehen bislang jedoch aus.

Systematische Studien zur Ausbildungs- und Weiterbildungssituation der Kulturellen Medienbildung stellen bislang aber ein Desiderat dar. In einem Beitrag zur „Ausbildung in Medienbildung, Medienpädagogik, Medienwissenschaft" im Handbuch Kulturelle Bildung beschreibt Hoffmann (2012), dass die in der Medienbildung und Medienpädagogik tätigen Fachkräfte – ebenso wie jene in der Kulturellen Bildung tätigen – aus verschiedenen Disziplinen kommen und entsprechend über unterschiedliche Berufsqualifikationen verfügen. Die wenigsten Fachkräfte können auf eine medienpädagogische Grundbildung zurückgreifen, die als Qualifikationsprofil Kultureller Bildung bislang auch nur an wenigen Hochschulen angeboten wird (eine Auflistung findet sich in Hoffmann 2012). Dort, wo Medienbildung und Medienpädagogik als Teilbereiche in die Studiengänge eingebunden sind, können zudem unterschiedliche Verständnisse darüber bestehen, was unter Medienbildung und Medienpädagogik zu verstehen ist (ebd.). Der Transfer medienpädagogischer Haltungen, Ansätze und Methoden in andere Disziplinen, wie der Kulturellen Bildung, können diese Herausforderung verstärken.

Praxisnahe Weiterbildungsangebote sind somit auch für die Kulturelle Medienbildung von großer Bedeutung, nicht zuletzt vor dem Hintergrund sich ständig weiterentwickelnder Medientechnologien. Hier machen vor allem medienpädagogische Institutionen und Fachverbände wie die Gesellschaft für Medienpädagogik und Kommunikationskultur (GMK) Angebote zu medienpädagogischen Themen und Methoden. Hervorzuheben ist in diesem Zusammenhang auch die Akademie der Kulturellen Bildung des Bundes und des Landes NRW (AKB), die in ihrem Fachbereich „Medien“ medienpädagogische Qualifizierungen und interdisziplinäre Weiterbildungen zwischen Kultur- und Medienpädagogik für Fachkräfte bietet. Exemplarisch dafür kann das Projekt „Kulturelle Bildung und Medienkompetenz – Kulturelle Medienbildung“ (KuBiMedia) benannt werden. KuBiMedia wurde von 2014 bis 2017 vom BMBF gefördert und gemeinsam von der AKB und der TH Köln durchgeführt. Künstler*innen aller Sparten wurde die Möglichkeit eröffnet, medienpädagogische Handlungskompetenzen zu erwerben, um anschließend – ausgehend von der jeweils eigenen künstlerischen Perspektive und Herangehensweise – analoge und digitale Medien in eine reflektierte Wechselwirkung mit den Künsten zu bringen und Angebote der Kulturellen Medienbildung für Kinder und Jugendliche zu gestalten (vgl. Helbig et al. 2017).

3 Auf den Weg zu einer inklusionsorientierten Kulturellen Medienbildung?

Ein Beitrag zur Professionalisierung der Kulturellen Bildung im Kontext von Inklusion und Medienbildung kann in der Kürze nicht alle Aspekte einfangen. So bietet insbesondere die gemeinsame Betrachtung von Inklusion und Medienbildung in der Kulturellen Bildung Potenziale für die Kulturelle Bildung und die Kulturvermittlung, die hier nur angerissen werden können. In diesem Zusammenhang gilt es zukünftig in der Kulturellen Bildung sowohl Inklusion als Zugang zu Medienbildung als auch digitale Medien als Instrument der Inklusion in den Angebotsstrukturen mitzudenken. Dabei können regionale und überregionale (Bildungs-)Netzwerke, in denen das erforderlichen Wissen und Können auf unterschiedliche Institutionen verteilt wird, eine bedeutsame Ressource sein.

Insgesamt deutlich wird, dass die Themenfelder Inklusion und Medienbildung hohe Anforderungen an die Qualifizierung und Weiterbildung der Fachkräfte stellen, die auch personelle und ausstattungsbezogene Ressourcen erfordern. Des Weiteren ist insbesondere Inklusion nicht nur auf Ebene der Fachkräfte zu denken. So kritisiert der Rat für Kulturelle Bildung (2014b), dass inklusive Zugänge zur Kulturellen Bildung, insbesondere im Kulturbetrieb, nicht von Anfang an mitgedacht werden und damit der gesellschaftliche Kernauftrag zur Kulturellen Bildung, die leichte öffentliche Zugänglichkeit von Museen, Theatern, Konzerthallen, Literatur- und Tanzhäusern, Musikschulen, Vereinen, Einrichtungen der Erwachsenenbildung, aus den Augen verloren wird. Somit braucht es letztlich vor allem Engagement und Durchhaltevermögen, um die Ressourcenbedarfe gegenüber Entscheidungsträger*innen zu verdeutlichen.

Literatur

Autorengruppe Bildungsberichterstattung (Hrsg.) (2012). Bildung in Deutschland 2012. Ein indikatorengestützter Bericht mit einer Analyse zur kulturellen Bildung im Lebenslauf. Bielefeld.

Beauftragte der Bundesregierung für die Belange von Menschen mit Behinderungen (2017). Die UN-Behindertenrechtskonvention. Übereinkommen über die Rechte von Menschen mit Behinderungen. https://www.behindertenbeauftragte.de/SharedDocs/Publikationen/UN_Konvention_deutsch.pdf.

BKJ (2000). Medienpolitisches Positionspapier der BKJ. In Deutscher Kulturrat (Hrsg.), Kulturelle Bildung: Aufgaben im Wandel (S. 459-463). Berlin.

Blumenreich, U. (2012). Das Studium der Kulturvermittlung an Hochschulen in Deutschland. In H. Bockhorst, V.-I. Reinwand & W. Zacharias (Hrsg.), Handbuch Kulturelle Bildung (S. 849-853). München.

Brokamp, B. (2016). Inklusion als Aufgabe und Chance für Alle. https://www.kubi-online.de/artikel/inklusion-aufgabe-chance-alle.

Brüsemeister, T. (2008). Bildungssoziologie. Einführung in Perspektiven und Probleme. Lehrbuch. Wiesbaden.

Deutscher Kulturrat (2000). Kulturelle Bildung im digitalen Zeitalter. Standortbestimmung des Deutschen Kulturrates zu Kultur und Bildung (Juni 2000). https://www.kultur-bildet.de/ sites/default/files/mediapool/glossar/pdf/kulturelle_bildung_im_digitalen_zeitalter_0.pdf.

Deutscher Kulturrat (2008). Neue Medien: Eine Herausforderung für die kulturelle Bildung. Stellungnahme des Deutschen Kulturrates vom 11.04.2008. In Deutscher Kulturrat (Hrsg.), Kulturelle Bildung: Aufgaben im Wandel (S. 391-396). Berlin.

Fuchs, M. (1994). Kultur lernen. Eine Einführung in die Allgemeine Kulturpädagogik. Remscheid.

Gerland, J. (2017). Inklusion in Forschung und Lehre. In J. Gerland, S. Keuchel & I. Merkt (Hrsg.), Kunst, Kultur und Inklusion. Ausbildung für künstlerische Tätigkeit von und mit Menschen mit Behinderung. Schriftenreihe Netzwerk Kultur und Inklusion Bd. 2 (S. 146-150). Regensburg.

Gerland, I., Keuchel, S. & Merkt, I. (Hrsg.) (2017). Kunst, Kultur und Inklusion. Ausbildung für künstlerische Tätigkeit von und mit Menschen mit Behinderung. Schriftenreihe Netzwerk Kultur und Inklusion Bd. 2. Regensburg.

Helbig, C., Pohlmann, H., Schmölders, T. & Tillmann, A. (2017). Kulturelle Bildung und Medienkompetenz – Entwicklung, praktische Erprobung und Evaluation einer Weiterbildung für Kunst und Kulturschaffende. https://www.kubi-online.de/artikel/kulturelle-bildung-medienkompetenz-entwicklung-praktische-erprobung-evaluation-einer.

Hoffmann, D. (2012). Ausbildung in Medienbildung, Medienpädagogik, Medienwissenschaft. In H. Bockhorst, V.-I. Reinwand & W. Zacharias (Hrsg.), Handbuch Kulturelle Bildung (S. 888-892). München.

Keuchel, S. (2017). Inklusion als aktuelle Herausforderung der Weiterbildung im Kunst- und Kulturbereich. In J. Gerland, S. Keuchel & I. Merkt (Hrsg.), Kunst, Kultur und Inklusion. Ausbildung für künstlerische Tätigkeit von und mit Menschen mit Behinderung. Schriftenreihe Netzwerk Kultur und Inklusion Bd. 2 (S. 26-30). Regensburg.

Klingmann, H. (2017). Die Lehramtsausbildung für sonderpädagogische Förderung mit dem Fach Musik an der Universität Paderborn auf dem Weg zu einer inklusiven Musikkultur. In J. Gerland, S. Keuchel & I. Merkt Hrsg.), Kunst, Kultur und Inklusion. Ausbildung für künstlerische Tätigkeit von und mit Menschen mit Behinderung. Schriftenreihe Netzwerk Kultur und Inklusion Bd. 2 (S. 163-171). Regensburg.

Krebber-Steinberger, E. (2016). Inklusion braucht einen Perspektivwechsel – Dimensionen gelingender inklusiver musikkultureller Bildung. https://www.kubi-online.de/artikel/inklusion-braucht-einen-perspektivwechsel-dimensionen-gelingender-inklusiver.

Merkt, I. (2010). Die Stärken stärken. Kulturarbeit und Menschen mit Behinderung. Kulturpolitische Mitteilungen 130(3), S. 54-56.

Merkt, I. (2012). Ausbildung für inklusive Kulturelle Bildung. In H. Bockhorst, V.-I. Reinwand & W. Zacharias (Hrsg.), Handbuch Kulturelle Bildung (S. 893-898). München.

Netzwerk Kultur und Inklusion (2015). Netzwerktreffen 2016. http://kultur-und-inklusion.net/netzwerktreffen/netzwerktreffen-2015.

Nittel, D. (2000). Von der Mission zur Profession. Bielefeld.

Rat für Kulturelle Bildung (2014a). Qualitätskataloge in der Kulturellen Bildung. Essen.

Rat für Kulturelle Bildung (2014b). Schön, dass ihr da seid. Kulturelle Bildung: Teilhabe und Zugänge. Essen.

Zacharias, W. (2001). Kulturpädagogik. Kulturelle Jugendbildung. Eine Einführung. Opladen.

Zacharias, W. (2008). Zur aktuellen Prominenz und Problematik Kulturell-Künstlerischer Bildung. Ein Collage zur Lage (un)vorhesehbarer und (un)abwägbarer Chancen und Risiken. Impulse. Kunstdidaktik 3.

Zacharias, W. (2012). Kulturpädagogische Fachlichkeit und Berufsentwicklung. In H. Bockhorst, V.-I. Reinwand & W. Zacharias (Hrsg.), Handbuch Kulturelle Bildung (S. 844-848). München.

Professionalisierung in der Erwachsenenbildung

Anna-Maria Kamin & Dorothee Meister

Mit der Ratifizierung der UN-Behindertenrechtskonvention hat sich die Bundesrepublik Deutschland dazu verpflichtet, ein inklusives Bildungssystem nicht nur für die Kita, Schule, Hochschule und Berufsausbildung, sondern auch für die Bildung im Erwachsenenalter zu schaffen. Weiterhin gibt die Konvention – etwa in den Art. 8, 9 und 21 – Hinweise auf die Bedeutsamkeit der Medien in diesem Kontext (vgl. ausführlicher Kamin & Hester 2015). Gemeinsames Lernen (unter Berücksichtigung von Medienbildung) soll also auch in der „[...] Fortsetzung oder Wiederaufnahme organisierten Lernens nach Abschluss einer unterschiedlich ausgedehnten ersten Bildungsphase" (Definition Erwachsenen und Weiterbildung: Deutscher Bildungsrat 1970) stattfinden.[1]

Bei der Erwachsenen- und Weiterbildung handelt sich um ein weites Feld, welches betriebliche, berufliche und allgemeinbildende Bereiche umfasst (Meister 2004, S. 18ff.) und in unterschiedlichen Organisationsformen in formalen, non-formalen und informellen Kontexten praktiziert wird (Kamin & Meister 2015). In den letzten Jahren nahmen Professionalisierungsdiskurse in der Erwachsenenbildung einen breiten Raum ein und begleiteten damit die bereits begonnenen Professionalisierungstendenzen in diesem Feld (vgl. Schwarz, Ferchhoff & Vollbrecht 2014). Auch wenn der Stand der Professionalisierung unterschiedlich eingeschätzt wird, so profitiert auch die Erwachsenenbildung von den Professionalisierungstendenzen von pädagogisch Tätigen insgesamt, bei denen deutliche Fortschritte „auf den Ebenen der Akademisierung, Verberuflichung, Verrechtlichung, Verwissenschaftlichung sowie Institutionalisierung" (Nittel & Dellori 2014, S. 496f.) zu erkennen sind. In Bezug auf die Professionalisierung im Bereich der inklusiven Erwachsenenmedienbildung wäre gleichwohl zu fragen, inwiefern Berufsausbildungen und die Weiterentwicklung der professionellen Wissensbasis des Berufsfelds bereits systematisiert und institutionalisiert ist und bestimmte Tätigkeitsfelder für Angehörige dieser Berufe reserviert sind (vgl. Heidenreich 1999, S. 39).

1 Der Diskurs um Begriffsbestimmung sowie Abgrenzung des Gegenstandsbereichs der Erwachsenenbildung kann hier nicht umfänglich aufgegriffen werden. Erwachsenenbildung und Weiterbildung wird oftmals, wie auch in diesem Beitrag synonym mit dem Begriff Weiterbildung verwendet.

1 Inklusive Medienbildung in der Erwachsenenbildung

In der Erwachsenenbildung ist bereits ein intensiver Diskurs zur Umsetzung inklusiver Bildung entfacht (z. B. Burtscher et al. 2013, DIE 2012), sodass vereinzelt bereits eine lebendige Praxis inklusiver Erwachsenenbildung konstatiert wird (Brandt 2013, S. 9). Das *Recht auf* und der *Zugang zu* Bildung sowie die Förderung von Chancengleichheit und sozialer Teilhabe weist auch bereits eine lange Tradition in der Bildung Erwachsener auf. Die Umsetzung findet in Formaten wie etwa Abendschulen, die Erwachsenen ermöglichen, Schulabschlüsse nachzuholen, Alphabetisierungskampagnen sowie Integrationskursen für Migrant/innen statt. Darüber hinaus gelten Langzeitarbeitslose und Senioren als weitere zentrale Zielgruppen von Erwachsenenbildung. Nach einer Umfrage des „wbmonitor" von DIE und BIBB aus dem Jahr 2012 sind hingegen behinderte Menschen in den Einrichtungen der Erwachsenenbildung bislang unterrepräsentiert (Koscheck, Weiland & Ditschek 2012). Heimlich und Behr (2011) konstatieren zudem, dass sich gerade in der Erwachsenen- und Weiterbildung die Tendenzen zur Exklusion gar verstärken, da bislang die Auffassung dominiert, Menschen mit Behinderungen würden am besten in spezifisch für sie zugeschnittenen Angeboten und in separierenden Einrichtungen leben, lernen und arbeiten können. Es stellt sich insofern die Frage, inwieweit das dem Paradigma der Inklusion verpflichtende *gemeinsame* Lernen von Menschen mit und ohne Behinderungen/Benachteiligungen bereits realisiert wird.

Nimmt man Medien als integralen Bestandteil von Bildungsprozessen als weitere Komponente hinzu, so ist zu konstatieren, dass diese in der Erwachsenenbildung im Kontext von Inklusion bisher vorwiegend im Hinblick auf eine technologisch-kompensatorische Funktion durch assistive Technologien und Barrierefreiheit oder als didaktisches Lehr- und Lernmittel betrachtet werden (etwa Ditschek 2013, Lehmann & Schorer 2016). Beispielhaft sind in diesem Zusammenhang das digital unterstützte Lernportal des Volkshochschulverbandes „ich-will-lernen.de" (http://www.ich-will-lernen.de) oder das Lernadventure „Winterfest" (http://www.lernspiel-winterfest.de) zur Grundbildung Erwachsener zu nennen.

Medien sind im Kontext der inklusiven Erwachsenenbildung jedoch weiterzudenken. Allgemein üben sie hier im Wesentlichen *drei* gesellschaftliche Funktionen aus (von Hippel 2011, S. 689). Zunächst leisten sie einen *Beitrag zur Qualifizierung* der Lernenden. Zweitens können sie aber auch eine *Individualisierungsfunktion* erfüllen, indem Kursinhalte auf die Verwendung von Medien mit dem Ziel des Selbstausdrucks (Schluchter 2014) oder in der Tradition des Agenda-Setting-Ansatzes (McCombs/Shaw 1972) Hilfestellung bei der Auswahl von Medienangeboten, die für das jeweilige Individuum von Relevanz sind, leisten. Darüber hinaus tragen Medien zur *Demokratisierung* in der Erwachsenen- und Weiterbildung bei, da kulturelle und politische Teilhabe medienunterstützt gestaltet werden kann. Inklusive Medienbildung in der Bildung Erwachsener muss insofern auch Angebote umfassen, die Medien nicht nur defizitorientiert als kompensatorische Hilfsmittel oder als Werkzeuge zur Gestaltung von Lernprozessen begreifen, sondern auch Möglichkeiten zur Reflexion und zur Erweiterung von Handlungsmöglichkeiten eröffnen. Ein solches Verständnis ist an eine Definition, die Inklusive Medienbildung als Schaffung und Entdeckung neuer *gemeinsamer* Handlungs-, Kommunikations- und Erfahrungsräume für Heranwachsende und Erwachsene unabhängig von der individuellen Prädisposition versteht (vgl. Schluchter 2012, S. 20), anzuschließen.

2 Leitkategorien für eine Inklusive Medienbildung in der Erwachsenenbildung

Die Erwachsenenbildung verfügt wie kein anderer Bildungsbereich über Freiräume und Möglichkeiten zur Angebotsgestaltung, die auch auf die Bedarfe von Menschen mit Behinderungen und in besonderen Lebenslagen zugeschnitten sind (Kil 2012, S. 21). Hintergrund ist das in Bezug auf die Planung und Durchführung von Angeboten zentrale Prinzip der Teilnehmerorientierung in der Erwachsenenbildung. Das bedeutet, eine Veranstaltung ist in erster Linie auf die Bedürfnisse, Interessen und Erfahrungen der Teilnehmenden auszurichten, währenddessen die Berücksichtigung der *Lerninhalte* diesen unterzuordnen ist (Quilling 2015, S. 2). Um aber Erwachsenenbildung inklusiv zu gestalten, ist neben der Ebene der Gestaltung von Lernprozessen auch die System- und Organisationsebene zu berücksichtigen. Kil führt dies in einer *Inkludierenden Erwachsenenbildung* zusammen, „die sich nicht nur dem gesamtgesellschaftlichen Ziel Inklusion verpflichtet fühlt, sondern aktiv Bildungsangebote konzipiert und bereitstellt, die inkludierend sind" (2012, S. 21).

Um beide Ebenen zu berücksichtigen und entsprechende Anforderungen – die gleichzeitig Anknüpfungspunkte im Hinblick auf Professionalisierung in der inklusiven Erwachsenenbildung bieten – zu formulieren, eignet sich der von Tony Booth und Mel Ainscow entwickelte Index für Inklusion. Der Index wurde von Ines Boban und Andreas Hinz (2003) übersetzt und für deutschsprachige Verhältnisse bearbeitet und herausgegeben. Der Index beinhaltet Schlüsselkonzepte, Rahmenbedingungen, Materialien und Prozessbeschreibungen, um Lernen und Teilhabe in Schulen der Vielfalt zu entwickeln. Obwohl der Index ursprünglich für den primären Bildungsbereich formuliert ist, lassen sich die Dimensionen *Kultur, Struktur* und *Praxis* (ebd., S. 15) ohne Weiteres auf die Erwachsenenbildung übertragen und auf Medienbildung spezifizieren.

2.1 Etablierung inklusiver Medienbildungskulturen

Die Dimension *Kultur* im Index für Inklusion umfasst die Bereiche *Gemeinschaft bilden* und *inklusive Werte verankern*. Um inklusive Medienbildungskulturen in der Erwachsenenbildung zu etablieren, muss der Inklusionsansatz insofern als Organisationsentwicklungsprozess verstanden werden. Das bedeutet, dass Einrichtungen der Erwachsenenbildung von der Öffentlichkeitsarbeit bis hin zur Zugänglichkeit und Barrierefreiheit den uneingeschränkten Zugang zu Veranstaltungen und Inhalten für Alle ermöglichen müssen. Ditschek und Meisel (2012, S. 31) sprechen von einer „Willkommenskultur", die sich beispielsweise auch in der zielgruppenspezifischen Gestaltung von Angebotstexten etwa durch eine barrierefreie Angebotspräsentation widerspiegelt. Medien bieten hier erweiterte Darstellungsmöglichkeiten, indem die Bereitstellung auf einer barrierearmen Webseite oder per App erfolgt. Darüber hinaus haben einige Volkshochschulen bereits Fachbereiche zum barrierefreien Lernen und zur Bildung in Leichter Sprache eingerichtet, um inklusive Kulturen zu etablieren.

Einrichtungsübergreifende Medienbildungskulturen lassen sich ferner durch Vernetzungsaktivitäten erzielen. Ein gutes Beispiel hierfür bietet das Inklusionsnetzwerk Berliner Erwachsenenbildung inklusiv (ERW-IN). Das online gut vertretene Netzwerk setzt sich u. a. für die Einrichtung und den Ausbau inklusiver Angebote im Rahmen der allgemeinen Erwachsenenbildung und die Öffnung und Erweiterung von Fort- und Weiterbildungsangeboten für Menschen mit geistiger Behinderung an allen Berliner Volkshochschulen ein (http://www.erw-in.de).

Die *Fachgruppe Inklusive Medienbildung* der Gesellschaft für Medienpädagogik und Kommunikationskultur (GMK) ist ein weiteres Netzwerk, das auf die Zusammenarbeit von Menschen mit und ohne Behinderungen aus Wissenschaft und Praxis setzt. Die Fachgruppe diskutiert Fragen zur Weiterentwicklung von Inklusiver Medienbildung entlang der gesamten Bildungskette (http://www.gmk-net.de) und initiiert und unterstützt fachspezifische Kongresse, Fachtagungen und Arbeitskreise, um die Etablierung von Strukturen zur Verankerung Inklusiver Medienbildung – auch in der Erwachsenenbildung – zu forcieren.

2.2 Schaffung inklusiver Medienbildungsstrukturen

Unter dieser Dimension fasst der Index für Inklusion die Bereiche eine *Schule für alle entwickeln* und *Unterstützung für Vielfalt organisieren*. Bezogen auf die Erwachsenenbildung bedeutet das, dass prinzipiell *jede* Erwachsenenbildungsveranstaltung für *alle* Menschen geöffnet sein sollte und dies auch in Rahmenbedingungen – wie etwa in Satzungen, Curricula oder Leitbildern – festgeschrieben ist. Dabei kann an langjährige Erfahrungen angeknüpft werden: So fand bereits seit den 1970er Jahren ein gemeinsames Lernen von Menschen mit und ohne Behinderung in Form von *Erwachsenenbildung als Begegnung* statt. Nachhaltige Impulse entstanden in Bezug auf Inklusion durch das *Normalisierungsprinzip*. Die Eröffnung von Möglichkeiten für Menschen mit Behinderungen ein weitgehend normales Leben zu führen, impliziert auch die Teilnahme an Bildung (Heimlich & Behr 2011, S. 816ff.). Um aber durchgehend Inklusion in der Erwachsenenbildung nach dem Vielfaltsgedanken zu praktizieren, kann die Abkehr von der dominierenden Zielgruppenorientierung in der Angebotsgestaltung zu Gunsten einer Themenorientierung als konstituierendes Prinzip eine Lösung sein. Ein gemeinsames Interesse an einem Thema – etwa das Lernen *mit* und *über* Medien – sichert eine heterogene Teilnahmegruppe und eröffnet Optionen für das Lernen von- und miteinander (Heimlich & Behr 2011, S. 818).

Für die Schaffung inklusiver Medienbildungsstrukturen sind beispielhaft die Angebote der PIKSL- Labore (Personenzentrierte Interaktion und Kommunikation für mehr Selbstbestimmung im Leben: http://www.piksl.net) in Düsseldorf und Bielefeld zu nennen. Die Mitarbeiter*innen (mit und ohne Beeinträchtigungen) bieten Kurse zu Medienbildung für Menschen mit und ohne Behinderungen an (Freese & Mayerle 2015).

2.3 Entwicklung inklusiver Medienpraxis

Diese Dimension umfasst die Bereiche *Lernarrangements organisieren* und *Ressourcen mobilisieren*. Für die Umsetzung inklusiver Medienpraxis bedeutet das, dass Erkenntnisse aus den Bereichen *Lernen Erwachsener*, *Medienbildung* und *Inklusiver Didaktik* synthetisiert werden müssen.

Aus Perspektive der Inklusion gilt grundlegend zu berücksichtigen, dass Menschen mit Einschränkungen nicht als betreuungsbedürftig, sondern als kompetente Partner im Abbau von Komplexität und als Experten für Vereinfachung (Freese & Mayerle 2013) betrachtet werden. Aus diesem Grundsatz ergeben sich für die erwachsenenpädagogische Arbeit mit Medien besondere Potenziale, da Menschen mit Behinderungen bei der Entwicklung der Lernmaterialien integriert sind und so etwa vereinfachte Mediennutzungsoptionen entstehen können, die für die gesamte Lerngruppe hilfreich sind. Weiterhin gilt die Bewältigung einer gemeinsamen Aufgabe als zentrale Grundlage didaktischen Handelns in der Inklusion. Idealtypisch lässt sich dies in projektorientierten Arbeitsformen praktizieren (Lütje-Klose & Miller 2015). Gerade die Erweiterung traditioneller Lehr- und Lernformen durch Formen aktiver Medienarbeit (Schell 2003), die handlungs- und produktionsorientiert sind – etwa durch die Produktion von Foto-, Video- oder Audioprodukten –, bieten Potenziale für inklusive Medienbildungspraxis in der Erwachsenenbildung. Somit wird deutlich, dass inklusives Lernen in der Erwachsenenbildung nicht neu erfunden werden muss, sondern dass auf elaborierte und etablierte Ansätze zurückgegriffen werden kann (Papadopoulos 2012, S. 38), die jedoch gerade in Bezug auf Medienbildung weiterentwickelt, erprobt und evaluiert werden müssen.

Fazit: Professionalisierung in der inklusiven Erwachsenenmedienbildung

Trotz der vielversprechenden Ansätze und Einzelinitiativen mit Vorbildcharakter fehlen insgesamt noch systematische und koordinierte Vorkehrungen für eine inklusive und inkludierende Erwachsenenbildung (Ackermann 2012, S. 26). Zudem bestehen unterschiedliche Vorstellungen darüber, was inkludierende Professionalität in der Erwachsenenbildung (Markowetz 2013, S. 163) und in der inklusiven Medienbildung umfasst. Inklusive Medienbildung lässt sich in den Einrichtungen der Erwachsenenbildung nur verankern, wenn ausreichend ausgebildete Fachkräfte zur Verfügung stehen. Das bedeutet, dass die Mitarbeiter*innen sowohl in der Erwachsenenbildung, in der Medienbildung als auch im Hinblick auf Inklusion ausgewiesen sein müssen. Dazu braucht es Medienpädagog*innen als Experten oder aber medienpädagogische Anteile in den Ausbildungen, in denen auch die Perspektive der Inklusion berücksichtigt wird. Insgesamt muss für den hochschulischen Bereich konstatiert werden, dass Medienbildung in den meisten Studiengängen im Kontext von Erwachsenenbildung ein freiwilliges Angebot darstellt, das im Umfang abhängig ist von der Einrichtung entsprechender medienpädagogischer Professuren. Insofern kann nicht davon ausgegangen werden, dass im Studium der Erziehungs- oder Bildungswissenschaften, der Sozialpädagogik oder Sozialen Arbeit heute ausreichende medienpädagogische Kompetenzen im Kontext digitaler Medien erworben werden, um sie in den verschiedenen Handlungsfeldern medienkompetent vermitteln zu können (vgl. Meister 2017).

Doch nicht nur die medienpädagogischen Studiengänge sind sehr unterschiedlich strukturiert, eine noch schwächere medienpädagogische Durchdringung findet sich in für Inklusive Bildung bedeutsamen Ausbildungssituation von pädagogischen Fachkräften – etwa bei Ergotherapeut*innen, Heilpädagog*innen oder Logopäd*innen – wider.

Da in den pädagogischen Ausbildungsgängen Medienbildung noch zu wenig systematisch verbreitet ist, wird viel Hoffnung auf die Weiterbildung gelegt. Es gibt zwar in Bezug auf die Inklusive Medienbildung einige vorbildliche Angebote (z. B. Netzwerk Inklusion mit Medien/nimm!, http://www.inklusive-medienarbeit.de), die aber die (außerschulische) Kinder- und Jugendarbeit adressieren. Ferner mangelt es insgesamt an einer systematischen Struktur sowie Qualitätssicherung und -überprüfung der Arbeit. Um diesen komplexen Anforderungen gerecht zu werden, erscheint für die Inklusive Erwachsenenmedienbildung die Entwicklung einer Zusatzqualifikation erstrebenswert.

Die skizzierten Leitkategorien zur Grundlage erwachsenenpädagogischer, inklusiver Medienbildungsprofessionalität weisen auf Desiderate in allen Bereichen. Es ist insofern unzureichendes Professionswissen vorhanden, gleichwohl sind gute Anknüpfungspunkte erkennbar. Erst wenn der Professionalisierungsprozess weiter voranschreitet, können die Dimensionen Struktur, Kultur und Praxis in der inklusiven und inkludierenden Erwachsenenmedienbildung nachhaltig verankert werden und vermehrt Räume zur Schaffung und Entdeckung neuer *gemeinsamer* Handlungs-, Kommunikations- und Erfahrungsräume für Erwachsene geschaffen werden.

Literatur

Ackermann, K.-E. (2012). Zwischen den Stühlen. Erwachsenenbildung für Menschen mit geistiger Behinderung. DIE Zeitschrift für Erwachsenenbildung (2), 26-29.

Boban, I. & Hinz, P. (2003). Index für Inklusion. Lernen und Teilhabe in der Schule der Vielfalt entwickeln. http://www.eenet.org.uk/resources/docs/Index %20German.pdf [19.09.2017].

Brandt, P. (2013). Vorbemerkungen. In R. Burtscher, E. J. Ditschek & K.-E. Ackermann (Hrsg.), Zugänge zu Inklusion. Erwachsenenbildung, Behindertenpädagogik und Soziologie im Dialog (S. 9-10) Bielefeld: Bertelsmann.

Burtscher, R., Ditschek, E. J. & Ackermann, K.-E. (2013). Zugänge zu Inklusion. Erwachsenenbildung, Behindertenpädagogik und Soziologie im Dialog. Bielefeld: Bertelsmann.

Ditschek, E. J. (2013). Digitale Alphabetisierung – Inklusion und computer-unterstützter Unterricht. In R. Burtscher, E. J. Ditschek & K.-E. Ackermann (Hrsg.), Zugänge zu Inklusion. Erwachsenenbildung, Behindertenpädagogik und Soziologie im Dialog (S. 215-225). Bielefeld: Bertelsmann.

Ditschek, E. & Meisel, K. (2012). Inklusion als Herausforderung für die Organisation. DIE Zeitschrift für Erwachsenenbildung (2), 30-33.

Freese, B. & Mayerle, M. (2013). Digitale Teilhabe – zum Potenzial der neuen Technologien im Alltag von Menschen mit Lernschwierigkeiten. SIEGEN:SOZIAL. Analysen, Berichte, Kontroversen 18(1), 4-15.

Freese, B. & Mayerle, M. (2015). Digitale Teilhabe als Teil einer barrierefreien (E)Partizipationskultur am Beispiel des PIKSL-Labors. In M, Düber, A, Rohrmann & M. Windisch (Hrsg.), Barrierefreie Partizipation. Entwicklungen, Herausforderungen und Lösungsansätze auf dem Weg zu einer neuen Kultur der Beteiligung (S. 382-395). Weinheim und Basel: Beltz Juventa.

Heidenreich, M. (1999). Berufskonstruktion und Professionalisierung. Erträge der soziologischen Forschung. In H. J. Apel, K.-P. Horn, P. Lundgreen & U. Sandfuchs (Hrsg.). Professionalisierung pädagogischer Berufe im historischen Prozeß (S. 35-58). Bad Heilbrunn/Orb.: Julius Klinkhardt.

Heimlich, U. & Behr, I. (2011). Inklusion von Menschen mit Behinderung in der Erwachsenenbildung/Weiterbildung. In R. Tippelt & A. v. Hippel (Hrsg.), Handbuch Erwachsenenbildung/Weiterbildung (S. 813-826). Wiesbaden: Springer Fachmedien.

Hippel, A. v. (2011). Erwachsenenbildung und Medien. In R. Tippelt & A. v. Hippel (Hrsg.), Handbuch Erwachsenenbildung/Weiterbildung (S. 689-706). Wiesbaden: Springer Fachmedien.

Kamin, A.-M. & Hester T. (2015). Medien – Behinderung – Inklusion. Ein Plädoyer für eine Inklusive Medienbildung. In Schiefner-Rohs, M., Gómez Tutor, C. & Menzer, Ch. (Hrsg.), Lehrer. Bildung.Medien – Herausforderungen für die Entwicklung und Gestaltung von Schule (S,185-196). Baltmannsweiler: Schneider Verlag Hohengehren.

Kamin, A.-M. & Meister, D: M. (2015). Lehren und Lernen mit digitalen Medien in der Erwachsenen- und Weiterbildung. In F. v. Gross, D. M. Meister & U. Sander (Hrsg.), Die Geschichte der Medienpädagogik in Deutschland (S. 156-181). Weinheim und Basel: Beltz Juventa.

Kil, M. (2012). Stichwort „Inkludierende Erwachsenenbildung". DIE Zeitschrift für Erwachsenenbildung (2), 20-21.

Koschek, S., Weiland, M. & Ditschek, E. J. (2013). wbmonitor Umfrage 2012. Klima und Strukturen der Weiterbildungslandschaft. Zentrale Ergebnisse im Überblick. Bonn. https://www.bibb.de/dokumente/pdf/wbmonitor_Ergebnisbericht_Umfrage_2012.pdf [19.09.2017].

Lehmann, R. & Schroer, A. (2016). E-Learning für erwachsene Menschen mit Lernschwierigkeiten – Potenziale für mehr Teilhabe. Der pädagogische Blick 24(1), 26-39.

Lütje-Klose, B. & Miller, S. (2015). Inklusiver Unterricht – Forschungsstand und Desiderata. In Peter-Koop, A., Rottmann, T. & Lükern, M.M. (Hrsg.), Inklusiver Mathematikunterricht in der Grundschule (S. 10-32). Offenburg: Mildenberger Verlag.

Markowetz, R. (2013). Antwort zu Langemeyer/Schüßler: Professionswissen. In R. Burtscher, E. J. Ditschek & K.-E. Ackermann (Hrsg.), Zugänge zu Inklusion. Erwachsenenbildung, Behindertenpädagogik und Soziologie im Dialog (S. 163-166). Bielefeld: Bertelsmann.

McCombs, M. E. & Shaw, D. L. (1972). The agenda-setting function of mass media. Public Opinion Quarterly 36, 176-187.

Meister, D. M. (2004). Online-Lernen und Weiterbildung. In D. M. Meister (Hrsg.), Online-Lernen und Weiterbildung. (S. 7-26). Wiesbaden: VS Verl. für Sozialwiss.

Meister, D. M. (2017). Medienpädagogik: Herausforderungen der Digitalisierung. In: Kulturelle Bildung digital – Vermittlungsdomen, ästhetische Praxis und Aus- und Weiterbildung, Dossier 6, https://www.kultur-bildet.de/sites/default/files/mediapool/dossier/ pdf/dorothee_m._meister_medienpaedagogik-_herausforderungen_der_digitalisierung.pdf [21.8.2017].

Nittel, D. & Dellori, Claudia (2014). Die Soziale Welt der Erwachsenenbildner. Der Blick der komparativen erziehungswissenschaftlichen Berufsgruppenforschung auf die Grenzen der Professionalisierung der Erwachsenenbildung. In: M. J. Schwarz, W. Ferchhoff & R. Vollbrecht (Hrsg.), Professionalität: Wissen – Kontext S. (457-499). Bad Heilbrunn: Julius Klinkhardt.

Papadopoulos, C. (2012). Barrierefreiheit als didaktische Herausforderung. DIE Zeitschrift für Erwachsenenbildung (2), 37-39.

Quilling, K. (2015). Teilnehmerorientierung in der Erwachsenenbildung. Der DIE-Wissensbaustein für die Praxis. https://www.die-bonn.de/wb/2015-teilnehmerorientierung-01.pdf [19.09.2017].

Schell, F. (2003). Aktive Medienarbeit mit Jugendlichen. Theorie und Praxis. 4. Aufl. München: kopaed.

Schluchter, J.-R. (2012). Medienbildung als Perspektive für Inklusion. merz (1), 16-21.

Schluchter, J.-R. (2014). Medienbildung in der (sonder)pädagogischen Lehrerbildung. Bestandsaufnahme und Perspektiven für eine inklusive Lehrerbildung (Medienpädagogische Praxisforschung, 8). München: kopaed.

Schwarz, M. P., Ferchhoff, W. & Vollbrecht, R. (Hrsg.) (2014). Professionalität: Wissen – Kontext. Bad Heilbrunn: Julius Klinkhardt.

Professionalisierung in der Informatik

Andreas Mühling

Die Informatik ist als Wissenschafts- und Wirtschaftszweig maßgebliche Wegbereiterin der „digitalen“ Welt. Moderne elektronische Medien (Tablets, Smartphones, E-Book-Reader, ...) sind letztlich meist nur Informatiksysteme, deren Hard- und Software für einen spezifischen Zweck angepasst wurde. Ihnen allen liegt zu Grunde, dass es sich um einmalig oder mehrfach programmierbare Systeme handelt, die heute in den meisten Fällen miteinander vernetzt sind oder Zugang zu Netzwerken, wie dem Internet, ermöglichen.

Wie vielen Artefakten der Ingenieurwissenschaften – man denke an Telefone oder Flugzeuge – gelang es auch den Informatiksystemen, die Gesellschaft fundamental und nachhaltig zu verändern. Aus dieser Rolle erwächst auch eine besondere Pflicht, die allerdings nicht in alle Definitionen der Wissenschaft Eingang findet. So definiert Broy (1998, S. 1) Informatik noch schlicht als die „Wissenschaft, Technik und Anwendung der Verarbeitung, Speicherung und Übertragung von Informationen“. Brauer & Münch (1996, S. 13) definieren hingegen bereits differenzierender: „Informatik ist die (Ingenieur-)Wissenschaft von der theoretischen Analyse und Konzeption, der organisatorischen und technischen Gestaltung sowie der konkreten Realisierung von (komplexen) Systemen [...], die als Unterstützungssysteme für den Menschen in unsere Zivilisation eingebettet werden müssen.“

Gemäß dieser Sicht wirkt die Informatik gestaltend und erschaffend, mit dem Ziel konkreter Artefakte, meist Informatiksysteme. Ob ein solches System nun tatsächlich unterstützend für die Menschen wirkt, kann nur die Gesellschaft bzw. der einzelne Mensch entscheiden, der mit dem System interagiert. Trotzdem obliegt es nach diesem Verständnis auch den Informatiker_innen, sich bereits vorab dieses Ziel zu setzen und bei der Realisierung von Systemen mitzudenken. Dies umfasst ganz natürlich zum einen die Fragestellungen der Zugänglichkeit zu einem System – denn nur dann kann dieses überhaupt nur unterstützend wirken – und zum anderen die Frage nach assistiven Technologien – bei denen die Unterstützung sozusagen als einziger Zweck des Systems fest eingeplant ist.

Dieser Beitrag untersucht zunächst inwiefern diese beiden Aspekte der Zugänglichkeit bzw. der assisitiven Technologien – als spezifischer Beitrag zum Komplex der Heterogenität und Inklusion – Teil der üblichen Ausbildung in der Informatik sind. Anschließend wird die Situation für die Ausbildung im Lehramt dargelegt und der Beitrag eines Schulfachs Informatik zu diesen Aspekten als Teil einer nicht berufsvorbereitenden Allgemeinbildung skizziert.

1 Heterogenität und Inklusion in der Informatikausbildung

Die Ausbildung in der Informatik erfolgt, von einigen informatiknahen Ausbildungsberufen abgesehen, ausschließlich an Fachhochschulen und Universitäten. Naturgemäß gibt es eine Vielzahl an Schwerpunkten und Studienplänen, die die konkreten Themen des Studiums an den einzelnen Standorten beeinflussen. Eine Einzelfallbetrachtung ist für die hier zu beantwortende Fragestellung nicht zielführend. Anstelle dessen soll der Blick auf vorhandene internationale und nationale curriculare Empfehlungen gerichtet werden. Die Association for Computing Machinery (ACM) sowie die IEEE und ihr Unterverband IEEE Computer Society haben als die beiden größten internationalen Dachverbände der Informatik zusammen eine solche Empfehlung für Curricula an Hochschulen entwickelt.

Während in Deutschland aktuell die meisten Studiengänge wenigstens im Bachelorbereich noch ausschließlich „Informatik" genannt werden, gibt es im amerikanischen Raum eine historisch länger etablierte Aufteilung in „Computer Science", „Computer Engineering" und weitere Teilgebiete der Informatik – jeweils mit eigenen Schwerpunkten. Der allgemeinste Studiengang mit der größten Nähe zur (deutschen Tradition der) Informatik ist allerdings zweifelsfrei „Computer Science", daher sollen hier die Empfehlungen für diesen Studiengang, das „Computer Science Curriculum" (CSC) (The Joint Task Force on Computing Curricula 2013), herangezogen werden, das zuletzt 2013 aktualisiert wurde.

Themen, die über das rein Fachliche hinausgehen, finden in der Informatik auf zwei verschiedenen Wegen Eingang in die allgemeine Ausbildung. Zum einen durch die Beschäftigung mit den *Auswirkungen von Informatiksystemen auf die Gesellschaft* und zum anderen durch Themen, die sich mit der *Gestaltung von Informatiksystemen* befassen.

Der erste Aspekt ist innerhalb des CSC unter dem Titel „Social Issues and Professional Practice" zusammengefasst. Hier geht es beispielsweise um Fragen des Urheberrechts, um die Auswirkung von Informatiksystemen auf die Gesellschaft allgemein, aber auch um weitere Aspekte der Professionalisierung, wie die Kommunikation mit Kund_innen. Im Kanon der gesamten Themen dieses Bereichs spielen die Fragestellungen nach Heterogenität und Inklusion eine eher kleine Rolle. Speziell geht es um Fragen der prinzipiellen Zugänglichkeit und den „digital divide" bzw. die Folgen von Hindernissen im Zugang zu digitalen Technologien aufgrund verschiedenster Kriterien. Genannt werden unter anderem Gender, sozioökonomischer Status und Ethnizität, nicht aber beispielweise Behinderung. Die unter dieser Überschrift genannten konkreten Lernziele nehmen an einigen Stellen Bezug zu Aspekten der Heterogenität bzw. der Inklusion (ebd., S. 195, übersetzt aus dem Englischen):

- Identifizieren der Annahmen und Werte von Entwicklern, die sich im Design von Hard- und Software wiederfinden, speziell dort, wo sie die Zugänglichkeit/Benutzbarkeit im Zusammenhang mit Diversität betreffen, etwa für unterrepräsentierte Gruppen und Menschen mit Behinderung.
- Beschreiben des Einflusses einer geringen Diversität auf den Berufsalltag in der Informatik (z. B. hinsichtlich Firmenkultur und Produktvielfalt).
- Erklären, wie die Begrenzung des Internet-Zugangs als ein Mittel der politischen und sozialen Repression verwendet wird.

Alle diese Lernziele sollen dabei nur auf der Ebene der „Familiarity" behandelt werden, das heißt, man soll sich dieser Aspekte und Fragestellungen bewusst sein, aber nicht beispielweise eine Einschätzung dazu treffen können (Ebene „Evaluation"). Man kann aber zusammenfassend festhalten, dass alle nach den Richtlinien des CSC ausgebildeten Informatiker_innen sich darüber bewusst sein sollen, dass die Gestaltung von Informatiksystemen eine Folge von Entscheidungen ist, die Informatiker_innen möglicherweise unbewusst treffen und die wiederum Auswirkungen auf die spätere Nutzung des Systems durch verschiedenste Menschen haben werden. Auch sollen sie sich der immensen gesellschaftlichen Auswirkungen bewusst sein, die Informatiksysteme bzw. speziell das Internet inzwischen erreichen können. Ein spezifischer Kompetenzerwerb, wie die Gestaltung von Informatiksystemen hinsichtlich dieser Gemengelage vorzunehmen, ist hingegen nicht vorgesehen.

Dies wird teilweise im Rahmen des Bereichs „Gestaltung von Informatiksystemen" bzw. hier ganz speziell beim Design von Schnittstellen nachgeholt, wobei man sich im Rahmen der Mensch-Maschine-Kommunikation mit Aspekten der spezifischen Zugänglichkeit (im Sinne von Benutzbarkeit) und damit naturgemäß auch mit Fragestellungen der Heterogenität befassen muss. Die Themen umfassen „Schnittstellen für unterschiedlich eingeschränkte Benutzergruppen (z. B. Sehbehinderte oder in der Bewegung eingeschränkte Personen)" (ebd., S. 90, übersetzt aus dem Englischen), wie auch Fragestellungen hinsichtlich verschiedener Altersklassen von Benutzer_innen (von Kindern bis zu Senioren). Die konkreten Lernziele wirken auf ein allgemeines Verständnis dessen hin, dass die Benutzer_innen eines Informatiksystems spezifische Wünsche und Bedürfnisse haben, die es von Anfang an im Design zu berücksichtigen gilt. Darüber hinaus werden auch Möglichkeiten thematisiert, solche Systeme partizipatorisch zu entwickeln bzw. auf anderen Wegen mit den zukünftigen Nutzer_innen zu interagieren, um deren Vorstellungen an ein System zu erheben und den Erfolg eines Designs zu messen (vgl. ebd., S. 90f.).

Wendet man sich nun im Lichte dieser allgemeinen curricularen Richtlinien der deutschen Hochschullandschaft zu, so gibt es seit dem Jahr 2016 eine Empfehlung der Gesellschaft für Informatik (GI), die als zentraler deutscher Dachverband der Informatik in Ausbildung, Wirtschaft und Wissenschaft fungiert

(Gesellschaft für Informatik e.V. (GI) 2016). Diese Empfehlung basiert auf dem CSC und liefert daher wenig Neues. Vielmehr muss festgehalten werden, dass die wenigen, oben aufgeführten Stellen, an denen das CSC explizit auf Themen wie Behinderung, Vielfältigkeit und Zugänglichkeit verweist, durch die kürzere und ausschließlich aus grob-granularen Lernzielen bestehende Beschreibung in der GI-Empfehlung allesamt fehlen. Die Bereiche „Mensch-Computer-Interaktion" (ebd., S. 28) als fachlicher Bereich sowie „Gesellschaftliche und berufsethische Aspekte von Informatiksystemen im Anwendungskontext" (ebd., S. 7) als überfachlicher Bereich kommen aber trotzdem auch in der deutschen Empfehlung vor.

Um die Umsetzung dieser Empfehlungen in der Realität zu überprüfen, sollen hier die drei deutschen Universitäten, die im „Times Higher Education"-Ranking die besten Bewertungen erhalten haben und Informatik als Studiengang anbieten – die LMU München, die Universität Heidelberg und die TU München –, als Beispiel dienen. Die Studienpläne sehen hier an keinem Standort relevante Module im Pflichtbereich des Bachelorstudiums vor. An der LMU München kann man Mensch-Maschine-Interaktion als Vertiefungsgebiet wählen und dort relevante Veranstaltungen besuchen. Alternativ gibt es dort auch den Studiengang „Medieninformatik", in dem diese Veranstaltungen ebenfalls integriert sind. Die Universität Heidelberg bietet ein Wahlmodul namens „Informatik und Gesellschaft" an, in dem es unter anderem um die „gesellschaftliche Bedeutung von Informatiksystemen" geht.

2 Vergleich mit dem Lehramtsstudium in Informatik

Ein Lehramtsstudium im Fach Informatik ist an vielen Standorten in Deutschland möglich. Auch wenn es kein flächendeckendes Fach „Informatik" in der Schule gibt, so gibt es doch in jedem Bundesland eine individuell ausgeprägte Verankerung des Fachs über die verschiedenen Schularten hinweg, oft als Wahlpflicht-Angebot an Gymnasien. Wie in Deutschland üblich, besteht das Teilstudium für das Unterrichtsfach Informatik hierbei aus einem Teil der Fachinhalte des regulären Informatikstudiums, angereichert durch Fachdidaktik. Basierend auf der oben genannten Situation steht zu erwarten, dass eine Vielzahl von Lehramtsstudierenden in der Informatik aus fachlicher Sicht nicht mit Themen der Mensch-Maschine-Interaktion in Berührung kommen, da die fachlichen Teile des Lehramtsstudiums meist lediglich die Pflichtinhalte des regulären Informatikstudiums umfassen und aufgrund des zweiten Fachs sowie der allgemeinen pädagogisch-didaktischen Anteile des Studiums für weitergehende Veranstaltungen in Informatik kein Platz mehr bleibt.

In der Fachdidaktik werden Themen der Inklusion und Heterogenität dagegen vermutlich in zunehmendem Maße thematisiert werden. Auch wenn die

Universitäten in der Gestaltung der Studiengänge inhaltlich an vielen Stellen freie Hand haben, kann man anhand der ländergemeinsamen inhaltlichen Anforderungen der Kultusministerkonferenz (Kultusministerkonferenz 2008) Rückschlüsse auf die Situation an den einzelnen Standorten ziehen.

In diesen Anforderungen werden Kompetenzen definiert, die Lehramtsstudierende während des Studiums für ein bestimmtes Unterrichtsfach erwerben sollen. Hier finden sich für das Fach Informatik in den fachspezifischen Kompetenzen die folgenden relevanten Aspekte (ebd., S. 35):

„1. können informatische Sachverhalte [...] sowie gesellschaftliche Auswirkungen erfassen, bewerten und erklären;
2. können [...] Unterrichtskonzepte und -medien auch für heterogene Lerngruppen fachlich gestalten, inhaltlich bewerten;
3. kennen Möglichkeiten zur Illustration von informatischen Prinzipien, welche die visuelle, auditive und haptische Wahrnehmung ansprechen und Regeln für leichte Sprache;
4. sie können insbesondere die Möglichkeiten, die sich durch den Einsatz von assistiven Technologien im Informatikunterricht eröffnen, einschätzen und bewerten".

Die letzten drei Punkte sprechen dabei explizit die Gestaltung von Unterricht und damit auch spezifisch die fachdidaktischen Teile des Lehramtsstudiums an, während der der erste Aspekt nicht klar der Fachdidaktik zuzuordnen ist.

Neben den fachspezifischen Kompetenzen benennt die KMK auch eine explizite Liste von Themen, die im Rahmen des Lehramtsstudiums abgedeckt werden müssen. Hier findet man hinsichtlich Aspekten der Heterogenität und Inklusion zunächst im Bereich Softwaretechnik das Thema „Techniken zur Sicherung der Barrierefreiheit von Hard- und Softwareprodukten" (ebd., S. 36) sowie im Bereich „Informatik, Mensch und Gesellschaft" die drei Themen (ebd. S. 37):

„1. Grundlagen der Mensch-Computer-Interaktion, Ergonomie und Zugänglichkeit von Informatiksystemen, Grundlagen von assistiven Softwaretechnologien,
2. Einsatz von Symbolsystemen, die die Wahrnehmung und Kommunikation unterstützen und fördern, z. B. Morse-Code, Braille-Schrift, angemessene Gestaltung der Benutzungsoberfläche,
3. Rolle von Informatiksystemen für die gesellschaftliche und soziale Teilhabe".

Die Forderungen der KMK an das Lehramtsstudium für das Unterrichtsfach Informatik gehen also in ihrem Umfang und auch besonders in ihrer Konkretheit deutlich über das hinaus, was seitens der Fachwissenschaft in den oben dargestellten curricularen Vorschlägen enthalten ist. Berücksichtigt man weiterhin die oben dargelegte Problematik, dass nur ein reduzierter Anteil an

Lehrveranstaltungen der Informatik überhaupt Eingang in das Lehramtsstudium finden können wird klar, dass die von der KMK geforderten Themen nur dann im Lehramtsstudium auftauchen werden, wenn dies innerhalb der Fachdidaktik geschieht. Inwiefern das tatsächlich passiert, ist letztlich ohne eine Einzelfallbetrachtung nicht zu ermitteln, es ist aber davon auszugehen, dass flächendeckend nicht der nötige Umfang thematisiert werden kann, den die obigen Themen einfordern, da die Fachdidaktik über das gesamte Studium gesehen üblicherweise nur einige wenige Veranstaltungen umfasst und in diesen auch noch viele andere Themen zur fachspezifischen Unterrichtsgestaltung behandelt werden müssen und diese werden von der KMK ebenfalls explizit gefordert (ebd., S. 37).

Die Lehramtsausbildung erfolgt letztlich mit dem Ziel Informatikunterricht zu gestalten. Dieser liefert nun seinerseits einen Beitrag zur Allgemeinbildung der Gesellschaft. Es ist also interessant, sich auch hier die Frage nach Aspekten der Heterogenität und Inklusion als Unterrichtsgegenstand zu stellen.

3 Informatische Bildung

Neben der Ausbildung im Rahmen eines Informatikstudiums spielt die informatische Bildung auch in den Sekundarstufen und vermehrt auch im Primarbereich eine Rolle. Aspekte der Gestaltung von Informatiksystemen sind in diesem Kontext natürlich weniger zentral, da diese sich auf den Berufsalltag von Informatiker_innen beziehen und nicht per se allgemeinbildenden Wert haben. Andere Aspekte, wie dem Einfluss von Informatiksystemen auf die Gesellschaft und allgemeine Fragestellungen zur Zugänglichkeit und Teilhabe sind aber auch hier relevant. Darüber hinaus kann die Informatik natürlich auch einen Beitrag zu einer modernen Medienbildung liefern, da digitale Medien stets auch Informatiksysteme im weitesten Sinne sind. Teilhabe bedeutet hier im Sinne des „digital divide" natürlich nicht nur den Zugang zu entsprechenden Technologien, sondern auch die Befähigung sowohl seitens des Systems wie auch seitens der Nutzer_innen zu ermöglichen, diese erfolgreich für sich nutzen zu können. Den Beitrag der Informatik zu dieser Schlüsselkompetenz der digitalen Welt beschreiben Brinda, Diethelm, Gemulla, Romeike, Schöning & Schulte (2016) im Rahmen der „Dagstuhl-Erklärung".

Da es bisher keine ländergemeinsamen Fachanforderungen für den Unterricht in Informatik gibt – im Gegensatz zu den oben dargestellten Anforderungen an die Ausbildung der Lehrkräfte – hat die Gesellschaft für Informatik „Bildungsstandards" für die Sekundarstufe 1 (Arbeitskreis „Bildungsstandards" der Gesellschaft für Informatik e.V. 2008) bzw. 2 (Arbeitskreis „Bildungsstandards SII" der Gesellschaft für Informatik e.V. 2016) erarbeitet, die den Beitrag des Fachs zu einem allgemeinbildenden Schulsystem skizzieren und als Vorschlag für Lehrpläne in den Bundesländern dienen sollen. In beiden Standards findet sich der bereits aus den KMK-Empfehlungen bekannte Inhaltsbereich „Informatik, Mensch und Gesellschaft“ (Arbeitskreis „Bildungsstandards“ der Gesellschaft für Informatik e.V. 2008, S. 13 und Arbeitskreis „Bildungsstandards SII“ der Gesellschaft für Informatik e.V. 2016, S. 12) wieder, in dem unter anderem die „Wechselwirkungen zwischen Informatiksystemen und ihrer gesellschaftlichen Einbettung analysiert“ werden sollen. „In Auseinandersetzung mit normativen, rechtlichen, ethischen und sozialen Aspekten entwickeln sich ein Orientierungsrahmen sowie Verantwortungsbewusstsein im Umgang mit moderner Informationstechnik“ (Arbeitskreis „Bildungsstandards SII“ der Gesellschaft für Informatik e.V. 2016, S. 12).

Fazit

Zusammenfassend lässt sich für die Ausbildungssituation festhalten, dass Aspekte der Heterogenität vorrangig aus der Sicht des späteren Berufsalltags von Softwareentwicklern behandelt werden. Dies umfasst im Sinne einer allgemeinen Professionalisierung auch eine Auseinandersetzung mit ethischen Aspekten der Informatik und Auswirkungen von Informatiksystemen auf die Gesellschaft. Ein spezifischer Hinweis auf das Thema der Inklusion, bzw. die Möglichkeiten der Informatik diesen Prozess durch geeignete Systeme begleitend zu unterstützen, fehlt allerdings bislang in den curricularen Empfehlungen der großen nationalen und internationalen Verbände. Die Forderungen an die Ausbildung von Lehrkräften gehen heute schon über dieses Mindestmaß hinaus, auch wenn sie in der Ausbildungspraxis aus aufgrund bereits überfüllter Studienpläne vermutlich größtenteils unerfüllt bleiben müssen.

Aufgrund der fortschreitenden Ausbreitung digitaler Technologien und der, beispielweise im Kontext der künstlichen Intelligenz immer offensichtlicher zu Tage tretenden Notwendigkeit sich auch aus der Fachwissenschaft heraus verstärkt mit ethischen und gesellschaftlichen Fragen zu befassen, steht zu vermuten, dass gesellschaftliche Fragestellungen in Zukunft verstärkt Eingang in die Ausbildung finden werden. So gibt es etwa inzwischen innerhalb der Gesellschaft für Informatik eine aus dem Arbeitskreis „Inklusion“ hervorgegangene Fachgruppe „Informatik und Inklusion“[1] die sich vorrangig mit Fragen der Barrierefreiheit von Informatiksystemen und deren Zugänglichkeit befasst.

Ein bisher aufgrund der Fokussierung auf die Ausbildung noch nicht beleuchteter Aspekt ist die Forschung in der Informatik, die sich mit Aspekten der Zugänglichkeit bzw. der assistiven Technologien befasst. Hier ist beispiel-

1 Siehe: https://ak-inklusion.gi.de/

haft die Konferenz ICCHP[2] zu nennen die bereits seit vielen Jahren ein Sammelpunkt der relevanten internationalen Forschungstätigkeiten darstellt und sich zentral mit den Themen Zugänglichkeit von Systemen und assistiven Technologien befasst.

Literatur

Arbeitskreis „Bildungsstandards SII" der Gesellschaft für Informatik e.V. (2016). Bildungsstandards Informatik für die Sekundarstufe II. Log in, 36(183/184), 1-80.

Arbeitskreis „Bildungsstandards" der Gesellschaft für Informatik e.V. (2008). Grundsätze und Standards für die Informatik in der Schule: Bildungsstandards Informatik für die Sekundarstufe I. Log in 28(150/151), 1-62.

Brauer, W. & Münch, S. (1996). Studien- und Forschungsführer Informatik: Wissenschaftliche Hochschulen und Forschungseinrichtungen (Dritte Auflage). Berlin: Springer.

Brinda, T., Diethelm, I., Gemulla, R., Romeike, R., Schöning, J. & Schulte, C. (2016). Dagstuhl-Erklärung: Bildung in der digitalen vernetzten Welt. https://gi.de/fileadmin/GI/Hauptseite/Themen/Dagstuhl-Erkla__rung_2016-03-23.pdf [08.02.2018].

Broy, M. (1998). Informatik. Eine grundlegende Einführung: Band 1: Programmierung und Rechnerstrukturen (Zweite Auflage). Berlin: Springer.

Gesellschaft für Informatik e.V. (GI) (Hrsg.) (2016). Empfehlungen für Bachelor- und Masterprogramme im Studienfach Informatik an Hochschulen (GI-Empfehlungen). https://dl.gi.de/handle/20.500.12116/2351 [8.2.2018].

Kultusministerkonferenz (2008). Ländergemeinsame inhaltliche Anforderungen für die Fachwissenschaften und Fachdidaktiken in der Lehrerbildung. https://www.kmk.org/fileadmin/Dateien/veroeffentlichungen_beschluesse/2008/2008_10_16-Fachprofile-Lehrerbildung.pdf [08.02.2018].

The Joint Task Force on Computing Curricula (2013). Computer Science Curricula 2013: Curriculum Guidelines for Undergraduate Degree Programs in Computer Science. New York, USA: ACM.

2 Siehe: http://www.icchp.org/

V Forschung

Partizipative Forschung

Inklusive Forschung und Medien?
Über Einsatzfelder, Abgrenzungen, Überschneidungen und forschungsethische Implikationen

Oliver König & Alexander Schmoelz

Sowohl Fragen nach Inklusiver Forschung als auch nach der Forschung über und der Nutzung von Medien zur Ermöglichung und Unterstützung von Inklusion in Bildungs-, Lebens- und Arbeitskontexten kommen in der aktuellen Diskussion eine große Bedeutung zu. Der vorliegende Beitrag verfolgt das Ziel zu klären, was Inklusive Forschung überhaupt ist, wie sie entstanden ist und sich verbreitet hat. Zudem wird eine propädeutische Einteilung der Relevanz und Aufgaben von Medien in inklusiven Forschungszugängen vorgenommen. Der Artikel schließt mit einigen (forschungs-)ethischen Implikationen für einen verantwortungsvollen Umgang mit Medien in inklusiv-medialen Forschungsbemühungen.

1 Was ist Inklusive Forschung?

Walmsley und Johnson (2016, 9) beschreiben das Aufkommen erster Vorläufer Inklusiver Forschung (Taylor & Bogdan 1982) als einen „swing to optimism about the potential of people with intellectual disabilities". Etwas zeitversetzt erstarkten zunächst v. a. in Großbritannien die Selbstbestimmt-Leben-Bewegung sowie die Disability Studies mit dem sich daraus entwickelnden „Sozialen Modell von Behinderung" (Oliver 1992). Ausgehend von einer grundlegenden Kritik an den traditionellen Voraussetzungen und der Praxis der Wissens- und Forschungsproduktion im Feld von Menschen mit Sinnes- und körperlichen Beeinträchtigungen, in welcher die Forschungsagenda einseitig durch nichtbehinderte ForscherInnen bestimmt wurde und in der behinderten Menschen nur die Rolle von Objekten der Forschung zukam wurde ein emanzipatorisches Forschungsparadigma beschrieben. Mit der einige Jahre später aufkommenden Selbstvertretungsbewegung von Menschen mit Lernschwierigkeiten (Goodley 2000) und befördert durch politische Reformbestrebungen mehrten sich auch Forschungsvorhaben, in denen Menschen mit Lernschwierigkeiten in unterschiedlichem Ausmaß und unterschiedlichen Rollen an Forschungsvorhaben beteiligt wurden (Kiernan 1999).

Während die emanzipatorische Forschung in der Behindertenbewegung und deren Forderungen nach Kontrolle über den Forschungsprozess und deren Agenda verankert war, wurzelte die partizipative Forschung mit Menschen mit Lernschwierigkeiten stärker aus einer advokatorischen Position von Forscher*innen ohne Beeinträchtigung.

Walmsley & Johnsons' (2003) konzeptionelle Rahmung des Begriffs von Inklusiver Forschung ist als Antwort auf die seit den späten 90er Jahren einsetzende Debatte zwischen Proponent*innen beider Positionen zu verstehen. Ihre Intention war es, die Kontroverse zwischen emanzipatorischer und partizipativer Forschung im Sinne einer überbrückenden Programmatik zu verbinden (Williams 2016), indem im Unterschied zu dem auf Abgrenzung abzielenden Diskurs auf das mögliche Kontinuum zwischen den beiden Ansätzen aufmerksam gemacht wurde. Die derartig, auf eine einzige Beeinträchtigungskategorie, nämlich Menschen mit Lernschwierigkeiten, abzielende reduktionistische Verwendung des Begriffs inklusiv ist genau diesem historischen Umstand geschuldet und wird zunehmend innerhalb einer „zweiten Generation von inklusiver Forschung" kritisch reflektiert und bewusst breiter verwendet (Nind 2016).

Nach Walmsley & Johnsons (2003) kann von Inklusiver Forschung gesprochen werden, wenn die folgenden Kriterien, welche hier bereits mit Blick auf mögliche Funktionen von Medien referiert werden, in einem Forschungsvorhaben erfüllt sind:

- Die Forschungsfrage(n), Themen oder Problemstellungen müssen nicht zwangsläufig von Menschen mit Lernschwierigkeiten eingebracht werden, aber bereits in der Konzeptionsphase von Forschungsprojekten mit den Betroffenen diskutiert werden und für sie von Bedeutung sein.
- Inklusive Forschung versteht sich nicht als neutrale Aktivität, sondern vertritt aktiv und in Kollaboration mit Menschen mit Lernschwierigkeiten deren politische Interessen. Dies betrifft insbesondere auch Fragen nach der gezielten Verbreitung von Ergebnissen, sowohl medial unterstützt als auch in der Form von Face-to-face-Anlässen.
- Die Forschung muss kooperativ angelegt sein, d.h. Menschen mit Lernschwierigkeit wird nach Maßgabe ihrer Interessen und Kompetenzen die Gelegenheit gegeben, am Forschungsprozess als aktiv Forschende mitzuwirken. Dafür muss sichergestellt werden, dass im Forschungsprozess ausreichend Gelegenheit besteht, dass Ko-Forscher*innen Forschungsskills und Methoden erwerben und erlernen können.
- Sowohl Forschungsfrage, Prozess wie auch Ergebnisse müssen für Menschen mit Lernschwierigkeiten zugänglich sein. Dafür können medial unterstützte Strategien zum Einsatz kommen, wie u. a. die Verwendung von Leichter Sprache, Vorkehrungen von Unterstützter Kommunikation als auch die Einplanung von ausreichend Zeit für Besprechungen und Diskussion.

- Menschen mit Lernschwierigkeiten verfügen im Forschungsprozess über ein gewisses Ausmaß an Kontrolle und Mitbestimmungsmöglichkeiten. Dies erschöpft sich nicht in der Mitformulierung von Forschungsfragen und Zielsetzungen, sondern erstreckt sich z. B. auch auf die Mitwirkung in der Formulierung von Forschungsinstrumenten und Leitfäden, der Akquisition von ForschungsteilnehmerInnen etc.

2 Verbreitung von Inklusiver Forschung

Im Vorwort des ersten deutschsprachigen Herausgeberbandes zu Inklusiver Forschung (Buchner, Koenig & Schuppener 2016) schreiben Walsmley und Johnson (2016, 9) von einem „coming of age of a movement“. In der Tat lässt sich sagen, dass international betrachtet Inklusive Forschung, wenngleich in einer ausgewiesenen und abgrenzbaren Nische (Goeke 2016), in den Kanon, den Diskurs und die Praxis der Forschung über, respektive mit, Menschen mit Lernschwierigkeiten Einzug gehalten hat.

Nichts desto trotz haben die durch Inklusive Forschung hochgehaltenen Prämissen nach der Zugänglichkeit von Forschungsprojekten und deren Ergebnissen einen Einfluss auf die inklusive Pädagogik sowie die (sozial-)wissenschaftliche Forschung über Menschen mit Lernschwierigkeiten hinterlassen. Zu nennen ist hier insbesondere die zunehmende Praxis, Erkenntnisse von Forschung zugänglich zu machen, wie z. B. im Rahmen von Proceedings in Leicht Lesen (vgl. Seitz 2013). Auch ist die Präsenz von Grundlagenartikeln zu Inklusiver Forschung als Beiträge in Sammelbänden und Enzyklopädien der Sonder- und Inklusiven Pädagogik (z. B. Kulig, Schirbort & Schubert 2011, Ackermann, Musenberg & Riegert 2013, Hedderich, Hollenweger, Markowetz & Biewer 2015, sowie jetzt in diesem Band) als Indiz dafür zu werten, dass Inklusive Forschung Einzug in das disziplinäre Begriffs-, Handlungs- und Forschungsrepertoire gefunden hat.

Im Rahmen der AKTIF-Kampagne wurde von Wissenschaftler*innen die Forderung aufgestellt, dass Inklusive Forschung aufgrund des notwendigen finanziellen Mehraufwandes zur Sicherstellung barrierefreier und chancengleicher Teilhabe nicht zu einem Wettbewerbsnachteil im Rahmen von Ausschreibungen werden darf. Inklusive Forschung wurde dabei definiert als Forschungsteams, in denen zumindest die Hälfte der beteiligten Forscher*innen eine anerkannte Behinderung aufweist (AKTIF 2017), wobei in den aufgelisteten finanziellen Mehraufwändungen ersichtlich wird, dass an Menschen mit Lernschwierigkeiten nicht explizit gedacht wurde. Dies macht, wie bereits 2000 von Goodley & Moore (2000) angesprochen, deutlich, dass innerhalb der Scientific Community immer noch Vorbehalte in Bezug auf Formen der Beteiligung von Menschen mit Lernschwierigkeiten in und an Forschungsprozessen bestehen. Dabei wurden mittlerweile eigene Forschungsergebnisse hinsichtlich der Erarbeitung differenzierter Kriterien zur Beurteilung der Qualität von Inklusiver Forschung (Hausser 2016) sowie des potenziellen Mehrwerts vorgelegt. So arbeiten Nind und Vinha (2012, S. 44f.) in ihrem Forschungsprojekt „Doing Research Inclusively, doing Research well" heraus, dass gute Wissenschaft und gute inklusive Praktiken dann zusammenkommen, wenn...

- diese dazu beitragen, dass Fragen gestellt und beantwortet werden, die sonst nicht in dieser Form gestellt und auch nicht beantwortet werden könnten;
- ein Zugang zu Menschen und deren Wissen hergestellt wird, der sonst nicht (in der gleichen Form) erreichbar gewesen wäre;
- reflexiver Gebrauch von Insiderwissen und kulturellem Wissen von Betroffenen gemacht und
- dadurch Authentizität in die Forschung gebracht wird. (Nind & Vinha 2012, 44 – Übersetzung durch die Autoren).

3 Medien in der Inklusiven Forschung

Die Relevanz von Medien in *Exklusionsprozessen* ist sowohl durch die Verschärfung der doppelten Zugänglichkeitskluft (zero & first-level divide), der Medienkompetenzkluft (second level divide) (Iske & Verständig 2014) als auch durch die (Re-)Produktion von Ungleichheit über Informationskapital (Barberi 2016) und medialen Habitus (Kommer 2013) sichtbar.

Für *Inklusionsprozesse* hat sich die Bedeutung von Medien in der inklusiven Medienbildung bzw. -pädagogik (Schluchter 2009, 2012, 2014, 2015, Bosse 2012, Schmoelz & Koenig 2016), der Unterstützten Kommunikation (Whitehurst 2006) und der Mediendidaktik (Kremsner, Schmoelz & Proyer 2017, Schmoelz et al. 2017) gezeigt. Darüber hinaus führt Sheehy (2010) aus, dass virtuelle Lernumgebungen „opportunities for developing increasingly inclusive research processes" (S. 1) bieten können.

In diesem Artikel wird die Relevanz von Medien in inklusiven *Forschungsprozessen* in unterschiedlichen Forschungsdimensionen (z. B.: Gegenstand, Intervention, Erhebung, etc.) fokussiert, für die jeweils spezifische Funktionen von Medien gelten (siehe Tabelle 1). Der funktionale Charakter von Medien in der inklusiven Forschung bedeutet, dass Medien nie einem Selbstzweck dienen, sondern der Ermöglichung von Inklusion im Forschungsprozess funktional nachgestellt sind. Somit ist das Menschliche dem Funktionalen voraus gestellt[1]. Die Funktionen von Medien in der inklusiven Forschung werden in der nach-

1 Zum totalitären Modus der Bevorzugung des Funktionalen gegenüber dem Menschlichen in Lernsituationen, siehe Fielding (2006 2007)

stehenden Tabelle (eigene Darstellung) anhand von Beispielen illustriert. Dabei beziehen sich viele der Beispiele bewusst auf eine breiterere Zielgruppe und verdeutlichen somit auch den Einfluss von Inklusiver Forschung auf das Feld der Forschung zum Thema Behinderung (s. Tab. 1).

Tab. 1: Funktionen von Medien in der Inklusiven Forschung

Forschungsdimension	Funktion von Medien in der Inklusiven Forschung	Beispiel
Gegenstand/ Fragestellung	*Gegenstandsfunktion:* Medien sind zentraler Bestandteil der Forschungsfrage und somit Gegenstand der Forschung	Menschen mit Behinderung fungieren als Expert*innen in eigener Sache und beurteilen Medienzugang und Barrieren (Schiemer & Proyer 2013) als auch Mediennutzung (Bosse & Hasebrink 2016).
Forschungs-aktion/ Intervention	*Aktionsfunktion:* Medien werden von Forschenden mit Behinderung zur Ermöglichung von Inklusion und Teilhabe verwendet	Digitale Spiele werden zur Ermöglichung von inklusivem Unterricht von Lehrenden und Lernenden mit und ohne Behinderung verwendet (Schmoelz et al. 2017).
Erhebungsmethode/Datengewinnung	*Erhebungsfunktion:* Medien werden von Forschenden mit Behinderung zur Generierung von Forschungsmaterial eingesetzt.	Forschende verwenden Digitalkameras (Goodley & Runswick-Cole 2012, Johnson 2009) und Tablets (Edler 2015), um Eindrücke aus ihrer Lebenswelt zu kommunizieren.
Auswertungsmethode/ Interpretation	*Auswertungsfunktion:* Medien werden von Forschenden mit Behinderung bei Auswertung von Forschungsmaterial verwendet.	Das inklusive Forschungsteam analysierte die Interaktion zwischen Klient und Personal Assistant anhand von Videomaterial (Williams et al. 2009).
Organisation des Forschungsprozesses	*Organisationsfunktion:* Medien werden zur Organisation des Forschungsprozesses und zur Überwindung von Forschungsbarrieren eingesetzt.	Ein Prototyp einer Time Bank wurde entwickelt und getestet, um das Dilemma der Einkommensgrenzen bei Unterstützungsgeldern für Forschende mit Behinderung zu lösen (Nind et al. 2017).
Kommunikation der Ergebnisse	*Kommunikationsfunktion:* Medien werden für zugängliche Publikation von Forschungsergebnissen verwendet.	Forschende produzieren zugängliche digitale Lebensgeschichten, um ihr Leben in einer staatlichen Betreuungseinrichtung zu dokumentieren und publizieren (Manning 2009).

Die von uns entfaltete Heuristik (s. Tab. 1) ist eine erste Orientierung zu den möglichen Funktionen von Medien in inklusiven Forschungsprozessen. Anhand der praktischen Beispiele wird jedoch klar, dass Medien auch mehrere Funktionen einnehmen können und die Grenzen zwischen den Einsatzgebieten diffus sind. Zum Beispiel berichten Cummings (2014) und Edler (2015) über einen inklusiven Forschungsprozess, in dem die Möglichkeiten von Tablets zur Unterstützung des Forschungsprozesses untersucht wurden (Gegenstandsfunktion von Medien). Gleichzeitig sollte der Einsatz der Tablets zum Aufbau von Forschungskompetenz der inkludierten Forschungen dienen (Interventionsfunktion von Medien). Auch in der Studie von Zehle (2016) nehmen Medien unterschiedliche Funktionen im inklusiven Forschungsprozess ein. Kameras wurden vom inklusiven Forschungsteam zur Aufnahme von unterschiedlichen, frei gewählten Motiven verwendet (Erhebungsfunktion), das Fotomaterial wurde gemeinsam in Interview- und Gruppendiskussionssituationen analysiert (Auswertungsfunktion), und die Fotos und Forschungsergebnisse wurden im Rahmen einer Ausstellung der breiten Öffentlichkeit zugänglich gemacht (Kommunikationsfunktion).

Die Durchdringung funktionaler Medienverwendung in unterschiedlichsten Forschungsdimensionen und die oft diffusen medialen Verwendungszusammenhänge innerhalb inklusiver Forschungsprozesse machen auch andere Schnittmengen sichtbar. So wird die Schnittstelle bzw. Überlappung von Inklusiver Forschung, Inklusiver Didaktik und Inklusiver Pädagogik in der Praxis der inklusiv-medialen Forschung virulent. In Cummings' Studie (2014) zum Einsatz von Tablets in inklusiven Forschungsprozessen werden die mobilen Endgeräte mit einer pädagogischen Zielrichtung (Ermöglichung von Forschungskompetenzen), in einem didaktischen Programm (Trainingsablauf und Aktivitäten) und als Gegenstand der inklusiven Forschung verwendet. Hier überlappen sich also pädagogische, didaktische und forschende Aspekte der Inklusion.

4 Resümee, Problematisierung und Ausblick

Die Komplexität und ambigen Schnittmengen inklusiv-medialer Forschung geben Anlass, stetig sowohl über spezifische Herausforderungen und ethische Aspekte nachzudenken. In Bezug auf die inklusive *Medienbildung* hat Bosse (2014) auf spezifische Aspekte hingewiesen und zu Recht konstatiert, dass gerade wegen vielschichtiger medialer Ungleichheit der Fokus der Medienbildung auf Inklusion zu richten ist.

In Bezug auf spezifische ethische Aspekte inklusiv-medialer *Forschung* ist jedoch durchaus noch Bedarf an Auseinandersetzung zu bemerken. Einer von vielen Aspekten in diesem Zusammenhang ist der Bedarf an kritischer Reflexion der eigenen Handlungspraxis. Der inklusive Charakter der eigenen Forschungspraxis ist ständig in selbstkritischer Weise zur Disposition zu stellen, um nicht Gefahr zu laufen, bestehende Normen und diskursive Praktiken der Unterdrückung oder Verniedlichung (vgl. Kremsner, Schmoelz & Proyer 2017) bzw. Formen der Ausgrenzung in der Herstellung von Wissen sowie medialen Praktiken und Inhalten zu reproduzieren (vgl. Crow et al. 2012). Während also die/der inklusiv-mediale Forscher*in die Möglichkeit hat, Forschungsmodelle umzusetzen, welche Inklusion ermöglichen, bleibt die Gefahr, dass die situative Handlungspraxis während der Umsetzung trotzdem exkludierende Erziehung und Produktion von Wissen unterstützt. Wenn wir also den Zugang unterstützen, dass *alle* Forschenden und Lernenden das Recht haben, Entscheidungen und Praktiken zu beeinflussen, dann gilt es, Möglichkeiten und Anlässe zu schaffen, welche die Perspektive und Meinungen der Lernenden und Forschenden *von Anfang an* ernst nehmen. In diesem Sinne geht Inklusive Forschung weit über einfache Beratung hinaus, indem sich Lernende im Rahmen des Forschungsprozesses selbst ermächtigen und ermächtigt werden (Sheehy 2010).

Literatur

Ackermann, K.-E., Musenberg, O. & Riegert, J. (Hrsg.) (2011). Geistigbehindertenpädagogik!?: Disziplin – Profession – Inklusion. Berlin: athena.

Barberi, A. (2016). Von Medien, Übertragungen und Automaten: Pierre Bourdieus. Bildungssoziologie als praxeologische Medientheorie. In Barberi, A. et al. (Hrsg.) Medienimpulse 2014-2015 (S. 54-67). Wien: new academic press.

Bosse, I. (Hrsg.) (2012). Medienbildung im Zeitalter der Inklusion. Düsseldorf: LfM Dokumentation. Band 45.

Bosse, I. (2014). Ethische Aspekte inklusiver Medienbildung. Communicatio Socialis 47(1), 6-16.

Bosse, I. & Hasebrink, U. (2016). Mediennutzung von Menschen mit Behinderungen. Forschungsbericht. In Aktion Mensch & Die Medienanstalten (Hrsg.). Online verfügbar unter: www.aktion-mensch.de/themen-informieren-und-diskutieren/barrierefreiheit/mediennutzung.html (Abfrage: 09.12.2016).

Buchner, T., Koenig, O. & Schuppener, S. (Hrsg.) (2016). Inklusive Forschung. Gemeinsam mit Menschen mit Lernschwierigkeiten forschen. Bad Heilbrunn: Klinkhardt.

Crow, G., Nind, M., Wiles, R. & Bengry-Howell, A. (2012). Methodological Innovation and Research Ethics: Forces in tension or forces in harmony? Qualitative Research 13(6), 650-667.

Dias, J., Eardley, M., Harkness, E., Townson, L., Brownlee-Chapman, C. & Chapman, R. (2012). Keeping wartime memory alive: an oral history project about the wartime memories of people with learning difficulties in Cumbria. Disability & Society 27(1), 31-49.

Edler, C. (2015). E-Inklusion und Cognitive Accessibility. Menschen mit kognitiven Behinderungen nutzen Tablets im Alltag. Merz. Medien+Erziehung 59(4), 74-81

Flicker, S., Maley, O., Ridgley, A., Biscope, S., Lombardo, C., Skinner & Harvey, A. (2008). e-PAR. Using technology and participatory action research to engage youth in health promotion. Action Research 6(3), 285-303.

Flieger, P. (2003). Partizipative Forschungsmethoden innerhalb der qualitativen Sozialforschung und ihre konkrete Umsetzung In Hermes G. & Köbsell, S. (Hrsg.) Disability Studies in Deutschland – Behinderung neu Denken (S. 200-204). Kassel: bifos-Verlag.

Fielding, M. (2006). Leadership, radical student engagement and the necessity of person-centred education. International Journal of Leadership in Education 9(4), 299-313.

Fielding, M. (2007). The human cost and intellectual poverty of high performance schooling: Radical philosophy, John Macmurray and the remaking of person-centred education. Journal of Education Policy 22(4), 383-409.

Goeke, S. (2016). Zum Stand, den Ursprüngen und zukünftigen Entwicklungen gemeinsamen Forschens im Kontext von Behinderung. In Buchner, T., Koenig, O. & Schuppener, S. (Hrsg.). Inklusive Forschung. Gemeinsam mit Menschen mit Lernschwierigkeiten forschen. (S. 37-52) Bad Heilbrunn: Klinkhardt.

Goodley, D. & Runswick-Cole, K. (2012). Reading Rosie: the postmodern dis/abled child. Educational and Child Psychology 29(2), 53-66.

Goodley, D. (2000). Self-advocacy in the lives of people with learning difficulties. The Politics of Resilience. Buckingham: Open University Press.

Goodley, D. & Moore, M. (2000). Doing disability research: Activist lives and the academy. Disability and Society 15(1), 86-88.

Hauser, M. (2016). Qualitätskriterien für die Inklusive Forschung mit Menschen mit Lernschwierigkeiten. In Buchner, T., Koenig, O. & Schuppener, S. (Hrsg.). Inklusive Forschung. Gemeinsam mit Menschen mit Lernschwierigkeiten forschen. (S. 77-99) Bad Heilbrunn: Klinkhardt.

Hedderich, I., Hollenweger, J., Biewer, G. & Markowetz, R. (Hrsg.) (2016). Handbuch Inklusion und Sonderpädagogik. Bad Heilbrunn: Klinkhardt.

Iske, S. & Verständig, D. (2014). Medienpädagogik und die Digitale Gesellschaft im Spannungsfeld von Regulierung und Teilhabe. Medienimpulse. Beiträge zur Medienpädagogik 4, 1-13

Johnson, K. (2009). No Longer Researching About Us Without Us: A researcher's reflection on rights and inclusive research in Ireland. British Journal of Learning Disabilities 37(4), 250-256.

Koenig O. (2012) Any added value? Co-constructing life stories of and with people with intellectual disabilities. British Journal of Learning Disabilities 40(2), 213-221.

Learning Difficulties Research Team (2006). Let me in – I'm a researcher. London: Department of Health.

Nind, M., Armstrong, A., Cansdale, M., Collis, C., Hooper, S. & Power, A. (2017). TimeBanking: towards a co-produced solution for power and money issues in inclusive research, International Journal of Social Research Methodology 20(4), 387-400.

Nind, M. (2016). Towards a second generation of inclusive research. In Buchner, T., Koenig, O. & Schuppener, S. (Hrsg.). Inklusive Forschung. Gemeinsam mit Menschen mit Lernschwierigkeiten forschen. (S. 186-198) Bad Heilbrunn: Klinkhardt.

Nind, M. (2014). What is Inclusive Research? London, New Delhi, New York, Sydney: Bloomsbury.

Nind, M. & Vinha, H. (2012). Doing research inclusively, doing research well? report of the study: quality and capacity in inclusive research with people with learning disabilities. University of Southampton. www.southampton.ac.uk/education/research/projects/quali-ty_and_capacity_in_inclusive_research_with_learning_disabilities.page (Abfrage: 01.12.2017).

Nind, M. & Vinha, H. (2015). Practical considerations in doing research inclusively and doing it well: Lessons for inclusive researchers. University of Southampton: National Centre for Research Methods Methodological Review paper. www-eprints.ncrm.ac.uk/3187/1/Nind_practical_considerations_in_doing_research_inclusively.pdf (Abfrage: 01.12.2017).

Rauh, B. (2007). Der Einsatz Neuer Medien im Förderschwerpunkt Lernen. Rahmenbedingungen, Forschungsergebnisse, Perspektiven für Lehre und Forschung. Zeitschrift für Heilpädagogik 9, 331-337.

Richiger-Näf, B. (2010). ICT und Sonderpädagogik. Schweizerische Zeitschrift für Heilpädagogik 16(6), 6-11.

Rößner, M. (2010). Partizipation, Exklusion und Inklusion von jugendlichen Mediennutzern im Internet. Zur lebensweltlichen Relevanz der barrierefreien Zugänglichkeit. Eine empirische Studie. Diss. Eberhard-Karls-Universität Erlangen. [online] www.tobias-lib.uni-tuebingen.de/volltexte/2011/5582/pdf/DissRoessner.pdf (Abfrage: 31.07.2012).

Schiemer, M. & Proyer, M. (2013). Teaching children with disabilities: ICTs in Bangkok and Addis Ababa. Multicultural Education & Technology Journal 7(2/3), 99-112.

Schirbort, K., Schubert, M. & Kulig, W. (2011). Empowerment behinderter Menschen. Theorien, Konzepte, Best-Practice. Stuttgart: Kohlhammer.

Schluchter, J.-R. (2012). Medienbildung als Perspektive für Inklusion. Merz. Medien+Erziehung 1, 16-21.

Schluchter, J.-R (2014). Medien, Bildung und Inklusion – (Rahmen)Curriculare Perspektiven für die Lehrerbildung. In Imort, Peter/Niesyto, Horst (Hrsg.). Grundbildung Medien in pädagogischen Studiengängen. München: kopaed, 351-363.

Schluchter, J.-R (2015) (Hrsg.). Medienbildung als Perspektive für Inklusion. Modelle und Reflexionen für die pädagogische Praxis. München: kopaed.

Schmoelz, A. & Koenig, O. (2016). Spuren einer inklusiven Medienpädagogik? Merz. Medien+Erziehung 60(3), 31-34.

Schmoelz, A., Kremsner, G., Proyer, M., Pfeiffer, D., Moehlen, L., Karpouzis, K. & Yannakakis, G. (2017). Inklusiver Unterricht mit Digitalen Spielen. Medienimpulse. Beiträge zur Medienpädagogik 2, 1-15.

Seitz, Simone (Hrsg.) (2013). Ist Inklusion gerecht? Inklusionsforschung in Leichter Sprache. Marburg: Lebenshilfe Verlag.

Sheehy, K. (2010). "Virtual environments: issues and opportunities for researching inclusive educational practices." In Peachey, Anna et al. (Hrsg.). Researching learning in virtual worlds (S. 1-15). London: Springer.

Bogdan, R. & Taylor, S. J. (1982). Inside out: The social meaning of mental retardation. Toronto: University of Toronto Press.

Walsmley, J. & Johnson, K. (2003). Inclusive Research with People with Learning Disabilities. Past, Present and Futures. London & Philadelphia: Jessica Kingsley.

Walsmley, J. & Johnson, K. (2016). Vorwort. In Buchner, T., Koenig, O. & Schuppener, S. (Hrsg.). Inklusive Forschung. Gemeinsam mit Menschen mit Lernschwierigkeiten forschen. (S. 9-12) Bad Heilbrunn: Klinkhardt.

Whitehurst, T. (2006). Liberating Silent Voices. Perspectives of children with profound & complex learning needs on Inclusion. British Journal of Learning Disabilities 35(1), 55-61.

Williams, V. (2016). Being a researcher with intellectual disabilities: the hallmarks of inclusive research in action. In Buchner, T., Koenig, O. & Schuppener, S. (Hrsg.). Inklusive Forschung. Gemeinsam mit Menschen mit Lernschwierigkeiten forschen (S. 231-245). Bad Heilbrunn: Klinkhardt.

Zentel, P. (2007). Medienerziehung für Kinder und Jugendliche mit Behinderungen/Benachteiligungen. In D. Orthmann-Bless (Hrsg.). Basiswissen Sonderpädagogik (S. 171-194). Baltmannsweiler: Schneider Verlag Hohengehren.

Zehle, J. (2016). Eye and I of the camera – Der Blick auf mich. Ein Photovoice Projekt im Norden Äthiopiens. In: In Buchner, T., Koenig, O. & Schuppener, S. (Hrsg.). Inklusive Forschung. Gemeinsam mit Menschen mit Lernschwierigkeiten forschen (S. 172-184). Bad Heilbrunn: Klinkhardt.

Innovation Technologiedesign

Svetlana Matiouk

Technologiedesign ist ein interdisziplinärer Diskurs

Die Entwicklung digitaler Technologien und Erforschung entsprechender Grundlagen ist das Kerngebiet der Informatik. In Mathematik und Ingenieurwesen verwurzelt, ist sie größtenteils eine formale und pragmatische Disziplin, die sich jedoch – im Zusammenhang mit der Anwendungsorientierung – einem interdisziplinären Diskurs geöffnet hat. Dies wird beispielsweise in ihrem Teilbereich Human-Computer Interaction (HCI) sichtbar. Das Hauptanliegen von HCI ist, Interaktionen im Zusammenspiel von Menschen und Maschinen zu studieren und Gestaltungsansätze zu entwickeln, die zur Erarbeitung praxistauglicher und nutzungsfreundlicher Technologien beitragen. Die Belange der technologienutzenden Menschen stehen somit im Fokus der Aufmerksamkeit.

Das Praxis- und Forschungsfeld HCI liefert Beiträge, die sowohl für Innovations- als auch Inklusionsprozesse von Relevanz sind. Einerseits hat sich das Feld explizit dem Handlungsziel Barrierefreiheit verpflichtet (evident z. B. in Standards wie ISO 2008). Andererseits profitiert HCI von Ansätzen aus dem Design. Die Disziplin Design bietet das Framework, um Dinge von Belang zu etwas Neuem und Besserem zusammen zu führen (Latour 2008, S. 1-3).

Vor diesem Hintergrund liefert der vorliegende Beitrag einen Überblick über die methodischen Ansätze und die wissenschaftlichen Strömungen im Zusammenspiel von Informatik, Design und Inklusion. Er erläutert, warum es beim Technologiedesign sinnvoll sein kann, nicht alleine die Eigenschaften von „zu inkludierenden" Nutzenden zu betrachten und zu modellieren, sondern den Fokus auf die Situiertheit von Nutzungspraktiken und Interaktionen zu richten, um durch vielfältige Perspektiven Innovationen und Design zu inspirieren.

1 Der Weg zur Nutzungszentriertheit

Anfänglich hatte die Disziplin HCI einen anderen Namen, nämlich Human Factors. Der Fokus lag auf der Ergonomie von Arbeitsplätzen einzelner Personen, die – der Disziplinbezeichnung entsprechend – als Faktoren in den zu optimierenden Mensch-Maschine-Systemen behandelt wurden (vgl. z. B. Bannon 1991).

Im Einklang mit den in Naturwissenschaften traditionell starken Einflüssen des logischen Positivismus kamen in dieser frühen Entwicklungsphase von HCI vorwiegend formale, quantitative Forschungsmethoden zum Einsatz, wie z. B. anthropometrische Verfahren, Methoden aus Experimentalpsychologie, systematisches Evaluieren der Systeme, Fragebögen und andere statistische Instrumente. Neben theoretischen Erkenntnissen wurden auch praxisrelevante Ergebnisse in Form von Qualitätsstandards sowie umfangreichen Auflistungen der Designrichtlinien und Empfehlungen erarbeitet.

Als eine Reaktion auf die offenen Herausforderungen von Human Factors, insbesondere im Zusammenhang mit dem Problem der Gestaltung neuer gebrauchstauglicher Systeme, entwickelte sich eine Neuausrichtung des Feldes mit der aktuellen Bezeichnung HCI. Technologiedesign wird hierbei als ein iterativer Prozess begriffen, und den Belangen der Nutzerinnen und Nutzer kommt die zentrale Aufmerksamkeit zu. Es entstanden nutzungszentrierte Konzepte zur Analyse und Gestaltung interaktiver Technologien wie Kontext und Usability sowie konzeptuelle Modelle, die auf Basis der Erkenntnisse aus der Kognitionsforschung erarbeitet wurden (vgl. z. B. Dix, Finlay, Abword & Beale 2004). Im Laufe der Zeit haben Aspekte wie Erfahrung (McCarthy & Wright 2004), Emotion (Norman 2013), Ästhetik (Bertelsen & Pold 2004) und Kultur (Gaver, Boucher, Pennington & Walker 2004) an Relevanz gewonnen. Das Konzept der Usability wird dabei durch das der User Experience erweitert, um beim Technologiedesign neben den pragmatischen Qualitäten eines Systems auch die hedonischen Dimensionen systematisch betrachten zu können (vgl. z. B. Hassenzahl, Diefenbach & Göritz 2010).

Jeder nutzungszentrierte Designprozess (z. B. nach ISO 2010) beginnt mit dem Verstehen des Nutzungskontextes. Durch diesen initialen Schritt wird dafür gesorgt, dass einige Annahmen gleich zu Beginn überprüft werden können, anstatt ein fertiges Produkt erst nach der Entwicklung zu evaluieren. In dieser Phase erhalten Designerinnen und Designer außerdem Antworten auf die subtilen Fragen, die nicht in Richtlinien, Standards oder Modellen enthalten sind. Das sind beispielsweise Fragen danach, wie genau die Nutzerinnen und Nutzer ihre Aufgaben, bei denen sie durch die neuen Technologien unterstützt werden sollen, erledigen und in welchen Situationen sie sich dabei konkret befinden, wie sie die Welt wahrnehmen und was sie denken. Dieses Wissen ist notwendig, um sinnvolle Lösungen erarbeiten zu können (vgl. z. B. Bannon 1991). Die drei darauffolgenden Phasen des Designprozesses sind das Festlegen der Nutzungsanforderungen, Entwickeln entsprechender Lösungen und Evaluieren der Lösungen anhand der spezifizierten Anforderungen (vgl. z. B. ISO 2010).

Durch die Zuwendung zu den formativen Fragestellungen haben sich entsprechende Methoden aus der qualitativen Sozialforschung, beispielsweise ethnographische Interviews oder teilnehmende Beobachtung, bewährt und gehören zum festen Instrumentarium der Disziplin.

2 Ansätze zum inklusiven Design

Neben der Entwicklung der allgemeinen nutzungszentrierten Ansätze, sind im Zusammenhang mit dem Thema Barrierefreiheit zwei einflussreiche Bewegungen zu beobachten. Eine dieser zwei Bewegungen hat sich in den USA entwickelt und wird Universal Design (Mace 1985, Story, Mueller & Mace 1998) genannt. Geschichtlich geht sie auf die amerikanischen Bürgerrechtsbewegungen und das Produktdesign von Küchengeräten zurück (vgl. Williamson 2012). Ihre Bezeichnung stammt jedoch aus den Themenfeldern Architektur und Barrierefreiheit im öffentlichen Raum.

Die andere, in Europa entstandene Bewegung ist Inclusive Design (Clarkson, Coleman, Keates & Lebbon 2003, Coleman 1994). Ihr Ursprung ist ebenfalls mit dem Produktdesign verknüpft. Im Gegensatz zu Universal Design war sie weniger politisch und mehr wirtschaftlich motiviert. Beim Inclusive Design liegt der Fokus auf der Erweiterung des Konzeptes der Nutzergruppe. Die im Business-Case identifizierten Zielgruppen werden durch zusätzliche Dimensionen erweitert, um vermehrt Menschen mit Behinderungen einschließen zu können.

Beide Bewegungen beruhen auf der folgenden Überzeugung: Dadurch, dass Bedürfnisse der Menschen mit Behinderungen in der Produktgestaltung berücksichtigt werden, können grundsätzlich bessere Produkte „für alle“ hervorgebracht werden. Es wird anerkannt, dass das erklärte Ziel „für alle“ zwar nie erreicht werden kann, dennoch wird bestrebt, Produkte auf den Markt zu bringen, die möglichst „für alle“ Verbraucherinnen und Verbraucher nutzbar sind.

Im Zusammenhang mit der Gestaltung digitaler Technologien, insbesondere der Webtechnologien, scheinen die Bewegungen sich vollständig angenähert zu haben. Gegenwärtig wählen viele inklusive Technologiedesignprojekte den nutzungszentrierten Ansatz. Ein Risiko stereotyper Zuschreibungen, die auch kontraproduktiv für das Ziel der Inklusion sein können, kann jedoch entstehen, wenn Menschen kategorisiert und in abstrakte Nutzergruppen eingeteilt werden. Folglich kommen potenzielle Nutzende aus unterschiedlichen Gruppen im Designprozess nicht zusammen und werden unabhängig voneinander in die Entwicklung einbezogen. Dieser kritische Sachverhalt scheint ein Zeichen für die bleibende Aktualität der Debatte über die inklusiven Herangehensweisen (nicht nur Lösungen) zu sein, wenn die zwei Bewegungen sozial und politisch an Relevanz nicht verlieren sollen. Eine Abhilfe könnten die im Folgenden vorgestellten Ansätze bieten.

3 Soziotechnische Designansätze

Vor allem wenn es um die Gestaltung innovativer Technologien geht, kommt den proaktiven Methoden zur Einbeziehung der Nutzerinnen und Nutzer in die Gestaltungsaktivitäten eine Schlüsselrolle zu. Dies wird beispielsweise in Ansätzen aus der Innovationsforschung sichtbar, wie z. B. in den Studien zum Modell der Lead User Innovation (von Hippel 2005) und der Free Innovation (von Hippel 2017) oder in den Crowdsourcing- (Howe 2006) und den Crowdfunding-Ansätzen.

Aus den „potentiellen Nutzenden", als passive Objekte der Betrachtung, werden „proaktive Teilnehmende", die durch ihre Beteiligung Einfluss auf die technologische Zukunft nehmen können (vgl. Vines, Clarke, Wright, McCarthy & Olivier 2013).

Participatory Design (Simonsen et al. 2014, Simonsen & Robertson 2013) liefert ein Framework geeigneter Ansätze. Demnach wird die Designpraxis nicht mehr wie ein nutzungszentrierter Prozess modelliert, in dem ein Produkt inkrementell in eine initial vorgegebene Richtung verfeinert wird. Stattdessen wird diese Prozessvorstellung in offene und flexible Orte der Kreativität, der kooperativen Gestaltung und der kritischen Reflexion transformiert. Paralleles Ermitteln in unterschiedliche Richtungen erhält die gleiche Relevanz wie die reflektierte Zusammenführung des Ermittelten. Die lokale, kollektive Produktion von Technologien steht im Vordergrund. Je nach Gegebenheiten des Designprojektes können situativ Methoden, wie beispielsweise Brainstorming-, Diskussions-, Kreativitäts-, Prototyping- oder performative Techniken, zur Anwendung kommen (mehr dazu z. B. in Ehn, Nilsson & Topgaard 2014, Simonsen et al. 2014).

Die epistemologischen Grundlagen für diese Herangehensweisen kommen überwiegend aus den Traditionen der Phänomenologie sowie des amerikanischen Pragmatismus. In Anbetracht ihrer Wirkungsgeschichte sind hier zwei Schulen hervorzuheben. Die Erste ist die Ethnomethodologie (Garfinkel 1967), die Harold Garfinkel in Folge seiner Auseinandersetzung mit dem Werk des Phänomenologen Alfred Schütz entwickelt hat.

Die zweite prägende Schule ist der Symbolische Interaktionismus, dessen Ursprünge sich bis zum frühen amerikanischen Pragmatismus – repräsentiert durch Charles Sanders Peirce, William James, John Dewey und George Herbert Mead – zurückverfolgen lassen (vgl. Flick, von Kardoff & Steinke 2015).

Genährt aus diesen Theorien wird Kognition als ein soziales Phänomen verstanden. In diesem Zusammenhang entstehen solche Reflexionsinstrumente wie Situated Actions (Suchman 1987), Situated Knowledges (Haraway 1988) oder Situated Learning (Lave & Wenger 1991). Diese unterschiedlichen Betrachtungsaspekte der Situiertheit laufen in einem Ansatz zusammen, nämlich dem Situated Design (Ehn et al. 2014). Hierbei werden das Wissen, Lernen,

Denken und Handeln als improvisierte Vorgänge verstanden, die sich im Zusammenspiel mit den Gegebenheiten des partikulären, soziomateriellen Settings entfalten. Sie sind mit dem Setting in nicht trivialer Weise verwoben und in diesem Sinne situiert.

Ein wachsender Korpus empirischer Studien in Richtung der situierten soziomateriellen Praktiken demonstriert, wie die Handlungsfähigkeit menschlicher Akteure in einer Art und Weise fundiert werden kann, die untrennbar mit der körperlichen Erfahrung der Umwelt verbunden ist (vgl. Suchman 2009). Als ein Gegenkonzept zur Cartesianischen Körper-Geist-Dichotomie werden hier Körper und Geist miteinander in einem „Organ" verschmolzen, welches die Bedeutungen und Erfahrungen strukturiert. Die körperliche Beteiligung am Umweltgeschehen ist somit das semiotische Verfahren zum Begreifen der Welt. Dieses Verfahren nennt man Embodiment (vgl. Dourish 2004, Johnson 1987). In diesem Sinne kann die Gestaltung von Innovationen als situierte materielle Praxis zum Entwerfen von situierten körperlichen Erfahrungen und tiefgreifenden Veränderungen der Zukunft aufgefasst werden (Suchman, Danyi & Watts 2007).

4 Innovation: Situierte körperliche Praktiken

Design lebt im Spannungsfeld zwischen der Berücksichtigung der vorliegenden Bedingungen und dem Ausforschen der Lösungsfreiheiten, die sich hinter den Bedingungen verbergen (vgl. Pullin 2009). Bedingungen ergeben sich beispielsweise aus den Nutzungsanforderungen, Gestaltungsrichtlinien wie WCAG (Caldwell et al. 2008) oder den Usability-Standards wie ISO-9241 (ISO 2010). Für die kreative Suche nach innovativen Designlösungen bedarf es Inspiration aus dem Besonderen und Widersprüchlichen der alltäglichen menschlichen Praxis. Wie vorher erläutert, bietet Situated Design systematische und zugleich flexible Methoden, die das Ausforschen der Lösungsräume unmittelbar aus den situierten Praktiken der Menschen (der Teilnehmerinnen und Teilnehmer im partizipativen Designprozess) nähren. Diese Praktiken verkörpern die interaktiv hervorgebrachten Bedeutungen und das situierte Wissen, welche weder vollständig noch konsistent durch Klassifikationen oder Standards abgebildet werden können (vgl. z. B. Bowker & Star 1999, Lakoff 1990) und deren Berücksichtigung bei der Gestaltung von sinnvollen, praxistauglichen Technologien unabdingbar ist.

Die Frage nach der Praxisrelevanz von innovativen Technologien ist mit der Frage verbunden, wie in den Nutzungssituationen gedacht, wahrgenommen und gehandelt wird. Dem Denken, Wahrnehmen und Handeln liegen Klassifikationsprozesse zugrunde (vgl. z. B. Lakoff 1990). Diese werden durch Systeme von Metaphern strukturiert, was sich beispielsweise in der Sprachverwendung und der Gestik zeigt. Die Art der Metaphern und wie diese verwendet werden hängt wiederum von der alltäglichen Erfahrung sowie kulturellen und persönlichen Werten ab (Lakoff & Johnson 2003).

Im Kontext der Innovation spielen neue, alternative Perspektiven und Denkweisen eine entscheidende Rolle. Denn die Vielfalt birgt viel Potenzial für Inspiration und kann als Schöpfungskraft betrachtet werden (vgl. UNESCO 2002). Das Sichtbarmachen von alternativen Metaphern kann somit nicht nur den möglicherweise bis dahin ausgegrenzten Lebensentwürfen eine Stimme geben, doch auch reiche Ressourcen für Inspiration und Zukunftsgestaltung bieten.

In diesem Sinne wurde das Konzept der *Inspirationsräume*[1] entwickelt (Matiouk 2016a). Es handelt sich um inspirierende Konzepte, die man in die neuen gestalterischen Aufgabestellungen – in die neuen Möglichkeitsräume – mitnehmen kann. Die Konzepte entstehen im Rahmen konkreter partizipativer Technologiedesignprojekte und halten solche Dinge fest, die für die Designerinnen und Designer mit Behinderung von Belang sind. Gleichzeitig sind diese Dinge entweder den Teilnehmerinnen und Teilnehmern kontrovers erschienen, oder den Designerinnen und Designern ohne Behinderung als überraschend, verblüffend oder rätselhaft aufgefallen. Die bisher identifizierten Inspirationsräume stammen aus Projekten mit tauben[2] Menschen, die die Deutsche Gebärdensprache verwenden (Matiouk 2016a 2016b). Ihre sprachkulturellen Erfahrungen in der visuell-gestischen Gebärdensprachkommunikation nahmen Einfluss auf die Ausgestaltung der in den Projekten entwickelten Webtechnologien. Insbesondere inspirierten diese Erfahrungen innovative Vorstellungen, wie z. B. „Invisible Futures“, und Gestaltungen von Raum, die z. B. die räumliche Zentralität gegenüber der hierarchischen Oben-Unten-Ausrichtung präferieren, oder bei der Navigation die visuellen Züge einer Wanderung durch den Raum verkörpern. Das Konzept der „Invisible Futures“ verweist auf die bevorstehenden Ereignisse, die eventuell schon im Voraus hörbar, aber nicht sichtbar sein können. Die letzteren Beispiele können auf die Gebärdensprachpraxis und die in Gebärdensprachen stark verbreiteten visuell-räumlichen Metaphern (vgl. z. B. Taub 2001) zurückgeführt werden. Derartige Designkonzepte können als Initialzünder von Projekten oder als Material in partizipativen Designsitzungen genutzt werden. Die Mehrdeutigkeit, Widersprüchlichkeit und Vielfalt der Möglichkeiten des situierten Designs ist gerade das, was das Ausforschen der Lösungsfreiheiten nährt und inspiriert.

1 inspiration spaces

2 Die Sprache ist entscheidend, doch es gibt keine perfekte Kommunikation. Zugleich ist Sprache ein stets veränderliches System der Zeichen, das – wie Ferdinand de Saussure früh entdeckt hat – interaktiv „neu hervorgebracht wird, im Vollzug des Diskurses geschaffen wird“ (Jäger 2010, S. 190). Taube Intellektuelle setzen sich derzeit für die Verwendung der Bezeichnung taub als Adjektiv bzw. Gehörlose und Gehörloser als Substantiv in der deutschen Sprache ein.

Resümee

Die Gestaltung von Technologien, speziell in Form von digitalen Medien, nimmt im politischen und sozialen Projekt „Inklusion“ einen wichtigen Stellenwert ein. Dieser ist nicht allein durch die gegenwärtige Ubiquität digitaler Technologien im Alltag zu belegen. Er ist insbesondere in der Einsicht begründet, dass Technologien – wie auch die wissenschaftlichen Tatsachen im Allgemeinen – sozial konstruiert sind (Bijker 1995, Latour & Woolgar 1986), was wiederum konkrete materielle Auswirkungen hat (Durkheim 1982 [1895], Suchman 2009, S. 1). Folglich können digitale Produkte, bei all ihren jeweiligen Qualitäten, immer auch Exklusion und Marginalisierung provozieren. Verantwortliche, nachhaltige und reflektierende Herangehensweisen scheinen daher eine stets bedeutsame Angelegenheit zu sein (vgl. Star 2016), um Potenziale und Risiken von Inklusion und Exklusion in Designentscheidungen berücksichtigen zu können.

Es ist mitunter diese Feststellung, die situierte demokratische Designansätze motiviert, wie die des Participatory Design. Den situierten Ansätzen liegt die Position zugrunde, dass es keine objektive bzw. absolute Wahrheit existiert. Stattdessen spielen die menschlichen Erfahrungen sowie die lokal und interaktiv hervorgebrachten Bedeutungen die zentrale Rolle. Eine wachsende Zahl empirischer Studien zur Kognition, Linguistik oder Science, Technology & Society Studies liefert hierfür Nachweise (vgl. z. B. Bowker & Star 1999, Bowker, Timmermans, Clarke & Balka 2016, Lakoff 1990 [1987], Lakoff & Johnson 2003 [1980], Latour & Woolgar 1986, Suchman 2009). Folglich kann es keine ideelle oder universelle Designlösung geben, die für die Vielfältigkeit alltäglicher Gegebenheiten und Praktiken vollständig tauglich wäre. Die Versuche solche ideellen Konstruktionen in die Praxis umzusetzen, sind meistens voller Inkonsistenzen und improvisierten Zwischenlösungen (Bowker & Star 1999, S. 28). Denn die Biographien einzelner Menschen lassen sich nicht ohne Konsequenzen starren Kategorien zuordnen. „It is impossible to have *universal niches*; one person's standard is in fact another's chaos“ (Star & Ruhleder 1994, S. 3). Wenn immer eine Kategorie verwendet wird, verschwinden gewisse, durch diese Kategorie nicht erfassbaren, jedoch zu dem entsprechenden Phänomen dazugehörigen Aspekte aus dem Fokus der Betrachtung. Dies bildet die Grundlage für Exklusion (Bowker & Star 1999, Haraway 1988, Lakoff 1990, Lakoff & Johnson 2003).

Situierte Gestaltung einer Vielfalt von alternativen Produktlösungen für je verschiedene Menschen und Nichtmenschen, d.h. Personen und Dinge, scheint hingegen ein vielversprechender Ansatz zu sein – wie es am Beispiel der vielfältigen Auswahl der Brillengestelle demonstriert werden kann (Pullin 2009).

Literatur

Bannon, L. J. (1991). From Human Factors to Human Actors: The Role of Psychology and Human-Computer Interaction Studies in System Design. Design at Work: Cooperative Design of Computer Systems (S. 25-44).

Bertelsen, O. W. & Pold, S. (2004). Criticism as an Approach to Interface Aesthetics. Proceedings of the third Nordic conference on Human-computer interaction – NordiCHI '04 (S. 23-32). Tampere, Finnland: ACM.

Bijker, W. (1995). Of Bicycles, Bakelites, and Bulbs: Toward a Theory of Sociotechnical Change. Inside Technology. MIT Press.

Bowker, G. C. & Star, S. L. (1999). Sorting Things Out: Classification and its Consequences. Cambridge, MA: MIT Press.

Bowker, G. C., Timmermans, S., Clarke, A. E. & Balka, E. (Hrsg.) (2016). Boundary Objects and Beyond: Working with Leigh Star. Cambridge, Massachusetts: MIT Press.

Caldwell, B., Cooper, M., Reid, L. G., Vanderheiden, G., Chisholm, W., Slatin, J. et al. (2008). Web Content Accessibility Guidelines (WCAG) 2.0. http://www.w3.org/TR/WCAG20/ [Stand: 12.09.2017].

Clarkson, J., Coleman, R., Keates, S. & Lebbon, C. (2003). Inclusive Design: Design for the Whole Population. London: Springer-Verlag.

Coleman, R. (1994). The Case for Inclusive Design: An Overview. Proceedings of the 12th Triennial Congress, International Ergonomics Association and the Human Factors Association (S. 250-252). Toronto.

Dix, A., Finlay, J. E., Abword, G. D. & Beale, R. (2004). Human-Computer Interaction (3. Auflage). Harlow, Essex: Pearson Education.

Dourish, P. (2004). Where the Action Is: The Foundations of Embodied Interaction. MIT press.

Durkheim, É. (1982). The Rules of Sociological Method. (S. Lukes & W.D. Halls, Hrsg.). New York: Free Press.

Ehn, P., Nilsson, E. M. & Topgaard, R. (Hrsg.) (2014). Making Futures: Marginal Notes on Innovation, Design, and Democracy. MIT Press.

Flick, U., von Kardoff, E. & Steinke, I. (Hrsg.) (2015). Qualitative Forschung: Ein Handbuch (11. Auflage). Reinbeck bei Hamburg: Rowohlt Taschenbuch Verlag.

Garfinkel, H. (1967). Studies in ethnomethodology. Prentice-Hall.

Gaver, W. W., Boucher, A., Pennington, S. & Walker, B. (2004). Cultural Probes and the Value of Uncertainty. interactions 11(5), 53-56. New York, NY, USA: ACM.

Haraway, D. (1988). Situated Knowledges: The Science Question in Feminism and the Privilege of Partial Perspective. Feminist Studies 14(3), 575-599.

Hassenzahl, M., Diefenbach, S. & Göritz, A. (2010). Needs, Affect, and Interactive Products – Facets of User Experience. Interacting with Computers 22(5), 353-362. Elsevier Science Inc.

von Hippel, E. (2005). Democratizing Innovation. Cambridge, MA: MIT Press. http://web.mit.edu/evhippel/www/books/DI/DemocInn.pdf

von Hippel, E. (2017). Free Innovation. Cambridge, MA: MIT Press. https://mitpress.mit.edu/sites/default/files/9382_OA.pdf

Howe, J. (2006). The Rise of Crowdsourcing. Wired Magazine. https://www.wired.com/2006/06/crowds/ [Stand: 12.09.2017].

ISO (2008). 9241 Ergonomics of Human System Interaction – Part 171: Guidance on Software Accessibility.

ISO (2010). Ergonomie der Mensch-System-Interaktion – Teil 210: Prozess zur Gestaltung gebrauchstauglicher interaktiver Systeme (ISO 9241-210:2010); Deutsche Fassung EN ISO 9241-210:2010.

Jäger, L. (2010). Ferdinand de Saussure zur Einführung. Hamburg: Junius Verlag GmbH.

Johnson, M. (1987). The Body in the Mind: The Bodily Basis of Meaning, Imagination, and Reason. Chicago: The University of Chicago Press.

Lakoff, G. (1990). Women, Fire, and Dangerous Things: What Categories Reveal About the Mind. University of Chicago Press.

Lakoff, G. & Johnson, M. (2003). Metaphors We Live By. Chicago: The University of Chicago Press.

Latour, B. (2008). A Cautious Prometheus? A Few Steps Toward a Philosophy of Design (with Special Attention to Peter Sloterdijk). In F. Hackne, J. Glynne & V. Minto (Hrsg.), Proceedings of the 2008 Annual International Conference of the Design History Society – Falmouth, 3-6 September 2009 (S. 2-10). Universal Publishers. http://www.bruno-latour.fr/node/69

Latour, B. & Woolgar, S. (1986). Laboratory Life: The Construction of Scientific Facts. Princeton University Press.

Lave, J. & Wenger, E. (1991). Situated Learning: Legitimate Peripheral Participation. Cambridge University Press.

Mace, R. L. (1985). Universal Design, Barrier Free Environments for Everyone. Designers West, 33(1), 147-152. Los Angeles: Arts Alliance Corporation.

Matiouk, S. (2016a). Re-imagining Deafness as a Resource for Design. In H.C. Mayr & M. Pinzger (Hrsg.), INFORMATIK 2016, Lecture Notes in Informatics (LNI) (S. 1119-1130). Bonn: Gesellschaft für Informatik.

Matiouk, S. (2016b). Facilitating Innovation for Deaf User Experience. 15th Annual STS Conference Graz on Critical Issues in Science, Technology and Society Studies. Graz, Austria: Alpen-Adria University.

McCarthy, J. & Wright, P. (2004). Technology as Experience. MIT Press.

Norman, D. A. (2013). The Design of Everyday Things. New York: Basic Books.

Pullin, G. (2009). Design meets disability. MIT Press.

Simonsen, J. & Robertson, T. (Hrsg.) (2013). Routledge International Handbook of Participatory Design. New York: Routledge.

Simonsen, J., Svabo, C., Strandvad, S. M., Samson, K., Hertzum, M. & Hansen, O. E. (Hrsg.) (2014). Situated Design Methods (Design Thinking, Design Theory). MIT Press.

Star, S. L. (2016). Revisiting Ecologies of Knowledge: Work and Politics in Science and Technology. In G.C. Bowker, S. Timmermans, A.E. Clarke & E. Balka (Hrsg.), Boundary Objects and Beyond: Working with Leigh Star (S. 13-46). Cambridge, Massachusetts: MIT Press.

Star, S. L. & Ruhleder, K. (1994). Steps Toward an Ecology of Infrastructure: Design and Access for Large Information Spaces. Proceedings of the Conference on Computer Supported Cooperative Work (CSCW 94 – Transcending Boundaries) (S. 253-264). New York: ACM Press.

Story, M., Mueller, J. L. & Mace, R. L. (1998). The Universal Design File: Designing for People of All Ages and Abilities. Design Research and Methods Journal 1(5), 165.

Suchman, L. (2009). Human-Machine Reconfigurations: Plans and Situted Actions (2. Auflage). Cambridge University Press.

Suchman, L. A. (1987). Plans and situated actions: the problem of human-machine communication. Cambridge university press.

Suchman, L., Danyi, E. & Watts, L. (2007). Relocating Innovation: Places and Material Practices of Futuremaking. http://www.sand14.com/archive/relocatinginnovation/download/Relocating Innovation_ResearchDescription.pdf [Stand: 12.09.2017].

Taub, S. F. (2001). Language From the Body: Iconicity and Metaphor in American Sign Language. Cambridge University Press.

UNESCO (2002). UNESCO Universal Declaratoin on Cultural Diversity. Paris. http://www.unesco.de/fileadmin/medien/Dokumente/Kultur/kkv/kkv6sprachen.pdf

Vines, J., Clarke, R., Wright, P., McCarthy, J. & Olivier, P. (2013). Configuring Participation: On How We Involve People in Design (CHI '13). Proceedings of the SIGCHI Conference on Human Factors in Computing Systems (S. 429-438). New York, NY, USA: ACM.

Williamson, B. (2012). Getting a Grip: Disability in American Industrial Design of the Late Twentieth Century. Winterthur Portfolio 46(4), 213-236.

Disability Studies und Medien

Gudrun Kellermann

1 Disability Studies – Begriff und Prämissen

Disability Studies und Medien sind zwei große Bereiche, die in der Forschung eine hervorragende Symbiose bilden könnten und dennoch ihre Wege eher getrennt gehen. Dabei begleiten Medien uns durch den Alltag und entscheiden durch Barrierefreiheit und Gestaltung über Inklusion und Exklusion.

Disability Studies (DS) lassen sich in etwa mit „Behinderungswissenschaft" übersetzen (Degener 2003) und sind ein trans- und interdisziplinärer Wissenschaftszweig. Sie gingen aus den internationalen Behindertenbewegungen der 1960er Jahre hervor und werden in Deutschland seit 2001 in wissenschaftlichen Kontexten diskutiert (Köbsell 2012, Waldschmidt 2015, S. 336-339). Sie gehen vom *sozialen Modell* von Behinderung aus, nach dem Menschen behindert *werden* – durch Barrieren, Einstellungen, Handlungen und Gesetze, kurzum: durch die Gesellschaft. Sie kritisieren damit das *medizinische Modell*, aus dessen Sicht Menschen aufgrund eines „Defekts" behindert *sind*. Basis der Disability Studies ist die UN-Behindertenrechtskonvention, so dass auch vom menschenrechtlichen Modell von Behinderung gesprochen wird (Degener 2015, S. 63). Zentral ist der emanzipatorisch ausgerichtete Slogan „Nichts über uns ohne uns" der Behindertenbewegungen, d.h., dass behinderte Menschen zu den sie betreffenden Themen aktiv forschen sollen, statt in der Rolle des passiven Forschungsobjekts zu verweilen. Zugleich sind DS intersektional ausgerichtet und erforschen die Wechselwirkung von Behinderung mit anderen Differenzkategorien wie Geschlecht, Alter, sexuelle Orientierung, Nationalität.

2 Medien in der Forschung der Disability Studies

Die Forschungssituation in Deutschland zum Themenkomplex Medien im Kontext der Disability Studies (DS) ist dünn gesät, weil DS in der deutschen Hochschullandschaft bislang nur vereinzelt vertreten sind (siehe Abschnitt 4 und Resümee) und behinderte Menschen aufgrund verschiedener Barrieren u. a. im Bildungssystem kaum Zugang zur Wissenschaft finden (Schröttle et al. 2014, S. 15). In den nachfolgenden Ausführungen wird ein knapper Überblick über die Forschungslage geboten. Dabei fällt auf, dass die Darstellung von Behinderung in den Massen- und Verbreitungsmedien ein dominierendes Thema ist.

Im Jahr 1991 befasste sich Baumeister in ihrer Dissertation mit der Darstellung von blinden Menschen in der Literatur des 19. und 20 Jahrhunderts (ebd. 1991). Wie in der Medienbildung in Bezug auf Behinderung schon seit mehreren Jahren diskutiert wird, bewegt sich das Bild von behinderten Menschen zwischen den Polen Mitleid und Bewunderung (Radtke 2003, Bosse 2016). Eine frühe Zusammenstellung zu Arten von Darstellung stammt von Barnes, emeritierter Professor für Disability Studies an der Universität Leeds, der auf elf verschiedene, zumeist klischeebehaftete Präsentationsweisen kam (ebd. 1992, 7ff.). 2002 veröffentlichte Garland-Thomson, Professorin an der Emory Universität (USA) und Vertreterin der DS, mittels Analysen von Fotografien eine Art „Typologie der Blicke", die auf behinderte Menschen gerichtet sind (Garland-Thomson 2002, S. 56-75). Vor allem in früheren Jahrzehnten stand die Wahrnehmung als „Monster" und „Freaks" im Fokus (siehe auch Dederich 2009), heute geschieht dies auf einer sehr viel subtileren Ebene. In der Gegenwart dominiert der bemitleidende Blick, im anderen Extrem der staunende bzw. der bewundernde Blick, der behinderte Menschen zu „Superhelden" erhebt und ihre Lebensfreude betont. In anderen Darstellungen wiederum findet sich die exotische Repräsentationsweise. Für den deutschsprachigen Raum findet sich bei Sierck eine neuere „Typologie" zu Blicken (ebd. 2013, S. 83-104), die noch um den „neidischen Blick" ergänzt werden könnte, der sich auf „Vergünstigungen" bezieht wie staatliche finanzielle Leistungen und persönlicher Fahrdienst.

Eine andere wissenschaftliche Auseinandersetzung mit Medien findet sich bei Flieger und Schönwiese. Sie setzten in einem partizipativen Team eine Ausstellung über behinderte Menschen von der frühen Neuzeit bis zur Gegenwart um, entwickelten einen Katalog und drehten einen Dokumentarfilm. Im Zentrum des Projekts stand das Bildnis eines unbekannten behinderten Mannes aus dem 16. Jahrhundert (Flieger & Schönwiese 2015, S. 345-351).

Besonders herauszuheben ist die Publikation der Kulturwissenschaftlerin Anders, die in ihrer Dissertation sich mit dem Thema „Behinderung und psychische Krankheit im zeitgenössischen deutschen Spielfilm" auseinandersetzte (ebd. 2014). Die Veröffentlichung ist die bisher umfassendste Studie zur Präsentation von Behinderung in Filmen in Deutschland.

Charakteristisch für die Darstellung von Menschen mit Behinderung in den Medien ist das „Othering", d. h. sie werden in der Gesellschaft oft als eigene separierte Gruppe betrachtet, eine Identifikation mit ihnen findet nicht statt (Maskos 2015). Die mediale Präsentation erfolgt in der Regel durch Menschen, die keinen Bezug zu Behinderung haben und daher leicht Gefahr laufen, weiter Vorurteile zu verbreiten. U. a. wurde das Buch „Ein ganzes halbes Jahr" von Moyes (ebd. 2012), das sich zu einem Bestseller entwickelte, von behindertenpolitischer Seite heftig kritisiert (z. B. Huainnig 2014, Kollodzieyski 2013, Maskos 2016, Smykowski 2016), so dass der Vorwurf von „Disability Death Porn" fiel. Im Mittelpunkt des Buches steht die Romanfigur Will, seit einem Unfall querschnittgelähmt, der den Wunsch zu sterben äußert, obwohl sich zwischen ihm und seiner Assistentin Louisa eine Romanze entwickelt. Fiktionale Literatur ist stärker gefährdet, Klischees zu verbreiten, doch auch Biographien aus der Perspektive von behinderten Menschen und von Eltern mit einem behinderten Kind können gesellschaftliche Haltungen verstärken, insbesondere wenn Leid demonstriert wird oder das Leistungsprinzip („Du schaffst alles, wenn du dich nur anstrengst!") im Zentrum stehen. Gelungene Beispiele für differenzierte Auseinandersetzungen mit Behinderung sind die Werke von Krauthausen (2014) und Gehlhaar (2016), beide Behindertenaktivist_innen, sowie von Kaiser (2016), Mutter zweier Töchter, eine davon behindert. Rezensionen über Bücher, Kinofilme und Fernsehsendungen in der Presse stehen nicht selten diametral entgegengesetzt zur Sichtweise von behinderten Menschen. So stellte Radtke, Regisseur und Schauspieler mit Behinderung, fest: „[D]ie Kritik eines Rezensenten sagt fast immer mehr über ihn selbst aus als über die begutachtete [Theater-]Aufführung" (ebd. 1997). Eine Reihe von Rezensionen vorwiegend aus behindertenpolitischer Sicht bietet die Internetpräsenz „Leidmedien" (z. B. Hübner 2017, Kretschmer 2016). Die Website wurde 2012 von Medienschaffenden mit und ohne Beeinträchtigung ins Leben gerufen mit dem Ziel der Bewusstseinsmachung für eine angemessene Berichterstattung über behinderte Menschen, inzwischen findet sie – wenn auch noch zögerlich – zunehmend Beachtung in der medialen Öffentlichkeit.

3 Medien in der partizipativen Forschung

Nachfolgend werden zwei weitere Studien zum Themenkomplex Behinderung und Medien kurz vorgestellt, die in der Behindertenpolitik große Resonanz erreichten. Sie sind nicht den Disability Studies zuzuordnen, weisen aber Ansätze der partizipativen Forschung auf.

Eine Studie über die Darstellung von behinderten Menschen in den österreichischen Printmedien, im Staatssender ORF und bei Facebook stammt von Pernegger (2017), dabei wurde Beratung durch zwei Expert_innen aus den Disability Studies in Anspruch genommen. Sie zeigte auf, dass die Darstellungsweise noch im Jahr 2016 von Vorurteilen und Klischees geprägt ist und die Rollen „Opfer" und „Superheld" dominieren. Am Beispiel Facebook wurde deutlich, dass die Außensicht von nichtbehinderten Menschen deutlich defizitorientierter ist als die Selbstwahrnehmung von bekannten behinderten Persönlichkeiten wie Kira Grünberg (ebd. 2017).

Ebenso 2016 wurde vom wissenschaftlichen Team um Bosse und Hasebrink die größte deutsche Studie zur Mediennutzung von Menschen mit Behinderungen durchgeführt (Bosse & Hasebrink 2016). Das Forschungskonzept war partizipativ ausgerichtet, im Team war eine behinderte Wissenschaftlerin vertreten, es wurden Expert_inneninterviews mit sinnes- und körperbehinderten Fachleuten geführt, ebenso waren zwei gebärdensprachkompetente gehörlose Frauen und Menschen mit Lernschwierigkeiten mitbeteiligt. Themen der Studie waren die – noch weitgehend fehlende – Barrierefreiheit der Massenmedien sowie das Mediennutzungsverhalten, welches in sehr engem Bezug zur fehlenden bzw. vorhandenen Barrierefreiheit steht. Die Ergebnisse sind in diesem Handbuch an anderer Stelle zusammengefasst (Bosse & Haage 2018).

Teilhabeforschung in einem partizipativen Team ist nicht zugleich Forschung im Sinn der Disability Studies, da Zweitere emanzipatorisch ausgerichtet ist (Waldschmidt 2018, siehe 1). DS haben eine vorwiegend kritische Haltung gegenüber der Klassifikation nach der *ICF* (International oft Classification of Functioning, Disability and Health) der World Health Organization (Zander 2016, S. 1051), die derzeit in der Teilhabeforschung dominiert, zudem sind in dieser nicht zwingend behinderte Menschen als aktiv Forschende beteiligt.

4 Position der Disability Studies in den Hochschulen

Disability Studies und Behindertenpädagogik werden irrtümlicherweise oft als Äquivalente betrachtet, obwohl die beiden Fachdisziplinen völlig unterschiedliche Inhalte und Themen behandeln. In den USA entwickelte sich ein Diskursstrang zu „Disability Studies in Education“ (DSE), wie DS in den Erziehungswissenschaften umgesetzt werden kann. Nach Köbsell, Professorin für Disability Studies an der Alice-Salomon-Hochschule in Berlin, wäre für Deutschland ein analoger Diskurs wünschenswert. Demnach sollten DSE in die Curricula der Lehrer_innenausbildung aufgenommen werden (ebd. 2015, siehe auch Beck 2007) und verschiedene Themen gesellschaftskritisch betrachtet werden, u. a. die Wahrnehmung von Behinderung als Teil menschlicher Vielfalt statt als Defizit eines Individuums, Geschichte und Kultur behinderter Menschen, Ableism (zum Begriff siehe Maskos 2015), das Hinterfragen von Normalitätskonzepten, die Entwicklung einer positiven „disability identity“ bei den behinderten Schüler_innen sowie die Reflexion der eigenen Rolle als Lehrkraft, die in den meisten Fällen nichtbehindert ist (Köbsell 2015).

Inklusive Medienbildung wird in Deutschland erfreulicherweise bereits seit einigen Jahren diskutiert, bislang noch vorwiegend in der Pädagogik und außerhalb der DS. So liefert das Werk „Medienbildung als Perspektive für Inklusion“ zahlreiche Praxisbeispiele für Medienprojekte (Schluchter 2015). Für die Zukunft wäre es sehr wünschenswert, wenn Disability Studies in den Hochschulen als Fachdisziplin ins Studienangebot aufgenommen werden würden, um anderen Wissenschaftszweigen eine Verzahnung mit ihnen zu ermöglichen, insbesondere bei Themen wie Behinderung, Inklusion und Menschenrechte. Das gilt für die Lehre wie auch für die Forschung. Disability Studies und die

Pädagogik resp. die klassische Behindertenpädagogik gehen bis heute eher getrennte Wege, was u. a. in den teilweise konträren Sichtweisen von Behinderung begründet liegt. Folgen DS dem sozialen Modell von Behinderung, lasten sie der (Behinderten-)Pädagogik an, dass sie sich bisher nicht vollständig vom medizinischen Blick abgewandt hat, weil Diagnostik und Förderung bei jener eine zentrale Rolle spielen (siehe auch Abschnitt 1 und Resümee).

5 Forschungsthemen zu Medien in den Disability Studies

Nach den vorherigen Ausführungen ergeben sich für den Bereich der Medien verschiedene mögliche Forschungsthemen im Kontext der Disability Studies, z. B.:

- Präsenz und (Selbst-)Darstellung von Behinderung in den Massen-, Verbreitungs- und Unterrichtsmedien
- Präsenz und (Selbst-)Darstellung von behinderten Menschen in den sozialen Netzwerken wie Facebook und Twitter
- Präsenz und Einsatzbereiche von behinderten Fachleuten in der Medienbranche
- vergleichende Analysen von Texten aus der Behindertenpolitik, der Gesellschaft und den Wissenschaften, z. B. Rezensionen, Stellungnahmen, Begriffsdiskussionen
- Analysen von Bildern und Fotos in Publikationen
- assistive Technologien und digitale Medien sowie Software und Apps
- Leichte Sprache, Gebärdensprache und andere Formen der Kommunikation via digitaler und anderer Medien (z. B. Einsatz von Online-Schriftdolmetscher_innen mittels Tablet bei einem Behördenbesuch oder einer Stadtführung)

Die Auflistung zeigt eine große Bandbreite an Forschungsthemen, die in vielen Fällen zwar bereits umgesetzt wurden, jedoch nahezu ausnahmslos außerhalb der Disability Studies. Gelungene Schnittpunkte zu den DS finden sich jedoch bei einigen Werken, so etwa bei Grebe (2016) oder bei Mürner (2010).

Resümee und Ausblick

Während im angloamerikanischen Sprachraum Studiengänge zu Disability Studies existieren, müssen in Deutschland Kompetenzen zu DS vorwiegend autodidaktisch in einem mehrjährigen Prozess in Theorie und Praxis erworben werden. Hierzu sei in aller Kürze auf

- die Arbeitsgemeinschaft Disability Studies (AGDS),
- das Bochumer Zentrum für Disability Studies (BODYS),
- das Zentrum für Disability Studies und Teilhabeforschung (ZeDiSplus) in Hamburg und
- die Internationale Forschungsstelle Disability Studies an der Universität zu Köln (iDiS)

verwiesen, die z. T. Veranstaltungen durchführen sowie in ihren Internetpräsenzen Publikationen zur Verfügung stellen. Bei der Umsetzung von Disability Studies in Forschung und Lehre sind Inklusion und Barrierefreiheit oberste Prinzipien. Das „perfekte" Forschungsteam setzt sich aus behinderten und nichtbehinderten Forschenden zusammen, ist interdisziplinär, verteilt Aufgaben nach Kompetenzen und sieht den Umgang mit Barrieren als gemeinsame Aufgabe. Es finden ein Perspektivenwechsel und ein Austausch von Kompetenzen statt. Qualifizierte behinderte Forschende bringen Erfahrungen in diskriminierungsfreier Sprache inkl. stetigem Begriffswandel mit, besitzen aktuelle behindertenpolitische Kenntnisse und vereinen durch ihre eigene Biographie sowie durch Kontakte mit anderen behinderten Menschen Kompetenzen im Feld der Inklusion. Es kann vorsichtig angenommen werden, dass die Präsenz von behinderten Forschenden die Qualität der Forschung verbessert (Degener 2018), wie u. a. auch erste Ergebnisse des Projektes AKTIF („Akademiker*innen mit Behinderung und die Teilhabe und Inklusionsforschung") aufzeigen (siehe www.aktif-projekt.de). Mehr noch, es ist davon auszugehen, dass Forschung effizienter umgesetzt und die Gestaltung von Medien wesentlich enger orientiert an der UN-Behindertenrechtskonvention erfolgen wird.

Literatur

Anders, P.-A. (2014). Behinderung und psychische Krankheit im zeitgenössischen deutschen Spielfilm. Eine vergleichende Filmanalyse. Würzburg: Königshausen und Neumann.

Barnes, C. (1992). Disabling Imagery and the Media. An Exploration of the Principles. for Media Representations of Disabled People. Krumlin, Halifax: Ryburn Publishing Limited.

Baumeister, P. (1991). Die literarische Gestalt des Blinden im 19. und 20. Jahrhundert. Klischees, Vorurteile und realistische Darstellungen des Blindenschicksals. Frankfurt am Main: Lang Verlag.

Beck, I. (2007). Die Bedeutung von Disability Studies für die Ausbildung von Behindertenpädagogen. Ringvorlesung des Zentrums für Disability Studies „Behinderung ohne Behinderte?! Perspektiven der Disability Studies" am 24.05.2007. http://www.zedis-ev-hochschule-hh.de/files/beck_bedeutung_ds_behindertenpaedagogik_240507.pdf [04.12.2017].

Bosse, I. (2016). Teilhabe in einer digitalen Gesellschaft – Wie Medien Inklusionsprozesse befördern können. http://www.bpb.de/gesellschaft/medien/medienpolitik/172759/medien-und-inklusion [23.11.2017].

Bosse, I. & Hasebrink, U. (2016) (unter Mitarbeit von A. Haage & S. Hölig & S. Adrian & G. Kellermann & T. Suntrup). Mediennutzung von Menschen mit Behinderungen. Forschungsbericht. http://kme.tu-dortmund.de/cms/de/Aktuelles/aeltere-Meldungen/Studie-Mediennutzung-

von-Menschen-mit-Behinderung-_MMB16_/Studie-Mediennutzung_Langfassung_final.pdf [15.03.2018].
Dederich, M. (2009). Historische Konstruktionen von Heterogenität und Differenz: Monster und Freaks. http://www.zedis-ev-hochschule-hh.de/files/dederich_monster_freaks1.pdf [15.03.2018].
Degener, T. (2003). Behinderung neu denken. In: G. Hermes & S. Köbsell (Hrsg.), Disability Studies in Deutschland. Behinderung neu denken. Dokumentation der Sommeruni 2003. http://www.disabilitystudies.de/agdsg.html#vortrag1 [03.12.2017].
Degener, T. (2015). Die UN-Behindertenrechtskonvention – ein neues Verständnis von Behinderung. In T. Degener & E. Diehl (Hrsg.), Handbuch Behindertenrechtskonvention. Teilhabe als Menschenrecht – Inklusion als gesellschaftliche Aufgabe (345-351). Bonn: Bundeszentrale für Politische Bildung.
Degener, T. (2018, im Erscheinen). Keyword. In: Dokumentation zur Fachtagung „Unsere Teilhabe – Eure Forschung? Anstiftung zur Inklusion und Partizipation von Menschen mit Behinderung in der Teilhabeforschung“ an der Technischen Universität Dortmund am 28.04.2017.
Flieger, P. & Schönwiese, V. (2015). Disability Studies und Partizipation in der Forschung – über ein Projekt zum Bildverständnis von Behinderung. In: T. Degener & E. Diehl (Hrsg.), Handbuch Behindertenrechtskonvention (345-351). Bonn: Disability Studies und Partizipation in der Forschung.
Garland-Thomson, R. (2002). The Politics of Starings. Visual Rhetorics of Disability in Popular Photography. In R. Garland-Thomson, B. Brueggemann & L. Snyder. (Hrsg.), Disability Studies. Enabling the Humanities (56-75). New York: Modern Language Association of America.
Gehlhaar, L. (2016). Kann man da noch was machen? Geschichten aus dem Alltag einer Rollstuhlfahrerin. München: Wilhelm Heyne. Verlagsort Verlag.
Grebe, A. (2016). Fotografische Normalisierung. Zur soziomedialen Konstruktion von Behinderung am Beispiel des Fotoarchivs der Stiftung Liebenau. Bielefeld: transcript Verlag.
Huainnig, F. J. (2014). Leben bis zuletzt Teil 2: Ein ganzes halbes Jahr. http://franzhuainigg.at/leben-bis-zuletzt-teil-2-ein-ganzes-halbes-jahr/ [29.07.2014].
Hübner, M. (2017). Buchkritik: „Ich tick nicht richtig“ von Hanka Rackwitz. http://leidmedien.de/aktuelles/buchkritik-hanka-rackwitz/ [30.11.2017].
Kaiser, M. (2016). Alles inklusive. Aus dem Leben meiner behinderten Tochter. Frankfurt am Main: Fischer Verlag.
Kollodzieyski, T. (2013). Ein ganzes halbes Jahr. Kritik. Warum Will Traynor ein Feigling ist. http://thabs.de/ein-ganzes-halbes-jahr-kritik [24.10.2017].
Köbsell, S. (2012). Wegweiser Behindertenbewegung. Neues (Selbst-)Verständnis von Behinderung. Neu-Ulm: AG SPAK.
Köbsell, S. (2015). Disability Studies in Education. In: Zeitschrift für Inklusion-online.net. Ausgabe 02/2015. https://www.inklusion-online.net/index.php/inklusion-online/article/view/275/258 [26.11.2017].
Krauthausen, R. (2014). Dachdecker wollte ich eh nicht werden: Mein Leben im Rollstuhl. Rowohlt Taschenbuch Verlag.
Kretschmer, P. (2016). Perspektivwechsel: Bücher über Autismus von Autist_innen. http://leidmedien.de/aktuelles/buecher-ueber-autismus-von-autisten/ [30.11.2017].
Maskos, R. (2015). Ableism und das Ideal des autonomen Fähig-Seins in der kapitalistischen Gesellschaft. https://www.inklusion-online.net/index.php/inklusion-online/article/view/277/260 [31.10.2017].
Maskos, R. (2016). Gespräch: Ein ganzes halbes Jahr – gefühlvolles Drama oder „Disability Death Porn“? https://rebecca-maskos.net/2016/06/22/gespraech-ein-ganzes-halbes-jahr-gefuehlvolles-drama-oder-disability-death-porn/ [24.11.2017].
Moyes, J. (2015). Ein ganzes halbes Jahr. Rowohlt Taschenbuch Verlag.
Mürner, C. (2010). Erfundene Behinderungen. Bibliothek behinderter Figuren. Neu-Ulm: AG SPAK.
Pernegger, M. (2017). Menschen mit Behinderung in den österreichischen Massenmedien. MediaAffairs, Jahresstudie 2015/16. https://kommunikationsradar.wordpress.com/2017/05/

31/studienpraesentation-mediale-darstellung-von-menschen-mit-behinderung/ [06.07.2017].

Radtke, P. (1997). Theaterkritik und „Behinderung auf der Bühne" – Eine Herausforderung, In: Franz R. Stuke (Hrsg.), Alles Theater? Bühne, Öffentlichkeit und die Kritik. (S. 68-72). Münster: Daedalus.

Radtke, P. (2003). Zum Bild behinderter Menschen in den Medien. http://www.bpb.de/apuz/27790/zum-bild-behinderter-menschen-in-den-medien [24.11.2017].

Schluchter, J.-R. (Hrsg.) (2015). Medienbildung als Perspektive für Inklusion. Modelle und Reflexionen für die pädagogische Praxis. München: kopaed.

Schröttle, M., Hornberg, C., Zapfel, S., Wattenberg, I., Vogt, K., Kellermann, G. & Becker, J. (2014). Vorstudie für eine Repräsentativbefragung zur Teilhabe von Menschen mit Behinderung(en). Forschungsbericht; 447. http://www.bmas.de/DE/Service/Medien/Publikationen/Forschungsberichte/Forschungsberichte-Teilhabe/fb447.html [04.10.2017].

Sierck, U. (2013). Budenzauber Inklusion. Neu-Ulm: AG SPAK Bücher.

Smykowski, J. (2016). Behindert sein = Sterben wollen? Filmkritik „Ein ganzes halbes Jahr". [25.11.2017].

Waldschmidt, A. (2018, im Erscheinen). Disability Studies und/oder Teilhabeforschung? Wissenschaftliche Diskurse im Vergleich. In: Dokumentation zur Fachtagung „Unsere Teilhabe – Eure Forschung?" an der Technischen Universität Dortmund am 28.04.2017

Waldschmidt, A. (2015). Disability Studies als interdisziplinäres Forschungsfeld. In: T. Degener & E. Diehl (Hrsg.), Handbuch Behindertenrechtskonvention (334-344). Bonn, Bundeszentrale für Politische Bildung.

Zander, M. (2016). Disability Studies: Gesellschaftliche Ausgrenzung als Forschungsgegenstand. In: Bundesgesundheitsblatt – Gesundheitsforschung – Gesundheitsschutz, 9/2016, 1048-1052.

Visuelle Methoden

Peter Holzwarth

„Die Arbeit mit visuellen Anreizen ist zum Beispiel dort angezeigt, wo die Befragten über unterschiedliche bzw. ungenügende Sprachkompetenzen verfügen, um sich präzise und klar zu äußern." (Moser 2015, S. 171)
„Das Visuelle in seinem permanenten Prozess der Veränderung zu erforschen wird in einer Welt der Bilder, in der Kinder und Jugendliche über das Internet mit immer neuen Fotografien versorgt werden und dort selber solche einspeisen, immer nötiger." (Pilarczik & Miezner 2003, S. 34)

1 Potenziale visueller Methoden

Selbstnarrationen vollziehen sich nicht nur auf sprachlicher Ebene (vgl. Keupp 2017). Subjekte konstruieren sich auch auf der visuellen Ebene – in Form von visuellen Selbstnarrationen (Holzwarth 2008). Das Selfie stellt in diesem Kontext ein populäres Ausdrucksfeld dar.

In der diskursiv orientierten Welt der qualitativen Forschung haben visuelle Methoden an Bedeutung gewonnen (vgl. Prosser 1998, Banks 2001, Rose 2001, Pink 2001, Harper 2000, Niesyto 2001, Ehrenspeck & Schäffer 2003, Horworth 2003, Moser 2005, Marotzki & Niesyto 2006, Holzwarth 2006, Gauntlett 2007, Neuss 2017, Mikos 2017, Niesyto 2018). Das liegt zum einen daran, dass sich die technischen Bedingungen zunehmend vereinfacht haben. Es ist jedoch auch schon seit Längerem von einer Zunahme der Bedeutung des Visuellen auszugehen. Für immer mehr Fragestellungen ist es wichtig geworden, nichtsprachliche Erfahrungsdimensionen der Subjekte zu berücksichtigen. Dies kann auch dann besonders ertragreich sein, wenn es sich um die Exploration von Lebenswelten handelt, die von den Forschenden als „fremd" empfunden werden (z. B. Menschen aus bildungsbenachteiligenden Milieus; vulnerable Gruppen; Menschen mit Behinderung; Menschen, die eine andere soziokulturelle Sozialisation erfahren haben; Geflüchtete).

Folgende Unterscheidungsdimensionen sind von Bedeutung: Professionelle Medienproduktionen vs. nicht professionelle Eigenproduktionen als Analysegegenstand (vgl. Niesyto 2014), in pädagogischen Kontexten entstandene mediale Eigenproduktionen vs. außerhalb pädagogischer Kontexte entstandene Produktionen, im Rahmen von Forschungsprojekten initiierte Medienproduktion vs. unabhängig von Forschungsprojekten entstandene Medien, Forschungssubjekte repräsentieren sich selbst medial vs. Forschungssubjekte werden medial repräsentiert und qualitative vs. quantitative Ansätze (oder Mischformen).

Wenn Menschen in Forschungskontexten nicht nur befragt oder beobachtet werden, sondern (auch) die Möglichkeit bekommen, sich über visuelle oder audiovisuelle Medien auszudrücken, können sich zahlreiche Möglichkeiten für die Forschung, aber auch für die beteiligten Subjekte ergeben (vgl. Holzwarth 2008):

Durch die Produktion von Medien im Forschungskontext kann eine Atmosphäre von wechselseitigem Geben und Nehmen entstehen. Die Forschenden bekommen Einblicke in Lebenswelten und erhalten Daten – die Teilnehmenden entwickeln Medienkompetenzen, gewinnen neue Einsichten über sich selbst und können mediale Produkte mit nach Hause nehmen.

Durch das Arbeiten mit visuellen Materialien kann eine hohe Subjektnähe entstehen und Forschende bekommen einen privilegierten Zugang zu Lebenswelten (heuristische Funktion). Über ein Fotoprojekt stoßen sie beispielsweise auf Themen, die sie ansonsten im Rahmen traditioneller qualitativer Interviews nicht berührt hätten.

Bei der Produktion von Medien haben die Subjekte die Möglichkeit, im Forschungsprozess mitzubestimmen („negotiation"); der Prozess kann eine Aktivierung der Subjekte und Empowerment bedeuten. Über die medialen Produkte kann auch eine Öffentlichkeit für die Themen und Anliegen der Subjekte geschaffen werden („give them a voice").

Visuelle Methoden sind manchmal eine einfachere Art, schwierige oder problematische Lebensaspekte auszudrücken, weil sie ohne Worte auskommen und verschiedene Dinge auch indirekt zum Ausdruck gebracht werden können. Bei Subjekten mit sprachlichen Einschränkungen kann das Visuelle eine alternative oder ergänzende Form des Ausdrucks darstellen.

Für viele Menschen spielen Medien im Alltag eine große und wichtige Rolle, Medien in der Forschung können so eine starke Lebensweltorientierung bedeuten und Subjekte auch für die Teilnahme an einem Forschungsprojekt motivieren. Erfahrungen zeigen auch, dass bei minderjährigen Teilnehmenden die Eltern über den Aspekt der Medienkompetenz-Vermittlung gewonnen werden können.

2 Speaking positions in Forschungsprojekten

Jedes Forschungsprojekt, das den Subjekten die Produktion oder die Thematisierung von visuellen Materialien ermöglicht, lädt die Teilnehmenden ein, sich auf eine bestimmte Art und Weise auszudrücken – es legt eine „speaking position"[1]

1 „Speaking position" sollte in diesem Zusammenhang nicht wörtlich genommen werden, im Sinne einer sprachlichen Äusserung, sondern in einem weiteren Horizont von verbalen und nonverbalen Formen des Selbstausdrucks.

für die Teilnehmenden nahe. Es ist von großer Bedeutung, ob ich in einem Projekt als Migrant sprechen soll (oder als Mensch mit einer körperlichen Behinderung), als einer, der seine belastenden Erfahrungen kommunizieren und verarbeiten soll, als Experte für Migrationserfahrungen, ob ich als Rapper sprechen soll, als Bewohner des Berliner Stadtteils Neukölln, als junger Mann, als junger Syrer oder als Jugendlicher.

Die jeweiligen „speaking positions" können sich durch die Art der Ansprache, durch die Setzung von Themen, aber auch durch die Aneignungsweisen der Teilnehmenden ergeben.

Im folgenden Zitat reflektieren Liesbeth de Block und David Buckingham, welche „speaking positions" im Rahmen des internationalen EU-Praxisforschungsprojekts CHICAM (Children in Communication About Migration) angeboten wurden und welche Ambivalenzen damit verbunden waren:

> "In a sense, we could not avoid constructing the children as representatives of the broader category of 'migrant' – even though this was only one facet of their identities. The danger here was of 'othering' – and, in the process, of exoticising or merely patronising – some essentialised 'migrant' experience, albeit in the interests of making it publicly visible.
> Moreover, the children did not necessarily want to be seen primarily as migrants or to speak from that position – and some attempted quite strongly to disavow it. [...]
> 'Speaking as a migrant' was therefore the very last thing many of them would have wanted to do. For these reasons, our aim of enabling the children to represent and express perspectives that were specific to the migrant experience was quite problematic." (de Block & Buckingham 2007, p. 174)

Um zu vermeiden, dass Menschen aus bildungsbenachteiligten Milieus auf bestimmte Rollen festgelegt bzw. Klischees über sie reproduziert werden, bietet es sich an, in Bezug auf die visuellen und verbalen Ausdrucksmöglichkeiten, eine möglichst große Auswahl an möglichen Identitätsentwürfen zuzulassen.

3 Formen visueller Forschung

Auf einer sehr einfachen Ebene kann unterschieden werden, ob mit stehenden oder bewegten Bildern gearbeitet wird (Fotografie, Video oder beides).[2]

Auf einer anderen Ebene ist zu differenzieren, ob die Subjekte im Rahmen der Forschung zu Eigenproduktionen mit Medien (vgl. Niesyto 2007, Holz-

2 Gauntlett hat das Spektrum der visuellen Ausdrucksmöglichkeiten im Rahmen seiner Forschung um Zeichnungen, Lego-Identitätsmodelle (https://youtu.be/LtS24lqluq0) und Identitätsarrangements mit Objekten erweitert (https://youtu.be/amWYt9TxbHE).

warth & Niesyto 2007 u. 2008) angeregt werden oder ob es um selbstproduzierte Materialien gehen soll, die außerhalb des Forschungskontextes entstanden sind oder entstehen sollen. Auch Medienproduktionen, die nicht von den Subjekten selbst gemacht worden sind, können Gegenstand der Forschung sein. Eine weitere Variante besteht in der medienpädagogischen Unterstützung – Subjekte können mit oder ohne medienpädagogischen Support produzieren.

Nach dieser Darstellung (vgl. die Tabelle) ergeben sich verschiedene Dimensionen (1 bis 12), die im Rahmen eines Projekts auch kombiniert werden können: Ein Forschungsprojekt über Selfie-Praktiken beispielsweise könnte sich auf die bereits bestehenden Selfies der Teilnehmenden beziehen (7). Es könnten den Subjekten jedoch auch Selfies von anderen Menschen aus dem Internet zur Diskussion vorgelegt werden (10) und die Forschenden könnten die Subjekte bitten, während eines Interviews eine typische Selfie-Situation zu zeigen und den Fotoprozess durchzuspielen (1).

	Fotografie	Video	Fotografie und Video
Eigenproduktionen – innerhalb des Forschungskontexts *ohne* Unterstützung bei der Medienproduktion	1	2	3
Eigenproduktionen – innerhalb des Forschungskontexts *mit* Unterstützung bei der Medienproduktion	4	5	6
Eigenproduktionen – außerhalb des Forschungskontexts	7	8	9
Produktionen, die nicht von den Subjekten selbst gemacht wurden	10	11	12

Eine weitere Unterscheidungsdimension kommt in folgender Frage zum Ausdruck: Haben die visuellen Materialien (Bilder/Videos) eher eine dienende Funktion zur Erleichterung von Interviews („photo-elicitation", vgl. Hurworth 2003) oder geht es um die Erhebung und Auswertung von visuellen und verbalen Daten?

4 Gedanken zur Auswertung

Bei der Auswertung von Forschungsdaten ist das Phänomen der Bedeutungsoffenheit des Visuellen zu beachten. Allzu schnell kann es passieren, dass Forschende zu einer Deutung gelangen, die nicht durch Kontextinformationen abgesichert werden kann. In solchen Fällen kann es sein, dass im Sinne einer Projektion mehr über die forschende Person selbst zum Ausdruck kommt als über den Forschungsgegenstand: „Was Paul über Peter sagt, sagt mehr über Paul als über Peter“ (Spinoza).

Das folgende Beispiel zeigt, wie Deutungen der Forschenden durch die Perspektive der Produzierenden relativiert bzw. korrigiert werden können (vgl. auch Moser 2005):

Wie wichtig das Kommentieren von Bildern ist, kann an einem Beispiel deutlich gemacht werden. So hatte ein 13-jähriges Mädchen sein Kinderzimmer fotografiert und vor allem das Fenster mit Vorhängen aufgenommen, die den Blick nach draußen verhüllten. Sehr schnell kamen Vermutungen der Interpreten auf, dass es sich um ein Einzelkind handle, das sich im Zimmer geborgen fühlt und die Notwendigkeit noch ablehnt, das Elternhaus langsam zu verlassen. Mehrere Bilder der Fotoserie schienen diese Interpretation zu stützen. Eine Befragung des Mädchens ergab allerdings eine ganz andere Sicht: Die Dreizehnjährige erzählte nämlich, dass sie vergessen habe die Fotoserie termingerecht zu erledigen. Deshalb habe sie am Morgen des letzten Tages schnell einige Bilder von ihrem Zimmer geknipst, und da seien die Vorhänge noch zugezogen gewesen. Trotzdem kann man sich fragen, ob mit dieser Erklärung die ursprüngliche Interpretation schon gänzlich widerlegt ist (Moser 2015, S. 177).

Auch Gauntlett warnt vor spekulativen Deutungen und betont, dass es extrem wichtig ist, die Produzierenden im Deutungsprozess selbst zu Wort kommen zu lassen (Gauntlett & Holzwarth 2006).

Meines Erachtens ist es gewinnbringend drei Elemente im Deutungsprozess zusammenzuführen (vgl. die Grafik): das Wissen und die Erfahrungen der forschenden Person(en), das Wissen und die Erfahrungen der Forschungssubjekte (Experten der eigenen Lebenswelt) und das Wissen und die Erfahrungen von externen Experten.

5 Möglichkeiten für Empowerment und Teilhabe

Die aktive Produktion von Medien im Forschungsprozess kann auch auf individueller und gesellschaftlicher Ebene Bedeutung gewinnen. Das Arbeiten mit Medien eignet sich besonders gut für die Bewusstmachung und Weiterentwicklung von sozialen Kompetenzen und persönlichen Ressourcen (vgl. Holzwarth 2016). Im Kontext von Projekten können die eigenen Stärken erkundet und für sich selbst und andere sichtbar und wertschätzbar gemacht werden. Über die Erstellung von Medienprodukten und das Beherrschen von Mediengeräten kann Selbstwirksamkeit erfahren werden, die Teilnehmenden können sich als aktiv partizipierende Gestalter ihrer Lebenswelt erleben. Anhand von Fotografien oder Videos können die neuen Erfahrungen konkret manifestiert und einer Öffentlichkeit zugänglich gemacht werden. Durch Ausstellungen und durch die Publikation von Forschungsergebnissen können unterschiedliche Teilöffentlichkeiten über die Themen der Teilnehmenden informiert werden.

Literatur

Banks, M. (2001). Visual Methods in Social Research. London: Sage

de Block, L. & Buckingham, D. (2007). Global Children, Global Media. Migration, Media and Childhood. New York: Palgrace Macmillan

Ehrenspeck, Y. & Schäffer, B. (Hrsg.) (2003). Film- und Fotoanalyse in der Erziehungswissenschaft, Opladen: Leske+Budrich

Gauntlett, D. & Holzwarth, P. (2006). Creative and visual methods for exploring identities. In: Visual Studies, Vol. 21, No. 1, April 2006, p. 82-93 (short version on: http://www.artlab.org.uk/VS-interview.pdf [10.8.2017])

Gauntlett, D. (2007). Creative Explorations: New approaches to identities and audiences. London: Routledge.

Harper, D. (2000). Fotografien als sozialwissenschaftliche Daten. In U. Flick, E. von Kardorff & I. Steinke (Hrsg.), Qualitative Forschung. Ein Handbuch (S. 402-416). Reinbek bei Hamburg: Rowohlt

Holzwarth, P. & Niesyto, H. (2007). Hinweise zur Gestaltung mediengestützter Forschungsprojekte von Studierenden. In H. Niesyto, P. Holzwarth & B. Maurer (Hrsg.), Interkulturelle Kommunikation mit Foto und Video. Ergebnisse des EU-Projekts CHICAM „Children in Communication about Migration“ (S. 81-100). München: kopaed.

Holzwarth, P. & Niesyto, H. (2008). Präsentativer und diskursiver Selbstausdruck junger Migranten und Migrantinnen im Kontext verschiedener (medien-)kultureller Ressourcen [60 Absätze]. Forum Qualitative Sozialforschung/Forum: Qualitative Social Research, 9(3) 2008. Art. 10, http://www.qualitative-research.net/index.php/fqs/article/view/1167
(Zugriffsdatum: 10.8.2017)

Holzwarth, P. (2006). Fotografie als visueller Zugang zu Lebenswelten von Kindern und Jugendlichen mit Migrationshintergrund. In W. Marotzki & H. Niesyto (Hrsg.), Bildinterpretation und

Bildverstehen. Methodische Ansätze aus sozialwissenschaftlicher, kunst- und medienpädagogischer Perspektive (S. 175-205). Wiesbaden: VS Verlag für Sozialwissenschaften.

Holzwarth, P. (2017). Selbstbewusstsein und soziale Kompetenzen fördern mit Medien. Projektideen im Kontext von Migration und Flucht. In F. von Gross & R. Röllecke (Hrsg.), Medienpädagogik der Vielfalt – Integration und Inklusion. Dieter Baacke Preis Handbuch (S. 93-98). GMK. München: kopaed.

Holzwarth, P. (2008). Migration, Medien und Schule. Fotografie und Video als Zugang zu Lebenswelten von Kindern und Jugendlichen mit Migrationshintergrund. München: kopaed.

Hurworth, R. (2003). Photo-Interviewing for research. Social Research UPDATE. University of Surrey http://sru.soc.surrey.ac.uk/SRU40.pdf [10.8.2017].

Keupp, H. (2017). Identität. In B. Schorb, A. Hartung-Griemberg & Chr. Dallmann (Hrsg.), Grundbegriffe Medienpädagogik (S. 153-159). München: kopaed.

Marotzki, W. & Niesyto, H. (2006.). Bildinterpretation und Bildverstehen. Methodische Ansätze aus sozialwissenschaftlicher, kunst- und medienpädagogischer Perspektive. Wiesbaden: VS Verlag für Sozialwissenschaften.

Mietzner, U. & Pilarczyk, U. (2003). Methoden der Fotografieanalyse. In Y. Ehrenspeck & B. Schäffer (Hrsg.). Film- und Fotoanalyse in der Erziehungswissenschaft (S. 19-36). Opladen: Leske+Budrich.

Mikos, L. (2017). Film- und Fernsehanalyse. In: Mikos, Lothar & Wegener, Claudia (Hrsg.), Qualitative Medienforschung Ein Handbuch 2., völlig überarbeitete und erweiterte Auflage. UVK Verlagsgesellschaft mbH, Konstanz und München, S. 516-523

Moser, H. (2015). Instrumentenkoffer für die Praxisforschung. Eine Einführung (6. überarbeitete und ergänzte Auflage). Freiburg im Breisgau: Lambertus.

Moser, H. (2005). Visuelle Forschung – Plädoyer für das Medium Fotografie. MedienPädagogik: Zeitschrift für Theorie und Praxis der Medienbildung, [S.l.], v. 9, S. 1-27, <http://www.medienpaed.com/article/view/57/57>. (10.8.2017). doi:http://dx.doi.org/10.21240/mpaed/09/2005. 03.26.X.

Neuss, N. (2017). Kinderzeichnungen als Erhebungsmethode. In L. Mikos & C. Wegener (Hrsg.), Qualitative Medienforschung. Ein Handbuch (S. 380-388).Konstanz und München: UVK Verlagsgesellschaft mbH.

Niesyto, H. (2001). Selbstausdruck mit Medien. Eigenproduktionen mit Medien als Gegenstand der Kindheits- und Jugendforschung. München: kopaed.

Niesyto, H. (2007). Eigenproduktionen mit Medien als Gegenstand medienpädagogischer Praxisforschung. In W. Sesink, M. Kerres & H. Moser (Hrsg.), Jahrbuch Medienpädagogik. Medienpädagogik – Standortbestimmung einer erziehungswissenschaftlichen Disziplin (S. 222-245). Wiesbaden: VS Verlag für Sozialwissenschaften.

Niesyto, H. (2014). Medienpädagogische Praxisforschung. In A. Hartung, B. Schorb, H. Niesyto, H. Moser & P. Grell (Hrsg.) Jahrbuch Medienpädagogik 10. Methodologie und Methoden medienpädagogischer Forschung (S. 173-191). Wiesbaden: Springer VS.

Niesyto, H. (2018). Symbolverstehen von Video-Eigenproduktionen. In C. Moritz & M. Corsten (Hrsg.), Handbuch Qualitative Videoanalyse. Wiesbaden: VS-Springer-Verlag.

Pink, S. (2001). Doing Visual Ethnography. Images, Media and Representation in Research. London: Sage.

Prosser, J. (1998). Image-based Research. A Sourcebook for Qualitative Researchers. London: Falmer Press.

Rose, G. (2001). Visual Methodologies. An Introduction to the Interpretation of Visual Materials. London: Sage.

Autor/innenverzeichnis

Batzler Katja, medien+bildung.com gGmbH – Lernwerkstatt Rheinland-Pfalz. Arbeitsschwerpunkte: Projektleitung mobil+stark – Wege in die inklusive Medienbildung; Kulturelle Medienbildung – TanzMedia.

Behr, Julia, JFF – Institut für Medienpädagogik in Forschung und Praxis. Arbeitsschwerpunkte: medienpädagogische Praxis schwerpunktmäßig mit Jugendlichen sowie Qualifizierung von pädagogischen Fachkräften im Bereich der politischen Bildung/Partizipation, beruflichen Bildung, inklusiven Medienarbeit, Social Media, Filmarbeit.

Bock, Bettina M., Universität zu Köln, Institut für deutsche Sprache und Literatur II. Arbeits- und Forschungsschwerpunkte: „Leichte Sprache" und barrierefreie Kommunikation; Verständlichkeitsforschung; Text- und Diskurslinguistik; Sprachdidaktik und Inklusion.

Böhmig, Susanne, Technische Jugendfreizeit- und Bildungsgesellschaft (tjfbg) gGmbH, Leiterin barrierefrei kommunizieren! Arbeitsschwerpunkte: barrierefreies Internet; barrierefreies E-Learning und Lernsoftware; assistive Technologien; inklusive Medienpädagogik.

Bosse, Ingo, Prof. Dr., TU Dortmund, Juniorprofessur für motorisch-körperliche Entwicklung und (neue) Medien, Forschungscluster Technology for Inclusion and Participation. Arbeits- und Forschungsschwerpunkte: Barrierefreiheit und Inklusion mit dem Schwerpunkt Behinderung und Medien/Technologien.

Brüggemann, Marion, Dr., Institut für Informationsmanagement Bremen GmbH (ifib). Arbeits- und Forschungsschwerpunkte: frühe Medienbildung; medienpädagogische Professionalisierung in unterschiedlichen Bildungsbereichen sowie der medienbezogenen Schulentenwicklung unter inklusiven Vorzeichen; Medienkompetenzförderung; medienbezogene Organisationsentwicklung.

Bühler, Christian, Prof. Dr.-Ing., Professor für Rehabilitationstechnologie, TU Dortmund, Fakultät Rehabilitationswissenschaften; Leitung FTB – Forschungsinstitut Technologie und Behinderung, An-Institut der FernUniversität Hagen und der TU Dortmund, der Evangelischen Stiftung Volmarstein. Arbeits- und Forschungsschwerpunkte: Unterstützung von Menschen mit Behinderungen und älteren Menschen durch Technik und digitale Medien; Technologie und Behinderung mit dem Ziel von Inklusion und Teilhabe;

Burda-Zoyke (geb. Zoyke), Andrea, Prof. Dr., Christian-Albrechts-Universität zu Kiel, Institut für Pädagogik, Berufs- und Wirtschaftspädagogik. Arbeits- und Forschungsschwerpunkte: Individuelle Förderung; Inklusion und Umgang mit Heterogenität in der beruflichen Bildung; Kompetenzdiagnostik/Förderdiagnostik; Curriculum-, Bildungsgang- und Unterrichtsentwicklung; Übergang Schule – Beruf/Übergangssystem/Berufsorientierung; Professionalisierung von Lehrkräften; Forschendes Lernen in Praxisphasen; Design-Based Research.

Dirks, Susanne, TU Dortmund, Fakultät Rehabilitationswissenschaften, Rehabilitationstechnologie. Arbeits- und Forschungsschwerpunkte: Assistive Technologien; Kognitive Zugänglichkeit digitaler Ressourcen; Barrierefreiheit; Sprachtechnologie und Unterstützte Kommunikation.

Fisseler, Björn, FernUniversität in Hagen. Arbeits- und Forschungsschwerpunkte: Diversität und Heterogenität in der Hochschule mit Fokus auf Studierende mit gesundheitlichen Beeinträchtigungen; Universal Design als didaktisches Konzept für Inklusion; Barrierefreiheit und Zugänglichkeit von Bildung mit Schwerpunkt Medien und E-Learning.

Goldbach, Anne, Universität Leipzig, Förderschwerpunkt geistige Entwicklung. Arbeits- und Forschungsschwerpunkte: partizipative Forschung; berufliche Teilhabe von Menschen mit so genannter geistiger Behinderung; „Leichte Sprache"; inklusive Bildung.

Haage, Anne, Dipl.-Journ., TU Dortmund, Fakultät Rehabilitationswissenschaften, Fachgebiete Körperliche und Motorische Entwicklung und Rehabilitationstechnologie. Arbeits- und Forschungsschwerpunkte: Digitale Teilhabe und inklusive Medienbildung.

Helbig, Christian, Universität zu Köln. Arbeits- und Forschungsschwerpunkte: Kulturelle Medienbildung und Medienkompetenzförderung; Digitale Ungleichheiten; Digitalisierung von Bildungsorganisationen.

Holzwarth, Peter, Dr., Pädagogische Hochschule Zürich. Arbeits- und Forschungsschwerpunkte: Aktive Medienarbeit (Fotografie, Video, Audio); Filmbildung; Migration im Film; interkulturelle Bildung; visuelle Forschungsmethoden; Werbung und Werbekompetenzvermittlung; globales Lernen; Life skills und Medien.

Kamin, Anna-Maria, Jun.-Prof. Dr., Universität Bielefeld, Fakultät für Erziehungswissenschaft, Medienpädagogik im Kontext schulischer Inklusion. Arbeits- und Forschungsschwerpunkte: Inklusive Medienbildung; Medien und soziokulturelle Ungleichheiten; Medien in der Familie; Digitale Medien in der beruflichen Bildung.

Kellermann, Gudrun, TU Dortmund, Projekt AKTIF (Akademiker*innen mit Behinderung in die Teilhabe- und Inklusionsforschung); Lehrkraft für besondere Aufgaben an der Evangelischen Hochschule RWL in Bochum. Arbeits- und Forschungsschwerpunkte: Disability Studies; Hörbehinderung; barrierefreie Kommunikation und Barrierefreiheit von Medien.

Klein, Alexandra, Prof. Dr., Goethe-Universität Frankfurt, Erziehungswissenschaft mit Schwerpunkt Soziale Ungleichheiten in Kindheit und Jugend. Arbeits- und Forschungsschwerpunkte: Theorie und Empirie von Heterogenität und Ungleichheiten in Kindheit und Jugend; Interventionslogiken der Kinder- und Jugendhilfe; quantitative und qualitative Unterstützungsforschung.

Koch, Simon, Lehrkraft für sonderpädagogische Förderung, LWL-Förderschule Schule am Marsbruch, Förderschwerpunkt körperliche und motorische Entwicklung. Arbeitsschwerpunkte: Medienpädagogik; Leitung der Fachkonferenz Medien und Digitales, Digitalisierung der Schulentwicklung, Mitarbeit in Arbeitsgruppen beim Schulträger LWL zu den Themen Inklusives Internet, Medien, Einkauf IT, Budgetierung Gute Schule 2020.

Koenig, Oliver, Dr., Universität Wien, Institut für Bildungswissenschaft. Arbeits- und Forschungsschwerpunkte: Inklusive Forschung; Transformatives und Emergentes Lernen; Inklusionssensible Bildungsprozesse an Hochschulen; Entwicklung und Veränderung im System der Behindertenhilfe; Recovery und Beziehungsorientierte Begleitungsprozesse bei Menschen mit psychischer Erkrankung.

Kreß, Lisa-Marie, Duale Hochschule Baden-Württemberg Stuttgart. Arbeits- und Forschungsschwerpunkte: Digitalisierung der Sozialen Arbeit; Nutzung digitaler Medien durch unbegleitete minderjährige Geflüchtete.

Krstoski, Igor, PH Ludwigsburg, Förderschwerpunkt körperlich und motorische Entwicklung; Dozent in der Lehrerfortbildung des RP Tübingen zum Thema iPad, UK, Einsatz digitaler Medien im Unterricht. Arbeits- und Forschungsschwerpunkte: Unterstützte Kommunikation und Assistive Technologien im Unterricht; Medieneinsatz in Förderschulen mit den Förderschwerpunkten körperlich-motorische wie geistige Entwicklung.

Kunzendorf, Martina, Diplom-Pädagogin und Personalentwicklerin (M.A.), Hochschule für Gesundheit Bochum. Arbeits- und Forschungsschwerpunkte: E-Learning; Medien- und Hochschuldidaktik; Digitale Medien in Berufspädagogik und beruflicher Rehabilitation.

Kutscher, Nadia, Prof. Dr., Universität zu Köln, Department Heilpädagogik und Rehabilitation. Arbeits- und Forschungsschwerpunkte: Digitalisierung (in) der Sozialen Arbeit; Kindheit, Jugend, Familie und soziale Ungleichheit; Fluchtmigration; Ethische Fragen Sozialer Arbeit.

Lauscher, Pia, medien+bildung.com – Lernwerkstatt Rheinland-Pfalz. Arbeitsschwerpunkte: Projektleitung mobil+stark – Wege zu einer inklusiven Medienbildung; Multiplikatorenschulungen; Konzepterstellung für Medienprojekte; medienpädagogische Projektarbeit.

Linke, Hanna, TU Dortmund, Fachgebiet Körperliche und Motorische Entwicklung. Arbeits- und Forschungsschwerpunkte: Qualitätsmerkmale von Hilfsmittelversorgung im inklusiven Unterricht; Bedeutung von Kinderrollstuhlversorgung für die Kindesentwicklung; Wirkung der Arbeit mit den behinderten Menschen auf Lehrer, Leistungserbringer etc.; Individualisierte Hilfsmittel für Alltag und Arbeitsleben.

Marci-Boehncke, Gudrun, Prof. Dr., TU Dortmund, Institut für deutsche Sprache und Literatur. Arbeits- und Forschungsschwerpunkte: Kinder- und Jugendmedien sowie ihre Vermittlung und Rezeption entlang der Bildungskette; Lesekompetenz(–förderung); digitale Medienbildung im Kontext der Lehreraus-/Fortbildung.

Masuhr, Lilian, SOZIALHELDEN, Leitung Projekt Leidmedien.de. Arbeitsschwerpunkte: Medientraining zum Thema Vielfalt in der öffentlichen Kommunikation; Moderation von Veranstaltungen zu digitaler Kultur und sozialem Journalismus.

Matiouk, Svetlana, RWTH Aachen, Kompetenzzentrum für Gebärdensprache und Gestik SignGes. Arbeits- und Forschungsschwerpunkte: Forschung und Entwicklung von Informations- und Kommunikationstechnologien in Kooperation mit Menschen mit Behinderungen; Wechselwirkung von sprachkultureller menschlicher Praxis und der Gestaltung von Technologien; partizipative und situierte Ansätze der Technologiegestaltung; Gebärdensprache und Design.

Mayerle, Michael, Dipl.-Päd., Dipl.-Soz.Arb., Universität Siegen, Zentrum für Planung und Evaluation Sozialer Dienste (ZPE). Arbeits- und Forschungsschwerpunkt: Potenziale der Mediennutzung in der Sozialen Arbeit.

Meister, Dorothee. M., Prof. Dr., Universität Paderborn, Institut für Erziehungswissenschaft, Arbeitsbereich Medienpädagogik und empirische Medienforschung. Arbeits- und Forschungsschwerpunkte: Digitale Medien und Erwachsenen- und Weiterbildung; Medienkompetenz; Jugend und Medien; E-Assessment.

Mühling, Andreas, Christian-Albrechts-Universität zu Kiel, Institut für Informatik. Arbeits- und Forschungsschwerpunkte: Fachdidaktik Informatik und Educational Data Mining, speziell Lernverlaufsmessung mit digitalen Plattformen.

Niesyto, Horst, Prof. Dr. em, Professor für Erziehungswissenschaft mit dem Schwerpunkt Medienpädagogik, PH Ludwigsburg. Arbeits- und Forschungsschwerpunkte: gesellschaftliche Medienentwicklung und Medienkritik; Mediensozialisation; handlungsorientierte Medienbildung; Praxisforschung; visuelle Methoden in der qualitativen Forschung; bildungs- und professionspolitische Fragen der Medienpädagogik.

Pola, Annette, Lehrkraft für sonderpädagogische Förderung, LWL-Förderschule Schule am Marsbruch, Förderschwerpunkt körperliche und motorische Entwicklung. Arbeitsschwerpunkte: Medienpädagogik; Leitung der Fachkonferenz Medien und Digitales, Digitalisierung der Schulentwicklung; Mitarbeit in Arbeitsgruppen beim Schulträger LWL zu den Themen Inklusives Internet, Medien, Einkauf IT, Budgetierung Gute Schule 2020.

Pulver, Caroline, Berner Fachhochschule, Soziale Arbeit. Arbeits- und Forschungsschwerpunkte: Beratung und methodisches Handeln in den Handlungsfeldern der Sozialen Arbeit; digitale Ungleichheit und Mediatisierung professionellen Handelns.

Schaumburg, Melanie, Dipl. Sozialpädagogin, Bildungswissenschaftlerin M.A., Carl von Ossietzky Universität Oldenburg, Institut für Pädagogik. Arbeits- und Forschungsschwerpunkte: Medienpädagogik; Inklusive Medienbildung; informatische Bildung.

Schlör, Katrin, Prof. Dr., EH Ludwigsburg, Professorin für Kulturarbeit, ästhetische und kulturelle Bildung in der Sozialen Arbeit. Arbeits- und Forschungsschwerpunkte: medienpädagogische Eltern- und Familienarbeit; außerschulische Medienbildung und handlungsorientierte und produktive Medienarbeit.

Schluchter, Jan-René, Dr., Pädagogische Hochschule Ludwigsburg, Institut für Erziehungswissenschaft, Abt. Medienpädagogik. Arbeits- und Forschungsschwerpunkte: Medienbildung und Inklusion; Medienbildung mit Menschen mit Behinderung; Aktive Medienarbeit; Filmbildung.

Schmoelz, Alexander, Universität Wien, Institut für Bildungswissenschaft. Arbeits- und Forschungsschwerpunkte: Didaktik mit besonderen Fokus auf Digitalisierung; Inklusion und Ko-Kreativität; Digitalisierung von universitärer und schulischer Lehre; Förderung von digitalen und didaktischen Kompetenzen.

Schorb, Bernd, Prof. Dr. em., Professor für Medienpädagogik und Weiterbildung am Institut für Kommunikations- und Medienwissenschaft, Universität Leipzig. Arbeits- und Forschungsschwerpunkte: Medienpädagogische Theoriebildung und Medienaneignungsforschung.

Schuppener, Saskia, Prof. Dr., Universität Leipzig, Professorin für Pädagogik im Förderschwerpunkt geistige Entwicklung. Arbeits- und Forschungsschwerpunkte: „Leichte Sprache" als Konzept für Menschen mit Lernschwierigkeiten; inklusive Hochschulentwicklung; herausforderndes Verhalten; Selbstkonzept & Identität von Kindern, Jugendlichen und Erwachsenen mit so genannter geistiger Behinderung; Kunst & Kreativität von Menschen mit Behinderungserfahrungen.

Sonnenberg, Kristin, Prof. Dr., Evangelische Hochschule Rheinland-Westfalen-Lippe, Methoden und Konzeptentwicklung in der Sozialen Arbeit. Arbeits- und Forschungsschwerpunkte: Theorie und Praxis der Sozialen Arbeit; Supervision; Professionelles Handeln; Soziale Inklusion und lebenslange Bildung im Bereich Erwachsene mit Beeinträchtigungen; Internationale Soziale Arbeit.

Thiele, Annett, Prof. Dr., Carl von Ossietzky Universität Oldenburg, Pädagogik und Didaktik bei körperlich-motorischen Beeinträchtigungen sowie chronischen und progredienten Erkrankungen. Arbeits- und Forschungsschwerpunkte: Sicherung der schulischen Teilhabe von Kindern und Jugendlichen mit schweren cerebral bedingten Bewegungsbeeinträchtigungen; Chronisch-somatisch und progredient erkrankte Schüler_innen im Krankenhausunterricht und in inklusiven Settings; Grundlagen einer inklusionsorientierten Literatur- und Mediendidaktik; Assistive Technologien und digitale Teilhabe; Lebenslange Bildung für Menschen mit Komplexer Behinderung; Neurologische Rehabilitation bei erworbenen Hirnschädigungen.

Ullrich, Nadja, Projektleiterin im Bereich Aufklärung der Aktion Mensch e.V. Arbeitsschwerpunkte: Inklusion im Kontext von Kunst und Kultur und unter sozialräumlichen Aspekten; Organisation von Veranstaltungen der Aktion Mensch, v.a. zum Thema Inklusion.

Werning, Carola, Technische Jugendfreizeit- und Bildungsgesellschaft. (tjfbg) gGmbH, barrierefrei kommunizieren! Projektmitarbeiterin im Netzwerk Inklusion mit Medien, Referentin und Redakteurin. Arbeitsschwerpunkte: Behinderung und Medien; Assistive Technologien; Barrierefreie Lernsoftware und Apps für inklusives Lernen.

Zorn, Isabel, Prof. Dr., TH Köln, Institut für Medienforschung und Medienpädagogik. Arbeits- und Forschungsschwerpunkte: Mitgründerin Forschungsschwerpunkt „Digitale Technologien und Soziale Dienste"; Inklusion und Digitalisierung; pädagogische Herausforderungen durch digitale Datafizierung; Robotik; Medienpädagogik.